서버리스 이제는
AWS Lambda로 간다

**설계, 개발, 배포 및
모니터링 지표와
비용 계산까지**

서버리스 이제는 AWS Lambda로 간다

• 최재영 지음

설계, 개발, 배포 및
모니터링 지표와
비용 계산까지

지은이 소개

최재영

개발자들이 도메인 개발에만 집중할 수 있도록 그 외의 다른 모든 부분을 자동화하는데 관심이 많다. 특히 서비스 개발 초반에 빌드-배포-모니터링 운영 비용을 크게 낮출 수 있는 서버리스의 매력에 푹 빠져 있다. 틈틈이 서버리스 서버 개발자에 도전하고 있다.

블루홀 스튜디오에서 게임 개발자로 경력을 시작한 이후 웹 서비스, 추천 백엔드, 빌링을 거쳐 다시 웹 서비스 업무를 수행하고 있다. 여러 도메인의 백엔드를 개발하며 얻은 경험을 토대로 기존의 백엔드 시스템을 서버리스 기반으로 옮기는 연습을 하기도 한다. 다양한 토이 프로젝트를 AWS Lambda 기반으로 올려 비용을 최적화하는 것을 즐기며 가끔 만나는 지인들에게 서버리스 플랫폼 사용을 권유하는 활동을 한다.

현) 라인플러스, 라이브플랫폼팀

전) 드림어스컴퍼니, 빌링팀
    보이저엑스, 개발팀
    라인플러스, 라인뮤직 서버개발팀
    블루홀스튜디오, 테라 서버개발팀
    연세대학교 컴퓨터과학과 졸업

개발 블로그(https://lacti.github.io/) 운영

서문

웹 기반의 서비스를 개발할 때 서버 인프라에 대한 고민은 필수다. 데스크톱 애플리케이션은 실행 설치 파일을 만들어서 사용자에게 배포하는 구조이지만, 웹 서비스는 언제 들어올지 모르는 요청에 대비해 상시 켜두어야 하기 때문이다. 프런트엔드 웹 페이지 파일을 웹 브라우저에 제공하거나, HTTP 요청을 받아 처리하는 로직을 실행하는 컴퓨팅 자원과 저장소 자원, 여러 서버를 하나의 네트워크 주소로 묶어줄 로드밸런서, 이해 가능한 주소 부여를 위한 도메인 관리, 사실상 표준이 된 HTTPS를 위한 인증서 관리, 빠른 데이터 전송을 위한 CDN 구축까지 아주 간단한 웹 서비스를 만들더라도 기본적으로 신경 써야 하는 부분이 많다. 뿐만 아니라, 트래픽 변동에 따른 인프라의 증감까지 고려한다면 더욱 복잡해진다. 물론 사실상 정답처럼 운영되는 인프라 구성 형태도 있다. 그러나 실제로는 시작부터 고민해야 할 부분이 많다.

AWS는 서버리스 서비스라는 그룹으로 앞서 열거했던 구성 요소에 대한 SaaS를 제공한다. HTTP API 요청을 받아주는 API Gateway, 컴퓨팅 리소스를 제공하는 Lambda, 정적 파일 저장소인 S3, CDN 서비스인 CloudFront 등을 사용하여 웹 서비스 인프라를 구축할 수 있다. 이들은 각자가 명시하는 한도 속에서 요청량에 따라 빠르게 처리량을 확장한다. 따라서 직접 인프라를 운영하는 것에 비해 운영 복잡도를 크게 낮출 수 있으며 서비스를 제공하기 위한 로직 개발에 집중할 수 있다.

수많은 서버리스 SaaS가 있지만 이 책에서는 AWS Lambda를 중점으로 다룬다. Lambda는 이벤트 기반의 서버리스 컴퓨팅 플랫폼이다. API Gateway나 S3에서 발생한 이벤트로부터 실행되거나, Lambda가 다른 Lambda를 호출하는 형태로도 실행할 수 있다. 제한된 CPU, 메모리, 수행 시간을 갖지만 사용한 만큼만 비용을 지불하고 요청량에 맞게 인스턴스가 실행되어 빠르게 확장 및 축소가 가능하다. 따라서 Lambda의 한도와 한계를 이해하고 다룰 수 있다면, 다양한 서비스에 대한 시나리오를 구현하면서도 인프라와 비용 걱정을 크게 줄일 수 있다.

참신한 아이디어를 확인해보기 위해 빠른 출시를 결심했거나, 처음부터 큰 트래픽을 기대하지 않는 토이 프로젝트의 경우라면 서버리스 플랫폼 사용이 큰 도움이 될 것이다. 인프라에 투입할 자원을 비즈니스에 대한 고민이나 도메인 개발에 투입하는 방향이 더 좋다. 트래픽 변동을 예측하기 힘든 경우에도 서버리스 플랫폼을 사용하는 것이 좋다. 유휴 상태를 유지하다가 특정 시간에 요청이 몰릴 때 그 요청량 수준에 맞게 즉시 인프라를 확장하는 것이 쉬운 일이 아니기 때문이다. 다만 모든 서비스가 그러하듯 서버리스 플랫폼의 각 서비스들도 한도와 한계가 있고, 이 부분을 제때 신경 쓰지 못하면 늘어난 요청을 처리하지 못하거나 과도한 비용이 청구되는 문제가 발생할 수 있다. 모든 한도와 한계를 사전에 공부하는 것은 어렵기 때문에, 이 책에서는 여러 서비스 예제를 통해 Lambda와 함께 자주 사용되는 스택을 알아본다. 그리고 상용 서비스를 고민할 때 알아두어야 할 비용, 모니터링, 한계 및 한도에 대해서도 다룬다.

대상 독자

이 책은 다음과 같은 고민을 하는 독자에게 도움이 될 것이다.

- AWS 서버리스 플랫폼으로 웹 서비스를 개발해보고 싶은 경우
- 만들어야 할 웹 서비스가 있지만 인프라 관리가 피곤한 경우
- 사내 개발자 도구를 웹 서비스로 빠르게 만들어야 하는데 인프라가 마땅치 않은 경우
- Lambda를 좀 더 다양한 패턴으로 사용해보고 싶은 경우
- 간단한 게임 서버를 인프라 고민 없이 개발해보고 싶은 경우

다만 Lambda나 다른 AWS 서비스 활용에 대한 기본부터 설명하지는 않고, 간단한 설명과 함께 바로 활용 방법을 다룬다. 또한 설명의 편의를 위해 AWS 관리 콘솔보다는 AWS CLI(명령행 도구)나 CloudFormation을 더 사용한다. 때문에 적어도 명령행 도구를 다룰 수 있는 지식과 환경, JSON과 YAML에 대한 기본 지식이 있어야 한다.

대부분의 예제는 Node.js 런타임과 타입스크립트를 사용하고 추천 서비스 예제에서는 파이썬도 사용한다. 로컬 테스트 환경 구축을 위해 Docker를 사용한다. 하지만 각 언어의 문법이나 도구에 대해 자세히 설명하지 않는다. 즉, 독자가 어느 정도 기반 지식이 있다고 가정한다. 이를 활용해 본 경험이 있다면 더욱 좋다.

실습 환경 안내

책과 예제는 AWS 서버리스 서비스를 배포하기 위한 계정과 Serverless Framework 도구를 실행하기 위한 리눅스 환경을 기준으로 작성되었다. 로컬 테스트를 위해 Docker로 의존 환경을 띄우는 경우도 있기 때문에, 예제에 따라 메모리가 많이 필요할 수 있다. 실습 환경에 대한 권장 사항은 다음과 같다.

- AWS 계정: 예제를 실행하기 위한 서비스 접근 권한이 포함된 AWS 계정
- 운영체제: Ubuntu 20.04 이상 혹은 macOS. Windows라면 WSL2 이상 권장
- 최소 스펙: 2GB 이상의 메모리, 4GB 이상의 하드디스크 공간
- 권장 스펙: 8GB 이상의 메모리, 4GB 이상의 하드디스크 공간

사전 지식

이 책은 Lambda와 AWS의 다른 서버리스 서비스에 대한 설명에 초점을 맞추고 있으므로, 실습을 위해 다음 내용은 자세히 설명하지 않는다. 이에 대한 기본 지식을 가정하고 넘어간다.

- 리눅스 기본 지식: 쉘 명령어, 디렉토리 구조
- 자바스크립트, 타입스크립트 문법
- 추천 서비스 예제의 경우, 파이썬 문법
- AWS 관리 콘솔 접속에 대한 기본 지식
- 로컬 테스트 환경 구축을 위한 기본적인 Docker 사용법
- 프런트엔드 예제의 경우, React에 대한 기본 지식

이 책의 구성

이 책은 Lambda를 비롯해 AWS가 제공하는 다른 여러 서버리스 플랫폼을 활용한다. AWS는 서버리스 플랫폼으로 제공하는 서비스가 다양하기 때문에 모든 부분을 다루기보다는 각각의 장에서 작은 단위의 예제를 가정한 뒤, 그 예제 안에서 필요한 만큼의 서버리스 플랫폼을 소개하며 연습을 진행한다. 이해를 돕기 위해 하나의 장은 예제에 대한 서비스의 소개, 설계와 구현, 로컬 테스트 환경 구축 및 테스트, 서버리스 스택 배포와 모니터링, 상용 확장을 위해 고민해야 하는 요소와 서버리스 서비스의 한계와 한도, 트래픽 규모를 가정하고 이때 발생하는 비용을 계산한다.

각 장에서 다루는 내용은 다음과 같다.

- 1장: 서버리스 서비스의 사용 이유 소개
- 2장: Serverless Framework를 익히고 타입스크립트 기반의 개발 환경 구축
- 3장: 사진을 업로드한 후 화질을 적당히 낮춰 CDN으로 제공하는 서비스 개발
- 4장: DynamoDB, MySQL, SQLite를 저장소로 활용하는 블로그 서비스 개발
- 5장: Word2vec을 활용한 문서 ID 기반의 임베딩 구축과 이를 제공하는 추천 서비스 개발
- 6장: WebSocket API를 활용한 채팅 서비스 개발
- 7장: 세션 기반의 게임 서버 개발

이들 사이의 예제는 독립적이지만 앞서 설명한 내용을 다시 설명하지는 않는다. 예를 들어 4장에서 CloudFront를 사용하는데 이에 대한 설명을 3장에서 했다면 다시 설명하지 않는다. 따라서 AWS 서비스에 익숙하지 않다면 처음부터 순서대로 읽는 것이 좋다.

예제 코드 및 참고 자료

다음 GitHub 사이트에서 예제 코드 및 참고 자료를 얻을 수 있다. 예제 코드를 기반으로 실습을 진행할 때는 배포에 필요한 환경 변수 설정에 주의한다. 또한 실습이 끝난 후에 배포한 스택을 모두 제거하여 불필요한 비용이 발생하지 않도록 주의한다.

- GitHub: https://github.com/bjpublic/aws-lambda

베타 리더 추천사

AWS 서버리스 서비스는 다양한 도구들을 활용해 간단하게 구성하고 배포할 수 있습니다. 이 책에서 소개하는 네 가지 예제(사진 최적화, 블로그, 채팅 서비스, 게임 서버)를 AWS 서버리스 아키텍처로 직접 구성해보면서 AWS 서버리스 구성에 필요한 다양한 도구들의 사용법을 익힐 수 있습니다. 임시 파일 관리, 성능 최적화, 시나리오를 통한 비용 예측과 비용 최적화, 보안 설정, 규모나 용도에 맞는 데이터베이스 선정, 캐시 사용 등에 대한 노하우를 충분히 얻어갈 수 있을 것입니다.

이 책의 예제 대부분은 AWS 서버리스 서비스 구성 도구로 Node.js 언어와 Serverless Framework를 활용하고 있습니다. 추천 서비스 프로젝트만 파이썬으로 구현된 머신러닝 라이브러리를 사용하기 때문에 파이썬으로 진행됩니다. Serverless Framework와 Node.js 언어를 활용해 AWS 서버리스 서비스를 구성해본 경험이 있지만 이 책을 통해 미처 알지 못했던 많은 정보를 접할 수 있었고 서버리스 서비스를 운용하면서 겪었던 여러 문제의 해결 방법을 알 수 있었습니다. 또한 잘 모르고 사용했던 Serverless Framework의 기능과 옵션을 상세하게 다룬 부분도 많은 도움이 되었습니다. 독자들도 이 책을 통해 원하는 서버리스 서비스를 쉽고 빠르게 구성하고 부가적인 보완 장치들을 연동하여 훨씬 더 안정적으로 운용할 수 있게 될 것입니다.

— 권민승

AWS 서버리스 아키텍처의 시작부터 다양한 응용까지 다룬 책이라 AWS 도입을 고민하거나, 공부하고 싶었던 분들에게 추천하고 싶은 책입니다. 클라우드 서비스는 더 이상 선택이 아닌 필수로 자리 잡아가고 있습니다. 최근에 진행하게 된 프로젝트에 AWS를 도입하기로 하면서 입문자 입장에서 베타리더를 신청하여 책을 보게 되었습니다. 실제 서비스를 개발할 때 가장 중요한 것 중 하나가 비용인데, 기존 서버 유지 비용 대비 AWS의 비용을 산출하는 것이 고민이었습니다.

이 책은 각 장별로 상용 서비스 시 고려해야 할 점과 비용 산출 방법 그리고 비용을 줄이는 방법까지 다루고 있어 AWS 도입을 고민하는 저에게 많은 도움이 되었습니다. 또한 블로그, 채팅, 게임 서버까지 다양한 예제가 있어 하나하나 따라하다 보면 AWS 기반의 여러 웹 애플리케이션을 개발에서 구축, 배포까지 다 해볼 수 있습니다.

— 이호철

HelloWorld의 개념서가 아닌, 실제 서비스 레벨로 접근한 다양한 예제를 기반으로 서버리스를 학습하기 좋은 책입니다. 내용이 방대하고, 그 안의 내용이 가볍지는 않지만 저자의 내공이 느껴지는 친절한 해설과 핵심 정리는 어려운 기술을 쉽게 이해하도록 돕습니다. AWS 기술이나 프로그래밍 기법 등 한 가지 분야만 잘해서는 설명하기 힘든 부분을 저자의 경험, 노하우로 잘 녹여냈기 때문에 독자들에게 큰 도움이 될 것입니다.

— 박찬웅

AWS Lambda의 주변 기술을 어느 정도 다루리라 생각했지만, 그 범위가 예상한 수준을 훌쩍 뛰어 넘습니다. 다른 AWS 서비스는 물론이고 프런트엔드, 데브옵스, 머신러닝, 게임까지 다양한 주제를 넘나듭니다. 아이디어만 던지고 마는 것이 아니라 하나하나 실험하고 결과까지 담백하게 공유합니다.

저자의 방대한 지식보다 더 놀라운 것은 AWS Lambda의 기술 스펙을 다루는 저자의 자세입니다. AWS Lambda의 제약 조건을 극복해야 할 무언가로 생각하지 않고 가구 조립하듯 덤덤하게 연결해서 Serverless와 상관없을 것 같은 문제들을 풀어냅니다.

'이런 것이 어떻게 Serverless로 가능하지?', '아, 그렇게 하면 되겠네', '그런데 이 부분은 좀 반칙 아니야?'

마치 추리소설을 읽는 것처럼 재미있게 읽었습니다. 기술을 사랑하는 모든 이들에게 추천합니다.

— 김현철

오늘날 많은 서비스는 서버 구축을 기본으로 하며, 서버에 의존하여 서비스를 운영하고 관리합니다. 이 책은 물리적인 서버가 아닌 AWS 서버리스를 통해 사용자 도메인에 더욱 집중할 수 있는 인프라를 관리 및 운영하는 방법을 상세히 설명하고 있습니다.

이 책은 단순히 한 서비스에만 국한하지 않고 사진 최적화부터 블로그, 추천 서비스, 채팅, 게임 서버까지 Lambda 위에 다양한 서비스의 서버를 구축하는 방법을 자세히 설명해 놓았습니다. 각 장에서는 서비스 구현 예제와 설명뿐 아니라 상용 서비스에 대한 고려, 모니터링 지표와 비용 계산 방법에 대해서도 상세히 설명되어 있습니다. 다만 책의 난이도가 낮지는 않습니다. AWS에 대한 기본적인 이해, Network와 DB 그리고 프런트엔드에 대한 기본적인 지식이 요구됩니다.

현재 서비스 개발 중이거나 추후 서버리스를 고려하는 독자들에게는 충분히 좋은 책이 될 것이라고 생각합니다. 다양한 서비스의 구현과 설명, 실질적인 운영까지 전반적으로 잘 정리되어 있는 책입니다. 서버리스를 통한 다양한 서비스 운영 및 관리에 관심이 있는 개발자 분들에게 추천합니다.

— 전상규

소프트웨어는 재활용 가능한 여러 요소를 조합하면서 개발됩니다. 이 책은 다양한 서비스를 개발할 때 고려해야 하는 요건들을 분석하고, AWS 서버리스라는 새로운 구성요소들로 재조합하는 과정을 담았습니다. 새로운 구성요소로서의 장점과 사용법들을 기초부터 심화까지 상세하게 다루고 있으며, 상용 서비스를 고려한 내용들도 인상적입니다. AWS 서버리스를 이용해 상용 서비스를 개발하는 분들에게는 물론이고, 기존 방식으로 개발하는 분들에게도 소프트웨어 구성에 대한 이해를 높이는 데 도움이 될 것입니다.

— 손동운

목차

지은이 소개 iv
서문 v
베타 리더 추천사 ix

1장 • 준비하기

1-1 AWS 서버리스 3
1-1-1 기존의 서버 개발 3
1-1-2 서버리스 기반의 서비스 개발 5
1-2 개발 환경 구축 7
1-2-1 AWS 계정 설정 8
1-2-2 AWS CLI 설치 11
1-2-3 Node.js 15
1-2-4 nvm 17
1-2-5 타입스크립트 19
1-2-6 Visual Studio Code 20
1-2-7 direnv 21
1-2-8 Docker 24
1-2-9 리눅스용 윈도우 하위 시스템(WSL) 25
1-3 Serverless Framework 소개 27
1-3-1 간단한 선언 예시 28
1-3-2 도구 익히기 29

2장 • Hello API

2-1 Hello API 자바스크립트 구현 39
2-2 Hello API 타입스크립트 구현 50
2-2-1 템플릿으로 시작 50
2-2-2 타입스크립트 적용 51
2-2-3 웹팩 적용 57
2-2-4 source-map 적용 61
2-2-5 serverless.ts 사용 63
2-3 상용 서비스 고려 65
2-3-1 서비스 한도 67
2-3-2 API Gateway의 한도 68
2-3-3 API Gateway 통합 Lambda의 한도 69
2-3-4 CloudWatch Logs의 한도 69
2-3-5 운영 전략 71
2-4 모니터링 72
2-4-1 Lambda의 로그 확인 72
2-4-2 API Gateway의 로그 확인 75
2-4-3 Lambda의 지표 78
2-4-4 Lambda의 호출 지표 78
2-4-5 Lambda의 성능 지표 80

2-4-6 Lambda의 동시성 지표	80		3-8-2 CloudFront 비용	186
2-4-7 Lambda의 동시성	81		3-8-3 서비스 비용 계산	187
2-4-8 Lambda의 지표 확인	83		3-8-4 비용 줄이기	188
2-4-9 API Gateway의 지표 확인	84		**3-9 정리**	189
2-4-10 CloudWatch 대시보드 구성	85			
2-4-11 CloudWatch 경보 설정	91			

4장 • 블로그 서비스

2-5 비용 계산	98
2-5-1 API Gateway 비용	99
2-5-2 Lambda 비용	99
2-5-3 Lambda와 EC2의 가격 비교	101
2-5-4 Lambda의 메모리와 CPU의 관계	102
2-5-5 CloudWatch 비용 계산	103
2-5-6 경보 이메일 전송 비용	105
2-5-7 Hello API 비용 계산	106
2-6 정리	107

4-1 서비스 소개 및 설계	193
4-2 기본 API 구현	195
4-2-1 models.ts 구현	198
4-2-2 handler.ts 구현	198
4-2-3 storage.ts 구현	201
4-3 DynamoDB 연동	202
4-3-1 자원 선언	202
4-3-2 AWS-SDK 라이브러리 추가	206
4-3-3 글에 대한 CRUD 구현	206
4-3-4 글 목록 구현	213
4-3-5 로컬 환경 준비	219
4-3-6 Serverless offline	219
4-3-7 로컬 DynamoDB 준비	221
4-3-8 로컬 테스트	223
4-3-9 배포 및 테스트	225
4-3-10 정리	226
4-4 MySQL 연동	227
4-4-1 자원 선언	227
4-4-2 방화벽 설정	230
4-4-3 MySQL 라이브러리 추가	232
4-4-4 글에 대한 CRUD 구현	233
4-4-5 로컬 테스트	238
4-4-6 배포	241
4-4-7 MySQL 테이블 작성	242
4-4-8 테스트	243
4-4-9 정리	244
4-5 SQLite 연동	244

3장 • 사진 최적화 서비스

3-1 서비스 소개 및 설계	111
3-2 Lambda에서 외부 프로세스 실행 준비	116
3-3 첫 번째 시스템 구현	122
3-3-1 S3와 CloudFront 인프라 준비	129
3-3-2 awscli 도구로 인프라 설정	131
3-3-3 CloudFormation으로 ㄴ인프라 선언	145
3-3-4 Serverless Framework에 인프라 선언 통합	150
3-3-5 S3 Bucket에 파일 업로드	155
3-3-6 중복 업로드 막기	160
3-4 두 번째 시스템 구현: Public, Private Bucket 분리	162
3-5 세 번째 시스템 구현: S3 이벤트로 최적화 수행	169
3-6 상용 서비스 고려	178
3-7 모니터링	182
3-8 비용 계산	184
3-8-1 S3 비용	185

4-5-1 자원 선언 ... 247	4-8-3 배포 ... 321
4-5-2 VPC 설정 ... 249	4-9 CloudFront의 다중 오리진 사용 ... 322
4-5-3 SQLite 라이브러리 추가 ... 254	4-9-1 서버 API 주소 설정 ... 325
4-5-4 Better SQLite3 준비 ... 256	4-9-2 배포 ... 325
4-5-5 SQLite 기반 쿼리 함수 구현 ... 256	4-9-3 동작 이해 ... 326
4-5-6 잠금 함수 구현 ... 261	4-9-4 장점과 단점 ... 326
4-5-7 CRUD 함수 구현 ... 264	4-10 API Gateway에서 웹 페이지 제공 ... 327
4-5-8 로컬 S3 준비 ... 267	4-10-1 서버리스 스택 설정 ... 330
4-5-9 로컬 Redis 준비 ... 268	4-10-2 서버 API 주소 설정 ... 332
4-5-10 로컬 테스트 ... 269	4-10-3 배포 ... 332
4-5-11 배포 ... 270	4-10-4 도메인 연결 ... 333
4-5-12 느린 응답 시간 ... 270	4-11 REST API 사용 ... 336
4-5-13 응용 ... 271	4-11-1 서버리스 스택 변경 ... 337
4-5-14 정리 ... 271	4-11-2 코드 변경 ... 339
4-6 저장소 비교 ... 272	4-11-3 로컬 테스트 ... 342
4-6-1 응답 지연 시간 ... 273	4-11-4 X-Ray 추가 ... 343
4-6-2 비용 ... 274	4-11-5 X-Ray 지표 분석 ... 348
4-6-3 유지 보수 ... 275	4-11-6 정리 ... 353
4-6-4 유리한 시나리오 ... 276	4-12 인증 구현 ... 353
4-7 프런트엔드 연동 ... 276	4-12-1 Lambda 인증 ... 357
4-7-1 create-react-app ... 277	4-12-2 함수 구현 ... 357
4-7-2 웹 페이지 설계 ... 279	4-12-3 서버리스 스택 변경 ... 363
4-7-3 컴포넌트 기본 ... 280	4-12-4 빌드 오류 수정 ... 367
4-7-4 서버 API 연동 ... 281	4-12-5 CloudFront 수정 ... 368
4-7-5 컴포넌트 구현 ... 284	4-12-6 프런트엔드 작업 ... 370
4-7-6 프록시 서버 ... 292	4-12-7 테스트 ... 377
4-7-7 개발 서버 시작 ... 293	4-12-8 정리 ... 378
4-7-8 주소 기반 라우트 ... 295	4-13 상용 서비스 고려 ... 379
4-7-9 빌드 ... 303	4-13-1 DynamoDB ... 379
4-7-10 로컬 테스트 ... 304	4-13-2 MySQL ... 380
4-7-11 서버 주소 문제 해결 ... 305	4-13-3 SQLite ... 382
4-7-12 정리 ... 307	4-13-4 API 요청 횟수 제한 ... 383
4-8 S3와 CloudFront를 사용해 배포 ... 308	4-13-5 인증 ... 385
4-8-1 서버 API 주소 설정 ... 316	4-13-6 CloudFront와 S3 ... 386
4-8-2 CORS 문제 해결 ... 317	4-14 모니터링 ... 388

4-14-1 DynamoDB 모니터링	388
4-14-2 MySQL 모니터링	391
4-14-3 Redis 모니터링	393
4-14-4 인증 실패율	395
4-15 비용 계산	**396**
4-15-1 시나리오	396
4-15-2 시스템 구성	397
4-15-3 CloudFront와 S3 오리진 사용	397
4-15-4 API Gateway에서 웹 페이지 제공	398
4-15-5 API Gateway의 API 요청 처리 비용	398
4-15-6 Lambda 권한 부여자 실행 비용	398
4-15-7 통합된 Lambda 실행 비용	399
4-15-8 DynamoDB 비용	399
4-15-9 MySQL 비용	400
4-15-10 SQLite 데이터베이스를 위한 S3 비용	401
4-15-11 비용 정리	402
4-15-12 비용 줄이기	403
4-16 정리	**404**

5장 • 추천 서비스

5-1 시나리오	**407**
5-1-1 Word2vec	407
5-1-2 기반 데이터	408
5-2 개발 환경 구축	**410**
5-2-1 파이썬 환경 구축	410
5-2-2 AWS ECR 로그인	413
5-2-3 SAM CLI 설치	414
5-3 시스템 설계	**415**
5-4 학습 구현	**419**
5-4-1 의존 라이브러리 설치	419
5-4-2 이벤트 다운로드	420
5-4-3 학습	425
5-4-4 S3 Bucket 준비	427

5-4-5 배포	428
5-5 추천 API 구현	**429**
5-5-1 추천 구현	429
5-5-2 SAM 프로젝트 작성	431
5-5-3 로컬 테스트	438
5-5-4 배포	440
5-5-5 수행 시간 확인	445
5-5-6 ECR 리포지토리 관리	448
5-6 서비스 API 구현	**450**
5-6-1 추적 쿠키 발급 API	450
5-6-2 좋아요 횟수 조회 API	452
5-6-3 좋아요 API	453
5-6-4 VPC에서 SQS 연결	456
5-6-5 서버리스 스택 구성	458
5-6-6 로컬 테스트	461
5-6-7 배포	463
5-7 웹 페이지 구현	**464**
5-7-1 추적 쿠키 사용	465
5-7-2 좋아요 노출	468
5-7-3 좋아요 버튼	471
5-7-4 추천 목록	472
5-7-5 프록시 서버 구성	474
5-7-6 로컬 테스트	474
5-8 CDN 배포	**475**
5-9 상용 서비스 고려	**480**
5-9-1 SQS 이벤트 채널	480
5-9-2 추천 Lambda의 수행 시간	481
5-9-3 AVX2 지원	483
5-9-4 모델 파일의 크기	484
5-10 모니터링	**485**
5-10-1 SQS 모니터링	485
5-10-2 ECR 모니터링	487
5-10-3 PrivateLink 모니터링	487
5-11 비용 계산	**489**
5-11-1 시나리오	489

5-11-2 고정 비용	490
5-11-3 API 비용	491
5-11-4 비용 일람	493
5-11-5 비용 줄이기	494
5-12 정리	**495**

6장 • 채팅

6-1 WebSocket API	**499**
6-2 에코	**501**
6-2-1 로컬 테스트	503
6-2-2 배포	505
6-2-3 라우트 선택 표현식 활용	506
6-3 채팅 전파	**510**
6-3-1 연결 ID 관리	511
6-3-2 메시지 전파	512
6-3-3 서버리스 스택 선언	514
6-3-4 로컬 테스트	515
6-3-5 배포	517
6-4 주제-구독-전파	**517**
6-4-1 테이블 설계	518
6-4-2 DynamoDB 테이블 선언	520
6-4-3 DynamoDB 연동 구현	523
6-4-4 연결 맺음과 끊음의 처리	528
6-4-5 메시지 전파 처리	530
6-4-6 사용자 및 주제 생성 API	535
6-4-7 함수 등록	536
6-4-8 로컬 테스트	537
6-4-9 배포	540
6-5 인증	**540**
6-5-1 Lambda 권한 부여자 구현	542
6-5-2 이벤트 처리 함수 수정	543
6-5-3 서버리스 스택 수정	546
6-5-4 WebSocket API 로깅	547
6-6 사용자 지정 도메인	**550**
6-7 상용 서비스 고려	**554**
6-7-1 채팅 서비스	554
6-7-2 이벤트 채널	556
6-7-3 WebSocket API의 한계	557
6-7-4 글로벌 서비스 고려	558
6-8 모니터링	**559**
6-8-1 WebSocket API 지표	559
6-9 비용 계산	**561**
6-9-1 시나리오	561
6-9-2 WebSocket 비용	562
6-9-3 DynamoDB 비용	562
6-9-4 Lambda 비용	563
6-9-5 비용 일람	563
6-9-6 비용 줄이기	564
6-10 정리	**564**

7장 • 게임 서버

7-1 온라인 뱀 게임	**569**
7-2 VPC	**572**
7-2-1 VPC 인프라 선언	575
7-2-2 Redis 인스턴스 선언	585
7-2-3 서버리스 스택 선언	588
7-2-4 연결성 분석기	589
7-3 게임 서버 구현	**593**
7-3-1 메시지 정의	594
7-3-2 WebSocket 처리 함수 구현	596
7-3-3 사용자 지정 도메인 연결	598
7-4 매칭 구현	**600**
7-4-1 매칭 요청 처리 구현	602
7-4-2 매칭 로직 구현	603
7-4-3 매칭 수행 및 처리 연장	607
7-5 게임 구현	**612**

7-5-1 WebSocket 이벤트 전달 구현 ... 612
7-5-2 게임 플레이어 구현 ... 614
7-5-3 게임 로직 구현 ... 616
7-6 테스트와 배포 ... 628
7-6-1 로컬 테스트 ... 628
7-6-2 배포 ... 631
7-7 웹 클라이언트 구현 ... 633
7-7-1 프로젝트 시작 ... 633
7-7-2 메시지와 모델 선언 ... 634
7-7-3 WebSocket 연결 ... 636
7-7-4 컴포넌트 구현 ... 637
7-7-5 스타일링 ... 644
7-7-6 효율적인 다시 그리기 ... 647
7-7-7 로컬 테스트 ... 649
7-7-8 웹 클라이언트 배포 ... 651
7-8 상용 서비스 고려 ... 656
7-8-1 VPC의 제약 조건 ... 657
7-8-2 WebSocket API의 제약 조건 ... 657
7-8-3 Lambda의 수행 시간 제약 조건 ... 658
7-8-4 Lambda의 동시 실행 제약 조건 ... 658
7-8-5 Redis 유형 검토 ... 660
7-8-6 응답 지연 시간 개선 ... 662
7-8-7 매칭 개선 ... 666
7-9 모니터링 ... 666
7-9-1 WebSocket API 지표 ... 667
7-9-2 Lambda 지표 ... 667
7-9-3 Redis 지표 ... 669
7-10 비용 계산 ... 669
7-10-1 시나리오 ... 669
7-10-2 VPC 비용 ... 671
7-10-3 WebSocket API 비용 ... 671
7-10-4 Lambda 비용 ... 672
7-10-5 비용 일람 ... 672
7-10-6 비용 줄이기 ... 674
7-11 정리 ... 675

부록 A • 도메인 구입

A-1 Route53에서 도메인 구입 ... 679
A-2 타사 도메인 연결 ... 682
A-3 도메인 레코드 세트 추가 ... 684
A-4 인증서 발급 ... 687

부록 B • 구글 OAuth 구성

B-1 프로젝트 생성 ... 693
B-2 동의 화면 구성 ... 694
B-3 클라이언트 ID 생성 ... 699

감사의 글 ... 703
찾아보기 ... 704

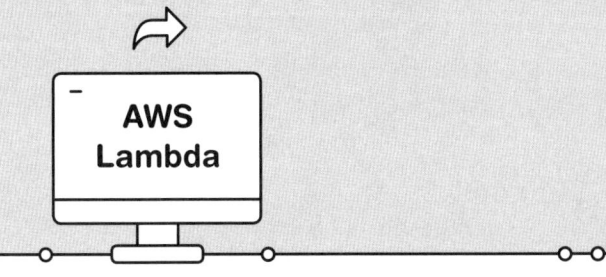

1장

준비하기

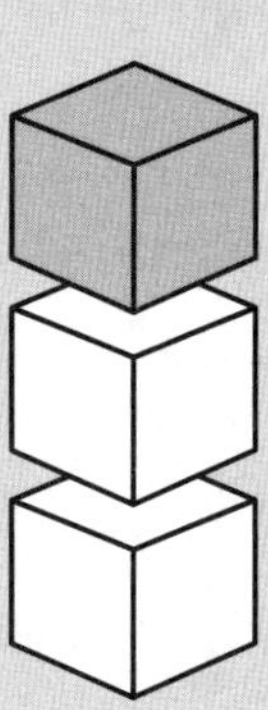

1-1 AWS 서버리스
1-2 개발 환경 구축
1-3 Serverless Framework 소개

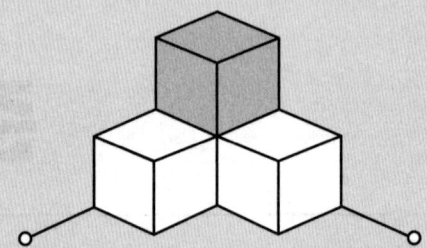

이번 단원에서는 AWS 서버리스는 무엇인지, 어떤 장점을 가지는지 설명하고 개발에 필요한 환경설정 방법을 알아본다. 그리고 개발에 사용할 Node.js와 TypeScript를 간단히 설명하고, 서버리스 배포 도구인 Serverless Framework의 사용법을 기본 예제와 함께 알아본다.

1-1 AWS 서버리스

서버를 고려할 필요 없이 애플리케이션을 구축하고 실행할 수 있게 해주는 AWS의 서비스다. 클라우드 내에서 물리·가상 서버를 제공하는 플랫폼 서비스와 달리, 사용자가 도메인에 집중할 수 있도록 인프라의 관리·운영 요소를 서비스에 포함하여 제공하는 기반이다.

독자적으로 실행 가능한 클라이언트 배포가 아닌 웹 기반의 서비스를 배포할 때 서버에 대한 고민은 반드시 필요하다. 이러한 서버의 예로는 프런트엔드 빌드 결과물을 고객의 브라우저로 제공하는 웹 서버, 도메인 로직을 포함하고 있는 백엔드 애플리케이션 서버 등이 있다. 서비스 개발은 단순히 서비스를 수행하는 코드 개발에서 끝나지 않고, 이를 고객에게 제공하는 서버 구축·배포·운영까지 포함해야 한다.

1-1-1 기존의 서버 개발

고객에게 두 수를 입력받아 그 합을 반환하는 웹 서비스를 만들어보자. 보통 다음과 같은 개발 과정을 거치게 된다.

1. Node.js의 Express를 사용하여 두 수를 입력받아 합을 반환하는 HTTP API 백엔드 서버를 개발한다.
2. React 등의 적당한 프런트엔드 프레임워크를 선택하여 프런트엔드 페이지를 개발한다.
3. 백엔드 서버에서 프런트엔드 페이지를 제공하는 코드를 개발한다.

개발한 결과물을 고객에게 제공하기 위해서는 고객이 접근 가능한 서버에 이를 복사하고 접근할 수 있도록 설정해야 한다. 즉, 배포가 필요하다.

1. 클라우드 업체로부터 적당한 가상 서버를 할당한다.
2. 프런트엔드 페이지와 백엔드 코드를 서버에 복제하고 기동한다.

이제 고객은 해당 서버의 IP 주소를 통해 접근할 수 있다. 하지만 더 나은 서비스 운영을 위해서는 IP보다 도메인을 부여할 필요가 있다.

1. 도메인 제공 업체로부터 도메인을 구입한다.

2. 네임 서버를 구축하거나 도메인 제공 업체에서 제공하는 서비스를 이용하여 구축한 가상 서버의 IP 주소를 연결한다.

서비스의 신뢰 수준을 높이기 위해 HTTP가 아닌 HTTPS로 서비스를 제공해야 한다.

1. LetsEncrypt와 같은 곳에서 SSL 인증서를 발급한다.
2. 백엔드 서버가 인증서를 사용하여 HTTPS 서비스가 가능하도록 코드를 수정한다.
3. 수정한 코드를 가상 서버에 복제하고 다시 기동한다.
4. 인증서는 만료 기간이 있으므로 만료 직전에 인증서를 다시 발급하고 가상 서버를 갱신하는 작업을 주기적으로 해야 한다.

서비스 도중 오류가 발생할 경우 배포된 서버에 접근하여 로그 확인이 필요하다.

1. 가상 서버에 접속하여 백엔드 서버가 남긴 로그 파일을 확인한다.
2. 가상 서버의 디스크 공간에는 한계가 있으므로 오래된 로그 파일을 압축하여 보관하거나 삭제하는 로직을 추가한다.

서비스가 정상 동작하고 있는지 확인하기 위해 모니터링이 필요하다.

1. 백엔드 서버의 응답 중 정상과 비정상 응답수를 세어 지표 서버에 보고한다.
2. 지표 서버로부터 수치를 시각화하는 대시보드를 구축한다.
3. 비정상 응답수가 일정 이상일 경우 경보를 보내는 기능을 추가한다.

갑자기 고객이 많아져서 서비스가 응답할 수 있는 수준 이상의 요청이 발생하게 될 경우 서버 증설을 한다.

1. 필요한 만큼 가상 서버를 더 많이 할당한다.
2. 모든 가상 서버에 프런트엔드 페이지와 백엔드 코드를 복제하고 기동한다.
3. 가상 서버에 요청을 분배하는 로드밸런서를 설정하고 여기에 도메인을 연결한다.

비용은 가상 서버 단위로 지불하기 때문에 요청량과 관계가 없다. 서비스를 이용하는 고객이 한 명임에도 가상 서버 10대를 켜놓았다면 10대의 가격을 매시간 지불해야 한다. 서비스의 확장성 측면에서 보면 가상 서버는 가용량을 고려하여 확보해두는 것이 좋지만, 비용 효율 측면에서 보면 서버의 수를 최대한 요청량에 맞게 운용하는 편이 좋다. 이를 위해서는 사용량 예측을 통해 서버의 자동 규모 조절 장치도 추가해야 한다.

지금까지 소개한 과정 중 처음 세 단계를 제외하고는 모두 서버 운영과 관련된 내용이다. 물론 데브옵스 도구를 사용하여 작업을 단순화하거나 자동화할 수도 있다. 그러나 고객에게 어떤 상황에서도 서비스를 안정적으로 제공하는 사이트 신뢰성은 너무도 중요하므로 서버 운영은 반드시 필요하다. 그리고 고객에게 더 나은 서비스를 제공하기 위해서는 도메인 관련 부분에도 집중해야 한다. 예를 들어, 굉장히 큰 두 수를 아주 빠르게 더하거나 여러 수를 한 번에 더하는 등의 기능을 추가할 수 있어야 한다.

1-1-2 서버리스 기반의 서비스 개발

AWS 서버리스는 서버를 고려할 필요 없이 애플리케이션을 구축하고 실행해주는 서비스다. 다음 내용이 어떻게 적용될 수 있는지 살펴보자.

- 백엔드 서버 코드를 실행하는 컴퓨팅 자원으로 AWS Lambda를 사용한다. AWS Lambda는 업로드한 코드를 제한된 자원 내에서 HTTP 등의 이벤트에 의해 수행하고 그 결과를 반환하는 컴퓨팅 자원이다.
- 백엔드 서버 코드를 AWS Lambda로 실행할 때 그 HTTP 이벤트를 생성하는 Amazon API Gateway를 사용한다. API Gateway에서 HTTP 요청을 받으면 AWS Lambda를 실행하여 필요한 도메인 로직을 처리하고, 그 결과를 HTTP 응답으로 반환한다.
- 프런트엔드 페이지를 사용자에게 제공하기 위해 클라우드 저장소인 Amazon S3를 사용한다. 이 서비스는 업로드한 파일을 HTTP로 제공하는 정적 웹사이트 호스팅 기능을 제공한다. AWS Lambda와 같은 컴퓨팅 자원은 아니므로 로직 실행은 불가능하지만 정적인 파일을 반환하는 HTTP 서버로 사용할 수 있어 편리하다.
- S3에서 정적으로 제공하는 파일을 CDN을 사용하여 고객에게 좀 더 빠르게 제공하기 위해 Amazon CloudFront를 사용한다. 이는 S3를 위한 데이터센터보다 더 많은 Edge를 갖기 때문에 네트워크 접근성이 좋다. 또한 HTTPS로 파일을 제공할 수 있고 Amazon Route 53과 연계하여 사용자 도메인을 사용할 수 있다.
- API Gateway와 CloudFront에 사용자 지정 도메인을 사용하기 위해 DNS 서비스인 Amazon Route 53을 사용한다. AWS 내부 서비스들 간의 DNS는 각 서비스에 대한 별칭으로 연결되기 때문에 IP 대역이 변경되어도 네임 서버 갱신을 걱정할 필요가 없다.
- API Gateway와 CloudFront는 기본으로 HTTPS를 지원한다. 이는 AWS에서 제공하는 SSL 인증서를 사용하므로 갱신에 대한 추가 작업이 필요하지 않다. 사용자 도메인은 AWS Certificate Manager를 사용하여 SSL 인증서를 관리할 수 있다. 물론 여기도 자동으로 갱

신하므로 만료에 대한 걱정이 필요 없다.
- Lambda, API Gateway, CloudFront에서 발생하는 로그를 모두 Amazon CloudWatch에서 모아서 볼 수 있다. 이는 별도의 저장소 공간이므로 오래된 로그의 압축과 제거를 고민할 필요가 없다. 필요할 경우 CloudWatch에서 각 로그 스트림의 만료 정책을 정의할 수 있다.
- CloudWatch는 각 AWS의 지표 정보를 대시보드로 구축할 수 있다. API Gateway에서 2XX, 4XX, 5XX 응답이 얼마나 발생했는지, Lambda가 얼마나 오래 걸렸으며 얼마나 자주 호출했는지를 간단하게 대시보드로 만들어 확인할 수 있다.
- API Gateway와 Lambda는 요청 횟수당 사용 금액을 계산하는 종량제 요금제다. 때문에 요청이 없을 경우 요금이 발생하지 않는다.
- 요청량이 갑자기 증가해도 더 많은 Lambda가 동시에 실행되어 요청을 동시에 처리한다. 별다른 설정을 하지 않아도 1천 개의 Lambda가 동시에 실행되어 요청을 처리할 수 있다. 하나의 요청을 처리하는 데 1초가 걸린다고 하면 초당 1천 개의 요청을 처리할 수 있다는 뜻이므로 대규모 트래픽이 아닌 상황에서는 Lambda를 사용하는 것만으로도 서버의 확장성을 고려할 필요가 없다.
- API Gateway, CloudFront로 들어오는 HTTPS 요청 한도 또한 각각 초당 1만 요청과 25만 요청으로 상당히 높고, 상황에 따라 이 기본 한도값을 높일 수도 있다. 때문에 대규모 트래픽을 제공해야 하는 상황이 아니라면 서버 확장을 위한 고민이 필요하지 않다.

AWS가 제공하는 각각의 서비스를 잘 이용하면 수동으로 가상 서버를 관리할 때보다 쉽게 관리할 수 있다. 하지만 수많은 서비스를 AWS 관리도구를 사용하여 제어해야 하므로 복잡할 수 있다. 때문에 인프라 및 서비스 요소를 코드로 관리하기 위한 AWS CloudFormation 서비스가 나왔다. 이는 AWS 자원을 선언으로 관리할 수 있는 서비스로 YAML 파일에 필요한 서비스를 선언하고 제출하면 그에 맞는 자원을 할당하고 연결해준다. 이를 사용하여 수많은 AWS 서비스를 하나의 스택으로 묶어서 관리할 수 있다. 이제 시스템을 크게 3개의 요소로 다시 정리할 수 있다.

- CloudFormation으로 관리하는 API Gateway, Lambda, S3, CloudFront, CloudWatch, Route 53 인프라 및 서비스 요소들
- Lambda에 올리기 위한 백엔드 코드
- S3에 올리기 위한 프런트엔드 코드

프런트엔드 코드를 작업할 때 달라지는 부분은 없다. 하지만 백엔드 코드는 다시 개발하는 과정이 필요할 수 있다. 백엔드 코드를 실행하는 Lambda 인스턴스가 요청이 처리되는 동안에만 실

행되기 때문이다. 이는 운영에 의한 작업을 제외하면 한 번 켜진 뒤 다시 꺼질 일이 없던 기존 서버와 가장 큰 차이점이다.

AWS 서비스를 관리하기 위한 CloudFormation 선언은 모든 AWS 서비스와 다양한 옵션을 지정해야 하므로 그 모든 내용을 제대로 알지 않으면 쓰기가 어렵다. 때문에 필요한 자원을 선언할 때마다 AWS 문서를 찾아보면서 작성해야 하고, 그 때문에 익숙해지기 전까지는 상당히 고되다. 뿐만 아니라 각 서비스의 할당과 연동을 위한 보안과 역할 관리를 위해 AWS IAM 규칙을 정의해야 하는데 이 또한 필요한 모든 AWS 서비스와 각 행위마다 필요한 권한 체계를 알고 있어야 하기 때문에 익숙해지기 전까지 상당히 피곤하다. 게다가 각 시스템을 접근하고 제어하기 위한 AWS CLI도 익혀야 언급한 모든 요소들을 CLI 기반으로 제어하여 자동화할 수 있기 때문에 이에 대한 연습도 필요하다.

초반에는 익숙하지 않은 내용을 매번 문서를 찾아보며 작업하는 과정이 진입 장벽으로 느껴질 수 있다. 하지만 이런 작업들은 필요한 문서의 위치만 기억하고 있어도 금방 익숙해질 수 있다. 그리고 다행히도 웹 서비스를 개발하기 위해 사용하는 서버리스 모델은 굉장히 정형화되었기 때문에 이를 보다 쉽게 사용할 수 있는 많은 도구와 템플릿이 존재한다. 그중 가장 오래 사용되었고 인기가 제일 많은 Serverless Framework 도구를 사용하여 서버리스 서비스를 개발하는 방법을 알아보자.

1-2 개발 환경 구축

AWS 서버리스 기반의 서비스를 개발하기 위한 환경을 구축해보자.

- AWS 서비스를 사용하기 위해 AWS 계정을 생성하고 그 계정에 접근하기 위한 액세스 키를 생성한다. 로컬 환경에 설정한 AWS CLI 도구를 사용하여 액세스 키를 설정한다.
- Node.js 개발 환경을 구축하고 Serverless Framework를 설치한다.
- Serverless Framework가 생성하는 템플릿으로 프로젝트를 시작하여 코드를 편집하기 위해 VSCode를 설치한다.
- 대부분의 개발 도구는 POSIX 환경을 기준으로 작성되었기 때문에 윈도우에서는 일부 정상 동작하지 않을 수 있다. 이를 해결하기 위해 윈도우에서도 가급적 환경을 통일할 수 있

도록 Git Bash나 리눅스용 윈도우 하위 시스템(Windows Subsystem for Linux, WSL)을 사용한다.

1-2-1 AWS 계정 설정

먼저 AWS 관리 콘솔에 접근하여 계정을 생성한다. 개인 이메일을 사용하여 계정을 생성할 수 있다. 클라우드 서비스 사용 시 비용이 발생할 수 있기 때문에 계정 생성 단계에서 결제 수단 정보를 입력한다. 하지만 서버리스 서비스 대부분은 프리티어를 지원하기 때문에 상용 서비스가 아닌 개인 연습 수준에서 개발하는 서비스로 인해 발생하는 비용은 거의 없다.

계정은 AWS 관리 콘솔의 우측 상단의 가입 메뉴에서 생성할 수 있다. **AWS 계정 새로 만들기** 메뉴를 클릭한 뒤 가입을 위한 이메일 주소를 입력하고 휴대폰 인증을 완료한 후에 결제 카드 번호를 입력하면 가입이 완료된다.

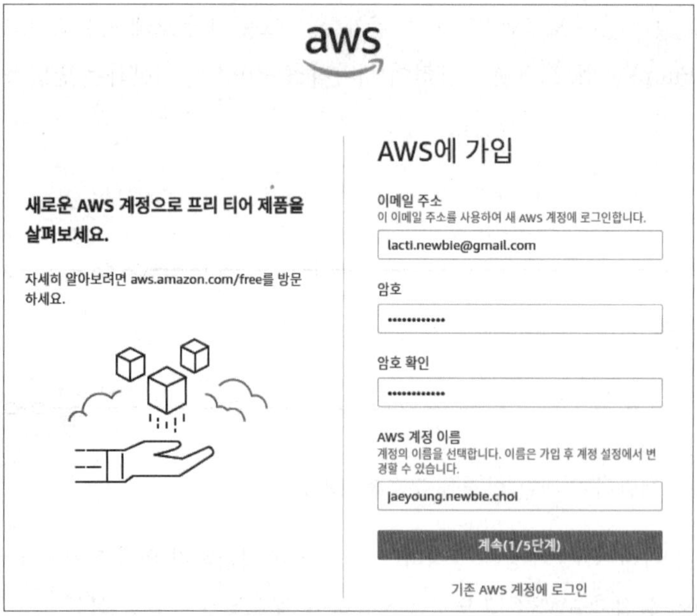

그림 1-2-1 AWS 계정 가입 1단계

가입이 완료되면 콘솔에 로그인된다. AWS가 제공하는 수많은 서비스의 목록과 기본적인 솔루션 구축을 도와주는 안내와 프로젝트 템플릿이 나타난다. 처음 가입하여 콘솔에 로그인하면 AWS 지역이 버지니아 북부(us-east-1)나 오하이오(us-east-2)로 설정되어 있는 경우가 있다. 이 상태에서 AWS 자원을 할당하기 시작하면 의도치 않은 데이터센터를 사용하게 되므로 먼저 우측 상단의 지역 메뉴를 클릭해 **아시아 태평양 (서울) ap-northeast-2** 지역으로 변경한다.

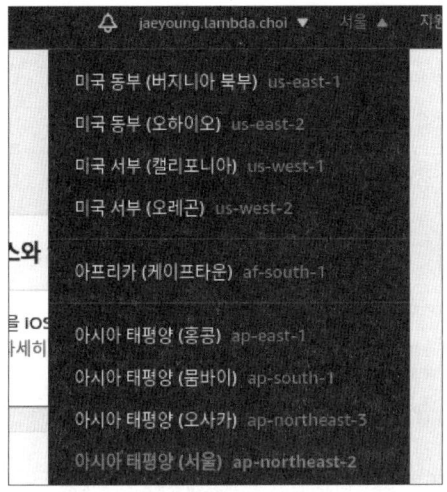

그림 1-2-2 한국 지역으로 변경

AWS 자원은 AWS 관리 콘솔을 통해 웹상에서 제어할 수 있다. 하지만 매번 웹 인터페이스를 통해 자원을 제어하는 것은 자동화하기 굉장히 번거롭다. 때문에 AWS는 프로그램 액세스 키를 제공한다. 프로그램 액세스 키는 각 계정에서 발급할 수 있는 키로 사용자는 AWS API에 이 키를 함께 보내어 AWS 자원을 제어할 수 있다. 키의 수행 작업 범위는 키가 소속된 계정에 부여한 권한 범위다. AWS에 가입할 때 등록한 이메일 기반의 계정을 루트 계정이라고 부르는데 이 계정은 모든 권한을 갖는다. 따라서 루트 계정에서 발급한 프로그램 액세스 키를 사용하면 AWS API를 사용하여 AWS 내의 모든 자원을 제어할 수 있기 때문에 계정의 비밀번호는 물론 프로그램 액세스 키도 다른 사람에게 공유하지 않아야 한다.

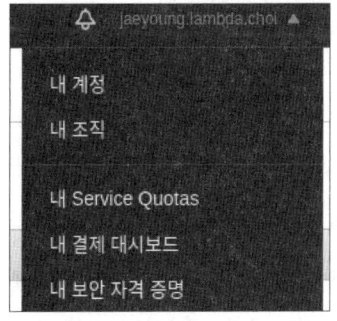

그림 1-2-3 루트 계정 하위 메뉴

루트 계정의 프로그램 액세스 키를 발급하려면 우측 상단의 계정 메뉴를 클릭해 **보안 자격 증명**으로 이동한다.

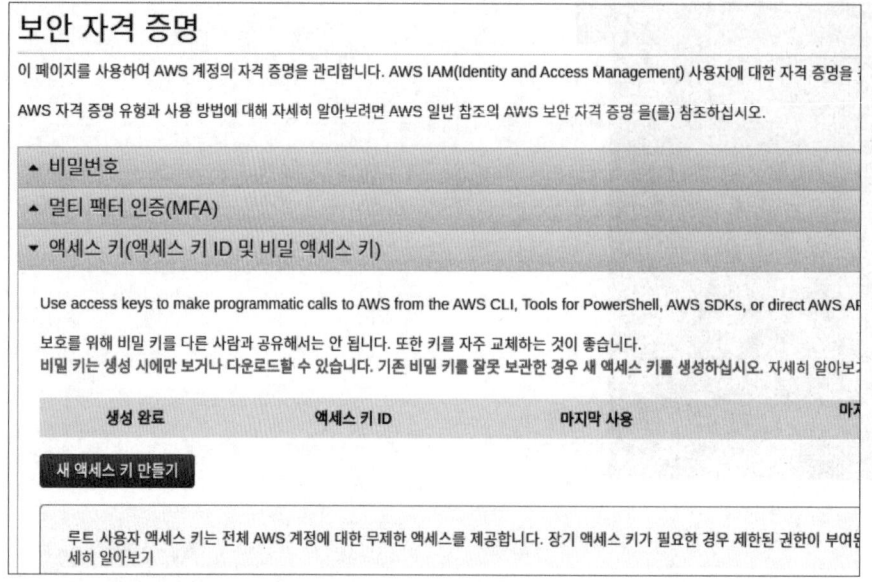

그림 1-2-4 보안 자격 증명 > 액세스 키 만들기

새 액세스 키 만들기 버튼을 클릭하면 키를 바로 발급할 수 있다. 액세스 키 ID는 추후 관리를 위해 목록에 늘 노출되지만 **비밀 키**는 생성 시에만 보이고 그 이후에는 잃어버리면 다시 찾을 수 없다. 그런 경우에는 이 페이지로 다시 들어와서 기존 키를 삭제한 후 새로 발급해서 사용해야 한다.

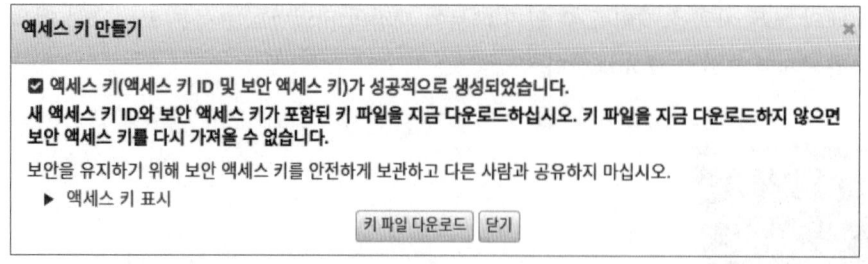

그림 1-2-5 보안 자격 증명 > 액세스 키 발급 완료

발급 버튼을 누르면 즉시 액세스 키가 발급된다. 키를 잘못 공유하는 문제는 생각보다 자주 발생하기 때문에 매번 경고문을 보여준다. **액세스 키 표시**를 클릭해 키를 직접 확인하고 적당한 곳에 보관해둘 수도 있고, 아니면 **키 파일 다운로드**를 통해 액세스 키와 비밀 키가 들어있는 CSV 파일

을 다운로드 받을 수 있다. 키를 보관하는 작업이 익숙하지 않다면 다음 절에서 소개할 AWS CLI 설정 전까지 CSV 파일을 다운로드 받는 것이 낫다.

루트 계정의 액세스 키는 모든 AWS 자원을 접근하고 제어할 수 있는 권한을 가진 위험한 키다. 실수로 이 키를 소스 코드에 포함하여 GitHub에 올리는 경우가 생각보다 많았다. 이로 인해 의도치 않게 AWS 자원을 과도하게 사용하여 요금 폭탄을 받게 되는 경우도 꽤 있었다. 최근에야 GitHub의 대응으로, 이렇게 올라간 액세스 키를 GitHub 검색에서는 노출하지 않지만 그래도 여전히 의도치 않게 키가 노출되면 위험한 경우가 많기 때문에 절대로 외부에 유출되지 않도록 각별히 주의해야 한다. 소스 코드에 포함되는 경우뿐만 아니라 CI 시스템이나 서비스에서 디버깅 등을 목적으로 액세스 키를 로그 파일에 출력하는 경우도 조심해야 한다. 키 보관에 대해서는 늘 신경 쓰고 있어야 한다.

이 문제는 루트 계정에 속한 액세스 키의 권한이 너무 막강하기 때문에 발생하는 문제다. 때문에 서버리스 스택을 공부하기 위해 개인적인 계정을 사용하는 경우가 아니라 상용 서비스를 고려하는 경우라면 정확히 필요한 권한을 부여한 사용자를 별도로 생성하고 그 계정에서 프로그램 액세스 키를 발급하여 사용해야 한다. 이 경우 AWS IAM 서비스에서 필요한 자원으로의 접근 권한만 부여된 사용자를 생성하고 그 사용자에 대한 프로그램 액세스 키를 발급해 사용하면 된다.

1-2-2 AWS CLI 설치

AWS는 자원 제어를 위한 REST API를 지원하므로 curl 등의 웹 클라이언트 도구로 필요한 요청을 진행할 수 있다. 하지만 요청을 위한 모든 URL과 파라미터 규격을 다 알기는 매우 어렵기 때문에 그 요청을 보다 쉽게 수행할 수 있도록 AWS CLI를 설치하여 사용한다. AWS CLI는 AWS에서 제공하는 도구로 AWS API를 보다 쉽게 이해할 수 있는 명령으로 실행하는 도구이며 각 환경에서 다음과 같이 설치한다.

리눅스에서는 아마존에서 제공하는 AWS CLI를 다운로드 받은 후 루트 권한으로 설치하여 /usr/local/bin에 aws 실행 파일을 설치한다.

```
$ curl "https://awscli.amazonaws.com/awscli-exe-linux-x86_64.zip" -o "awscliv2.zip" && \
  unzip awscliv2.zip && \
  sudo ./aws/install
```

맥OS에서는 https://awscli.amazonaws.com/AWSCLIV2.pkg 파일을 다운로드 받은 후 파일을 더블클릭하여 설치 관리자를 시작한다. 이후 화면에 표시되는 지시사항에 따라 설치한다. 컴퓨터 내의 모든 사용자가 사용할 수 있게 선택하면 루트 권한을 획득한 후 /usr/local/bin/aws로 실행 파일이 설치된다. 만약 현재 사용자만 허용하도록 설치를 진행할 경우 쓰기 권한이 있는 폴더에 파일이 설치된다. 단, 해당 경로가 $PATH에 위치하지 않을 수 있으므로 직접 $PATH에 설치 경로를 추가하거나, 혹은 /usr/local/bin의 위치에 실행 파일에 대한 심볼릭 링크를 추가해야 한다.

윈도우에서는 https://awscli.amazonaws.com/AWSCLIV2.msi 파일을 다운로드 받은 후 파일을 실행하여 MSI 설치 관리자를 시작한다. 이후 화면 지침에 따라 설치를 완료하면 C:\Program Files\Amazon\AWSCLIV2 위치에 실행 파일이 설치된다.

설치가 완료되면 다음 명령을 수행하여 aws 실행 파일이 올바르게 설치되었는지 확인할 수 있다. 명령을 입력할 때는 프롬프트 기호를 입력하지 않아야 한다. 프롬프트 기호는 리눅스와 맥OS에서 유저 권한이면 $, 루트 권한이면 #으로 표시한다. 윈도우는 C:\로 표시한다. 앞으로의 예제에서는 편의상 $와 필요할 경우 #을 사용한다.

```
$ aws --version
aws-cli/2.7.22 Python/3.9.11 Linux/5.15.0-46-generic exe/x86_64.ubuntu.20 prompt/off
```

2022년 8월 기준 현재 AWS CLI의 버전은 2.7.22이다. 이 도구는 자동 업데이트 기능이 없기 때문에 새로운 버전이 출시되면 패키지를 다시 다운로드해서 설치해야 한다. 두 번째 설치부터는 ./aws/install 명령에 --update 실행 인자를 주어 업그레이드한다. AWS가 제공하는 최신 기술을 사용해야 한다면 최신 AWS CLI를 사용해야 한다. 혹시 명령이 존재하지 않거나 알 수 없는 오류가 난다면 AWS CLI의 버전을 확인한다.

이 도구를 사용하여 AWS 자원에 접근하려면 프로그램 액세스 키를 설정해야 한다. AWS IAM에서 루트 계정에 발급한 프로그램 액세스 키를 설정한다. 프로그램 액세스 키는 액세스 키와 시크릿 액세스 키 두 개로 나뉘는데 두 값 모두 설정해야 정상 동작한다. AWS CLI의 configure 명령을 사용하여 설정한다.

```
$ aws configure
AWS Access Key ID: 액세스 키
AWS Secret Access Key: 시크릿 액세스 키
```

```
Default region name: ap-northeast-2
Default output format: json
```

Default region name은 AWS CLI에서 별도의 데이터센터 지역을 입력하지 않았을 때 기본으로 사용할 위치에 대한 코드다. ap-northeast-2는 서울 지역에 대한 코드다. 이 값은 AWS CLI를 실행할 때 --region 옵션으로 재정의할 수 있다.

AWS 자원은 데이터센터의 위치에 따라 지역이 구분되는데, 2022년 8월 기준 각 지역에 따른 코드는 다음과 같다.

Code	이름	Code	이름
af-south-1	아프리카(케이프타운)	eu-north-1	유럽(스톡홀름)
ap-east-1	아시아 태평양(홍콩)	eu-south-1	유럽(밀라노)
ap-northeast-1	아시아 태평양(도쿄)	eu-west-1	유럽(아일랜드)
ap-northeast-2	아시아 태평양(서울)	eu-west-2	유럽(런던)
ap-northeast-3	아시아 태평양(오사카)	eu-west-3	유럽(파리)
ap-south-1	아시아 태평양(뭄바이)	me-south-1	중동(바레인)
ap-southeast-1	아시아 태평양(싱가포르)	sa-east-1	남아메리카(상파울루)
ap-southeast-2	아시아 태평양(시드니)	us-east-1	미국 동부(버지니아 북부)
ap-southeast-3	아시아 태평양(자카르타)	us-east-2	미국 동부(오하이오)
ca-central-1	캐나다(중부)	us-west-1	미국 서부(캘리포니아 북부)
eu-central-1	유럽(프랑크푸르트)	us-west-2	미국 서부(오레곤)

CDN 서비스인 Amazon CloudFront나 DNS 서비스인 Amazon Route 53과 같이 데이터센터의 위치와 상관없이 전 지역에서 제공하는 서비스도 있지만, Amazon S3, Amazon API Gateway, AWS Lambda와 같이 각 지역의 데이터센터 내에서만 제공하는 서비스도 있으므로 잘못된 지역을 사용하지 않도록 주의해야 한다. 만약 한국에서 제공하는 웹 서비스를 API Gateway와 Lambda를 사용하여 개발한다면 일본 도쿄(ap-northeast-1)보다는 서울(ap-northeast-2) 지역의 AWS 자원을 사용해야 응답 지연 속도를 더 줄일 수 있다.

AWS에서 신규로 제공하는 서비스의 경우 각 지역에 따라 제공되는 시점이 달라지기도 한다. 새로 나온 기능을 최대한 빠르게 사용하고 싶다면 주기적으로 AWS 지역 서비스 페이지를 확인해야 한다.

Default output format은 AWS CLI로 조회하는 AWS 자원에 대한 응답의 기본 포맷이다. 상황에 따라서는 text, table, yaml을 사용할 수도 있지만 보통 교환에 많이 사용하는 json을 기본으로 지정한다. 이 값은 AWS CLI를 실행할 때 --output 옵션으로 재정의할 수 있다.

aws iam get-user 명령을 사용해 현재 설정된 프로그램 액세스 키가 어느 계정에 소속된 것인지 조회할 수 있다. 모든 설정이 잘 되었다면 다음과 같이 정상적인 응답이 나온다.

```
$ aws --region ap-northeast-2 iam get-user
{
  "User": {
    "Path": "/",
    "UserName": "USER_NAME",
    "UserId": "USER_ID",
    "Arn": "arn:aws:iam::ACCOUNT_ID:user/USER_NAME",
    "CreateDate": "2017-04-23T05:54:11+00:00"
  }
}
```

만약 여러 계정의 액세스 키를 다뤄야 한다면 --profile 옵션을 사용한다. aws configure --profile로 액세스 키를 설정할 대상의 프로파일 이름을 지정하고, aws --profile로 사용할 프로파일을 지정해서 사용하면 된다. 이는 다른 권한을 지닌 여러 계정을 다룰 때 사용하면 편리하다. 예를 들어 개발 환경과 상용 환경이 분리된 경우 각각의 프로파일을 따로 지정해서 사용할 수 있다.

```
$ aws configure --profile lacti-dev
# 개발 환경 액세스 키 설정
$ aws configure --profile lacti-prod
# 상용 환경 액세스 키 설정

$ aws --profile lacti-dev --region ap-northeast-2 iam get-user
# 개발 환경의 계정 정보 조회
$ aws --profile lacti-prod --region ap-northeast-2 iam get-user
# 상용 환경의 계정 정보 조회
```

1-2-3 Node.js

Node.js는 크롬 V8 엔진을 사용하여 개발된 자바스크립트 런타임이다. 자바스크립트는 문법이 다른 언어에 비해 상대적으로 간단하여 익히기 쉬운 편이고, `async/await` 문법이 있어 비동기 작업을 간단하게 처리할 수 있다. Node.js는 단일 스레드를 사용하는 런타임이지만 이벤트 루프 기반으로 비동기 IO를 잘 처리하기 때문에 전반적인 처리 성능이 괜찮은 편이다. 또한 이미 개발된 다양한 라이브러리를 보유하고 있고, 관련 생태계가 커서 문제에 직면했을 때 많은 정보를 검색할 수 있으며, 자체적인 패키지 매니징 도구 `npm`을 가지고 있어 쉽게 다른 의존 라이브러리를 설치해 사용할 수 있다. 필요하다면 타입스크립트를 사용하여 타입 정보를 추가할 수 있고 이를 활용하여 코드를 이해하거나 의도치 않은 타입 버그를 발견하는 데 도움을 받을 수 있다.

Node.js는 공식 다운로드 페이지에서 환경에 맞는 설치 파일을 다운로드하여 설치하면 된다. Node.js는 LTS 버전과 현재 버전을 제공한다. LTS는 다른 버전보다 장기간에 걸쳐 지원하도록 특별히 운영하는 버전이다. 현재 버전은 최신 버전으로, 최신 기능을 사용할 수 있지만 그 지원 기간이 LTS 버전보다 짧기 때문에 문제가 발생했을 때 Node.js 개발팀으로부터 지원을 받지 못할 수 있다. 때문에 최신 기능을 사용할 일이 없는 대부분의 경우에서는 LTS 버전을 설치하는 편이 좋다.

이 책에서는 설명의 편의를 위해 예제들을 Node.js 기반으로 작성한다. 책에서 주로 사용할 Serverless Framework 도구도 Node.js 기반으로 개발되었기 때문에 같은 런타임을 사용할 때 코드와 설정을 같은 언어로 작성할 수 있는 장점이 있다. 뿐만 아니라 Node.js 런타임은 AWS Lambda에서 첫 기동 지연 시간이 빠른 편이고, 리눅스와 맥OS, 윈도우에서 모두 잘 돌아가는 편이며 프런트엔드 개발에서도 사용할 수 있다는 장점이 있다. AWS Lambda는 몇 개의 지정된 런타임을 자체적으로 제공하기 때문에 그 버전을 맞추면 별도의 환경을 구성할 필요 없이 쉽게 사용할 수 있다. Node.js 런타임은 2022년 8월 기준 Node.js 16, 14, 12를 지원한다. AWS Lambda는 Node.js 16을 2022년 5월부터 지원했다. AWS Lambda는 2022년 11월 Node.js 12를 지원 종료할 계획이므로, 가능하다면 Node.js 16 버전을 사용하는 것이 좋다. 하지만 이 책을 집필한 2022년 4월 시점에서는 Node.js LTS가 14버전이었고, AWS Lambda도 Node.js 14까지만 지원했다. 따라서 모든 예제는 14 버전으로 작성되었다.

설치를 완료했다면 `--version` 명령으로 Node.js와 npm의 버전을 확인할 수 있다.

```
$ node --version
v14.20.0
```

```
$ npm --version
8.17.0
```

Node.js는 패키지 선언 파일인 `package.json`을 통해 프로젝트에 대한 설명을 작성하고 의존 패키지 목록을 관리하며 추가적인 명령을 정의할 수 있다. `npm init` 명령을 사용해 대화식으로 빈 선언 파일을 작성할 수 있다. 기본값을 갖는 선언 파일을 생성하려면 `npm init -y` 명령을 사용한다. 그럼 다음과 같은 `package.json` 파일을 얻을 수 있다.

```
{
  "name": "package-json-example",
  "version": "1.0.0",
  "description": "",
  "main": "index.js",
  "scripts": {
    "test": "echo \"Error: no test specified\" && exit 1"
  },
  "author": "",
  "license": "ISC"
}
```

이후 `npm install --save` 명령을 사용해 의존 패키지를 추가하면 `dependencies` 항목으로 해당 패키지의 이름과 버전이 명시된다. 따라서 이 파일을 공유하면 다른 사용자가 동일한 버전의 의존성을 설치할 수 있기 때문에 잘못된 버전을 사용하여 발생하는 문제를 막을 수 있다. 뿐만 아니라, 의존 패키지가 의존하는 패키지의 버전도 신경 써야 한다. 이 정보는 패키지를 설치할 때 `package-lock.json` 파일에 정리된다. 그러므로 `package.json` 파일과 함께 `package-lock.json` 파일도 공유하는 것이 좋다. 의존 패키지는 `dependencies` 외에도 목적에 따라 개발 시에만 필요한 패키지를 명시하는 `devDependencies`나 반드시 존재할 필요는 없는 패키지를 명시하는 `optionalDependencies`를 따로 관리할 수 있다. 각각 `--save-dev`와 `--save-optional` 옵션을 주어 `package.json` 파일의 각 항목에 추가할 수 있다. `package.json` 파일에 필요한 의존성이 모두 작성된 프로젝트를 다운로드했다면 `npm install` 명령을 사용하는 것으로 필요한 의존성을 한 번에 설치할 수 있다. 이때 프로젝트 디렉토리 아래의 `node_modules` 디렉토리에 필요한 의존성이 모두 설치된다.

`package.json`의 `scripts` 영역에는 `npm run` 명령으로 실행하는 명령을 추가할 수 있다. 보통 `start`로 로컬에서 실행하는 명령, `build`로 프로젝트를 빌드하기 위한 명령, `deploy`로 프로젝트

를 빌드하는 명령을 작성한다. 예를 들어 다음과 같이 각 명령에 지정한 자바스크립트 파일을 실행하도록 구성할 수 있다. `npm run start` 명령을 실행하면 `node main.js` 명령이 실행된다.

```
{
  "scripts": {
    "start": "node main.js",
    "build": "node build.js",
    "deploy": "node deploy.js"
  }
}
```

1-2-4 nvm

Node.js는 활발히 개발되고 있는 프로젝트로 기능 추가와 버그 수정으로 인한 버전 업데이트가 잦다. 또한 AWS Lambda에서도 Node.js의 LTS 버전 상황에 따라 런타임 버전을 추가한다. 예전 Node.js 환경을 그대로 사용해도 문제없다면 괜찮지만 경우에 따라 새 버전의 Node.js 설치가 필요하다. 혹은 필요에 따라 어떤 AWS Lambda는 Node.js 16 버전을, 다른 AWS Lambda는 Node.js 14 버전을 사용해야 할 수도 있다. 이 경우 로컬에 가장 높은 버전의 Node.js만 설치하여 개발할 수도 있지만 가급적이면 AWS Lambda의 환경과 동일한 버전을 맞추고 개발하는 것이 좋다. 그렇지 않을 경우, 로컬에서 정상 동작한 코드가 AWS Lambda에서는 오류를 일으킬 수도 있다.

Node.js 버전을 로컬에 여러 개 설치하고 필요할 때마다 버전을 바꿔서 사용하면 이 문제를 해결할 수 있다. 이 과정을 직접 하면 매우 번거롭지만, Node.js 버전 관리 도구인 nvm을 사용하면 쉽게 해결할 수 있다. 이 도구는 `curl`을 사용할 수 있는 `bash` 환경에서 다음과 같이 설치한다. 중간의 `v0.39.1`은 버전에 해당하는 부분으로 새 버전이 출시될 때마다 변경될 수 있다. 무조건 최신 버전을 사용하려면 `master`를 사용한다.

```
$ curl -o- https://raw.githubusercontent.com/nvm-sh/nvm/v0.39.1/install.sh | bash
```

맥OS의 경우 Homebrew를 사용하여 설치할 수 있다.

```
$ homebrew install nvm
```

bash를 실행할 때 nvm 실행을 위한 환경 변수를 설정하기 위해 관련 내용을 다음과 같이 .bashrc에 추가한다.

```
$ cat << EOF >> ~/.bashrc
export NVM_DIR="$HOME/.nvm"
[ -s "$NVM_DIR/nvm.sh" ] && \. "$NVM_DIR/nvm.sh"  # This loads nvm
[ -s "$NVM_DIR/bash_completion" ] && \. "$NVM_DIR/bash_completion"  # This loads nvm bash_completion
EOF
```

source ~/.bashrc 명령으로 설정을 다시 읽으면 nvm을 사용할 수 있다. nvm은 여러 버전의 Node.js를 홈 디렉토리 밑의 .nvm 디렉토리에 저장하고 선택한 버전을 사용할 수 있도록 alias를 만든다. 예를 들어 다음과 같이 nvm install 명령을 사용하여 12 버전과 14 버전을 설치할 수 있다. 14와 같이 메이저 버전만 지정할 경우 14 버전 중 가장 최신 버전을 사용한다. 2022년 8월 기준으로는 v14.20.0이다.

```
$ nvm install 12
$ nvm install 14
```

nvm use 명령을 사용하여 필요한 버전을 선택해 사용할 수 있다. 그리고 기본으로 사용할 버전은 nvm alias default 로 지정할 수 있다.

```
$ nvm use 12   # 12 버전을 사용
$ nvm use 14   # 14 버전을 사용
$ nvm alias default 14   # 14 버전을 기본으로 사용
$ nvm use default   # 기본 버전을 사용
```

만약 마이너 버전 업데이트가 필요한 경우에는 해당 메이저 버전으로 다시 설치하면 된다. 이때 nvm reinstall-package 명령으로 과거 버전에서 전역으로 설치했던 패키지를 다시 설치할 수 있다. 예를 들어 기존에 설치된 v14.17.0을 현 시점에서 최신 14 버전으로 업그레이드하려면 다음과 같이 실행한다. 단, 메이저 버전을 업그레이드한다면 프로젝트 내의 예전 Node.js 버전으로 설치한 node_modules 디렉토리를 삭제 후 다시 설치해야 버전 불일치 문제가 발생하지 않는다.

```
$ nvm install 14   # 14 버전의 최신을 설치
$ nvm list
      v14.17.0   # 과거에 설치했던 버전
```

```
-> v14.20.0   # 지금 설치된 최신 버전

# 14.17.0에서 사용한 전역 패키지를 14.20.0에서도 다시 설치
$ nvm reinstall-packages 14.17.0
$ nvm uninstall 14.17.0   # 과거 버전 삭제
Uninstalled node v14.17.0
```

1-2-5 타입스크립트

타입스크립트는 마이크로소프트에서 개발한 오픈 소스 프로그래밍 언어로, 자바스크립트에 타입을 부여하는 자바스크립트의 슈퍼셋 언어다. 자바스크립트는 타입 정보가 없기 때문에 프로그램을 작성할 때 보다 유연하고 자유롭다는 장점이 있지만, 추론 엔진의 한계를 넘어서는 복잡한 프로그램에는 프로그래머가 직접 타입을 고려해야 하는 문제가 발생한다. 이를 보완하는 다양한 타입 검사 도구가 있지만, 이 책에서는 Serverless Framework에서 가장 적극적으로 지원하는 타입스크립트를 사용한다.

Node.js의 패키지 매니징 도구인 npm을 사용하여 다음과 같이 전역 범위에서 타입스크립트 컴파일러를 설치할 수 있다.

```
$ npm install -g typescript
```

자바스크립트 파일의 확장자는 `.js`이고 타입스크립트의 확장자는 `.ts`다. `.ts` 파일을 작성하고 타입스크립트 컴파일러(tsc) 혹은 바벨(babel)을 사용하여 `.js` 파일을 생성할 수 있다.

```
$ echo "console.info(`Hello TypeScript!`);" > hello.ts
$ tsc hello.ts     # hello.ts 파일을 컴파일하여 hello.js 파일을 생성
$ node hello.js    # hello.js를 Node.js 런타임으로 실행
Hello TypeScript!
```

다만 프로젝트에 따라 다른 타입스크립트 버전을 사용해야 할 수도 있기 때문에, 필요한 버전을 Node.js의 패키지 관리 선언인 `package.json` 파일에 등록하여 관리하는 것이 좋다. 이는 개발 단계에서만 사용하기 때문에 `npm install --save-dev typescript` 명령으로 설치한다. 단, 이 명령으로 설치할 경우 전역으로 설치할 때와는 다르게 프로젝트 디렉토리 하위의 `node_modules`에 타입스크립트 컴파일러가 설치된다. 그래서 tsc를 바로 실행할 수가 없다. 해당 파일이 설치

된 정확한 경로인 ./node_modules/.bin/tsc을 입력해야 실행할 수 있다. 하지만 이렇게 번거로운 전체 경로를 입력하는 대신 npx 명령을 사용하면 손쉽게 .bin 하위의 실행 파일을 실행할 수 있다.

```
# 다음 명령으로 ./node_modules/typescript에 타입스크립트 패키지를 설치한다.
# 그리고 ./node_modules/.bin에 각 실행 파일의 심볼릭 링크를 생성한다.
$ npm install --save-dev typescript

# 다음 두 가지 방법 중 하나를 사용하여 타입스크립트 컴파일러를 실행할 수 있다.
$ ./node_modules/.bin/tsc
$ npx tsc
```

타입스크립트로 작성한 파일을 매번 타입스크립트 컴파일러를 실행한 후에 node 명령으로 실행하는 것은 매우 번거롭다. 다행히 이를 한 번에 처리할 수 있는 ts-node 패키지가 있다. 이는 타입스크립트 파일을 바로 실행하기 위해 node를 감싼 패키지다. 다만 실행에 Node.js에 대한 타입 정보를 요구하기 때문에 다음과 같이 @types/node 패키지와 함께 설치해서 사용할 수 있다. 그리고 이 패키지 역시 node_modules 하위에 설치되므로 npx 명령을 사용해 실행한다. 이 과정이 번거롭다면 전역으로 설치해서 사용할 수도 있다. 이때 전역에 설치한 타입스크립트 버전과 프로젝트에서 사용하는 타입스크립트 버전이 다를 경우 자칫 IDE에서 잘못된 버전을 선택해 문제가 발생할 수 있으므로 주의한다.

```
# ts-node와 Node.js 14 버전에 대한 타입 정보를 함께 설치한다.
$ npm install --save-dev ts-node @types/node@14

# ts-node를 시작한다.
$ npx ts-node
>
```

1-2-6 Visual Studio Code

코드 편집을 위한 도구로는 Visual Studio Code(이하 VSCode)를 사용한다. VSCode는 마이크로소프트에서 개발한 코드 편집 도구로 리눅스와 맥OS, 윈도우에서 모두 사용할 수 있다. 다른 편집 도구에 비해 다양한 확장을 지원하면서도 상대적으로 로컬 자원을 적게 소모하는 편이다. 그리고 오픈 소스로 공개된 도구이기 때문에 별도의 비용 없이 자유롭게 사용할 수 있다.

VSCode 다운로드 페이지에서 설치 파일을 다운로드할 수 있다. 각 환경별 설치 파일을 제공하므로 현재 OS 버전에 맞는 설치 패키지를 다운로드한 후 실행하여 설치한다.

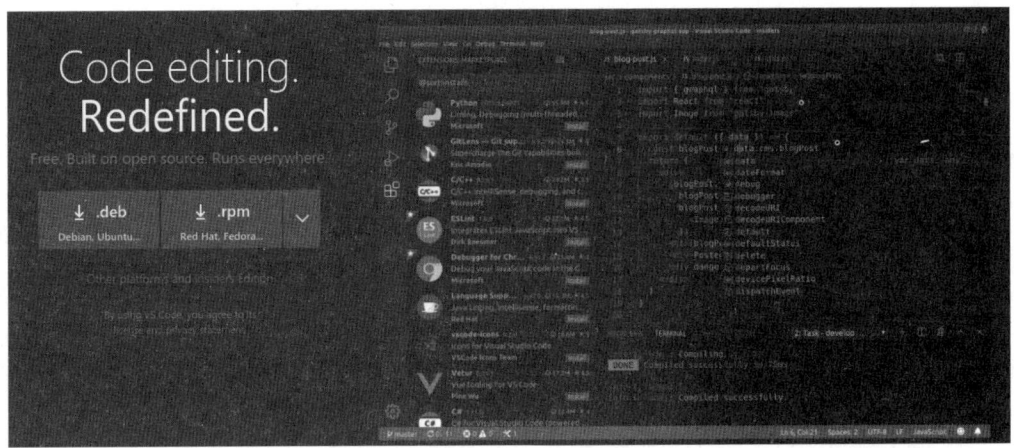

그림 1-2-6 VSCode 다운로드 페이지

VSCode는 확장(Extensions)을 통해 개발 환경을 더욱 효율적으로 만들 수 있다. 편집 중인 행의 최근 Git 변경점을 바로 보여준다거나 복잡한 괄호쌍의 색을 다르게 구분하여 보여주는 등 유명한 확장이 많다. 이 책에서는 모든 확장을 소개하지는 않고 미리 설치해두면 편한 몇 가지 확장을 소개한다. 이 외에도 많은 도움을 주는 다양한 확장이 있으므로 취향에 맞게 설치해서 사용하면 된다.

확장 이름	용도
Prettier - Code formatter	작성한 코드를 Prettier 기반으로 포맷팅한다. 파일 저장 시 자동 포맷팅 옵션을 켜면 코드 스타일을 신경 쓰지 않고 작업할 수 있어 편리하다.
ESLint	자바스크립트와 타입스크립트로 작성한 코드에서 자주 실수하는 부분을 정적으로 분석하여 알려주는 도구다.
AWS Toolkit	AWS 서비스에 대한 접근을 VSCode 확장에서 가능하게 해주는 도구다. 서버리스 스택 배포 이후 로그 등을 쉽게 확인할 수 있다.

1-2-7 direnv

프로젝트에서 공용으로 사용해야 하는 상수나, 코드에 함께 포함하기에는 민감한 내용을 관리할 때 환경 변수(Environment variable)를 사용한다. 모든 환경 변수를 .bashrc와 같은 쉘의 최상위 설정 파일에 넣어둘 수도 있지만 프로젝트에 따라 다른 값을 관리해야 한다면 이러한 방식은 번거롭다. 보통 환경 변수를 정의하는 스크립트 파일을 프로젝트 디렉토리에 두고, 그 디렉토리에 진입했을 때 스크립트를 실행하는 방법을 사용한다. 예를 들어 AWS 자원에 접근하기 위한 프로그램 액세스 키를 위 방법을 사용해 다음과 같이 관리할 수 있다.

```
$ cat .gitignore
load_env.sh  # gitignore에 추가하여 실수로 GitHub 등에 올라가지 않도록 한다.

$ cat load_env.sh
export AWS_ACCESS_KEY_ID="MY_ACCESS_KEY"
export AWS_SECRET_ACCESS_KEY="MY_SECRET"

$ ./load_env.sh  # AWS 프로그램 액세스 키를 환경 변수로 불러온다.
$ aws s3 ls      # 필요한 AWS 자원에 접근한다. 예를 들어 S3의 Bucket 목록을 조회한다.
```

이때 직접 AWS 자원에 접근하기 위해 제한된 권한을 갖는 프로그램 액세스 키를 사용할 수도 있고, 혹은 시스템 내에서 다른 AWS 자원에 접근하기 위한 프로그램 액세스 키를 관리하는 경우도 있다. 이런 모든 경우를 대응하기 위해 위와 같은 스크립트 파일 각각을 관리하는 것은 매우 번거롭다.

direnv는 이 문제를 해결하는 도구다. 쉘에 통합하여 어떤 디렉토리에 진입했을 때 .envrc라는 파일이 있다면 그 파일을 실행한다. 예를 들어 AWS 프로그램 액세스 키는 다음과 같이 관리할 수 있다.

```
# test라는 디렉토리를 만들고 .envrc 파일에 프로그램 액세스 키를 설정한다.
$ mkdir test
$ cat << EOF > test/.envrc
export AWS_ACCESS_KEY_ID="MY_ACCESS_KEY"
export AWS_SECRET_ACCESS_KEY="MY_SECRET"
EOF

# 의도치 않은 스크립트의 실행을 막기 위해, 첫 진입 시에는 권한을 요구한다.
$ cd test
direnv: error /home/lacti/test/.envrc is blocked. Run `direnv allow` to approve its content

# direnv allow 명령으로 허가한다. 이제 스크립트가 실행되고, 두 개의 환경 변수가 추가되었다.
test$ direnv allow
direnv: loading ~/test/.envrc
```

```
direnv: export +AWS_ACCESS_KEY_ID +AWS_SECRET_ACCESS_KEY

# 이후에는 test 디렉토리에 진입하면 바로 .envrc 파일이 실행된다.
# 다만 .envrc 파일이 수정되면 다시 direnv allow 명령으로 변경된 내용을 허가해야 한다.
test$ cd ..
$ cd test
direnv: loading ~/test/.envrc
direnv: export +AWS_ACCESS_KEY_ID +AWS_SECRET_ACCESS_KEY
```

만약 상위 디렉토리에서 선언한 .envrc 파일도 함께 사용하려면 source_up 명령을 사용한다. 이를 명시하지 않을 경우 direnv는 상위 디렉토리에 위치한 .envrc 파일을 모두 무시한다.

```
# parent와 그 아래의 child 디렉토리를 생성한다.
$ mkdir parent parent/child
$ cd parent

# parent 디렉토리에 .envrc 파일을 준비한다.
parent$ echo 'echo "Hello from parent"' > .envrc
parent$ cd child

# child 디렉토리에 .envrc 파일을 준비한다.
# 이때 source_up을 사용해 parent의 .envrc 파일도 사용할 수 있게 구성한다.
parent/child$ echo 'source_up; echo "Hello from child"' > .envrc

# direnv allow 명령을 사용하면, child 뿐만 아니라 parent의 .envrc도 읽는다.
parent/child$ direnv allow
direnv: loading ~/parent/child/.envrc
direnv: loading ~/parent/.envrc
Hello from parent
Hello from child
```

단, 이는 Unix 계열 환경을 위해 작성된 도구이므로 리눅스와 맥OS에서는 바로 사용 가능하지만 윈도우 환경은 WSL2나 Git Bash와 같은 환경을 설치해야 사용할 수 있다.

1. https://github.com/direnv/direnv/releases에서 환경에 맞는 파일을 다운로드한다. 예를 들어 64bit 맥OS는 `direnv.darwin-amd64`나 `direnv.darwin-arm64`를, 64bit 리눅스는 `direnv.linux-amd64`를 받는다.

2. 받은 파일의 이름을 `direnv`로 변경하고 `chmod +x` 명령으로 실행 권한을 부여한 뒤 실행 가능한 경로에 옮긴다.

3. eval "$(direnv hook bash)"을 쉘 설정 파일에 추가한다. 예를 들어 bash를 사용하는 경우 .bashrc에 추가한다.

공식 홈페이지에서 안내하는 설치 방법인 curl -sfL https://direnv.net/install.sh | bash을 사용하면 1, 2번 단계를 자동으로 해주는데 이때 direnv 파일을 $PATH 내의 쓰기 가능한 첫 번째 디렉토리에 넣어주다 보니 의도치 않은 디렉토리에 파일이 들어갈 수 있다. 때문에 가급적이면 직접 설치하는 것이 낫다. 물론 우분투 리눅스 배포판의 경우 apt install direnv로, 맥OS의 경우 homebrew install direnv로 설치하는 것도 가능하다.

1-2-8 Docker

Docker는 리눅스의 응용 프로그램들을 프로세스 격리 기술들을 사용해 컨테이너로 실행하고 관리하는 오픈 소스 프로젝트다. Docker 컨테이너는 소프트웨어 실행에 필요한 모든 의존성을 완전한 파일 시스템 안으로 감싼다. AWS는 AWS Lambda 환경을 로컬에 모사할 수 있도록 이에 대한 Docker 이미지를 제공한다. 이를 활용하여 Lambda에 올릴 코드가 정상 동작하는지 로컬에서 손쉽게 테스트할 수 있다. 또한 Lambda에서 수행할 환경 구성이 복잡할 경우 코드 압축 파일을 배포하는 대신 Docker 이미지를 사용하여 컨테이너를 구성할 수 있다. 이 과정에서 Docker가 필요하다.

Docker 설치는 공식 홈페이지의 https://docs.docker.com/get-docker/ 안내를 따르면 된다. 원래 리눅스 시스템 위에서 수행하도록 작성되었기 때문에 리눅스에서는 시스템 패키지를 통해 Docker를 설치한다. 맥OS와 윈도우의 경우 별도의 VM을 기동하거나 WSL2를 사용하여 Docker 환경을 구축하는 Docker 데스크톱을 설치한다. Docker 데스크톱은 OS별 설치 실행 파일을 다운로드해 설치 마법사 단계를 따라가면 되므로 간단하게 설치할 수 있다.

리눅스의 경우 다음과 같이 설치 스크립트를 바로 실행하여 설치할 수도 있다. 만약 설치 스크립트를 바로 sudo 명령을 사용해 루트 권한으로 실행한다면, 잘못 작성된 스크립트 혹은 악의적인 목적을 담고 있는 스크립트에 의해 시스템에 큰 문제를 일으킬 수 있다. 조금 번거롭더라도 안전하게 각 배포판에 맞는 배포 패키지를 직접 다운로드하여 설치한다.

```
# 설치 스크립트를 바로 다운로드해 루트 권한으로 설치를 진행한다.
$ curl -fsSL https://get.docker.com -o get-docker.sh
$ sudo sh get-docker.sh
```

```
# 우분투의 경우 다음 일련의 명령어를 사용하여 직접 설치할 수 있다.
$ sudo apt-get update
$ sudo apt-get install apt-transport-https ca-certificates \
    curl gnupg lsb-release
$ curl -fsSL https://download.docker.com/linux/ubuntu/gpg | sudo gpg --dearmor -o /usr/share/keyrings/docker-archive-keyring.gpg
$ echo \
    "deb [arch=$(dpkg --print-architecture) signed-by=/etc/apt/keyrings/docker.gpg] https://download.docker.com/linux/ubuntu \
    $(lsb_release -cs) stable" | sudo tee /etc/apt/sources.list.d/docker.list >/dev/null
$ sudo apt-get update
$ sudo apt-get install docker-ce docker-ce-cli containerd.io
```

루트 권한으로 설치한 Docker는 유저 계정에서 바로 실행할 수 없는 문제가 있다. 다음과 같이 현재 사용자 계정에 docker 그룹을 추가해준 후 다시 쉘을 로그인하면 docker 명령을 사용할 수 있다. 만약 리눅스의 GUI 터미널을 직접 사용하는 경우라면 상황에 따라 X-Window 세션을 다시 시작해야 할 수도 있다.

```
# 현재 로그인한 유저를 "docker" 그룹에 추가한다.
$ sudo usermod -aG docker $USER

# 쉘을 다시 로그인한 후 docker가 정상적으로 실행되는지 확인한다.
$ docker run hello-world
Unable to find image 'hello-world:latest' locally
latest: Pulling from library/hello-world
b8dfde127a29: Pull complete
Digest: sha256:5122f6204b6a3596e048758cabba3c46b1c937a46b5be6225b835d091b90e46c
Status: Downloaded newer image for hello-world:latest

Hello from Docker!
This message shows that your installation appears to be working correctly.
...생략
```

1-2-9 리눅스용 윈도우 하위 시스템(WSL)

이 책의 모든 예제는 Bash 쉘을 가정하고 작성하였다. 윈도우가 제공하는 cmd는 Bash 쉘과 호환되지 않기 때문에 일부 예제가 제대로 실행되지 않을 수 있다. 뿐만 아니라 추천 서비스 설명을 위해 파이썬 런타임을 다루는 부분과 의존 시스템을 실행하기 위해 Docker를 다루는 부분을 모두 윈도우에 맞게 고쳐야 하는 번거로움이 발생한다. Bash 셸은 Git Bash를, Docker는 Docker 데스크톱을, 파이썬은 Anaconda를 설치해서 필요한 환경을 하나씩 맞출 수 있다. 하지만 일부 예제의 경우 버전 호환 문제로 정상 동작하지 않을 수 있다.

윈도우에서 리눅스를 사용하려면 가상화 도구를 사용해야 한다. 유명한 VMWare나 VirtualBox와 같은 도구를 사용하면 윈도우 안에 가상 머신을 만들고 리눅스를 설치해 사용할 수 있다. 하지만 곧 소개할 WSL에 비해 자원도 많이 사용하는 편이고, 매번 호스트 운영체제인 윈도우와 게스트 운영체제인 리눅스 사이의 파일 교환이나 네트워크 등을 신경 써야 하므로 번거롭다.

윈도우는 리눅스용 윈도우 하위 시스템(Windows Subsystem for Linux) 기능을 제공한다. 이 기능을 활성화하면 윈도우에서 리눅스를 네이티브에 가깝게 사용할 수 있다. 비록 가상 머신을 통한 리눅스 사용에 비해 부족한 부분은 있지만, 책의 예제를 개발하고 실행하는 데에는 무리가 없다. 뿐만 아니라 호스트와 게스트 사이의 격리된 공간을 유지하는 가상 머신은 상호 간의 자원 공유가 쉽지 않지만, WSL은 윈도우에 통합된 시스템이므로 메모리, 네트워크, 파일 시스템을 공유할 수 있어 사용이 편리하다. 따라서 WSL의 사용을 권장한다.

이번 단원에서는 윈도우 10 기준으로 리눅스용 윈도우 하위 시스템을 설치하는 방법을 소개한다. 이는 공식 문서의 안내를 따른다. 윈도우 참가자 프로그램에 가입하고 윈도우 10 OS 빌드 20262 이상을 사용할 경우, 관리자 권한으로 명령줄 창을 열고 다음 명령을 실행해 WSL2를 설치할 수 있다.

```
C:\> wsl --install
```

설치가 완료된 후 머신을 다시 시작하면 우분투 배포판이 하위 시스템으로 설치된 것을 확인할 수 있다. 그리고 이를 처음 시작하면 새 계정과 암호를 설정한다. 이후 셸을 시작하여 우분투와 동일하게 사용할 수 있다.

만약 참가자 프로그램을 사용하지 않는 경우 다음 과정을 직접 수동으로 진행해야 한다. 이때 윈도우 10 버전 1903 이상, 빌드 18362 이상이어야 WSL2를 설치할 수 있다. WSL 안에서 Docker를 제대로 사용하려면 WSL2를 설치해야 하므로 만약 버전이 이보다 낮다면 먼저 윈도우 업데이트를 하는 것이 좋다. 이후 관리자 권한으로 파워셸을 열어 다음 일련의 명령어를 실행한다. 각 단계에서 필요에 따라 머신이 다시 시작할 수 있다.

```
# 리눅스용 윈도우 하위 시스템 기능을 사용하도록 설정한다.
C:\> dism.exe /online /enable-feature /featurename:Microsoft-Windows-Subsystem-Linux /
```

```
all /norestart

# Virtual Machine 기능을 사용하도록 설정한다.
C:\> dism.exe /online /enable-feature /featurename:VirtualMachinePlatform /all /
norestart
```

x64 머신용 최신 WSL2 Linux 커널 업데이트 패키지를 다운로드하고 이를 실행하여 커널 업데이트를 진행한다. 이후 다시 관리자 권한으로 파워셸을 열어 WSL2를 기본 버전으로 사용하도록 설정한다.

```
C:\> wsl --set-default-version 2
```

이제 WSL2 설치가 완료되었고 Microsoft Store에서 사용할 리눅스 배포판을 선택하여 설치하면 된다. 익숙한 배포판이 있다면 그것을 선택한다. 만약 그렇지 않다면, 이 책에서는 리눅스 관련 명령어를 우분투 기준으로 설명할 예정이므로 가급적이면 우분투 20.04를 선택해 설치하는 것을 권장한다. 설치가 완료되면 `wsl --install`로 설치했을 때와 동일하게 배포판을 사용할 새 계정과 암호를 설정한다.

1-3 Serverless Framework 소개

Serverless Framework는 "zero-friction serverless development"를 가치로 삼는 오픈 소스 프로젝트다. JavaScript AWS라는 이름으로 시작하여 현재는 AWS뿐만 아니라 GCP, Azure 등 다른 클라우드 업체도 지원하는 강력한 서버리스 프레임워크다. 최대한 관례적인 방법을 사용하여 서버리스 기반의 웹 서비스를 쉽게 정의하고 관리할 수 있으며 강력한 플러그인 생태계를 통해 필요한 기능을 확장할 수도 있다.

Serverless Framework는 `serverless.yml` 파일로부터 각 클라우드 업체의 Infrastructure as code 서비스에 제출하기 위한 선언을 생성한다. 예를 들어 AWS에 배포할 경우 AWS CloudFormation 선언을 생성한다. 그리고 생성한 파일을 제출하여 서버리스 스택을 생성하거나 갱신한다. 뿐만 아니라 `serverless.yml`에 정의된 함수 코드의 용량이 작을 경우 Lambda에 바로 코드를 업로드하고 그렇지 않다면 S3에 코드를 업로드한 후 Lambda에서 새 코드를 사용할 수 있도록 연결한다. 즉, 인프라와 코드를 통합하는 서버리스 스택을 `serverless.yml` 파일 하나로 간편하게 관리할 수 있다.

1-3-1 간단한 선언 예시

예를 들어 Lambda 함수의 인자를 그대로 반환하는 HTTP API를 다음과 같이 간단히 선언할 수 있다.

```yaml
service: first-serverless
provider:
  name: aws
  runtime: nodejs14.x
  region: ap-northeast-2
functions:
  echo:
    handler: handler.echo
    events:
      - httpApi: GET /echo
```

- `service`는 서버리스 스택의 이름이다. CloudFormation에서 이 이름으로 스택을 찾을 수 있다.
- `provider.name`은 배포할 클라우드 업체다. `aws`로 지정해 AWS에 배포한다.
- `provider.runtime`을 `nodejs14.x`로 설정해 Node.js 14를 사용한다.
- `provider.region`을 `ap-northeast-2`로 설정해 서울 지역에 배포한다.
- `functions`에는 스택이 포함하는 함수와 그 함수를 실행하기 위한 트리거를 정의한다.
  - `echo`라는 이름의 함수를 정의한다.
  - `echo.handler`로 이 함수의 진입점을 `handler.js` 파일의 `echo`로 노출(exports)된 함수로 설정한다.
  - `echo.events.httpApi`로 이 함수를 `httpApi`를 사용해 실행한다고 설정한다. `/echo`라는 주소로 GET 메소드를 요청하면 `echo` 함수가 실행된다.

Serverless Framework 도구는 이 `serverless.yml` 파일을 해석해 `GET /echo` 요청을 처리하는 API Gateway 자원을 할당하고, 요청을 처리하기 위해 `handler.echo` 함수를 실행하는 Lambda 자원을 할당하고, API Gateway 이벤트로부터 실행되도록 연결하고, Lambda에서 발생하는 로그가 CloudWatch Logs에 남을 수 있도록 연결한다.

만약 `handler.echo`에 들어가는 코드가 충분히 작다면 Lambda 내에 인라인으로 코드를 업로드하고 그렇지 않다면 S3에 코드를 zip 파일로 압축해서 업로드한 후 Lambda에 연결한다.

1-3-2 도구 익히기

Serverless Framework는 Node.js 기반으로 작성된 도구로 다음과 같이 Node.js 패키지 매니징 도구인 npm을 사용하여 설치할 수 있다. 2022년 8월 기준으로 3.21.0 버전까지 개발되었고 빠르게 새 버전이 나오고 있다. 버전에 따라 실행 템플릿이 변경되는 경우가 있으므로, 이번 단원의 출력 예제는 실제와 다를 수 있다.

```
$ npm install -g serverless
```

이제 `serverless` 명령으로 Serverless Framework 도구를 사용할 수 있다. 혹은 `sls`라는 축약 별칭을 사용할 수 있다. 아무런 인자 없이 실행하면 다음과 같이 대화식으로 새 프로젝트를 생성한다. 지원하는 템플릿 유형의 목록 중 원하는 기반을 선택하여 프로젝트를 시작한다. 가장 기본 템플릿은 `AWS - Node.js - Starter`이다.

```
$ serverless

Creating a new serverless project

? What do you want to make? (Use arrow keys)
> AWS - Node.js - Starter
  AWS - Node.js - HTTP API
  AWS - Node.js - Scheduled Task
  AWS - Node.js - SQS Worker
  AWS - Node.js - Express API
  AWS - Node.js - Express API with DynamoDB
  AWS - Python - Starter
  AWS - Python - HTTP API
  AWS - Python - Scheduled Task
  AWS - Python - SQS Worker
  AWS - Python - Flask API
  AWS - Python - Flask API with DynamoDB
  Other
```

템플릿을 선택하면 프로젝트의 이름을 입력한다. 그리고 Serverless Framework 서비스가 제공하는 관리 서비스에 프로젝트를 등록할지 물어본다. Serverless Framework는 도구뿐만 아니라 자체 모니터링 서비스를 지원한다. 때문에 현재 배포하는 서비스를 Serverless account에 연동하면 https://app.serverless.com에서 배포 이력을 추적하거나 API 호출 현황을 볼 수 있다. 간단하고 편리하기는 하지만, 기능이 제한적이고 속도가 느린 편이라 이 책에서는 소개하지 않는다. 프로젝트를 생성하면서 바로 배포할 것인지 묻는데, 이번에는 파일의 구조만 살펴볼 예정이므로 배포하지 않는다.

```
$ serverless

Creating a new serverless project

? What do you want to make? AWS - Node.js - Starter
? What do you want to call this project? hello-world
✓ Project successfully created in hello-world folder

? What org do you want to add this service to? [Skip]
? Do you want to deploy now? No
What next?
```

이번 예시에서는 hello-world를 프로젝트 이름으로 사용한다. Serverless Framework는 현재 디렉토리 하위에 프로젝트 이름에 해당하는 디렉토리를 생성한다. 프로젝트 생성 이후 serverless 명령으로 실행할 수 있는 동작을 설명한다. tree 명령으로 생성된 파일을 살펴보면 다음과 같다. tree 명령이 없다면 apt나 brew와 같은 패키지 매니저로 설치한다.

```
Run these commands in the project directory:

serverless deploy        Deploy changes
serverless info          View deployed endpoints and resources
serverless invoke        Invoke deployed functions
serverless --help        Discover more commands

$ tree
.
└── hello-world
    ├── handler.js
    ├── README.md
    └── serverless.yml
```

생성된 `serverless.yml` 파일을 보면 앞서 소개한 예시와 크게 다르지 않다. `README.md` 파일을 통해 서버리스 스택을 배포하고 로컬에서 테스트하는 방법을 소개한다. 그리고 `serverless.yml` 파일에서 사용할 수 있는 다양한 AWS Events의 온라인 문서를 소개한다. `handler.js`에는 `hello` 함수가 정의되어 있다. 이에 대해서는 추후 자세히 설명한다.

대화식으로 프로젝트를 생성하지 않고 `sls create` 명령을 사용하여 프로젝트를 생성할 수 있다. 환경별로 템플릿이 존재하기 때문에 적당한 것을 골라 시작할 수 있다. 다음과 같이 입력하면 전체 목록을 볼 수 있다.

```
$ sls create --help
create                          Create new Serverless service
--template / -t                 Template for the service. Available templates:
  "aws-clojure-gradle", "aws-clojurescript-gradle", "aws-nodejs", "aws-nodejs-docker",
"aws-nodejs-typescript", "aws-alexa-typescript", "aws-nodejs-ecma-script", "aws-python"
...생략
```

예를 들어 Node.js 기반의 서버리스 프로젝트를 생성하려면 `aws-nodejs` 템플릿을 사용한다. `--name` 옵션을 사용해 스택의 이름을 지정하고, `--path` 옵션을 사용해 프로젝트를 생성할 디렉토리를 지정한다.

```
$ sls create --template aws-nodejs --name hello-world --path hello-world
$ cd hello-world
```

`sls package` 명령을 사용하여 `serverless.yml` 파일을 CloudFormation을 위한 선언 파일로 변환하고, Lambda에 올릴 코드를 빌드한다.

```
$ sls package
Packaging hello-world for stage dev (us-east-1)
✓ Service packaged (0s)

$ tree -a
.
├── .gitignore
├── handler.js
├── .serverless
│   ├── cloudformation-template-create-stack.json
│   ├── cloudformation-template-update-stack.json
```

```
|   ├── hello-world.zip
|   └── serverless-state.json
└── serverless.yml
```

빌드 결과물은 `.serverless` 디렉토리에 저장된다. `cloudformation-template-create-stack.json`은 CloudFormation에 스택 생성을 요청하는 선언 파일이고, `cloudformation-template-update-stack.json`은 이미 스택이 있을 때 갱신을 요청하는 선언 파일이다. Serverless Framework가 배포할 때 이미 스택의 존재 여부를 확인하여 적절한 파일을 제출한다.

`hello-world.zip` 파일은 Lambda에서 실행할 함수를 압축한 것이다. 현재는 코드가 단순하여 `handler.js`만 들어있지만 추후 의존 패키지를 사용하면 `node_modules` 디렉토리가 함께 포함된다.

```
.serverless$ unzip hello-world.zip
Archive:  hello-world.zip
  inflating: handler.js
```

`serverless-state.json` 파일은 `serverless.yml`에서 관례적으로 설정되는 기본값들, 혹은 선언된 시스템 간 연동에 필요한 추가 설정을 위해 Serverless Framework가 자동으로 생성하는 모든 문맥이 포함된 선언이다. 예를 들면 배포에 필요한 권한 관리 정책(IAM Policy)이 어떻게 자동 생성되었는지 혹은 Lambda 함수의 기본 타임아웃이 몇 초로 설정되었는지를 확인할 수 있다.

`sls deploy` 명령을 사용하여 서버리스 스택을 배포할 수 있다. 이 명령은 자체적으로 `sls package` 명령을 먼저 수행하여 CloudFormation에 제출하는 선언 파일과 Lambda에 올릴 코드를 만들어 둔다. 그리고 스택 파일을 CloudFormation에 제출하여 서버리스 스택를 구축하고 Lambda API를 사용하여 빌드한 소스 코드를 사용하도록 Lambda 함수를 갱신한다. 배포가 정상적으로 끝나면 자원이 얼마나 사용되었고 어떤 함수와 엔드포인트를 갖는지 간단한 보고서를 보여준다.

```
$ sls deploy
Deploying hello-world to stage dev (us-east-1)
✓ Service deployed to stack hello-world-dev (112s)

functions:
  hello: hello-world-dev-hello (392 B)
```

aws-nodejs 템플릿으로부터 생성된 예제 파일은 us-east-1(미국 버지니아 북부) 지역에 hello라는 이름으로 hello-world-dev-hello라는 Lambda 함수를 생성한다. 이를 실행하려면 sls invoke -f FUNCTION_NAME 명령을 사용한다. 예제의 함수 이름은 hello이므로 sls invoke -f hello 명령으로 실행한다. 해당 명령은 함수의 반환값을 화면에 표시한다.

```
$ sls invoke -f hello
{
    "statusCode": 200,
    "body": "{\n  \"message\": \"Go Serverless v3.0! Your function executed successfully!\",\n  \"input\": {}\n}"
}
```

Serverless Framework는 Lambda에서 남기는 로그를 전송하는 CloudWatch Logs 자원을 함께 생성한다. 그렇기 때문에 디버깅 목적으로 코드 내에서 console.log 계열의 함수로 남기는 로그를 CloudWatch Logs에서 확인할 수 있다. 이 로그는 AWS 관리 콘솔의 CloudWatch Logs 페이지에서 함수에 해당하는 로그 스트림을 찾아서 확인할 수도 있고, VSCode의 AWS Toolkit 확장에서 CloudWatch 하위의 로그 스트림을 찾아 확인할 수도 있다.

AWS 관리 콘솔 화면

그림 1-3-1 CloudWatch Logs의 로그 스트림(예시)

AWS Toolkit 확장 화면

그림 1-3-2 AWS Toolkit의 로그 스트림(예시)

sls logs -f FUNCTION_NAME 명령을 사용하면 쉘에서 바로 로그를 확인할 수 있다. 예제의 hello 함수의 로그를 확인하려면 sls logs -f hello 명령을 실행한다.

```
# 함수를 한 번도 실행한 적이 없거나, 실행 후 너무 빠르게 로그를 요청하면 로그가 없다고 나올 수 있다.
$ sls logs -f hello
Error:
No existing streams for the function
...

# 예제에서는 별도의 로그를 남기지 않기 때문에, 시작-종료 로그만 남는다.
$ sls logs -f hello
START
END Duration: 2.32 ms (init: 159.24 ms) Memory Used: 54 MB
```

로그의 REPORT 행에는 다양한 정보를 포함한다. 함수의 수행이 얼마나 걸렸는지(Duration)와 이를 올림한 과금 기준 시간(Billed Duration)을 보여준다. Lambda에 부여한 메모리 크기(Memory Size)와 그중 얼마를 최대로 사용했는지(Max Memory Used)도 보여준다. 그리고 Lambda 함수가 초기화되어 실제 함수 코드가 수행되기 전까지 얼마나 걸렸는지(Init Duration)도 보여준다. 이 정보를 토대로 함수의 수행 시간을 최적화하거나 메모리를 적당한 크기로 맞출 수 있다. 또한 초기화 시간이 너무 길어지지 않도록 다양한 최적화 방법을 찾아볼 수 있다.

sls logs는 몇 가지 유용한 옵션이 있다. 상황에 따라 알맞게 사용하면 관리 콘솔에 접근하지 않고도 필요한 로그를 터미널에서 빠르게 확인할 수 있다. 이는 sls logs --help 명령으로 확인할 수 있다. 가끔 Serverless Framework의 버그 때문에 필수 옵션을 반드시 지정해야 도움말을 볼 수 있는 경우가 있는데 이때는 sls logs -f X --help와 같이 -f 옵션으로 의미 없는 값을 주면 된다.

옵션	설명
-t, --tail	새로 추가되는 로그를 계속 따라가며 출력한다. 즉, Tailing한다.
--startTime	지정된 시간까지만 과거 데이터 조회를 허용한다. 즉, 데이터 조회 시작 시간을 정의한다. 기본은 10분(10m)이다.
--filter	지정된 패턴에 맞는 로그를 검색한다.
-i, --interval	--tail 옵션 사용 시 얼마 주기로 로그를 계속 확인할지 시간 간격을 지정한다. 기본은 1000밀리초다.

--filter로 입력하는 패턴은 대소문자를 구분하는 문자열이다. 찾고자 하는 문자열을 그대로 입력해서 사용할 수 있다. 띄어쓰기로 구분된 키워드는 AND 조건으로 검색하는데, 제외를 위한 -나 OR 조건을 위한 ? 표현을 함께 사용할 수도 있다. 이에 대해서는 CloudWatch Logs의 필터

및 패턴 구문 문서[1]에서 자세히 확인할 수 있다.

`sls deploy function -f FUNCTION_NAME` 명령으로 지정된 함수만 배포할 수 있다. 이는 CloudFormation에 의한 스택 변경은 없고 이미 구성된 스택 내의 Lambda 함수의 코드만 갱신하는 작업으로 스택 전체를 갱신하는 `deploy` 명령에 비해 아주 빠르게 동작한다. 따라서 함수 내용을 자주 변경하면서 테스트를 할 때는 이 명령을 사용하는 것이 훨씬 시간 효율이 좋다. 만약 코드를 변경하지 않았다면 다음과 같이 아무 작업을 수행하지 않는다.

```
$ sls deploy function -f hello
Deploying function hello to stage dev (us-east-1)

Code did not change. Function deployment skipped. (1s)
Configuration did not change. Configuration update skipped. (1s)
```

배포를 완료한 이후에도 `sls info` 명령을 사용하면 배포한 스택의 정보를 다시 조회할 수 있다. 이는 추후 관리 콘솔을 사용하지 않고도 배포한 스택의 정보를 쉽게 확인할 수 있어 유용하다.

```
$ sls info
service: hello-world
stage: dev
region: us-east-1
stack: hello-world-dev
functions:
  hello: hello-world-dev-hello
```

스택을 삭제하려면 `sls remove` 명령을 사용한다.

```
$ sls remove
Removing hello-world from stage dev (us-east-1)
✓ Service hello-world has been successfully removed (24s)
```

대부분의 경우 서버리스 스택에서 관리하는 자원을 추가 수정하지 않기 때문에 이 명령으로 간단히 삭제할 수 있다. 하지만 만약 서버리스 스택에서 생성한 API Gateway에 사용자가 직접 관리 콘솔로 지정 도메인을 따로 부여했거나 혹은 S3 Bucket에 파일을 업로드하여 스택이 비어

---

1 https://docs.aws.amazon.com/ko_kr/AmazonCloudWatch/latest/logs/FilterAndPatternSyntax.html

있지 않다면, 해당 자원을 직접 해제하기 전까지는 스택 삭제가 실패한다. 이 경우 `sls remove` 명령은 실패로 끝났지만, 연관된 배포 메타데이터를 이미 삭제한 상태이기 때문에 다시 `sls remove` 명령을 실행했을 때 이미 삭제된 스택이라는 오류가 발생한다. 그래서 어쩔 수 없이 CloudFormation 관리 콘솔이나 `awscli`를 사용해서 문제가 되는 부분을 확인하고 다시 제거한 후에, CloudFormation 스택 삭제를 다시 진행해야 한다. 이는 매우 번거롭기 때문에, 스택을 삭제할 때는 사전에 스택 선언 밖에서 조작한 자원 변경점이 있는지 그리고 S3 Bucket은 이미 비어 있는지 확인하는 것이 좋다.

2장

Hello API

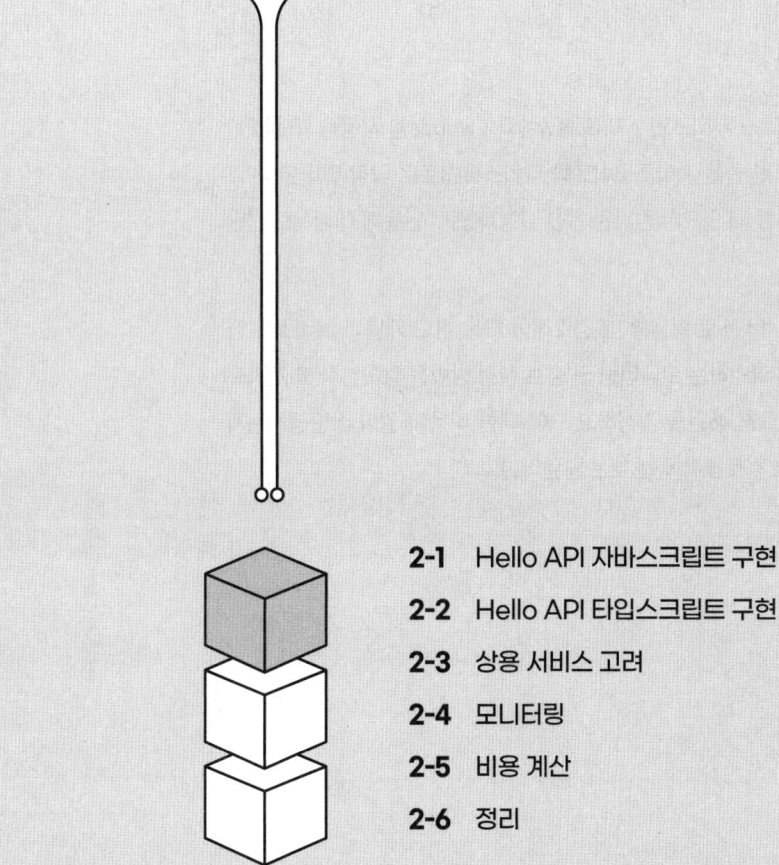

- **2-1** Hello API 자바스크립트 구현
- **2-2** Hello API 타입스크립트 구현
- **2-3** 상용 서비스 고려
- **2-4** 모니터링
- **2-5** 비용 계산
- **2-6** 정리

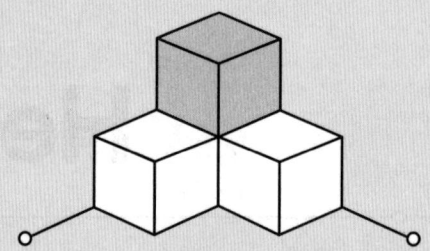

이번 장에서는 AWS 서버리스 서비스인 API Gateway와 Lambda를 사용해 "Hello"를 출력하는 간단한 API 구현 방법을 자바스크립트와 타입스크립트로 각각 알아본다. 그리고 타입스크립트로 개발할 때 필요한 컴파일 옵션 설정과 웹팩 연동에 대해서도 간단히 알아본다.

또한 배포한 스택을 상용 서비스로 활용할 때 검토해야 하는 한도 개념과 서비스가 정상적으로 동작하고 있는지 확인하는 모니터링 및 경보 설정 방법을 알아본다. 마지막으로 해당 서비스 사용자의 요청 패턴을 가정하고 그에 대한 비용이 얼마나 발생하는지 계산하고 비용 효율을 위해 검토해야 하는 부분을 알아본다.

2-1 Hello API 자바스크립트 구현

Serverless Framework 도구를 사용하여 쿼리 파라미터로 이름을 입력받아 Hello, NAME 문자열로 반환하는 HTTP API를 서버리스 스택으로 구현한다. 추후 내용에 익숙해질 수 있도록 자바스크립트를 사용해 구현 내용을 살펴보고, 이를 다시 타입스크립트 기반으로 작성하여 차이점을 알아본다.

목표는 이름을 쿼리 파라미터로 받아서 "Hello, 이름!" 문자열을 반환하는 HTTP API를 만드는 것이다. HTTP 이벤트를 받기 위해 API Gateway를 사용하고, 그 이벤트를 받아 원하는 응답을 만들기 위한 Lambda를 사용한다. 그리고 Lambda에서 남기는 로그를 모아두기 위한 CloudWatch 자원을 할당한다. 이를 다이어그램으로 나타내면 다음과 같다.

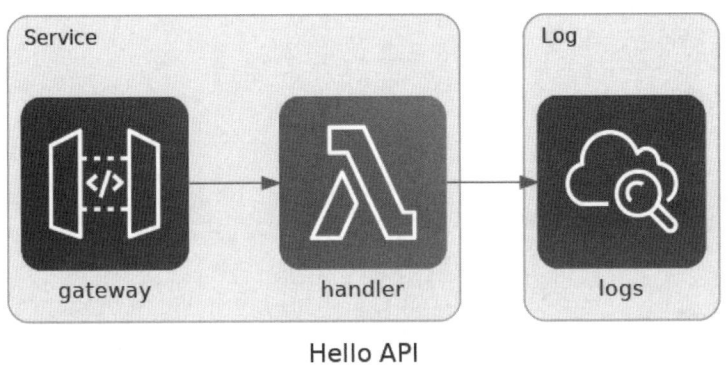

그림 2-1-1 서비스 다이어그램

필요한 자원을 모두 생성하고 연결하는 것을 웹 기반의 관리 도구를 사용해서 진행할 수도 있다. 하지만 매우 번거롭기 때문에 Serverless Framework 도구를 이용하여 개발을 진행한다. 처음 예제는 설명의 편의를 위해 보다 간단한 코드 구조를 가지는 자바스크립트로 시작한다. 쉘에서 다음과 같이 `sls create` 명령을 사용해 `aws-nodejs` 템플릿으로부터 프로젝트를 시작한다.

```
$ sls create --template aws-nodejs --name hello-api-js --path hello-api-js
✓ Project successfully created in "hello-api-js" from "aws-nodejs" template (5s)

$ cd hello-api-js
```

```
hello-api-js$ ls
handler.js  serverless.yml
```

템플릿으로부터 `handler.js`와 `serverless.yml` 파일이 생성된다. `serverless.yml` 파일은 Serverless Framework 도구에서 스택을 관리하는 선언 파일로 배포할 클라우드 서비스, 대상 지역, 런타임, 함수와 이벤트, 권한 및 기타 자원을 선언할 수 있다. `handler.js` 파일은 `serverless.yml`에 선언된 `hello` 함수 코드가 들어있는 소스 코드다.

먼저 `serverless.yml` 파일을 보면 다음과 같다. 템플릿이 자주 바뀌기 때문에 완전히 같지는 않지만, `serverless.yml` 파일이나 `README.md`에 설정 가능한 선언 요소에 대한 예시를 제공한다. 예시는 #으로 시작되는 주석으로 포함되기도 하는데, 설명의 편의를 위해 필요한 부분만 남기면 다음과 같다.

```yaml
service: hello-api-js
frameworkVersion: "3"
provider:
  name: aws
  runtime: nodejs14.x
# you can overwrite defaults here
#   stage: dev
#   region: us-east-1
# you can add statements to the Lambda function's IAM Role here
#   iam:
#     role:
#       statements:
# you can define service wide environment variables here
#   environment:
#     variable1: value1

functions:
  hello:
    handler: handler.hello
#    events:
#      - httpApi:
#          path: /users/create
#          method: get

# you can add CloudFormation resource templates here
#resources:
```

1. `service`는 CloudFormation에 등록될 스택의 이름이다. Serverless Framework 템플릿을 생성할 때 `--name` 인자로 넘긴 값이 설정된다.

2. `frameworkVersion`은 Serverless Framework 버전으로 추후 잘못된 버전의 Serverless Framework 사용을 막기 위해 명시한다.

3. `provider`는 클라우드 업체와 업체가 제공하는 서비스에 대한 전반적인 설정이 들어간다. Serverless Framework는 AWS뿐만 아니라 GCP, Azure 등 다양한 클라우드 업체를 지원하는데, 여기서는 `name`을 `aws`로 지정하여 AWS를 대상으로 서버리스 스택을 배포하겠다고 지정한다.

4. `runtime`은 Lambda에서 사용할 런타임에 대한 설정이다. `nodejs14.x`로 Node.js 14 버전을 사용한다고 지정한다. 이 값은 필요에 따라 `functions` 블록에서 각 함수별로 재정의할 수 있다.

5. `stage`를 사용하여 스택을 배포할 스테이지를 결정할 수 있다. 이 설정은 기능 변경점을 `dev` 스테이지에 배포하여 테스트한 후 문제가 없으면 `production` 스테이지에 배포하도록 구분하기 위해 사용한다. 여기서는 이 값을 설정하지 않았기 때문에 기본값인 `dev`가 사용된다.

6. `region`은 스택을 배포할 AWS 지역으로 서비스 대상 지역에 가장 가까운 곳을 선택한다. 한국 서비스를 염두에 두고 있다면 `ap-northeast-2`를 사용한다. 여기서는 이 값을 설정하지 않았기 때문에 기본값인 `us-east-1`이 사용된다.

7. `iam.role.statements`는 Lambda에서 AWS 자원에 접근하기 위한 권한을 설정한다. `statements` 안의 선언은 AWS IAM의 문법을 따른다. `runtime`과는 다르게 이는 `function` 블록에서 개별 함수마다 따로 정의할 수가 없다. 만약 개별 함수에 대한 권한을 분리할 필요가 있다면 `serverless-iam-roles-per-function` 플러그인을 사용해야 한다.

8. `environment`는 코드에서 `process.env`로 접근하는 환경 변수를 정의하기 위해 사용한다. `runtime`과 동일하게, `function` 블록에서 각 함수별로 환경 변수를 따로 지정할 수 있다. 여기서는 예시로 `variable1` 키에 `value1` 값을 넣었다. 이는 코드에서 `process.env.variable1` 표현식으로 접근할 수 있다.

9. `functions`는 함수의 코드 진입점을 선언하고 그 함수를 실행하는 이벤트를 연결하는 블록이다. 여기서는 `hello`라는 이름으로 함수를 하나 정의한다. `handler`로 함수의 진입점을 정의하는데, `handler.hello`, 즉 `handler.js` 파일의 `hello`로 `export`된 함수를 사용하도록 지정한다. 현재 모든 이벤트가 주석 처리되어 있다. 이번 단원에서 사용할 `httpApi` 외에도 `websocket`, `s3`, `schedule`, `sns`, `stream`, `cloudwatchEvent`, `cloudwatchLog`, `alb` 등의 다양한 이벤트를 연결할 수 있다. HTTP 이벤트를 처리하기 위해 사용하는 `httpApi`는 `path`와 `method`를 지정할 수 있다.

10. `resources` 블록은 CloudFormation 선언을 입력하는 곳이다. CloudFormation은 AWS 자원 관리를 위한 모든 선언을 지원하므로 이를 활용하여 S3 Bucket 등 필요한 자원을 서버리스 스택에 포함해 함께 관리할 수 있다.

serverless.yml 파일은 필요한 부분만 잘 기억하고 있으면 크게 어려움 없이 사용할 수 있다. 다만 설정할 수 있는 속성이 매우 많기 때문에 익숙해지기 전까지는 전체 설정 예제를 참고하는 것이 좋다. 다행히 최근에는 Serverless Framework 타입스크립트 확장을 지원해 serverless.yml 파일 대신 serverless.ts 파일을 사용할 수 있다. 이는 VSCode에서 필요한 속성들의 자동 완성 지원을 받을 수 있다.

handler.js 파일은 serverless.yml 파일에서 선언한 hello 함수의 handler가 가리키는 코드가 정의된 파일이다. 템플릿에서 만들어주는 코드는 아주 간단한 형태로, HTTP 요청을 받으면 간단한 메시지와 함께 그 값을 그대로 응답하는 함수가 작성되어 있다.

```
"use strict";

module.exports.hello = async (event) => {
  return {
    statusCode: 200,
    body: JSON.stringify(
      {
        message: "Go Serverless v1.0! Your function executed successfully!",
        input: event,
      },
      null,
      2
    ),
  };
};0
```

자바스크립트는 var, let, const로 변수를 반드시 선언해야만 사용할 수 있는 언어가 아니기 때문에 필요할 때 a = 10과 같이 정의해도 문제가 없다. 그러나 이렇게 사용하면 오타 등에 의해 잘못된 변수를 사용하는 문제를 유발할 수 있다. 'use strict'는 그런 문제를 막기 위한 지시자로, 선언하지 않은 변수를 사용할 수 없도록 제한한다. module.exports는 Node.js의 모듈 시스템을 위한 문법이다. 여기서 정의한 module.exports는 바깥에서 require() 함수를 통해 접근할 수 있다. 즉, handler.js 파일에서 module.exports.hello로 정의한 함수는 바깥에서 require("./handler").hello와 같이 접근할 수 있다. 때문에 이 경로를 serverless.yml의 functions.hello.handler에 정의한 것이다. 자바스크립트는 function을 사용하여 함수를 정의할 수도 있지만 () => {}와 같은 화살표 함수를 사용할 수도 있다. 두 함수의 가장 큰 차이는 this가 가리키는 지점을 해당 함수를 정의하는 지점으로 고정하느냐의 여부이지만 여기에서는 단순히 코드의 길이를 짧게 하기 위해 사용한다.

HTTP 이벤트를 처리하는 Lambda 함수는 HTTP 이벤트 정보가 담겨 있는 `event`를 인자로 받아 필요한 내용을 처리한 후 `Promise<{statusCode: number; body: string; ...}>`을 반환한다. 과거 버전에서는 `Promise` 형태의 응답을 하지 않고 `event` 인자와 함께 전달된 `callback`을 사용했지만, `Promise` 사용이 보편화된 이후부터는 코드의 간결함을 위해 `Promise`를 반환하는 형태를 더 선호한다. 함수를 `async`로 선언하면 굳이 `Promise`로 감싸지 않고 값을 반환해도 자바스크립트 런타임이 이를 `Promise` 객체로 반환하기 때문이다. `statusCode`는 HTTP 상태코드로, 200은 서버가 요청을 제대로 처리했다는 뜻이다. `body`는 `string` 타입의 값을 반환해야 하므로, JSON을 반환하려면 `JSON.stringify` 함수를 사용해 문자열로 만들어준다.

Lambda 함수는 HTTP 이벤트뿐만 아니라 S3나 SQS 등 다른 AWS 자원으로부터 전달된 이벤트로도 실행할 수 있다. 그 경우 `event` 인자로 들어오는 값의 형태가 이벤트 소스에 따라 달라진다. 또한 Lambda를 실행한 쪽에서 Lambda의 결과를 사용할 수도 있고 사용하지 않을 수도 있기 때문에 반환값의 형태도 다 다르다. 템플릿으로부터 만들어진 코드를 보면 `event`가 어떤 타입인지는 알 수 없어도, 반환값의 타입을 통해 HTTP 이벤트를 처리하기 위한 Lambda임을 알 수 있다. 하지만 같이 생성된 `serverless.yml` 파일 내의 함수 선언에서는 아무런 이벤트도 연결되지 않았다. 때문에 이 함수를 제대로 테스트해보려면 다음과 같이 HTTP 이벤트를 연결한다.

```
functions:
  hello:
    handler: handler.hello
    events:
      - httpApi:
          path: /hello
          method: get
```

`hello` 함수 선언 밑에 주석 처리된 `events.httpApi` 부분을 복구한다. `httpApi`는 HTTP 요청을 받기 위한 경로와 메서드를 `path`와 `method`로 설정한다. 이제 `handler.hello` 함수를 GET /hello의 HTTP 요청을 통해 실행할 수 있다.

별도의 설정을 하지 않는다면 Serverless Framework는 스택을 us-east-1(미국 동부, 버니지아 북부)에 배포하는데 아무래도 서울에서 거리가 멀기 때문에 응답 시간이 꽤 길다. 스택을 서울 지역에 배포할 수 있도록 `region`을 `ap-northeast-2`(서울)로 설정한다. 이는 다음과 같이 `provider` 내의 `region` 속성으로 설정할 수 있다.

```
provider:
  name: aws
  region: ap-northeast-2
```

템플릿으로부터 생성된 파일들을 살펴보고 테스트를 위한 설정을 추가했다. 이제 `sls deploy` 명령으로 스택을 배포하고 테스트해보자. CloudFormation을 통해 AWS 자원을 할당하고 구성하는 과정이 있어 생각보다 시간이 좀 걸린다. 이 정도의 간단한 예제여도 HTTP 이벤트를 위한 API Gateway, HTTP 이벤트를 처리하는 Lambda, Serverless Framework에서 관리하는 스택 메타데이터를 관리하는 S3, Lambda에서 남긴 로그를 관리하기 위한 CloudWatch, 각 자원들 사이의 접근 권한을 제어하는 IAM을 설정하기 때문에 약 2분 정도의 시간이 소요된다. 배포가 완료되면 다음과 같은 메시지를 볼 수 있다.

```
$ sls deploy

Deploying hello-api-js to stage dev (ap-northeast-2)

✓ Service deployed to stack hello-api-js-dev (107s)

endpoint: GET - https://API_ID.execute-api.AWS_REGION.amazonaws.com/hello
functions:
  hello: hello-api-js-dev-hello (583 B)
```

stack은 `hello-api-js-dev`로 service와 stage가 결합된 이름이다. 이 이름으로 Cloud Formation에서 필요한 내용을 조회할 수 있다. resources는 AWS 자원의 개수인데 총 11개를 사용했다고 나온다. 할당된 전체 자원 목록은 CloudFormation 관리 콘솔의 `hello-api-js-dev` 스택 리소스 탭에서 확인할 수 있다. API Gateway, Lambda와 같이 큰 수준에서 자원을 할당하는 것이 아니라 Lambda Function, Lambda Permission, Lambda Version, Http Api, Http Integration과 같이 세부 서비스 단위로 자원을 할당하기 때문에 생각보다 더 많은 자원을 할당한 것처럼 느껴진다.

hello-api-js-dev

논리적 ID	물리적 ID	유형	상태
HelloLambdaFunction	hello-api-js-dev-hello	AWS::Lambda::Function	CREATE_COMPLETE
HelloLambdaPermissionHttpApi	hello-api-js-dev-HelloLambdaPermissionHttpApi-VSQ9J4YP0PFL	AWS::Lambda::Permission	CREATE_COMPLETE
HelloLambdaVersion5hzWP7mlFCr34pm1xM12Jy7HxZfZFjV0RpoSfK3Q	arn:aws:lambda:ap-northeast-2:ACCOUNT-ID:function:hello-api-js-dev-hello:2	AWS::Lambda::Version	CREATE_COMPLETE
HelloLogGroup	/aws/lambda/hello-api-js-dev-hello	AWS::Logs::LogGroup	CREATE_COMPLETE
HttpApi	2t76yu9nwf	AWS::ApiGatewayV2::Api	CREATE_COMPLETE
HttpApiIntegrationHello	ked1cwr	AWS::ApiGatewayV2::Integration	CREATE_COMPLETE
HttpApiRouteGetHello	ump7t93	AWS::ApiGatewayV2::Route	CREATE_COMPLETE
HttpApiStage	$default	AWS::ApiGatewayV2::Stage	CREATE_COMPLETE
IamRoleLambdaExecution	hello-api-js-dev-ap-northeast-2-lambdaRole	AWS::IAM::Role	CREATE_COMPLETE
ServerlessDeploymentBucket	hello-api-js-dev-serverlessdeploymentbucket-kpu7gc3l0m0q	AWS::S3::Bucket	CREATE_COMPLETE

그림 2-1-2 CloudFormation 리소스

Lambda에서 사용하는 코드는 압축 해제 후의 용량을 기준으로 최대 250MB까지 허용한다. 이때 압축한 코드를 S3에 업로드한 후 Lambda에서 가져와 사용하도록 설정해야 한다. 하지만 코드의 크기가 3MB보다 작을 경우 Lambda의 인라인 코드 영역에 바로 넣을 수 있다. 인라인 코드를 사용하면 Lambda 관리 도구 내의 콘솔 편집기를 사용하여 코드를 바로 수정할 수 있고, S3에 비해 코드를 불러오는 시간이 줄어들기 때문에 Lambda 함수가 좀 더 빠르게 기동하는 장점이 있다.

예제 코드는 아주 간단하므로 Lambda 인라인 코드로 배포된다. 이는 Lambda 관리 도구에서 다음과 같이 확인할 수 있다. 다음과 같이 템플릿으로부터 생성된 `handler.js` 파일이 그대로 업로드된 것을 확인할 수 있다.

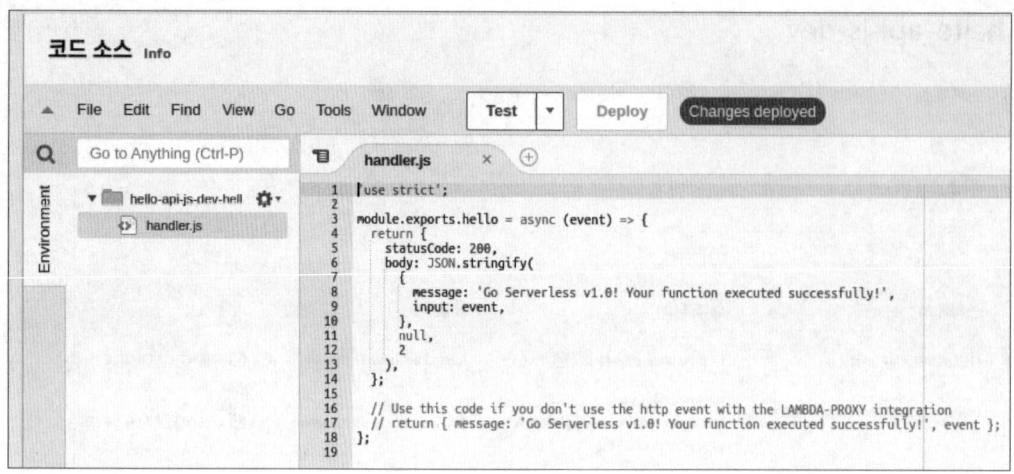

그림 2-1-3 Lambda에 업로드된 코드

endpoints는 배포된 서비스의 HTTP 주소가 출력된다. hello 함수는 GET /hello HTTP 요청을 통해 접근할 수 있다. 전체 요청 주소는 https://API_ID.execute-api.AWS_REGION.amazonaws.com/PATH와 같이 구성된다. API_ID는 AWS에 배포할 때 자동으로 생성되고, AWS_REGION은 배포 시 선택한 데이터센터 지역의 코드로 결정된다. curl을 사용해 hello API를 호출해보면 다음과 같은 결과를 얻는다.

```
$ curl https://API_ID.execute-api.AWS_REGION.amazonaws.com/hello
{
  "message": "Go Serverless v1.0! Your function executed successfully!",
  "input": {
    "version": "2.0",
    "routeKey": "GET /hello",
    "rawPath": "/hello",
    "rawQueryString": "",
    "headers": {
      "accept": "*/*",
      "content-length": "0",
      "host": "API_ID.execute-api.AWS_REGION.amazonaws.com",
      "user-agent": "curl/7.68.0",
      "x-amzn-trace-id": "Root=1-604fddc1-3675aa93228d830b4d2a7e2a",
      "x-forwarded-for": "175.115.13.217",
      "x-forwarded-port": "443",
      "x-forwarded-proto": "https"
    },
    "requestContext": {
```

```
          "accountId": "467731270623",
          "apiId": "API_ID",
          "domainName": "API_ID.execute-api.AWS_REGION.amazonaws.com",
          "domainPrefix": "API_ID",
          "http": {
            "method": "GET",
            "path": "/hello",
            "protocol": "HTTP/1.1",
            "sourceIp": "175.115.13.217",
            "userAgent": "curl/7.68.0"
          },
          "requestId": "cP-WQif2oE0ENCA=",
          "routeKey": "GET /hello",
          "stage": "$default",
          "time": "15/Mar/2021:22:20:49 +0000",
          "timeEpoch": 1615846849579
      },
      "isBase64Encoded": false
  }
}
```

코드에서 body로 전달한 message 문자열과 HTTP 이벤트(input)를 볼 수 있다. HTTP 이벤트는 추후 쿼리 파라미터를 획득하거나 인증을 수행할 때 접근해야 하므로 구조에 익숙해져야 한다. 하지만 이처럼 직접 요청한 객체를 출력하여 관련 내용을 확인하거나 관련 문서에 명시된 항목을 찾아서 내용을 습득하는 것보다는, 개발 도구의 자동 완성을 통해 필요한 정보를 획득하는 편이 더 간단하다. 자바스크립트로 Lambda 함수를 작성할 때는 자동 완성 지원을 충분히 받을 수 없지만, 타입스크립트를 사용하면 많은 도움을 받을 수 있다. 때문에 이벤트 객체에 대한 세부 내용은 이 코드를 타입스크립트로 수정할 때 좀 더 자세히 다룰 예정이다.

호출한 함수에 대한 로그를 확인하기 위해 `sls logs` 명령을 사용한다. 이때 Lambda 함수의 첫 기동 부담을 확인하기 위해 위 curl 명령을 두 번 이상 실행한다. hello 함수의 로그는 `sls logs -f hello` 명령을 통해 확인할 수 있고 별도의 옵션을 주지 않았을 때 최근 10분간의 로그를 한 번에 확인할 수 있다.

```
$ sls logs -f hello
START
END Duration: 2.38 ms (init: 195.82 ms) Memory Used: 56 MB
START
END Duration: 3.82 ms Memory Used: 56 MB
```

코드에서 console.log 계열의 함수를 사용하지 않았기 때문에 출력되는 로그는 없다. 다만 END Duration 항목을 보면, 첫 번째 로그에는 init이 있지만 두 번째 로그에는 없는 것을 확인할 수 있다. 이는 Lambda의 첫 번째 기동에는 초기화 과정이 필요해 그에 대한 시간이 집계됐지만, 그 이후 다시 요청할 때는 이미 초기화된 Lambda를 재사용해서 초기화에 소요된 시간이 없기 때문이다. 코드가 커지고 양이 많아질수록 init이 커지게 되고 Lambda가 준비되지 않은 상태에서 첫 요청을 처리할 때 응답 지연이 길어진다. 이러한 문제가 최대한 발생하지 않도록 Lambda는 가급적 가볍게 작성해야 하고 초기화 시간이 길어지지는 않았는지 주기적으로 모니터링해야 한다.

템플릿 코드가 정상 동작하는 것을 확인했다. 이제 원래 목표했던, 쿼리 파라미터로 name을 받아서 Hello, name!을 반환하는 코드를 구현한다. handler.js 파일의 내용을 다음과 같이 수정한다.

```
module.exports.hello = async (event) => {
  if (!event.queryStringParameters || !event.queryStringParameters.name) {
    return { statusCode: 404, body: `Not Found` };
  }
  return {
    statusCode: 200,
    body: `Hello, ${event.queryStringParameters.name}!`,
  };
};
```

쿼리 파라미터는 event.queryStringParameters에서 가져올 수 있다. 그리고 만약 name이라는 이름의 쿼리 파라미터에 접근해야 한다면 event.queryStringParameters.name으로 가져올 수 있다. 하지만 쿼리 파라미터가 하나도 없을 경우 event.queryStringParameters는 undefined이고, 쿼리 파라미터에 name이 없을 경우 event.queryStringParameters.name이 undefined이므로 이에 대한 예외 처리가 필요하다. 즉, 해당 경우는 잘못된 요청이므로 404 Not Found를 반환한다. 그리고 name이 존재할 경우 Hello, name!을 반환하기 위해 body에 해당 문자열을 지정해 반환한다.

다시 배포하기 위해 sls deploy 명령을 사용한다. 단, 이와 같이 함수의 코드만 변경된 경우 sls deploy function -f 명령을 사용해 Lambda 코드만 갱신하므로 훨씬 빠르게 작업이 완료된다. 다만 sls deploy function 명령은 배포한 API 주소를 보여주지 않으므로 필요하다면 sls info 명령을 실행해 API 주소를 확인한다.

```
$ sls deploy function -f hello

Deploying function hello to stage dev (ap-northeast-2)

✓ Function code deployed (1s)
Configuration did not change. Configuration update skipped. (1s)
```

curl을 사용하여 배포한 API를 호출한다. 기대한 결과가 나오는 것을 확인할 수 있다.

```
$ curl "https://API_ID.execute-api.AWS_REGION.amazonaws.com/hello"
Not Found

$ curl "https://API_ID.execute-api.AWS_REGION.amazonaws.com/hello?name=lacti"
Hello, lacti!
```

첫 번째 요청에서는 쿼리 파라미터가 없었기 때문에 Not Found를 응답했다. 두 번째 요청에서는 제대로 name 쿼리 파라미터를 전달했기 때문에 Hello, lacti!를 응답했다.

삭제할 때는 sls remove 명령을 사용한다. 배포할 때보다는 빨리 진행되지만 약 30초 정도 소요된다. 이때 배포 과정에서 할당한 모든 자원을 회수한다. 서버리스 스택 자체가 사용되지 않을 경우 발생하는 비용이 거의 없기 때문에 삭제하지 않아도 AWS 전체 비용에 큰 영향은 없다. 그러나 배포할 수 있는 자원의 최대 개수 한도가 존재하기 때문에 사용하지 않는 스택은 테스트 후 바로 삭제하는 편이 좋다. 물론 S3와 같이 보관하는 객체의 용량에 따라 비용이 발생하는 경우라면 더 이상 사용하지 않을 때 바로 삭제해야 불필요한 비용 발생을 막을 수 있다.

```
$ sls remove
Removing hello-api-js from stage dev (ap-northeast-2)
✓ Service hello-api-js has been successfully removed (32s)
```

2-2 Hello API 타입스크립트 구현

처음으로 서버리스 개발을 할 때 가장 어려운 부분은 생소함이다. 필요한 시점에 필요한 만큼의 자원을 할당해 수행하는 구조에서 오는 생소함도 있지만, 그보다는 Lambda 함수로 전달되는 이벤트와 반환 타입을 모르는 부분이 더 생소하다. 또한 Serverless Framework의 도구를 사용할 때도 어떤 옵션을 어떻게 지정하는지 모르기 때문에 매번 필요한 부분을 찾아봐야 한다. 과거에 비해 개발 환경이 많이 개선되었지만, 자바스크립트 기반으로 작성한 Lambda 함수는 여전히 함수 인자에 대한 아무런 정보도 받을 수 없다. 뿐만 아니라 Serverless Framework의 선언인 **serverless.yml**은 정적 파일이라 오타로 인해 시간을 크게 낭비할 수 있고 동적으로 값을 생성하기도 어렵다.

이때 타입스크립트를 사용하면 이 문제를 어느 정도 개선할 수 있다.

1. 타입스크립트로 Lambda 함수를 작성하면 Lambda 함수에 대한 타입 정보를 제공해주기 때문에 인자로 받는 event 내에 무슨 필드가 있는지 쉽게 알 수 있다.
2. 타입스크립트 기반의 Serverless Framework를 사용하면 **serverless.yml** 파일을 선언하는 대신 **serverless.ts**로 구현할 수 있다. 이는 Serverless Framework의 선언을 재사용 가능하게 정리할 수도 있고, 타입스크립트의 타입 정보 덕분에 다양한 옵션에 빠르게 익숙해질 수 있다.

2-2-1 템플릿으로 시작

타입스크립트로 서버리스를 개발하는 것도 Serverless Framework의 템플릿으로 시작한다. **aws-nodejs-typescript** 템플릿을 사용하면 된다.

```
$ sls create --template aws-nodejs-typescript --name hello-api-ts --path hello-api-ts
✓ Project successfully created in "hello-api-ts" from "aws-nodejs-typescript"
template (4s)

$ cd hello-api-ts
hello-api-ts$ tree
.
├── package.json
```

```
├── README.md
├── serverless.ts
├── src
│   ├── functions
│   │   ├── hello
│   │   │   ├── handler.ts
│   │   │   ├── index.ts
│   │   │   ├── mock.json
│   │   │   └── schema.ts
│   │   └── index.ts
│   └── libs
│       ├── api-gateway.ts
│       ├── handler-resolver.ts
│       └── lambda.ts
├── tsconfig.json
└── tsconfig.paths.json
```

자바스크립트 템플릿과 다르게 훨씬 많은 파일들이 생성된다. 자바스크립트 템플릿은 최대한 간단하게 만들어진 반면 타입스크립트 템플릿은 구조화된 형태로 프로젝트를 시작할 수 있도록 다양한 기반을 미리 준비했기 때문이다. 타입스크립트 템플릿은 꽤 자주 변경되기 때문에 현재는 책에서 소개한 구조와는 또 다른 형태일 수도 있다. 템플릿은 이미 웹팩, 여러 디렉토리의 코드를 지정된 루트로부터 쉽게 참조하기 위한 `tsconfig.paths` 설정, HTTP 요청으로 전달하는 JSON을 검증하기 위한 `schema`와 확장 가능한 미들웨어 패키지인 `middy`가 설정되어 있다. 모두 중요하고 좋은 기능이지만 간단한 Hello API를 만들기에는 너무 설명할 내용이 많기 때문에 이 템플릿은 사용하지 않는다. 대신 앞서 자바스크립트로 작성한 코드에 타입스크립트와 웹팩 설정을 단계별로 추가하면서 관련 설명을 진행한다.

2-2-2 타입스크립트 적용

먼저, 지난번에 작업한 `hello-api-js`를 복사해서 `hello-api-ts`를 생성한다.

```
$ cp -r hello-api-js hello-api-ts
$ cd hello-api-ts
```

기존 `hello-api-js`는 전역에 설치한 Serverless Framework 도구를 사용했기 때문에 의존성을 명시할 `package.json`을 사용하지 않았다. 하지만 이번에는 타입스크립트 개발에 필요한 의존성이 있기 때문에 이를 위한 `package.json`을 생성한다. 간단히 `npm init -y` 명령으로 생성한다.

```
$ npm init -y
Wrote to /home/lacti/hello-api-ts/package.json:
{
  "name": "hello-api-ts",
  "version": "1.0.0",
  "description": "",
  "main": "handler.js",
  "scripts": {
    "test": "echo \"Error: no test specified\" && exit 1"
  },
  "author": "",
  "license": "ISC"
}
```

프로젝트 이름은 디렉터리 이름을 따라 `hello-api-ts`을 사용했고, 나머지는 현재 크게 중요하지 않으므로 모두 기본값으로 둔다. 이제 `npm install --save-dev` 명령을 사용하여 타입스크립트 패키지와 Node.js의 타입 패키지를 `devDependencies`에 추가한다. Node.js 타입 패키지는 Node.js 버전에 맞게 14 버전(@14)을 사용한다. 컴파일할 때만 필요한 의존성이므로 `dependencies`보다 `devDependencies`에 추가하는 것이 낫다. 설치가 완료되면 `node_modules` 디렉터리에 `typescript`와 `@types`가 추가된 것을 확인할 수 있다. 이제 `npx tsc`로 타입스크립트 컴파일러를 실행할 수 있다.

```
$ npm install --save-dev typescript @types/node@14
...생략
$ ls node_modules
@types   typescript
```

타입스크립트는 자바스크립트의 슈퍼셋으로 모든 문법을 포함한다. 때문에 기존 자바스크립트 파일을 그대로 타입스크립트 파일로 변경하여 사용해도 문제는 없지만 좋은 방법은 아니다. 다음과 같이 기존 `handler.js` 파일의 이름을 `handler.ts`로 변경한 후 타입스크립트 컴파일러를 사용하여 다시 자바스크립트 파일로 컴파일해보자. 이후 생성된 파일을 확인하면 원래 작성했던 자바스크립트 코드보다 훨씬 복잡한 것을 알 수 있다. 이는 `handler.js`에서 사용했던 `async` 키워드를 지원하지 않는 더 낮은 버전의 자바스크립트 런타임에서도 실행할 수 있도록 타입스크립트 컴파일러가 코드를 변환했기 때문이다.

```
$ mv handler.js handler.ts
$ npx tsc handler.ts
$ ls
handler.js  handler.ts  ...
```

하지만 Lambda는 Node.js 14 버전을 사용하기 때문에 굳이 낮은 버전을 위한 코드를 생성할 필요가 없다. 불필요한 코드를 더 많이 갖게 되면 첫 기동 시간이 길어질 수 있다. 따라서 Node.js 14 버전에서 완벽하게 지원하는 자바스크립트 표준인 ES2019에 맞춰 컴파일할 수 있도록 타입스크립트 설정을 변경해야 한다. `npx tsc --init`을 사용하여 기본 타입스크립트 설정 파일(tsconfig.json)을 생성한 뒤 모든 주석 부분을 정리하고, target 부분을 ES2019로 변경하면 다음과 같다.

```
{
  "compilerOptions": {
    "target": "ES2019",
    "module": "commonjs",
    "strict": true,
    "esModuleInterop": true,
    "skipLibCheck": true,
    "forceConsistentCasingInFileNames": true
  }
}
```

1. `target`은 타입스크립트 컴파일러가 변환할 자바스크립트의 표준 버전이다.
2. `module`은 자바스크립트 모듈 방식을 지정하는 것으로 Node.js 14 표준에서도 정상 동작하기 위해 `commonjs`로 설정한다.
3. `strict` 옵션을 켜면 잘못 작성할 수 있는 코드에 대한 정적 검사 항목이 늘어나 타입 관련 문제를 실행 이전에 확인할 수 있다.
4. `esModuleInterop`은 여러 자바스크립트 모듈 사양의 상호 호환을 위한 설정으로, 다양한 형태의 라이브러리를 사용할 때를 위해 켜두는 것이 좋다.
5. `skipLibCheck`는 외부 패키지의 타입 검사 실행 여부를 설정하는 것으로 개발 시 컴퓨터의 자원을 아끼기 위해 켜두는 것이 좋다.
6. `forceConsistentCasingInFileNames` 옵션은 대소문자를 구분하지 않는 파일시스템을 가지는 윈도우 등의 환경에서 잘못된 파일 참조를 사전에 막기 위한 옵션으로, 켜두는 것이 좋다.

이 외에도 도움이 되는 수많은 옵션이 있지만 추후 필요할 때 설정하면서 알아보자. 전체 옵션에 대해서는 https://www.typescriptlang.org/tsconfig에서 확인할 수 있다.

`npx tsc`로 컴파일러를 실행할 때 같은 디렉토리에 `tsconfig.json` 파일이 있다면 그 옵션을 사용한다. 다시 컴파일을 실행하면 다음과 같이 오류가 발생하는 것을 확인할 수 있다.

```
$ npx tsc
handler.ts:3:31 - error TS7006: Parameter 'event' implicitly has an 'any' type.

3 module.exports.hello = async (event) => {
                                ~~~~~

Found 1 error.
```

아직 `handler.ts`가 자바스크립트 코드를 그대로 유지하고 있고 `tsconfig.json`에서 `strict` 옵션을 켰기 때문에 코드 내의 `event`의 타입이 지정되지 않았다(any)는 오류가 발생한다. 하지만 이 문제가 `handler.js` 파일을 못 만들 정도의 중대한 문제는 아니기 때문에 컴파일한 결과가 나오기는 한다. 그리고 이때 생성된 `handler.js` 파일의 내용은 기존에 작성한 `handler.js` 파일의 내용과 동일한 것을 확인할 수 있다. 즉, 타입스크립트 컴파일러 설정이 잘 적용돼 의도대로 동작했다.

`handler.ts`에 타입을 추가하여 타입스크립트의 효과를 좀 더 볼 수 있다. Lambda에 대한 타입 정보가 들어있는 `@types/aws-lambda` 패키지를 설치한다.

```
$ npm install --save-dev @types/aws-lambda
```

해당 패키지에 선언된 `APIGatewayProxyHandlerV2` 타입은 API Gateway로부터 HTTP 이벤트를 받아 처리하는 함수를 위한 타입이다. 이를 사용하여 `handler.ts` 코드를 다음과 같이 고칠 수 있다.

```
import { APIGatewayProxyHandlerV2 } from "aws-lambda";

export const hello: APIGatewayProxyHandlerV2 = async (event) => {
  if (!event.queryStringParameters || !event.queryStringParameters.name) {
    return { statusCode: 404, body: `Not Found` };
  }
  return {
```

```
    statusCode: 200,
    body: `Hello, ${event.queryStringParameters.name}!`,
  };
};
```

기존과 비교했을 때 함수 내의 코드는 변한 게 없고 타입 정보만 추가되었다.

1. 타입스크립트가 strict를 검사하므로 불필요해진 use strict 구문을 삭제한다.
2. 함수를 모듈 바깥으로 노출하기 위해 사용했던 예전 방식인 module.exports.hello 대신 hello 라는 변수(const hello)를 노출(export)하도록 코드를 수정한다.
3. aws-lambda 패키지로부터 APIGatewayProxyHandlerV2 타입을 가져와서(import) hello의 타입으로 설정한다.

함수의 타입은 인자와 반환값의 타입으로 지정된다. hello의 타입을 지정했기 때문에 함수의 인자인 event와 반환값의 타입도 잘 추론된다. 따라서 다음과 같이 event 멤버의 자동 완성이 잘 동작한다.

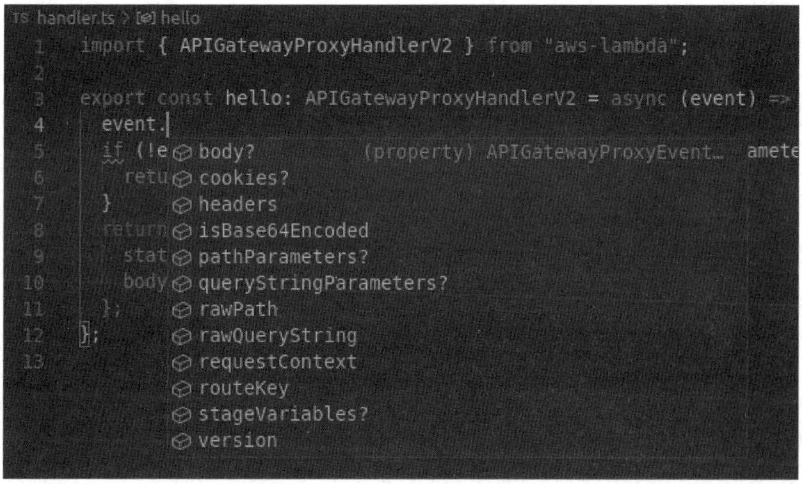

```
import { APIGatewayProxyHandlerV2 } from "aws-lambda";

export const hello: APIGatewayProxyHandlerV2 = async (event) =>
  event.
    if (!e ⊘ body?        (property) APIGatewayProxyEvent... amete
      retu ⊘ cookies?
    }    ⊘ headers
    return ⊘ isBase64Encoded
      stat ⊘ pathParameters?
      body ⊘ queryStringParameters?
    };   ⊘ rawPath
};      ⊘ rawQueryString
         ⊘ requestContext
         ⊘ routeKey
         ⊘ stageVariables?
         ⊘ version
```

그림 2-2-1 event 인자의 멤버 자동 완성

수정 후에 다시 npx tsc로 컴파일하면 아까와는 약간 달라졌지만 큰 차이 없는 코드가 생성된 것을 확인할 수 있다. 생성된 handler.js 파일을 서버리스 스택으로 배포하기 위해 sls 명령을 사용한다. 하지만 serverless.yml 파일은 지난 자바스크립트 배포를 위해 사용했던 내용으로 작성되어 있으므로 구분을 위해 service 값을 hello-api-ts로 변경한다. 이제 새로 배포하는

서버리스 스택의 이름은 hello-api-ts를 사용한다.

```
service: hello-api-ts
```

자바스크립트를 사용하여 작성한 서버리스 스택은 별도의 의존성을 갖지 않았다. 하지만 타입스크립트 기반의 프로젝트를 개발할 때는 typescript나 @types/node 등의 의존 패키지를 사용했기 때문에 서버리스 빌드 결과물이 달라진다. 이를 확인하기 위해 sls package 명령으로 생성한 압축 파일을 열어보면 다음과 같다.

```
$ sls package
$ cd .serverless
.serverless$ unzip hello-api-ts.zip
Archive:   hello-api-ts.zip
  inflating: .npmignore
  inflating: handler.js
  inflating: handler.ts
  inflating: node_modules/.package-lock.json
  inflating: node_modules/@types/...생략
  inflating: package-lock.json
  inflating: package.json
  inflating: serverless.js
  inflating: tsconfig.json
```

Lambda에 업로드할 코드를 담고 있는 .serverless/hello-api-ts.zip 파일의 압축을 풀어보면 실제로 실행해야 하는 코드를 담고 있는 handler.js 파일뿐만 아니라 타입스크립트를 컴파일하는 tsconfig.json 파일, Node.js 패키지 선언 파일인 package.json, 타입스크립트 컴파일에 필요한 타입 패키지인 node_modules/@types가 함께 포함된 것을 볼 수 있다. Lambda의 첫 기동 시간 최적화를 위하여 실행에 필요한 코드만 포함하여야 하며, 불필요한 파일 포함을 지양해야 한다. 의존 패키지는 실행에 필요한 코드뿐만 아니라 다른 모듈 형태를 지원하는 배포판이나 원본 코드 혹은 README나 package.json 같은 파일들도 모두 포함하는 경우가 있기 때문에 가급적 실행에 필요한 코드만 포함해야 한다. 그리고 @types와 같이 타입스크립트 컴파일러에게 타입 정보를 제공하는 패키지는 런타임이 아닌 컴파일 타임에만 필요하므로 빌드가 끝난 이후에는 모두 제외한다.

이러한 파일들을 서버리스 패키지에서 제외하기 위해 serverless.yml 선언의 package 설정을 사용해 불필요한 대상을 제외하거나 딱 필요한 대상만 포함하도록 명시할 수도 있다. 하지만 수

많은 의존 패키지 파일 중 필요한 파일만 포함하도록 명시하는 것은 매우 번거로우므로 좀 더 나은 방법이 필요하다. 바로 웹팩을 사용하는 것이다.

2-2-3 웹팩 적용

웹팩은 자바스크립트 기반으로 작성된 웹 프로젝트의 결과물을 번들링(bundling)하는 도구다. 자바스크립트로 작성한 코드 중 필요한 내용만 추리고 필요에 따라 파일 형식별로 빌드하고 지정된 단위(chunk)로 묶음으로써 코드 최소화(minify)나 난독화(obfuscation)를 도와주는 도구다. 여러 파일 형식을 지원하기 위해 로더(loader)를 추가할 수 있고 그중 `ts-loader`를 사용해 타입스크립트도 지원할 수 있다. 즉, 웹팩과 `ts-loader`를 사용해 타입스크립트로 작성한 Lambda 코드를 필요한 파일만 추려서 빌드하는 작업을 진행할 수 있다.

타입스크립트 컴파일을 위해 `tsconfig.json` 설정 파일을 작성했듯이 웹팩을 사용하기 위해서 `webpack.config.js` 설정 파일을 작성해야 한다. 웹팩이 하는 일이 많다 보니 관련된 설정도 너무 많지만 다행히 웹팩 4 이후부터는 별도의 설정 없어도 잘 동작하도록(zero-configuration) 많은 부분이 개선됐다. 다만 Serverless Framework 도구와 함께 사용하기 위해서는 몇 가지 설정이 필요하다. Serverless Framework 도구가 웹팩을 사용할 수 있도록 `serverless-webpack` 플러그인을 설치하고, 그 플러그인을 통해 웹팩이 동작할 수 있도록 `webpack.config.js`을 작성해야 한다.

먼저 `serverless-webpack`을 설치한다. Serverless Framework의 플러그인은 `sls plugin install` 명령을 사용해 설치할 수 있다. 이때 플러그인의 이름은 `--name`으로 지정한다.

```
$ sls plugin install --name serverless-webpack
Serverless: Installing plugin "serverless-webpack@latest" (this might take a few seconds...)
Serverless: Successfully installed "serverless-webpack@latest"
```

설치가 완료되면 `serverless.yml` 파일에 `plugins` 블록이 추가되고 그 안에 `serverless-webpack` 항목이 추가된 것을 확인할 수 있다.

```
plugins:
  - serverless-webpack
```

serverless-webpack 패키지도 프로젝트의 의존성 명시를 위해 package.json에 추가된다. 그리고 해당 플러그인에서 사용할 웹팩도 같이 추가된다. 이 두 패키지는 런타임에 필요하지 않기 때문에 devDependencies에 추가된다. sls plugin install로 플러그인을 설치할 때 따로 버전을 명시하지 않으면 그 시점의 최신 버전을 사용한다. 2022년 8월을 기준으로 각각 5.8.0과 5.74.0이 최신 버전이므로 다음과 같이 설정된다.

```
"devDependencies": {
  // ...생략
  "serverless-webpack": "5.8.0",
  "webpack": "5.74.0"
}
```

serverless-webpack은 개발 중인 코드가 GitHub에서 관리되는 프로젝트로 https://github.com/serverless-heaven/serverless-webpack에서 필요한 많은 정보를 얻을 수 있다. 타입스크립트를 사용하기 위한 기본적인 설정은 플러그인 코드와 함께 제공하는 예제인 https://github.com/serverless-heaven/serverless-webpack/blob/master/examples/typescript에서 확인할 수 있다. 설명의 편의를 위해 여기서는 필요한 최소한의 내용만 가져온다.

먼저 웹팩에서 타입스크립트 파일을 읽을 수 있도록 ts-loader 모듈을 npm install --save-dev ts-loader 명령으로 설치한다. 필요한 모든 의존성을 설치했으니 webpack.config.js를 작성한다.

```
const path = require("path");
const slsw = require("serverless-webpack");

module.exports = {
  mode: slsw.lib.webpack.isLocal ? "development" : "production",
  entry: slsw.lib.entries,
  devtool: "source-map",
  resolve: {
    extensions: [".mjs", ".json", ".ts", ".js"],
  },
  output: {
    libraryTarget: "commonjs2",
    path: path.join(__dirname, ".webpack"),
    filename: "[name].js",
  },
  target: "node",
  module: {
```

```
    rules: [
      {
        test: /\.ts$/,
        loader: "ts-loader",
        exclude: /node_modules/,
      },
    ],
  },
};
```

웹팩 설정 파일을 자바스크립트 기반으로 작성했기 때문에(webpack.config.js) 일부 자바스크립트의 문법을 사용한다. 예를 들자면 import 대신 require를 사용한다. 물론 이 설정도 타입스크립트로 작성할 수 있지만 serverless-webpack 플러그인은 해당 설정이 자바스크립트로 작성되었다는 가정을 기본으로 하기 때문에 추가 설정이 필요하다. 따라서 편의상 자바스크립트 설정을 작성한다. 모든 웹팩 옵션은 https://webpack.js.org/configuration에서 확인할 수 있다. 여기서는 필요한 부분만 간단히 설명한다.

웹팩은 mode 옵션을 통해 개발을 위한 빌드인지 상용을 위한 빌드인지 결정할 수 있다. slsw.lib.webpack.isLocal 옵션은 sls invoke local 혹은 추후 설명할 serverless-offline 플러그인을 통해 로컬 환경에서 테스트를 할 때 설정되는 값이다. 그 경우에는 개발 버전으로 빌드하여 보다 도움이 되는 정보를 포함하도록 설정한다.

entry 옵션은 웹팩이 빌드를 시작할 진입점을 명시하는 곳이다. Serverless Framework는 Lambda에 업로드할 함수를 모두 묶어서 하나의 파일로 빌드할 수도 있고 serverless.yml 파일에서 package.individually 옵션을 사용하여 함수마다 다른 파일로 빌드할 수도 있다. 때문에 웹팩이 빌드를 시작할 진입점이 Serverless Framework의 설정에 따라 바뀔 수 있으므로 이에 대한 설정을 Serverless Framework에서 지정해주어야 한다. 이를 위해 serverless-webpack 플러그인이 지정해주는 진입점을 사용하도록 지정한다.

devtool 옵션은 빌드한 결과물이 실제 코드의 어느 위치에 대응되는지 확인하는 소스맵(source-map) 파일 생성 옵션이다. 이 파일을 생성할 경우 추후 결과물에 대응되는 원본 소스의 정확한 위치를 얻을 수 있어 디버깅할 때 많은 도움을 받을 수 있다. https://webpack.js.org/configuration/devtool/에 필요한 상황에 따라 설정할 수 있는 다양한 옵션이 있다. 보통 상용 빌드를 할 때는 정보를 많이 담은 source-map을 사용하고 개발 빌드를 할 때는 수정 후 다시 빌드하는 과정을 빠르게 수행하기 위해 eval-cheap-module-source-map을 사용한다. 물론 이 정보를 생성하기 위해 코드에 추가하는 source-map-support 패키지에 의해 빌드 결과물이 꽤 커지기 때문에 첫 기동 시간을 극적으로 최적화해야 하는 경우에는 아예 source-map을 생성하지 않기도 한다. 이번 예제에서는 큰 고민 없이 풍부한 정보를 담고 있는 결과물을 생성하기 위해 source-map을 사용한다.

resolve 옵션은 웹팩이 처리할 파일의 설정을 지정하는 곳이다. 간단히 참조할 수 있는 파일에 대한 확장자를 지정하고 외부 패키지로 가장 많이 사용하는 파일을 지정한다. 여기에서는 자바스크립트의 표준인 ECMAScript에서 정의한 모듈인 .mjs와 함께 JSON 파일, 타입스크립트 .ts 파일, 자바스크립트 .js 파일을 지정했다.

output 옵션은 웹팩의 결과물 생성을 위한 설정을 지정하는 곳이다. 관례대로 .webpack 디렉토리 하위에 entry로 지정된 파일의 이름을 사용해 [name].js 형태로 결과물을 빌드한다. 보통 commonjs2 표준을 따르도록 한다. commonjs는 ECMAScript에서 정의한 모듈 규격 중 하나이고 보통 웹 브라우저의 자바스크립트 엔진에서 이 표준을 지킨다. 하지만 Node.js에서는 여기에 export 문법을 추가해 약간 다른 형태의 모듈 표준을 구현하였고 이를 commonjs2로 정의했다. Lambda는 Node.js 런타임을 사용하므로 웹팩 결과물도 Node.js 표준인 commonjs2를 사용하도록 지정한다.

target 옵션은 웹팩의 결과물을 사용할 대상 환경을 지정한다. 브라우저나 Electron 등의 환경을 지정할 수 있는데 여기서는 Lambda에서 실행할 Node.js 환경을 위해 node로 지정한다.

module 옵션은 웹팩에서 처리할 모듈을 규칙에 따라 추가 설정하는 곳이다. 모듈의 종류가 다양해짐에 따라 다양한 설정과 플러그인이 추가될 수 있지만 현재는 간단하게 타입스크립트에 대한 지원만 추가하므로 .ts 파일에 대해 ts-loader 로더를 사용하도록 설정한다. 이때 불필요한 의존 패키지 처리를 수행하지 않도록 node_modules 디렉토리를 제외한다.

웹팩에 대한 모든 설정이 완료됐으므로 sls package 명령을 통해 패키지를 빌드할 수 있다. Serverless Framework는 hello 함수를 빌드하기 위해 웹팩을 실행하고, 웹팩은 hello 함수로 연결된 handler.ts 파일을 빌드하기 위해 ts-loader를 거쳐 타입스크립트 컴파일러를 실행하고, 그 결과로 얻은 handler.js 파일을 적당히 줄인다(minify). Serverless Framework는 이렇게 만들어진 handler.js 파일을 Lambda에 업로드하기 위해 압축 파일(hello-api-ts.zip)로 묶는다. 만약 이때 source-map을 생성하도록 설정했다면 handler.js.map 파일도 같이 압축 파일에 포함된다.

```
$ sls package
Packaging hello-api-ts for stage dev (ap-northeast-2)
✓ Service packaged (2s)

$ cd .serverless
.serverless$ unzip hello-api-ts.zip
Archive:  hello-api-ts.zip
  inflating: handler.js
  inflating: handler.js.map

.serverless$ ls
-rw-r--r-- 1 lacti lacti 312 1월  1  1980 handler.js
-rw-r--r-- 1 lacti lacti 857 1월  1  1980 handler.js.map
```

웹팩 빌드로 생성된 `handler.js`와 `handler.js.map` 파일 2개만 Lambda를 위한 코드 압축에 포함된 것을 확인할 수 있다. 웹팩을 사용하지 않았을 때는 `node_modules`라는 의존 패키지 디렉토리가 포함되었는데 이제는 해당 디렉토리가 존재하지 않는다. 웹팩에서 빌드에 필요한 타입 정보 파일들을 빌드 단계에서만 사용하고 결과물에서는 제외했기 때문이다. 덕분에 런타임에 필요한 코드만 포함된 깔끔한 결과를 배포할 수 있다. 이는 단순히 타입 정보와 같이 빌드 단계에서만 필요한 파일들을 제외하는 것에 그치지 않고, 추후 다른 의존 패키지를 사용했을 때도 필요한 코드 내용만 포함하므로 배포하는 코드의 양을 최적화한다는 측면에서 아주 유용하다.

2-2-4 source-map 적용

웹팩에서 `devtool`로 source-map을 사용하도록 설정해도 `.js.map` 파일이 생성될 뿐 `.js` 파일에는 별도의 디버깅 정보가 포함되지 않는다. 따라서 두 파일을 함께 읽어 처리할 수 있는 디버깅 상황을 제외하면 `.js.map` 파일의 정보를 제대로 이용할 수 없다. 예를 들어 Lambda의 Node.js 런타임에서 `.js` 파일을 실행할 때 발생하는 예외의 스택 트레이스를 출력하는 상황이다. 이때 출력되는 트레이스는 우리가 알고 있는 코드 내의 함수 위치가 아니라 타입스크립트와 웹팩에 의해 변환된 코드를 기준으로 작성된다. 예기치 않은 예외가 발생하는 경우 스택 트레이스를 통해 오류의 원인을 찾는 경우가 많은데 이 정보를 제대로 활용할 수 없다면 문제를 빠르게 확인하기 어렵다.

`.js` 파일을 실행할 때도 스택 트레이스를 원본 코드를 기준으로 생성하려면 `source-map-support` 패키지를 사용한다. 이는 `npm install --save source-map-support` 명령으로 의존성

에 추가한다. 그리고 다음과 같이 handler.ts 코드에서 source-map-support/register를 포함(import)해서 사용한다.

```
import { APIGatewayProxyHandlerV2 } from "aws-lambda";
// 다음 행을 추가한다.
import "source-map-support/register";
// export const hello ...생략
```

sls package 명령으로 Lambda에 업로드할 패키지를 만들어서 위 변경점에 의해 달라지는 부분을 확인해보자. 웹팩의 통계 옵션(--stats)을 켜면 웹팩 빌드 과정에서 수집하는 많은 지표를 확인할 수 있다. 이때 normal 옵션을 사용하면 빌드하는 파일의 전후 크기를 상세히 알 수 있다. 이 옵션은 webpack.config.js 파일에서 stats 속성으로 설정 가능하다.

```
module.exports = {
  // ... 생략
  stats: "normal",
};
```

패키지 생성을 위해 다시 sls package 명령을 실행한다. 이제 웹팩이 어떤 코드를 참조해 결과물을 만들어내는지 각각의 용량과 함께 확인할 수 있는 로그가 나온다.

```
$ sls package
Packaging hello-api-ts for stage dev (ap-northeast-2)

asset handler.js 33.3 KiB [emitted] [minimized] (name: handler) 1 related asset
  runtime modules 123 bytes 1 module
  modules by path ./node_modules/ 121 KiB
    modules by path ./node_modules/source-map/ 99.4 KiB
      ./node_modules/source-map/source-map.js 405 bytes [built] [code generated]
      ./node_modules/source-map/lib/source-map-generator.js 14 KiB [built] [code generated]
      ./node_modules/source-map/lib/source-map-consumer.js 39.6 KiB [built] [code generated]
      ./node_modules/source-map/lib/source-node.js 13.5 KiB [built] [code generated]
      + 7 modules
    modules by path ./node_modules/source-map-support/*.js 19.8 KiB
      ./node_modules/source-map-support/register.js 25 bytes [built] [code generated]
      ./node_modules/source-map-support/source-map-support.js 19.7 KiB [built] [code generated]
```

```
        ./node_modules/buffer-from/index.js 1.64 KiB [built] [code generated]
        ./handler.ts 444 bytes [built] [code generated]
     external "path" 42 bytes [built] [code generated]
     external "fs" 42 bytes [optional] [built] [code generated]
     webpack 5.72.0 compiled successfully in 3068 ms

✓ Service packaged (3s)
```

handler.ts 파일의 용량은 444B인데 생성된 handler.js 파일은 무려 33.3KiB이다. 자바스크립트 예제에서 생성된 312B에 비하면 무려 100배나 큰 용량이다. 그 이유는 source-map-support 패키지의 코드가 모두 handler.js에 포함됐기 때문이다. 로그에서 출력된 빌드 로그에 따르면 source-map-support의 원본 크기는 19.8KiB고 source-map의 원본 크기는 99.4KiB다. 이 용량이 그대로 포함되었다면 약 120KiB 정도였겠지만, 웹팩이 필요한 코드만 포함해서 33.3KiB가 되었다. 그럼에도 원래의 hello 코드에 비하면 용량이 매우 커졌다. 코드의 용량이 크면 Lambda의 첫 기동 시간에 불리하다. 상황에 따라서는 스택 트레이스를 포기하더라도 source-map-support 패키지를 사용하지 않는 쪽을 선택할 수도 있다.

2-2-5 serverless.ts 사용

타입스크립트를 사용해 Lambda 함수 코드 작성 시 타입 정보의 도움을 받았다. 그리고 웹팩을 사용하여 런타임에 필요한 코드만 빌드에 포함할 수 있도록 설정했다. Lambda 함수 코드를 구현하는 것만이 목적이라면 지금까지의 내용으로도 충분히 준비를 마쳤다고 볼 수 있다. 여기서 조금 더 나아가서 Lambda 함수 외부의 환경을 설정할 때도 타입 정보의 도움을 받는 방법 즉, serverless.yml 파일 대신 serverless.ts 파일을 사용하는 방법에 대해 알아보자.

serverless.yml 파일은 서버리스 스택을 정의하는 파일로 Serverless Framework에서 제공하는 문서를 통해 필요한 정의 부분을 학습할 수 있다. 혹은 이미 작성된 수많은 예제를 통해 필요한 부분을 가져올 수도 있다. 하지만 이 부분 역시 타입 정보의 도움을 받으면 보다 쉽게 설정할 수 있다. 뿐만 아니라 정적인 YAML 파일 대신 타입스크립트 파일을 사용하면 로직 코드를 넣을 수 있다. 예를 들어 환경 변수를 사용해 설정 분기를 처리하거나 CloudFormation을 위한 타입스크립트 라이브러리인 AWS CDK를 활용해 필요한 클라우드 자원을 별도로 정의할 수도 있다.

다만 Serverless Framework 도구는 serverless.yml 파일을 serverless.ts로 변환해주는 기능을 제공하지 않는다. 때문에 먼저 serverless.yml 파일을 .json으로 변환한 후 그 파일을 .ts

로 수정하는 방향으로 진행한다. YAML을 JSON으로 바꿔주는 https://onlineyamltools.com/convert-yaml-to-json 등의 웹 서비스를 이용하거나 yq를 사용하여 `serverless.yml`의 내용을 JSON으로 변환해 `serverless.ts`에 붙여 넣는다. 그리고 `npm install --save-dev @serverless/typescript` 명령으로 Serverless Framework 선언에 대한 타입 정보 패키지를 설치한다. Serverless Framework는 serverless.yml 파일과 `serverless.ts` 파일이 같이 있을 때 `serverless.yml` 파일을 먼저 사용므로, `serverless.ts` 파일을 작성한 후 `serverless.yml` 파일을 삭제해야 기대대로 동작한다.

이제 `serverless.ts`를 다음과 같이 수정한다. `@serverless/typescript`로부터 `AWS` 타입을 가져와서 `config` 타입으로 지정한다. 그리고 `serverless.yml`로부터 변환된 JSON 값을 `config`에 대입한다. VSCode의 Format Document 기능을 사용하면 JSON 대신 자바스크립트 객체 형태로 코드를 정리할 수 있다.

```typescript
import type { AWS } from "@serverless/typescript";

const config: AWS = {
  service: "hello-api-ts",
  frameworkVersion: "3",
  provider: {
    name: "aws",
    runtime: "nodejs14.x",
    region: "ap-northeast-2",
  },
  functions: {
    hello: {
      handler: "handler.hello",
      events: [
        {
          httpApi: {
            path: "/hello",
            method: "get",
          },
        },
      ],
    },
  },
  plugins: ["serverless-webpack"],
};

export = config;
```

config 변수를 AWS 타입으로 지정했기 때문에 속성을 설정할 때 자동 완성과 타입 정보를 지원받을 수 있다. 뿐만 아니라 코드에서 정의한 내용을 참조해서 넣는 것도 가능하다. 예를 들어 예전에는 서버리스 스택의 함수를 정의하는 serverless.yml 파일과 실제 함수가 구현된 코드 사이의 괴리가 있었는데, 이제는 각 함수에서 functions 블록에 정의할 설정을 export한 후 serverless.ts에서 import하여 사용하는 것도 가능하다. 이는 각 함수의 구현과 옵션 설정에 대한 응집도를 높여주고 새로 추가한 함수가 의도치 않게 누락되는 문제를 조금 더 알아차리기 쉽게 한다.

serverless.yml 대신 serverless.ts 파일을 사용하려면 ts-node 패키지를 사용해야 한다. 이를 설치한 후 sls package 명령이 잘 동작하는지 확인한다. 모든 설정이 올바르다면 서버리스 배포를 위한 패키지가 잘 생성된다.

```
$ npm install --save-dev ts-node
$ sls package
Packaging hello-api-ts for stage dev (ap-northeast-2)
✓ Service packaged (1s)
```

2-3 상용 서비스 고려

계획했던 Hello, NAME 웹 서비스의 개발을 완료했다. 간단한 HTTP 요청을 처리하는 함수를 하나 작성해 서버리스 스택으로 서비스를 배포했다. 그리고 curl을 사용해 정상적으로 동작하는 것을 확인했다.

추후 좀 더 견고한 서비스를 위해 HTTP 요청으로 전달되는 NAME에 대한 수많은 에러 처리와 관련된 테스트를 작성할 수 있다. 혹은 더 다양한 서비스를 제공하기 위해 서버리스 스택을 확장할 수 있다. 서버리스 스택이 HTTP 요청을 받아 함수를 실행하고 그 결과를 반환하는 가용성을 보장해주기 때문에, 그에 대한 걱정 없이 서비스 도메인을 더 고민하여 기능 확장을 위한 시간을 쓸 수 있다.

API Gateway는 HTTP 요청이 동시에 많이 들어와도 그 요청을 연결된 Lambda로 잘 전달해줄 것이고 Lambda는 요청을 처리하기 위해 지정된 코드를 불러와 실행한다. 그리고 그 결과를 다시 API Gateway에 반환하면 API Gateway는 사용자에게 그 결과를 응답한다. Lambda 수행 동안 발생한 로그는 CloudWatch Logs에 전달되어 추후 추적을 위해 보관된다.

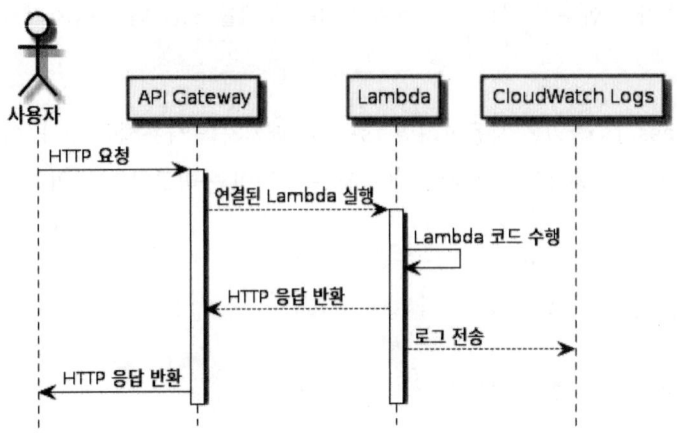

그림 2-3-1 HTTP 요청의 처리 흐름

서버리스 스택을 사용했으니 인프라 관리를 크게 신경 쓰지 않아도 서비스는 잘 동작한다. 드물게 요청하는 개발 환경에서도 문제없이 동작하고, 요청이 빈번하게 발생하는 상용 환경에서도 잘 동작한다. 인증서를 신경 쓰지 않아도 https로 잘 운영하고 서버 확장을 고려하지 않아도 요청량에 따라 동시에 더 많은 Lambda가 실행돼 요청을 무난하게 처리한다. 로그는 CloudWatch Logs로 전송되므로 이로 인한 디스크 고갈을 걱정할 필요도 없다. 새로운 기능을 배포할 때 서비스 중단을 고민할 필요도 없다. Lambda가 갱신되는 순간까지 이전 버전의 Lambda로 HTTP 요청을 처리하기 때문이다.

이는 웬만한 규모의 서비스에서는 신경을 하나도 쓰지 않고도 서비스를 운영할 수 있는 마법처럼 보일 수 있다. 하지만 여기에도 한계는 있다. 요청량이 증가함에 따라 요금이 빠르게 증가하는 점은 차치하더라도, 각 서비스마다 처리할 수 있는 요청의 한도(quotas)가 존재하기 때문이다. 이 부분을 정확히 인지하고 사전 모니터링을 하지 않으면 어느 날 갑자기 잘 동작하던 서비스가 늘어나는 트래픽에 더 이상 대응하지 못하는 문제가 발생할 수 있다. 따라서 서버리스 스택을 구성한 AWS 자원들의 서비스 한도에 대해 알아둘 필요가 있다.

2-3-1 서비스 한도

많은 요청이 동시에 들어온다고 해도 기본 서비스 한도 내에서는 문제가 되지 않는다. API Gateway는 한도 내에서 모든 요청을 받을 것이고 Lambda도 가능한 수준에서 동시에 기동해 모든 요청을 처리한다. 그리고 로그는 CloudWatch Logs의 한도 내에서 모두 받는다. 즉, 한도 내에서는 자동 확장을 위해 별도의 인프라를 고민할 필요가 없다. 하지만 그렇기 때문에 기본 한도가 어느 정도인지를 제대로 알아두어야 한다.

AWS는 자원별로 수많은 한도를 가지고 있다. AWS 공식 한도 문서는 각 상황에 대한 모든 한도를 한 번에 명시하다 보니 처음 접하면 부담스러울 수 있으므로 필요할 때마다 문서를 확인하여 조금씩 숙지하는 것이 좋다. 현재 시스템을 구성하는 자원들 중 요청과 관련해 기본적으로 확인이 필요한 한도는 다음과 같다.

항목	한도	조절 가능 여부
API Gateway 요청	10,000요청/초-계정-지역, 5,000요청 버킷	예
API Gateway 최대 요청 시간	30초	아니오
API Gateway 최대 요청 크기	10MB	아니오
Lambda 동시 실행 수	1,000	예
Lambda 최대 요청 크기	6MB	아니오
Lambda 최대 수행 시간	API Gateway 통합 시 29초	아니오
CloudWatch Logs 로그 스트림 생성 요청	50요청/초-계정-지역	예
CloudWatch Logs 로그 스트림 업로드 요청	각 로그 스트림마다 5요청/초	예
CloudWatch Logs 최대 로그 크기	256KB	아니오
CloudWatch Logs 최대 요청 크기	1MB	아니오

각 서비스별 한도의 전체 내용은 각각의 서비스 한도 페이지에서 확인할 수 있다.

1. Amazon API Gateway 할당량 및 중요 정보: https://docs.aws.amazon.com/ko_kr/apigateway/latest/developerguide/limits.html
2. Lambda 할당량: https://docs.aws.amazon.com/ko_kr/lambda/latest/dg/gettingstarted-limits.html
3. CloudWatch Logs 할당량: https://docs.aws.amazon.com/ko_kr/AmazonCloudWatch/latest/logs/cloudwatch_limits_cwl.html

해당 문서는 지역별로 달라지는 값을 정확히 명시하지 않는 경우가 있다. 문서에서 명시된 한도 값이 미국 데이터센터 기준이어서 서울 지역에서는 값이 달라지는 경우도 있고, 혹은 글로벌 서비스를 준비할 때 지역별 데이터센터의 한도가 달라서 동일한 서비스를 배포했다가 문제가 발생할 수도 있다. 따라서 정확한 한도 확인이 필요한 경우에는 서비스 한도 페이지에서 항목별로 정확한 값을 확인하는 것이 좋다. 다만 이 페이지에는 항목별 설명이 생략되어 있기 때문에 먼저 설명을 숙지해야 한다.

2-3-2 API Gateway의 한도

API Gateway는 토큰 버킷 알고리즘을 사용하여 요청량을 관리한다. 토큰 버킷 알고리즘은 지정된 시간마다 지정된 토큰이 채워지는 버킷에서 처리 단위에 따라 토큰을 소모하고, 부족해지면 요청을 처리하지 않는 알고리즘이다. 기본적으로 1초에 10,000요청을 허용하는 5,000요청 버킷으로 요청량을 조절하므로, 간단히 5,000요청 버킷에 1밀리초에 10요청씩 회복하는 상황으로 생각할 수 있다. 이해를 돕기 위해 몇 가지 예시를 들면 다음과 같다.

1. 1밀리초에 10요청씩 일정하게 진행되면 모든 요청은 오류 없이 처리된다.
2. 첫 밀리초에 10,000요청이 진입하면 버킷 최대 크기만큼인 5,000요청만 바로 처리되고, 나머지 요청은 429 Too Many Requests 오류가 발생한다.
3. 첫 밀리초에 5,000요청이 진입하고, 101밀리초에 1,000요청이 진입하면 모든 요청은 오류 없이 처리된다. 100밀리초 동안 1,000요청 토큰을 회복하기 때문이다.

이 요청량 제한은 계정-지역 범위에서 설정되는 값으로 해당 계정의 동일한 지역 내에 수많은 API Gateway 서비스가 존재할 경우 이 값을 공유하게 된다. 즉, 한 계정의 동일 지역 내 여러 서버리스 스택이 존재하는데 그중 한 서비스의 요청이 폭주하여 모든 토큰을 소비하게 될 경우 다른 서비스들은 요청을 제대로 수신하지 못하고 429 Too Many Requests 오류를 응답한다. 이런 문제가 발생하지 않도록 각 서버리스 스택의 API별로 처리량을 조절(throttle)하거나 필요할 경우 AWS 서포트 센터에 티켓을 만들어서 해당 한도의 상향을 요청할 수도 있다. 왠만한 상용 서비스에서 10,000요청/초는 쉽게 달성할 수 있기 때문에 제대로 된 상용 서비스를 고려한다면 각 상용 서비스마다 계정을 분리하여 서버리스 스택을 배포해야 한다. 그리고 지속적인 모니터링을 통해 필요할 때 바로 티켓을 생성할 수 있어야 한다.

2-3-3 API Gateway 통합 Lambda의 한도

API Gateway를 통하는 HTTP 요청은 최대 30초 내에 처리가 완료되어야 한다. Lambda를 Lambda API를 사용해 직접 호출하거나 SQS나 S3 이벤트를 통해 실행할 때는 최대 900초까지 실행 가능하지만, API Gateway와 통합되어 실행할 때는 API Gateway의 타임아웃 시간을 따라 30초 내에 수행이 완료되어야만 한다. 하지만 Lambda가 거의 30초만에 실행이 끝나는 경우 API Gateway에서 그 결과를 기다리다가 30초가 넘어가는 경우가 있어, 가급적이면 Lambda는 29초만에 처리를 완료하도록 권장하고 있다. 즉, Lambda 자체가 허용하는 타임아웃은 좀 더 관대한 편이지만 API Gateway에 의해 좀 더 제한이 발생한다.

이와는 반대로, Lambda에 의해 API Gateway의 제한이 발생하는 경우도 있다. API Gateway는 HTTP 요청의 최대 크기를 10MB까지 허용하지만 Lambda는 6MB까지만 허용한다. 따라서 API Gateway에 통합된 Lambda를 사용해 HTTP 요청을 처리할 경우 API Gateway는 최대 6MB 수준으로 요청을 구성해야 Lambda에서 이를 제대로 받아 처리할 수 있다. 만약 이 크기가 넘어가는 요청을 다뤄야 할 경우, S3에 필요한 내용을 업로드한 후 Lambda에서 이를 임시 파일로 불러와 처리하는 방향을 사용해야 한다.

API Gateway에서 전달한 HTTP 요청을 처리하기 위해, Lambda는 인스턴스를 동시에 최대 1,000개까지 할당할 수 있다. 이는 간단하게 HTTP 요청을 처리하는 스레드 풀이 1,000개의 스레드를 가지고 있다고 비유할 수 있다. 만약 하나의 요청을 처리하는 데 10밀리초가 필요하다면 1개의 Lambda 인스턴스는 1초에 100개의 요청을 처리할 수 있고, 이 인스턴스가 동시에 1,000개가 실행되므로 Lambda는 1초에 100,000개의 요청을 처리한다고 계산할 수 있다. 다만 이 동시 실행 가능 개수의 한도 조건은 동일 계정-지역 내에 속한 수치이므로 여러 서버리스 스택이 같은 계정-지역 내에 존재할 경우 이 1,000개 내에서 모두 실행돼야 한다. 때문에 상용 서비스마다 다른 계정을 사용한 뒤 동시 실행 수치를 모니터링하는 것이 사용량을 예측하는 데 좋다. 이 한도를 넘으면 그 이후의 Lambda 실행은 실패하므로, 동시 실행 수치를 지속적으로 모니터링하며 필요한 시점에 미리 한도 상향을 위한 서포트 티켓을 생성해야 한다.

2-3-4 CloudWatch Logs의 한도

Lambda 함수 수행 중 남긴 로그는 CloudWatch Logs의 로그 이벤트에 대응된다. 효율을 위해 로그 이벤트가 발생할 때마다 CloudWatch Logs에 전송하지는 않고, 함수 수행이 끝난 후에 로그 이벤트를 배치로 모아서 업로드한다. 이때 Lambda 함수에 대응되는 로그 그룹 밑에 로그 이벤트의 묶음인 로그 스트림에 `PutLogEvents` API를 사용하여 전달한다. 이를 위해 Lambda를 배포할 때 로그를 저장하는 로그 그룹이 같이 생성된다.

CloudWatch Logs 역시 다른 서비스와 동일하게 요청 빈도와 메시지 크기 제한이 존재한다. 각 로그 이벤트는 최대 256KB까지 허용되고 로그 업로드를 위한 `PutLogEvents` API는 최대 1MB까지 허용한다. 즉, `console.log`로 출력하는 로그 메시지가 256KB를 넘을 수 없고, 그런 메시지가 4개보다 많으면 `PutLogEvents` API가 여러 번 호출될 수 있다는 뜻이다. 그리고 이 요청은 동일 로그 스트림 내에서 초당 5회씩 요청 가능하다. 만약 한 번에 256KB씩 `console.log`에 로그를 총 20번(배치에 포함되는 4개 × 초당 요청 가능한 5회) 넘게 요청할 경우 그 이상은 CloudWatch Logs에 업로드하지 못할 수 있다.

Lambda는 동시에 실행될 수 있고 각각의 수행에서 로그가 남을 수 있다. Lambda는 수행이 완료된 이후 로그 스트림에 로그를 업로드하는 구조인데, 이렇게 동시에 실행되는 경우에는 각각 다른 로그 스트림에 로그가 전송된다. 따라서 수많은 Lambda가 동시에 실행되는 상황을 가정해보면 단순히 하나의 로그 스트림에 로그를 업로드하는 것이 아니라 로그 스트림 자체가 동시에 생성되는 경우도 고려해야 한다. 이에 대해 CloudWatch Logs는 계정-지역 내에서 1초에 50개의 로그 스트림을 생성하도록 허용한다. 즉, 동시에 기동되는 50개의 Lambda까지는 새로운 로그 스트림을 할당하여 로그를 전송할 수 있다.

Lambda 인스턴스는 재사용이 가능하다. 하나의 요청을 처리하기 위해 Lambda가 실행된 후, 다음 요청 처리에 앞서 사용한 Lambda 인스턴스를 다시 사용할 수 있다. 첫 호출보다 두 번째 호출에서 응답 시간이 빨라지는 것도, 첫 호출에서는 Lambda의 초기화 시간이 필요했지만 그 이후에는 초기화가 불필요하기 때문이다. 이는 로그 전달에도 영향을 준다. 1밀리초 만에 수행이 끝나는 함수를 1초 내에 20번 수행한다고 해도 모든 로그가 CloudWatch Logs에 잘 전달된다. 로그 스트림은 초당 5회로 요청을 제한함에도 20회의 함수 수행 로그가 잘 전달된 것이다. 그 이유는 Lambda가 개별 함수 수행이 끝났을 때 바로 로그를 전송하는 것이 아니라, 가능한 수준에서 연속된 요청을 처리한 후 여유가 생길 때 로그를 모아서 업로드하기 때문이다. Lambda 인스턴스가 재사용될 때 발생한 로그는 모두 같은 로그 스트림에서 발견되고, 기존 Lambda 인스턴스가 종료된 후에 새로 시작한 Lambda 인스턴스에서 발생한 로그는 새로운 로그 스트림에서 발견된다. 즉, Lambda 인스턴스가 초기화될 때 로그를 업로드할 로그 스트림을 결정하고, 이후 함수가 최대한 효율적으로 동작할 수 있는 선에서 로그를 모아서 비동기로 전송하는 시스템이라고 추측해볼 수 있다. 이 때문에 CloudWatch Logs의 한도로부터 투명하게 로그 전송 제한을 계산하기는 어렵다. 하지만 가급적이면 필요한 로그만 남도록 로그를 최대한 정리하여 로그 유실을 방지해야 한다. 물론 다른 한도와 마찬가지로 필요할 경우 서포트 티켓을 통해 한도 상향을 요청하는 것도 방법이다.

2-3-5 운영 전략

인프라 관리를 하지 않아도 되는 것이 서버리스 스택의 장점인데 생각보다 고려해야 할 지점이 많다. AWS는 무한히 늘어날 수 있는 자원을 요청하는 대로 할당하면 의도치 않게 과도한 비용이 발생할 수 있기 때문에 이와 같은 한도를 운영한다고 한다. 예를 들어 실수로나 공격자에 의해 과도한 HTTP 요청이 발생했는데 모든 요청을 처리하기 위해 API Gateway와 Lambda가 무한히 확장한다면 그에 대한 비용이 발생한다. 이를 막기 위해 AWS는 일단 적당한 수준으로 한도를 설정하고 서포트 티켓을 통해 이를 조정할 수 있게 하고 있다.

물론 서포트 티켓으로도 조정할 수 없는 한도가 있다. API Gateway나 Lambda의 실행 시간, CloudWatch Logs의 전송 등이다. 하지만 대부분의 서비스를 구현할 때 이는 큰 문제가 되지 않는다. 사용자에 대한 응답성을 생각해보면 HTTP 요청을 처리하는 데 30초 이상 걸리는 경우는 없어야 하며, 수없이 발생하는 무의미한 로그를 여과 없이 모아서 처리하는 것도 큰 의미가 없을 뿐만 아니라 로그 처리에도 불필요한 비용이 들기 때문이다.

서비스 초반부터 백만 명의 동시 접속자가 몰리는 것을 우려하는 것을 '마세라티 문제'라고 한다. 미리 확장성, 효율성, 가용성을 고려해서 작업하면 당연히 좋겠지만 그보다는 서비스의 빠른 출시가 더 중요하다. 위 문제들은 필요할 때 고민해도 된다는 이야기다. 서버리스 스택을 사용하면 인프라 문제가 어느 정도 해결된 상태에서 시작한다. 비지니스 로직을 담는 함수 부분만 개발하면 그 외에 HTTP 요청을 받고 함수를 실행해주고 로그를 모아주는 부분은 AWS가 적절한 확장성과 가용성을 보장해주기 때문이다. 물론 한도가 있어 처음부터 대규모 트래픽을 처리하기엔 무리가 있지만, 트래픽을 지속적으로 모니터링하다가 필요한 시점에 서포트 티켓으로 한도 상향을 요청하면 높은 트래픽에도 잘 응답하는 시스템을 운영할 수 있다.

2-4 모니터링

서버리스 스택은 보통 CloudWatch에서 제공하는 지표와 로그를 기반으로 모니터링한다. 이를 통해 시스템이 정상적으로 동작하고 있는지, 오류가 발생했다면 그 시점에 어떤 로그가 남았는지 확인할 수 있다. 요청량을 확인하여 시스템의 확장 여부를 판단할 수도 있다. 그리고 지표의 특정 조건을 경보로 설정하여 메일이나 SMS 등으로 상황을 빠르게 전파할 수도 있다.

Lambda를 생성하면 Lambda에서 사용할 로그를 보관하는 CloudWatch 로그 그룹을 같이 생성한다. 따라서 따로 신경을 쓰지 않아도 Lambda에서 발생하는 로그는 로그 그룹 내의 로그 스트림에서 찾을 수 있다. API Gateway의 액세스 로그처럼 기본으로 남지는 않지만 별도의 옵션을 추가해야 확인할 수 있는 로그도 있다. 이 부분에 대해 자세히 알아보자.

2-4-1 Lambda의 로그 확인

테스트를 위해 타입스크립트로 작성한 코드에서 로그를 남기도록 수정한다. API의 반환값으로 전달하는 내용을 동일하게 `console.info`로 출력한다.

```
const message = `Hello, ${event.queryStringParameters.name}!`;
console.info(message);
return { message };
```

`sls deploy function -f hello` 명령으로 함수를 갱신한 후 curl로 몇 차례 호출한다. CloudWatch Logs로 로그 전송이 완료될 때까지 몇 초 정도 기다린다. 그리고 `sls logs function -f hello` 명령으로 로그를 확인하면 다음과 같다.

```
$ sls logs -f hello
START
2022-04-28 18:27:37.140 INFO    Hello, lacti!
END Duration: 3.04 ms (init: 164.59 ms) Memory Used: 56 MB
START
2022-04-28 18:27:38.122 INFO    Hello, lacti!
END Duration: 1.21 ms Memory Used: 56 MB
```

Serverless Framework 도구 소개 때 보았던 익숙한 로그가 나타난다. `console.info`로 출력한 로그가 `INFO` 레벨로 잘 출력된 것을 확인할 수 있다. 추후 Lambda 함수를 개발할 때 필요에 따라 `console` 내의 적절한 레벨 함수를 선택하여 로그를 출력하면 그에 맞게 잘 출력된다. 물론 Node.js 환경에서 많이 사용하는 별도의 로깅 라이브러리를 사용할 수도 있다. 다만 가능하다면 첫 번째 초기화 시간에 영향을 주지 않도록 가벼운 라이브러리를 사용하거나 웹팩 등의 번들링 도구에 의해 불필요한 `node_modules` 파일들이 포함되지 않는 라이브러리를 선택하는 것이 좋다. 따라서 대부분의 경우 기본으로 제공되는 `console` 내의 로그 함수를 사용하는 것이 가장 좋다.

`sls logs` 명령은 터미널에서 로그를 조회할 수 있어 편리하다. 하지만 로그 스트림을 지정할 수 없기 때문에 동시에 실행되는 Lambda의 로그에서 필요한 내용을 찾기는 어렵다. 이때는 CloudWatch 관리 콘솔에서 로그 스트림을 직접 지정하여 로그를 확인하는 것이 좋다. 먼저 관리 콘솔에 로그인한 후 서비스 검색에서 CloudWatch를 검색하여 서비스 페이지에 진입한다. 그리고 왼쪽 메뉴에서 **로그 그룹**을 선택한다.

그림 2-4-1 CloudWatch의 왼쪽 메뉴 목록

서버리스 스택과 함께 생성된 `hello-api-ts-dev-hello` Lambda의 로그를 보관하는 로그 그룹이 `/aws/lambda/hello-api-ts-dev-hello`라는 이름으로 생성된 것을 확인할 수 있다. 이 로그 그룹을 클릭하여 로그 스트림 목록으로 진입한다. 로그 스트림 목록을 보면 각 로그 스트림마다 마지막으로 이벤트를 받은 시간이 표시된다. 그래서 동시에 실행된 Lambda의 경우 여러 개의 로그 스트림에 직접 들어가서 찾아봐야 할 수도 있다. 찾아봐야 할 대상이 너무 많다면 오른쪽 상단의 Search all 버튼을 클릭해 필요한 로그를 필터를 사용해 찾은 뒤 그 로그 스트림으로 이동하여 좀 더 자세한 로그를 확인하는 방법도 있다.

그림 2-4-2 hello 로그 그룹

그림 2-4-3 hello 로그 스트림 목록

로그 스트림 내에서는 sls logs 명령을 사용해봤던 것과 동일한 형태의 로그 이벤트 목록을 확인할 수 있다. 상단의 입력 필드와 시간 버튼을 사용해 로그 검색을 수행할 수도 있다. 터미널보다 웹 인터페이스가 더 익숙하다면 이것을 사용하는 것이 더 편할 수도 있다.

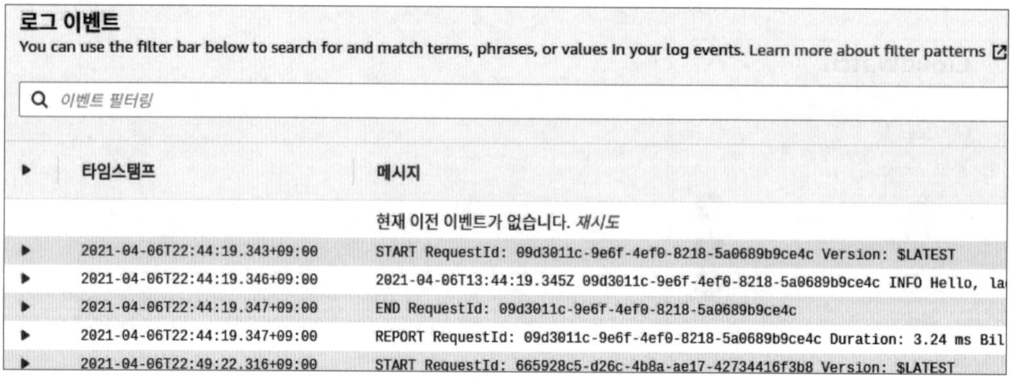

그림 2-4-4 hello 로그 스트림 내 로그 이벤트 목록

관리 콘솔에 들어가지 않아도 VSCode의 AWS Toolkit을 사용해 바로 로그를 확인할 수 있다. AWS Toolkit VSCode extension을 설치한 후 AWS 버튼을 클릭해 **AWS EXPLORER** 탭을 연다. CloudWatch Logs에서 /aws/lambda/hello-api-ts-dev-hello를 선택한 후 마우스 오른쪽 버튼을 클릭하면 로그 스트림을 열 수 있다. 그리고 로그 스트림 목록에서 확인할 대상을 선택하면 된다.

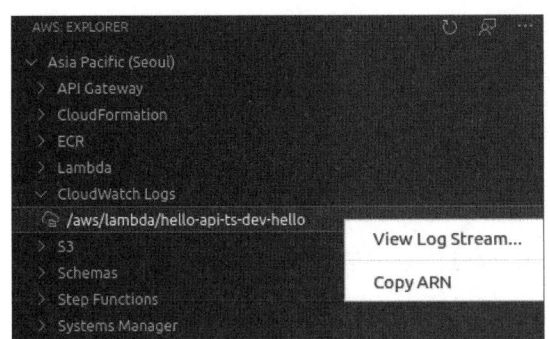 

그림 2-4-6 AWS Toolkit 로그 스트림 목록

그림 2-4-5 AWS Explorer

그러면 다음과 같이 편집창에 로그 이벤트 목록이 노출된다. VSCode의 검색 기능을 활용하여 필요한 것을 검색하면 된다. VSCode를 사용하면 개발 중에도 바로 로그를 확인할 수 있기 때문에 터미널에서 사용하는 `sls logs`보다 더 편리하다.

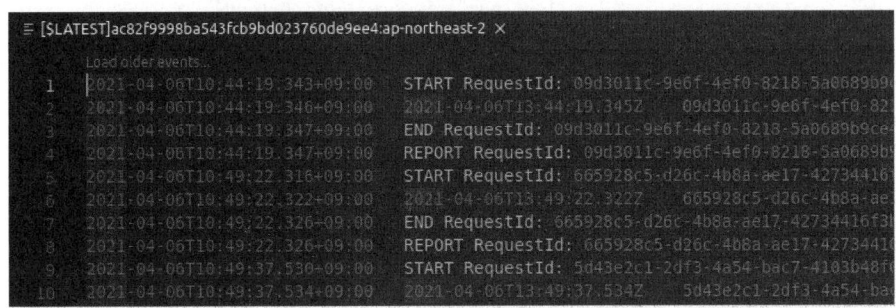

그림 2-4-7 AWS Toolkit 로그 이벤트 목록

개발 환경 혹은 취향에 따라 적당한 도구를 선택하여 로그를 확인할 수 있다. 다만 CloudWatch Logs는 로그 조회를 요청하는 API에 대한 과금이 없지만 로그 데이터를 전송하는 트래픽은 EC2 데이터 송신 비용이 발생하기 때문에 대량의 로그를 너무 자주 조회할 경우 생각지 못한 요금이 발생할 수 있다.

2-4-2 API Gateway의 로그 확인

Serverless Framework에서는 간단한 설정 변경으로 API Gateway의 로그를 쉽게 CloudWatch Logs에 남길 수 있다. 이는 HTTP 요청에 대한 액세스 로그를 지정된 형태로 남긴다. 단, 공식 문서에 나와있듯이 다음과 같은 경우에 지표와 로그를 남기지 않을 수 있다.

1. 413 Request Entity Too Large 에러가 발생한 경우
2. 429 Too Many Requests 에러가 과도하게 발생한 경우
3. 사용자 지정 도메인에 연결된 API가 없어 4XX 에러가 발생하는 경우
4. 내부 오류로 인해 5XX 에러가 발생하는 경우

serverless.ts 파일의 provider 밑에 logs.httpApi를 true로 설정하면 공식 문서의 로깅 변수를 참고해 원하는 형태로 출력하도록 format을 지정할 수 있다.

```
provider: {
  // 생략
  logs: {
    httpApi: true,
    // 혹은 true 대신 format을 지정할 수 있다. 다음은 기본값이다.
    httpApi: {
      format: '{"requestId":"$context.requestId","ip":"$context.identity.sourceIp","requestTime":"$context.requestTime","httpMethod":"$context.httpMethod","routeKey":"$context.routeKey","status":"$context.status","protocol":"$context.protocol","responseLength":"$context.responseLength"}'
    }
  },
```

format을 지정하지 않을 경우 요청 ID, 접속자의 IP, 요청 시간, HTTP 메소드, 요청 주소, HTTP 응답 코드, 프로토콜, 응답 길이를 JSON 형태로 남기는 기본 형식을 사용한다. 대부분의 경우에서 API Gateway의 액세스 로그를 확인하는 것은 큰 의미가 없다. 정상 동작 여부나 트래픽 확인에는 지표가 더 유용하기 때문이다. 하지만 API Gateway에 인증 방식을 추가할 경우 API Gateway와 Lambda 사이의 Authorizer Lambda로부터 요청이 거절되는 경우가 있는데, 이때 Authorizer 함수의 수행 로그는 CloudWatch Logs에 남지 않다 보니 잘못된 상황을 디버깅하는 것이 아주 어렵다. 이런 경우에 에러 메시지를 보여주는 $context.error.message나 Authorizer에서 정제한 문맥인 $context.authorizer를 API Gateway 로그에 남겨서 확인하면 큰 도움을 받을 수 있다. 이 부분은 4장에서 API Gateway의 인증을 다룰 때 자세히 알아볼 것이다.

이제 위에서 수정한 설정을 적용하여 API Gateway의 액세스 로그를 남기고 도구를 사용하여 확인하는 방법을 알아보자. 위 변경점은 functions 하위 특정 함수의 변경점에 해당하지 않고 provider 수준의 전역 변경에 해당하기 때문에 sls deploy function -f 명령으로 개별 함수를 배포하는 것으로는 적용할 수 없고 sls deploy 명령을 사용해서 스택 전체를 배포해야 한다.

```
$ sls deploy
...생략
$ curl https://API_ID.execute-api.ap-northeast-2.amazonaws.com/hello?name=lacti
Hello, lacti!
```

`sls logs` 명령은 함수에 연결된 CloudWatch Logs를 조회하므로 API Gateway의 액세스 로그를 조회할 수 없다. 때문에 CloudWatch Logs 관리 콘솔에서 액세스 로그가 담기는 로그 그룹에 들어가서 확인하거나, VSCode의 AWS Toolkit으로 확인해야 한다. API Gateway의 HttpApi 액세스 로그가 담기는 로그 그룹의 이름은 `/aws/http-api/hello-api-ts-dev`다. Lambda를 위한 로그 그룹과 유사한 형태로 Serverless Framework가 이름을 부여한 것이며 서버리스 스택 이름에 `provider.stage`를 붙인 것이다. 조회 방법은 Lambda의 로그 조회 방법과 동일하다. 이번에는 VSCode의 AWS Toolkit을 사용하여 조회하는 방법만 소개한다.

AWS 버튼을 눌러 **AWS EXPLORER** 탭을 연다. CloudWatch Logs에서 `/aws/http-api/hello-api-ts-dev`를 선택한 후 마우스 오른쪽 버튼을 클릭하면 로그 스트림을 열 수 있다. 그리고 로그 스트림 목록에서 확인할 대상을 선택하면 된다.

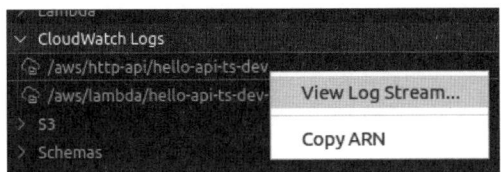

그림 2-4-8 AWS Explorer

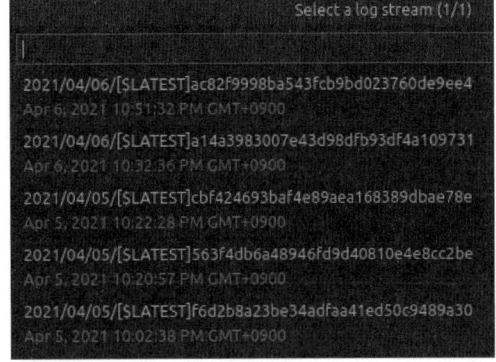

그림 2-4-9 로그 스트림 목록

그러면 Lambda 로그 때와 동일하게 편집창에 액세스 로그가 나타난다.

그림 2-4-10 로그 이벤트 목록

2-4-3 Lambda의 지표

Lambda 함수가 의도한 대로 동작했는지, 어떤 상태를 가지고 어떤 오류가 발생했는지 확인할 때 로그의 도움을 받을 수 있다. 하지만 Lambda 함수가 전반적으로 올바르게 동작하고 있는지, 제한 수치 상향을 고려할 필요가 있는지를 검토하려면 수행 지표를 확인해야 한다.

Lambda의 지표는 총 3가지 유형으로 나뉜다. 그리고 Lambda 기능이 확장될 때마다 확인할 수 있는 지표의 수가 늘어난다. 모든 지표가 항상 유용한 것은 아니지만 그래도 한 번쯤 보고 기억해 두면 나중에 필요할 때 잊지 않고 사용할 수 있다.

2-4-4 Lambda의 호출 지표

호출 지표는 호출 결과에 따라 0 또는 1의 값을 갖는 지표다. 호출이 성공했으면 Errors 지표는 0이고, 오류가 발생했다면 1이다. 따라서 **Sum** 통계로 지표를 확인해야 한다.

지표	설명
Invocations	성공한 실행과 함수 오류가 발생한 실행을 포함한 함수 코드의 실행 횟수. 호출 요청이 제한되거나 다른 방식으로 호출 오류가 발생한 경우 호출이 기록되지 않는다. 이는 요금이 청구된 요청수와 동일하다.
Errors	함수 오류가 발생한 호출수. 함수 오류에는 코드에서 발생하는 예외와 Lambda 런타임에서 발생하는 예외가 포함된다. 런타임은 시간 초과 및 구성 오류와 같은 오류를 반환한다. 오류율은 Errors의 값을 Invocations의 값으로 나누어 계산한다. 오류 지표의 타임스탬프는 오류 발생 시기가 아니라 함수 호출 시기를 반영한다.
DeadLetterErrors	비동기 호출의 경우 Lambda에서 배달 못한 편지 대기열에 이벤트를 보내려고 시도하지만 실패하는 횟수. 배달 못한 편지 오류는 권한 오류, 잘못 구성된 리소스 또는 크기 제한으로 인해 발생할 수 있다.

지표	설명
DestinationDeliveryFailures	비동기 호출의 경우 Lambda에서 대상에 이벤트를 보내려고 시도하지만 실패하는 횟수. 전송 오류는 권한 오류, 잘못 구성된 리소스 또는 크기 제한으로 인해 발생할 수 있다.
Throttles	제한된 호출 요청수. 모든 함수 인스턴스가 요청을 처리 중이고 확장할 수 있는 동시성이 없는 경우 Lambda에서 TooManyRequestsException을 사용하여 추가 요청을 거부한다. 제한된 요청 및 기타 호출 오류는 Invocations 또는 Errors로 간주되지 않는다.
ProvisionedConcurrencyInvocations	프로비저닝된 동시성에서 함수 코드가 실행되는 횟수.
ProvisionedConcurrencySpilloverInvocations	모든 프로비저닝된 동시성을 사용 중인 경우, 표준 동시성에서 함수 코드가 실행되는 횟수.

보통 많이 확인하는 지표는 Invocations, Errors, Throttles다. 얼마나 실행되었고 그중 얼마나 에러가 발생했으며 몇 개의 요청이 가용 Lambda가 없어서 실패했는지 모니터링할 수 있기 때문이다. Errors가 높다면 Lambda 함수에 문제가 있는 것이므로 로그를 확인하여 문제를 추적하고 수정된 새 Lambda 함수를 배포하거나, 정상적으로 동작했던 과거의 Lambda를 배포해야 한다. Throttles는 잔여 Lambda 인스턴스가 없어서 실행이 거절당한 지표이므로, 이 지표가 보일 경우 급하게 한도 상향 요청을 해야 한다. Throttles이 발생했다는 것은 서비스 장애가 발생했다는 의미이기 때문에 이 지표가 발견되기 전에 한도 상향을 요청하는 것이 바람직하다. 하지만 호출 횟수 지표인 Invocations는 지정된 시간 동안 Lambda 인스턴스가 재사용된 경우도 함께 집계하기 때문에 동시 실행에 대한 정확한 수치를 확인하기가 어렵다. 그래서 사전에 한도를 제대로 모니터링하기 위해서는 동시성 지표의 ConcurrentExecutions를 사용해야 한다.

신뢰성 있는 Lambda의 실행을 보장하기 위해 DeadLetter 기능을 사용할 수 있다. 이는 Lambda의 호출이 실패했을 때 재시도하는 기능이다. 웹 서비스 처리를 위한 Lambda에서는 Lambda 자체의 재시도보다는 HTTP 요청 수준의 재시도를 하는 쪽으로 개발하기 때문에, AWS 자원 간의 이벤트를 엮는 Lambda의 신뢰성을 확보하는 경우가 아니라면 DeadLetterErrors나 DestinationDeliveryFailures 지표는 모니터링하지 않아도 된다.

Lambda의 첫 기동 지연을 줄이기 위해 미리 준비된(Provisioned) Lambda를 확보해둘 수 있다. 하지만 웹 서비스 요청을 처리하는 수준의 Lambda의 첫 기동 지연은 100밀리초 수준이고 대부분은 수많은 사용자 요청에 의해 이미 준비된(warm-up) 상태일 것이므로 굳이 이 기능을 사용하지 않을 수도 있다. 만약 그렇다면 ProvisionedConcurrencyInvocations나 ProvisionedConcurrencySpilloverInvocations 지표는 모니터링하지 않아도 된다.

2-4-5 Lambda의 성능 지표

성능 지표는 처리 세부에 대한 시간 정보를 제공한다. 예를 들어 `Duration`은 함수 수행의 밀리초를 나타낸다. 따라서 `Average`나 `Max` 통계로 지표를 확인해야 한다. 단, `Duration`의 경우 통계 왜곡을 막기 위해 특이값을 제외한 지표를 확인할 수 있도록 백분위수 통계를 지원한다. 이는 pNN.NN 형식으로 p 이후 소수점 두 자리까지 사용하여 백분위 수를 지정할 수 있다.

지표	설명
Duration	함수 코드가 이벤트를 처리하는 데 소요되는 시간. 요금이 청구되는 호출 소요 시간은 가장 가까운 밀리초로 반올림된 Duration 값이다.
PostRuntimeExtensionsDuration	함수 코드가 완료된 후 런타임이 확장을 위해 코드를 실행하는 데 소비하는 누적 시간이다.
IteratorAge	스트림에서 읽는 이벤트 소스 매핑의 경우 이벤트의 마지막 레코드의 경과 시간. 경과 시간은 스트림이 레코드를 수신하는 시점과 이벤트 소스 매핑이 이벤트를 함수에 보내는 시점 사이의 시간이다.

대부분의 경우 `Duration` 지표를 통해 함수 수행 시간을 확인하는 것으로 충분하다. 다만 이 값에는 첫 기동에 의해 Lambda 인스턴스가 첫 실행을 준비하는 시간이 포함되지 않는다.

만약 Lambda 확장(Extensions)을 사용할 경우 실행 시간 부담을 측정해야 한다. 이때 `PostRuntimeExtensionsDuration` 지표를 사용한다. 확장은 필요에 의해 직접 개발해 사용할 수도 있고 Lumigo나 Epsagon과 같이 Lambda 모니터링을 위한 파트너사의 도구를 설정하는 과정에서 사용할 수도 있다.

`IteratorAge`는 Kinesis나 SQS와 같이 스트림 기반의 Lambda 입력을 만드는 서비스와 Lambda를 연동할 때 사용하는 지표다. 예를 들어 SQS로부터 이벤트를 특정 개수까지 모아서 배치하는 Lambda를 구성할 때 이벤트 소스 매핑을 사용하는데, 그 연결이 잘 유지되고 있는지 확인하는 지표로 사용한다.

2-4-6 Lambda의 동시성 지표

동시성 지표는 특정 시각에 동시에 처리되는 Lambda 인스턴스의 수를 제공한다. Lambda에서는 동시성 지표를 개별 함수뿐만 아니라 계정-지역 내의 모든 함수를 대상으로도 제공한다. 때문에 이 지표를 활용하여 각각의 함수나 모든 함수가 동시성 제한에 얼마나 근접했는지 확인할 수 있다. 이는 수치 지표이므로 Max 통계로 지표를 확인해야 한다.

지표	설명
ConcurrentExecutions	이벤트를 처리 중인 함수 인스턴스의 개수. 이 개수가 해당 지역의 동시 실행 할당량 또는 함수에서 구성한 예약된 동시성 한도에 도달하면 추가 호출 요청이 제한된다.
ProvisionedConcurrentExecutions	프로비저닝된 동시성에서 이벤트를 처리 중인 함수 인스턴스의 개수. 프로비저닝된 동시성이 있는 별칭 또는 버전을 호출할 때마다 Lambda는 현재 개수를 내보낸다.
ProvisionedConcurrencyUtilization	버전 또는 별칭의 경우 ProvisionedConcurrentExecutions 값을 할당된 총 프로비저닝된 동시성 양으로 나눈 값. 예를 들어 .5는 할당된 프로비저닝된 동시성의 50%가 사용 중임을 나타낸다.
UnreservedConcurrentExecutions	AWS 지역의 경우 예약된 동시성이 없는 함수에서 처리 중인 이벤트의 개수.

Lambda의 동시성은 계정-지역 한도 내에서 관리된다. 이는 예약된 동시성(reserved-concurrency)을 사용하여 개별 함수 수준에서 관리할 수 있고 그 안에서도 미리 인스턴스를 준비해두는 프로비저닝된 동시성(provisioned-concurrency)을 사용해 관리할 수 있다.

`ConcurrentExecutions`은 해당 시점에 이벤트를 처리 중인 함수의 수다. 별도의 예약된 동시성을 사용하지 않고 하나의 Lambda 인스턴스 풀에서 모든 함수를 관리한다면 이 값을 모니터링하는 것으로 충분하다. 하지만 개별 Lambda에 대해 예약된 동시성을 관리한다면 각 함수의 `ConcurrentExecutions`을 통해 예약된 동시성 내에서 얼마나 자원을 사용하고 있는지 모니터링하고, 예약된 동시성을 사용하지 않는 함수들이 제한에 부딪치지 않는지 `UnreservedConcurrentExecutions`을 통해 확인해야 한다. 만약 프로비저닝된 동시성이 충분히 활용되고 있는지, 그리고 모자라지는 않는지 확인하려면 `ProvisionedConcurrentExecutions` 지표와 `ProvisionedConcurrencyUtilization` 지표를 확인해야 한다.

2-4-7 Lambda의 동시성

Lambda가 처리할 요청이 이전 처리가 완료된 이후에 순차적으로 들어오면 Lambda 인스턴스가 재사용된다. 하지만 어떤 Lambda 인스턴스가 아직 처리를 완료하지 않은 상태에서 새로운 요청이 들어오면 새 인스턴스가 할당되어 처리를 시작한다. 이때 계정-지역 내에서 설정된 Lambda 인스턴스 최대 동시 실행 한도로 인해 인스턴스가 무한히 늘어나지는 않는다. 계정-지역 한도이므로 여러 Lambda를 가진 서버리스 스택을 구성할 경우 각각의 함수가 한도 내에서 어떤 전략으로 자원을 나눠 가질지 설정해야 한다. 이를 위해 AWS는 예약된 동시성과 프로비저닝된 동시성을 지원한다.

1. 예약된 동시성은 지정된 Lambda의 최대 실행 가능한 한도를 보장하기 위해 설정하는 기능이다.
2. 프로비저닝된 동시성은 예약된 동시성 내에서 미리 준비된(warm-up) Lambda 인스턴스의 수를 보장해 첫 기동 지연 시간이 없게 하는 기능이다.

이는 공식 문서에서 제공하는 그림을 예시로 들어 설명할 수 있다. ━━━━는 함수 동시성, ▦▦▦▦는 예약된 동시성, ////////는 프로비저닝된 동시성, ✕✕✕✕는 예약되지 않은 동시성, ▓▓▓▓는 한도에 의해 제한된 부분이다.

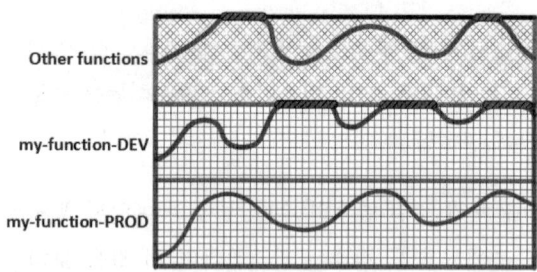

그림 2-4-11 예약된 동시성 예제

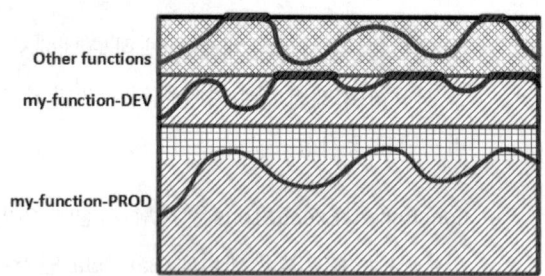

그림 2-4-12 프로비저닝된 동시성 예제

예약된 동시성이 설정된 my-function-PROD와 my-function-DEV는 다른 함수 Other functions 들과는 다른 동시성 구간 속에서 실행된다. 다른 함수가 아무리 동시에 많이 실행되는 상황이어도 자신의 동시성 한도는 영향을 받지 않는다. 즉, 독립적인 동시성 구간을 갖는다. 프로비저닝된 동시성이 존재할 경우 그 구간 내에서 실행되는 함수는 이미 기동된 Lambda 인스턴스를 재사용하는 것과 동일하게 동작하기 때문에 첫 기동 지연 시간이 존재하지 않는다. 위 예제 그림의 my-function-PROD는 대부분의 경우 예약된 동시성 내의 프로비저닝된 동시성 구간에서 Lambda가 실행되므로 미리 준비된 상태에서 빠르게 요청을 처리할 수 있을 것이며, 가끔 요청이 몰릴 때는 일부 Lambda가 예약된 동시성 구간 내에서 새로 인스턴스를 기동하여 실행된다. 이는 서비스의 가용성과 효율성에 맞춰 적절한 값을 설정할 수 있도록 지속적인 모니터링을 통해 관리해야 하는 값이다. 물론 프로비저닝된 동시성을 사용하게 될 경우 추가적인 요금이 발생하므로 시스템 효율과 요금 사이에서 적당한 수준을 찾아 설정해야 한다.

Lambda 중심의 서버리스 스택을 상용 서비스에 적용할 계획이 있다면 동시성에 대해 구체적으로 알아두는 것이 필요하다. 이와 관련하여 다음의 공식 문서를 읽어보는 것을 추천한다.

1. Lambda 함수에 대한 동시성 관리: https://docs.aws.amazon.com/ko_kr/lambda/latest/dg/configuration-concurrency.html
2. AWS Lambda 함수 규모 조정: https://docs.aws.amazon.com/ko_kr/lambda/latest/dg/invocation-scaling.html

2-4-8 Lambda의 지표 확인

AWS는 Lambda 관리 콘솔에서 기본적인 지표의 모니터링 화면을 제공해준다. 예제에서 작성한 `hello-api-ts-dev-hello` 함수의 모니터링 화면을 확인하기 위해, Lambda의 관리 콘솔에서 `hello-api-ts-dev-hello` 함수를 선택한 후 모니터링 탭으로 이동한다. 그럼 다음과 같은 모니터링 화면을 볼 수 있다.

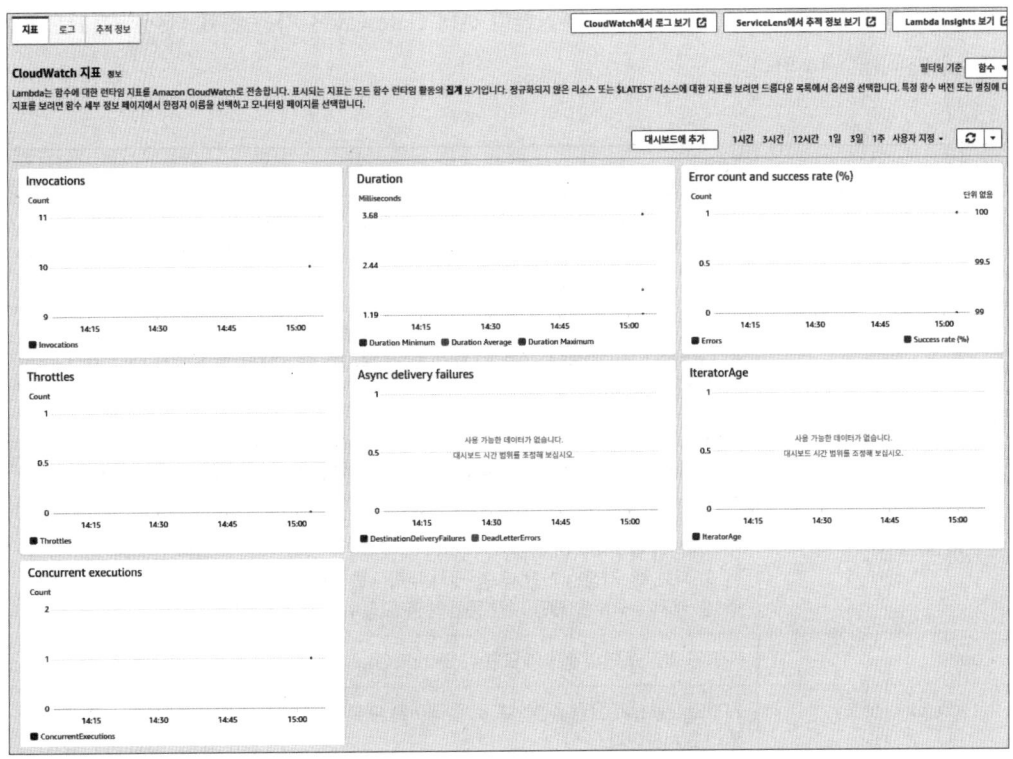

그림 2-4-13 Lambda 지표

보통 많이 사용하는 지표들로 모니터링 화면이 구성된다. Invocations으로 함수가 얼마나 호출되는지, 그리고 잘 호출되고 있는지 확인할 수 있고 Duration으로 각 실행에 시간이 얼마나 걸리는지 확인할 수 있다. Error count and success rate로 함수 실행 결과가 성공인지 실패인지 확인할 수 있고 Throttles로 동시성 제한에 걸려 함수 실행이 실패했는지 확인할 수 있다. 그리고 Concurrent executions으로 동시에 실행된 Lambda 함수를 확인하여 한도 상향의 필요 여부를 확인할 수 있다.

Async delivery failures와 IteratorAge는 Lambda를 이벤트 소스에 매핑하여 사용하는 경우에 확인하는 지표다. 하지만 이번 구현과는 관련이 없기 때문에 모니터링 화면에서 아무것도 확인할 수 없다.

2-4-9 API Gateway의 지표 확인

지표에 어떤 항목이 있는지 확인하는 가장 좋은 방법은 Lambda와 마찬가지로 공식 문서를 읽는 것이다. 이번 구현에서 모든 지표를 사용하지는 않지만 기회가 있을 때 모두 확인해두면 추후 많은 도움이 되므로 정리하고 넘어갈 것을 추천한다. API Gateway는 다음 지표 데이터를 1분마다 CloudWatch로 전송한다.

지표	설명
4XXError	지정한 기간 내에 캡처된 클라이언트 측 오류수. Sum 통계는 이 지표 즉, 지정된 기간 내 총 4XXError 오류를 나타낸다. Average 통계는 4XXError 오류율 즉, 총 4XXError 오류를 해당 기간 동안의 총 요청수로 나눈 것이다.
5XXError	지정한 기간 내에 캡처된 서버 측 오류수. Sum 통계는 지정된 기간 내 총 5XXError 오류를 나타낸다. Average 통계는 5XXError 오류율 즉, 총 5XXError 오류를 해당 기간 동안의 총 요청수로 나눈 것이다.
CacheHitCount	지정된 기간 내 API 캐시에서 처리한 요청수. Sum 통계는 이 지표 즉, 지정된 기간 내 총 캐시 적중수를 나타낸다. Average 통계는 캐시 적중률 즉, 총 캐시 적중수를 해당 기간 동안의 총 요청수로 나눈 것이다.
CacheMissCount	API 캐싱이 활성화되어 있을 때 지정된 기간 동안 백엔드에서 처리된 요청수. Sum 통계는 이 지표 즉, 지정된 기간 내 총 캐시 누락수를 나타낸다. Average 통계는 캐시 누락률 즉, 총 캐시 누락수를 해당 기간 동안의 총 요청수로 나눈 것이다.
Count	지정된 기간 동안의 총 API 요청수. SampleCount 통계는 이 지표를 나타낸다.
IntegrationLatency	API Gateway가 요청을 백엔드로 릴레이할 때부터 백엔드에서 응답을 수신할 때까지의 밀리초 시간이다.

지표	설명
Latency	API Gateway가 클라이언트에서 요청을 수신할 때부터 클라이언트에게 응답을 반환할 때까지의 시간이다. 지연 시간에는 통합 지연 시간과 기타 API Gateway 오버헤드가 포함된다.

보통 API Gateway를 통해 응답하는 내용에 오류가 발생했는지 확인하기 위해 `4XXError`와 `5XXError` 지표를 확인한다. 그리고 전체 응답수와 비교하기 위해 `Count`를 사용한다. API Gateway에서 HTTP 요청을 통합된 Lambda에 보낼 때 Lambda의 `Duration` 지표로 수행 시간을 가늠할 수 있지만, 인증을 위한 추가 Authorizer를 사용하거나 그 외의 기타 초기화 등에 의해 소모되는 모든 시간을 확인하려면 `IntegrationLatency`나 `Latency` 지표를 봐야 한다. 만약 API Gateway에서 Cache를 사용한다면 `CacheHitCount`와 `CacheMissCount` 지표를 통해 Cache 효율을 높이기 위한 모니터링을 진행해야 한다.

Serverless Framework의 기본 설정으로는 API Gateway의 지표가 비활성화 상태이다. 이를 활성화하기 위해서는 `serverless.ts` 파일의 `provider` 항목 내에서 `httpApi` 설정을 추가해야 한다.

```
provider: {
  // ...생략
  httpApi: {
    metrics: true,
  },
},
```

이제 `sls deploy` 명령을 통해 변경점을 서버리스 스택에 반영하면 지표가 수집된다. 다만 Lambda와 같이 API Gateway 관리 콘솔에서 관련 지표를 기본으로 보여주는 항목은 없으므로 CloudWatch 관리 콘솔에서 대시보드를 구성하여 지표를 확인해야 한다.

2-4-10 CloudWatch 대시보드 구성

여러 함수를 갖는 서버리스 스택이 여러 개 있을 경우 Lambda 관리 콘솔에서 하나씩 함수를 열어가며 CloudWatch 지표를 보는 것은 번거롭다. 그리고 API Gateway와 같이 해당 서비스의 관리 콘솔에서 기본 지표 화면을 보여주지 않는 경우도 있다. 때문에 CloudWatch에서 대시보드를 구성하여 모니터링이 필요한 지표 항목들을 등록하여 관리한다.

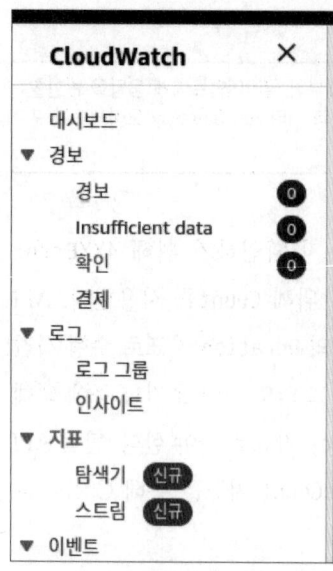

그림 2-4-14 CloudWatch 메뉴 목록

대시보드를 생성하지 않고 지표 탐색기를 사용하여 원하는 항목의 지표를 확인할 수도 있지만 여러 지표를 모아서 볼 수 있는 대시보드가 지속적인 서비스 모니터링에 더 도움이 된다.

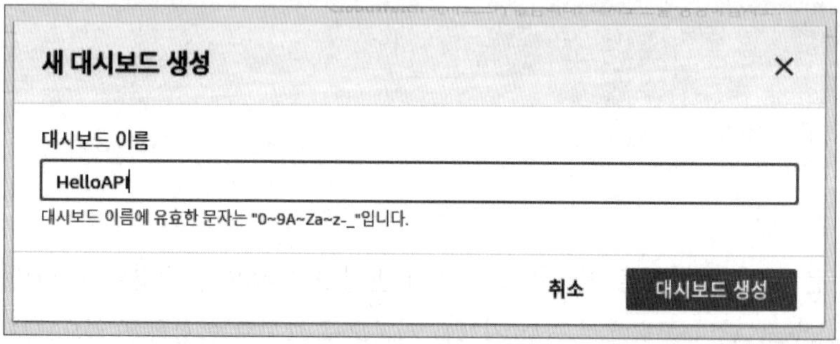

그림 2-4-15 새 대시보드 생성

대시보드 메뉴에서 **대시보드 생성**을 클릭해 위와 같이 새 대시보드를 생성한다. 대시보드 이름으로 사용 가능한 유효 문자는 0~9A~Za~z-_이며 여기서는 HelloAPI로 지정한다. CloudWatch는 다양한 위젯을 지원하는데 이번 예제에서는 가장 간단한 형태인 행 지표를 사용한다.

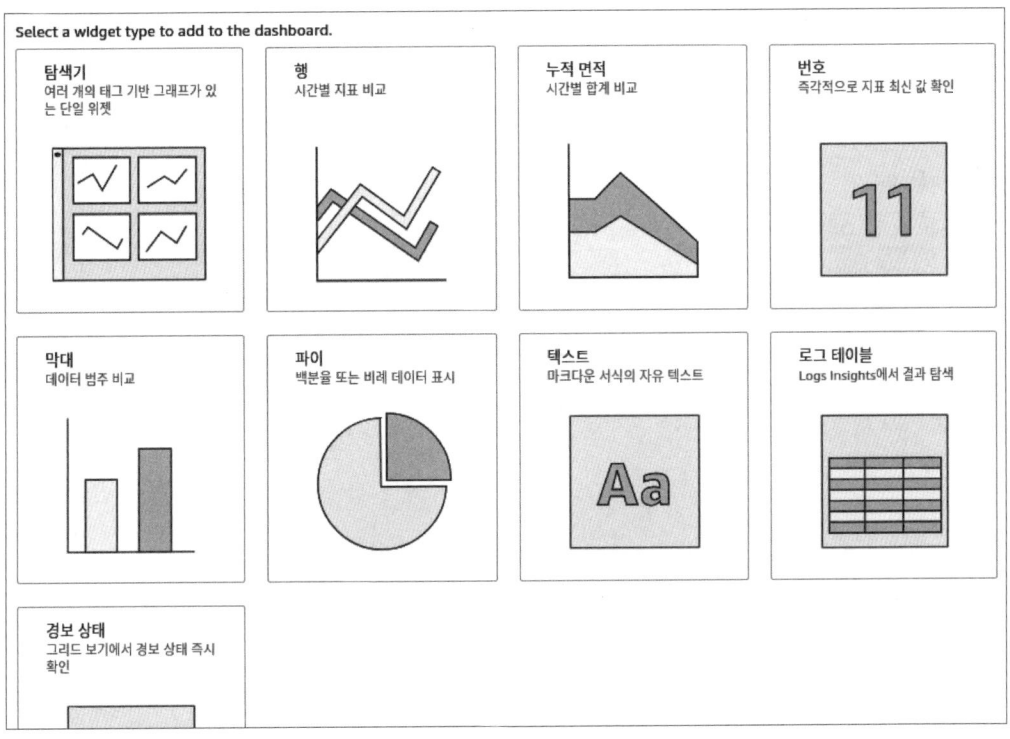

그림 2-4-16 위젯 선택

CloudWatch에 수집된 지표를 그래프로 추가할 수도 있지만 CloudWatch Logs에 모인 로그 이벤트를 Insights 쿼리를 사용하여 집계한 내용으로도 그래프를 추가할 수 있다. 이번 예제에서는 수집된 지표 데이터 기반의 그래프를 추가하기 위해 지표를 사용한다.

그림 2-4-17 지표나 로그 중 선택

지표를 선택하면 다양한 소스의 지표 항목을 선택할 수 있다. 현재 접속 중인 계정 내에서 사용하고 있는 AWS 자원 중 지표가 CloudWatch에 수집되고 있는 대상들이 모두 노출된다. 즉, 계정 하나에서 더 많은 서비스를 운영할수록 더 많은 지표 항목이 노출된다. 이번 예제에서는 API

Gateway와 Lambda를 모니터링하는 대시보드를 만드는 것이 목적이므로 그 두 항목에 대한 지표 위젯을 추가한다.

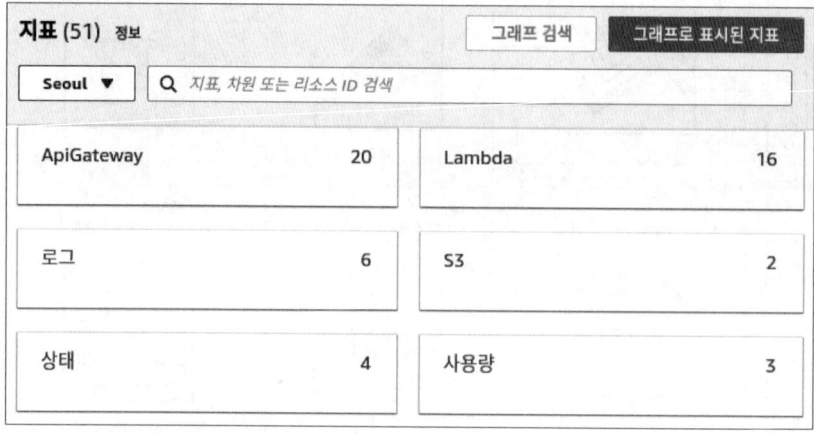

그림 2-4-18 지표 대상 목록

API Gateway를 선택하여 진입하면 `ApiId, Method, Resource, Stage, 전체 API`에 따라 세부 항목 선택 기준을 고를 수 있다. Serverless Framework로 배포할 경우 대부분 `ApiId`만으로도 충분히 각 API를 구분할 수 있으므로 `Api`를 선택하여 지표를 추가한다. 먼저 응답이 올바르게 진행되고 있는지 확인하기 위해 4xx, 5xx, 개수(`Count`)에 대한 지표를 추가한다.

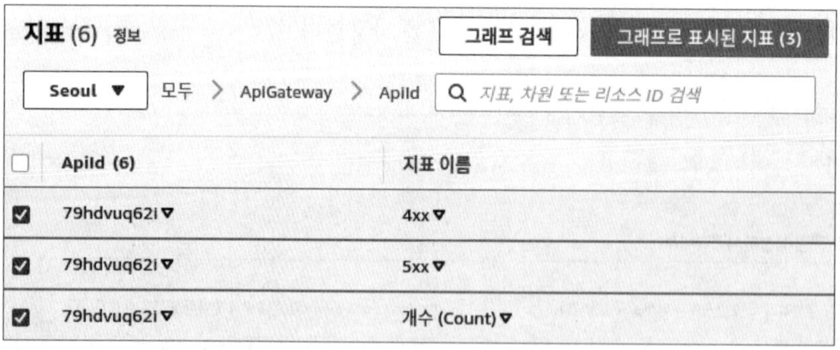

그림 2-4-19 API Gateway 지표 선택

해당 지표들의 기본 통계 유형은 5분 동안의 평균이다. 따라서 전체 요청 대비 몇 %의 비율로 4xx나 5xx가 발생하고 있는지 확인할 수 있다. 만약 평균이 아니라 합계로 방식을 변경하려면 상단의 **그래프로 표시된 지표** 버튼을 클릭해 그래프 수정 화면으로 이동해야 한다. 여기서 통계 방식과 기간을 설정할 수 있다. 단, 지표마다 수집되는 최소 기간 단위가 있기 때문에 그 기간보다 짧은 간격으로 그래프를 표시하도록 설정할 경우 무시된다. 예를 들어 API Gateway는 CloudWatch로 1분마다 지표 데이터를 전송하기 때문에 기간을 30초나 10초로 설정해도 1분 그래프와 동일한 결과가 나온다.

모든 항목을 설정한 후 하단의 **위젯 생성** 버튼을 클릭하면 대시보드에 위젯이 추가된다.

그림 2-4-20 API Gateway 지표 통계 유형 변경

이번에는 API Gateway의 지연 시간 지표를 추가한다. 이는 시간축으로 표시되기 때문에 오류 발생 지표와는 다른 위젯으로 추가한다. 상단의 위젯 추가 버튼을 눌러 방금까지 진행했던 과정과 동일한 흐름으로 위젯 추가를 시작할 수 있다. 동일하게 API Gateway > ApiId로 들어가 `IntegrationLatency`와 지연 시간(Latency)을 선택한다. 그리고 그래프로 표시된 지표 버튼으로 이동한다. 최대 지연 시간과 평균 통계를 보기 위해 작업의 🗗 버튼을 클릭해서 각 지표를 2개씩 만든다. 둘은 축 규모의 차이가 있기 때문에 Y축의 < > 버튼을 사용해 최대는 왼쪽을 축으로 사용하고 평균은 오른쪽을 축으로 사용하도록 설정한다. 모든 설정을 마치면 다음과 같이 정리된다.

그림 2-4-21 API Gateway 지연 시간 지표 예시

동일한 방법으로 Lambda에 대한 지표도 추가한다. Lambda의 경우 각 함수별로 **오류**(Errors) 와 **호출**(Invocations)을 함께 볼 수 있는 위젯을 추가하거나 **기간**(Duration)의 최대와 평균을 보여주는 위젯을 추가할 수 있다. 또는 **전체 함수**에 대한 ConcurrentExecutions나 Unreserved ConcurrentExecutions의 최대 지표를 보여주는 위젯을 추가하여 Lambda 최대 실행 한도에 의한 문제가 발생하는지를 모니터링할 수 있다.

그림 2-4-22 Lambda에서 Error 지표 선택

지금까지 이야기한 모든 지표를 위젯에 추가하고 각 위젯의 크기를 적당히 조절한 후 상단의 **대시보드 저장**을 클릭한다. 테스트를 위해 URL을 수차례 호출해준 다음 지표가 수집되기까지 1분 이상의 시간을 기다린 후에 확인하면 다음과 같은 대시보드 화면을 볼 수 있다. 각 위젯의 제목을

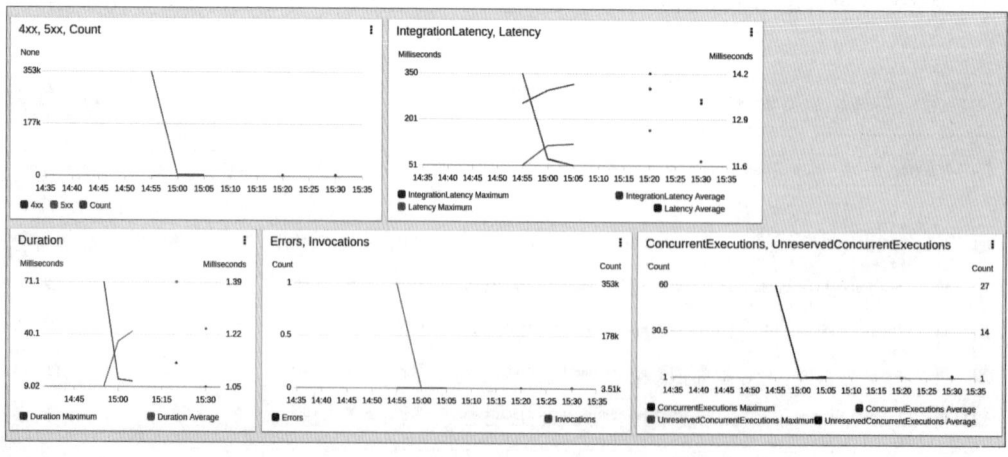

그림 2-4-23 대시보드 화면 예시

편집하거나 범례를 수정하거나 더 나은 시각화를 제공하는 위젯을 추가하여 더욱 적절한 대시보드를 구성할 수 있다.

이 중 Lambda 개별 함수에 등록한 위젯의 경우 제목에 마우스 커서를 가져갔을 때 나타나는 버튼 중 🗋 버튼을 클릭해 그 시간대에 발생한 CloudWatch Logs로 바로 이동할 수 있다. 이는 Lambda 개별 함수의 Error 지표를 통해 에러 상황을 인지한 후 바로 그 시점의 CloudWatch Logs로 이동해서 이벤트 필터링을 통해 에러 추적에 도움이 될 만한 이벤트 정보를 찾아볼 때 유용하게 사용할 수 있다.

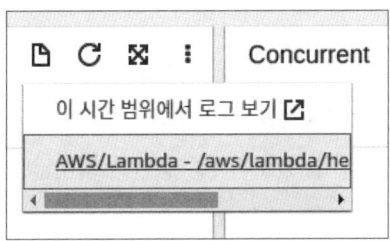

그림 2-4-24 Lambda 지표 - 이 시간 범위에서 로그 보기

2-4-11 CloudWatch 경보 설정

상황실의 큰 모니터에 구성한 대시보드를 띄워두고 지속적인 모니터링을 할 때 사용한다. 이는 현재 서비스가 올바르게 응답하고 있는지, 요청량이 과도하게 많아지고 있지는 않은지 등을 모니터링할 수 있다. 하지만 대시보드를 매순간 모니터링하기는 어려우므로 여기에 경보를 설정하여 이상치가 발생했을 때 메일로 알려주는 기능을 추가해보자.

CloudWatch는 경보 기능을 통해 특정 지표가 조건을 만족했을 때 AWS SNS로 이벤트를 발생하는 기능을 지원한다. API Gateway의 4XX/5XX 에러가 특정 수치를 넘어서거나 Lambda의 `ConcurrentExecutions` 수치가 일정 값 이상 도달했을 때 경보를 발생할 수 있다. 이는 CloudWatch의 **경보** 메뉴에서 설정할 수 있다.

경보 생성은 지표를 선택하는 것부터 시작한다. 대시보드를 구성할 때와는 다르게 CloudWatch Logs Insights를 사용할 수 없다.

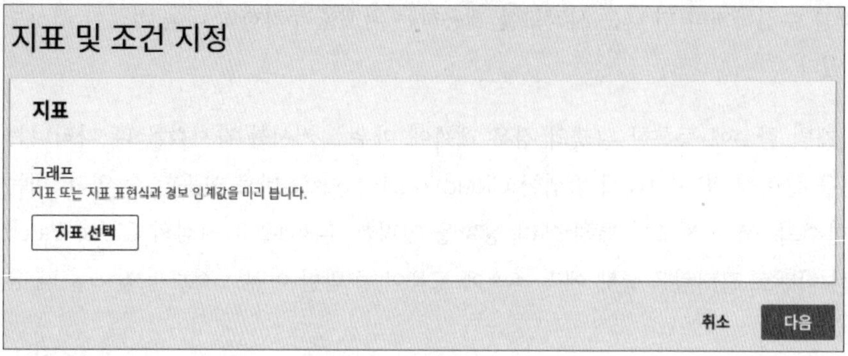

지표 및 조건 지정

지표

그래프
지표 또는 지표 표현식과 경보 임계값을 미리 봅니다.

지표 선택

취소   다음

그림 2-4-25 경보 생성 시작

지표를 선택하면 대시보드를 구성할 때와 동일한 지표 선택 화면이 나온다. 대시보드에 추가했던 방식과 동일하게 Lambda의 `ConcurrentExecutions` 지표를 선택한다. Lambda는 이 지표를 1분에 한 번씩 전송하므로 그 한도 내에서 최대한 빠르게 반응할 수 있도록 1분 동안의 최댓값을 근거 자료로 사용하도록 설정한다.

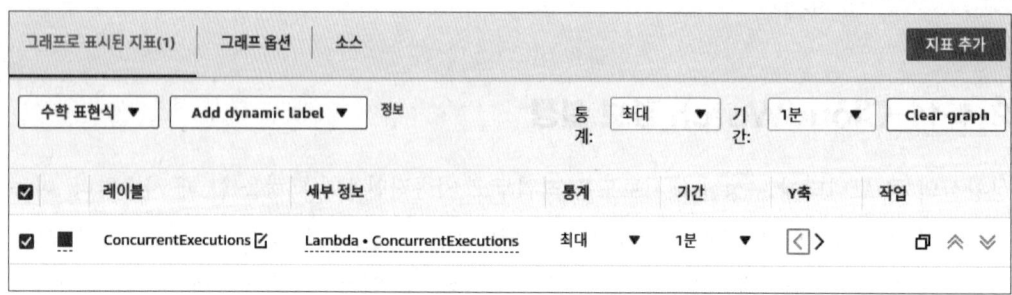

그림 2-4-26 Lambda의 ConcurrentExecutions 지표 선택

지표를 선택하면 경보를 구성하는 화면으로 넘어간다. 선택한 지표의 그래프와 함께 지표 이름과 통계, 기간을 다시 선택할 수 있다.

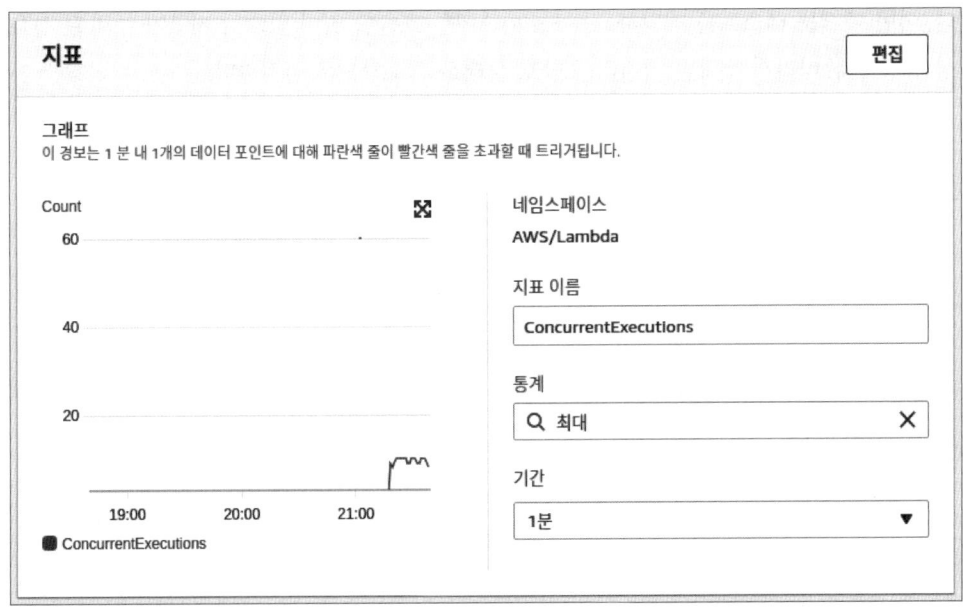

그림 2-4-27 지표 선택

하단에서는 경보 조건을 설정할 수 있다. 임계값 유형은 특정 값을 임계값으로 사용하는 정적 유형과 지표의 표준편차를 지정된 값과 비교하는 이상 탐지가 있다. 이번 예제에서는 ConcurrentExecutions가 100을 넘어갈 경우 경보를 발생하기 위해서 '**정적**', '**보다 큼**', '**100**'으로 각 항목을 설정한다.

추가 구성으로 경보를 알릴 데이터 포인트를 설정할 수 있다. 평가 기간 내 기준을 위반하는 데이터 포인트 수를 정의할 수 있는데, 첫 번째 빈칸에는 데이터 포인트 수를 입력하고 두 번째 빈칸에는 평가 기간을 입력한다. 예를 들어, 1분 간격으로 집계하는 API Gateway 응답 지표에 4XX 응답에 대한 경보를 만들 경우, 지정된 이상치에 도달했을 때 바로 보고하는 것이 아니라 5분 동안 2번 이상 이상치에 도달했을 때 경보를 발생하는 것이 효율적일 수 있다. 이때 데이터 포인트를 2/5로 입력하면 5번 집계 동안 2번 관측되면 경보를 발생하도록 설정된다. 이번 예제에서는 이상치가 관측될 때 바로 경보를 보낼 수 있도록 1/1로 입력한다.

누락된 데이터 처리는 해당 지표가 집계되지 않았을 때의 상태를 어떻게 간주할 것인지에 대한 옵션이다. 지표가 누락될 경우 누락, 양호, 무시, 불량 4가지 중 하나의 상태를 선택할 수 있는데, 보통 지표가 집계되지 않는 경우는 의도치 않은 상황일 가능성이 크기 때문에 누락이나 불량으로 취급한다. 하지만 Lambda의 ConcurrentExecutions의 경우 함수가 한 번도 실행되지 않으면 지표가 수집되지 않기 때문에 접속량이 드문 서비스라면 누락된 경우도 양호 상태로 간주해야 한다. 이번 예제는 테스트를 제외하고는 Hello API를 호출할 일이 없으니 지표가 누락된 경우도 정상 상황이다. 따라서 누락된 데이터를 양호 상태로 간주하도록 설정한다.

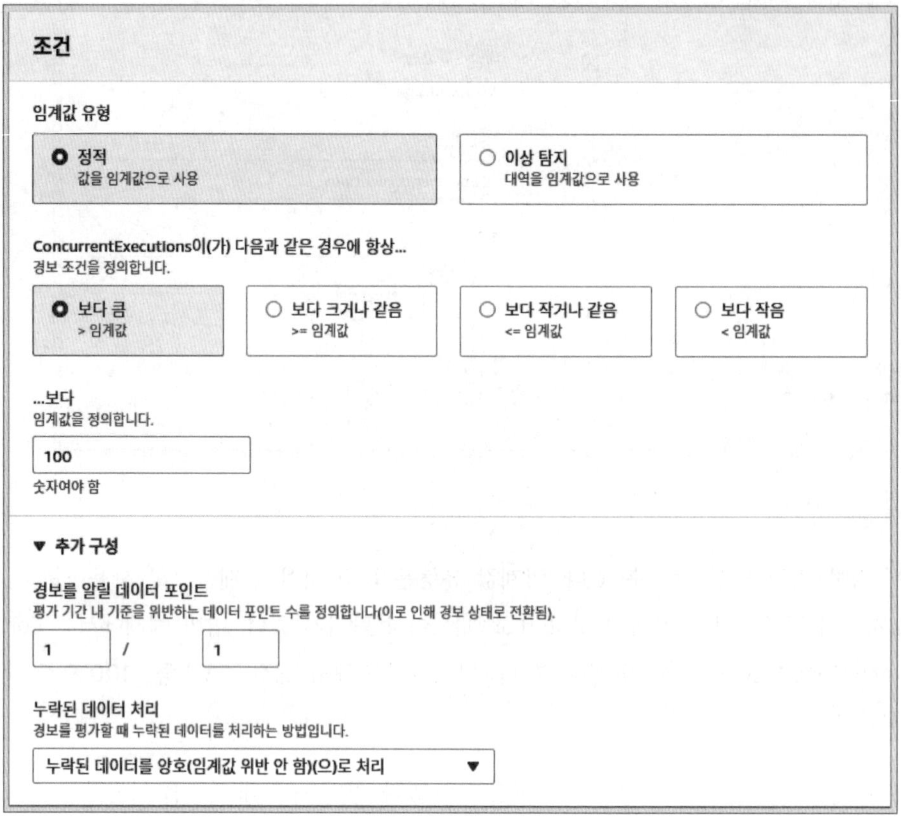

그림 2-4-28 경보 조건 설정

경보 조건 설정을 마치면 알림을 설정할 수 있다. Amazon SNS를 사용해 CloudWatch에서 발생한 경보 이벤트를 다른 서비스로 연계할 수 있다. 경보 상태뿐만 아니라 정상 상태나 데이터 부족 상태도 알림을 전달할 수 있다.

기존 SNS가 있는 경우가 아니고 단순히 문제가 발생했을 때 이메일을 전송하는 알림을 구축하려면 다음 단계를 따른다.

- SNS에서 새 주제를 생성한다.
- 새 주제의 고유한 이름을 입력한다. 경보를 전달할 그룹의 이름을 입력하면 된다.
- 알림을 수신할 이메일 주소를 입력한다.

알림을 더 추가하려면 **알림 추가** 버튼을 클릭한다. 이전 알림에서 **주제 생성**을 클릭해 SNS 주제를 생성했다면 이후 경보를 추가할 때는 기존 SNS 주제를 선택해서 위에서 생성한 주제를 재사용할 수 있다.

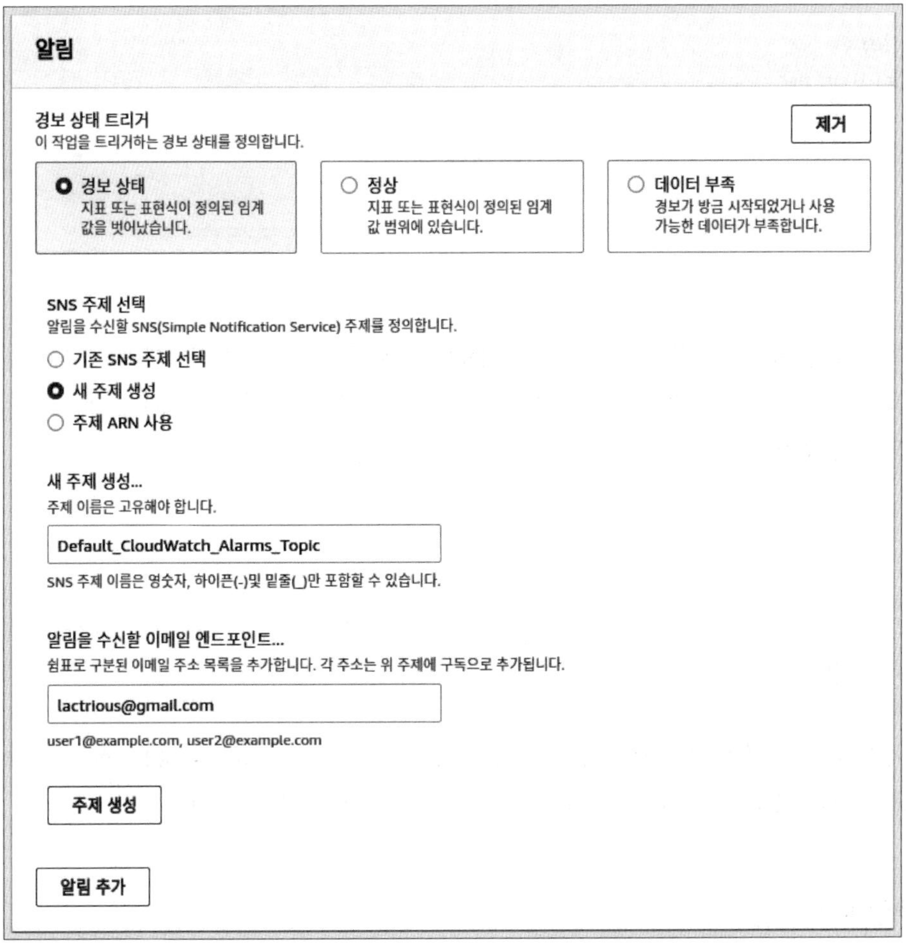

그림 2-4-29 이메일로 경보 전달

마지막으로 해당 경보의 이름과 설명을 입력하면 생성이 완료된다. 추후 여기서 입력한 경보 이름과 설명이 SNS를 통해 이메일로 전달되기 때문에 문제 상황을 식별하기 쉽도록 필요한 설명을 최대한 자세히 적는다.

```
이름 및 설명

경보 이름
LambdaConcurrentLimits

경보 설명 - 선택 사항
Lambda 동시성 한도 경보

최대 1024자(16/1024)
```

그림 2-4-30 이름 설정

입력한 모든 설정을 보여주는 검토 화면에서 **경보 생성**을 클릭하면 경보를 생성한다. 현재 지정된 조건을 만족하지 않기 때문에 정상 상태로 유지된다. 작업에는 경보가 발생했을 때 수행하는 작업이 표시되며, 현재 알림 작업만 사용하고 있으므로 1개만 보인다.

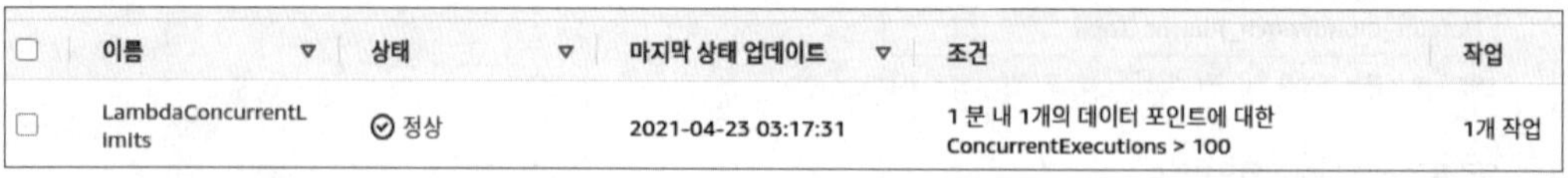

	이름	상태	마지막 상태 업데이트	조건	작업
☐	LambdaConcurrentLimits	⊘ 정상	2021-04-23 03:17:31	1분 내 1개의 데이터 포인트에 대한 ConcurrentExecutions > 100	1개 작업

그림 2-4-31 경보 목록에서 생성된 대상 확인

이메일로 경보를 받기 위해서는 이메일을 인증하는 과정이 필요하다. 'AWS Notifications'이라는 제목으로 전달된 이메일을 열어 Confirm subscription 링크를 통해 인증한다.

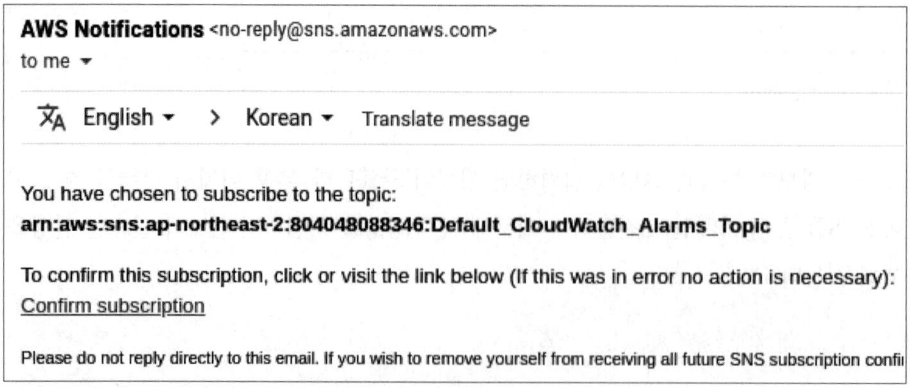

```
AWS Notifications <no-reply@sns.amazonaws.com>
to me

文A  English  >  Korean  Translate message

You have chosen to subscribe to the topic:
arn:aws:sns:ap-northeast-2:804048088346:Default_CloudWatch_Alarms_Topic

To confirm this subscription, click or visit the link below (If this was in error no action is necessary):
Confirm subscription

Please do not reply directly to this email. If you wish to remove yourself from receiving all future SNS subscription confi
```

그림 2-4-32 이메일 확인

경보를 발생하기 위해 대량의 요청을 만들어보자. 부하 생성기인 autocannon 도구를 사용하여 동시에 128개의 요청을 1분 동안 진행하고 경보가 발생하는지 확인한다.

```
# autocannon 도구를 설치한다.
$ npm install -g autocannon

# autocannon 도구로 API를 동시에 128개의 연결로 60초 동안 요청한다.
$ autocannon -c 128 -d 60 "https://API_ID.execute-api.AWS_REGION.amazonaws.com/hello?name=lacti"

| Stat    | 2.5%  | 50%   | 97.5%   | 99%     | Avg      | Stdev    | Max    |
| Latency | 4 ms  | 13 ms | 32 ms   | 45 ms   | 13.83 ms | 12.88 ms | 649 ms |


| Stat      | 1%     | 2.5%   | 50%     | 97.5%   | Avg      | Stdev    | Min    |
| Req/Sec   | 3217   | 4227   | 7115    | 14783   | 8934.72  | 3451.81  | 3217   |
| Bytes/Sec | 624 kB | 820 kB | 1.37 MB | 1.69 MB | 1.4 MB   | 205 kB   | 624 kB |

Req/Bytes counts sampled once per second.

288830 2xx responses, 247224 non 2xx responses
536k requests in 60.21s, 84.2 MB read
```

CloudWatch로 지표가 수집될 때까지 약 1분 정도의 시간을 기다리면 다음과 같이 경보 상태로 변경된다. 항목을 누르면 그래프를 통해 해당 지표의 상황을 보여주고, 상태가 업데이트된 이후 어떤 작업이 수행되었는지 작업 내역을 보여준다.

| □ | 이름 ▽ | 상태 ▽ | 마지막 상태 업데이트 ▽ | 조건 | 작업 |
| □ | LambdaConcurrentLimits | ⚠ 경보 상태 | 2021-04-23 03:22:29 | 1 분 내 1개의 데이터 포인트에 대한 ConcurrentExecutions > 100 | 1개 작업 |

그림 2-4-33 경보 상태

경보가 발생한 상황의 정보를 담은 메일이 잘 전달되는 것을 확인할 수 있다. 경보 상태일 때뿐만 아니라 정상 상태일 때도 알림을 받도록 설정했다면, 잠시 후 경보 상태가 해제된 이후에 다시 정상 상태로 변경되었다는 메일을 받는다.

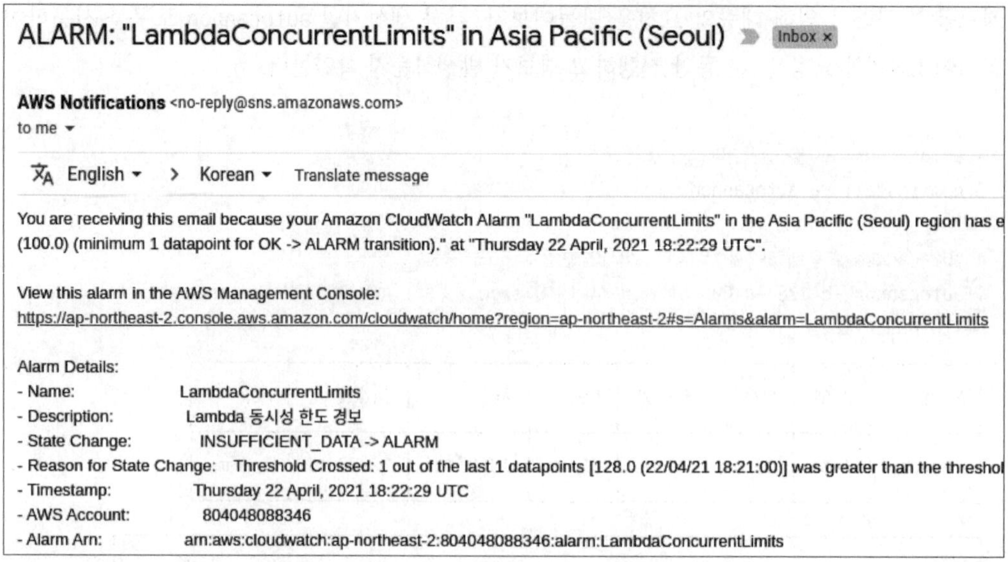

그림 2-4-34 경보 메일 도착

2-5 비용 계산

이번 예시에서 사용하는 서버리스 스택은 API Gateway, Lambda, CloudWatch로 구성된다. 이 서비스들은 프리티어를 가지고 있어서 작은 요청 규모에서는 가격이 발생하지 않는다. 실제 사용량은 언제나 예측을 벗어나기 때문에 정확한 가격 계산은 어렵지만 요청량을 추정하여 어느 정도 비용 규모를 추산할 수는 있다. 이를 위해서 각 서비스의 가격 모델을 자세히 알아두어야 한다. 가격은 지역과 서비스 세부 항목에 따라 다르고 서비스마다 허용하는 프리티어 항목 또한 다르기 때문에 공식 문서를 자세히 읽어봐야 한다.

1. API Gateway: https://aws.amazon.com/ko/api-gateway/pricing/
2. Lambda: https://aws.amazon.com/ko/lambda/pricing/
3. CloudWatch: https://aws.amazon.com/ko/cloudwatch/pricing/

이번에 만든 서비스를 토대로 요청량을 가정하고 비용을 계산하기 전에 각 서비스의 비용 항목들과 무료로 사용 가능한 프리티어 수준을 먼저 알아보자.

2-5-1 API Gateway 비용

API Gateway는 이번 예제에서 사용한 HTTP API 말고도 보다 더 많은 기능을 제공하는 REST API나 WebSocket을 위한 WebSocket API가 있다. 여기서는 이번 예제에서 사용한 HTTP API의 가격만 알아보자. HTTP API는 API 호출 가격만 존재한다.

요청수(월별)	요금(백만 건당)
첫 1백만 건	무료(프리티어)
처음 3억 건	1.23USD
3억 건 이상	1.11USD

API Gateway의 HTTP API는 첫 1백만 건의 요청까지 무료이고 그 이후에는 요청량에 따라 다른 가격 구간을 가진다. 예를 들어 하루에 1백만 건씩 요청하는 HTTP API의 경우 30일 요청 금액은 첫 1백만 건 무료를 제외하고 35.67USD(29백만 건 × 1.23USD/백만 건)이다. 이를 시간으로 환산하면 약 0.0495USD 정도인데, EC2의 2vCPU 4GB 메모리 사양인 t4g.medium(0.0416USD/시간)보다 약간 비싼 가격이다. 하지만 2vCPU 4GB 메모리로 하루 1백만 건의 요청을 처리하는 고가용 Gateway를 운영하는 것이 쉽지 않다는 점으로 볼 때 이 정도의 규모에서는 나쁘지 않은 가격이다.

또한 프리티어로 한 달에 첫 1백만 건까지는 무료로 사용할 수 있기 때문에, 이를 환산하면 1분에 약 23건 정도의 요청이 한 달 내내 꾸준히 들어와도 무료이다. 이는 요청량이 많은 상용 서비스 수준까지는 아니더라도, 개인 프로젝트나 사내 도구 시스템을 저렴하게 구축할 때 괜찮은 가격 수준이라고 볼 수 있다.

2-5-2 Lambda 비용

Lambda의 비용은 요청(횟수)과 시간(GB-초)으로 구성된다. Lambda는 함수 실행의 메모리 크기를 고를 수 있기 때문에 단순히 수행 시간이 아닌 수행 시간에 메모리를 곱한 GB-초를 가격 계산 기준으로 사용한다.

분류	요금
요청	1백만 건당 0.20USD
시간	GB-초당 0.0000166667USD

메모리 크기는 128MB부터 10GB 사이에서 1MB 단위로 지정할 수 있다. 요금은 최소 1밀리초 단위로 계산한다. 때문에 시간별 요금을 좀 더 자세히 풀어보면 다음과 같이 정리할 수 있다. Lambda 함수는 별도의 메모리 크기를 지정하지 않는다면 기본으로 1,024MB를 사용한다.

메모리(MB)	1밀리초당 요금
128	0.0000000021USD
512	0.0000000083USD
1,024	0.0000000167USD
1,536	0.0000000250USD
2,048	0.0000000333USD
3,072	0.0000000500USD
4,096	0.0000000667USD
8,192	0.0000001333USD
10,240	0.0000001667USD

계산을 위해 측정하는 Lambda의 실행 시간에는 첫 기동 지연도 포함된다. 예를 들어 요청 처리에 15밀리초가 걸렸어도 초기화에 120밀리초가 걸렸다면 총 135밀리초로 비용을 계산한다. 물론 해당 Lambda 인스턴스가 재사용된다면 그 이후 호출에는 초기화가 수행되지 않으므로 15밀리초의 비용만 발생한다.

프리티어로 한 달에 첫 1백만 건의 호출과 400,000GB-초가 무료이다. 400,000GB-초는 기본 메모리 설정인 1GB Lambda 함수가 400,000초간 실행할 수 있는 상황을 뜻하며 이는 한 달 동안 1초에 약 150밀리초씩의 요청을 무료로 처리할 수 있는 양이다. 만약 1회의 요청을 처리하는데 15밀리초가 소요된다면 한 달 내내 1GB Lambda 함수를 1초에 10번씩 무료로 사용할 수 있다.

물론 1초에 10번씩 호출하면 한 달에 약 2천 6백만 번의 함수 호출이 발생하므로 호출 비용의 프리티어는 초과한다. 호출 비용은 1백만 요청마다 0.2USD이므로 2천 6백만 번의 호출에 대해서는 5.2USD 비용이 발생한다. 이는 EC2로 따지면 t3.nano와 t3.micro 사이의 가격 정도이며 Lightsail의 5USD/월 모델과 비슷한 금액 수준이다.

2-5-3 Lambda와 EC2의 가격 비교

Lambda에 할당되는 CPU는 메모리의 크기에 비례하며 1,769MB를 할당해야 온전한 vCPU 1개가 할당된다. 그리고 최대 크기인 10,240MB를 할당하면 최대 vCPU 6개가 할당된다. AWS 공식 문서에서 정확히 명시하고 있지는 않지만, 1,024MB를 선택할 경우 1개의 vCPU를 약 2/3 시분할로 사용할 수 있다고 한다. 때문에 기본값으로 많이 사용하는 1,024MB 메모리를 갖는 Lambda 함수는 계산 집약적 작업보다는 IO 집약적 작업에 더 유리하다고 이야기한다.

이와 같은 Lambda의 특성으로 인해 Lambda의 성능과 가격을 EC2와 바로 비교하기가 어렵다. Lambda의 CPU 사양은 `/proc/cpuinfo`에서 `Intel(R) Xeon(R) Processor @ 2.50GHz`로 확인할 수 있는데 이와 정확히 일치하는 EC2 CPU는 찾을 수 없다. Lambda를 서비스하는 Firecracker microVM의 문서에 C3나 T2 CPU 템플릿을 지원한다고 되어 있으나 저 사양은 C3나 T2 CPU 사양과도 일치하지 않는다. 아마도 이는 Lambda 서비스로 제공하는 CPU를 Firecracker가 동일한 사양으로 맞춰주기 위해 설정한 값으로 보이며, 이로 인해 동일 성능을 갖는 EC2를 찾을 수 없으니 성능에 대한 정확한 비교가 불가능하다.

따라서 Lambda의 비용 효율을 고려하기 위해 비슷한 사양의 EC2와 비교할 때는 한 달 동안 발생하는 Lambda의 비용을 먼저 계산한 후 금액을 시간 단위로 환산하여 비용이 비슷한 EC2를 찾고, 그 EC2로 동일한 일을 처리했을 때 비용을 최적화할 부분이 있는지 확인하는 것이 낫다. 예를 들어 1개의 요청을 처리하는 데 15밀리초가 소요되는 1GB 메모리를 할당한 Lambda가 한 시간에 1백만 건이 호출된다고 가정해보자. EC2와 쉽게 비교하기 위해 1시간 비용을 계산한다. 그리고 계산의 편의를 위해 프리티어는 없다고 가정한다.

항목	계산	비용
Lambda 호출	0.2USD/1백만 건 × 1백만	0.2USD
Lambda 시간	0.0000000167USD/1밀리초 × (15밀리초 × 1백만)	0.2505USD
API Gateway 요청	1.23USD/1백만 건 × 1백만	1.23USD

AWS는 가격을 소수점 셋째 자리까지 반올림하므로 이는 1.681USD/시간의 비용을 지불하는 시스템이다. 이 가격은 1.728USD/시간인 EC2 온디맨드 c5.9xlarge와 비슷한 수준이다. c5.9xlarge는 36vCPU 72GB 성능의 가상 서버로 4vCPU 8GB인 c5.xlarge 9대를 사용하는 것으로 생각할 수 있는데, 이 정도 서버 규모라면 1시간에 1백만 요청 이상이 와도 문제 없이 처리할 수 있다. 물론 EC2를 직접 사용하면 서버 자원이나 인증서, 배포 등 API Gateway와 Lambda 기반의 서버

리스 스택을 사용할 때보다 인프라 관련 작업이 많아지지만, 요청량이 많을 때는 인프라 비용 측면에서 EC2가 더 유리하다고 볼 수도 있다.

2-5-4 Lambda의 메모리와 CPU의 관계

Lambda는 GB-초당 비용을 계산하기 때문에 비용을 줄이는 측면에서 Lambda에 할당된 메모리 크기를 줄이는 게 유리하다고 쉽게 생각할 수 있다. 하지만 Lambda에 부여되는 CPU 자원의 양이 할당된 메모리 크기에 비례하여 결정되므로 이 가정이 틀리는 경우가 발생하기도 한다.

이전 내용에서 정리했던 것과 같이, Lambda는 1,769MB에서 vCPU 1개를 획득하고 그 이하의 메모리에서는 시분할에 의해 사용할 수 있는 vCPU를 제어한다. 예를 들어 1,024MB의 경우 vCPU 0.67 정도로 부여된다.

Lambda의 시간 가격은 거의 메모리 크기에 비례하는 구조이므로 메모리 크기에 따라 부여되는 CPU 양을 고려했을 때 가격의 차이가 거의 없다고 생각할 수 있다. 예를 들어 1,024MB, 0.67 vCPU로 1초 걸리는 작업이 512MB, 0.33 vCPU로 2초 걸렸다면, 둘의 비용은 각각 0.0000167USD와 0.0000166USD로 사실상 차이가 없다. 하지만 CPU를 항상 최대로 사용하는 계산 집약적 작업이 아니라, 데이터베이스에 접근하거나 다른 자원을 네트워크로부터 조회하는 등 IO 작업이 발생할 수 있는 상황이라면 CPU를 사용하지 않고 대기하는 구간이 생길 수 있다. 즉, 1,024MB, 0.67 vCPU에서 1초 걸리는 작업이 사실 IO 대기가 0.5초이고 CPU를 0.5초 사용했다면 512MB, 0.33 vCPU에서는 동일하게 IO 대기로 0.5초, CPU 사용이 1초가 되어 수행 시간이 1.5초가 될 수 있다. 이 경우 1,024MB의 Lambda를 사용하는 것보다 512MB Lambda를 사용하는 것이 비용 측면에서는 더 효율적이다.

상황	사양	CPU 시간	IO 시간	총 처리 시간	비용
계산 집약	1,024MB, 0.67 vCPU	1초	0초	1초	0.0000166USD
계산 집약	512MB, 0.33 vCPU	2초	0초	2초	0.0000167USD
IO 혼합	1,024MB, 0.67 vCPU	0.5초	0.5초	1초	0.0000166USD
IO 혼합	512MB, 0.33 vCPU	1초	0.5초	1.5초	0.00001245USD

반대의 경우도 생각해볼 수 있다. Lambda에서 수행하는 작업이 계산 집약적이고 멀티 코어를 충분히 활용하는 상황이라면 하나의 Lambda 인스턴스 내부에서 최대한 병렬 처리를 해서 이후

의 분산 처리에서 외부의 공유 메모리를 통한 동기화 비용을 낮출 수 있다. 예를 들어 1,769MB, 1 vCPU 6개를 사용하는 병렬 처리를 만들 때 수행 간 서로의 상태를 교환하기 위하여 Redis 등의 외부 공유 자원을 할당하고 네트워크 기반의 동기화 처리를 위한 수행 비용을 지불할 수 있다. 그러나 그보다는 10,240MB, 6 vCPU 1개를 사용하여 별도의 외부 공유 자원 없이 Lambda 인스턴스 내부에서 모든 작업을 처리하면 작업을 더 빠르게 완료할 수 있고 비용도 절약할 수 있다.

설명의 편의를 위해 극단적인 상황을 상정했지만 현실은 좀 더 복잡하다. CPU 시간과 IO 시간을 정확하게 측정하기는 어렵고 6개의 vCPU로 끝날 병렬 처리 작업도 사실 없다. 때문에 시스템을 구성하는 초반에는 기본값인 1,024MB 정도로 Lambda를 설정하고 추후 자원 사용량을 CloudWatch 지표로 모니터링하면서 메모리 값을 설정하는 것이 바람직하다. 이때 AWS Compute Optimizer 도구를 통해 적합한 메모리를 추천받을 수 있다. 이 도구는 1,792MB보다 작은 메모리를 갖는 Lambda에 대해 지난 14일 동안 수행된 결과를 보고 적당한 메모리를 추천한다. 단, 해당 기간 동안 50회 미만으로 호출된 경우에는 근거 자료 부족으로 추천하지 못한다.

2-5-5 CloudWatch 비용 계산

CloudWatch는 지원하는 기능이 많은 만큼 비용 항목이 다양하다. 여기서는 이번 예제에서 사용한 지표, 대시보드, 로그에 대한 비용 항목을 살펴본다. CloudWatch는 지표의 해상도에 따라 1분 단위로 세분화하는 표준 분해능과 1초 단위로 세분화하는 고분해능으로 나뉜다. 만약 고분해능 지표를 사용할 경우 1초 단위로 지표를 저장하므로 1초, 5초, 10초, 30초, 60초 배수 기간으로 지표를 읽고 검색하며 10초, 30초 단위로도 경보를 발생할 수 있다. 이런 고분해능 지표와 경보는 표준 분해능에 비해 비용이 비싸다.

먼저 프리티어는 다음과 같다.

항목	프리티어
지표	기본 모니터링 지표(5분 간격), 세부 모니터링 지표 10개(1분 간격)
대시보드	월별 최대 50개의 지표를 제공하는 대시보드 3개
경보	경보 지표 10개(고분해능 경보에는 적용되지 않음)
로그	5GB 데이터(수집, 아카이브 스토리지, Logs Insights 쿼리로 스캔한 데이터)

API Gateway나 Lambda에서 수집했던 지표는 표준 분해능에 속하므로 서버리스 스택 한두 개

정도를 기본적인 내용으로 모니터링하는 것은 프리티어 범위를 벗어나지 않는다. 다만, Lambda에서 발생하는 함수의 로그가 CloudWatch Logs로 전달될 때, 별도의 보존 기간을 지정하지 않을 경우 모든 로그를 평생 보존하기 때문에 의도치 않게 5GB 범위를 넘을 수도 있다. 로그의 수집 및 보관 비용은 다음과 같다.

수집	비용
수집(데이터 수집) GB당	0.76USD
스토어(아카이브) GB당	0.0314USD
분석(Logs Insights 쿼리) 스캔한 데이터 GB당	0.0076USD

규모가 크지 않은 서비스는 로그가 많지 않으므로 GB당 0.76USD가 큰 문제가 되지 않는다. 하지만 대량의 로그가 발생하는 상용 서비스를 운영할 때 이 비용을 간과하면 로그 보관료로 큰 비용을 지불할 수도 있다. 때문에 불필요한 로그를 최대한 줄이는 것이 좋다. 뿐만 아니라 수집한 로그를 유지할 때도 GB당 0.0314USD 비용이 발생하기 때문에 `serverless.ts`에서 `provider.logRetentionInDays` 설정을 사용하여 로그 보존 기한을 적당한 수준으로 지정해두는 것이 좋다. 예를 들어 보존 기한을 14일로 지정해두면 14일 이전의 로그는 자동으로 삭제된다. 오래된 로그는 CloudWatch Logs에서 계속 유지하는 것보다 S3로 내보낸 후 Elasticsearch와 연동하거나 S3 Glacier로 보내 더욱 저렴하게 영구 보관하는 것이 낫다.

지표의 가격은 다음과 같다. 지표 전송 비용은 AWS 내부에서 통신하는 네트워크로 취급되어 별도의 비용이 발생하지 않지만, 지표 수집 개수에 따른 비용은 발생한다. 하지만 AWS에서 각 자원 간 기본으로 제공하는 지표는 기본 모니터링 지표로 분류하여 프리티어로 취급하므로 별도의 비용이 발생하지 않는다. 직접 `PutMetricData` API를 호출하여 로그를 수집하는 경우나 EC2 세부 모니터링과 같이 별도의 비용이 발생한다는 경고가 표시되는 지표를 수집하는 경우에만 다음 표에 따라 비용을 계산한다. 세부 모니터링 지표도 10개까지는 프리티어로 취급하여 별도의 비용이 발생하지 않는다.

티어	비용(지표/월)
처음 10,000개의 지표	0.30USD
다음 240,000개의 지표	0.10USD
다음 750,000개의 지표	0.05USD

티어	비용(지표/월)
1,000,000개 이상의 지표	0.02USD

기본 모니터링 지표를 사용하여 대시보드를 구성할 때 대시보드 하나에 50개 이하의 지표를 사용하는 경우 대시보드 3개까지는 프리티어로 비용이 발생하지 않는다. 3개 이상의 대시보드를 사용하거나 50개 이상의 지표를 사용하는 경우에는 1개의 대시보드마다 3USD 비용이 발생한다. 예를 들어 서버리스 스택에 HTTP API 함수 9개가 있고 각각에 대해 API Gateway의 4XX, 5XX, 지연 시간 지표와 Lambda의 기간, 호출, 오류 지표까지 6개의 지표를 대시보드에 추가할 경우, 총 지표의 수가 54개(9함수 × 6지표)이므로 3USD 비용이 발생한다.

경보 비용도 있다. 표준 분해능 지표 기반의 경보 10개까지는 프리티어로 별도의 비용이 발생하지 않지만 그 이상으로 등록하거나 고분해능 지표 기반의 경보를 사용하는 경우에는 다음 표에 따라 비용을 계산한다.

경보	비용
표준 분해능(60초) 경보 지표당	0.10USD
고분해능(10초) 경보 지표당	0.30USD
복합 경보당	0.50USD

서버리스 스택을 사용할 경우 규모가 있는 서비스를 하기 전까지는 CloudWatch에서 별도의 비용을 확인하기 어려울 수 있다. 기본 모니터링 지표를 사용하여 대시보드를 구축하고 필요한 요소에 대한 경보를 설정해도 몇 USD 수준의 비용만 발생하기 때문이다. 다만 CloudWatch Logs의 경우 로그의 양에 따라 비용이 급증하는 문제가 발생할 수 있기 때문에 그 부분만 유의해서 관리하면 큰 비용 걱정없이 사용할 수 있다.

2-5-6 경보 이메일 전송 비용

CloudWatch에서 설정한 경보가 발생하면 그 이벤트가 SNS의 표준 주제에 전달되고, 이를 이메일로 전달하는 구독 작업이 실행된다. 이는 CloudWatch에 포함된 요금이 아니라 SNS에 포함된 요금이므로 SNS 요금표를 참고해야 한다. SNS는 표준 주제뿐만 아니라 순서가 보장되는 FIFO 주제도 있고, 이메일 전달을 위한 구독 작업뿐만 아니라 모바일 푸시, SMS, SQS 등 다양한 엔드포인트 유형을 지원하지만 설명의 편의를 위해 예제에서 언급한 이메일만 알아보자.

유형	프리티어	요금
API 호출	매월 첫 1백만 개	1백만 개당 0.50USD
이메일 전달	알림 1,000개	알림 100,000개당 2.00USD
데이터 전송	최대 1GB/월	GB당 0.126USD (다음 9.999TB/월)

서비스의 팬아웃 구조를 위해 SNS를 사용하는 경우도 아니고, 단지 CloudWatch의 경보로부터 이메일을 전송하는 정도라면 사실상 프리티어에 해당하므로 별도의 비용이 발생하지 않는다.

2-5-7 Hello API 비용 계산

Hello API의 비용을 계산해보자. 서비스는 API Gateway의 HTTP API로 HTTP 이벤트를 받아 Lambda를 실행한다. Lambda는 별도의 설정을 하지 않았기 때문에 1,024MB로 구성되고 한 번의 실행에 평균 15밀리초가 소요된다고 가정한다. 로그는 CloudWatch Logs에 보관되고 기본 모니터링 지표를 활용하여 대시보드 및 경보를 구성한다.

매일 1백만 번의 요청이 발생한다면 API Gateway와 Lambda의 비용은 다음과 같이 계산할 수 있다. 한 달은 편의상 30일로 계산한다.

서비스	프리티어	요금
API Gateway 요청	1백만 건	2천9백만 건 × 1.23USD/백만 건 = 35.67USD
Lambda 호출	1백만 건	2천9백만 건 × 0.20USD/백만 건 = 5.8USD
Lambda 실행	400,000GB-초	*50,000,000 GB-밀리초 × 0.0000000167USD/GB-밀리초 = 0.835USD
모니터링	CloudWatch 표 참고	**무료

* 1,024GB Lambda가 3천만 번 호출되었고 각 15밀리초씩 실행했다면 450,000,000GB-밀리초를 사용한 것이다. 이때 프리티어인 400,000,000GB-밀리초를 빼고 50,000,000GB-밀리초 만큼만 비용 계산에 포함한다.
** 별도의 로그를 남기지 않았다면 CloudWatch Logs로 전달되는 로그는 없기 때문에 로그 저장 비용이 발생하지 않는다. 또한 기본 모니터링 지표와 50개 미만의 지표로 대시보드를 구성하였으므로 이에 대해서도 비용이 발생하지 않는다. 만약 의도치 않게 요청이 과도하게 발생하여 Lambda의 ConcurrentExecutions 경보가 발생한다고 해도 그 횟수가 한 달에 1,000번이 넘지 않는다면 경보 및 알림 비용도 발생하지 않는다.

총 42.305USD 비용이 발생한다. 한 시간에 약 0.059USD 정도의 비용이 발생하는 수준이다.

EC2의 온디맨드 기준으로 2 vCPU(288분 버스트) 4GB t3.medium이 한 달에 37.44USD, 2 vCPU 4GB의 c5.large가 한 달에 69.12USD이므로 가격만 놓고 본다면 둘의 중간 정도로 볼 수 있다. CPU 버스트가 없는 c5.large 머신에 잘 만든 서버를 운영하면 하루 1백만 트래픽을 무리 없이 받을 수도 있겠지만 요청량의 수준에 따라 적절히 자원이 확장, 축소되지 않기 때문에 추가적인 인프라 관리 비용이 들어간다. 또한 고가용성을 확보하기 위해서는 EC2 인스턴스를 최소 한 개 이상 더 띄워야 하기 때문에, 그 점을 고려한다면 이 정도 요청 수준에서는 서버리스 스택이 관리 비용뿐만 아니라 인프라 비용도 더 저렴하다.

하루에 요청이 1천만 번 정도 발생한다면 상황이 조금 달라진다. 계산의 편의를 위해 프리티어를 제외하고 API Gateway와 Lambda의 비용만 계산해보면 다음과 같이 총 504.15USD 비용이 발생한다.

서비스	요금
API Gateway 요청	3억 건 × 1.23USD/백만 건 = 369USD
Lambda 호출	3억 건 × 0.20USD/백만 건 = 60USD
Lambda 실행	45억 GB-밀리초 × 0.0000000167USD/GB-밀리초 = 75.15USD

이는 c5.large 인스턴스를 7대 정도 사용할 수 있는 금액이다. 이 정도면 고가용성을 확보한 상태에서 하루에 요청을 천만 번 이상 받을 수 있는 서버를 구성할 수 있다. 때문에 이 경우, 관리 측면에서는 서버리스 스택이 유리하다고 할 수 있지만 비용 측면에서는 EC2를 직접 구성하는 것이 더 유리하다.

2-6 정리

HTTP 요청을 받는 API Gateway가 HTTP 이벤트를 생성하고, 그 이벤트를 처리하는 Lambda가 기동해 응답값을 만들어 다시 API Gateway를 통해 반환하는 서버리스 스택을 구축했다. 서버리스 스택을 정의하는 serverless.ts 파일과 Lambda 처리를 하는 코드 handler.ts 파일을 합쳐 약 30줄 정도를 작성해서 훌륭한 가용성을 자랑하는 웹 서비스를 빠르게 구축할 수 있었다.

타입 지원이 없는 자바스크립트 대신 타입스크립트를 사용하여 Lambda 함수의 코드를 구현했다. 그리고 웹팩을 설정하여 런타임에 필요한 파일만 배포에 포함될 수 있도록 구성했다. 또한 Serverless Framework의 선언 파일을 타입스크립트로 작성하여 코드와 함께 타입 지원을 받으며 작성할 수 있도록 프로젝트를 구성했다. 그리고 배포한 서비스로 AWS 자원의 서비스 한도와 비용에 대해 알아봤다. 한도를 고려하여 지표를 어떻게 모니터링할지, 그리고 각 요청량 수준에서 비용이 얼마나 발생할지 알아봤다.

대부분의 웹 서비스는 HTTP API로 요청을 받아 지정된 함수를 수행하고 그 결과를 반환하는 구조이므로, 이번 예제를 바탕으로 다른 작업을 처리할 때도 쉽게 확장할 수 있다. 그리고 상용 서비스를 준비할 때 어떤 점을 고려해야 하는지 같은 방법으로 고민해볼 수 있다.

3장

사진 최적화 서비스

3-1 서비스 소개 및 설계

3-2 Lambda에서 외부 프로세스 실행 준비

3-3 첫 번째 시스템 구현

3-4 두 번째 시스템 구현: Public, Private Bucket 분리

3-5 세 번째 시스템 구현: S3 이벤트로 최적화 수행

3-6 상용 서비스 고려

3-7 모니터링

3-8 비용 계산

3-9 정리

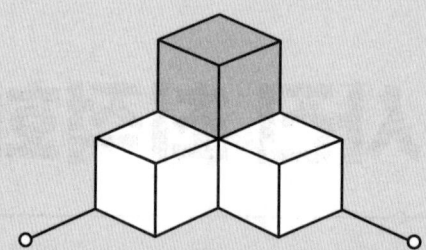

이번 단원에서는 고객이 업로드한 JPEG 파일의 용량을 줄여주는 웹 서비스를 서버리스 스택을 활용하여 개발한다. Lambda에서 외부 실행 파일을 실행하는 법, S3를 사용하여 파일을 교환하는 법, S3의 파일을 CloudFront로 제공하는 법을 알아본다. 그리고 이런 인프라 자원을 awscli 명령 도구와 CloudFormation 선언을 통해 할당하는 법을 알아본다.

또한 글로벌 서비스를 위해 고려할 점을 알아보고 그중에서 S3 전송 가속화 기능을 소개한다. 그리고 이 서비스 인프라에서 발생하는 비용을 계산하고 줄이는 방법을 알아본다.

3-1 서비스 소개 및 설계

서버리스의 장점은 요청량을 예측하기 어려울 때 쉽게 가용성과 확장성을 확보하는 시스템을 비용 효율적으로 구축할 수 있다는 점에 있다. 첫 번째 서비스 예제로 이 점을 잘 활용할 수 있는 사진 최적화 서비스를 개발해본다.

사진 최적화 서비스는 고객이 업로드한 JPEG 파일을 적당한 화질로 조절하여 용량을 줄여주는 서비스다. 고객이 가지고 있는 고화질 사진 원본을 다른 고객에게 공유할 때 원본 그대로일 필요가 없을 때가 있다. 예를 들어 메신저를 통해 상대에게 공유하거나 게시판 등 웹 서비스를 통해 사진을 게시하는 경우, 상대가 원하기 전까지 최적화된 사진을 제공하는 것이 서버나 상대의 네트워크 자원 측면에서 더 효율적이다.

고객은 웹 서비스를 통해 사진을 업로드하여 최적화하고 지정된 URL로 접근한다. 좀 더 자세히 설명하면 다음과 같다.

1. 고객은 API Gateway를 사용해 사진을 업로드한다.
2. 업로드한 사진을 Lambda에서 받아서 지정된 규격으로 최적화한다.
3. 최적화한 사진을 S3에 업로드한다.
4. CloudFront를 통해 결과물에 접근한다.

S3는 AWS가 제공하는 고가용성 저장소다. 지정된 경로로 원하는 파일을 용량 걱정없이 업로드할 수 있다. CloudFront는 고속 콘텐츠 전송 네트워크(CDN) 서비스다. S3와 연동하여 S3 안에 있는 파일을 고객에게 S3보다 더 낮은 가격으로 빠르게 제공한다. 그리고 이미 접근한 적이 있는 파일은 캐시에 보관해두기 때문에 다음 요청 시 보다 빠르게 응답할 수 있다.

이 흐름을 간단히 도식화하면 다음과 같다.

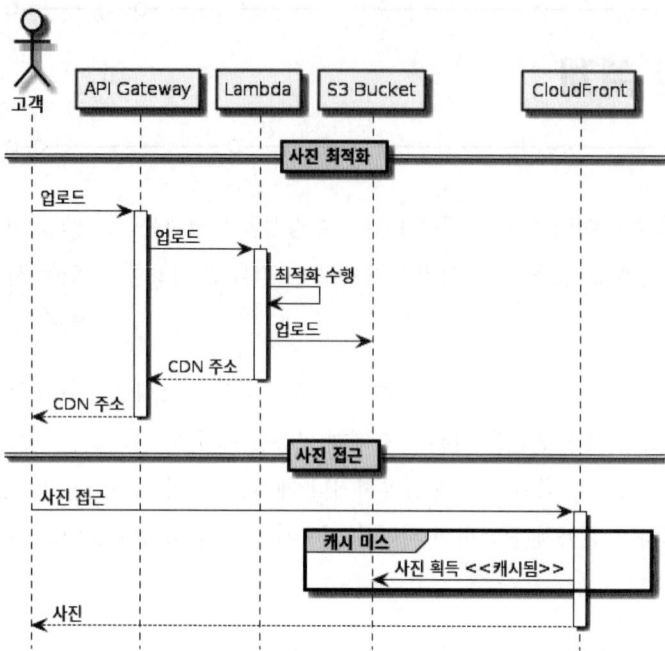

그림 3-1-1 시스템 흐름도

하지만 지난 단원에서 언급했듯이 API Gateway와 Lambda는 요청 크기에 제한이 있다. API Gateway는 요청으로 10MB까지 전달할 수 있으며 Lambda는 6MB까지 받을 수 있다. API Gateway의 한도가 더 크기는 하지만 요청을 처리하는 Lambda의 한도를 따라야 하기 때문에 업로드할 수 있는 사진의 최대 크기는 6MB가 된다. 게다가 Lambda는 요청으로 바이너리를 그대로 받을 수 없는 제약 조건이 있어서 Base64로 인코딩된 요청을 받아야 한다. 때문에 실제로 전달할 수 있는 사진의 크기는 약 4MB 정도이다.

실행 시간에 대한 제약도 있다. API Gateway와 통합된 Lambda의 경우 최대 29초의 실행 시간을 가질 수 있다. 사진 최적화를 위해 `jpegoptim`를 실행하는 구조로 시스템을 작성하는데 만약 이때 수행 시간이 29초가 넘어갈 경우 위와 같은 시스템을 구성할 수 없다.

즉, 이전에 그린 시스템의 구조는 단순하고 직관적이지만 다음 제약 조건을 갖는다.

1. 사진은 최대 4MB까지 업로드할 수 있다.
2. 사진 최적화 및 S3 업로드까지 29초 내에 모두 완료되어야 한다.

만약 두 제약 조건이 서비스의 요구사항에 아무런 문제가 되지 않는다면 위 흐름대로 시스템을 구현해도 문제가 없다. 요구사항에 문제만 없다면 복잡도가 낮은 시스템을 구현하는 것이 추후 유지 보수에도 더 좋기 때문이다. 하지만 최근 대부분의 사진 원본의 용량이 10MB를 넘기 때문에 첫 번째 제약 조건은 꽤 치명적일 수 있다. 하지만 사진 원본의 크기가 아무리 커도 40MB 수준이라면 최적화를 위해 사용하는 외부 프로세스인 `jpegoptim`가 아무리 오래 걸려도 20초 이내에 완료되므로 Lambda의 최대 수행 시간 제약 조건은 큰 문제가 되지 않을 수 있다.

첫 번째 제약 조건을 해결하기 위해서는 API Gateway를 통해 사진을 직접 업로드하지 않고 S3의 미리 서명된 URL을 사용하여 고객이 직접 S3의 지정된 위치에 사진을 업로드해야 한다. 즉, 기존 흐름에서 업로드 주소 요청 단계가 추가된다.

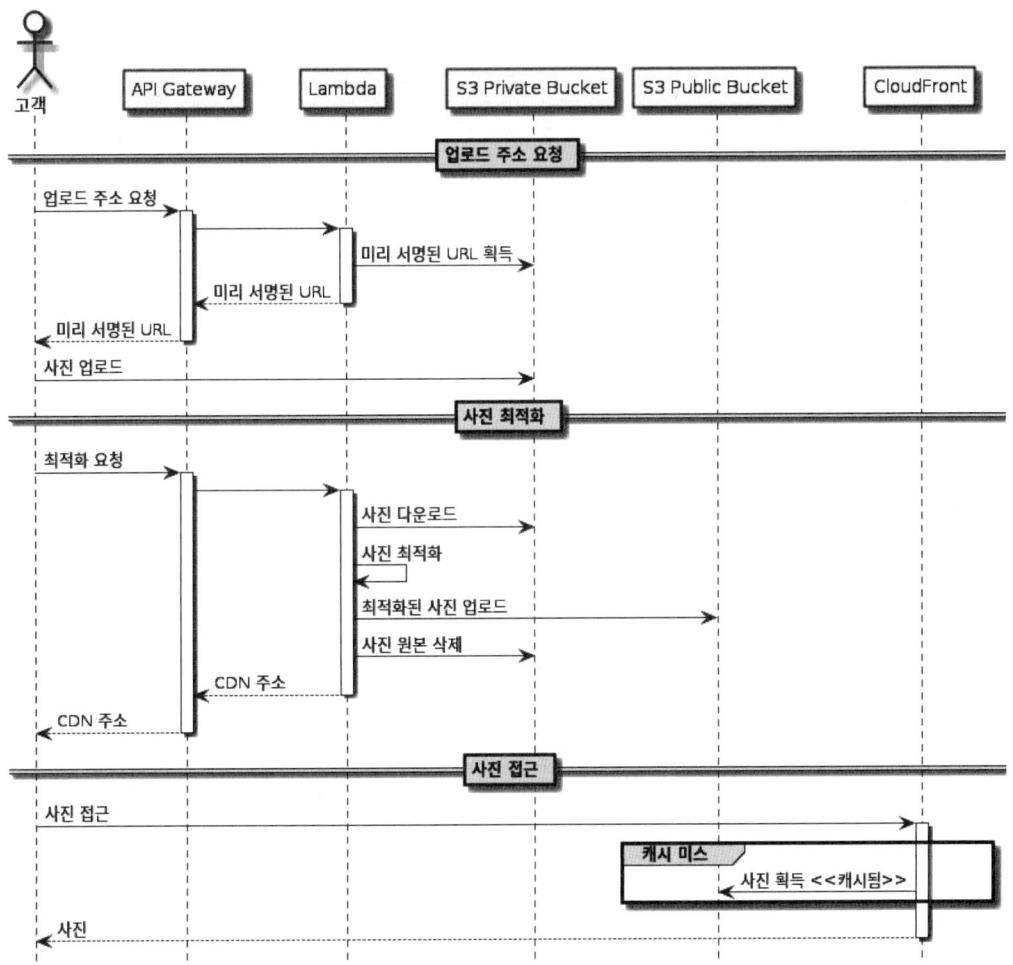

그림 3-1-2 S3 Bucket으로 업로드하는 시스템의 흐름도

고객은 우선 사진을 S3에 업로드하기 위한 접근 주소를 획득하고자 **업로드 주소 요청 API**를 호출하고, 이때 Lambda는 S3로부터 미리 서명된 URL을 획득하여 반환한다. 고객은 이 주소를 사용해 파일을 업로드할 수 있다. 이때 사용하는 S3 Bucket은 사진 원본을 처리하기 위해 잠시 저장하는 공간으로, CloudFront와 연결되는 Public Bucket과는 구분해야 한다. 그렇지 않으면 처리 중인 사신 원본이 의도치 않게 외부로 노출될 수 있다.

S3의 Private Bucket에 사진 업로드가 완료되면 고객은 **사진 최적화 API**를 호출한다. 그로부터 실행되는 Lambda에서는 업로드된 사진을 자신의 임시 디렉토리(/tmp)에 다운로드하고 jpegoptim를 실행하여 최적화한다. 그리고 그 결과물을 Public Bucket에 업로드한 후 Private Bucket에서 원본 파일을 삭제한다. 그리고 고객에게 최적화된 사진에 접근하기 위한 CDN 주소를 반환한다.

고객이 직접 사진 최적화 요청을 한다는 점을 제외하면 이는 충분히 합리적인 구조이다. 최적화 요청은 HTTP API를 통해 동기적으로 수행되므로 API가 완료되기 전까지 최적화가 진행 중이라는 의미를 전달할 수 있고, 최적화 완료 이후에 CDN 주소도 전달할 수 있다. 이는 다음에 설명할 시스템 구조에 비해 장점으로 볼 수 있는 부분이다.

만약 최적화 요청을 HTTP API로 노출하지 않고 시스템을 구성하려면 S3의 객체 생성 이벤트를 활용해야 한다. 고객이 미리 서명된 URL로 사진 업로드를 완료하면 S3에서는 객체 생성 이벤트가 발생하고, 이 이벤트로부터 Lambda를 실행하여 사진 최적화 작업을 수행한다. 이런 구조는 이전의 구조와 비교했을 때 다음 장점을 갖는다.

1. 고객이 최적화 요청 API를 호출하지 않으므로 내부 구조를 좀 더 숨길 수 있다.
2. 최적화 요청을 위한 HTTP API 요청 구간이 사라지므로 API Gateway 비용이 절약된다.
3. S3의 이벤트로부터 Lambda가 기동되므로 Lambda의 최대 수행 시간이 900초까지 허용된다. 이는 더 오래 걸리는 작업을 작업을 처리할 때 유리하다.
4. S3의 이벤트로부터 Lambda가 기동되므로, 만약 대량의 사진을 최적화할 필요가 있다면 굳이 업로드 주소 요청 API를 호출하지 않고 S3에 사진을 바로 업로드하는 것으로 최적화를 수행할 수 있다.

하지만 고객이 동기적으로 최적화 작업의 완료 통지를 받을 수 있는 HTTP API 호출이 아니라 S3 이벤트에 의한 비동기 호출이므로, 최적화 완료 시점을 고객이 인지할 수 있는 방법이 없다. 따라서 업로드 주소 요청 시점에 CDN 주소를 같이 반환하고 최적화가 완료될 때까지 반복해서 CDN에 접근하는 방법을 사용한다.

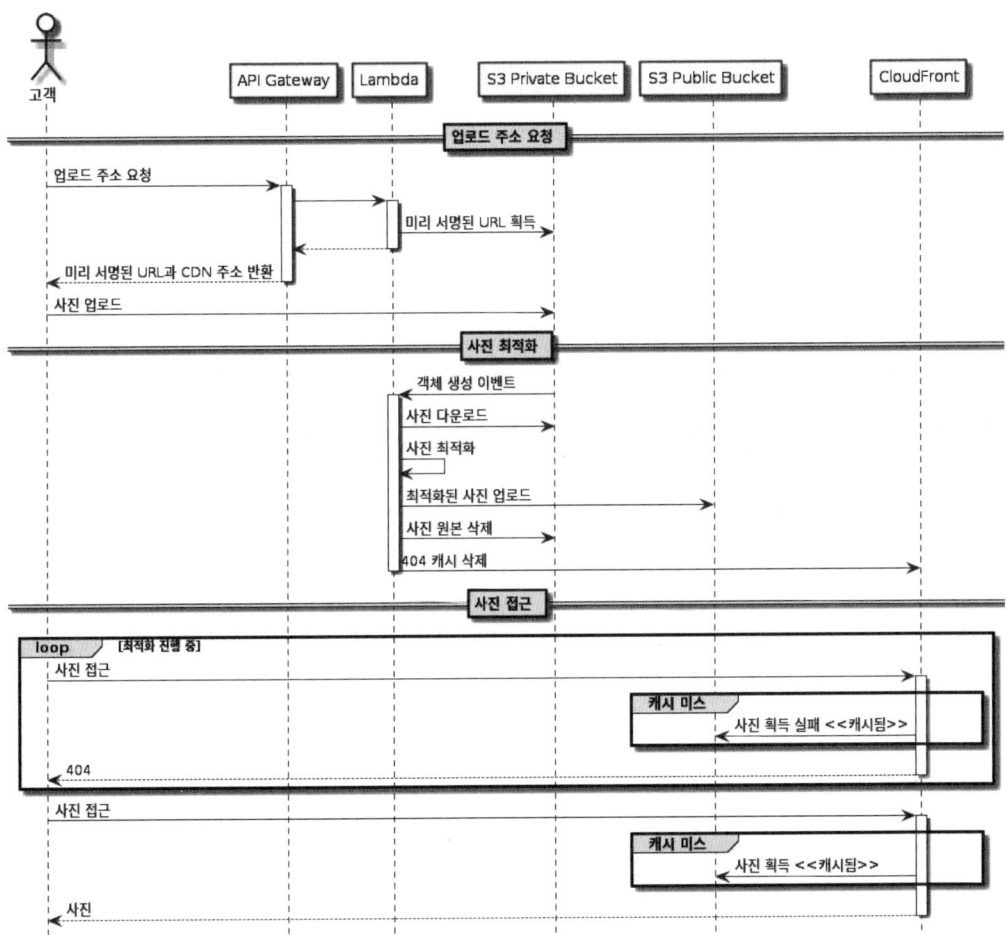

그림 3-1-3 S3 이벤트로 최적화를 처리하는 시스템의 흐름도

대부분의 사용 사례에서는 업로드된 사진을 최적화하는 데 몇 초 이상 걸리지 않을 것이기 때문에 고객은 CDN 주소를 통해 거의 바로 최적화된 사진을 접근할 수 있다. 하지만 요청량이 폭증하여 최적화 처리가 밀리거나, 최적화 처리 도중 알 수 없는 문제가 발생하여 결과물이 만들어지지 못하는 경우에는 고객이 한없이 CDN 주소 접근을 반복하게 되는 문제가 발생할 수도 있다.

이를 보완하려면 또 추가적인 장치를 마련해야 한다. 예를 들어 작업 진행 상황을 별도의 저장소에 보관하고, 상태를 조회하는 API를 추가하여 진행 상태와 성공 여부를 확인한다. 혹은 작업이 시작될 때 WebSockets API를 통해 이런 비동기 상태 통지를 위한 별도의 채널을 열어둔다.

물론 이렇게 시스템을 확장해도 상황에 따라 문제는 계속 발생한다. 더 복잡해진 시스템 내에서 발생할 수 있는 오류나 각 자원들의 제약과 한도를 고민해야 한다. 그리고 시스템이 복잡할수록 비용은 더 많이 발생한다. 때문에 서비스를 설계할 때 적정한 서비스 수준(Service Level)을 정하고 그에 맞는 적합한 복잡도를 갖는 시스템을 설계하는 것이 바람직하다.

이번 단원에서는 앞서 도식과 함께 언급한 세 가지 방법의 시스템 구현 방법을 알아보자. 그리고 각 자원을 Serverless Framework 선언으로 정의하는 방법과 Lambda에서 외부 프로그램을 실행하는 방법에 대해서도 알아보자.

3-2 Lambda에서 외부 프로세스 실행 준비

사진 최적화를 위해 `jpegoptim`을 사용한다. 이는 `libjpeg` 기반으로 JPEG 파일을 최적화해주는 명령줄 실행 프로그램이다. 최적화된 결과가 유사한 도구 중 최고는 아니지만, 오랜 기간 동안 사용된 프로그램이므로 안정성을 기대할 수 있고 실행 파일을 구하기도 상대적으로 쉽기 때문에 사용한다. 이 방법이 Lambda에서 외부 프로그램을 실행하는 연습이 되기 때문에 굳이 `jpegoptim`을 사용하는 점도 있다.

다른 방법으로, 자바스크립트 기반으로 작성된 Squoosh 도구를 사용하면 순수 자바스크립트만으로도 JPEG를 압축할 수 있다. 구글이 만든 이 패키지는 원래 C/C++ 코드로 작성된 프로그램을 웹 어셈블리 기반으로 컴파일하여 자바스크립트로 사용할 수 있게 만든 도구로, 외부 의존성이 없기 때문에 보다 편하게 Lambda에서 사용할 수 있다. 하지만 CPU `Intel(R) Core(TM) i7-10510U CPU @ 1.80GHz`를 기준으로 2MB JPEG 파일을 품질 수준 90으로 최적화할 때 `jpegoptim`은 0.2초 정도 소요되지만 Squoosh는 5초 정도 소요된다. 결과물의 용량은 `Squoosh`가 조금 더 작지만 수행 시간 측면에서 `jpegoptim`이 더 낮기 때문에 이 도구를 사용한다.

Lambda는 `Amazon Linux`라는 RHEL에서 출발한 리눅스 배포판을 사용한다. 때문에 Lambda에서 실행하는 파일은 리눅스에서 호환되는 실행 파일이어야 한다. 실행 파일이 Lambda에서도 실행되는지 확인하려면 리눅스 환경을 구축하고 그 안에서 정상적으로 실행되는지 확인하면 된다. AWS는 이에 대한 Docker 이미지를 제공하고 있고, 특히 Lambda의 경우 각 런타임별로 기본 Docker 이미지를 제공한다. 이미지 주소는 `public.ecr.aws/lambda/RUNTIME:VERSION` 형태로, 예를 들어 Node.js 14 버전은 `public.ecr.aws/lambda/nodejs:14`다. 기본 `entrypoint`로는 명령줄 인자로 지정한 함수를 테스트하는 기반이 실행된다.

```
$ docker pull public.ecr.aws/lambda/nodejs:14
14: Pulling from lambda/nodejs
...
Status: Downloaded newer image for public.ecr.aws/lambda/nodejs:14
public.ecr.aws/lambda/nodejs:14

$ docker run -it -p 8080:8080 -v $PWD:/var/task public.ecr.aws/lambda/nodejs:14 app.handler
INFO[0000] exec '/var/runtime/bootstrap' (cwd=/var/task, handler=)
```

Docker의 8080 포트를 외부로 노출하고, 현재 디렉토리($PWD)를 /var/task에 연결한다. 그리고 app.js 파일에 handler로 노출된 함수를 실행하도록 설정한다. app.js는 다음과 같은 간단한 코드다. 인자로 받은 event를 로그로 출력하고, 그 값을 그대로 반환한다.

```
module.exports.handler = async function (event) {
  console.info(event);
  return event;
};
```

이후 다른 터미널에서 curl을 사용해 Lambda를 기동할 수 있다. /2015-03-31/functions/function/invocations 경로는 Lambda 실행을 위해 미리 정의된 주소다. -d 옵션으로 Lambda에 넘겨줄 event 인자를 지정할 수 있다.

```
curl localhost:8080/2015-03-31/functions/function/invocations -d '{"payload":true}'
```

그러면 다음과 같이 CloudWatch Logs에서 봤던 Lambda의 실행 로그가 나온다. console.info로 출력한 부분도 잘 표시되는 것을 볼 수 있다.

```
START RequestId: c09554b6-0aab-46e1-9f0a-9e5730f35e5e Version: $LATEST
2021-05-07T22:27:57.496Z    c09554b6-0aab-46e1-9f0a-9e5730f35e5e    INFO    { payload: true }
END RequestId: c09554b6-0aab-46e1-9f0a-9e5730f35e5e
REPORT RequestId: c09554b6-0aab-46e1-9f0a-9e5730f35e5e  Init Duration: 0.08 ms  Duration: 80.76 ms  Billed Duration: 100 ms  Memory Size: 3008 MB    Max Memory Used: 3008 MB
```

이 테스트로 작성한 서버리스 코드가 Lambda에 배포된 이후에도 정상 동작하는지 확인할 수 있다. 물론 이는 CPU, 메모리, 파일시스템 등의 다른 제약 조건까지 정확히 테스트할 수는 없다. 그래도 놓치고 있던 외부 의존성으로 인해 코드 실행이 실패하는 문제는 빠르게 확인할 수 있어 유용하다.

뿐만 아니라 이번처럼 외부 프로그램이 실행 가능한지 확인하는 용도로 사용할 때 아주 유용하다. 실행 파일은 그 자체로 실행에 필요한 모든 코드 문맥을 담도록 외부 의존 라이브러리를 정적으로 연결하기도 하지만, 동적으로 연결하도록 .so 파일을 참조하는 형태로도 빌드할 수 있다. 후자의 경우 프로그램을 기동할 때 필요한 모든 .so 파일들이 접근 가능한 경로에 위치해 있어야만 프로그램이 정상적으로 실행된다. 실행 파일 자체에 모든 의존성을 정적으로 연결할 경우 실행 파일의 크기가 매우 커지기 때문에, 과거에 리눅스에서 작성된 유틸리티 프로그램들은 가급적이면 동적 라이브러리를 사용하는 형태로 작성되었다.

jpegoptim도 동적 라이브러리를 사용한다. 먼저 해당 프로그램을 설치한다. 유명한 유틸리티이므로 대부분의 시스템 패키지 매니저를 통해 쉽게 설치할 수 있다. 예를 들어 우분투나 윈도우 WSL 우분투에서는 `apt`를, 맥OS에서는 `brew`를 사용해서 설치할 수 있다.

```
# Ubuntu
$ sudo apt install jpegoptim

# macOS
$ brew install jpegoptim
```

설치가 완료되면 `ldd` 명령을 사용하여 `jpegoptim`이 참조하는 동적 라이브러리 파일의 목록을 확인한다. 예를 들어 우분투에서는 다음과 같이 나온다.

```
$ ldd $(which jpegoptim)
    linux-vdso.so.1 (0x00007ffde69d0000)
    libjpeg.so.8 => /lib/x86_64-linux-gnu/libjpeg.so.8 (0x00007f7c9fbb9000)
    libc.so.6 => /lib/x86_64-linux-gnu/libc.so.6 (0x00007f7c9f9c7000)
    /lib64/ld-linux-x86-64.so.2 (0x00007f7c9fc64000)
```

Lambda에서 `jpegoptim`을 실행하려면 다음 두 가지 방법 중 하나를 선택해야 한다.

- `ldd`의 실행 결과로 나온 파일들을 모두 함께 Lambda에 복사한 후 사용한다.
- `jpegoptim` 자체를 소스로부터 외부 라이브러리를 정적으로 연결하도록 다시 빌드한다.

두 번째 방법을 사용하는 것이 제일 확실하지만 소스를 제대로 구할 수 없는 경우도 있고, 정적으로 빌드하는 과정이 한 번에 잘 되지 않는 경우도 많다. 따라서 여기서는 첫 번째 방법을 사용한다. 다만 이때 `ldd`의 결과로 나온 파일이 Lambda 환경에서도 호환되는 파일이어야 한다는 점을 주의해야 한다. 예를 들어 x86 머신 기반의 우분투나 윈도우의 WSL 내의 파일들은 Lambda 환경에서도 그대로 사용할 수 있지만 맥OS용으로 빌드된 파일은 형태가 다르기 때문에 사용할 수 없다. 따라서 맥OS에서 이 과정을 따라하려면 다음과 같이 Docker 기반으로 우분투 등의 리눅스를 띄워서 진행해야 문제가 없다. 이때 Docker 이미지를 오래 전에 만들어서 패키지 매니저(apt)의 내용이 만료되었을 수 있으므로 `apt install` 명령을 사용하기 전에 먼저 `apt update` 명령을 사용해 갱신하는 과정이 필요하다.

```
$ docker pull ubuntu:20.04
$ docker run -it ubuntu:20.04 /bin/bash
root@9d18694e0fee:/# apt update
...
All packages are up to date.
```

동적 라이브러리 파일을 하나씩 수집해서 참조 경로에 맞춰두는 것은 아주 번거로운 작업이다. 다행히 `jpegoptim`의 경우 의존 파일의 수가 많지 않기 때문에 해볼 수는 있겠지만 `ffmpeg`와 같이 수많은 동적 라이브러리를 사용하는 경우는 시도할 엄두가 나지 않는다(다행히 `ffmpeg`는 정적 빌드를 제공한다). 하지만 `exodus` 도구를 사용하면 이 모든 작업을 한 번에 처리할 수 있다. 파이썬 기반으로 작성된 이 라이브러리는 파이썬 패키지 관리자(pip)를 통해 설치할 수 있다.

```
# 만약 파이썬이 설치되지 않았다면 먼저 이를 설치한다.
$ sudo apt install -y python3 python3-pip

# exodus 도구를 유저 경로에 설치한다.
$ pip3 install --user exodus-bundler
$ export PATH="${PATH}:${HOME}/.local/bin"
$ exodus
usage: exodus [-h] [-c CHROOT_PATH] [-a DEPENDENCY] [-d] [--no-symlink FILE]
              [-o OUTPUT_FILE] [-q] [-r [NEW_NAME]] [--shell-launchers] [-t]
              [-v]
              EXECUTABLE [EXECUTABLE ...]
exodus: error: the following arguments are required: EXECUTABLE
```

`exodus`는 필요한 모든 의존성과 실행 파일을 `tar.gz`로 압축한 후 쉘 스크립트와 결합하여 배포하는 도구다. 이는 원하는 실행 파일을 의존 환경과 함께 SSH를 통해 쉽게 옮길 수 있도록 도와

준다. Lambda에 올리기 위해서는 쉘 스크립트 대신 tar.gz 압축 파일 형태로 결과물을 만들어야 하므로 -t 옵션을 사용한다.

```
$ exodus -t -o jpegoptim.tar.gz $(which jpegoptim)
WARNING: Installing either the musl or diel C libraries will result in more efficient launchers (currently using bash fallbacks instead).
Successfully created "jpegoptim.tar.gz".
```

gcc로 빌드한 실행 파일의 경우 libc라는 거대한 기본 의존성이 포함되므로 가급적 경량화된 musl 등의 라이브러리를 사용하는 것이 좋다는 경고가 표시된다. Lambda의 용량 한도로 인해 배포하는 코드의 크기를 최적화해야 하는 문제가 아니라면 현 시점에서는 무시해도 되는 내용이다. jpegoptim 실행에 필요한 모든 파일이 jpegooptim.tar.gz 파일로 압축되었다.

파일이 어떻게 압축되었는지 확인하기 위해 압축을 풀고 내용을 확인해보자(지면상 해시의 이름이 너무 길어서 줄인다).

```
$ tar xvf jpegoptim.tar.gz
exodus/
exodus/bin/
exodus/bin/jpegoptim
exodus/bundles/
exodus/bundles/4fa864f8[...]f916ed86/
exodus/bundles/4fa864f8[...]f916ed86/lib/
exodus/bundles/4fa864f8[...]f916ed86/lib/x86_64-linux-gnu/
exodus/bundles/4fa864f8[...]f916ed86/lib/x86_64-linux-gnu/libc.so.6
exodus/bundles/4fa864f8[...]f916ed86/lib/x86_64-linux-gnu/libjpeg.so.8
exodus/bundles/4fa864f8[...]f916ed86/lib64/
exodus/bundles/4fa864f8[...]f916ed86/lib64/ld-linux-x86-64.so.2
exodus/bundles/4fa864f8[...]f916ed86/usr/
exodus/bundles/4fa864f8[...]f916ed86/usr/bin/
exodus/bundles/4fa864f8[...]f916ed86/usr/bin/jpegoptim
exodus/bundles/4fa864f8[...]f916ed86/usr/bin/jpegoptim-x
exodus/bundles/4fa864f8[...]f916ed86/usr/bin/linker-96493303[...]bd0f0008
exodus/data/
exodus/data/09d4dc50[...]c58db541
exodus/data/80fc038b[...]2359a755
exodus/data/96493303[...]bd0f0008
exodus/data/982b9e9b[...]ceb4105d
```

exodus라는 디렉토리 밑에 bin, bundles, data 디렉토리 3개를 갖는다.

1. 실제 파일들은 모두 해시로 이름이 변경되어 data 밑에 위치한다.
2. 원래 파일들이 위치했던 상대 경로를 bundles 밑에서 동일하게 유지한다. 그리고 파일들은 data로부터 심볼릭 링크로 연결된다.
3. bin에 실행 파일이 심볼릭 링크로 연결된다.

exodus/bin/jpegoptim를 실행하면 bundles 밑에서 상대 경로를 통해 필요한 모든 동적 라이브러리를 찾은 후 정상적으로 실행할 수 있다. 이제 jpegoptim.tar.gz 파일을 Lambda에 소스 코드와 함께 올린 후, Lambda가 실행될 때 압축을 풀어서 사용하면 문제없이 jpegoptim을 실행할 수 있다.

만약 맥OS에서 위 내용을 진행했다면 jpegoptim.tar.gz 파일이 우분투 Docker 내에 위치할 것이다. `docker cp NAME-OR-CONTAINER-ID:/jpegoptim.tar.gz .` 명령을 사용해 호스트로 복사하면 된다. Docker를 실행할 때 별도의 이름을 주지 않았기 때문에 `docker ps`를 통해 이름을 확인해도 되고 혹은 container-id를 사용해도 된다.

```
$ docker ps
CONTAINER ID   IMAGE          COMMAND       CREATED         STATUS         NAMES
fd9349462f74   ubuntu:20.04   "/bin/bash"   17 minutes ago  Up 17 minutes  gallant_jang
$ docker cp fd9349462f74:/root/jpegoptim.tar.gz .
```

정말 잘 동작하는지 Lambda 실행을 위한 Docker 이미지에서 테스트해보자. Lambda 실행을 위한 Docker 내에는 tar 명령이 없기 때문에, 미리 jpegoptim.tar.gz 압축을 풀고 그 경로를 임시 디렉토리(/tmp)에 연결하고 실행한다. --entrypoint 옵션을 주어 Lambda 실행을 위한 에뮬레이터 대신 /bin/bash를 실행하여 테스트한다.

```
$ tar xf jpegoptim.tar.gz
$ docker run -it -v $PWD/exodus:/tmp --entrypoint /bin/bash public.ecr.aws/lambda/nodejs:14
bash-4.2# /tmp/bin/jpegoptim
jpegoptim: file arguments missing
Try 'jpegoptim --help' for more information.
```

잘 실행되는 것을 확인할 수 있다. 만약 jpegoptim 실행 파일만 복사했다면 실행에 필요한 동적 라이브러리를 찾지 못하므로 다음과 같은 에러가 발생한다.

```
bash-4.2# ./jpegoptim
./jpegoptim: error while loading shared libraries: libjpeg.so.8: cannot open shared
object file: No such file or directory
```

3-3 첫 번째 시스템 구현

서비스의 핵심인 `jpegoptim` 프로그램의 준비가 완료되었으므로 이제 전체 시스템의 세부 구현을 진행한다. 앞서 소개했던 세 가지 구조를 차례로 구현할 예정이며 그중 가장 복잡도가 낮은 첫 번째 시스템을 중심으로 점차 구조를 발전시킬 것이다.

기반 실행 환경을 Serverless Framework의 타입스크립트 템플릿으로부터 시작해도 되지만 불필요한 설명을 줄이기 위하여 지난 Hello API의 타입스크립트 구현체를 복사해서 구현에 사용한다.

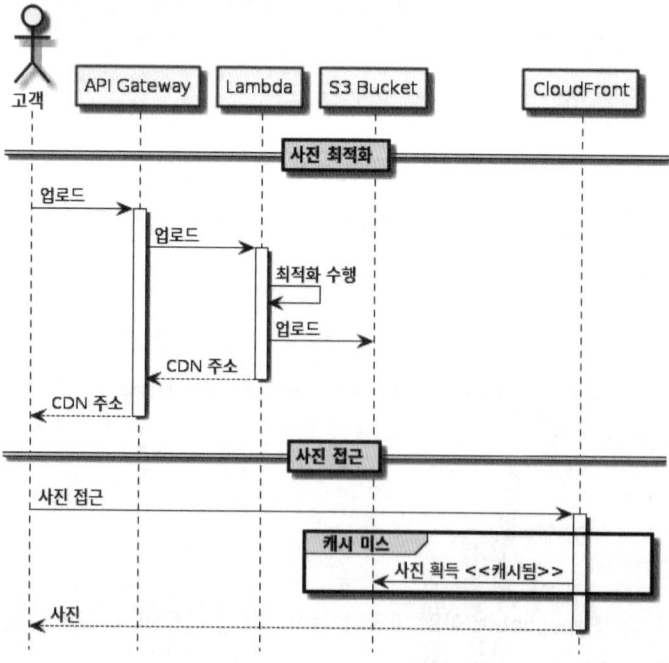

그림 3-3-1 HTTP API로 최적화를 처리하는 시스템의 흐름도

첫 번째 구조에서는 **사진 최적화 API** 하나에서 모든 일을 다 수행한다. 고객은 API Gateway에 사진을 바로 업로드하고, 그로 인해 실행되는 Lambda에서는 사진 바이너리를 Base64 인코딩 형태로 받는다. 이를 임시 디렉토리(/tmp)에 저장한 후 `jpegoptim`으로 최적화하고 S3에 업로드한다. 그리고 CDN 주소를 반환한다.

이를 수행하는 함수(optimizeAndUpload)에 URL을 연결하여 `serverless.ts`를 정리하면 다음과 같다. `service`의 이름을 `photo-optimizer-api`로 변경하였고, `functions`에서 기존 `hello` 함수 대신 `optimizeAndUpload` 함수로 변경했다. 그리고 파일 업로드를 위해 HTTP 메소드를 `put`으로 변경했다.

```
const config: AWS = {
  service: "photo-optimizer-api",
  frameworkVersion: "3",
  provider: {
    name: "aws",
    runtime: "nodejs14.x",
    region: "ap-northeast-2",
  },
  functions: {
    optimizeAndUpload: {
      handler: "handler.optimizeAndUpload",
      events: [
        {
          httpApi: {
            path: "/optimizeAndUpload",
            method: "put",
          },
        },
      ],
    },
  },
  plugins: ["serverless-webpack"],
};
```

API Gateway를 통해 바이너리 데이터가 업로드되면 Lambda는 `event.body`로 Base64 인코딩된 문자열이 들어온다. 그리고 `event.isBase64Encoded` 값이 `true`로 설정된다. `handler.ts` 파일에 다음과 같이 함수를 변경한 후 `curl -T` 옵션으로 파일을 업로드하면 이 내용을 확인할 수 있다.

```
export const optimizeAndUpload: APIGatewayProxyHandlerV2 = async (event) => {
  console.info(event.body); // Base64 인코딩된 문자열이 출력됨.
  console.info(event.isBase64Encoded); // true로 설정됨.
  return {};
};
```

Node.js에서는 `Buffer.from(문자열, 인코딩)` 함수를 사용해 쉽게 Base64를 디코딩할 수 있다. 그리고 `fs` 패키지의 `writeFileSync` 함수로 지정된 위치에 파일을 저장할 수 있다. 따라서 `event.body`를 디코딩하여 `/tmp/input.jpg`로 파일을 저장하려면 다음과 같이 코드를 작성한다.

```
fs.writeFileSync("/tmp/input.jpg", Buffer.from(event.body, "base64"));
```

파일 이름을 일괄 `input.jpg`로 할 수도 있지만, 최적화를 수행한 후 S3에 업로드하여 CDN 주소로 사용할 이름도 필요하므로 적당한 이름을 생성한다. 간편하게 업로드한 사진의 바이너리로부터 MD5 해시를 계산한 값을 이름으로 사용한다. 이렇게 전송한 데이터를 기반으로 이름을 생성할 경우 동일한 사진을 업로드할 때 이미 최적화가 완료된 파일이 있는지 검사할 수 있으므로 불필요한 자원 소모를 막을 수 있다.

```
import * as crypto from "crypto";
import * as fs from "fs";
import { APIGatewayProxyHandlerV2 } from "aws-lambda";

export const optimizeAndUpload: APIGatewayProxyHandlerV2 = async (event) => {
  // 잘못 요청이 들어온 경우는 제외한다.
  if (!event.body || !event.isBase64Encoded) {
    return { statusCode: 400 };
  }
  // 업로드한 바이너리를 디코딩한다.
  const buffer = Buffer.from(event.body, "base64");
  // 업로드한 바이너리로부터 MD5 해시를 계산하여 파일 이름으로 사용한다.
  const hash = crypto.createHash("md5").update(buffer).digest("hex");
  const filePath = `/tmp/${hash}.jpg`;
  fs.writeFileSync(filePath, buffer);
  try {
    // 최적화 수행 및 S3 업로드.
    return { cdnURL: "CDN-URL" };
  } finally {
    // 처리가 끝난 후에 파일을 제거한다.
```

```
      fs.unlinkSync(filePath);
  }
};
```

Lambda는 각 실행마다 다른 인스턴스를 가지지만 사용이 끝난 인스턴스가 남아있다면 재사용할 수도 있다. 이 경우 /tmp 디렉토리에 이전에 작업했던 내용이 남아있을 수 있다. /tmp 디렉토리는 기본 512MB에서 최대 10GB의 용량 제한을 가지고 있기 때문에 작업이 완료된 파일을 제거해주지 않으면 모든 용량이 소진되어 더 이상 새로운 파일을 생성하지 못한다. 즉, Lambda 인스턴스가 계속 재사용되는 상황에서 /tmp 디렉토리에 용량이 부족하면 문제가 발생할 수 있다. 따라서 Lambda에서 생성한 임시 파일들은 함수가 종료되기 전에 모두 제거해주어야 한다.

최적화를 수행하는 jpegoptim.tar.gz 파일로부터 jpegoptim 실행 파일을 /tmp 디렉토리 하위에 준비하는 코드를 작성한다. 이는 tar 라이브러리의 도움을 받아 쉽게 처리할 수 있다. 이 의존성은 타입 선언이 @types/tar 패키지에 별도로 존재하기 때문에 다음과 같이 각각 설치한다.

```
npm install --save tar
npm install --save-dev @types/tar
```

tar 라이브러리는 tar 혹은 tar.gz 파일을 스트림으로 받아 지정된 위치에 압축을 해제하는 기능을 제공한다. 이때 strip 옵션을 사용하면 압축 파일 내의 경로를 몇 단계까지 제외할 것인지 결정할 수 있다. 여기서는 1을 주어 exodus/bin/jpegoptim의 최상위 exodus를 제거하고 bin/jpegoptim으로 압축을 해제한다.

```
import * as tar from "tar";

const jpegoptimPath = "/tmp/bin/jpegoptim";
const jpegoptimPackFile = "jpegoptim.tar.gz";
async function unpackJpegoptim(): Promise<void> {
  return new Promise<void>((resolve, reject) => {
    // 이미 압축이 해제되어 실행 파일이 존재한다면 그걸 사용한다.
    if (fs.existsSync(jpegoptimPath)) {
      return resolve();
    }
    // 압축 파일로부터 Node.js 스트림을 열어 압축을 해제한다.
    fs.createReadStream(jpegoptimPackFile)
      .pipe(
        tar.x({ strip: 1, C: "/tmp" }).on("error", reject).on("close", resolve)
```

```
      )
      .on("error", reject);
  });
}
```

Lambda 인스턴스의 경우 재사용이 가능하기 때문에 이전 실행에서 이미 /tmp에 jpegoptim의 압축이 해제된 상태로 다음 요청이 처리될 수 있다. 이 경우 다시 압축을 해제하는 것은 불필요한 자원 낭비이므로 해당 파일이 존재하는지 검사하여 만약 있다면 다시 압축을 풀지 않도록 처리한다.

압축을 푸는 과정에서도 예기치 않은 오류가 발생할 수 있다. 압축 파일이 정상적으로 만들어졌고 /tmp 용량이 충분하다면 압축 해제에 실패할 일은 없겠지만, exodus를 잘못 사용했거나 임시 파일을 잘못 관리하여 /tmp에 남는 용량이 부족할 경우에는 실패할 수도 있다. 이 경우 Promise의 reject를 호출하여 예외가 발생하도록 한다.

jpegoptim.tar.gz 파일을 함수 결과물에 포함하려면 sls package 명령을 통해 생성되는 .serverless/photo-optimizer-api.zip 파일에 간섭해야 한다. sls package 명령을 수행하면 serverless-webpack 플러그인이 동작하여 소스 코드를 빌드하고, 그 과정이 완료되면 Serverless Framework가 결과물을 zip으로 압축하는 과정을 수행한다. 따라서 웹팩 빌드가 완료된 이후 그리고 zip으로 압축하기 이전에 jpegoptim.tar.gz 파일이 결과물에 포함되도록 설정을 추가해야 한다.

웹팩에서는 CopyWebpackPlugin을 통해 지정된 파일을 웹팩의 결과물과 함께 포함시킬 수 있다. 다만 나중에 서버리스 스택이 여러 함수를 포함하게 되고, 성능을 위해 각각을 따로 패키징하도록 설정(package.individually: true)하면 웹팩 설정만으로는 개별 함수의 결과물에 간섭하기 쉽지 않다. 따라서 이 방법보다는 Serverless Framework가 zip을 만드는 단계를 간섭하는 편이 낫다.

이를 위해 serverless-plugin-scripts 플러그인을 사용한다. 이는 Serverless Framework의 각 실행 단계(lifecycle)에 간섭하여 지정된 명령을 수행하도록 도와주는 플러그인이다. serverless-webpack을 설치할 때와 동일하게 sls plugin install 명령으로 설치한다.

```
sls plugin install --name serverless-plugin-scripts
```

어떤 단계에서 파일을 복사할지를 결정하려면 serverless-webpack의 실행 단계를 알아야 한다. 공식 문서를 참고했을 때 가능한 지점은 webpack:package:packExternalModules와 webpack:package:packageModules 두 곳인데 가급적 가장 마지막 단계에서 수행할 수 있도록 webpack:package:packageModules 시점에서 파일을 복사한다. 이는 serverless.ts 파일의 config 변수에서 custom.scripts.hooks로 지정할 수 있다. 여기에 들어가는 명령은 child_process.execSync 함수로 실행하므로 간단한 쉘 명령은 바로 사용할 수 있다. 하지만 복잡한 명령을 사용해야 한다면 쉘 스크립트를 따로 작성한 후 호출하는 편이 낫다.

```
custom: {
  scripts: {
    hooks: {
      "webpack:package:packageModules":
        "cp jpegoptim.tar.gz .webpack/service",
    },
  },
},
```

각 함수를 개별로 패키징하지 않기 때문에 웹팩은 모든 코드를 빌드하여 .webpack/service 디렉토리에 넣어둔다. 따라서 jpegoptim.tar.gz 파일을 그 디렉토리에 복사해두면 photo-optimizer-api.zip 파일에 포함할 수 있다. 이는 sls package 명령을 통해 생성된 zip의 용량을 통해 확인할 수 있다.

```
$ sls package
$ ls -l
total 3784
-rw-rw-r--  1 lacti lacti    1365  5월  8 13:34 handler.ts
-rw-r--r--  1 lacti lacti 1197476  5월  8 13:02 jpegoptim.tar.gz
...
$ ls -l .serverless/
total 2828
-rw-rw-r-- 1 lacti lacti 1297139  5월  8 13:45 photo-optimizer-api.zip
...
$ unzip -t .serverless/photo-optimizer-api.zip
Archive:  .serverless/photo-optimizer-api.zip
    testing: handler.js              OK
    testing: handler.js.map          OK
    testing: jpegoptim.tar.gz        OK
No errors detected in compressed data of .serverless/photo-optimizer-api.zip.
```

가끔 Serverless Framework의 버그로 인해 `serverless-plugin-scripts` 플러그인이 제대로 연결되지 않아 모든 설정을 올바르게 했음에도 파일이 포함되지 않는 경우가 있다. 이 경우에는 `serverless.ts` 파일의 `plugins` 내에 `serverless-plugin-scripts`가 누락되지 않았는지 확인해야 한다.

```
const config: AWS = {
  // ... 생략
  plugins: ["serverless-plugin-scripts", "serverless-webpack"],
```

Lambda에 배포하는 코드에 `jpegoptim.tar.gz` 파일이 포함되었으므로 Lambda를 실행할 때 이 파일로부터 `bin/jpegoptim` 실행 파일을 해제한 후 사진 최적화를 수행할 수 있다. Lambda에 배포하는 코드에 필요한 외부 파일을 함께 포함하는 것이 다소 번거로울 수는 있으나, Lambda가 실행될 때 다른 인터넷 위치로부터 직접 받아오는 것보다 훨씬 빠르게 필요한 파일을 준비할 수 있다. 또한 첫 기동 지연 시간 측면에서도 훨씬 효율적이다. 배포한 코드는 용량 한도가 250MB인 `/var/task`에 위치하므로 이 크기를 최대한 활용하는 것이 좋다. 이 안의 파일들은 Lambda 초기화와 함께 준비되는 파일이므로 Amazon EFS(Elastic File System) 연결, 외부 인터넷으로 다운, 나아가 Lambda 컨테이너 이미지를 활용하는 방법보다 더 빠르게 필요한 내용을 Lambda 실행 시에 준비해둘 수 있다.

`jpegoptim`이 준비되었으니 `child_process.execSync`로 사진 최적화를 실행할 수 있다. `-o` 옵션으로 입력 파일을 덮어쓸 수 있도록 설정하고, `-s` 옵션으로 사진의 메타 정보를 제거하여 용량을 조금이라도 줄인다. 그리고 `-m80` 옵션으로 화질 수준을 80으로 지정한다.

```
import * as childProcess from "child_process";

// optimizeAndUpload 함수의 최적화 코드 구현
childProcess.execSync(`${jpegoptimPath} -o -s -m80 ${filePath}`);
```

결과물은 `filePath` 위치에 담겨 있으므로 이를 S3에 업로드하면 끝이다. 이를 위해서는 다음 과정을 진행해야 한다.

1. 업로드를 위한 S3 Bucket을 할당한다.
2. Lambda에서 S3 Bucket에 객체를 업로드할 수 있도록 권한을 부여한다.
3. CloudFront와 S3 Bucket을 연결하여 CDN 서비스가 가능하도록 한다.

3-3-1 S3와 CloudFront 인프라 준비

S3와 CloudFront 자원 할당을 위해 AWS 관리 콘솔을 사용할 수도 있다. 하지만 이 방법은 동일한 기능의 시스템을 여러 개 만들거나 다른 사람이 동일한 서버리스 스택을 구축할 때 매우 번거로운 작업을 반복하게 한다. 따라서 `awscli`를 사용해 명령줄로 필요한 자원을 할당하도록 설계하고 쉘 스크립트를 통해 자동화하는 것이 좋다. 하지만 이 방법보다는 Serverless Framework 선언 파일의 자원 선언부(Resources)에 필요한 자원들을 CloudFormation 형식으로 선언하여 서버리스 스택이 배포될 때 필요한 자원이 같이 할당되는 방법을 권장한다. 이렇게 필요한 모든 인프라 자원을 코드로 함께 관리하면 시스템을 변경하거나 재구축할 때 놓치는 부분 없이 관리하는 데 큰 도움이 되기 때문이다.

Serverless Framework 선언 파일에 CloudFormation 형식으로 자원을 선언하면 서버리스 스택이 생성될 때 필요한 자원이 같이 할당되고 이후 배포에서도 변경한 자원 선언 내용이 서버리스 스택과 함께 반영된다는 장점을 가진다. 하지만 서버리스 스택을 제거할 때 자원도 같이 삭제될 수 있다는 점을 주의해야 한다. 예를 들어 자원 선언부에 S3와 CloudFront 자원을 선언하고 부주의 등으로 인해 서버리스 스택을 삭제하면, S3와 CloudFront 자원도 같이 삭제하면서 S3 Bucket 안에 위치한 객체가 모두 삭제될 수 있다. 보통 이런 경우는 CloudFormation에서 해당 Bucket이 비어 있지 않기 때문에 서버리스 스택 삭제가 실패하도록 처리하지만 이미 Serverless Framework가 관리하는 메타 정보는 삭제되었기 때문에 CloudFormation은 남아 있음에도 `sls info` 명령으로 스택을 확인할 수 없는 문제도 발생한다. 게다가 S3의 Bucket 이름은 고유하고 한 번 삭제한 후에는 보안을 위해 몇 시간 동안은 동일한 이름을 사용할 수 없다. 이 때문에 S3 Bucket이 삭제되거나 삭제되다가 중간에 남아 있는 경우, 다시 `sls deploy` 명령을 통해 서버리스 스택을 배포한다면 S3 Bucket의 이름 충돌로 배포가 실패한다.

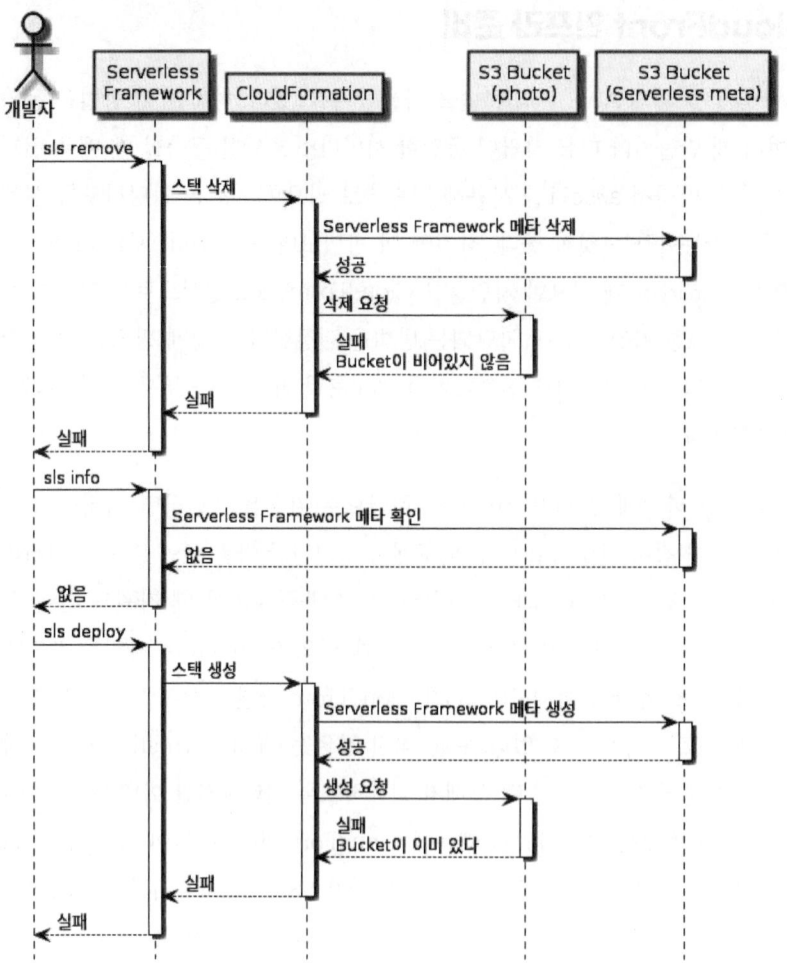

그림 3-3-2 Serverless Framework 배포 실패 사례

이와 같은 문제가 발생한다면 CloudFormation 관리 콘솔 혹은 `awscli`의 CloudFormation 명령을 사용하여 직접 스택의 상태를 확인하고 S3 Bucket 내의 객체를 모두 삭제한 후 S3 Bucket과 함께 스택을 제거할지, 아니면 S3 Bucket을 유지한 채(retain) 스택만 삭제할지 결정해야 한다.

서비스를 종료할 때 관련 모든 자원들을 함께 해제하는 것이 올바르다. 하지만 데이터베이스나 객체 저장소와 같이 상태를 관리하는 자원의 경우 서비스 약관에 따라 그 즉시 삭제하지 않는 것을 원칙으로 해야 할 수도 있다. 또한 API Gateway나 Lambda와 같이 다시 생성해도 문제가 없는 자원들과 달리, CloudFront처럼 다시 생성하는 데 오랜 시간이 걸리는 자원이나 S3 Bucket이나 데이터베이스처럼 서비스 데이터를 포함하고 있어 삭제 후에 복구가 어려운 자원을 경우 잘못된 운영으로 삭제한다면 심각한 문제가 발생할 수 있다. 이 문제를 피하기 위해, 이런 자원은 별도의 CloudFormation으로 관리하기도 한다. 물론 상황에 따라서는 S3 Bucket이나 데이터베이스를 여러 서비스에서 공유해 사용할 수도 있으므로 별도의 스택으로 관리하기도 한다.

이번 예제에서는 필요한 S3 Bucket과 CloudFront 자원을 `awscli`를 사용해 할당하는 방법과 `serverless.ts` 내에 CloudFormation으로 포함하는 방법을 모두 알아보자.

3-3-2 awscli 도구로 인프라 설정

S3 서비스는 Bucket 단위로 파일 등의 객체를 보관하는 키-값 고가용성 저장소다. 간단하게 클라우드 파일 시스템으로 생각할 수 있으며, 문자를 포함하는 경로로 키를 구성하여 폴더 구조를 표현한다. 여기에 보관하는 파일들은 AWS의 다른 자원에서 접근하거나 처리할 수 있고, S3가 제공하는 정적 웹 호스팅 기능을 사용하여 Bucket 내에 보관하는 파일을 별도의 웹 서버를 구축하지 않고도 HTTP로 제공할 수 있다.

S3에 파일을 올리려면 먼저 Bucket을 생성해야 한다. S3는 서비스 지역이 글로벌로 분류되어 있지만 Bucket을 처음 생성할 때는 어디 지역에 배치할 것인지 지정해야 한다. S3 Bucket 이름은 글로벌 수준에서 유일해야 하므로 이름이 겹치지 않도록 잘 지어야 하며, Bucket 이름은 한 번 삭제한 이후에는 6시간이 지나야 다시 사용 가능하므로 주의가 필요하다. 예를 들어 서울 지역에 Bucket을 생성하려다가 잘못해서 기본 위치인 버니지아 북부에 생성하고, 이를 인지하여 삭제 후 다시 생성할 때 6시간 이상 기다려야 하는 것이다. Bucket을 서비스하려는 지역에 배치하지 않을 경우 서비스 과정에서 불필요한 네트워크 지연 시간을 겪게 되므로 생성 시에 주의가 필요하다.

S3 Bucket은 `aws s3 mb` 명령이나 `aws s3api create-bucket` 명령으로 생성할 수 있다. `aws s3` 명령이 S3 Bucket을 파일 시스템처럼 제어하는 간단한 명령을 담고 있는 그룹이라면, `aws s3api` 명령은 S3 자원을 다루는 API 명령을 담고 있는 그룹이다. `s3api`를 사용할 경우 `--create-bucket-configuration`의 `LocationConstraints` 옵션을 통해 지정해 Bucket을 배치할 지역을 선택할 수 있다. `lacti-photo-optimizer-test1` Bucket을 서울 지역(ap-northeast-2)에 생성해보자.

```
$ aws s3api create-bucket \
  --bucket lacti-photo-optimizer-test1 \
  --create-bucket-configuration LocationConstraint=ap-northeast-2
{
```

```
    "Location": "http://lacti-photo-optimizer-test1.s3.amazonaws.com/"
}
```

생성이 완료되면 S3 Bucket에 접근하는 HTTP 엔드포인트를 반환한다. AWS 접근 키를 사용하여 접근할 수 있는 위치이며, 보는 고객이 HTTP 접근이 가능하도록 정적 웹 호스팅 기능을 활성화하려면 별도의 명령을 수행해야 한다. 이렇게 HTTP URL 형태로 S3 Bucket의 접근 경로가 구성되기 때문에 Bucket 이름은 글로벌 수준에서 유일해야 한다.

정적 웹 호스팅을 구성하기 위해서는 먼저 해당 Bucket 내의 모든 객체에 외부 접근 권한을 설정해야 한다. 특정 접두사(prefix)를 넣어 접근 가능한 경로를 제한할 수도 있다. 예를 들어 `lacti-photo-optimizer-test1` 하위의 모든 객체에 외부에서 읽기 접근이 가능한 정책을 설정하려면 다음과 같이 명령을 실행한다.

```
cat << EOF > "s3-bucket-policy.json"
{
  "Version": "2012-10-17",
  "Statement": [
    {
        "Effect": "Allow",
        "Principal": "*",
        "Action": "s3:GetObject",
        "Resource": "arn:aws:s3:::lacti-photo-optimizer-test1/*"
    }
  ]
}
EOF

aws s3api put-bucket-policy \
  --bucket lacti-photo-optimizer-test1 \
  --policy file://s3-bucket-policy.json
```

먼저 `lacti-photo-optimizer-test1` Bucket의 모든 파일의 `GetObject` 접근을 허용하는 정책을 명시하는 JSON 파일을 생성한다. 그리고 `aws s3api put-bucket-policy` 명령을 사용하여 해당 파일을 Bucket의 정책으로 사용하도록 갱신한다. 이제 모든 준비가 완료되었으므로 `aws s3api put-bucket-website` 명령을 사용하여 정적 웹 호스팅을 사용한다. 이때 `--website-configuration`으로 Bucket 내 특정 폴더(접두사)로 접근했을 때를 위한 `index.html` 이름 규칙과 접근하려는 파일이 없을 때 반환하기 위한 `error.html` 페이지의 이름을 설정할 수 있다.

index.html의 경우 각 폴더에 위치할 수 있는 경우를 암시하기 때문에 단 하나의 페이지로 존재하는 error.html과는 다르게 folder1/index.html, folder2/index.html과 같이 index.html 이름을 Suffix로 취급한다.

```
cat << EOF > "s3-bucket-website.json"
{
  "IndexDocument": {
    "Suffix": "index.html"
  },
  "ErrorDocument": {
    "Key": "error.html"
  }
}
EOF

aws s3api put-bucket-website \
  --bucket lacti-photo-optimizer-test1 \
  --website-configuration file://s3-bucket-website.json
```

정책을 설정할 때와 동일하게 실행이 잘 되면 아무런 메시지가 없다. 이 명령은 정적 웹 호스팅 주소를 알려주지는 않는데, 공식 문서를 참고해 서비스 지역에 맞는 주소로 접근하면 된다. 서울 지역은 규칙에 따라 http://BUCKET_NAME.s3-website.ap-northeast-2.amazonaws.com이다.

테스트를 위해 예제 index.html 파일을 만들어서 접근해보자. Bucket에 파일을 복사할 때는 aws s3 cp 명령을 사용하면 된다.

```
$ echo "Hello, S3 website" > index.html
$ aws s3 cp index.html s3://lacti-photo-optimizer-test1
upload: ./index.html to s3://lacti-photo-optimizer-test1/index.html

$ curl http://lacti-photo-optimizer-test1.s3-website.ap-northeast-2.amazonaws.com
Hello, S3 website
```

파일을 Bucket에 복사한 후 HTTP를 통해 잘 접근되는 것을 확인할 수 있다. 별도의 웹 서버를 구성하지 않고 S3 Bucket의 기능만으로 HTTP 서버를 간편하게 구축할 수 있는 점은 훌륭하지만 S3 Bucket의 정적 웹 호스팅 기능은 HTTP만 지원하고 HTTPS는 지원하지 않는다. 최근에는 기본적인 보안 수준으로 HTTPS를 요구하고 있는 상황이므로 HTTP만을 지원하는 정적 웹 호스팅 기능으로는 서비스를 구축하기 어렵다. S3 Bucket의 파일을 HTTPS로 제공해주는

CloudFront를 사용하면 S3의 정적 웹 호스팅 기능보다 빠르고 더 저렴하게 정적 웹 호스팅을 제공할 수 있다. Bucket 내의 모든 객체를 외부에서 접근 가능하게 설정한 후 정적 웹 호스팅을 유지하는 기존 방법과는 다르게 S3는 오로지 CloudFront에서 생성한 자격 요건을 사용하여 접근할 수 있도록 구성하고, 파일 제공에 대한 옵션은 CloudFront에서 설정하는 방법으로 진행한다. 더 이상 필요하지 않은 기존 S3 Bucket은 `aws s3 rb`를 사용해 삭제할 수 있다. 단, Bucket 내에 앞서 실습한 `index.html` 객체가 존재하기 때문에 삭제할 수가 없다. 따라서 `--force` 옵션을 주어 강제로 삭제한다.

```
$ aws s3 rb --force s3://lacti-photo-optimizer-test1
delete: s3://lacti-photo-optimizer-test1/index.html
remove_bucket: lacti-photo-optimizer-test1
```

CloudFront로 파일을 제공할 Bucket을 생성한다. 이번에는 `aws s3 mb` 명령을 사용하여 Bucket을 생성한다. 이때는 지역을 `--region` 옵션으로 지정할 수 있다. 예시로 Bucket 이름은 `lacti-photo-optimizer-test2`로 지정한다.

```
$ aws --region ap-northeast-2 s3 mb s3://lacti-photo-optimizer-test2
make_bucket: lacti-photo-optimizer-test2
```

원본 데이터를 가지고 있는 오리진이 HTTP나 HTTPS를 지원할 때도 CloudFront를 통해 CDN 서비스를 구성할 수 있다. 이 때문에 S3 Bucket에서 정적 웹 호스팅이 가능하도록 구성한 후 CloudFront의 오리진으로 설정하여 CDN을 구성하는 경우도 있다. 하지만 이 경우는 다음 두 가지 문제가 발생한다.

1. CloudFront의 접근을 통하지 않고도 S3 Bucket이 제공하는 정적 웹 호스팅 주소에 접근하여 Bucket 내의 객체에 접근할 수 있다.
2. 이는 CloudFront에서 제공하는 보안 수준이나 Lambda@Edge와 같은 부가적인 기능을 우회할 수 있을 뿐만 아니라 더 높은 비용이 발생하게 된다.

이런 문제를 해결할 수 있도록 AWS는 S3 Bucket의 정적 웹 호스팅 기능을 사용하지 않고도 CloudFront의 오리진으로 지정할 수 있는 방법을 제공한다.

- CloudFront에서 원본 액세스 ID(OAI)를 생성한다.
- S3 Bucket에서 포함하고 있는 객체들에 OAI를 사용해 접근할 수 있도록 권한을 구성한다.

- CloudFront의 배포 Distribution에서 OAI를 사용하여 S3 Bucket으로 구성된 오리진에 접근한다.

CloudFront는 필요에 따라 적당한 OAI를 생성하고 이를 여러 배포와 S3 Bucket 권한 정책에서 사용할 수 있다. 예를 들어 사진 최적화 서비스를 위한 OAI는 하나만 만들어두고 여러 개로 구성된 CloudFront 배포에서 모두 그 OAI를 사용할 수 있다. 그리고 각각의 배포에 연결된 S3 Bucket에서도 그 하나의 OAI에 대해서만 접근 권한 정책을 설정하면 된다. OAI는 AWS 계정 내에서 최대 100개까지 생성 가능하므로 각 배포마다 새로 생성해서 사용하는 것보다는 서비스 도메인 수준에 맞게 생성한 후 적당히 공유하여 사용하는 것이 좋다.

OAI는 `aws cloudfront create-cloud-front-origin-access-identity` 명령을 사용하여 생성할 수 있다. `CallerReference`는 OAI의 유일성을 보장해주는 키 값이다. OAI의 설명을 위한 `Comment`와 함께 `--cloud-front-origin-access-identity-config` 옵션으로 지정하여 다음과 같이 생성할 수 있다. 생성 결과 반환된 `S3CanonicalUserId` 값을 S3 Bucket 정책을 구성할 때와 CloudFront 배포를 생성할 때 사용한다.

```
$ aws cloudfront create-cloud-front-origin-access-identity \
    --cloud-front-origin-access-identity-config \
        CallerReference="PhotoOptimizer",Comment="사진 최적화 서비스용 OAI"
{
    "Location": "https://cloudfront.amazonaws.com/2020-05-31/origin-access-identity/cloudfront/EXXXXXXXXXXXXX",
    "ETag": "ETTTTTTTTTTTTT",
    "CloudFrontOriginAccessIdentity": {
        "Id": "EXXXXXXXXXXXXX",
        "S3CanonicalUserId": "S3_CANONICAL_USER_ID",
        "CloudFrontOriginAccessIdentityConfig": {
            "CallerReference": "PhotoOptimizer",
            "Comment": "사진 최적화 서비스용 OAI"
        }
    }
}
```

S3 Bucket 정책은 정적 웹 호스팅을 구성할 때와 비슷하다. 다만 `Principal` 항목이 *에서 `S3_CANONICAL_USER_ID`로 한정됐다. 즉, `CanonicalUser`가 특정 유저로 지정되었을 때만 객체에 대한 접근(GetObject)을 허용해주도록 정책을 구성했다.

이제 CloudFront 배포를 생성한다. `aws cloudfront create-distribution` 명령으로 생성할 수 있다. 배포를 생성할 때 필요한 옵션은 아주 많은데, 그중 반드시 입력해야 하는 옵션이 생각보다 많다. 다른 명령과 동일하게 `--generate-cli-skeleton`으로 생성 요청으로 사용할 예제 JSON 파일을 만든 후 수정해서 사용할 수도 있다. 이번 예제에서는 반드시 입력해야 하는 값을 중심으로 설명한다. 각 항목의 설명은 `help` 명령을 통해 상세히 확인할 수 있다.

```
{
  "CallerReference": "photo-optimizer-test2",
  "Comment": "사진 최적화",
  "Enabled": true,
  "DefaultRootObject": "index.html",
  "Origins": {
    "Quantity": 1,
    "Items": [
      {
        "Id": "photo-optimizer-test2",
        "DomainName": "lacti-photo-optimizer-test2.s3.ap-northeast-2.amazonaws.com",
        "S3OriginConfig": {
          "OriginAccessIdentity": "origin-access-identity/cloudfront/EXXXXXXXXXXXXX"
        }
      }
    ]
  },
  "DefaultCacheBehavior": {
    "TargetOriginId": "photo-optimizer-test2",
    "ViewerProtocolPolicy": "redirect-to-https",
    "MinTTL": 0,
    "ForwardedValues": {
      "QueryString": false,
      "Cookies": {
        "Forward": "none"
      }
    }
  }
}
```

1. `CallerReference`는 중복 요청을 방지하는 요청 키다. 배포의 ID로 생각하고 지정하면 된다.
2. `Comment`는 배포를 설명하는 주석이다.
3. `Enabled`는 배포의 사용 여부다. 배포로의 접근은 막지만 미리 생성해두고 싶다면 이 값을 `false`로 지정한다.

4. `DefaultRootObject`는 / 주소로 접근했을 때 가져올 객체의 키다. 보통의 관례에 따라 `index.html`로 설정한다.

5. `Origins`는 배포에서 사용할 오리진이다. `Quantity`에 오리진의 총 수를 입력하고 `Items`에 세부 정보를 입력한다.

    - `Id`는 추후 캐시 정책 등을 작성할 때 참고할 ID다. `Items` 내에서 유일성이 보장되도록 작성한다.
    - `DomainName`은 S3 Bucket을 지정할 경우 `BUCKET_NAME.s3.AWS_REGION.amazonaws.com`을 사용한다. S3 Bucket 외에 다양한 형태의 오리진을 사용할 때 각각에 맞는 규칙을 사용해야 한다.
    - `S3OriginConfig`에는 `OriginAccessIdentity`를 입력한다. 이는 규칙에 따라 `origin-access-identity/cloudfront/OAI_ID` 형태로 입력한다. `OAI_ID`는 OAI를 생성할 때 반환된 응답에서 찾을 수 있다.

6. `DefaultCacheBehavior`는 배포에서 사용할 기본 캐시 정책을 정의한다.

    - `TargetOriginId`로 이 캐시 정책을 적용할 오리진의 ID를 지정한다.
    - `ViewerProtocolPolicy`는 클라이언트의 HTTP, HTTPS 접근 중 어디까지 허용할지 정책을 결정한다. `allow-all`을 지정하면 두 프로토콜을 모두 허용하고, `redirect-to-https`를 사용하면 HTTP로 접근 시 301 Moved Permanently 응답과 함께 HTTPS로 접속하게 한다. `https-only`를 사용할 경우에는 HTTP 요청에 대해 403 Forbidden을 응답한다.
    - `ForwardedValues`로 QueryString과 Cookies를 지정할 경우 그 값까지 캐시 키로 포함할 수 있다. 예를 들어 QueryString을 true로 설정할 경우 photo.jpg?version=v1과 photo.jpg?version=v2는 다른 캐시를 갖게 된다. QueryString이나 Cookies까지 캐시 키로 관리하게 될 경우 의도치 않은 요청에 의해 캐시 적중률을 떨어뜨릴 수 있으므로 굳이 필요하지 않다면 이 옵션을 모두 꺼두는 것이 좋다.

CloudFront는 여러 오리진을 사용할 수 있는데 위의 생성 템플릿은 하나의 오리진을 선택하여 기본 캐시 정책을 지정하도록 하고 있다. 각각의 오리진에 대해서 별도의 캐시 정책을 따로 구성할 수 있고, 오리진의 캐시 응답을 CloudFront 배포에서 사용하도록 구성할 수 있기 때문에 `DefaultCacheBehavior` 하위의 `ForwardedValues` 대신 가급적이면 별도의 캐시 정책을 구성하도록 권장하고 있다. 하지만 아직까지 해당 값이 필수 항목에서 제외되지는 않았기 때문에 입력이 필요하다.

CloudFront 배포는 전세계에 흩어져 있는 AWS 엣지 로케이션으로 변경점을 전파해야 하므로 모든 작업이 완료되기까지 몇 분 정도 시간이 필요하다. 따라서 위 설정 파일을 `cloudfront-distribution.json`으로 저장하고 `aws cloudfront create-distribution` 명령을 통해 배포를 생성하면 요청한 설정과 함께 생성 중인 배포의 정보를 보여준다. 그리고 이때의 `Distribution.Status`는 `InProgress`다. 이미 접근 가능한 URL이 `Distribution.DomainName`으로 나와 있지만 아직 구성이 완료되지 않았으므로 접근할 수 없다.

```
$ aws cloudfront create-distribution --distribution-config file://cloudfront-distribution.json
{
    "Location": "https://cloudfront.amazonaws.com/2020-05-31/distribution/EXXXXXXXXXXXXX",
    "ETag": "ETTTTTTTTTTTT",
    "Distribution": {
        "Id": "EXXXXXXXXXXXXX",
        "ARN": "arn:aws:cloudfront::ACCOUNT_ID:distribution/EXXXXXXXXXXXXX",
        "Status": "InProgress",
        "LastModifiedTime": "2021-05-15T18:54:04.377000+00:00",
        "InProgressInvalidationBatches": 0,
        "DomainName": "d1pbc630zc80rt.cloudfront.net",
        "ActiveTrustedSigners": {
            "Enabled": false,
            "Quantity": 0
        },
        "ActiveTrustedKeyGroups": {
            "Enabled": false,
            "Quantity": 0
        },
        "DistributionConfig": {
...생략
```

반환값으로 전달된 `Distribution.Id` 값을 사용하여 `aws cloudfront get-distribution` 명령으로 상태를 조회할 수 있다. `Distribution.Status`가 `Deployed`가 되면 구성이 완료된 것이다. 이때, `Distribution.DomainName`이 접근할 URL이다.

```
$ aws cloudfront get-distribution --id EXXXXXXXXXXXXX
{
    "Location": "https://cloudfront.amazonaws.com/2020-05-31/distribution/EXXXXXXXXXXXXX",
```

```
    "ETag": "ETTTTTTTTTTTT",
    "Distribution": {
        "Id": "EXXXXXXXXXXXXX",
        "ARN": "arn:aws:cloudfront::ACCOUNT_ID:distribution/EXXXXXXXXXXXXX",
        "Status": "Deployed",
        "LastModifiedTime": "2021-05-15T18:54:04.377000+00:00",
        "InProgressInvalidationBatches": 0,
        "DomainName": "d1pbc630zc80rt.cloudfront.net",
...생략
```

CloudFront 배포가 정상 동작하는지 확인하기 위해 테스트해보자. 간단한 내용을 가진 `index.html` 파일을 만들어 `lacti-photo-optimizer-test2` Bucket에 업로드한다. 그리고 배포 생성 시 반환된 접근 URL을 통해 해당 내용이 잘 응답하는지 확인한다.

```
$ echo "Hello, S3 website and CloudFront" > index.html
$ aws s3 cp index.html s3://lacti-photo-optimizer-test2/
upload: ./index.html to s3://lacti-photo-optimizer-test2/index.html

$ curl https://d1pbc630zc80rt.cloudfront.net
Hello, S3 website and CloudFront
```

CloudFront 배포는 내부에서 캐시를 사용해 동일한 주소에 대한 요청이 재발생했을 경우 오리진 접근 없이 바로 응답할 수 있어 오리진의 부담을 줄이고 전송 효율을 높인다. 하지만 그렇기 때문에 원본 파일이 변경된 경우에 캐시 무효화(Invalidation) 요청을 하지 않으면 여전히 변경 전 데이터를 응답한다. 예를 들어 `index.html` 내용을 고쳐서 Bucket에 다시 업로드한 후에도 URL을 다시 조회하면 여전히 과거 내용이 응답으로 반환된다.

```
$ echo "Hello, index.html" > index.html
$ aws s3 cp index.html s3://lacti-photo-optimizer-test2/
upload: ./index.html to s3://lacti-photo-optimizer-test2/index.html

$ curl https://d1pbc630zc80rt.cloudfront.net
Hello, S3 website and CloudFront
```

캐시 무효화 요청은 `aws cloudfront create-invalidation` 명령을 통해 할 수 있다. 이때 배포 ID와 무효화할 경로를 지정한다. 보통 `index.html`과 같이 실제 파일 이름을 생략할 수 있는 경우는 생략된 경우와 그렇지 않은 경우를 모두 무효화할 경로로 지정한다. 무효화 경로는 / 문자로 시작하며 *와 같이 와일드카드를 경로 마지막에 지정할 수 있다. 예를 들어 다음과 같이 요청할 수 있다. 이 요청은 모든 엣지 로케이션의 캐시 무효화를 요청해야 하는 작업이므로 완료될 때까지 다소 시간이 필요하다.

```
$ aws cloudfront create-invalidation --distribution-id EXXXXXXXXXXXXX --paths / /index.html
{
    "Location": "https://cloudfront.amazonaws.com/2020-05-31/distribution/EXXXXXXXXXXXXX/invalidation/IXXXXXXXXXXXXX",
    "Invalidation": {
        "Id": "IXXXXXXXXXXXXX",
        "Status": "InProgress",
        "CreateTime": "2021-05-15T19:51:15.962000+00:00",
        "InvalidationBatch": {
            "Paths": {
                "Quantity": 2,
                "Items": [
                    "/index.html",
                    "/"
                ]
            },
            "CallerReference": "cli-1621108274-482982"
        }
    }
}
```

대부분의 경우 무효화 요청은 빠르게 완료된다. 공식 문서에서는 최대 2분까지 소요될 수 있다고 명시하고 있다. 무효화가 완료되었는지 확인하기 위해서는 `aws cloudfront get-invalidation` 명령을 사용하면 된다. 이때 배포 ID와 무효화 요청 ID를 같이 넣어 확인한다. Invalidation.Status가 Completed로 변경되면 무효화가 완료된 것이다. 그 이후에 다시 CloudFront 배포 URL에 접근하면 변경된 내용이 기대대로 반환된다.

```
$ aws cloudfront get-invalidation --distribution-id EXXXXXXXXXXXXX --id IXXXXXXXXXXXXX
{
    "Invalidation": {
        "Id": "IXXXXXXXXXXXXX",
        "Status": "Completed",
        "CreateTime": "2021-05-15T19:51:15.962000+00:00",
        "InvalidationBatch": {
```

```
            "Paths": {
                "Quantity": 2,
                "Items": [
                    "/index.html",
                    "/"
                ]
            },
            "CallerReference": "cli-1621108274-482982"
        }
    }
}

$ curl https://d1pbc630zc80rt.cloudfront.net
Hello, index.html!
```

이미 구성된 CloudFront 배포를 수정하는 것은 생성하는 것보다 더 까다롭다. 생성 시 입력하지 않으면 기본값으로 사용했던 항목들을 수정할 때 모두 입력해주어야 하기 때문이다. 배포를 잘 구성했다면 다시 수정할 일은 거의 없지만, 캐시나 로깅 정책을 변경한다거나 CloudFront 기본 도메인이 아닌 서비스 도메인을 부여하고자 한다면 수정이 필요하다. `https://d1pbc630zc80rt.cloudfront.net` 대신 `https://photo.lacti.link`와 같이 사용자 지정 도메인을 사용하기 위해 배포를 수정하는 방법을 알아보자.

도메인과 HTTPS 서비스를 위한 SSL 인증서는 개별 서비스마다 따로 구성하기보다 한 번 준비해두고 여러 서비스에서 함께 사용하는 경우가 많다. 따라서 이 부분은 이번 예제에서 바로 다루지는 않는다. 대신 Appendix A에서 Route53에서 도메인을 구입하고 호스팅 영역을 관리하는 방법과 AWS Certificate Manager에서 인증서를 발급받는 방법을 자세히 설명한다. 이번 예제에서는 이 과정이 완료되었다고 가정하고 진행한다.

먼저 CloudFront에 생성된 배포 설정을 가져온다. 그리고 필요한 부분을 수정하여 갱신을 요청한다. CloudFront 배포의 세부 내용은 `aws cloudfront get-distribution` 명령으로 조회할 수 있다. 반환된 결과 중 `.Distribution.DistributionConfig`만 잘라내어 `cloudfront-distribution.json`으로 저장한다. 만약 CLI로 JSON 질의를 다룰 수 있는 `jq`와 같은 도구가 있다면 좀 더 간단하게 처리할 수 있다.

```
$ aws cloudfront get-distribution --id EXXXXXXXXXXXXX > cloudfront-distribution.json
# 이후 .Distribution.DistributionConfig만 남도록 cloudfront-distribution.json 편집.
```

```
# 만약 jq가 있다면 다음과 같이 바로 수행할 수 있다.
$ aws cloudfront get-distribution --id EXXXXXXXXXXXXX | jq .Distribution.
DistributionConfig > cloudfront-distribution.json
```

CloudFront에서 사용할 인증서가 이미 버지니아 북부(us-east-1)에 준비됐다고 가정한다. `aws --region us-east-1 acm list-certificates` 명령으로 `CertificateArn`을 찾는다. 그리고 `cloudfront-distribution.json`의 `Aliases`와 `ViewerCertificate` 항목을 수정한다. `Aliases.Items` 안에 부여할 도메인 주소를 기록하고 그에 대한 올바른 인증서를 사용할 수 있도록 기본 인증서(`CloudFrontDefaultCertificate`)를 끄고 ACM으로 관리하는 인증서(`ACMCertificateArn`)를 사용하도록 설정한다. 이때 ACM이 관리하는 인증서의 도메인 범위에 부여할 도메인 주소가 포함되어야 한다. 예를 들어 `photo.lacti.link`를 허용하거나 `*.lacti.link`를 허용해야 한다. 그리고 `ACMCertificateArn`를 입력할 경우에는 `SSLSupportMethod`를 입력해야 하므로 이 값도 추가한다. 권장하는 기본값이 `sni-only`이므로 그 값을 사용한다. 이는 Server Name Indication을 지원하는 브라우저만 HTTPS로 접근하도록 제한하는 설정이다.

```
{
  ... 생략
  "Aliases": {
    "Quantity": 1,
    "Items": ["photo.lacti.link"]
  },
  "ViewerCertificate": {
    "CloudFrontDefaultCertificate": false,
    "ACMCertificateArn": "arn:aws:acm:us-east-1:ACCOUNT_ID:certificate/CERTIFICATE_UUID",
    "MinimumProtocolVersion": "TLSv1.2_2021",
    "CertificateSource": "cloudfront",
    "SSLSupportMethod": "sni-only"
  }
}
```

`aws cloudfront update-distribution` 명령을 요청할 때는 배포 ID와 설정 파일뿐만 아니라 ETag 값도 `--if-match` 옵션으로 함께 전달한다. ETag 값은 `aws cloudfront get-distribution` 명령을 통해 얻을 수 있는 값으로 현재 CloudFront 배포 자원에 대한 버전을 나타내는 값이다. 의도치 않은 잘못된 변경을 막기 위해 현재 알고 있는 버전과 일치할 때만 갱신 요청을 진행하도록, 현재 버전을 `--if-match` 옵션으로 전달한다. 수정 요청도 생성 요청과 마찬가지로 구성이

완료되기까지 몇 분의 시간이 필요하다. 작업이 완료되었는지 확인하기 위해 `aws cloudfront get-distribution` 명령을 주기적으로 사용하여 `Distribution.Status` 값을 확인할 수 있다.

배포가 완료되었다면 마지막으로 Route53에 레코드 세트를 추가하면 된다. IP 등의 값을 갖는 경우에는 `ResourceRecords`를 갖는 레코드 세트를 사용하지만 이처럼 다른 AWS 자원을 연결하는 경우에는 별칭(`AliasTarget`)을 갖는 레코드 세트를 사용한다.

```
{
  "Changes": [
    {
      "Action": "CREATE",
      "ResourceRecordSet": {
        "Name": "photo.lacti.link",
        "Type": "A",
        "AliasTarget": {
          "HostedZoneId": "Z2FDTNDATAQYW2",
          "DNSName": "d1pbc630zc80rt.cloudfront.net.",
          "EvaluateTargetHealth": false
        }
      }
    }
  ]
}
```

1. `Action`은 `CREATE`로 지정하여 새로운 레코드 세트를 추가하도록 지정한다. 이미 레코드가 있는 경우의 수정까지 고려한다면 `UPSERT`를 사용할 수 있다.

2. `ResourceRecordSet`의 `Name`으로 사용할 도메인을 지정하고 `Type`에서 레코드 세트 유형을 지정한다. 이 레코드 세트는 `photo.lacti.link` 도메인의 A 유형에 대한 규칙을 처리한다.

3. `AliasTarget`은 다른 AWS 자원의 별칭을 레코드 세트에서 지정하기 위해 사용한다. 실제 연결할 대상을 지정하는 `DNSName`을 제외하고 나머지는 각 AWS 자원에 맞게 설정하면 된다. 공식 문서에 나와있는 대로, CloudFront에 대한 `HostedZoneId`는 모두 `Z2FDTNDATAQYW2`이고, 대상지의 장애 여부를 판단하여 다른 대상을 사용하기 위한 `EvaluateTargetHealth`는 false로 설정해야 한다. `DNSName`은 원래 CloudFront가 제공하는 URL을 입력하면 된다.

변경점을 Route53에 반영하기 위해 위에서 작업한 파일 이름을 `record-sets.json`으로 저장하고 `aws route53 change-resource-record-sets` 명령을 사용한다. 이 명령은 도메인 호스팅 영역을 지정하는 `--hosted-zone-id`와 변경 내역을 가리키는 `--change-batch` 실행 인자를 갖는다. 도메인 호스팅 영역을 확인하기 위해 `aws route53 list-hosted-zones` 명령을 사용할 수 있다.

```
# 도메인을 추가하기 위한 대상의 HostedZoneId를 먼저 찾는다.
$ aws route53 list-hosted-zones

# 레코드 세트 변경점을 반영한다.
$ aws route53 change-resource-record-sets --hosted-zone-id ZXXXXXXXXXXXXXXXXXXX
--change-batch file://record-sets.json
{
    "ChangeInfo": {
        "Id": "/change/C00650942JDH000ZHS6L2",
        "Status": "PENDING",
        "SubmittedAt": "2021-05-15T20:40:11.752000+00:00"
    }
}
```

Route53이 모든 DNS에 변경점을 전파할 때까지 기다린 후에 `https://photo.lacti.link`로 접근하면 CloudFront의 내용이 정상적으로 응답하는 것을 확인할 수 있다. 이때 `curl -v` 옵션을 통해 SSL이 정상적으로 설정된 것도 함께 확인할 수 있다.

```
$ curl https://photo.lacti.link
Hello, index.html!

$ curl -v https://photo.lacti.link
...생략
* Server certificate:
*  subject: CN=lacti.link
*  start date: May 15 00:00:00 2021 GMT
*  expire date: Jun 13 23:59:59 2022 GMT
*  subjectAltName: host "photo.lacti.link" matched cert's "*.lacti.link"
*  issuer: C=US; O=Amazon; OU=Server CA 1B; CN=Amazon
...생략
Hello, index.html!
```

3-3-3 CloudFormation으로 인프라 선언

awscli 명령으로 각 자원을 하나씩 할당하고, 설정하고, 서로 엮는 것은 AWS 자원을 좀 더 깊게 이해하는 데 많은 도움이 되지만 매우 번거롭다. 원하는 최종 상태에 도달하기 위해 직접 개별 명령을 실행하여 AWS 자원을 제어하는 것보다는 바라는 최종 상태로 알아서 잘 만들어지면 조금 더 편하게 인프라 자원을 관리할 수 있을 것이다. CloudFormation을 사용하면 이 문제를 해결할 수 있다. CloudFormation 문법으로 필요한 서비스와 설정을 정의하고 제출하면, CloudFormation 서비스에서 필요한 AWS 자원을 할당하고 설정한다. 즉 AWS 자원에 대한 Infrastructure as Code를 지원해주는 서비스라고 할 수 있다. 이번 연습에서는 방금까지 awscli 기반으로 진행했던 AWS 자원 관리를 CloudFormation을 통해 하는 법을 알아보자.

CloudFormation 선언문은 AWS에서 제공하는 모든 자원의 설정을 선언할 수 있기 때문에 개별 명령을 수행하는 것보다 편리하게 자원을 관리할 수 있으며 선언 파일을 읽는 것만으로 어떤 인프라가 할당되는지 쉽게 알 수 있다. 뿐만 아니라 필요할 경우 선언 파일을 수정하여 CloudFormation에 제출하면 알아서 필요한 변경점을 도출하여 각 서비스에 적용한다. 선언 파일은 YAML이나 JSON 형식이므로 다른 코드와 함께 버전 관리하기에도 좋고, 변경점도 알아서 잘 반영되기 때문에 서비스 인프라를 관리할 때는 awscli 명령을 직접 수행하는 것보다 CloudFormation 선언으로 관리하는 것이 더 낫다.

awscli에서 인프라 자원을 할당하고 설정하기 위해 입력했던 내용들을 CloudFormation 선언으로 정의할 수 있다. 또한 Ref 함수를 사용하여 자원 간의 참조를 한다거나 Fn::Join 함수를 사용하여 문자열을 더하는 작업도 수행할 수 있다. 단순히 자원 정의뿐만 아니라 Parameters를 정의하여 CloudFormation 명령으로 스택을 배포할 때 필요한 인자를 외부에서 입력받도록 정의할 수도 있으며, Output을 정의하여 배포된 이후 필요한 내용을 콘솔에 출력하도록 정의할 수도 있다. 이와 같이 선언을 작성해두면 동일한 구조를 갖는 새로운 스택을 배포할 때도 선언을 다시 작성하지 않고 그대로 사용할 수 있어 재사용성 측면에서 굉장히 유리하다.

다음 내용은 S3와 CloudFront로 CDN 서비스를 구축하기 위해 awscli로 수행했던 명령을 하나의 CloudFormation 선언으로 작성한 내용이다. 설명의 편의를 위해 Parameters나 Output 정의 부분은 제외하였고 최대한 필요한 부분만 짧게 작성했다. CloudFront::OriginAccessIdentity, S3::Bucket, S3::BucketPolicy, CloudFront::Distribution, Route53::RecordSet을 순서대로 정의했다. 전체 선언의 길이가 꽤 길기 때문에, JSON 중간 부분을 임의로 나눠 설명한다.

CloudFront::CloudFrontOriginAccessIdentity 자원은 설정에서 Comment만 정의한다.

```
{
  "AWSTemplateFormatVersion": "2010-09-09",
  "Resources": {
    "OAI": {
      "Type": "AWS::CloudFront::CloudFrontOriginAccessIdentity",
      "Properties": {
        "CloudFrontOriginAccessIdentityConfig": {
          "Comment": "사진 최적화 서비스용 OAI"
        }
      }
    },
```

S3::Bucket 자원은 따로 더 설정할 것이 없었으므로 `BucketName`만 지정한다. 다만 여기에 `DeletionPolicy`와 `UpdateReplacePolicy`를 추가하여 스택이 삭제되거나 더 이상 해당 자원을 사용하지 않도록 갱신되었을 때도 Bucket을 삭제하지 않고 유지하도록 설정한다.

```
    "PhotoBucket": {
      "Type": "AWS::S3::Bucket",
      "DeletionPolicy": "Retain",
      "UpdateReplacePolicy": "Retain",
      "Properties": {
        "BucketName": "lacti-photo-optimizer-test3"
      }
    },
```

S3::BucketPolicy는 Bucket을 참조하여 `s3:GetObject` 권한을 `OAI.S3CanonicalUserId` 대상에게 부여하도록 지정한다. 이때 참조를 위해 `Ref` 함수를 사용하고 대상의 속성을 참조하기 위해 `Fn::GetAtt` 함수를 사용한다. 이러한 참조 관계를 통해 자원 할당의 의존 관계를 암시적으로 파악하여 자원의 생성 순서를 결정한다. 그리고 문자열의 결합 처리를 위해 `Fn::Join` 함수를 사용한다.

```
    "PhotoBucketOAIPolicy": {
      "Type": "AWS::S3::BucketPolicy",
      "Properties": {
        "Bucket": { "Ref": "PhotoBucket" },
        "PolicyDocument": {
          "Statement": [
            {
```

```
          "Action": "s3:GetObject",
          "Effect": "Allow",
          "Resource": {
            "Fn::Join": [
              "",
              ["arn:aws:s3:::", { "Ref": "PhotoBucket" }, "/*"]
            ]
          },
          "Principal": {
            "CanonicalUser": { "Fn::GetAtt": ["OAI", "S3CanonicalUserId"] }
          }
        }
      ]
    }
  }
},
```

CloudFront::Distribution은 S3 Bucket을 오리진으로 지정하고 OAI를 접근 권한으로 사용하도록 지정한다. 그 외에 기본 캐시 정책과 사용자 지정 도메인을 위한 설정도 추가한다. `aws cloudfront` 명령을 통해 제출할 때 작성했던 설정과는 기본값 지원 여부가 조금 다르기 때문에 작성할 때 주의가 필요하다.

```
"PhotoCdn": {
  "Type": "AWS::CloudFront::Distribution",
  "Properties": {
    "DistributionConfig": {
      "Enabled": true,
      "DefaultRootObject": "index.html",
      "Origins": [{
        "Id": "S3Origin",
        "DomainName": { "Fn::Join": [
          "", [{ "Ref": "PhotoBucket" }, ".s3.ap-northeast-2.amazonaws.com"]
        ]},
        "S3OriginConfig": {
          "OriginAccessIdentity": { "Fn::Join": [
            "", ["origin-access-identity/cloudfront/", { "Ref": "OAI" }]
          ]}
        }
      }],
      "DefaultCacheBehavior": {
        "ForwardedValues": { "QueryString": false },
```

```
          "TargetOriginId": "S3Origin",
          "ViewerProtocolPolicy": "redirect-to-https"
        },
        "Aliases": ["photo-test3.lacti.link"],
        "ViewerCertificate": {
          "AcmCertificateArn": "arn:aws:acm:us-east-1:ACCOUNT_ID:certificate/
CERTIFICATE_UUID",
          "MinimumProtocolVersion": "TLSv1.2_2021",
          "SslSupportMethod": "sni-only"
        }
      }
    }
  },
```

Route53::RecordSet는 CloudFront 배포에 부여한 사용자 정의 도메인을 Route53에 등록하도록 지정한다.

```
    "PhotoCdnDns": {
      "Type": "AWS::Route53::RecordSet",
      "Properties": {
        "AliasTarget": {
          "DNSName": { "Fn::GetAtt": ["PhotoCdn", "DomainName"] },
          "HostedZoneId": "Z2FDTNDATAQYW2"
        },
        "HostedZoneName": "lacti.link.",
        "Name": "photo-test3.lacti.link",
        "Type": "A"
      }
    }
  }
}
```

선언 파일을 s3-cloudfront.json으로 저장한다. 선언 파일은 aws cloudformation deploy 명령을 사용해 CloudFormation에 제출할 수 있다. --stack-name으로 스택 이름을 지정하고 --template-file로 작성한 선언 파일을 지정한다. 모든 자원의 할당과 설정이 완료될 때까지 대기하기 때문에 개별 명령을 수행했던 것보다 시간이 소요된다. 약 3~4분 정도 소요되고, 정상적으로 배포되었다면 다음과 같은 메시지가 출력된다.

```
$ aws cloudformation deploy --stack-name cfn-photo-optimizer-infra --template-file s3-
cloudfront.json

Waiting for changeset to be created..
Waiting for stack create/update to complete
Successfully created/updated stack - cfn-photo-optimizer-infra
```

만약 배포 즉시 실패했다면 작성한 선언 파일에 문법적 오류가 포함된 것이다. 시간이 좀 흐른 후 `Failed to create/update the stack.`과 함께 실패했다면 선언대로 자원을 구성하는 도중 문제가 발생한 것이다. 이때는 `aws cloudformation describe-stack-events` 명령을 사용하여 어떤 부분에서 문제가 발생했는지 확인해야 한다. 보통 ResourceStatus가 `UPDATE_FAILED`인 이벤트의 ResourceStatusReason 내용을 확인해서 문제를 찾을 수 있다. 예를 들어 다음과 같은 이벤트는 Bucket의 이름이 잘못되었다는 뜻이다.

```
{
  ...
  "ResourceType": "AWS::S3::BucketPolicy",
  "ResourceStatus": "UPDATE_FAILED",
  "ResourceStatusReason": "The specified bucket is not valid. (Service: Amazon S3;
Status Code: 400; Error Code: InvalidBucketName; Request ID: PR0B14QKE133FJYG; S3
Extended Request ID: GvEXCgZXNGjzzPLsannyyRR1oM6AXbyNmWcKo3YPlXmuhlhTDo3k5yhHu8gdzY26nZ7
C+tm14o0=; Proxy: null)",
}
```

만약 배포를 통해 스택을 처음 만드는 과정에서 실패했다면 그 이후부터는 배포를 시도해도 `ROLLBACK_COMPLETED` 오류가 발생하며 더 이상 배포를 할 수 없다. 이는 배포에는 실패했지만 `aws cloudformation describe-stack-events` 명령을 통해 잘못된 부분을 추적할 수 있는 상태로 남겨두기 위한 CloudFormation 서비스의 의도이며, 이때는 `aws cloudformation delete-stack` 명령을 통해 실패한 스택을 삭제한 후에 다시 배포를 진행해야 한다.

```
$ aws cloudformation deploy --stack-name cfn-photo-optimizer-infra --template-file S3-
CloudFront.yaml

An error occurred (ValidationError) when calling the CreateChangeSet operation:
Stack:arn:aws:cloudformation:ap-northeast-2:ACCOUNT_ID:stack/cfn-photo-optimizer-
infra/9363f0e0-b5e9-11eb-b39c-0296b0e624d6 is in ROLLBACK_COMPLETE state and can not be
updated.
```

```
$ aws cloudformation delete-stack --stack-name cfn-photo-optimizer-infra
```

CloudFormation 선언은 YAML 형식과 JSON 형식을 모두 지원한다. 이 예시는 YAML 대신 JSON을 사용했기 때문에 좀 더 장황해 보인다. YAML을 사용할 경우 JSON에 비해 {}와 줄바꿈으로 인한 공백이 줄어들고, 내장 함수의 축약 표현을 사용할 수 있어 선언을 보다 간결하게 작성할 수 있는 장점이 있다. 하지만 추후 이 선언을 Serverless Framework 선언과 통합하여 함께 관리하기 위해 JSON으로 작성한다.

CloudFormation 선언은 결국 각 AWS 자원에 대한 모든 설정과 상태를 이해하고 있어야 작성할 수 있기 때문에 학습 비용이 꽤 들어간다. 먼저 관리 콘솔을 통해 각 자원에 익숙해진 뒤 `awscli` 명령을 연습하다가 CloudFormation 선언을 작성하면 조금 쉽게 배울 수 있다. 그럼에도 내장 함수가 제한적이고, 다른 프로그래밍 언어에 비해 작성 도구 지원이 부족하고, 기본적인 문법 오류를 제외하고는 배포 단계를 진행해야만 선언 오류를 확인할 수 있다는 단점이 있어서 익숙해질 때까지 시간이 필요하다. 최근에는 AWS 클라우드 개발 키트(Cloud Development Kit, CDK)와 같이 프로그래밍 언어를 사용해 CloudFormation을 정의하는 방법으로 이러한 문제를 보완할 수 있다. 때문에 필요에 따라 CloudFormation 대신 CDK를 사용하는 것도 좋은 방법이다.

CloudFormation 선언을 위한 문법과 각 자원의 설정은 공식 문서에서 확인할 수 있다.

1. 내장 함수 참조: https://docs.aws.amazon.com/ko_kr/AWSCloudFormation/latest/UserGuide/intrinsic-function-reference.html
2. AWS 리소스 및 속성 레퍼런스(영문): https://docs.aws.amazon.com/AWSCloudFormation/latest/UserGuide/aws-template-resource-type-ref.html

3-3-4 Serverless Framework에 인프라 선언 통합

Serverless Framework 선언 파일인 `serverless.ts` 파일은 CloudFormation 선언을 포함할 수 있다. 이를 사용하여 Serverless Framework로 작성한 서버리스 스택과 해당 스택에서 사용할 인프라 자원을 함께 관리할 수 있다. 이를 위해서는 위에서 작성한 CloudFormation JSON 선언 파일을 `serverless.ts`로 import하여 연결하는 과정이 필요하다. 먼저 이를 지원하기 위한 타입스크립트 설정 추가가 필요하다. JSON 파일을 import할 수 있도록 `tsconfig.json` 파일에서 `resolveJsonModule` 옵션을 켠다.

```
{
  "compilerOptions": {
    ...생략
    "resolveJsonModule": true
  }
}
```

이제 serverless.ts에서 JSON 선언 파일을 import하여 Serverless 설정에 추가하면 된다. 선언 파일의 이름은 s3-cloudfront.json으로 가정한다. resolveJsonModule 옵션 덕분에 JSON 파일도 바로 import할 수 있다. 그렇게 import한 객체를 config.resources에 바로 연결하면 된다.

```
import resources from "./s3-cloudfront.json";

const config: AWS = {
  service: "photo-optimizer-api",
  // ... 생략
  resources,
};
```

혹은 개별 리소스에 대한 정의를 코드로 관리하기 위해서 .json 파일 대신 .ts 파일에서 해당 JSON을 변수로 선언하고 export하여 serverless.ts에서 참조하는 방법을 사용할 수도 있다. 이 경우 .json 파일을 aws cloudformation 명령으로 바로 배포할 수 있는 이점은 사라지지만 다음과 같은 이점이 있다.

1. 복잡한 CloudFormation 내장 함수를 사용하는 대신 타입스크립트 코드를 사용할 수 있다.
2. Bucket 이름이나 도메인 주소와 같은 설정값을 process.env를 통해 환경 변수로 지정할 수 있다.

예를 들어, Bucket 이름을 BUCKET_NAME 환경 변수로 지정하고 "Fn::Join": ["", ["arn:aws:s3:::", { "Ref": "PhotoBucket" }, "/*"]] 코드 대신 arn:aws:s3:::${process.env.BUCKET_NAME}/*로 작성할 수 있다. 타입스크립트는 JSON을 포함할 수 있으므로 간단히 s3-cloudfront.json 안의 내용을 resources 변수로 붙여 넣고 노출한다(export). 이 파일을 s3-cloudfront.ts로 저장한 뒤, serverless.ts에서 import해서 사용한다.

```
// s3-cloudfront.ts
const resources = {
  // s3-cloudfront.json에 있는 내용.
};
```

```
export default resources;

// serverless.ts
import resources from "./s3-cloudfront";

const config: AWS = {
  ...생략
  resources,
};
```

이제 `sls deploy` 명령을 사용해 서버리스 스택을 배포하면 코드 실행을 위한 API Gateway와 Lambda뿐만 아니라 S3 Bucket, CloudFront, Route53 RecordSet까지 함께 배포한다. 공용으로 사용하기 위한 `ACMCertificateArn`와 Bucket 이름, 도메인 주소 등을 별도의 변수나 환경 변수로 관리하면 다른 사람도 쉽게 필요한 내용을 변경하여 사용할 수 있는 시스템으로 만들 수 있다.

다만 이번 예제와 같이 모든 인프라를 선언한 `s3-cloudfront.json` 파일을 CloudFormation에 제출하여 배포한 상황에서, 그 선언을 Serverless Framework 선언에 그대로 포함해 사용하면 안 된다. Serverless Framework 스택을 배포할 때도 `s3-cloudfront.json`에서 복사된 동일한 자원을 할당하려 하는데, 이때 S3 Bucket 이름처럼 중복될 수 없는 자원을 다시 할당하려다가 오류가 발생하기 때문이다. 즉, `s3-cloudfront.json`에서 선언된 자원은 `aws cloudformation deploy` 명령 실행 시 `--stack-name`으로 전달한 이름의 스택으로 배포가 되었는데, 동일한 내용을 포함한 `serverless.ts`를 Serverless Framework로 배포하면 새로운 스택에서 동일한 자원을 다시 할당하려 한다.

CloudFormation은 서로 다른 스택에서 동일한 자원을 할당하려 할 경우에 충돌이 발생한다. 예를 들어, A 스택에서 X라는 이름의 S3 Bucket을 할당했는데, B 스택에서 동일하게 X라는 이름의 S3 Bucket을 할당하려 하면 이미 존재하는 Bucket이라는 에러가 발생한다. 즉, 스택을 배포할 때 선언된 자원을 직접 할당하여 관리하기 때문에 이미 자원이 존재할 경우 그 자원을 참조하는 게 아니라 할당할 수 없다는 오류가 발생한다. 따라서 이번 예제처럼 이미 CloudFormation을 통해 배포한 `s3-cloudfront.json` 파일을 그대로 `serverless.ts`에 포함시켜 Serverless Framework로 스택을 배포할 경우에는 오류가 발생한다. 이미 동일한 이름의 S3 Bucket이 `s3-cloudfront.json`을 통해 배포되었기 때문이다.

따라서 처음부터 Serverless Framework에서 필요한 AWS 자원을 선언해두고 테스트하는 것을 권장한다. 또한 S3 Bucket과 같이 한 번 할당했던 이름을 삭제하고 다시 사용하기 어려운 경우를 대비해 가급적이면 선언 테스트 동안에는 적당한 임시 이름을 사용한다. 그리고 이름을 변경하기 위해 매번 설정 파일을 수정하는 것은 번거로운 작업이기 때문에 이를 환경 변수로 관리한다. Serverless Framework로 CloudFormation을 완전히 통합하고 관리할 수 있도록 앞서 CloudFormation으로 배포한 스택은 삭제한다. 스택 삭제는 `aws cloudformation delete-stack` 명령으로 실행한다. 이 명령은 요청 후 바로 반환되며 스택에 선언된 자원 유형에 따라 삭제 완료까지 다소 시간이 소요될 수 있다. 스택의 상태는 `aws cloudformation describe-stacks` 명령에 `--stack-name`으로 이름을 지정하여 확인할 수 있다.

```
$ aws cloudformation delete-stack --stack-name cfn-photo-optimizer-infra

# 삭제 도중에는 상태가 DELETE_IN_PROGRESS로 나온다.
$ aws cloudformation describe-stacks --stack-name cfn-photo-optimizer-infra
{
    "Stacks": [
        {
            "StackStatus": "DELETE_IN_PROGRESS",
...생략

# 삭제가 완료되면 스택을 찾을 수 없다고 나온다.
$ aws cloudformation describe-stacks --stack-name cfn-photo-optimizer-infra
An error occurred (ValidationError) when calling the DescribeStacks operation: Stack with id cfn-photo-optimizer-infra does not exist
```

이번 스택에서 사용할 AWS 자원 중 환경 변수로 관리하면 좋은 것은 S3 Bucket 이름과 접근을 위한 도메인 이름이다. 설정의 편의를 위해 각각을 다음과 같이 `.envrc` 파일로 기록하고 `direnv allow` 명령을 사용하여 접근을 허용한다.

```
$ cat << EOF > .envrc
export BUCKET_NAME=lacti-photo-optimizer
export ROOT_DOMAIN=lacti.link
export SUB_DOMAIN=photo-optimizer
EOF
direnv: error ~/examples/301-photo-optimizer/.envrc is blocked. Run `direnv allow` to approve its content

$ direnv allow
direnv: loading ~/examples/301-photo-optimizer/.envrc
direnv: export +BUCKET_NAME +ROOT_DOMAIN +SUB_DOMAIN
```

기존 s3-cloudfront.json 파일에서 값으로 들어간 부분을 환경 변수로 사용할 수 있도록 s3-cloudfront.ts를 수정한다. 이전과 같은 부분은 생략하고 달라진 부분만 정리하면 다음과 같다. process.env를 통해 환경 변수에 접근하고 해당 환경 변수가 반드시 존재함을 명시하기 위해 !를 사용한다.

```
const resources = {
  AWSTemplateFormatVersion: "2010-09-09",
  Resources: {
    // OAI는 달라지는 부분이 없어 생략
    PhotoBucket: {
      Type: "AWS::S3::Bucket",
      Properties: {
        BucketName: process.env.BUCKET_NAME!,
      },
    },
    // PhotoBucketOAIPolicy는 달라지는 부분이 없어 생략
    PhotoCdn: {
      Type: "AWS::CloudFront::Distribution",
      Properties: {
        DistributionConfig: {
          // ... 그 외 설정은 동일하므로 생략
          Aliases: [`${process.env.SUB_DOMAIN}.${process.env.ROOT_DOMAIN}`],
        },
      },
    },
    PhotoCdnDns: {
      Type: "AWS::Route53::RecordSet",
      Properties: {
        // ... 그 외 설정은 동일하므로 생략
        HostedZoneName: `${process.env.ROOT_DOMAIN}.`,
        Name: `${process.env.SUB_DOMAIN}.${process.env.ROOT_DOMAIN}`,
      },
    },
  },
};
export default resources;
```

sls print 명령을 사용해 환경 변수가 잘 적용되었는지 확인한다. sls print 명령은 모든 변환을 마치고 최종적으로 사용할 Serverless Framework 설정을 콘솔에 출력하는 명령으로, Serverless Framework 선언이 잘 작성되었는지 확인할 때 유용하다. 마지막 resources 부분의

BucketName과 Dns의 Name 등이 정상적으로 출력되는 것을 확인할 수 있다.

```
$ sls print
...생략
resources:
    PhotoBucket:
      Type: AWS::S3::Bucket
      Properties:
        BucketName: lacti-photo-optimizer
...생략
    PhotoCdnDns:
      Type: AWS::Route53::RecordSet
      Properties:
...생략
        HostedZoneName: lacti.link.
        Name: photo-optimizer.lacti.link
```

환경 변수로 이와 같은 내용들을 관리하면 다른 사람이 다시 사용할 때 코드 수정 없이 환경 변수의 값만 변경해서 사용할 수 있기 때문에 보다 간편하게 스택을 재사용할 수 있다. 뿐만 아니라 민감한 정보를 코드에 포함하지 않고 환경 변수로 관리하면 소스 코드를 공개할 때 해당 정보의 탈취를 막을 수 있다. 코드를 공개할 때 환경 변수를 정의한 .envrc 파일은 제외해야 한다. 예를 들어 Git을 사용할 경우 .gitignore에 .envrc 파일을 반드시 추가한다. 대신 다른 사람들이 쉽게 사용할 수 있도록 .envrc.example 파일로 예시를 제공한다.

3-3-5 S3 Bucket에 파일 업로드

지금까지 인프라 준비를 마쳤다. 이제 S3 Bucket에 최적화된 사진을 업로드하는 코드를 작성한다. Bucket 이름은 환경 변수에서 얻을 수 있으니 process.env를 통해 접근한다. 하지만 Lambda에서 환경 변수를 사용할 때 주의해야 할 점이 있다.

Serverless Framework 도구를 실행하는 환경은 개발 머신이지만 실제 코드가 수행되는 곳은 Lambda이다. 이는 개발 머신에서 환경 변수를 설정해도 Lambda가 실행될 때는 그 환경 변수가 존재하지 않는다는 뜻이다. 때문에 Lambda의 실행 환경에서도 그 환경 변수들을 적용할 수 있도록 별도의 선언을 추가해야 한다. 이는 AWS 자원 선언에서 별다른 고민 없이 환경 변수에 접근했던 것과 대비된다. AWS 자원 선언은 Serverless Framework 명령이 실행되는 시점에 해석되는데, Serverless Framework 명령은 개발 머신에서 수행되어 개발 머신에 설정된 환경 변수에 접근할 수 있기 때문이다.

Lambda 내의 환경 변수를 설정하기 위해서는 `serverless.ts` 선언을 수정해야 한다. 모든 함수의 환경 변수를 설정하려면 `provider.environment`를 설정하고, 개별 함수의 환경 변수를 설정하려면 `functions.function-name.environment`를 설정한다. 예를 들어 다음과 같다.

```
const config: AWS = {
  provider: {
    // 여기에 설정하면 모든 함수가 BUCKET_NAME을 사용할 수 있다.
    environment: {
      BUCKET_NAME: process.env.BUCKET_NAME!,
    },
  },
  functions: {
    optimizeAndUpload: {
      // 여기에 설정하면 "optimizeAndUpload" 함수만 BUCKET_NAME을 사용할 수 있다.
      environment: {
        BUCKET_NAME: process.env.BUCKET_NAME!,
      },
    },
  },
};
```

"lacti-photo-optimizer"처럼 값을 그대로 설정할 수도 있다. 하지만 이미 해당 값은 환경 변수 `BUCKET_NAME`을 통해 제공되고 있으므로 `process.env.BUCKET_NAME`으로 지정한다. 이때 환경 변수가 반드시 존재한다고 !를 붙여 타입 형식을 어기지 않고 컴파일하도록 한다. AWS 자원 선언과 동일하게, 이 `serverless.ts` 파일은 Serverless Framework 명령이 실행될 때 해석되므로 개발 머신 내에서 해석되고 개발 머신에 설정된 환경 변수에 접근할 수 있다. 잘 선언되었는지 확인하기 위해 `sls print` 명령을 확인한다.

```
$ sls print
service:
  name: photo-optimizer-api
frameworkVersion: '3'
provider:
...생략
  environment:
```

```
    BUCKET_NAME: lacti-photo-optimizer
  ...생략
```

S3에 파일을 업로드하기 위해서는 `aws-sdk` 의존성을 설치해야 한다. `aws-sdk`는 AWS 자원을 Node.js API를 통해 제어하는 패키지로 Lambda에 기본으로 설치되어 있다. 때문에 프로젝트에 의존성을 추가할 때 `optional`로 추가한다. 다만 npm에는 Lambda에 기본으로 설치된 버전보다 최신 버전이 있기 때문에 Lambda와 정확히 동일한 버전을 설치할 수 있도록 `--save-exact` 옵션과 함께 버전을 지정한다. 2022년 8월 기준으로 Lmabda에 설치된 버전은 2.1055.0이다. 이 버전은 자주 변경되므로, AWS Lambda 런타임 문서[1]에서 현재 버전을 확인하는 것이 좋다.

```
$ npm install --save-optional --save-exact aws-sdk@2.1055.0
```

`aws-sdk`는 모든 AWS 자원의 Node.js API를 포함하고 있으므로 용량이 매우 크다. 때문에 가급적이면 Lambda에서 배포하는 코드에서는 이를 제외하고, 기본으로 제공하는 패키지를 사용하도록 설정한다. 다만 현재 프로젝트에서는 웹팩을 통해 필요한 모든 코드를 번들에 포함하도록 설정하고 있으므로, 그중에서 `aws-sdk`가 제외되도록 설정을 변경한다. 간단히 `webpack.config.js`에서 `externals`에 `aws-sdk`를 추가하면 된다.

```
module.exports = {
  ...생략,
  externals: [/aws-sdk/],
};
```

이후 `sls package` 명령을 통해 용량이 급격히 커지지 않았는지 확인할 수 있다. `aws-sdk`가 포함될 경우 .zip 파일의 크기가 수 MB 단위로 급격하게 커지고 이는 첫 기동 지연 시간에 좋지 않은 영향을 준다. 자세히 확인하려면 `webpack.config.js` 파일에 `stats: "normal"` 옵션을 주고 `sls package` 명령을 사용해 빌드한다. 웹팩 로그에서 `aws-sdk`가 external로 제외된 것을 볼 수 있다.

```
$ sls package
Packaging photo-optimizer-api for stage dev (ap-northeast-2)
```

1　https://docs.aws.amazon.com/ko_kr/lambda/latest/dg/lambda-runtimes.html

```
asset handler.js 79.6 KiB [emitted] [minimized] (name: handler) 1 related asset
  modules by path ./node_modules/ 167 KiB 40 modules
  ./handler.ts 4.61 KiB [built] [code generated]
  external "aws-sdk" 42 bytes [built] [code generated]
  external "child_process" 42 bytes [built] [code generated]
  # ... 생략
```

필요한 패키지의 설치가 끝났다. S3에 대한 Node.js API를 사용하여 파일을 업로드하면 된다. S3 API 중 upload 함수를 사용한다. await으로 완료를 편하게 기다리도록 upload 함수의 반환값을 .promise()로 변환한다. 단, 이때 ContentType을 지정하여 해당 파일이 브라우저에서 JPEG로 인식될 수 있도록 설정해야 한다. 그렇지 않을 경우 브라우저는 <img src="CDN_URL">과 같이 해당 주소를 사진으로 유추할 수 있는 경우를 제외하고는 일반 바이너리 파일로 인식하게 된다. 즉, 해당 주소로 접근했을 때 파일을 다운로드한다.

```
import * as AWS from "aws-sdk";

// S3 API를 사용하기 위한 클라이언트 객체를 생성합니다.
const s3 = new AWS.S3();

export const optimizeAndUpload: APIGatewayProxyHandlerV2 = async (event) => {
  // 최적화 수행 부분 코드 생략
  await s3
    .upload({
      Bucket: process.env.BUCKET_NAME!,
      Key: `${hash}.jpg`,
      Body: fs.createReadStream(filePath),
      ContentType: "image/jpeg",
    })
    .promise();
};
```

1. s3.upload 함수를 활용해 환경 변수로 전달받은 S3 Bucket(BUCKET_NAME)에 업로드한다.
2. 이때 키는 hash 값을 사용해 hash.jpg로 지정한다.
3. 파일을 업로드할 때 메모리에 모두 올려서 업로드하면 비효율적이므로 스트림(fs.createReadStream)을 사용한다.
4. CloudFront를 통해 파일을 다운로드할 때 브라우저가 이를 JPEG 파일로 인식할 수 있도록 ContentType을 image/jpeg로 지정한다.

AWS의 각 자원 사이에서도 접근이 필요할 경우 모두 IAM 권한 설정이 필요하다. 위 코드가 실행되는 Lambda에서 지정된 S3 Bucket으로 파일 업로드가 수행되므로 이에 대한 권한 설정이 필요하다. 권한 설정은 IAM의 `Statement` 문법으로 작성하며 `serverless.ts`의 `provider.iam.role.statements`에 배열로 지정한다. 파일 업로드는 `s3:PutObject` 권한이 필요하다. 그리고 대상 리소스는 Bucket 내의 객체 유형이며 모든 객체에 대해 적용할 수 있도록 `*`를 사용한다.

```
const config: AWS = {
  provider: {
    iam: {
      role: {
        statements: [
          {
            Action: "s3:PutObject",
            Effect: "Allow",
            Resource: `arn:aws:s3:::${process.env.BUCKET_NAME}/*`,
          },
        ],
      },
    },
    ...생략
```

S3 업로드가 완료되었다면 그 파일에 접근할 수 있는 CDN 주소를 반환해야 한다. CDN 주소는 접근 도메인 주소에 Bucket에 업로드한 객체의 키를 붙이면 된다. 접근 도메인 주소를 위한 `SUB_DOMAIN`과 `ROOT_DOMAIN`은 모두 환경 변수로 제공되는 값이고 객체의 키는 `hash.jpg` 값을 사용하면 된다.

```
return {
  cdnURL: `https://${process.env.SUB_DOMAIN}.${process.env.ROOT_DOMAIN}/${hash}.jpg`,
};
```

`BUCKET_NAME`을 Lambda에 제공하기 위해 수정했던 것처럼, `SUB_DOMAIN`과 `ROOT_DOMAIN`도 제공할 수 있도록 `serverless.ts`의 `provider.environment` 부분을 수정한다.

```
const config: AWS = {
  provider: {
    environment: {
      BUCKET_NAME: process.env.BUCKET_NAME!,
```

```
    ROOT_DOMAIN: process.env.ROOT_DOMAIN!,
    SUB_DOMAIN: process.env.SUB_DOMAIN!,
  },
  ...생략
```

3-3-6 중복 업로드 막기

업로드한 사진 바이너리로부터 MD5 해시를 계산하여 S3 Bucket의 키로 사용하므로, 동일한 사진이 업로드되었을 때 동일한 해시가 Bucket 내에 존재한다면 최적화 작업을 수행하지 않을 수 있다. Bucket에 어떤 키가 존재하는지 확인하려면 headObject 함수를 사용한다. headObject 함수는 객체의 메타 정보를 조회하는 함수로 객체가 존재하지 않을 경우 예외가 발생한다. 메타데이터를 조회하기 위해 s3:GetObject 권한이 필요하다. 키가 존재하지 않을 때 발생하는 오류는 s3:ListObject 권한이 존재하는지에 따라 다른데, 있다면 Not Found 오류가 발생하고 없다면 Forbidden 오류가 발생한다. 이를 고려하여 키 존재 여부를 판단하는 함수를 작성하면 다음과 같다.

```
async function s3Exists(bucketName: string, key: string): Promise<boolean> {
  try {
    await s3.headObject({ Bucket: bucketName, Key: key }).promise();
    return true;
  } catch (error) {
    if (error.code === "Forbidden") {
      return false;
    }
    throw error;
  }
}
```

s3:GetObject 권한은 기존에 s3:PutObject를 부여했던 부분을 수정하여 추가할 수 있다. 기존에 문자열로 지정했던 Action을 배열로 변경하고 s3:GetObject를 추가하면 된다. 그럼 동일한 Resource에 여러 Action을 허용하는 IAM 역할이 생성되어 Lambda에게 부여된다.

```
{
  Action: ["s3:PutObject", "s3:GetObject"],
  Effect: "Allow",
```

```
      Resource: `arn:aws:s3:::${process.env.BUCKET_NAME}/*`,
    },
```

이제 사진 최적화를 수행하기 전에 Bucket에 동일한 키가 존재하는지 확인하고, 만약 존재한다면 바로 CDN 주소를 반환하도록 코드를 수정한다.

```
const resultKey = `${hash}.jpg`;
const cdnURL = `https://${process.env.SUB_DOMAIN}.${process.env.ROOT_DOMAIN}/${resultKey}`;
try {
  // 이미 동일한 사진이 존재하면 바로 CDN 주소를 반환합니다.
  if (await s3Exists(process.env.BUCKET_NAME!, resultKey)) {
    return { cdnURL };
  }
  // 사진 최적화 및 S3에 업로드 코드 생략
  return { cdnURL };
} finally {
  fs.unlinkSync(filePath);
}
```

`sls deploy` 명령으로 스택을 배포한다. Lambda 실행을 위한 API Gateway, Lambda, CloudWatch Logs뿐만 아니라 S3, CloudFront, Route53 자원도 함께 할당하므로 첫 배포는 약 3~4분 정도 소요된다. 그 이후의 배포부터는 대부분 Lambda에서 수행할 함수 코드만 변경되기 때문에 1분 내외의 시간으로 배포가 완료된다.

```
endpoints:
  PUT - https://API_ID.execute-api.AWS_REGION.amazonaws.com/optimizeAndUpload
functions:
  optimizeAndUpload: photo-optimizer-api-dev-optimizeAndUpload
```

테스트를 위해 해당 API로 사진을 업로드한다. 간단히 `curl` 명령의 -T 옵션을 사용해 사진을 업로드할 수 있다. 사진 크기에 따라 다르지만 약 4~5초 정도의 시간이 흐른 후 CDN 주소를 반환한다. 그리고 CDN 주소로 접근했을 때 파일이 잘 보이는 것을 확인할 수 있다.

```
$ curl -T example.jpg https://API_ID.execute-api.AWS_REGION.amazonaws.com/optimizeAndUpload
{"cdnURL":"https://photo-optimizer.lacti.link/b6243e148d2eaffe7cfd2d18ecaed629.jpg"}
```

또한 동일한 파일로 다시 요청했을 때는 바로 CDN 주소를 반환한다. 동일한 바이너리 해시값에 이미 Bucket 내 최적화된 사진이 존재하기 때문이다. 이로써 하나의 엔드포인트만 갖는 첫 번째 사진 최적화 시스템 구현을 완료했다.

3-4 두 번째 시스템 구현: Public, Private Bucket 분리

첫 번째 시스템은 API Gateway를 통해 Lambda로 사진을 직접 업로드하기 때문에 약 4MB 이하의 사진만 최적화를 수행할 수 있는 제약이 있다. 이를 극복하기 위해서 두 번째 시스템에서는 사진 파일을 업로드하는 S3 Bucket을 별도로 만들고, 미리 서명된 URL을 통해 고객이 Bucket으로 사진을 직접 업로드한다. 그리고 최적화를 수행하는 API를 통해 최적화 Lambda에서 업로드한 사진 파일을 최적화한 후, CDN을 위한 Bucket에 결과를 업로드한다.

CDN을 위한 Bucket과 사진 업로드를 위한 Bucket을 접근 유형에 따라 각각 Public, Private으로 명명한다. 만약 기존 인프라 구조를 생각한다면 별개의 저장소를 구성하는 것도 생각해볼 수 있다. S3에서도 동일하게 Bucket을 따로 할당할 수 있다. 예를 들어 `BUCKET_NAME`으로 지정한 CDN을 위한 Bucket과 `UPLOAD_BUCKET_NAME`으로 지정한 사진 업로드용 Bucket을 관리하는 것이다. 하지만 하나의 계정 내에서 할당할 수 있는 Bucket의 수는 제한되어 있으므로 가능하다면 하나의 Bucket에서 Public과 Private 목적을 둘 다 달성하는 것이 좋다. 다행히 Bucket은 객체 키에 대한 접두사(Prefix)를 기준으로 이러한 동작을 허용한다. 즉, 접두사를 기준으로 보안 정책을 따로 구성할 수 있다.

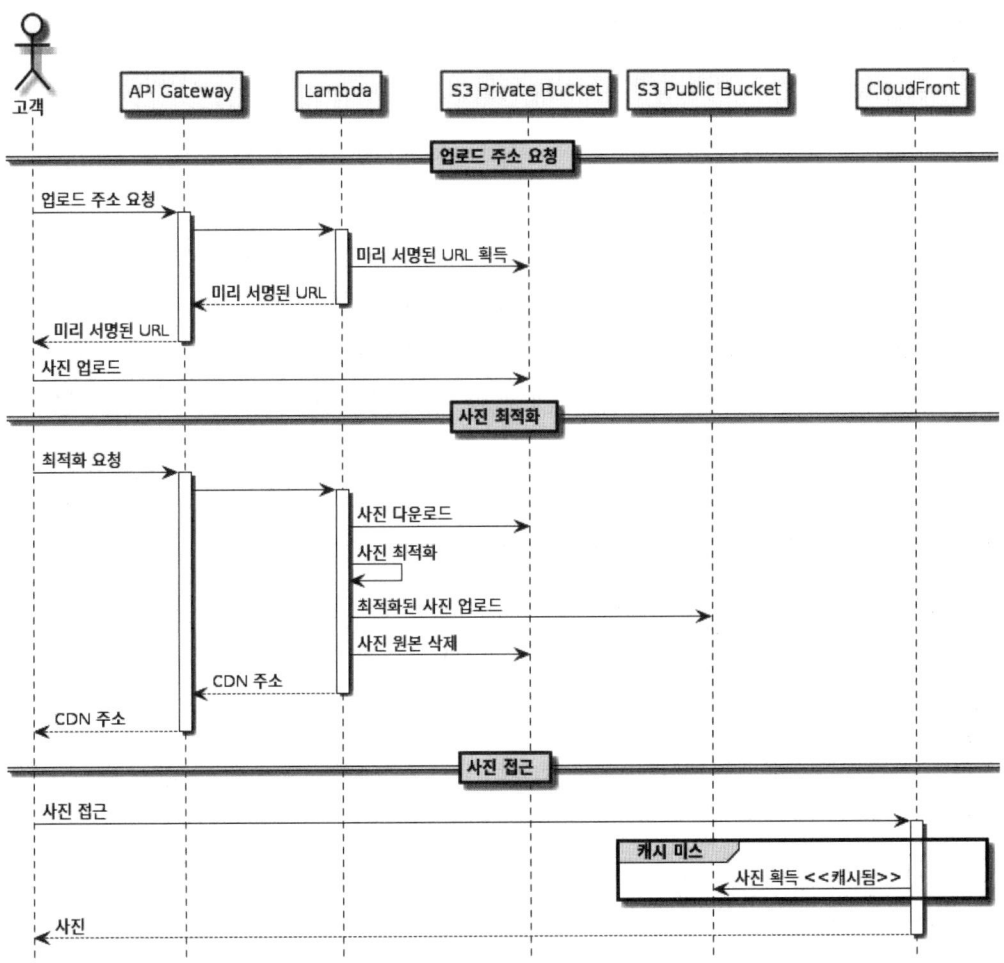

그림 3-4-1 S3 Bucket에 사진을 업로드하는 시스템 흐름도

간단히 사진 업로드의 접두사는 raw/를 사용하고 변환이 완료된 사진의 접두사는 photo/를 사용하자. 예를 들어 abcdef.jpg라는 이름의 사진을 다뤄야 한다면 사용자는 raw/abcdef.jpg라는 객체로 사진을 업로드하고, 그 결과는 photo/abcdef.jpg 객체로 쓰여져 https://cdn.url/photo/abcdef.jpg 주소로 접근한다. 이전 구성에서 CloudFront가 S3 Bucket에 OAI를 사용해 접근할 때 접근 가능한 대상을 전체(*)로 지정했기 때문에, 이에 대해 photo/ 접두사일 경우에만 허용하도록 정책을 수정한다. 그러면 CDN을 통해 사진 원본에 접근하는 문제를 막을 수 있다.

```
{
  Action: "s3:GetObject",
  Effect: "Allow",
```

3-4 두 번째 시스템 구현: Public, Private Bucket 분리 **163**

```
      Resource: `arn:aws:s3:::${process.env.BUCKET_NAME}/photo/*`,
      Principal: {
        CanonicalUser: { "Fn::GetAtt": ["OAI", "S3CanonicalUserId"] },
      },
    },
```

기존에는 CloudFormation 내장 함수인 `Fn::Join`을 사용해 Bucket의 이름을 가져오고 객체의 접두사를 연결했다. 하지만 Serverless Framework와 통합하기 위해 해당 선언은 s3-cloudfront.ts 파일의 타입스크립트로 재작성했기 때문에 이제는 자바스크립트 혹은 타입스크립트 표현식을 사용할 수 있다. 따라서 좀 더 간단한 표현식인 문자열 보간(String interpolation) 표현식을 사용한다. 이때 접두사를 제한하기 위해 `/photo/*`와 같이 리소스를 지정한다. 그리고 해당 변경점을 OAI를 사용해 Bucket에 접근하는 정책을 정의한 `PhotoBucket OAIPolicy.Properties.PolicyDocument.Statement` 부분에 적용한다.

Lambda에서 Bucket에 접근하는 권한도 조정이 필요하다. 이제 Bucket에는 사진 원본과 최적화된 결과물을 모두 포함하게 되며 이들을 접두사로 구분하고 있으니 각각을 리소스로 하여 정확히 필요한 권한만 부여한다.

1. 사진 업로드를 위한 `raw/` 접두사는 사용자가 업로드하는 `PutObject`, 최적화 처리 시 해당 사진을 가져오는 `GetObject`, 처리가 완료된 후 삭제하는 `DeleteObject` 권한이 필요하다.
2. CDN 서비스를 위한 `photo/` 접두사는 이미 객체가 존재하는지 확인하는 `GetObject`, 최적화 처리가 완료된 사진을 업로드하는 `PutObject` 권한이 필요하다.

이를 정리하면 다음과 같다. 이를 serverless.ts의 `provider.iam.role.statements`에 선언한다.

```
{
  Action: ["s3:PutObject", "s3:GetObject", "s3:DeleteObject"],
  Effect: "Allow",
  Resource: `arn:aws:s3:::${process.env.BUCKET_NAME}/raw/*`,
},
{
  Action: ["s3:PutObject", "s3:GetObject"],
  Effect: "Allow",
  Resource: `arn:aws:s3:::${process.env.BUCKET_NAME}/photo/*`,
},
```

미리 서명된 URL은 `getSignedUrlPromise` 함수를 사용하여 획득할 수 있다. 미리 서명된 URL은 S3 객체에 액세스 키가 없는 사용자도 접근하기 위해 만들어진 임시 URL로 만료까지 지정된 `Expires` 동안 지정된 `operation`을 대상 Bucket과 객체 Key에 수행할 수 있다. 파일 업로드를 위한 URL은 `operation`을 `putObject`로 지정하고, 파일 다운로드를 위해 `getObject`를 지정한다. 또한 이 URL을 만들 때 사용하는 액세스 키가 만료 등의 문제를 겪을 일이 없다면 Promise를 반환하는 `getSignedUrlPromise` 대신 `getSignedUrl` 함수를 사용해도 된다. 하지만 가급적이면 액세스 키가 유효하지 않은 경우에 대처할 수 있도록 `getSignedUrlPromise` 함수를 사용하는 것이 좋다. 미리 서명된 URL을 발급하기 위한 별도의 권한은 필요하지 않으나 해당 URL을 발급할 때 동작으로 지정한 행위를 수행하는 권한은 필요하다. 예를 들어 파일 업로드를 위해 `putObject`를 동작으로 지정할 경우 `s3:PutObject` 권한이 필요하다.

미리 서명된 URL은 지정된 만료 시간 내에서 계속 유효하기 때문에 가급적이면 짧은 만료 시간을 지정하는 것이 좋다. 그렇지 않으면 해당 URL을 다른 사람에게 공유하여 지속적으로 다운로드를 요청한다거나, 동일한 객체에 여러 번 업로드를 수행할 수 있다. 정상적인 경우에서는 발생하지 않지만 악의적인 목적을 가진 사용자가 해당 URL로 의도치 않은 동작을 하는 것을 막기 위해 가급적이면 만료 시간을 짧게 설정해야 한다. 이 값은 초 단위로 지정할 수 있다.

미리 서명된 다운로드 URL뿐만 아니라 업로드 URL을 생성할 때도 어떤 Bucket에 어떤 키로 업로드할지 결정해야 한다. 여러 사용자가 업로드 주소 요청 API를 동시에 요청할 때 이 키가 반드시 서로 다른 값이어야 서로의 요청을 처리하는 와중에 간섭이 발생하지 않는다. 높은 동시성 수준에서 유일성이 확실하게 보장되는 키를 발급하는 것은 다소 어려운 문제이므로 적당히 확률적으로 문제가 없는 키 발급 로직을 사용한다. 예를 들어 `nanoid`와 같은 ID 발급 로직을 사용하면 키가 겹치는 문제가 거의 발생하지 않는다. 다만 이번 예시에서는 좀 더 간단하게, 현재 시간과 랜덤 숫자 값의 결합을 키로 사용하여 간단하면서도 적당한 수준에서 유일성이 잘 보장되도록 로직을 작성한다.

업로드 주소 요청 API는 업로드를 위한 주소(`uploadURL`)뿐만 아니라 최적화 요청을 위한 사진 키(`photoKey`)도 반환해야 한다. 때문에 그 둘을 묶어서 함께 반환하도록 한다. 사용자는 `uploadURL` 주소로 사진을 업로드한 후, 최적화 요청 API에 `photoKey`를 전달하여 사진을 최적화한다. 이때 함수의 타입은 동일하게 `APIGatewayProxyHandlerV2`인데 타입스크립트 컴파일러의 타입 추론 부족으로 반환값을 제대로 인식하지 못하는 문제가 있다. 가장 좋은 방법은 반환값에 대한 타입을 넣어주는 것이다. 다만 이번 예제와 같이 단순하고 직관적인 코드에서는 타입을 `unknown`으로 지정함으로써 컴파일러가 신경 쓰지 않고 무시하도록 지시하는 것도 방법이다.

```
export const getSignedURL: APIGatewayProxyHandlerV2<unknown> = async () => {
  const photoKey = `${new Date().getTime()}${Math.random()}`;
  const uploadURL = await s3.getSignedUrlPromise("putObject", {
    Bucket: process.env.BUCKET_NAME!,
    Key: `raw/${photoKey}.jpg`,
    Expires: 5 * 60,
  });
  return { photoKey, uploadURL };
};
```

업로드 주소 요청 API를 서버리스 스택에 등록하기 위해 `serverless.ts` 내 `functions` 항목의 수정이 필요하다. 다음과 같이 `handler` 파일 내의 `getSignedURL` 함수를 `GET /getSignedURL`로 요청하도록 함수를 등록한다. 편의상 서버리스 스택에 등록하는 함수의 이름은 실제 함수의 이름과 동일하게 관리한다.

```
getSignedURL: {
  handler: "handler.getSignedURL",
  events: [
    {
      httpApi: {
        path: "/getSignedURL",
        method: "get",
      },
    },
  ],
},
```

최적화 수행 API는 더 이상 직접 사진 바이너리를 요청으로 받을 필요가 없다. 사용자는 사진 업로드를 완료한 후 최적화 수행 API를 사진 키와 함께 호출한다. 그러면 최적화 수행을 하는 Lambda는 사진 키를 사용하여 사진이 업로드된 Bucket으로부터 사진을 다운로드하여 `jpegoptim`을 실행한다. 즉, 사진 바이너리를 가져오는 부분만 수정하면 된다. API Gateway의 요청으로부터 사진 바이너리를 가져올 때는 `event.Body`로부터 가져왔지만 이제는 Bucket으로부터 객체를 읽어 와야 한다. 이를 위해 S3 API의 `getObject` 함수를 사용하면 된다. 다만 반환되는 객체의 `Body` 타입은 문자열, 스트림, 버퍼 등 다양한 형태가 될 수 있기 때문에 각각의 경우를 분기해서 다뤄야 한다. 하지만 이는 매우 번거로운 작업이다. 어차피 바이너리 전체로부터 해시를 계산하기 위해 모든 데이터를 버퍼로 읽어야 하므로, `getObject`의 결과를 버퍼로 쉽게 받기 위해 get-stream 패키지를 사용한다. get-stream 패키지는 스트림으로부터 쉽게 버퍼나 지정된 인코딩의 문자열을 받도록 도와주는 함수를 제공한다.

```
$ npm install --save get-stream
```

사진 키(photoKey)는 쿼리 파라미터로 전달한다고 가정하자. 쿼리 파라미터는 queryStringParameters로 받을 수 있고, 하나도 없을 경우 undefined가 될 수 있으므로 ?? {}로 대처한다. 쿼리 파라미터에서 얻은 photoKey가 유효한지 그리고 업로드 Bucket에서 찾을 수 있는지 확인하고, 이를 스트림으로 다운로드하기 위해 getObject({...}).createReadStream() 함수로 결과를 가져온다. 보통 큰 파일을 다운로드할 때 굳이 Node.js의 메모리에 다운로드할 객체를 모두 올리는 것은 비효율적이므로 그대로 파일 쓰기 스트림(fs.createWriteStream())으로 연결(pipe) 한다. 그러나 이번 예제에서는 사진 바이너리로부터 해시값을 계산하는 과정이 필요하기 때문에 getStream.buffer() 함수를 사용하여 사진 바이너리를 모두 버퍼로 불러온다. buffer 변수가 설정되었으므로 그 이후 최적화 로직 수행 및 업로드 과정은 기존과 동일하게 진행할 수 있다. 다만 최적화 수행이 완료된 이후에는 업로드 Bucket으로부터 사진 원본을 삭제하는 부분이 추가된다. 이는 S3 API 중 deleteObject 함수를 사용한다.

```
import getStream from "get-stream";

export const optimizeAndUpload: APIGatewayProxyHandlerV2 = async (event) => {
  // 사진 키가 올바르지 않거나 Bucket 내에 존재하지 않으면 무시한다.
  const { photoKey } = event.queryStringParameters ?? {};
  if (!photoKey) {
    return { statusCode: 400 };
  }
  const rawKey = `raw/${photoKey}.jpg`;
  if (!(await s3Exists(process.env.BUCKET_NAME!, rawKey))) {
    return { statusCode: 404 };
  }
  // 업로드 Bucket에서 최적화를 요청한 원본을 버퍼로 불러온다.
  const buffer = await getStream.buffer(
    s3
      .getObject({
        Bucket: process.env.UPLOAD_BUCKET_NAME!,
        Key: rawKey,
      })
      .createReadStream()
  );
```

```
// ...hash 계산 부분 생략
// 이제 resultKey는 "photo/" 접두사를 가져야 한다.
const resultKey = `photo/${hash}.jpg`;
// ...최적화 수행 후 Bucket 업로드 부분 생략

// 원본 파일을 업로드 Bucket에서 삭제한다.
await s3
    .deleteObject({ Bucket: process.env.UPLOAD_BUCKET_NAME!, Key: rawKey, })
    .promise();
```

`sls deploy` 명령으로 스택을 배포한다. 업로드 Bucket이 새로 생성되고 업로드 주소 요청 API도 추가된다. 이제 배포 이후 나오는 결과에서 다음과 같이 2개의 API를 확인할 수 있다.

```
$ sls deploy
...생략
endpoints:
  GET - https://API_ID.execute-api.AWS_REGION.amazonaws.com/getSignedURL
  PUT - https://API_ID.execute-api.AWS_REGION.amazonaws.com/optimizeAndUpload
functions:
  getSignedURL: photo-optimizer-api-two-buckets-dev-getSignedURL (1.3 MB)
  optimizeAndUpload: photo-optimizer-api-two-buckets-dev-optimizeAndUpload (1.3 MB)
```

먼저 업로드 주소 요청 API를 호출하여 그 결과로 반환된 업로드 주소에 사진을 업로드한다. 그리고 최적화 수행 API를 사진 키와 함께 호출하여 최적화를 요청한다. Bucket으로의 객체 업로드 요청은 PUT 메소드에 별도의 인코딩 없이(raw) 진행한다. 따라서 첫 번째 시스템과 동일하게 `curl -T` 명령을 사용해 사진을 업로드할 수 있다.

```
# 업로드 주소 요청 API를 호출하여 업로드 주소와 사진 키를 받는다.
$ curl https://API_ID.execute-api.AWS_REGION.amazonaws.com/getSignedURL
{"photoKey":"16217569967590.3926911562181401","uploadURL":"https://lacti-photo-
optimizer.s3.AWS_REGION.amazonaws.com/raw/16217569967590.3926911562181401?SIGNED_
PARAMS"}

# 업로드 주소에 사진을 업로드한다. 이때 주소를 따옴표로 감싸서 쉘이 ? 문자 등을 해석하지 않도록 한다.
$ curl -T example.jpg "https://lacti-photo-optimizer.s3.AWS_REGION.amazonaws.com/raw/162
17569967590.3926911562181401?SIGNED_PARAMS"

# 업로드가 완료된 이후, 사진 키로 최적화 수행 API를 호출하고 CDN 주소를 받는다.
```

```
$ curl -XPUT "https://API_ID.execute-api.AWS_REGION.amazonaws.com/optimizeAndUpload?phot
oKey=16217569967590.3926911562181401"
{"cdnURL":"https://photo-optimizer.lacti.link/photo/b6243e148d2eaffe7cfd2d18ecaed629.
jpg"}
```

업로드 Bucket에 사진을 업로드하는 미리 서명된 URL을 사용하여 업로드 사진 크기의 한계를 극복했다. 하지만 최적화 수행 요청을 사용자가 직접 하도록 API를 노출했기 때문에 이 API에 임의의 키로 지속적인 요청을 보내 AWS 비용을 과도하게 발생시키는 악의적인 공격이 일어날 수 있다. 뿐만 아니라 최적화 단계에서 좀 더 다양한 작업을 수행하다가 API Gateway에 통합된 Lambda의 최대 실행 가능 시간인 29초를 초과하는 문제가 발생할 수 있다.

다음 단계에서는 세 번째 예제를 통해 고객이 최적화 수행 API를 호출하는 대신 업로드 Bucket에 객체 추가 이벤트가 발생하면 그로부터 최적화 수행 Lambda가 실행되도록 시스템을 구성하고 장단점을 비교한다.

3-5 세 번째 시스템 구현: S3 이벤트로 최적화 수행

두 번째 시스템은 Bucket을 사용한 사진 업로드를 통해 업로드 용량 제한 문제를 해결했지만 고객이 최적화 요청을 API를 통해 직접 해야 한다는 단점이 있다. 세 번째 시스템에서는 HTTP API 대신 S3 이벤트를 사용해 최적화를 수행하는 방법을 소개한다. 고객은 업로드 주소 요청을 통해 획득한 URL로 사진을 업로드하고, 업로드가 완료되면 S3의 객체 생성 이벤트가 발생해 최적화 처리를 하는 Lambda가 수행된다. 최적화 처리 Lambda는 다른 시스템과 동일하게 `jpegoptim`을 실행해 결과물을 얻고 Bucket에 업로드한다. 이후 고객은 CDN 주소를 통해 결과물을 조회한다.

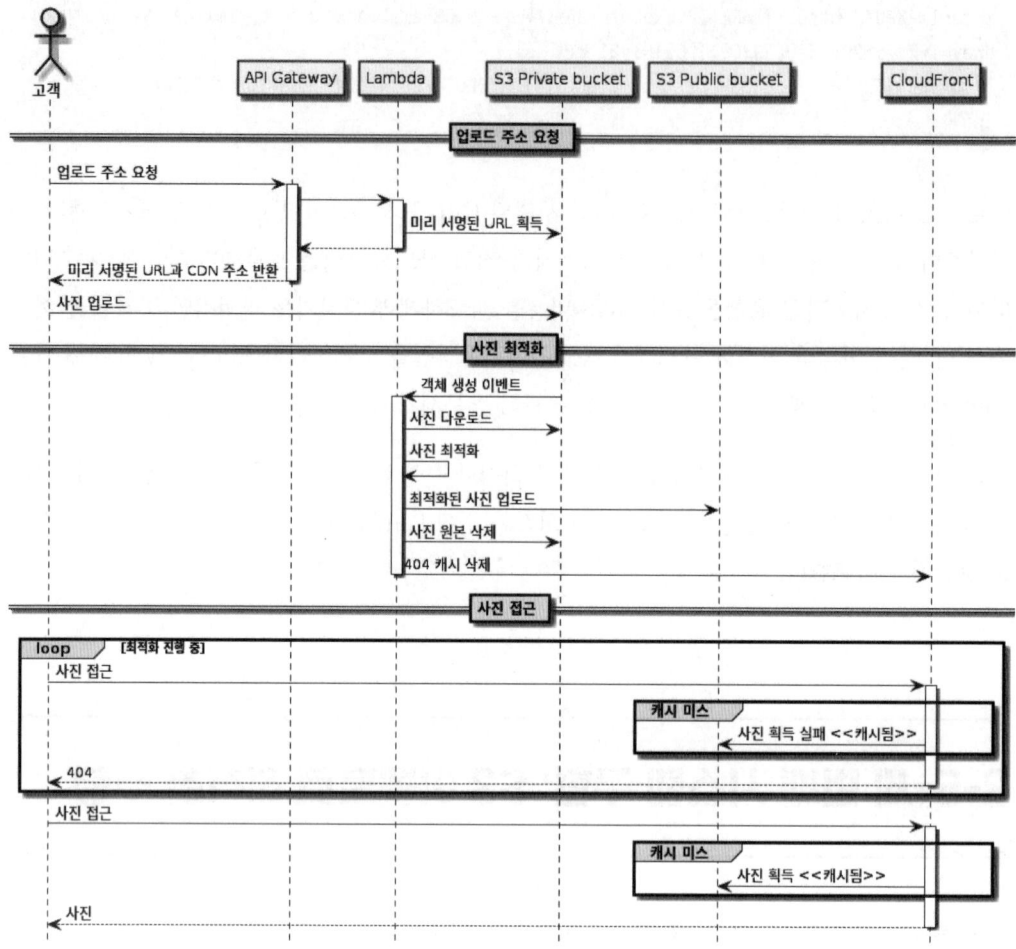

그림 3-5-1 S3 이벤트로 최적화를 처리하는 시스템 흐름도

다만 S3의 객체 생성 이벤트에 의해 실행되는 Lambda와 같이 고객의 요청으로부터 실행된 것이 아니라 AWS 내부의 이벤트로 실행된 경우에는 고객에게 메시지를 전달할 방법이 없다. HTTP 요청에 의해 실행되는 Lambda와 같이 함수의 반환값을 HTTP 응답으로 전달하는 구조가 존재하지 않는다. 최적화를 수행하는 Lambda에서 CDN URL을 고객에게 전달할 수 없기 때문에 업로드 주소 요청 API에서 먼저 이를 전달해야 한다. 이는 기존 코드와 거의 동일하지만, photoKey 대신 cdnURL을 반환하는 형태로 달라진다.

```
export const getSignedURL: APIGatewayProxyHandlerV2<unknown> = async () => {
  const photoKey = `${new Date().getTime()}${Math.random()}`;
  const uploadURL = await s3.getSignedUrlPromise("putObject", {
```

```
      Bucket: process.env.BUCKET_NAME!,
      Key: `raw/${photoKey}.jpg`,
      Expires: 5 * 60,
  });
  const cdnURL = `https://${process.env.SUB_DOMAIN}.${process.env.ROOT_DOMAIN}/
photo/${photoKey}.jpg`;
  return { cdnURL, uploadURL };
};
```

사용자가 `uploadURL`로 사진 업로드를 완료하면 S3는 객체 생성 이벤트(`s3:ObjectCreated`)를 발생한다. 그리고 이 이벤트로부터 Lambda를 기동한다. 이는 기존 `httpApi`로 연결되었던 `serverless.ts` 내의 연결 대신 `s3`를 사용하면 된다. 이때 어떤 `bucket`의 `event`를 사용할지 결정할 수 있다. 객체 생성(`ObjectCreated`)을 제외하고도 객체 삭제(`ObjectRemoved`)나 복원(`ObjectRestored`) 이벤트를 사용할 수 있다. 그리고 `rules`를 통해 이벤트가 발생한 객체의 키를 기준으로 접두사(`prefix`)와 접미사(`suffix`)의 집합으로 필터링할 수 있다. 예를 들어 `raw/` 접두사를 갖는 객체의 생성 이벤트만 받으려면 `{ prefix: "raw/" }`와 같이 설정하면 된다.

CloudFormation 선언의 설계 의도로 S3 이벤트로부터 Lambda를 기동하도록 선언하면 그에 대응되는 Bucket을 직접 생성한다. 하지만 이미 `s3-cloudfront.ts`에서 필요한 Bucket을 정의 했기 때문에 다시 Bucket을 생성하면 안 된다. 따라서 새롭게 Bucket을 생성하는 것이 아니라 이미 존재하는 Bucket에 이벤트를 연결하라는 의미로 `existing: true` 옵션을 주어야 한다. 그리고 추후 설명할 내용이지만, S3 이벤트로부터 기동하는 Lambda는 여러 객체의 이벤트를 한 번에 받아서 처리할 수 있기 때문에 실행 시간(timeout)을 넉넉하게 주는 것이 좋다. 여기서는 최대 실행 시간인 900초를 사용한다.

```
const config: AWS = {
  functions: {
    optimizeAndUpload: {
      handler: "handler.optimizeAndUpload",
      timeout: 900,
      events: [
        {
          s3: {
            bucket: process.env.BUCKET_NAME!,
            event: "s3:ObjectCreated:*",
            rules: [{ prefix: "raw/" }],
            existing: true,
```

```
            },
          },
        ],
    },
```

이제 `optimizeAndUpload` 함수는 S3 이벤트로부터 실행된다. 하지만 기존 함수는 HTTP API로부터 기동되는 `APIGatewayProxyHandlerV2`를 기준으로 작성했기 때문에 이를 S3 이벤트를 기반으로 실행하는 `S3Handler`로 함수를 수정해야 한다. `APIGatewayProxyHandler`가 HTTP API 이벤트에 대한 내용을 함수의 인자로 받고 HTTP 응답을 반환했던 것에 비해 `S3Handler` 이벤트는 Bucket의 어떤 객체로부터 어떤 이벤트가 발생했는지를 인자로 받고 별도의 함수 반환을 하지 않는다는 점이 다르다. 또한 상황에 따라 S3 이벤트는 HTTP API처럼 하나씩 전달되는 것이 아니라 여러 개가 한 번에 전달될 수 있다. 즉, 객체 키의 집합을 인자로 전달받는다. 다음과 같이 `event.Records`로 여러 이벤트가 배열로 전달되고 그 안에서 객체의 키를 얻으려면 `s3.object.key`로 접근해야 한다.

```
export const optimizeAndUpload: S3Handler = async (event) => {
  for (const record of event.Records) {
    const rawKey = record.s3.object.key;
```

Bucket 내의 사진 원본을 담고 있는 객체 키를 획득했으니 이를 임시 파일로 다운로드하여 최적화를 수행하면 된다. 기존에는 `get-stream` 패키지를 사용하여 객체 스트림을 버퍼로 읽었다. 하지만 이제 사진 바이너리의 해시값을 활용하지 않기 때문에 굳이 이런 메모리에 부담을 주는 작업을 수행할 필요가 없다. 객체를 지정된 로컬 파일로 다운로드 받으려면 `s3.getObject` 함수의 결과물을 `createReadStream` 함수를 사용해 읽기 스트림으로 열고, 로컬 파일에 `fs.createWriteStream` 함수로 쓰기 스트림을 열어 연결(pipe)해주면 된다. 그리고 이때 발생할 수 있는 에러에 대해 `Promise`가 `reject`할 수 있도록 연결해주고, 쓰기 스트림이 닫혔을 때(close) `Promise`가 `resolve`할 수 있도록 만들어주면 파일 쓰기가 완료된 이후까지 `await`하는 `Promise` 객체를 반환할 수 있다.

```
async function downloadBucketObject(
  bucketName: string,
  key: string,
  localPath: string
): Promise<void> {
```

```
    return new Promise<void>((resolve, reject) =>
      s3
        .getObject({ Bucket: bucketName, Key: key })
        .createReadStream()
        .on("error", reject)
        .pipe(
          fs.createWriteStream(localPath).on("error", reject).on("close", resolve)
        )
    );
}
```

여러 객체 키에 대한 최적화를 수행해야 하므로 다운로드 받은 임시 파일을 최적화하고 다시 Bucket에 업로드하는 코드를 함수로 따로 분리한다. 지난 시스템에서 작업했던 내용과 거의 유사하지만 입력을 photoKey가 아니라 업로드가 완료된 객체의 키인 rawKey로 받는다는 점이 다르다. rawKey는 photoKey와는 다르게 /raw/photoKey.jpg와 같이 raw/ 접두사와 .jpg 확장자를 포함하는 경로이기 때문에 이를 다룰 때 접두사를 제거하거나 확장자를 다시 붙이지 않도록 주의한다. 최적화와 업로드를 하는 부분과 처리가 완료된 이후 임시 파일과 사진 원본을 제거하는 부분은 동일하다. 다만 캐시 제거를 위해 업로드한 객체의 키(resultKey)를 함수의 결과로 반환한다.

```
async function downloadAndOptimizeAndUpload(rawKey: string): Promise<string> {
  const photoKeyWithJpg = path.basename(rawKey);
  const filePath = `/tmp/${photoKeyWithJpg}`;
  await downloadBucketObject(process.env.BUCKET_NAME!, rawKey, filePath);

  const resultKey = `photo/${photoKeyWithJpg}`;
  try {
    childProcess.execSync(`${jpegoptimPath} -o -s -m80 ${filePath}`);
    await s3
      .upload({
        Bucket: process.env.BUCKET_NAME!,
        Key: resultKey,
        Body: fs.createReadStream(filePath),
        ContentType: "image/jpeg",
      })
      .promise();
    return resultKey;
  } finally {
    fs.unlinkSync(filePath);
```

```
    await s3
      .deleteObject({ Bucket: process.env.BUCKET_NAME!, Key: rawKey })
      .promise();
  }
}
```

S3의 이벤트를 받는 함수는 이제 S3Handler 타입으로 선언된다. 이는 앞서 설명했던 것처럼 event.Records 내에 존재하는 s3.object.key 값을 통해 업로드가 완료된 사진 객체의 키를 획득할 수 있다. 사진을 최적화할 때마다 jpegoptim을 준비하는 것은 무의미하므로 함수가 처음 시작될 때 한 번만 준비해두도록 unpackJpegoptim 함수를 제일 먼저 호출한다. 그리고 Records를 순회하면서 각 객체에 앞서 작성한 downloadAndOptimizeAndUpload 함수를 호출해 최적화를 처리한다. 최적화가 처리되는 동안에도 이미 사용자는 업로드 주소 요청 API에서 획득한 cdnURL을 지속적으로 요청할 수 있기 때문에, 결과물이 준비되지 않은 상태에서 CloudFront가 파일을 찾을 수 없다는 응답을 캐시할 수 있다. 그래서 결과물이 올라간 후에도 여전히 캐시된 파일을 찾을 수 없다는 응답을 하게 되는데, 이 문제를 해결하기 위해서 최적화가 완료된 이후에 처리된 모든 객체에 대해 캐시 무효화 요청을 하는 과정이 필요하다. 캐시 무효화 요청은 CloudFront.createInvalidation 함수를 통해 생성할 수 있다. 이때 CloudFront의 DistributionId가 필요하고, 어떤 경로의 캐시를 삭제할 것인지 명시해야 한다. 현재 CDN 주소는 /photo/photoKey.jpg와 같이 형성되므로 결과 객체 키의 맨 앞에 / 문자만 붙여주면 된다. 그리고 이 요청은 각 처리마다 일회성으로 요청하는 건이므로, 중복 요청 방지를 위한 CallerReference 값을 현재 시간 값으로 지정해도 문제없다.

```
const s3 = new AWS.S3();
const cloudfront = new AWS.CloudFront();

export const optimizeAndUpload: S3Handler = async (event) => {
  await unpackJpegoptim();

  const resultKeys: string[] = [];
  for (const record of event.Records) {
    const rawKey = record.s3.object.key;
    const resultKey = await downloadAndOptimizeAndUpload(rawKey);
    resultKeys.push(resultKey);
  }

  await cloudfront
```

```
      .createInvalidation({
        DistributionId: process.env.DISTRIBUTION_ID!,
        InvalidationBatch: {
          Paths: {
            Items: resultKeys.map((resultKey) => `/${resultKey}`),
            Quantity: resultKeys.length,
          },
          CallerReference: Date.now().toString(),
        },
      })
      .promise();
  };
```

CloudFront의 `DistributionId`는 CloudFormation 내장 함수를 통해 환경 변수로 주입할 수 있다. 다음과 같이 `serverless.ts`에서 환경 변수를 정의할 때 `Ref` 표현식을 사용해 필요한 자원의 정보를 주입하도록 설정할 수 있다.

```
const config: AWS = {
  provider: {
    environment: {
      DISTRIBUTION_ID: { Ref: "PhotoCdn" },
```

CloudFront의 `createInvalidation` 함수를 사용하기 위해서는 Lambda에 `CloudFront:CreateInvalidation` 권한을 부여해야 한다. S3 권한을 부여할 때는 리소스로 필요한 Bucket의 객체 접두사 규칙을 사용하여 최대한 범위를 좁게 지정했지만 `CloudFront:CreateInvalidation`은 리소스 범위를 설정할 수 없고 반드시 *으로 지정해야 한다.

```
{
  Action: ["cloudfront:CreateInvalidation"],
  Effect: "Allow",
  Resource: "*",
},
```

변경점을 반영하기 위해 `sls deploy` 명령으로 스택을 배포한다. 이제 업로드 주소 요청 API만 endpoint에 노출되고 `optimizeAndUpload` 함수는 목록에서 사라졌다. 사진 원본 업로드가 완료되면 `optimizeAndUpload` 함수는 AWS 내부에서 자동으로 실행된다.

```
$ sls deploy
...생략
endpoint: GET - https://API_ID.execute-api.AWS_REGION.amazonaws.com/getSignedURL
functions:
  getSignedURL: photo-optimizer-api-s3-event-dev-getSignedURL (1.3 MB)
  optimizeAndUpload: photo-optimizer-api-s3-event-dev-optimizeAndUpload (1.3 MB)
```

먼저 업로드 주소 요청 API를 호출하여 사진 원본 업로드를 위한 **uploadURL**과 최적화된 결과물이 담길 **cdnURL**을 획득한다.

```
$ curl https://API_ID.execute-api.AWS_REGION.amazonaws.com/getSignedURL
{"cdnURL":"https://photo-optimizer.lacti.link/photo/16223804571880.70373953190046.
jpg","uploadURL":"https://lacti-photo-optimizer.s3.AWS_REGION.amazonaws.com/raw/16223804
571880.70373953190046.jpg?SIGNED_PARAMS"}
```

사진을 업로드하기 전에 **cdnURL**을 먼저 요청해보자. 아직 photo/16223804571880.70373953190046.jpg 객체가 준비되지 않았기 때문에 403 Forbidden 오류가 반환된다.

```
$ curl -I https://photo-optimizer.lacti.link/photo/16223804571880.70373953190046.jpg
HTTP/1.1 403 Forbidden
Content-Type: application/xml
...생략
```

curl -T 명령으로 사진을 업로드한다. 그리고 수차례 **cdnURL**을 다시 확인해보면 2~3초 정도 지난 후에 403 Forbidden에서 200 OK로 응답이 변경되는 것을 확인할 수 있다. 그 이후에는 **cdnURL**이 브라우저로 접근해 사진이 정상적으로 표시되는 것을 확인할 수 있다.

```
$ curl -T example.jpg "https://lacti-photo-optimizer.s3.ap-northeast-2.amazonaws.com/raw
/16223804571880.70373953190046?SIGNED_PARAMS"

$ curl -I https://photo-optimizer.lacti.link/photo/16223804571880.70373953190046.jpg
HTTP/1.1 403 Forbidden
Content-Type: application/xml
...생략

$ curl -I https://photo-optimizer.lacti.link/photo/16223804571880.70373953190046.jpg
HTTP/1.1 200 OK
```

```
Content-Type: image/jpeg
Content-Length: 1620101
...생략
```

변경된 시스템에서 S3 객체 생성 이벤트에 의해 실행된 Lambda가 최적화를 잘 처리하고, CloudFront의 캐시 무효화 요청도 잘 진행하여 모든 기대 상황이 정상 동작하는 것을 확인했다. 다만 두 번째 시스템과 비교했을 때 동일한 사진을 중복 방지 처리할 수 없다는 점이 다소 아쉽다. 또한 최적화 요청이 완료되었다는 통지를 사용자에게 전달할 방법이 없어 사용자가 주기적으로 cdnURL에 접근하여 200 OK 응답을 받았는지 확인해야 한다는 점도 아쉽다. 이런 부분을 개선하려면 현재 처리 중인 사진의 진행 상황을 관리하는 메타데이터를 데이터베이스 등을 활용해 구성하고 이를 조회하는 API를 추가하는 작업이 필요하다. 또한 사용자에게 비동기적인 작업 완료 통지를 전달할 수 있도록 웹소켓 등의 기능을 추가로 사용해야 한다. 이렇게까지 시스템을 구성하면 좀 더 오래 걸릴 수 있는 작업이나 처리해야 할 작업이 밀린 경우에도 시스템이 문제없이 동작한다. 하지만 대부분의 요청이 2~3초면 완료되는 사진 최적화 서비스에서는 그렇게까지 복잡하게 시스템을 구성할 필요는 없을 것 같다.

S3 객체 생성 이벤트로부터 최적화 Lambda가 수행된다면 굳이 업로드 주소 요청 API를 사용하지 않고도 최적화할 수 있다. 미리 서명된 URL을 통해서 사진을 업로드하지 않고 `aws s3 cp` 명령으로 로컬에 있는 파일을 대량으로 Bucket에 업로드해도 각각에 대한 객체 생성 이벤트가 모두 발생한다. 즉, 미리 최적화된 사진을 Bucket에 준비해두고 그에 대한 CDN 서비스를 해야 하는 상황이라면 로컬에 위치한 사진 원본들을 모두 Bucket으로 복제하는 것만으로도 빠르게 최적화할 수 있다. 게다가 객체 생성 이벤트를 처리하는 Lambda는 동시에 최대 1,000개까지 기동할 수 있으므로, 대량의 사진을 다룰 때도 보다 빠르게 모든 처리를 완료할 수 있다.

3-6 상용 서비스 고려

세 가지 구현 방법을 통해 사진을 최적화하는 웹 서비스를 서버리스 스택으로 구현했다. 이를 상용으로 서비스했을 때 요청을 얼마나 받을 수 있을지를 간단히 계산해보면 다음과 같다.

1. API Gateway는 1초에 약 1만 요청을 처리할 수 있다. 그리고 필요 시 서포트 티켓을 통해 상향 요청할 수 있다.
2. S3의 동시 업로드 제한이나 보관하는 객체의 총 크기 제한은 없다. 객체 하나의 최대 크기 제한은 5TB이지만 사진 기반의 서비스에서는 큰 문제없는 크기다.
3. CloudFront는 최대 150Gbps로 데이터를 전송할 수 있고 1초에 25만 요청을 처리할 수 있다. 그리고 필요 시 서포트 티켓을 통해 상향 요청할 수 있다.

세 번째 시스템 기준으로, 1초에 1만 번 업로드 주소 요청 API를 부를 수 있다면 대부분 사례에 대응 가능한 수준이다. 그리고 S3와 CloudFront에서는 사실상 제한이 없는 수준이므로 서비스 한도를 걱정하지 않아도 된다.

만약 글로벌 서비스를 계획하고 있다면 전송 속도를 고려해야 한다. CDN 서비스는 CloudFront를 사용하는데 이는 AWS에서 제공하는 전 세계의 엣지 로케이션 서버를 기반으로 빠르게 데이터를 전송하기 때문에, 최적화된 사진의 다운로드 속도는 고민하지 않아도 된다. 하지만 최적화 요청을 위해 S3 Bucket으로 사진을 업로드하는 속도는 개선이 필요할 수도 있다. 미국 동부나 인도에서 한국 지역의 Bucket으로 업로드를 하려면 시간이 더 걸리기 때문이다.

이를 해결하는 첫 번째 방법은 S3의 전송 가속화(Transfer Acceleration) 기능을 사용하는 것이다. 이는 CloudFront의 엣지 로케이션을 활용하여 Bucket에 파일을 업로드하는 방식으로 약간의 설정 수정만으로도 전송 속도를 10~20% 정도 향상시킬 수 있다. AWS는 각 지역별로 어느 정도의 성능 향상이 있는지 확인할 수 있는 예제 페이지를 제공하고 있다.

그림 3-6-1 지역별 전송 가속화 효과 비교

전송 가속화 기능을 사용하려면 Bucket 설정에서 다음과 같이 `AccelerateConfiguration: Enabled` 속성을 추가한다.

```
UploadBucket: {
  Type: "AWS::S3::Bucket",
  Properties: {
    BucketName: process.env.UPLOAD_BUCKET_NAME!,
    AccelerateConfiguration: {
```

```
        AccelerationStatus: "Enabled",
    },
  },
},
```

코드에서 S3 객체를 사용할 때 {useAccelerateEndpoint: true} 옵션을 추가해야 한다. 다만 이 기능은 업로드 주소를 생성할 때만 설정하면 되므로 getSignedURL 함수 내에서만 생성하여 사용하면 된다. 그 외에 Lambda에서 사진을 다운로드하거나 업로드할 때는 모두 서울 지역의 Bucket과 Lambda와의 통신이므로 굳이 전송 가속화 기능을 사용할 필요가 없다.

```
const s3 = new AWS.S3({useAccelerateEndpoint: true});
s3.getSignedUrlPromise(...);
```

이보다 좀 더 극적으로 성능을 개선하려면 각 서비스 지역마다 Bucket을 생성하여 사용하는 수밖에 없다. 예를 들어 서울 지역뿐만 아니라 미국 동부, 인도 뭄바이 지역에도 동일한 서버리스 스택을 배포하는 것이다. 다만 이 경우 전 지역에서 하나만 존재하는 CloudFront는 스택 정의 파일을 별도로 분리하여 지역마다 중복으로 배포하지 않도록 관리해야 한다. 뿐만 아니라 CDN 주소에 지역 코드를 넣고 Lambda@Edge 기능을 활용하여 지역에 따른 Bucket에 접근하여 최적화된 사진을 가져오도록 제어하는 기능도 추가로 구현해야 한다.

사진 업로드 말고도, 업로드 주소를 요청하는 API를 호출하는 과정 또한 스택이 배포된 지역과 요청된 지역의 거리가 멀어지면 느려질 수 있다. 물론 이 요청은 업로드에 비해 교환하는 데이터의 크기가 굉장히 작기 때문에 상대적으로 지연 시간이 크게 느껴지지 않을 수 있다. 그럼에도 이를 최적화하려면 S3의 전송 가속화 기능처럼 CloudFront의 엣지 로케이션을 사용해 API Gateway 요청 경로를 최적화해주는 엣지 최적화(Edge optimized) 기능을 사용해야 한다. 다만 이 기능은 이번 예제에서 사용한 HTTP API 형식의 API Gateway에서는 사용할 수 없고 REST API 형식만 사용할 수 있다. 이에 대해서는 다음 예제인 블로그 구현하기에서 자세히 다룰 예정이다.

API Gateway의 엣지 최적화 기능도 S3의 전송 최적화 기능처럼 20% 수준의 개선 효과만 보여주기 때문에 더 나은 개선을 위해서는 각 서비스 지역마다 서버리스 스택을 배포하는 방법을 사용해야 한다. 다만 여러 지역에 배포한 서버리스 스택과 모니터링을 함께 관리하는 것은 상당히 복잡하기 때문에 이 방법은 신중히 고려해봐야 한다.

서비스를 오래 지속할 경우 Bucket에 많은 사진이 누적되어 상당한 비용이 발생할 수 있다. 만약 서비스 정책상 오래된 사진 파일을 제거해도 괜찮은 상황이라면 누적 용량이 무한정 증가하는 문제를 막을 수 있다. S3 Bucket은 스토리지 수명 주기 관리 기능을 통해 전환 작업 혹은 만료 지정을 할 수 있다. 객체가 생성된 후 지정된 날짜가 지나면 전환 작업을 통해 Glacier 스토리지 클래스로 전환하거나 객체를 자동으로 삭제하는 작업을 설정할 수 있다. 예를 들어 최대 90일까지의 사진 결과물만 보관하려면 다음과 같이 `LifecycleConfiguration` 속성에 `ExpirationInDays`을 `Rule`로 추가하면 된다.

```
UploadBucket: {
  Type: "AWS::S3::Bucket",
  Properties: {
    BucketName: process.env.UPLOAD_BUCKET_NAME!,
    LifecycleConfiguration: {
      Rules: [
        {
          Id: "DeleteContentAfter90Days",
          Status: "Enabled",
          ExpirationInDays: 90,
        },
      ],
    },
  },
},
```

사진의 업로드 완료 시점에 최적화를 수행하는 대신 CDN URL로 접근했을 때 최적화를 수행할 수도 있다. 이는 원본 사진 하나에 여러 결과물을 만들어야 하는 상황이라면 용량 최적화 측면에서 유리할 수 있다. 예를 들어 다양한 화질로 미리 최적화된 사진을 생성하거나 지정된 크기로 사진의 크기를 조정하는 경우이다. 이 경우 최적화 수행 Lambda가 S3 객체 이벤트로부터 시작하는 대신 Lambda@Edge에서 실행하도록 변경하여 CDN URL 요청이 발생했을 때 최적화를 수행하도록 변경하는 작업을 처리해야 한다. Lambda@Edge를 Serverless Framework에서 사용하려면 `serverless-plugin-cloudfront-lambda-edge`와 같은 도구를 쓰면 된다. 그리고 CloudFront의 쿼리 파라미터로 전달된 규격에 따라 최적화를 수행해야 하므로, 캐시 키에 쿼리 파라미터가 포함되도록 설정을 변경해야 한다. 다만 이번 예제에서 가정한 서비스 수준에서는 Lambda@Edge 적용을 통한 용량 최적화가 큰 의미가 없으므로 자세히 설명하지는 않겠다.

약 5MB 수준의 사진 최적화를 수행하는 Lambda의 첫 기동 시간은 4초 정도이다. 그중 2초는 `jpegoptim`을 준비하기 위해 압축을 푸는 시간이고 이후 2초가 `jpegoptim`으로 사진을 최적화하는 데 소요되는 시간이다. 보다 빠른 처리를 위해 `jpegoptim`을 미리 준비해두고 싶을 수 있다.

가장 좋은 방법은 Lambda에서 사용하는 코드 압축 파일에 실행 파일을 같이 넣어두는 것이다. Serverless Framework 도구는 코드 압축을 만들 때 `zip` 명령의 기본 옵션을 사용하므로 심볼릭 링크를 제대로 압축하지 않는다. 그러나 `serverless-plugin-zip-symlinks-compress-harder` 플러그인을 사용하면 심볼릭 링크를 허용하는 압축 파일을 생성할 수 있다. 이제 Lambda가 초기화될 때 필요한 실행 파일도 함께 압축이 해제되므로 보다 빠르게 필요한 파일을 준비할 수 있다. 다만 Lambda의 코드 영역에 해당하는 `/var/task`는 읽기 전용이고 실행 권한을 지원하지 않기 때문에 압축을 해제한 실행 파일을 실행할 수 없는 문제가 있다. 때문에 이 방법은 필요한 외부 의존 파일을 가장 빠르게 Lambda에게 전달하는 방법이지만 이와 같이 외부 실행 파일을 설정할 때는 사용할 수 없는 방법이다.

두 번째 방법은 Lambda를 미리 준비해두는 것이다. `provisionedConcurrency` 옵션을 통해 미리 Lambda의 수를 지정해둘 수 있고, 그 범위 내에서는 최적화 요청이 실행되면 미리 준비된 `jpegoptim`으로 보다 빠르게 요청을 처리할 수 있다. 단, 미리 준비하는 수만큼 추가적인 요금이 부과된다. 예를 들어 최적화를 위한 Lambda 5개를 미리 준비하려면 다음과 같이 설정한다.

```
optimizeAndUpload: {
  handler: "handler.optimizeAndUpload",
  timeout: 900,
  events: [...생략],
  provisionedConcurrency: 5,
},
```

3-7 모니터링

앞서 배포한 서버리스 스택을 모니터링하기 위한 CloudWatch 대시보드를 구성한다. 세 번째 시스템을 기준으로 서비스가 올바르게 동작하고 있는지 확인하는 모니터링 항목은 다음과 같다.

1. 최적화 Lambda가 얼마나 자주, 오래 실행되는가?
2. API Gateway의 요청량은 얼마인가?
3. S3 Bucket의 용량은 얼마인가?

4. CloudFront의 응답량은 얼마인가?

만약 Lambda가 너무 오래 실행되고 있다면 `jpegoptim`에서 너무 오랜 시간이 걸리는 상황이다. 따라서 Lambda의 기간 지표에 대한 경보를 추가하여 잘못된 요청을 처리하고 있는지 확인해야 한다. 혹은 너무 큰 사진 파일을 업로드하여 Lambda의 `/tmp` 공간이 부족해서 오류가 발생할 수도 있으므로 Lambda의 오류 지표에 대한 모니터링을 추가할 수 있다.

API Gateway 요청량이 점점 많아지면 서포트 티켓을 요청하여 할당량을 늘려야 한다. 혹은 갑자기 요청량이 많아졌는데 요청이 정상적이지 않다면 WAF를 사용해 API를 보호해야 한다. 이를 빠르게 대응하기 위해 해당 지표에 경보를 추가할 수 있다.

S3의 스토리지 크기의 추이를 확인하기 위해 Bucket의 `BucketSizeBytes` 지표를 모니터링한다. 현재 표준 클래스만 사용하므로 `StandardStorage` 타입만 모니터링한다. 이 지표는 수집 주기가 길어 1일 이상의 단위에서만 제대로 표시된다. 추이를 볼 때는 행 유형 위젯을 사용하면 되고, 현황을 바로 확인할 때는 번호 유형 위젯을 사용하면 된다.

CloudFront의 경우 글로벌 지역의 서비스이므로 서울 지역의 CloudWatch에서 모니터링할 수 없다. 따라서 서울 지역에 위치한 위 세 개의 자원에 대해서만 대시보드를 구성하고, CloudFront는 별도로 대시보드를 구성해야 한다. 위 세 개의 자원에 대한 대시보드는 다음과 같이 간단하게 만들 수 있다.

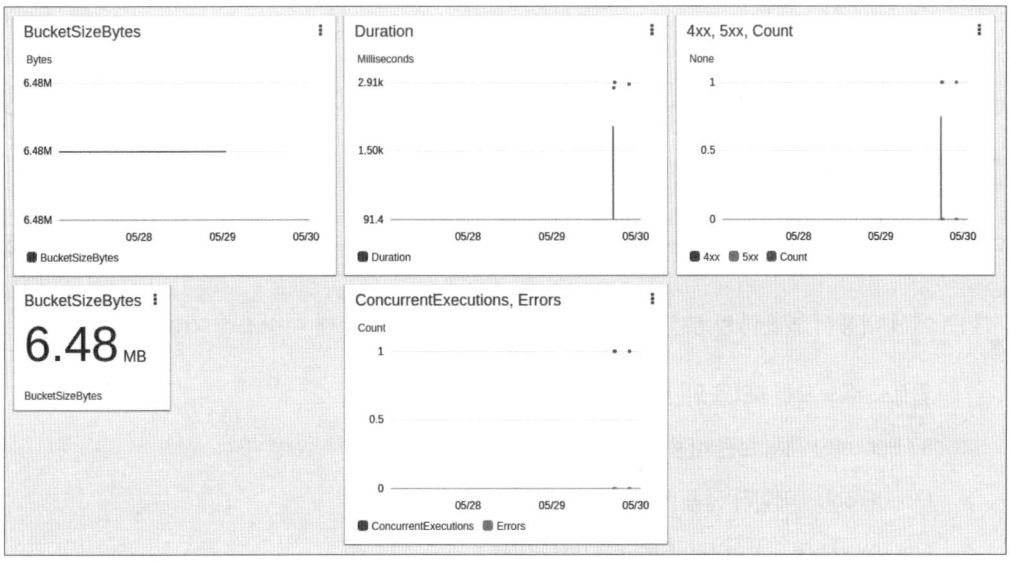

그림 3-7-1 대시보드 예제

CloudFront 모니터링을 위해서 미국 동부(버지니아 북부) us-east-1 지역으로 이동한다. CloudFront의 비용을 모니터링하기 위해 BytesDownloaded 항목을 추가한다. S3의 스토리지 크기와 동일하게 추이를 위한 행 유형과 현황을 위한 번호 유형 위젯을 사용하면 좋다. 단, 번호 유형 위젯을 추가할 때 지표의 통계를 합계로 설정하고 기간을 30일로 지정하면 최근 한 달 전송량을 파악할 수 있기 때문에 비용을 계산할 때 편리하다. 그 외에 4xx와 5xx 요청의 비율 지표를 모니터링하여 최적화 결과물이 준비되기 전에 너무 많은 요청이 발생하지 않는지 확인할 수 있다.

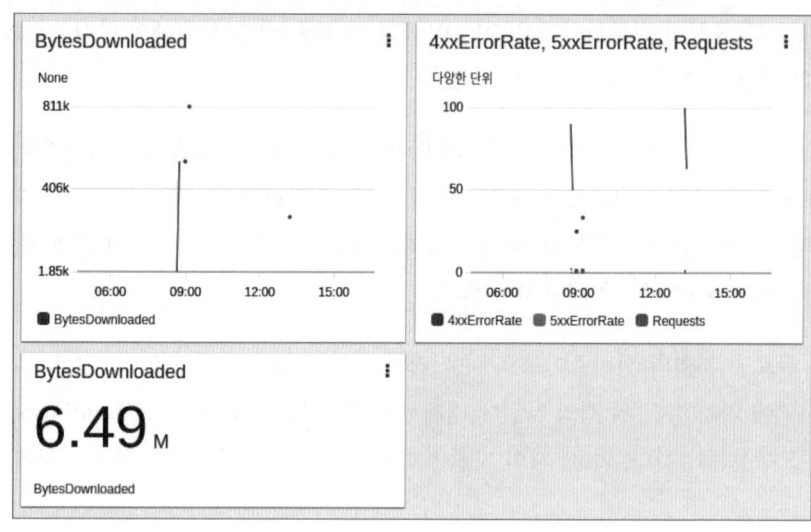

그림 3-7-2 CloudFront 대시보드 예제

3-8 비용 계산

서비스에서 비용이 발생하는 부분은 다음과 같다. 이번에도 세 번째 서비스를 기준으로 설명한다.

1. 업로드 주소 요청 API를 위한 API Gateway와 Lambda의 비용
2. S3 Bucket의 객체 보관 비용
3. CloudFront의 데이터 전송 비용
4. CloudWatch에 구성한 모니터링 대시보드 비용
5. CloudWatch Logs의 로그 보관 비용

대부분의 경우, AWS는 데이터센터로 데이터를 들이는 비용과 데이터센터 내에서 각 서비스 간의 통신 비용을 별도로 부과하지 않는다. 때문에 S3 Bucket으로 파일을 업로드하는 비용과 CloudFront가 S3 Bucket으로부터 사진을 가져오는 통신 비용은 없다. 그리고 이번 예제에서는 Lambda에서 별도의 로그를 남기지도 않았고 API Gateway나 CloudFront의 액세스 로그를 남기지도 않았기 때문에 이에 대한 로그 보관 비용도 계산할 필요가 없다. 대시보드는 1개당 3USD이므로 프리티어를 적용하지 않을 경우 API Gateway, Lambda, S3를 위한 대시보드와 CloudFront를 위한 대시보드, 총 2개에서 6USD 비용이 발생한다. 이 부분은 전체 비용에서 큰 부분을 차지하지 않는다.

주된 요금은 S3 Bucket의 객체 보관 비용과 CloudFront의 데이터 전송 비용에서 발생한다.

3-8-1 S3 비용

S3는 보관하는 객체의 유형에 따라 6개의 스토리지 클래스를 제공한다. 이는 자주 접근하는 객체를 관리하는 Standard 클래스와 장기 보관을 하는 Glacier 접근 빈도수에 따라 이 둘의 중간 단계에 해당하는 클래스를 제공한다. 이번 예제에서는 S3를 객체 보관용으로 사용하지 않고 CloudFront와 연계하여 CDN 서비스에 사용하므로 Standard 클래스를 사용한다. 이에 대한 가격 정책은 다음과 같다. 스토리지 보관 비용뿐만 아니라 조회와 업로드 시에도 비용이 발생한다.

항목	요금
스토리지 크기 처음 50TB/월	GB당 0.025USD
스토리지 크기 다음 450TB/월	GB당 0.024USD
스토리지 크기 500TB 초과/월	GB당 0.023USD
PUT, COPY, POST, LIST 요청	요청 1,000개당 0.0045USD
GET, SELECT 및 기타 모든 요청	요청 1,000개당 0.00035USD

프리티어로 월 5GB의 보관과 20,000건의 GET 요청, 2,000건의 PUT, COPY, POST 또는 LIST 요청을 제공한다. 그리고 S3에서 바로 파일을 다운로드할 경우 15GB의 데이터 송신도 제공한다. 다만 이 프리티어는 계정 가입 후 1년까지만 제공한다.

3-8-2 CloudFront 비용

CloudFront는 글로벌 서비스로 비용이 각 지역에 따라 다르기 때문에 계산이 복잡하다. 동일한 트래픽이 발생해도 미국, 멕시코, 캐나다보다 한국에서 더 많은 비용이 발생한다. 각 지역별 트래픽 비용은 다음과 같다. 다른 서비스와 유사하게 트래픽의 양이 많아질수록 비용이 낮아진다. 또한 최소 월 10TB 이상의 트래픽을 사용하는 경우에는 AWS에 문의하여 추가 할인을 받을 수 있는 창구도 있다. 다음 표는 GB당 트래픽 전송 요금이다.

월별	미국, 멕시코, 캐나다	유럽, 이스라엘	남아프리카, 케냐, 중동	남아메리카	일본	오스트레일리아, 뉴질랜드	홍콩, 인도네시아, 필리핀, 싱가포르, 대한민국, 대만, 태국	인도
처음 10TB	0.085 USD	0.085 USD	0.110 USD	0.110 USD	0.114 USD	0.114 USD	0.120 USD	0.109 USD
다음 40TB	0.080 USD	0.080 USD	0.105 USD	0.105 USD	0.089 USD	0.098 USD	0.100 USD	0.085 USD
다음 100TB	0.060 USD	0.060 USD	0.090 USD	0.090 USD	0.086 USD	0.094 USD	0.095 USD	0.082 USD

트래픽뿐만 아니라 HTTP, HTTPS 요청에 대해서도 요금이 발생한다. 그리고 트래픽과 동일하게 지역에 따라 비용이 달라진다. 다음 표는 10,000개당 요청 요금이다.

	미국, 멕시코, 캐나다	유럽, 이스라엘	남아프리카, 케냐, 중동	남아메리카	일본	오스트레일리아, 뉴질랜드	홍콩, 인도네시아, 필리핀, 싱가포르, 대한민국, 대만, 태국	인도
HTTP 요청	0.0075 USD	0.0090 USD	0.0090 USD	0.0160 USD	0.0090 USD	0.0090 USD	0.0090 USD	0.0090 USD
HTTPS 요청	0.0100 USD	0.0120 USD	0.0120 USD	0.0220 USD	0.0120 USD	0.0125 USD	0.0120 USD	0.0120 USD

무효화 요청에서도 비용이 발생한다. 매달 초기 1,000개의 경로에 대한 무효화 요청은 무료이지만, 그 이후에는 요청 경로당 0.005USD의 비용이 발생한다.

프리티어로 월 1TB의 데이터 송신, 1천만 건의 HTTP 및 HTTPS 요청을 제공한다. 이 프리티어는 계정 가입 후 1년까지만 제공한다.

3-8-3 서비스 비용 계산

계산 예시를 위해 다음과 같이 가정한다. 계산의 편의를 위해 프리티어는 포함하지 않는다.

1. 사진의 평균 크기는 4MB다.
2. 하루에 10만 건의 최적화 요청이 수행된다.
3. 최적화 결과 사진의 평균 크기는 2MB다.
4. 최적화된 사진에 평균 10번의 접근이 발생한다.
5. CloudFront의 트래픽은 서울 지역에서만 발생한다.
6. 업로드 주소 요청 API를 처리하는 Lambda는 15밀리초가 소요된다.
7. 최적화 수행 Lambda는 3초가 소요된다.
8. 한 달은 30일이다.

업로드 주소 요청 API는 한 달 동안 300만 번 호출된다. 발생 요금은 API Gateway 요청 3.69USD(300만 건 × 1.23USD/1백만 건), Lambda 호출 0.6USD(300만 건 × 0.20USD/1백만 건), Lambda 실행 0.752USD(15밀리초 × 300만 건 × 1GB × 0.0000000167USD/GB-밀리초)를 모두 합해 5.042USD다.

최적화 수행 Lambda는 한 달 동안 300만 번 수행된다. 발생 요금은 Lambda 호출 0.6USD(300만 건 × 0.20USD/1백만 건), Lambda 실행 150.3USD(3000밀리초 × 300만 건 × 1GB × 0.0000000167USD/GB-밀리초)를 모두 합해 150.9USD다.

사진 원본 객체가 잘 지워지고 최적화된 사진만 남아 있다고 가정했을 때, S3 Bucket에 한 달 후에 남아 있는 객체의 총 크기는 6TB(2MB × 300만 건)다. 발생 요금은 보관 비용 150USD(6000GB × 0.025USD/GB), 업로드(PUT) 요청 13.5USD(300만 건 × 0.0045USD/1천 건), 조회(GET) 요청 10.5USD(300만 건 × 10회 × 0.00035USD/1천 건)를 모두 합해 174USD다.

CloudFront로 전송하는 총 데이터의 크기는 60TB(300만 건 × 10회 × 2MB)다. 발생 요금은 트래픽 전송 6,200USD(10TB × 0.120USD/GB + 50TB × 0.100USD/GB), 무효화 요청 15,000USD(300만 건 × 0.005USD)를 모두 합해 21,200USD다.

모든 비용을 합산하면 매달 발생하는 비용은 21,529.942USD로 추산해볼 수 있다. 그리고 사진을 영구적으로 보관한다면 S3 보관 비용은 계속 증가할 것이다.

업로드 주소 요청 API의 비용은 다른 비용에 비해 무시할 만한 수준이다. 그리고 최적화 수행 Lambda는 수행 시간이 길어지면서 비용이 꽤 발생했고 이는 S3 비용과 비슷한 수준이다. 하지만 대부분의 비용을 차지하는 것은 CloudFront다. 트래픽에서도 무시하지 못할 비용이 발생했지만 가장 많은 비용이 발생한 부분은 무효화 요청이다. 즉, 비용 관점에서 보면 세 번째 시스템은 불필요한 무효화 요청을 제거하지 않는 한 사용할 수 없는 시스템이다. 무효화 비용을 해결했다고 가정해도, 그다음으로 문제가 되는 트래픽 전송 비용도 무시할 수 없다. 이는 CloudFront를 사용하는 대부분의 서비스에서 가장 많은 비용을 차지하는 부분으로, 이와 같이 과도한 트래픽이 예상되는 경우에는 AWS에 문의하여 대역폭 선구매를 통해 비용을 할인받을 수 있다.

3-8-4 비용 줄이기

CloudFront의 최소 트래픽 약정을 통해 트래픽 전송 비용을 할인받는 것 외에도 비용을 줄일 수 있는 부분이 더 있다.

1. Lambda의 메모리 크기를 기본값인 1GB로 사용하고 있다. CloudWatch Logs에 기록된 메모리 사용량을 보고 이를 512MB나 256MB까지 낮춘다면 Lambda 실행 비용을 많이 줄일 수 있다.
2. 최적화 수행 후 무효화를 요청하는 대신 별도의 API를 추가하여 완료 여부 검사 및 CDN 주소를 획득하면 무효화 비용 항목을 없앨 수 있다. 해당 함수는 Bucket에 최적화된 사진의 키가 존재하는지 확인한 후 존재할 경우 그에 대한 CDN 주소를 전달하면 된다. 이 경우 S3의 객체 조회 비용이 증가하지만 무효화 요청 비용을 없앨 수 있으므로 상대적으로 훨씬 저렴하게 시스템을 구축할 수 있다.
3. 만약 Bucket에 동일한 바이너리를 갖는 사진이 중복으로 많이 존재한다면, 시스템이 좀 더 복잡해진다고 해도 최적화 처리를 하는 메타데이터를 따로 관리하여 바이너리 해시값이나 유사한 이미지를 판단하여 하나의 결과물로 관리할 수도 있다. 이 경우 시스템은 훨씬 복잡해질 수 있지만 Bucket의 중복 데이터를 제거함으로써 보관 비용을 낮출 수 있다.

3-9 정리

사진 최적화를 수행하기 위해 사진을 업로드하고, Lambda에서 외부 실행 파일을 실행하고, CDN 서비스를 제공하기 위해 API Gateway, Lambda, S3, CloudFront로 서버리스 스택을 구성하는 방법을 알아봤다. 그리고 이 서비스를 구축하는 다양한 구조와 각각의 구현법과 장단점에 대해서도 알아봤다.

사진 최적화 서비스는 그 자체로서 활용될 수 있고, 블로그에 업로드하는 사진에도 사용할 수 있다. 뿐만 아니라 `jpegoptim` 외에도 `pngquant`와 같은 외부 실행 파일을 추가하여 `jpg`와 `png`를 모두 최적화하는 서비스로 확장할 수 있고, `convert`를 포함하여 크기 조절이나 회전 등의 역할을 수행하도록 확장할 수 있다. 혹은 `ffmpeg`를 포함하여 음성 파일이나 영상 파일을 변환하는 작업을 수행할 수 있다.

이는 추후 알아볼 컨테이너 이미지 기반의 Lambda보다 개발이나 배포가 복잡하다. 그러나 필요한 파일만 포함할 수 있기 때문에 첫 기동 지연 시간이 훨씬 빠르다는 장점이 있다. 때문에 이 방법은 Lambda에서 외부 실행 파일을 사용하면서도 첫 기동 지연 시간을 최적화하거나 실행 비용을 최적화할 때 유용하다.

Memo

4장

블로그 서비스

- **4-1** 서비스 소개 및 설계
- **4-2** 기본 API 구현
- **4-3** DynamoDB 연동
- **4-4** MySQL 연동
- **4-5** SQLite 연동
- **4-6** 저장소 비교
- **4-7** 프런트엔드 연동
- **4-8** S3와 CloudFront를 사용해 배포
- **4-9** CloudFront의 다중 오리진 사용
- **4-10** API Gateway에서 웹 페이지 제공
- **4-11** REST API 사용
- **4-12** 인증 구현
- **4-13** 상용 서비스 고려
- **4-14** 모니터링
- **4-15** 비용 계산
- **4-16** 정리

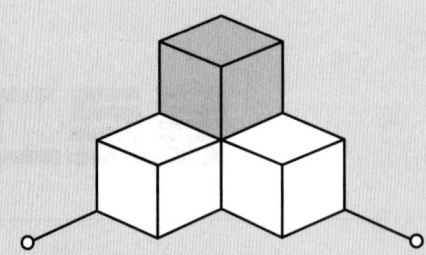

이번 단원에서는 글을 작성하고 게시하는 블로그 서비스를 서버리스 스택을 활용하여 개발한다. 작성된 글의 저장소로 DynamoDB, MySQL, SQLite를 사용한다. 각 저장소의 특성에 맞게 서버리스 스택을 설계하고 장단점을 토대로 적합한 시나리오를 알아본다.

또한 블로그 서비스를 위해 React 기반의 간단한 프런트엔드 페이지를 개발한다. 그리고 이를 API와 함께 서비스하기 위해 웹 페이지를 S3와 CloudFront를 사용해 배포하는 방법과 API Gateway에서 함께 제공하는 방법을 알아본다.

마지막으로 API Gateway가 제공하는 권한 부여 기능인 Lambda 권한 부여자를 사용해 인증된 사용자만 API를 사용하도록 구성하는 방법을 알아본다.

4-1 서비스 소개 및 설계

보통 우리가 자주 접하는 웹 서비스는 운영자나 다른 사용자가 작성한 정보를 열람하는 형태이다. 블로그, 게시판, 쇼핑몰 등을 예로 들 수 있다. 서버리스 스택을 활용한 개발의 두 번째 예제로 작성와 조회를 간단히 연습할 수 있는 블로그를 구현한다. 서버리스 스택에 저장소를 연결해 데이터의 영속성을 관리하고, API를 사용하는 프런트엔드를 개발하고, 권한이 있는 사용자만 글을 쓸 수 있도록 인증을 추가하는 방법을 알아본다.

이번 예제의 블로그 서비스는 다음과 같은 간단한 기능을 갖는다.

1. 허가된 사용자만 글을 작성할 수 있다.
2. 모든 사용자는 작성된 글을 조회할 수 있다.
3. 작성된 모든 글을 최신순으로 조회할 수 있다.

상용 블로그 서비스는 여러 사람이 함께 글을 작성할 수 있고, 지정된 날짜에 게시하도록 예약할 수 있으며, 댓글을 지원하고, 사진이나 영상 등 다양한 객체를 본문에 포함할 수 있다. 이 모든 기능의 핵심은 결국 저장소에 필요한 형태로 데이터를 보관했다가 원하는 형태로 조회하는 것이다. 조회 방식에서 조금 차이가 있지만 글을 관리하는 것과 댓글을 관리하는 것은 큰 차이가 없다. 글 작성 권한 관리도 각 동작마다 권한이 부여된 계정 목록 데이터의 영속성을 관리하는 것이다. 본문에 다양한 형태의 데이터를 포함하는 것은 저장소에서 관리하는 데이터 형식을 벗어나지만 않으면 문제가 없다. 다행히 이런 서식 대부분은 HTML 수준으로 표현이 가능하기 때문에 저장소에 글 본문을 HTML로 저장하면 된다.

게시판이나 쇼핑몰의 경우도 작성과 조회라는 관점에서 보면 블로그와 근본적인 구조에 큰 차이가 없다. 물론 검색, 정렬, 구매와 같은 부가적인 기능이 추가될 수 있지만, 기본적인 틀을 구성하는 수준에서는 글의 작성과 조회를 구현하는 연습으로도 충분하다.

서버리스 시스템은 상태를 갖지 않으므로 데이터의 영속성은 별도로 운영해야 한다. 잘 알려진 DynamoDB나 MySQL, S3를 사용할 수도 있다. 이들은 서로 다른 목표를 위해 만들어진 시스템이므로 그 특성에 맞게 사용해야 한다. 이번 단원에서는 블로그 서비스를 세 가지 저장소를 기반으로 각각 구현해 장단점을 알아본다. S3 자체를 저장소로 사용하는 것은 사진 서비스에서 다뤘기 때문에 이번 예제에서는 SQLite를 사용하는 방법을 살펴본다.

설명의 편의를 위해, 어떤 저장소를 사용하든 서비스 API는 모두 동일하게 작성한다. 글의 작성, 조회, 목록 조회 API의 처리 흐름도는 다음과 같다.

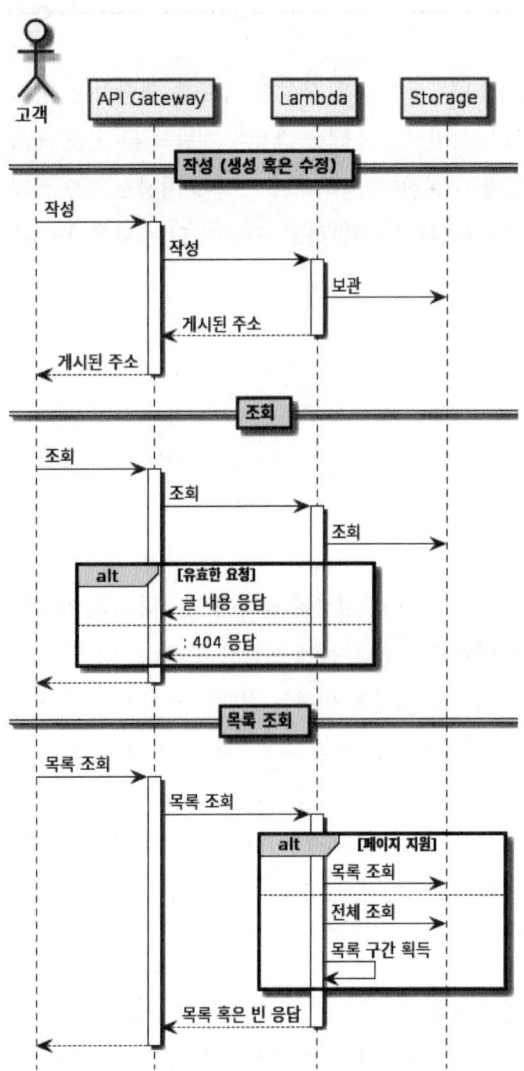

그림 4-1-1 글의 작성, 조회, 목록 조회 API의 처리 흐름도

모든 글은 자신의 ID를 가진다. 구현의 편의를 위해, 글 ID는 글 제목으로부터 encodeURIComponent한 값을 사용한다. 이 방법은 글의 제목이 변경될 때 ID가 같이 변경된다는 단점이 있지만, 글의 URL로도 글 제목을 알 수 있어 SEO(검색 엔진 최적화)에 유리하다. 그리고 ID를 자동 생성하기 어려운 저장소에서도 쉽게 ID를 만들어 사용할 수 있다. 단순히 encodeURIComponent

를 사용하는 대신 띄어쓰기를 - 문자로 치환하거나 특수문자를 제거하는 등의 몇 가지 처리를 추가해 좀 더 깔끔한 URL을 만들 수도 있다. 하지만 이번 예제에서는 단순함을 위해 별도의 처리를 하지 않고 encodeURIComponent 함수만 사용해 글 ID를 얻는다.

글을 작성하는 API는 글을 처음 생성하는 API와 수정하는 API로 나뉜다. 두 API 모두 요청으로 전달받은 글의 제목과 내용을 저장소에 보관한다. 하지만 수정의 경우 글 제목이 변경되었을 때 글 ID가 변경되므로 ID를 변경하거나 새 글을 등록한 후 과거 글을 삭제하는 로직이 추가로 필요하다.

글을 조회하는 API는 글 ID가 유효하면 저장소에서 바로 조회해 결과로 응답한다. 글 ID가 유효하지 않을 때는 HTTP 응답 코드 관례에 따라 404를 반환한다.

글 목록을 조회하는 API는 최근 등록된 순으로 글 제목을 조회해 반환한다. 저장소에서 정렬을 지원할 경우 저장소에 정렬을 요청해 결과를 받아 응답하면 된다. 하지만 저장소가 이를 지원하지 않는다면 전체를 조회한 후 직접 정렬하고 목록을 구성해 응답해야 한다. 필요에 따라 미리보기를 위한 글 조각을 함께 응답할 수도 있고, 글이 많을 경우를 대비해 페이지 기능을 제공할 수도 있다. 하지만 이번 예제는 설명의 편의를 위해 지원하지 않는다.

먼저 글 API를 위한 서버리스 스택을 구성하고 저장소와 통신하는 부분은 인터페이스로 남겨둔다. 그리고 DynamoDB, MySQL, SQLite를 사용하는 저장소 예제를 구현해 블로그 API를 완성한다. 이때 필요한 자원을 어떻게 CloudFormation 선언할 수 있는지 알아본다. 그리고 각각 어떤 장단점을 갖고 어떤 시나리오에서 더 적합한지 알아본다.

4-2 기본 API 구현

블로그 서비스를 제대로 구현하려면 사용하려는 저장소의 특성에 맞게 API를 구성해야 하지만 이번 예제에서는 세 가지 저장소의 특성을 비교해보기 위해 API를 고정한다. 그리고 다소 억지일 수 있지만 그 API의 요구에 맞게 저장소를 활용한다. 이번 단원에서는 이때 사용할 API와 저장소의 인터페이스를 구현해본다.

이번 예제는 다음 5개의 API로 구성된다. 구성도에서는 글의 생성과 수정을 하나의 흐름으로 표현했지만 API에서는 둘을 나눈다.

API	목적	요청 내용	응답 내용
POST /api/post	글 생성	{title, content}	{title}
GET /api/post/{title}	글 조회		{title, content, created, modified}
PUT /api/post/{title}	글 수정	{title, content}	{title}
DELETE /api/post/{title}	글 삭제		
GET /api/post	글 목록 조회		{title, created}[]

1. 글을 생성하는 API는 title과 content를 JSON으로 받고 저장소에 보관한 후, 그 title을 반환한다.
2. 글을 수정하는 API는 생성하는 API와 동일한 요청과 응답을 한다. 하지만 경로 파라미터(Path parameter)로 수정할 글의 title을 받는다. 만약 요청 내용에 포함된 title과 주소 내의 title이 다르다면 제목이 변경된 것이므로 이에 대한 처리를 해준다.
3. 글을 조회하는 API는 경로 파라미터로 title을 받아 title과 content를 반환한다.
4. 글을 삭제하는 API는 경로 파라미터로 title을 받아 데이터를 제거한다.
5. 글 목록을 조회하는 API는 저장소에 보관된 글을 최신순으로 정렬하여 title과 created의 목록을 반환한다.

앞서 정리한 API 사양을 서버리스 스택으로 정의하면 다음과 같다. serverless.ts 파일의 functions 변수로 정리한다.

```
const functions = {
  createPost: {
    handler: "handler.createPost",
    events: [{ httpApi: { path: "/api/post", method: "post" } }],
  },
  readPost: {
    handler: "handler.readPost",
    events: [{ httpApi: { path: "/api/post/{title}", method: "get" } }],
  },
  updatePost: {
    handler: "handler.updatePost",
    events: [{ httpApi: { path: "/api/post/{title}", method: "put" } }],
```

```
    },
    deletePost: {
      handler: "handler.deletePost",
      events: [{ httpApi: { path: "/api/post/{title}", method: "delete" } }],
    },
    listPosts: {
      handler: "handler.listPosts",
      events: [{ httpApi: { path: "/api/post", method: "get" } }],
    },
  };
```

serverless.ts 파일은 별도의 템플릿으로부터 생성하지 않고 Hello API 타입스크립트 구현체를 복사해서 사용한다. 다만 스택의 이름이 바뀌도록 service만 적당한 이름으로 변경한다. 추후 세부 구현할 때 각 저장소에서 필요한 자원은 CloudFormation 형식으로 Resources 안에 선언한다.

```
const config: AWS = {
  service: "simple-blog",
  frameworkVersion: "3",
  functions,
  plugins: ["serverless-webpack"],
  provider: {
    name: "aws",
    runtime: "nodejs14.x",
    region: "ap-northeast-2",
  },
  resources: {
    Resources: {},
  },
};

export = config;
```

API Gateway를 통해 Lambda로 전달된 HTTP 요청을 처리하는 함수를 구현한다. 지난 단원과 동일한 관례를 사용해 handler.ts 파일에 필요한 내용을 구현한다. 단, 글에 대한 모델 선언과 저장소 구현을 분리하기 위해 handler.ts, models.ts, storage.ts 3개의 파일로 나눠서 구현한다.

4-2-1 models.ts 구현

글은 제목과 내용으로 구성된다. 글 목록은 글의 제목과 작성 시간으로 구성된다. 타입스크립트에서는 이 모델을 미리 선언하여 잘못된 타입을 컴파일 시점에 걸러낼 수 있다. 두 모델을 models.ts에 다음과 같이 정의한다.

```
export interface Post {
  title: string; // 글 제목이자 키.
  content: string; // 글 내용.
  created: string; // 생성 일시.
  modified?: string; // 수정 일시. 수정이 없다면 값이 없다.
}

// 글 목록에 노출할 필드를 가지는 모델을 정의한다.
export interface PostListItem {
  title: string; // 글 제목이자 키.
  created: string; // 생성 일시.
}
```

다른 파일에서는 import 구문을 사용해 `import { Post } from "./models";` 형태로 개별 export 항목을 참조할 수 있다.

4-2-2 handler.ts 구현

글을 생성하는 `createPost` 함수는 `{title, content}` 요청을 받아 저장소에 보관한다. 저장소의 `insert` 함수는 생성할 Post 객체를 처리하는 비동기 함수다. 보관 함수는 추후 설명할 경합 상황에서 실패할 수 있는데, 이때 `false`를 반환한다. 클라이언트의 동시 요청에 의해 발생하는 경우이므로 400 에러를 응답한다. 그 외에 의도치 않은 예외가 발생하는 경우, 예를 들어 잘못된 요청으로 인해 `JSON.parse` 함수가 실패하는 것 등은 따로 처리하지 않았다. 물론 상용 서비스를 고려한다면 예외 처리는 필수지만 예제의 간결함을 위해 이런 부분은 앞으로도 생략한다.

저장소에 접근하는 코드는 `storage.ts` 파일에 구현하고, `handler.ts`에서는 이를 가져와 사용한다. 자세한 내용은 `storage.ts` 파일을 구현할 때 알아본다.

```
import * as storage from "./storage";
```

```
export const createPost: APIGatewayProxyHandlerV2 = async (event) => {
  if (!event.body) {
    return { statusCode: 404 };
  }
  const { title, content } = JSON.parse(event.body);
  const created = new Date().toISOString();

  if (!(await storage.insert({ title, content, created }))) {
    return { statusCode: 400 };
  }
  return { title };
};
```

글을 수정하는 updatePost 함수는 생성과 동일하게 {title, content} 요청을 받아 저장소에 갱신을 요청한다. 단, title이 달라지는 경우에 대한 처리가 필요하므로, 저장소의 update 함수는 경로 파라미터로 전달된 title과 요청 내용으로 전달된 글 정보를 함께 받아 처리하는 비동기 함수다. 생성과 동일하게, 요청 대상이 없는 경우만 404 응답을 반환하고 내용이 잘못된 경우의 예외 처리는 예제의 간결함을 위해 따로 처리하지 않는다. 다만 갱신 요청이 false를 반환할 경우 생성과 동일하게 400 응답을 반환한다.

```
export const updatePost: APIGatewayProxyHandlerV2 = async (event) => {
  if (!event.body || !event.pathParameters || !event.pathParameters["title"]) {
    return { statusCode: 404 };
  }
  const oldTitle = event.pathParameters.title;
  const { title, content } = JSON.parse(event.body);
  const modified = new Date().toISOString();

  if (!(await storage.update(oldTitle, { title, content, modified }))) {
    return { statusCode: 400 };
  }
  return { title };
};
```

글을 조회하는 readPost 함수는 title을 경로 파라미터로 받아 {title, content, created, modified}를 응답한다. 이때 저장소의 get 함수는 title을 인자로 받아서 글이 존재할 경우 Post 객체를 반환하고 그렇지 않으면 null을 반환하는 비동기 함수다. 만약 null이 반환되면 404 응답을 반환한다. 만약 컴파일러가 반환값을 정확히 추론하지 못해서 오류가 발생한다면

APIGatewayProxyHandlerV2의 타입 인자로 Post를 명시한다.

```
export const readPost: APIGatewayProxyHandlerV2<Post> = async (event) => {
  if (!event.pathParameters || !event.pathParameters["title"]) {
    return { statusCode: 404 };
  }
  const post = await storage.select(event.pathParameters.title);
  if (!post) {
    return { statusCode: 404 };
  }
  return post;
};
```

글을 삭제하는 deletePost 함수는 title을 경로 파라미터로 받아 데이터를 삭제한 후 200 응답을 반환한다. 이때 저장소의 remove 함수는 title을 받아 데이터를 삭제하는 비동기 함수다. 실제 글의 존재 여부는 상관하지 않고 삭제 시 별다른 오류가 발생하지 않으면 200 응답을 반환하도록 간단하게 작성한다.

```
export const deletePost: APIGatewayProxyHandlerV2 = async (event) => {
  if (!event.pathParameters || !event.pathParameters["title"]) {
    return { statusCode: 404 };
  }
  await storage.remove(event.pathParameters.title);
  return { statusCode: 200 };
};
```

글 목록을 조회하는 listPosts 함수는 요청 변수를 받지 않는다. 저장소가 최신순으로 정렬한 글의 제목 목록을 반환하는 list 함수가 있다고 가정하고 그 결과를 그대로 반환한다. 만약 컴파일러가 반환값을 정확히 추론하지 못해서 오류가 발생한다면 APIGatewayProxyHandlerV2의 타입 인자로 PostListItem[]을 명시한다. 페이징을 처리하려면 쿼리 파라미터 event.queryStringParameters로 페이지 정보를 받아 구현한다. 여기서는 간결한 설명을 위해 페이징을 구현하지 않는다.

```
export const listPosts: APIGatewayProxyHandlerV2<PostListItem[]> = async () => {
  return storage.list();
};
```

4-2-3 storage.ts 구현

저장소는 앞서 가정한 insert, select, update, remove, list 5개의 함수를 갖는다. 이에 대한 스텁(Stub)을 구현하면 다음과 같다.

```
import { Post, PostListItem } from "./models";

export async function insert(post: Post): Promise<boolean> {
  return false;
}

export async function select(title: string): Promise<Post | null> {
  return null;
}

export async function update(
  oldTitle: string,
  post: Omit<Post, "created">
): Promise<boolean> {
  return false;
}

export async function remove(title: string): Promise<void> {}

export async function list(): Promise<PostListItem[]> {
  return [];
}
```

글 생성 함수는 글에 대한 정보 전체를 사용하므로 Post 타입을 인자로 받는다. 하지만 글 수정 함수는 굳이 생성 시간(created)에 대한 정보를 알 필요가 없기 때문에 Post 타입에서 created를 제외한 타입을 인자로 사용한다. 이를 위해 Omit 타입 유틸리티를 사용한다. Omit은 첫 번째 인자로 지정한 타입에서 두 번째 인자로 지정한 이름을 제외한 타입을 새로 만들어주는 유틸리티다.

저장소에 대한 함수를 정의했으므로 handler.ts에서 이를 참조해 사용한다. 개별 함수를 각각 참조해서 사용할 수도 있지만 편의를 위해 *로 노출된 모든 함수를 하나의 변수에 묶어서 참조한다.

```
import * as storage from "./storage";
```

```
// 이제 storage라는 namespace로 insert, select, update, remove, list 함수를 호출할 수 있다.
// storage.insert(...)
// storage.select(...)
```

handler.ts의 구현을 완료했다. 이후 구현에서 DynamoDB, MySQL, SQLite 중 어떤 것을 사용해도 storage.ts 파일만 구현하고 필요한 AWS 자원은 serverless.ts의 Resources에 선언하면 된다. 지금부터는 각 저장소를 사용하는 세부 구현 내용을 알아보자.

4-3 DynamoDB 연동

Amazon DynamoDB는 AWS의 대표적인 서버리스 저장소로 서버 가용성이나 확장성에 대한 관리 고민 없이 어떤 규모에서도 10밀리초 미만의 성능을 제공하는 NoSQL 데이터베이스 서비스다. 키-값 형태로 데이터를 관리하고 문서 형식의 값을 다양한 내장 함수를 통해 빠르게 사용하는 방법을 제공한다. CloudFormation을 통해 적은 설정으로도 데이터베이스와 테이블 자원을 선언해 사용할 수 있다. MySQL 등 관계형 데이터베이스 서비스를 제공하는 Amazon RDS와는 다르게, 인스턴스의 기동 비용이 없고 요청 처리와 데이터 보관 비용만 발생하기 때문에 비용 측면에서도 Lambda와 좀 더 어울린다. 하지만 분산 NoSQL 저장소이므로 기존 관계형 데이터베이스와는 접근 방법을 달리 해야 하는 부분이 있다.

이번 예제에서는 DynamoDB를 저장소로 사용한다. 단, 설명의 편의를 위해 다른 저장소와 비교하여 필요한 부분만 서술하고 모든 기능을 설명하지는 않는다.

4-3-1 자원 선언

DynamoDB 테이블은 CloudFormation으로 선언할 수 있다. 이는 추후 설명할 MySQL, SQLite의 경우와 다르게 코드와 인프라 자원뿐만 아니라 테이블까지 하나의 CloudFormation 선언으로 관리할 수 있다는 장점을 갖는다.

먼저 사용할 테이블에 대한 선언을 보면 다음과 같다. serverless.ts 파일에 다음과 같이 추가한다.

```
const PostTable = {
  Type: "AWS::DynamoDB::Table",
  Properties: {
    TableName: "post",
    KeySchema: [{ AttributeName: "title", KeyType: "HASH" }],
    AttributeDefinitions: [{ AttributeName: "title", AttributeType: "S" }],
    BillingMode: "PAY_PER_REQUEST",
  },
};
```

자원 유형을 `AWS::DynamoDB::Table`로 지정하면 DynamoDB에서 사용할 테이블을 선언할 수 있다. `Properties`로 테이블 이름, 키 구조, 검색을 위한 색인, 읽기/쓰기 용량 단위 등 필요한 다양한 설정을 지정할 수 있다. 이번 예제에서는 테이블을 만드는 가장 간단한 구성을 사용했다.

1. `TableName`은 테이블 이름을 지정한다. 3~255자의 알파벳과 숫자, 그리고 `.`,`_`,`-`의 조합으로 작성할 수 있다. 이번 예제에서는 `post`라고 지었다.
2. `KeySchema`는 키 구조를 지정한다. `AttributeName`으로 키로 사용할 attribute를 지정하고, `KeyType`을 지정한다. `KeyType`은 HASH와 RANGE를 지정할 수 있다.
3. `AttributeDefinitions`은 `KeySchema`나 `GlobalSecondaryIndex`를 위한 키를 정의할 때 지정하는 attribute의 자료형을 명시한다.
4. `BillingMode`는 처리 용량 단위(Capacity unit)의 관리 방법을 지정한다. PAY_PER_REQUEST와 PROVISIONED 유형이 있으며 기본값은 PROVISIONED이다.

DynamoDB는 대량의 요청에도 빠른 읽기/쓰기 응답을 하기 위해 키 기반의 파티션 구조를 사용한다. 이를 위해 `KeySchema`에서 키를 관리하는 방법을 명시한다. HASH 키를 사용해 데이터를 파티션에 균등하게 분산하고, RANGE 키를 사용해 동일 파티션 내의 데이터를 정렬한다. 요청량이 많을 경우 각 요청이 가급적 다른 파티션에서 처리되어야 빠른 동시 처리 속도를 보장할 수 있으므로 키 설계 시 이 점을 유의해야 한다. 데이터의 특성과 상관없이 조회 시 정렬을 사용하려면 키 대신 보조 색인(GlobalSecondaryIndex)을 사용하는 게 더 낫다. 보조 색인에서도 동일하게 키 구조(KeySchema)를 정의할 수 있다. 단, 보조 색인에 접근하기 위해 별도의 읽기/쓰기 용량을 사용하므로 추가 비용 발생에 유의해야 한다.

`KeySchema`에서 사용할 키의 속성(attribute)을 지정하는데, 이 속성은 `AttributeDefinitions`에 지정해야 한다. {`AttributeName`, `AttributeType`}의 배열로 지정되며, `AttributeName`은 속성의 이름, `AttributeType`은 속성의 타입을 지정한다. 키로 지정할 수 있는 타입은 S 문자열, N

숫자, B 바이너리로 3가지다. 예제에서는 키로 사용하는 `title`만 문자열(S) 타입임을 명시하면 된다. 키가 아닌 속성에 대해서는 각 타입에 대한 Set, List와 Bool, Null 등을 추가로 지원한다.

`BillingMode`는 처리 용량 단위(Capacity unit) 방식을 지정한다. `PAY_PER_REQUEST`로 지정하면 별도의 용량을 지정하지 않고 사용할 수 있다. 요청이 적게 들어오면 적게 들어오는 대로, 많이 들어오면 많이 들어오는 대로 처리가 가능하며 처리된 요청수에 따른 비용이 발생한다. `PROVISIONED`로 지정하면 `ProvisionedThroughput` 속성을 추가로 지정해야 한다. 여기서는 읽기 용량 단위(ReadCapacityUnits)와 쓰기 용량 단위(WriteCapacityUnits)를 지정한다. 초당 처리할 읽기와 쓰기의 양을 지정하므로 어느 정도 트래픽을 예측할 수 있을 때 사용해야 한다. DynamoDB에서 지원하는 일관성 모델인 강력히 일관된(strongly consistent) 혹은 최종적으로 일관된(eventually consistent) 읽기/쓰기 중 어느 것을 선택하느냐에 따라 요청당 차감량이 다르다. 그리고 버스트 용량을 통해 처리량 설정을 초과하는 경우에도 어느 정도 요청을 처리할 수 있게 해준다. 하지만 처리 용량 단위를 사용하면 요청을 처리하지 않아도 할당한 만큼 비용이 계속 발생하고, 버스트 용량을 초과하는 요청을 처리할 수 없기에 너무 낮거나 높게 설정하기 어렵다. 이를 위해 요청량의 상황에 따라 DynamoDB Auto Scaling을 구성해 처리 용량 단위를 동적으로 변경하지만 이는 CloudWatch 지표를 기반으로 동작하므로 급변하는 트래픽에 맞춰 대응하지는 못한다. 이렇듯 `PROVISIONED`는 `PAY_PER_REQUEST`에 비해 훨씬 고려해야 할 내용도 많고 불필요한 비용이나 처리 실패 문제가 발생할 여지가 있지만 많은 트래픽이 꾸준히 발생하는 경우 비용이 최대 7배 정도까지 저렴하기 때문에 예측 가능한 트래픽 수준이라면 `PROVISIONED` 방식을 사용하는 것이 더 유리하다. 단, 이번 예제에서는 설정이 간단한 `PAY_PER_REQUEST`만 설명한다.

이제 Lambda에서 생성한 테이블에 접근하는 권한을 부여한다. Lambda에서는 테이블을 대상으로 삽입(`PutItem`), 조회(`GetItem`), 수정(`UpdateItem`), 삭제(`DeleteItem`) 요청 권한이 필요하다. 배치(Batch)나 트랜잭션 처리를 위해 추가로 필요한 권한은 없다. 따라서 4개의 권한만 `Action`으로 지정한다.

```
const PostTableRoleStatement = {
  Effect: "Allow",
  Action: [
    "dynamodb:PutItem",
    "dynamodb:GetItem",
    "dynamodb:UpdateItem",
    "dynamodb:DeleteItem",
  ],
```

```
    Resource: { "Fn::GetAtt": ["PostTable", "Arn"] },
};
```

접근할 테이블 리소스의 ARN은 `arn:aws:dynamodb:REGION:ACCOUNT_ID:table/TABLE_NAME` 형태로 구성된다. 이때 `REGION`과 `ACCOUNT_ID`를 직접 입력하거나 CloudFormation 내장 함수 `Ref`를 사용해 `AWS` 네임스페이스 하위 항목을 가져와 사용해도 된다. 하지만 보다 간단하게 `PostTable`의 `Arn` 속성을 `Fn::GetAtt` 내장 함수를 통해 가져와서 사용할 수 있다. 이때 사용하는 `PostTable` 문자열은 앞서 테이블을 선언한 `PostTable` 변수 이름과 동일해야 한다. 왜냐하면 그 변수의 이름이 CloudFormation으로 전달되어 자원을 지칭하는 키로 사용되기 때문이다. 따라서 `PostTable` 변수 이름이 변경될 때 여기의 `PostTable` 문자열도 동일하게 변경되도록 주의가 필요하다.

다음과 같이 변수의 이름을 문자열로 가져오는 함수를 구현해 문제를 해결할 수 있다. 자바스크립트는 어떤 변수를 객체에 포함할 때 그 변수의 키가 변수의 이름과 같을 경우 키-값 구문을 변수 이름으로만 기입할 수 있다. 이 성질을 이용하면 변수를 객체에 포함시킨 뒤 객체의 첫 번째 키를 가져옴으로써 변수의 이름을 문자열로 가져올 수 있다. 이 함수를 사용하면 `PostTable` 변수 이름이 달라졌을 때 발생하는 문제를 해결할 수 있다. `PostTable` 변수 이름이 변경될 때 이를 참조하는 곳의 문자열도 함께 변경되기 때문이다.

```
function getVariableName(expression: { [key: string]: unknown }): string {
  return Object.keys(expression)[0];
}
const PostTableRoleStatement = {
  // ... 생략
  Resource: { "Fn::GetAtt": [getVariableName({ PostTable }), "Arn"] },
};
```

서버리스 스택에 DynamoDB를 포함하기 위해 `Resources` 안에 `PostTable`을 추가하고, 권한을 부여하기 위해 `iam.role.statements` 배열에 `PostTableRoleStatement`를 추가한다. 이미 구성한 기본 설정을 생략하고 추가된 부분만 보면 다음과 같다.

```
const config: AWS = {
  provider: {
    // ... 기본 설정 생략
    iam: { role: { statements: [PostTableRoleStatement] } },
```

```
  },
  // ... 기본 설정 생략
  resources: {
    Resources: { PostTable },
  },
};
```

4-3-2 AWS-SDK 라이브러리 추가

DynamoDB에 접근하기 위해 Node.js 라이브러리를 추가한다. 이 라이브러리는 Lambda Node. js 런타임에서 지원해주므로 동일한 버전을 사용해야 한다. 2022년 8월 기준으로 Lambda에 설치된 버전은 2.1055.0이다. 앞선 예제를 구현할 때와 동일하게 `optional`로 의존성을 추가한다. 이 버전은 계속 업데이트되기 때문에 의존성을 추가하기 전에 현재 버전을 확인하는 것이 좋다.

```
$ npm install --save-optional --save-exact aws-sdk@2.1055.0
```

불필요한 패키지 용량 증가를 피하기 위해 `webpack.config.js`에서 해당 의존성을 제외한다.

```
module.exports = {
  ...생략,
  externals: [/aws-sdk/],
};
```

4-3-3 글에 대한 CRUD 구현

앞서 S3를 사용했을 때와 동일하게 DynamoDB도 `aws-sdk` 라이브러리에 있는 `DynamoDB` 클래스를 사용해 접근할 수 있다. 다만 DynamoDB는 키-값, 문서의 각 속성 타입을 항상 명시해주어야 하므로 사용이 다소 번거롭다. 예를 들어 `Post` 모델을 추가(Put)하려면 `storage.ts` 파일에 다음과 같은 코드를 작성해야 한다.

```
import { DynamoDB } from "aws-sdk";

const ddb = new DynamoDB();
const TableName = "post";
```

```
async function insert(post: Post) {
  return ddb
    .putItem({
      TableName,
      // Item으로 추가할 문서를 명시할 때 항목마다 타입을 지정해야 한다.
      // 여기서 모든 필드의 타입은 S, 즉 문자열임을 알려주어야 한다.
      Item: {
        title: { S: post.title },
        content: { S: post.content },
        created: { S: post.created },
      },
    })
    .promise();
}
```

복잡한 모델 필드의 속성 타입을 지정하는 것은 매우 번거롭기 때문에 이를 자동으로 지정해주는 `DocumentClient`를 사용한다. 복잡한 속성 타입에 대한 유연성은 떨어지지만 훨씬 간결한 코드를 작성할 수 있다. 그리고 이번 예제에서 테이블은 모두 `post`만 사용하므로 이를 `TableName` 변수로 지정해둔다. 앞서 작성한 코드를 다음과 같이 작성할 수 있다.

```
const db = new DynamoDB.DocumentClient();
const TableName = "post";

async function insert(post: Post) {
  return db.put({ TableName, Item: post }).promise();
}
```

DynamoDB의 `put` 요청은 값이 없으면 생성하고 이미 값이 있다면 `replace`하여 치환한다. 글을 생성할 때 이미 동일한 `title`로 작성된 글이 있다면 오류를 발생해야 하므로 단순히 `put` 요청을 사용할 수 없고 동일한 `title`이 존재하지 않을 때만 `put`이 성공하도록 조건을 추가해야 한다. 이는 `ConditionExpression`을 통해 지정할 수 있다. `ConditionExpression`은 명령을 수행할 조건식을 지정하는 것이며, 특정 속성의 값을 원하는 값과 비교하는 조건이나 혹은 존재 여부 등의 조건을 지정할 수 있다. 다양한 조건이 있지만 여기서는 필요한 기능만 소개한다. 자세한 내용은 비교 연산자 및 함수 참조[1]를 참고한다.

---

1 https://docs.aws.amazon.com/ko_kr/amazondynamodb/latest/developerguide/Expressions.OperatorsAndFunctions.html

동일한 title을 갖는 값이 없을 때만 값을 추가하기 위해 attribute_not_exists 조건 함수를 사용한다. 조건 함수 인자로 속성 이름을 지정한다.

```
async function createItem<T>(item: T): Promise<void> {
  await db
    .put({
      TableName,
      Item: item,
      ConditionExpression: "attribute_not_exists(title)",
    })
    .promise();
}
```

만약 동일한 title을 갖는 항목이 있다면 ConditionalCheckFailedException 오류가 발생한다. 물론 그 외에도 네트워크 연결 문제, 허용 처리량 초과, 잘못된 요청 등의 문제로도 실패할 수 있다. 이 중 네트워크 연결 문제나 허용 처리량 초과와 같이 재시도해서 성공할 수 있는 유형의 오류는 발생한 예외의 retryable 값을 통해 확인할 수 있다. 글 생성 함수에서는 간단히 이 두 가지 유형에 대해서만 클라이언트 재시도를 유도하도록 400 응답을 반환하고, 그 외의 경우는 서버 예외를 발생시켜 500 응답을 반환하도록 구현한다. 물론 재시도 가능한 오류 유형에서도 즉시 재시도가 아니라 적당한 재시도 횟수 내에서 지수 백오프를 사용해 재시도를 수행해야 한다. 이는 DocumentClient 객체를 만들 때 maxRetries 설정으로 최대 횟수를 지정해서 자동으로 활성화할 수 있다. 이제 insert 함수를 다시 구현한다.

```
export async function insert(post: Post): Promise<boolean> {
  try {
    await createItem(post);
  } catch (error: any) {
    if (error.code === "ConditionalCheckFailedException" || error.retryable) {
      return false;
    }
    throw error;
  }
  return true;
}
```

글 조회 함수는 get 함수로 구현한다. 조회할 테이블과 항목의 키를 인자로 사용한다. 반환되는 값의 .Item 멤버에 접근해 필요한 데이터를 획득할 수 있다. 이때 항목이 존재하지 않는다면

undefined로 설정된다. 글이 없을 때는 `null`을 반환해야 하므로 이 값 대신 `null`을 반환하도록 처리한다.

```
export async function select(title: string): Promise<Post | null> {
  const postData = await db.get({ TableName, Key: { title } }).promise();
  return (postData.Item as Post) ?? null;
}
```

글 수정은 글 내용 변경과 글 제목 변경이 있다. 예제에서는 글의 제목(title)을 DynamoDB 문서의 키로 사용하고 있는데, DynamoDB는 문서의 키 변경을 지원하지 않는다. 따라서 글 수정을 구현할 때 다음과 같이 두 경우로 나누어서 구현한다.

1. 키로 사용하는 title이 변경되지 않아 단순히 내용만 갱신하면 되는 경우
2. 키로 사용하는 title이 변경되어 예전 글을 삭제하고 새로운 글을 등록해야 하는 경우

전자의 경우 update 함수에 갱신할 속성의 표현식을 넣어 수행할 수 있고, 후자의 경우 예전 글 삭제와 새 글 삽입을 트랜잭션으로 묶어 처리해야 한다. 먼저 내용을 갱신하는 부분을 살펴보자. update 함수는 갱신할 항목에 대한 `TableName`과 `Key`를 지정하고 변경 대상을 `UpdateExpression`으로 지정한다. 이때 값을 단순히 치환하는 SET뿐만 아니라 숫자 값의 증감을 위한 ADD 명령 등을 사용할 수 있다. 여기서는 content와 modified를 새로운 값으로 치환하는 표현식을 작성한다. 그리고 대체할 값은 표현식에서 : 문자로 시작하는 변수로 표현하고, 값은 `ExpressionAttributeValues`에서 지정한다.

```
await db
  .update({
    TableName,
    Key: { title: post.title },
    UpdateExpression: "SET content = :content, modified = :modified",
    ExpressionAttributeValues: {
      ":content": post.content,
      ":modified": post.modified!,
    },
  })
  .promise();
```

이때 속성 이름은 예약어와 겹치지 않아야 한다. 겹치지 않는다면 UpdateExpression에 속성 이름을 그대로 사용해도 되지만 그렇지 않을 경우 ExpressionAttributeNames에 #으로 시작하는 문자열로 별칭을 정의해서 사용한다. 예를 들어 다음과 같이 content는 #c로, modified는 #m으로 별칭을 지정해 사용할 수 있다.

```
update({
  // ... TableName, Key 생략
  UpdateExpression: "SET #c = :c, #m = :m",
  ExpressionAttributeName: { "#c": "content", ":m": "modified" },
  ExpressionAttributeValues: { ":c": post.content, ":m": post.modified! },
});
```

별다른 ConditionExpression을 지정하지 않았기 때문에 이 구문이 실행되면 값은 무조건 갱신된다. 만약 동일한 문서의 수정이 동시에 진행된다면 두 요청은 모두 성공을 반환하지만 서버에 조금이라도 늦게 도착한 요청의 값으로 덮어쓰인다. 즉, 최종 쓰기 승리(Last Write Wins)가 발생한다. 동시성이 낮다면 문제가 없어 보이겠지만 동시성이 높다면 문제가 두드러지므로 더 나은 동시성 제어 방법을 사용해 문제가 발생하지 않도록 해야 한다.

글 제목이 변경되면 예전 글을 삭제하고 새 글을 등록한다. 새 글을 등록하려면 글의 전체 정보를 알고 있어야 한다. 하지만 글 수정 요청에는 글의 모든 정보가 포함되지 않는다. 예를 들어 이번 예제에서는 생성 일시(created)가 수정 요청에 포함되지 않는다. 때문에 이 내용을 이전 제목의 글로부터 가져온다. 그뿐만 아니라 새 제목에 해당하는 글이 이미 존재한다면 새 글을 등록할 수 없다. 이를 위해 이전 제목과 새 제목에 해당하는 글을 조회한다. 문제가 없다면 예전 글의 정보와 수정 내역을 합쳐 새 글(newPost)을 만들고 예전 글 삭제(Delete) 작업과 새 글 삽입(Put) 작업을 트랜잭션으로 묶어(transactWrite) 요청한다. DynamoDB에서는 키 변경을 지원하지 않기 때문에 다소 복잡하지만 직접 처리해야 한다. 이때 동시 요청에 대비하기 위해 삭제는 반드시 해당 title이 존재할 때만, 삽입은 해당 title이 존재하지 않을 때만 수행하도록 ConditionExpression을 지정한다.

```
// 예전 글 제목으로 글을 조회한다. 없다면 잘못된 수정 요청이다.
const oldPost = await select(oldTitle);
if (oldPost === null) {
  return false;
}
// 새 글 제목으로 글을 조회한다. 있다면 중복이므로 글 제목을 바꿀 수 없다.
const maybeNewExisting = await select(post.title);
```

```
if (maybeNewExisting !== null) {
  return false;
}

// 수정 요청의 부족한 정보는 예전 글 정보를 토대로 완성한다.
const newPost = { ...oldPost, ...post };
try {
  await db
    .transactWrite({
      TransactItems: [
        {
          // 동시 요청을 방어하기 위해, 예전 글이 존재할 때만 삭제한다.
          Delete: {
            TableName,
            Key: { title: oldTitle },
            // "attribute_exists" 함수는 속성 이름을 사용하므로 `title`을 넣는다.
            ConditionExpression: "attribute_exists(title)",
          },
        },
        {
          // 동시 요청을 방어하기 위해, 새 글이 없을 때만 삽입한다.
          Put: {
            TableName,
            Item: newPost,
            ConditionExpression: "attribute_not_exists(title)",
          },
        },
      ],
    })
    .promise();
} catch (error) {
  // 예전 글이 이미 지워졌거나 새 글이 이미 존재한다면 ConditionalCheck 예외가 발생한다.
  if (error.code === "ConditionalCheckFailedException" || error.retryable) {
    return false;
  }
}
```

여러 작업을 묶어서 처리해 효율성을 높이는 batchWrite와는 다르게, transactWrite는 요청 집합의 원자적 수행을 보장한다. 예전 글 삭제만 성공하거나 새 글 삽입만 성공하는 경우를 허용하지 않고 모두 올바르게 수행되거나 모두 취소된다. 즉, 두 요청으로 인한 정합성은 항상 올바르게 유지된다. 수정이 완료되면 예전 글의 삭제가 반드시 보장되므로 동시 수정 요청에 의한 동시

transactWrite 실행이 발생해도 두 번째 transactWrite는 ConditionExpression에 의해 실패하고 ConditionalCheckFailedException 예외가 발생한다. 글 생성 때와 동일하게, 조건 위반 오류가 발생하거나 재시도 가능한 오류가 발생하면 이를 클라이언트에 전달하도록 false를 반환한다.

수정 요청 시 글 제목이 변경되었는지 검사해 글 수정 함수의 전체를 구현한다.

```
export async function update(
  oldTitle: string,
  post: Omit<Post, "created">
): Promise<boolean> {
  if (oldTitle === post.title) {
    // 전자의 경우: 글 내용만 수정하면 된다.
  } else {
    // 후자의 경우: 예전 글을 삭제하고 새 글을 삽입한다.
  }
  return true;
}
```

후자의 경우 전자와는 다르게 동시에 수정하더라도 예전 글을 삭제했으므로, 트랜잭션이 실패하여 동시 수정에 의도치 않은 덮어씀이 발생하지는 않는다. 대신 조금 늦은 두 번째 수정 요청이 실패했다고 클라이언트에게 전달된다. 충돌을 로직으로 완벽하게 해결할 수 있는 상황이 아니라면, 충돌이 발생했을 때 오류 상황을 직접 클라이언트가 인지하도록 알려주는 편이 좋다.

글 삭제는 delete 함수를 사용해 구현할 수 있다. 글이 존재하지 않는 경우를 성공으로 간주해서 동시에 동일한 글을 삭제해도 둘 다 성공 응답을 받도록 한다. 물론 글을 삭제하려는 도중에 다른 사람이 제목을 수정한다면, 삭제는 성공하지만 여전히 그 글이 다른 제목으로 존재할 수 있다. 이런 경우에 대한 오류 통지가 필요하다면 수정에서 했던 방법과 동일하게 ConditionExpression으로 attribute_exists(title)를 지정한다.

```
export async function remove(title: string): Promise<void> {
  // 중복 삭제도 허용하도록 별다른 조건을 두지 않는다.
  await db.delete({ TableName, Key: { title } }).promise();
}
```

4-3-4 글 목록 구현

MySQL 등의 관계형 데이터베이스에서는 테이블에 기록된 데이터를 검색이나 정렬 조건으로 스캔하는 구문을 제공한다. DynamoDB도 역시 그와 비슷한 쿼리 및 스캔 기능을 제공한다. 하지만 성능을 위해 데이터를 여러 파티션에 나눠 저장하므로 단순히 쿼리나 스캔을 사용해서 최근 작성된 순서로 글 목록을 조회할 수는 없다. 이를 위해서는 글 데이터를 하나의 파티션에 모으고 정렬 키를 created로 지정해 정렬해야 하는데, 모두 같은 파티션에 기록해야 하므로 성능에 좋지 않고 키의 의미도 퇴색되므로 좋은 방법이 아니다. 때문에 주 데이터의 구조는 그대로 유지하고 대신 전역 보조 색인(Global Secondary Index)을 추가한다. 이는 여러 파티션에 분산된 데이터를 특정 KeySchema에 따라 색인할 수 있도록 추가 데이터를 관리하는 색인이다. 하지만 이를 사용하면 주 데이터뿐만 아니라 색인을 관리하기 위해서도 처리량이 소모되므로 비용이 증가한다.

키-값 데이터베이스의 특성상 글 전체 목록을 관리하는 방법이 마땅치 않다. 글 목록에 대한 문서를 만들고, 문서의 버전을 직접 관리하며 동시성을 제어하는 것도 좋은 방법이다. 혹은 List 타입의 문서 속성과 이에 대한 원자적 수정 함수를 사용하는 것도 방법이 될 수 있다. 이번 예제에서는 글 목록에 대한 별도의 JSON 모델을 설계하고, 동시 수정에 대응하는 version 값을 직접 관리하는 방법을 소개한다. 설명의 편의를 위해 별도의 글 목록(Posts) 테이블을 유지하지 않고 post 테이블에 미리 정의한 title인 $_ 값으로 글 목록 문서를 관리한다. NoSQL이므로 하나의 테이블에 들어가야 하는 데이터의 구조가 반드시 같을 필요는 없다. 글 목록 문서는 키를 위한 title과 동시 수정을 방어하기 위한 version 값, 그리고 전체 글 목록인 PostListItem의 배열을 갖는다.

```
const listTitle = "$_";

interface Posts {
  // Key에 해당하는 title은 반드시 "listTitle" 값을 갖는다.
  title: typeof listTitle;
  // 간단한 충돌 해소를 위한 "version" 값을 갖는다.
  version: number;
  // 글 목록을 보관할 배열이다.
  entries: PostListItem[];
}
```

글 목록을 조회하는 함수는 글을 조회하는 함수와 동일한데 반환값의 타입만 다르다. 그리고 이후 구현의 편의를 위해서 글 목록 데이터가 존재하지 않아도 기본값으로 사용할 수 있는 빈 값을 반환한다. null 대신 빈 값을 반환함으로써 첫 번째 글 작성, 수정, 삭제에서 발생할 수 있는 예외 처리를 모두 제거할 수 있다.

```
async function fetchPosts(): Promise<Posts> {
  const postsObject = await db
    .get({ TableName, Key: { title: listTitle } })
    .promise();
  return (
    // 글 목록 문서가 존재하지 않아도 빈 모델 객체를 반환한다.
    (postsObject.Item as Posts) ?? { title: listTitle, version: 0, entries: [] }
  );
}
```

글 목록이 잘 관리된다는 가정하에, 글 목록 조회 함수는 다음과 같이 구현할 수 있다. 앞서 구현한 `fetchPosts`의 반환값 중 `entries`만 사용하면 된다.

```
export async function list(): Promise<PostListItem[]> {
  return (await fetchPosts()).entries;
}
```

`version` 값을 가진 대상을 갱신하는 함수를 작성한다. 인자로 전달된 항목 내의 `version` 속성값이 직전값인 `version - 1`일 경우에만 새 항목으로 갱신한다. 만약 동시에 수정이 발생해도 이 조건으로 인해 두 번째 수정 요청은 `ConditionExpression`의 조건을 만족하지 못해 실패한다. 첫 번째 요청이 완료되면서 이미 `version`이 다음 값으로 변경되었기 때문이다. 이와 같은 방법으로 동시 수정 요청에 대해 하나만 성공할 수 있도록 방어한다.

```
async function updateItem<T extends { version: number }>(
  item: T
): Promise<void> {
  await db
    .put({
      TableName,
      Item: item,
      // 알고 있는 "version"일 때만 새 "version"과 함께 문서를 갱신한다.
      ConditionExpression: "version = :version",
      ExpressionAttributeValues: { ":version": item.version - 1 },
    })
    .promise();
}
```

이 흐름을 도식화하면 다음과 같다. 요청 A와 B는 동시에 처리되고, 둘 다 처음에는 테이블로부터 Item(version=1) 데이터를 읽는다. 이를 수정하여 (version=2)로 갱신할 때, 테이블 내의 데이터가 여전히 (version=1)인지 비교하여 요청한다. 따라서 먼저 수정하는 B의 요청은 성공하지만, 그 이후 실행되는 A의 요청은 이미 version이 2가 되었기 때문에 조건 불일치로 실패한다. 즉, 동시 수정 요청이 있었지만 반드시 하나의 요청만 성공한다.

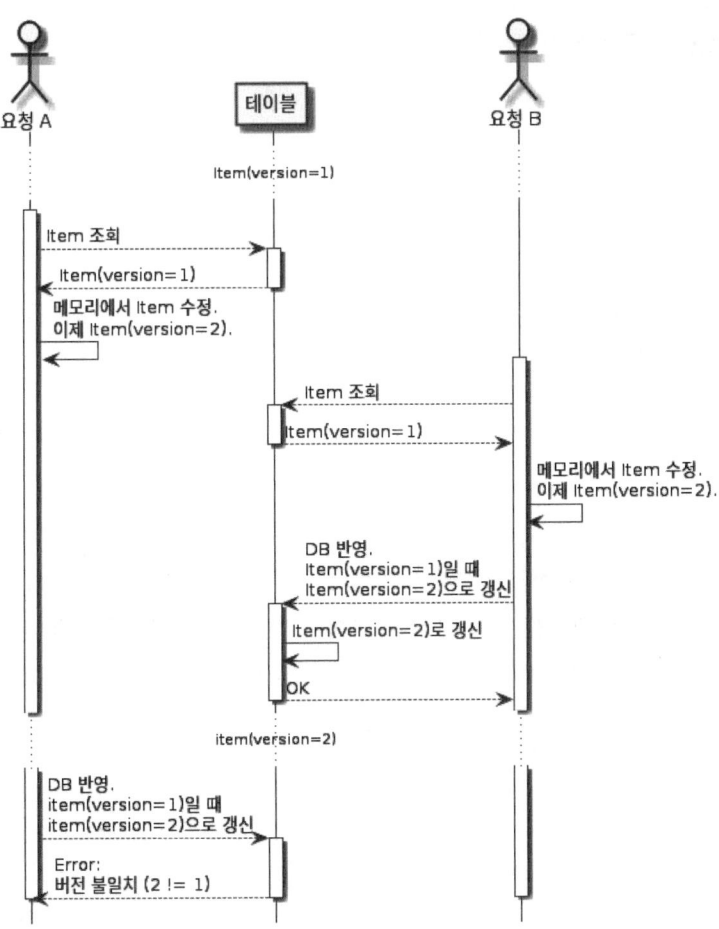

그림 4-3-1 version을 사용한 동시 수정 요청 제어

요청 A가 실패하면 이를 클라이언트에 전파하고 재시도한다. 만약 자동으로 재시도해도 문제가 없다면, version=2의 새로운 데이터를 다시 읽은 후 변경된 데이터를 포함하는 version=3을 반영하도록 처리할 수 있다. 조회수 증가(+1)처럼 동시에 처리하는 수정 요청의 순서가 변경되어도 그 결과가 항상 일정한 경우, 즉 교환법칙이 성립하는 경우 이 방법을 쉽게 도입할 수 있다.

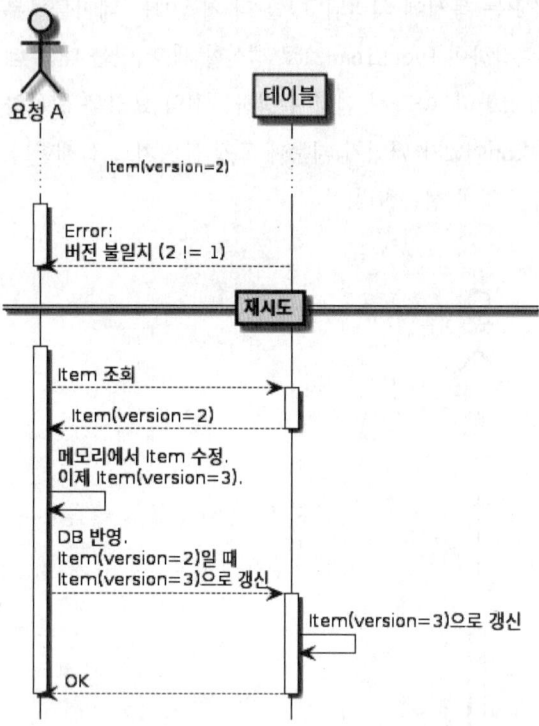

그림 4-3-2 자동 재시도에 의한 동시 요청 실패 복구

자동 재시도 로직을 사용해 글 목록을 갱신하는 함수를 작성한다. 최대 재시도 횟수를 가지며, 앞서 작성한 createItem과 updateItem 함수를 활용한다. 글 목록이 변경될 필요가 없을 때 굳이 테이블에 변경점을 반영할 필요는 없으므로 fast-equals 라이브러리의 deepEqual 함수로 변경점이 존재하는지 확인한다. 정합성을 보장하기 위해 수정 요청의 교환 법칙이 성립하는지 염두에 두며 구현한다.

```
// 다음 명령어로 의존성을 미리 설치한다.
// npm install --save fast-equals
import { deepEqual } from "fast-equals";

const maxRetryCount = 10;

async function modifyPostEntries(
  modify: (entries: PostListItem[]) => PostListItem[]
): Promise<void> {
  for (let i = 0; i < maxRetryCount; ++i) {
    const posts = await fetchPosts();
```

```
    const entries = modify(posts.entries).sort((a, b) =>
      b.created.localeCompare(a.created)
    );
    try {
      if (!deepEqual(posts.entries, entries)) {
        const newPosts = { ...posts, version: posts.version + 1, entries };
        if (posts.version === 0) {
          await createItem(newPosts);
        } else {
          await updateItem(newPosts);
        }
      }
      // 글 목록의 생성 혹은 갱신이 잘 수행되었다면 재시도 없이 요청을 완료한다.
      return;
    } catch (error) {
      if (error.code === "ConditionalCheckFailedException" || error.retryable) {
        continue;
      }
      throw error;
    }
  }
  throw new Error("글 목록 수정이 실패했습니다");
}
```

1. 글 목록을 표현하는 `PostListItem[]`을 수정하는 `modify` 함수를 인자로 받는다.

2. 테이블에서 `Posts`를 가져오고 `entries`를 `modify`로 갱신한 후 최신순으로 정렬한다.

3. `deepEqual` 함수를 사용해 테이블에 기록된 글 목록과 변경 후의 글 목록에서 변경점이 발생했는지 확인한다. 이미 삭제된 글을 제거하는 등 결과에 영향이 없는 수정 요청이 발생했을 때 굳이 테이블에 반영하지 않기 위함이다.

4. 변경점이 있다면 새 `Posts`를 새 버전 `version + 1`으로 만들고, 데이터의 존재 유무에 따라 `createItem` 혹은 `updateItem` 함수를 호출해 테이블에 기록한다.

5. 만약 동시 수정에 의한 버전 불일치로 `ConditionalCheckFailedException` 오류가 발생하거나 `retryable`한 오류가 발생한다면 재시도한다.

6. 적당한 최대 재시도 횟수 `maxRetryCount`까지 이 작업을 반복한다. 만약 최대 재시도 횟수를 초과하면 예외를 던진다.

만약 `modify` 함수가 교환 법칙을 만족해 처리 순서가 결과에 영향을 주지 않고, 동시 수정이 최대 재시도 횟수 내에 반드시 처리된다면 이 수정은 최종적 일관성을 가진다. 동시 수정에서 일관성이 깨지는 문제를 자동으로 극복한다는 장점이 있지만, 재시도를 통해 DynamoDB에 지속적인 읽기/쓰기를 요청하기 때문에 처리 용량을 많이 소모하는 단점도 있다. 만약 동시 수정이 빈번해 경합이 자주 발생한다면 continue로 재시도를 하기 전에 임의의 밀리초 동안 sleep해 의도적으로 경합을 회피할 수 있다. 응답 시간은 조금 더 늘어나겠지만 반복 횟수가 줄어 비용이 조금은 줄어들 수도 있다.

이 함수를 사용해 글 생성, 삭제, 수정을 처리하는 함수에서 글 목록을 갱신한다. 글 제목이 변경되지 않는 수정의 경우 글 목록을 수정할 필요는 없으므로 글 제목이 수정되는 경우에만 다음과 같이 목록을 갱신한다.

```
// 글 생성 시 목록에도 생성된 글을 추가.
await modifyPostEntries((entries) =>
  entries.concat({ title: post.title, created: post.created })
);

// 글 제목 변경이 포함된 수정 시, 예전 글을 목록에서 제거하고 새 글을 목록에 추가.
await modifyPostEntries((entries) =>
  entries
    .filter((entry) => entry.title !== oldTitle)
    .concat({ title: newPost.title, created: newPost.created })
);

// 글 삭제 시 목록에서 삭제된 글을 제거.
await modifyPostEntries((entries) =>
  entries.filter((entry) => entry.title !== title)
);
```

글을 생성, 수정, 삭제하는 작업과 글 목록을 갱신하는 작업은 트랜잭션으로 보호하지 않기 때문에 글 목록을 갱신하는 작업만 실패할 수 있다. 문제없이 구현하려면 글 목록을 수정하는 작업까지 함께 트랜잭션으로 구성해서 요청해야 한다. 하지만 그 경우 동시 수정에 의한 글 목록의 version 불일치가 발생하면 글에 대한 작업까지 취소된다. 결국 글 목록의 버전으로 전체 글의 동시성이 제어되는 상황이고 이는 post 테이블에 데이터 작업을 위해 테이블 락을 거는 것과 비슷한 상황이 된다. 즉, 정합성은 유지할 수 있지만 동시 처리 능력이 굉장히 떨어진다.

뿐만 아니라 modify로 전달하는 요청은 교환 법칙이 성립하지 않기 때문에 당초 언급한 처리 순서가 결과에 영향을 끼치지 않아야 하는 전제가 깨진다. 예를 들어 글을 생성하자마자 삭제했고 이로 인해 글 목록을 갱신하는 두 요청이 동시에 발생했다고 가정하자. 운이 나쁠 경우 글 목록에 새 글을 추가하는 요청이 글 목록에서 새 글을 삭제하는 요청보다 나중에 처리될 수 있다. 이 경우 글은 삭제되지만 글 목록에는 남아 있게 되는 문제가 발생한다.

그리고 한 가지 문제가 더 있다. DynamoDB 속성값의 최대 크기는 400KB다. 이 제약으로 인해 글 제목 하나당 400B 수준이라고 가정하면 최대 천 개 정도의 글 목록만 유지할 수 있다. 이는 매우 제한된 양이다. 또한 이처럼 하나의 항목에 모든 글 목록을 유지하는 것은 페이징을 지원하기에 적합한 구조도 아니다.

즉, 구현은 간단하지만 결함이 있고 신뢰성이 없는 방법이다. 다만 이번 예제에서는 DynamoDB 기반의 간단한 동시성을 고려한 모델을 소개하기 위해 이 방법을 사용했다. 문제없이 구현하려면 앞서 소개한 전역 보조 색인을 통한 쿼리와 스캔을 사용해야 한다.

4-3-5 로컬 환경 준비

서버리스 스택의 테스트를 배포한 이후에 하는 경우가 많다. 로컬 환경을 상용 환경과 정확히 동일하게 구축하기 어렵기 때문이다. Localstack과 같이 로컬에 AWS 서비스를 모사해주는 서비스가 있지만 필요한 모든 구성 요소를 사용하려면 요금을 지불해야 한다. 그럼에도 AWS 환경과 정확히 동일하지 않기 때문에 로컬 환경에서 테스트할 때는 문제가 없었는데 상용 배포 이후 문제가 발생하는 경우도 있다. 때문에 차라리 개발용 AWS 계정을 분리해서 사용하거나, 혹은 하나의 계정에 개발 환경만 따로 구축하는 경우도 많다.

하지만 이번 예제에서 사용한 DynamoDB는 AWS에서 로컬 환경을 위한 시스템을 제공한다. Serverless Framework는 `serverless-offline` 플러그인을 통해 API Gateway와 Lambda를 테스트하는 기능을 제공한다. 이들을 활용하면 AWS와 정확히 동일한 환경은 아니지만 로컬에서 정상 동작 여부를 판단하는 환경을 구축할 수 있다.

4-3-6 Serverless offline

먼저 `serverless-offline` 플러그인을 설치한다. 이는 서버리스 스택을 로컬에서 HTTP API를 통해 실행하도록 해주는 Serverless Framework의 플러그인이다. 다음과 같이 설치한다.

```
$ sls plugin install --name serverless-offline
Serverless: Installing plugin "serverless-offline@latest" (this might take a few
```

```
seconds...)
Serverless: Successfully installed "serverless-offline@latest"
```

가끔 Serverless Framework CLI의 버그로 인해 다음과 같은 오류가 발생하며 `serverless.ts`에 플러그인을 등록하지 못하는 경우가 있다.

```
Serverless:
  Can't automatically add plugin into "serverless.ts" file.
  Please make it manually.
```

이때는 직접 `serverless.ts` 파일 내 `config` 변수 안의 `plugins`에 `serverless-offline`을 추가해준다. 이 플러그인은 가장 마지막에 추가하는 것을 권장한다. 이번 예제에서는 `serverless-webpack`밖에 없기 때문에 그 뒤에 넣는다.

```
const config: AWS = {
  // ... 생략
  plugins: ["serverless-webpack", "serverless-offline"],
```

이제 `sls offline` 명령으로 로컬에서 서버리스 스택을 실행할 수 있다. 기본으로 3000 포트 번호로 서버가 실행되며, `functions`에 등록한 함수들을 HTTP API로 호출하는 목록을 제공한다.

```
$ sls offline
# ... 빌드 로그 생략
|                                                                              |
|   POST   | http://localhost:3000/api/post                                    |
|   POST   | http://localhost:3000/2015-03-31/functions/createPost/invocations |
|   GET    | http://localhost:3000/api/post/{title}                            |
|   POST   | http://localhost:3000/2015-03-31/functions/readPost/invocations   |
|   PUT    | http://localhost:3000/api/post/{title}                            |
|   POST   | http://localhost:3000/2015-03-31/functions/updatePost/invocations |
|   DELETE | http://localhost:3000/api/post/{title}                            |
|   POST   | http://localhost:3000/2015-03-31/functions/deletePost/invocations |
|   GET    | http://localhost:3000/api/post                                    |
|   POST   | http://localhost:3000/2015-03-31/functions/listPosts/invocations  |
|                                                                              |
```

```
offline: [HTTP] server ready: http://localhost:3000
```

serverless-offline은 API Gateway와 Lambda를 로컬 환경에서 동작하도록 만들어주는 플러그인이다. DynamoDB는 별도의 플러그인을 사용해 로컬 환경을 구축할 수 있다.

4-3-7 로컬 DynamoDB 준비

서버리스 스택을 구성할 때 저장소로 DynamoDB를 자주 사용한다. 덕분에 Serverless Framework의 플러그인으로 DynamoDB를 로컬에 구성할 수 있도록 도와주는 serverless-dynamodb-local 플러그인도 있다. 앞서 serverless-offline을 설치할 때와 동일한 방법으로 설치한다.

```
$ sls plugin install --name serverless-dynamodb-local
Serverless: Installing plugin "serverless-dynamodb-local@latest" (this might take a few seconds...)
Serverless: Successfully installed "serverless-dynamodb-local@latest"
```

플러그인 설치 이후 serverless.ts의 plugins에는 serverless-offline이 가장 마지막에 가야 하므로 이 플러그인을 중간에 끼워 넣는다. serverless-offline 플러그인은 앞에 어떤 플러그인이 있는지 보고 추가 기능을 지원하기 때문에 플러그인 등록 순서를 신경 써야 한다.

```
const config: AWS = {
  // ... 생략
  plugins: ["serverless-webpack", "serverless-dynamodb-local", "serverless-offline"],
```

serverless-dynamodb-local 플러그인은 serverless-offline으로 로컬에 HTTP API를 위한 서버를 띄울 때 자동으로 DynamoDB를 실행하는 플러그인이 아니다. 별도의 명령으로 DynamoDB를 실행하고 serverless.ts 내에 CloudFormation으로 작성된 DynamoDB 테이블을 로컬 DynamoDB에 마이그레이션할 수 있도록 도와주는 플러그인이다. 때문에 어떤 환경에서 DynamoDB를 로컬에 띄울 것인지, 그리고 DynamoDB를 로컬에서 시작할 때 테이블을 마이그레이션할 것인지에 대한 옵션을 지정해야 한다. 이는 serverless.ts에서 다음과 같이 지정한다. Serverless Framework 플러그인에 대한 설정은 custom 영역에서 지정한다.

```
const dynamodbLocal = {
  stages: ["dev"],
  start: {
    migrate: true,
  },
};
const config: AWS = {
  // ... 생략
  custom: {
    dynamodb: dynamodbLocal,
  },
};
```

1. `stages` 옵션은 Serverless Framework를 기동할 스테이지가 어떤 값일 때 DynamoDB 로컬을 실행할지 지정하는 옵션이다. 이번 예제에서는 이를 따로 지정하지 않았으므로 기본값인 `dev`를 사용한다. 따라서 이 환경에서 DynamoDB를 실행할 수 있도록 명시해준다.

2. `start.migrate`는 DynamoDB 로컬을 시작할 때 CloudFormation 내의 테이블 규격 반영 여부 설정 옵션이다. 직접 데이터 마이그레이션을 처리해야 하는 복잡한 상황이라면 이 옵션을 끄는 것이 좋다. 하지만 이번 예제는 매우 간단하므로 DynamoDB가 로컬에서 시작할 때마다 최신 테이블 규격이 반영되도록 한다. 만약 이 옵션을 껐다면 `sls dynamodb migrate` 명령을 직접 실행하면 된다.

설정을 완료했으므로 이제 DynamoDB를 설치하고 실행한다. AWS에서 제공하는 DynamoDB 실행 Jar 파일을 로컬에 다운로드하고 자바 런타임으로 실행해야 하므로 로컬에 Java를 실행할 수 있는 환경이 준비되어 있어야 한다. 만약 로컬에 설치된 환경이 없다면, 각 운영체제의 패키지 매니저 혹은 Java 홈페이지에서 JRE(Java Runtime Environment) 8 이상을 다운로드해 설치한다. 자바 런타임을 준비했다면, 다음과 같이 `sls dynamodb` 플러그인의 `install`과 `start` 명령을 사용해 로컬 DynamoDB를 실행한다.

```
# DynamoDB를 로컬에 설치.
$ sls dynamodb install
Started downloading dynamodb-local from http://s3-us-west-2.amazonaws.com/dynamodb-local/dynamodb_local_latest.tar.gz into /home/lacti/402-blog-dynamodb/.dynamodb. Process may take few minutes.

 Installation complete!

# DynamoDB를 로컬에서 시작.
$ sls dynamodb start
```

```
Dynamodb Local Started, Visit: http://localhost:8000/shell
Serverless: DynamoDB - created table post
```

sls dynamodb start 명령은 DynamoDB를 로컬에서 실행한 상태를 유지하고 있으므로 이를 종료하려면 Ctrl + C 키를 누른다.

로컬에서 실행한 DynamoDB를 사용하기 위해 Lambda 함수에서 선언한 DocumentClient 도 바꿔준다. serverless-offline을 사용해 로컬 테스트 서버를 기동하면 IS_OFFLINE 환경 변수가 설정되는데, 이때 로컬에서 실행한 DynamoDB를 사용하도록 지정한다. region을 적당히 localhost로 변경하고, serverless-dynamodb-local 플러그인에 의해 실행된 http://localhost:8000 주소로 접속하도록 설정한다.

```
const db = !process.env.IS_OFFLINE
  ? new DynamoDB.DocumentClient()
  : new DynamoDB.DocumentClient({
      region: "localhost",
      endpoint: "http://localhost:8000",
    });
```

다른 터미널을 하나 더 띄워 sls offline 명령을 실행해 로컬에 HTTP API 서버를 띄운다. 이로써 로컬에서 테스트하기 위한 모든 환경을 구축했다.

4-3-8 로컬 테스트

curl을 사용해 간단히 테스트한다. 요청으로 한글을 사용할 경우 Content-Type을 application/json으로 지정해야 한다. 이를 누락하면 Lambda에서 요청을 Base64로 인코딩된 형태로 받게 된다. 글 제목이 URL 경로에 들어갈 경우 Base64 형태로 인코딩한다. 다음과 같이 배포된 CRUD 주소를 하나씩 불러 의도대로 동작하는지 확인한다.

```
$ export API_URL="http://localhost:3000/api"

# 새 글 생성.
$ curl -XPOST "${API_URL}/post" \
  -H "Content-Type: application/json" \
  -d '{"title":"테스트","content":"블로그를 시작합니다"}'
# 새 글이 추가되고, 결과로 제목이 반환된다.
```

```
{"title":"테스트"}

# 글 목록 조회.
$ curl -XGET "${API_URL}/post"
# "테스트" 글이 목록에 존재한다.
[{"title":"테스트","created":"2021-07-31T16:55:26.337Z"}]

# 글 내용 조회.
# 주소에 들어갈 제목을 Base64로 인코딩하기 위해 다음 명령을 사용한다.
# node -e "console.log(encodeURIComponent('테스트'))"
$ curl -XGET "${API_URL}/post/%ED%85%8C%EC%8A%A4%ED%8A%B8"
# 글 내용이 잘 반환된다.
{"content":"블로그를 시작합니다","created":"2021-07-31T16:55:26.337Z","title":"테스트"}

# 글 내용 수정.
# 글 제목과 내용을 함께 변경한다.
$ curl -XPUT "${API_URL}/post/%ED%85%8C%EC%8A%A4%ED%8A%B8" \
  -H "Content-Type: application/json" \
  -d '{"title":"첫 번째 글","content":"블로그를 시작합니다!"}'
# 변경된 글 제목 "첫 번째 글"이 반환된다.
{"title":"첫 번째 글"}

# 다시 글 목록 조회.
$ curl -XGET "${API_URL}/post"
# 변경된 제목이 글 목록에 잘 반영된다.
[{"title":"첫 번째 글","created":"2021-07-31T16:55:26.337Z"}]

# "테스트"로 글 내용 조회.
$ curl -I -XGET "${API_URL}/post/%ED%85%8C%EC%8A%A4%ED%8A%B8"
# 제목이 변경되었으므로 "테스트"로 조회하면 404가 반환된다.
HTTP/2 404
...

# "첫 번째 글"로 글 내용 조회.
$ curl -XGET "${API_URL}/post/%EC%B2%AB%20%EB%B2%88%EC%A7%B8%20%EA%B8%80"
# 제목과 내용이 잘 변경되었다. "modified"도 추가되었다.
{"content":"블로그를 시작합니다!","created":"2021-07-31T16:55:26.337Z","modified":"2021-07-31T17:08:21.023Z","title":"첫 번째 글"}

# 글 삭제.
$ curl -I -XDELETE "${API_URL}/post/%EC%B2%AB%20%EB%B2%88%EC%A7%B8%20%EA%B8%80"
# 글 삭제는 별도의 반환값을 주지 않는다. 단, 200 응답을 전달한다.
HTTP/2 200
...
```

```
# 다시 글 목록 조회.
$ curl -XGET "${API_URL}/post"
# 글이 하나도 존재하지 않으므로 빈 배열이 반환된다.
[]
```

테스트 대상 API 주소를 `API_URL` 변수로 관리한다. 추후 배포한 API를 테스트하거나 다른 구현체를 테스트할 때 이 변수의 값만 변경해서 사용할 수 있다.

4-3-9 배포 및 테스트

필요한 구현을 모두 완료했고 로컬에서도 테스트를 완료했다. 서비스를 위해 `sls deploy` 명령을 사용해 스택을 배포한다. 글에 대한 CRUD API와 글 목록을 조회하기 위한 API가 배포된다.

```
$ sls deploy
Deploying simple-blog-dynamodb to stage dev (ap-northeast-2)
✓ Service deployed to stack simple-blog-dynamodb-dev (167s)

endpoints:
  POST - https://API_ID.execute-api.AWS_REGION.amazonaws.com/api/post
  GET - https://API_ID.execute-api.AWS_REGION.amazonaws.com/api/post/{title}
  PUT - https://API_ID.execute-api.AWS_REGION.amazonaws.com/api/post/{title}
  DELETE - https://API_ID.execute-api.AWS_REGION.amazonaws.com/api/post/{title}
  GET - https://API_ID.execute-api.AWS_REGION.amazonaws.com/api/post
functions:
  createPost: simple-blog-dynamodb-dev-createPost (17 kB)
  readPost: simple-blog-dynamodb-dev-readPost (17 kB)
  updatePost: simple-blog-dynamodb-dev-updatePost (17 kB)
  deletePost: simple-blog-dynamodb-dev-deletePost (17 kB)
  listPosts: simple-blog-dynamodb-dev-listPosts (17 kB)
```

배포된 스택도 로컬 테스트와 동일하게 `curl`을 사용해 테스트한다. 앞선 실행했던 테스트 명령을 `API_URL`만 변경해서 동일하게 실행할 수 있다.

```
$ export API_URL="https://API_ID.execute-api.AWS_REGION.amazonaws.com/api"

# 이후 로컬 테스트 때와 동일한 curl 명령 실행.
```

4-3-10 정리

DynamoDB는 키-값 형태의 데이터를 대량으로 보관하면서 많은 요청을 빠르게 처리할 때 좋은 저장소다. 하지만 이번 예제와 같이 등록된 데이터를 특정 정렬 조건에 따라 스캔해야 하는 경우에는 별도의 장치가 필요하다. RDB의 SELECT 쿼리와 같이 단순한 방법을 바로 적용하기는 어렵고, KeySchema와 파티션 구조를 이해한 후 주 데이터 혹은 보조 색인을 구성하여 조회 쿼리를 사용하는 형태여야 한다.

대량 데이터의 빠른 처리를 위해 각 항목들은 파티션에 적당히 분산되어야 한다. 이를 위해 HASH로 사용할 속성을 적절히 결정하고, 정렬을 위해 RANGE 속성을 추가할 수 있다. 이는 공식 문서의 예제와 같이, 수많은 사용자의 거래 내역을 보관하고 각 거래 내역을 사용자별로 검색하는 구조에 적합하다. 사용자의 ID를 HASH 키로 지정하고 거래일을 RANGE 키로 지정하면 별도의 보조 색인 없이도 목표를 달성할 수 있기 때문이다. 사용자가 충분히 많기 때문에 사용자 ID의 HASH 값이 충분히 고르게 분산된 파티션을 만들 수 있다고 기대할 수 있다.

블로그 서비스는 글 제목이나 작성일로 HASH와 RANGE 키를 설정하기가 애매하다. 차라리 글 제목으로 유일성을 보장하기 위해 주 데이터의 키 구조는 그대로 두고, 게시판 이름과 작성일을 HASH, RANGE 키로 갖는 보조 색인을 두는 것이 나을 수도 있다. 하지만 보조 색인을 유지하기 위해 추가로 처리 용량을 소모한다는 점을 염두에 두어야 한다.

이번에 구현한 내용으로 블로그를 서비스하기엔 다소 무리가 있다. 하지만 수많은 메타데이터를 키-값 형태의 문서로 유지하면서 큐레이팅을 위한 전시 항목을 운영하는 도메인이라면 이 구현을 활용할 수 있다. 예를 들어 음악 도메인에서는 음악의 메타데이터를 키-값 형태로 유지한 후, 콘텐츠 관리 도구를 사용해 전시 항목에 포함할 메타데이터의 키 집합을 이번 예제에서 구현한 글 목록과 같은 형태로 관리할 수 있다.

다음 단원에서는 글 목록 관리에 큰 고민이 필요하지 않은 MySQL을 활용한 저장소 구현에 대해 알아본다.

4-4 MySQL 연동

MySQL은 관계형 데이터베이스로 유명한 솔루션이다. MySQL은 데이터베이스, 테이블, 행 데이터, 열 데이터의 단위로 구성된다. 데이터베이스는 여러 테이블을 포함하고, 테이블은 여러 행 데이터를 포함한다. 테이블은 데이터 구성을 위해 어떤 이름의 열이 어떤 형식을 가질지 정의한다. 테이블에 포함된 행 데이터는 모두 이 구조를 만족한다. 따라서 각 행의 데이터는 구조에 맞는 열 데이터의 집합으로 표현할 수 있다. 그리고 이 구조를 활용해 여러 테이블 간의 연관 관계를 표현할 수 있다. 그렇게 보관된 데이터를 데이터베이스 엔진이 제공하는 질의어(SQL)로 쿼리해 조건에 맞는 데이터를 조회하거나 새로운 데이터를 삽입한다.

AWS에서는 MySQL을 Amazon Relational Database Service(RDS) 하위의 데이터베이스 엔진으로 제공한다. 이는 MySQL 서비스를 AWS가 관리하는 인프라 환경에서 제공하는 것으로, 사용 방법은 직접 MySQL을 설치해서 사용하는 것과 차이가 없다. 다만 가용성을 AWS가 대신 관리하기 때문에 인프라 장애에 대한 걱정을 덜 수 있는 장점이 있다.

MySQL 인프라를 관리하는 것이므로 CloudFormation으로 MySQL 인프라 자원까지만 정의하고 테이블 구조를 정의할 수는 없다. 또한 MySQL 인스턴스는 계속 켜져 있어야 하므로 요청이 발생할 때만 비용을 지불하는 구조가 아니라 선택한 사양에 대한 사용 비용을 지속적으로 지불해야 한다. 자동으로 수평 확장(Scale-out)되는 구조가 필요하다면 MySQL 호환 데이터베이스 서비스인 Amazon Aurora를 사용한다. 이는 요청량이 늘어날 때 필요한 자원을 확장해 늘어난 부하를 처리할 수 있지만 그만큼 가격이 비싸다.

이번 예제에서는 가장 간단한 Amazon RDS의 기본 MySQL 서비스를 사용해 저장소 기능을 구현하는 방법을 알아본다. 그리고 DynamoDB를 사용했을 때와 비교해 어떤 점이 달라지는지 살펴본다.

4-4-1 자원 선언

MySQL 인프라 자원은 CloudFormation으로 선언할 수 있다. DynamoDB처럼 테이블 구조까지 선언할 수는 없지만 어떤 성능의 MySQL 인스턴스를 생성할지는 선언할 수 있다. 예를 들어, 가장 저렴한 `db.t3.micro` 인스턴스에 5GB 용량의 MySQL 인스턴스를 신청하려면 다음과 같이 선언을 serverless.ts 파일에 추가한다.

```
const MySQLDBInstance = {
  Type: "AWS::RDS::DBInstance",
  Properties: {
    AllocatedStorage: "5",
    DBInstanceClass: "db.t3.micro",
    Engine: "MySQL",
    DBName: "blog",
    MasterUsername: process.env.MYSQL_ROOT_USER,
    MasterUserPassword: process.env.MYSQL_ROOT_PASSWORD,
    PubliclyAccessible: true,
  },
  DeletionPolicy: "Snapshot",
};
```

1. `AllocatedStorage`는 인스턴스에 할당할 용량의 GB 크기다. `Engine`이나 `StorageType`에 따라 선택할 수 있는 값의 범위가 달라진다. MySQL에 기본 표준 마그네틱 `standard` 스토리지 유형을 사용하면 5GB에서 3,072GB까지 설정할 수 있다.

2. `DBInstanceClass`는 인스턴스 유형으로, 범용으로 사용하는 저렴한 T3와 좀 더 일반적인 M5, M5보다 좀 더 메모리가 많은 R5와 엔터프라이즈급인 X1 유형이 있다. 성능이 좋을수록 시간당 비용이 높기 때문에 처리해야 할 부하를 잘 고려해 필요한 CPU, 메모리, 네트워크 성능에 맞게 적당한 유형을 선택한다.

3. `Engine`은 데이터베이스 엔진이다. MySQL 외에도 Aurora, MariaDB, Oracle, Postgres, SQL Server를 선택할 수 있다.

4. `DBName`은 MySQL 인스턴스 내에서 생성할 기본 데이터베이스의 이름이다.

5. `MasterUsername`과 `MasterUserPassword`는 MySQL에 루트 계정으로 접근하는 ID와 비밀번호다. 비밀번호는 ASCII 문자만 사용해야 하며 /, @, ", 공백 문자를 사용할 수 없다. 여기서는 각각 `MYSQL_ROOT_USER`와 `MYSQL_ROOT_PASSWORD` 환경 변수를 사용하도록 지정했다.

6. `PubliclyAccessible`는 데이터베이스 인스턴스를 외부 네트워크와 직접 연결하는 네트워크 인터페이스의 생성 여부다. 이를 `true`로 설정하면 AWS 외부 네트워크에서도 데이터베이스에 연결할 수 있다.

7. `DeletionPolicy`는 스택이 삭제될 때 해당 인스턴스의 삭제 정책을 결정한다. `Delete`로 지정해 스택과 함께 삭제할 수 있고, `Retain`으로 지정해 스택 삭제 여부와 상관없이 인스턴스를 보존할 수 있다. 또한 `Snapshot`으로 지정해 스냅샷을 생성한 후 인스턴스는 삭제할 수 있다.

RDS::DBInstance 자원의 경우 DBClusterIdentifier를 지정하지 않는다면 Snapshot 정책을 기본으로 사용한다.

IO 프로비져닝을 제어하기 위해 IOPS 설정을 추가하거나, 범용 SSD를 스토리지 유형으로 지정하기 위해 StorageType 설정을 변경할 수 있다. 이 경우 AllocatedStorage의 최소값이 20GB로 변경된다. 이 스토리지는 기본 표준 마그네틱 스토리지 유형보다 약 1.1배 정도 가격이 비싸므로 사용에 주의가 필요하다.

보통 데이터베이스에는 민감한 정보를 보관하는 경우가 많기 때문에 서버 외부에서 직접 접근하는 경우를 제한한다. 인가된 IP 대역에서만 접근하거나 아예 서버 네트워크 대역에서만 접근 가능하도록 방화벽을 설정한다. 보안 측면에서 이번 예제와 같이 PubliclyAccessible을 true로 설정하는 것은 좋지 않은 방법이다. AWS에서 이를 제대로 구축하려면 다음과 같은 설정이 필요하다.

1. 네트워크 격리를 위한 Amazon Virtual Private Cloud(VPC)를 구성한다.
2. VPC 내에 서브넷을 생성해 독립된 네트워크 공간을 만든다.
3. Amazon RDS MySQL 인스턴스가 해당 네트워크 공간에서 동작하도록 구성한다.
4. Lambda가 해당 네트워크 공간에서 동작하도록 구성한다. 만약 Lambda가 인터넷에 연결해야 한다면 VPC에 인터넷 게이트웨이와 NAT 게이트웨이를 추가한다.
5. MySQL 인스턴스에 운영 관리 접근을 위해 프록시나 게이트웨이를 구축한다.

보안적으로 올바른 방법이지만 VPC와 서브넷 등 네트워크 격리를 위해 추가로 구축해야 하는 것이 많고, 운영을 위한 접근도 별도의 프록시를 통해야 하므로 번거롭다. 또한 Lambda를 같은 네트워크 공간에서 기동하도록 설정하면서 Lambda가 동시에 대량으로 실행될 때 네트워크 자원이 고갈되지 않도록 신경 써줘야 한다. 물론 VPC를 구성하는 요소에 따라 추가 비용도 발생할 수 있다. Aurora 엔진을 사용할 경우 관리 콘솔에서 제공하는 Query Editor 페이지를 통해 직접 운영 쿼리를 수행할 수 있으므로 위의 마지막 문제를 해결할 수 있다. 하지만 Aurora 엔진의 가격이 꽤 비싸다 보니 단순히 이 기능만을 위해 선택하기는 어렵다.

이번 예제에서는 간단한 블로그 서비스의 저장소로 MySQL을 선택해 다른 구현과 비교하는 것에 초점을 맞추고 있기 때문에 VPC 관련 내용은 생략한다. 그리고 Lambda에서 MySQL에 접근하기 위해 PubliclyAccessible 옵션을 사용한다. 만약 상용 서비스를 고려한다면 보안에 문제가 없도록 VPC를 구성하는 것이 더 좋다. VPC를 구성하는 방법은 7장 게임 개발 단원에서 다룬다.

MySQL 내의 요청에 대한 모든 권한 관리는 MySQL 내의 계정에서 직접 관리하므로 DynamoDB와 같이 특정 행위에 대한 IAM Role statement를 정의할 필요는 없다. 대신 MySQL 연결을 위한 서버 주소, ID, 비밀번호가 필요하므로 이를 다음과 같이 환경 변수로 공급해 Lambda에서 사용한다. 그리고 MySQL 인스턴스를 서버리스 스택에 포함하기 위해 앞서 선언한 `MySQLDBInstance` 자원을 `Resources`에 추가한다.

```
const webpack = require("webpack");

module.exports = {
  provider: {
    // ... 기본 설정 생략
    environment: {
      MYSQL_HOST: { "Fn::GetAtt": ["MySQLDBInstance", "Endpoint.Address"] },
      MYSQL_ROOT_USER: process.env.MYSQL_ROOT_USER!,
      MYSQL_ROOT_PASSWORD: process.env.MYSQL_ROOT_PASSWORD!,
    },
  },
  resources: {
    Resources: {
      MySQLDBInstance,
    },
  },
};
```

1. `MYSQL_ROOT_USER`와 `MYSQL_ROOT_PASSWORD`는 선언 시에 사용한 환경 변수를 그대로 사용한다. 루트 계정을 서비스에서 사용하는 것 또한 바람직하지 않지만 설명의 편의를 위해 그대로 사용한다. 상용 서비스를 고려한다면 당연히 서비스에 맞는 권한만 갖는 별도의 MySQL 계정을 생성해서 사용해야 한다.

2. `MYSQL_HOST`는 접속할 MySQL 인스턴스의 주소이다. MySQL 인스턴스 자원을 선언한 `MySQLDBInstance`의 `Endpoint.Address` 속성으로부터 가져올 수 있다. `PubliclyAccessible` 옵션으로 공개된 주소를 갖지만 방화벽 정책을 관리하지 않는다면 어느 곳에서도 접근할 수 없다.

4-4-2 방화벽 설정

AWS는 모든 사용자에게 기본 VPC를 제공해준다. MySQL 인스턴스에 별도의 VPC를 지정하지 않고 생성하면 기본 VPC 공간 내에서 인스턴스가 생성된다.

VPC는 네트워크 공간을 설정하기 위한 서브넷뿐만 아니라 인바운드와 아웃바운드에 대한 방화벽 정책을 갖는 보안 그룹도 가진다. 기본 VPC의 기본 보안 그룹은 모든 아웃바운드는 허용하지만 모든 인바운드는 막는다. 즉, 기본 방화벽 정책을 갖는 기본 VPC에 생성된 MySQL 인스턴트는 어디에서도 접근할 수 없다. 이는 공개된 주소를 할당하는 `PubliclyAccessible` 설정과는 다른 이야기다.

AWS CLI 명령을 사용해 기본(default) 보안 그룹을 확인할 수 있다. 보안 그룹은 EC2 하위 명령이다. `aws ec2 describe-security-groups` 명령의 `--group-names` 필터를 사용해 `default` 이름을 갖는 기본 보안 그룹을 조회한다.

```
$ aws ec2 describe-security-groups --group-names "default"
{ "SecurityGroups": [
        {
            "Description": "default VPC security group",
            "GroupName": "default",
            "IpPermissions": [],
            "OwnerId": "OWNER_ID",
            "GroupId": "sg-29bb2654",
            "IpPermissionsEgress": [
                {
                    "IpProtocol": "-1",
                    "IpRanges": [
                        {
                            "CidrIp": "0.0.0.0/0"
                        }
                    ],
                    "Ipv6Ranges": [],
                    "PrefixListIds": [],
                    "UserIdGroupPairs": []
                }
            ],
            "VpcId": "vpc-9fae21f4"
} ] }
```

기본 설정은 아웃바운드(IpPermissionsEgress)에 대해 모든 프로토콜(-1)의 모든 범위(0.0.0.0/0)를 허용한다. 하지만 인바운드(IpPermissions) 설정은 존재하지 않는다. 이 응답으로 확인한 `GroupId`를 사용해 `aws ec2 authorize-security-group-ingress` 명령으로 MySQL(tcp/3306)이 어느 곳에서도 접근할 수 있도록 설정한다.

```
$ aws ec2 authorize-security-group-ingress \
  --group-id sg-29bb2654 \
  --protocol tcp \
  --port 3306 \
  --cidr 0.0.0.0/0
```

1. `--group-id`로 기본 보안 그룹 ID를 지정한다.
2. `--protocol`로 TCP인지 UDP인지를 결정한다. MySQL에 맞게 `tcp`로 지정한다.
3. `--port`로 포트 번호를 지정한다. MySQL에 맞게 `3306`으로 지정한다.
4. `--cidr`로 접근을 허용할 IP 범위를 지정한다. 모든 범위를 허용하도록 `0.0.0.0/0`으로 설정한다.

MySQL에 접근 가능한 IP를 전체로 설정하는 것은 보안 측면에서 매우 좋지 않지만 Lambda의 경우 IP 대역을 한정하기 어렵기 때문에 달리 좋은 방법이 없다. Lambda가 실행하는 지역에 맞게 AWS가 사용하는 모든 IP 대역을 지정할 경우 어느 정도 방어가 가능하겠지만 그 수가 굉장히 많고 값이 변할 수도 있기 때문에 좋은 방법이 아니다. 만약 보안이 걱정된다면 앞서 이야기한 것처럼 별도의 VPC를 구성한 후 그 안에서 Lambda와 MySQL을 운영해야 한다.

설정이 제대로 반영되었는지 확인하기 위해 다시 `describe-security-groups` 명령을 실행한다. `IpPermissions` 내에 3306에 대한 허용 규칙이 추가되었다. 서버리스 스택 배포로 MySQL 인스턴스가 생성된 이후에 잘 접근되는지 `mysql-client`를 통해 확인한다.

4-4-3 MySQL 라이브러리 추가

MySQL 쿼리를 사용하기 위해 Node.js 라이브러리를 추가한다. 가장 유명한 `mysqljs`를 써도 되지만 이번 예제에서는 Promise 지원이 더 잘 되는 `mysql2` 라이브러리를 사용한다. 타입스크립트 선언을 기본으로 지원하기 때문에 별도의 타입 선언 패키지 설치가 필요 없다.

```
$ npm install --save mysql2
```

`mysql2` 라이브러리를 웹팩으로 빌드할 경우 `cardinal` 라이브러리 누락 경고가 발생한다. `cardinal` 라이브러리는 콘솔 화면에서 자바스크립트의 구문을 강조하는 색상 출력 라이브러리로 없어도 실행에 전혀 문제가 없다. 다만 매번 경고가 발생하므로 `webpack.config.js`에 경고를 무시하도록 설정한다.

```
module.exports = {
  // ...생략
  plugins: [
    new webpack.IgnorePlugin({
      resourceRegExp: /^cardinal$/,
      contextRegExp: /./,
    }),
  ],
};
```

4-4-4 글에 대한 CRUD 구현

Lambda에서 데이터베이스에 요청을 보내기 위해 MySQL 연결을 먼저 준비한다. 그 연결을 통해 필요한 요청, 즉 쿼리를 전달하여 값을 조회하거나 새로운 값을 추가, 수정, 삭제한다. 데이터베이스에 연결하기 위해 `mysql2` 라이브러리의 `createConnection` 함수를 사용한다. 다만 네트워크 연결 및 요청을 비동기로 다루기 위해서 `mysql2/promise` 라이브러리를 사용한다. 이 함수는 연결 객체를 Promise로 반환하므로 실제 사용할 때 `await`으로 연결을 가져와야 한다.

연결을 위해서는 데이터베이스의 주소와 인증을 위한 `user`, `password`가 필요하다. 모두 MySQL 자원을 `serverless.ts` 파일에 선언할 때 환경 변수로 설정한 값이다. `process.env`의 `MYSQL_HOST`, `MYSQL_ROOT_USER`, `MYSQL_ROOT_PASSWORD`를 사용한다. 그리고 블로그 글을 관리할 데이터베이스의 이름도 MySQL 자원을 선언할 때 미리 정의했던 `blog`를 사용한다. MySQL 저장소 사용을 위해 새로 storage.ts 파일을 만들어 다음과 같이 구현을 시작한다.

```
import { createConnection } from "mysql2/promise";

const connectionPromise = createConnection({
  host: process.env.MYSQL_HOST,
  user: process.env.MYSQL_ROOT_USER,
  password: process.env.MYSQL_ROOT_PASSWORD,
  database: "blog",
});
```

쿼리 실행을 위한 `doQuery` 함수는 `connectionPromise` 변수로부터 연결 객체를 가져와 쿼리를 수행한다. `connectionPromise` 변수는 전역 변수로 설정되어 있으므로 Lambda 인스턴스가 재사용될 때 그 상태를 유지할 수 있다. 따라서 이미 이 변수를 한 번 `await`해서 연결이 `resolve`되었다면, 그 이후부터는 그 연결을 재사용하게 된다. 즉, Lambda 인스턴스가 재사용될 때 데이터베이스를 다시 연결하는 비용을 절약할 수 있다.

Lambda 인스턴스가 완전히 정지되기 전까지는 연결이 살아 있으므로 MySQL 인스턴스 입장에서는 연결 낭비이다. Lambda 인스턴스가 10분 정도 재사용되지 않아 종료되면 연결도 같이 회수되므로 큰 문제는 아니지만 동시에 실행된 대량의 Lambda가 각각 연결을 생성했다면, 그 인스턴스가 모두 회수되기 전까지는 연결이 꽤 낭비되는 것처럼 보일 수도 있다. 이를 좀 더 효율적으로 사용하려면 데이터베이스 연결에 풀(Pool)의 관리를 도와주는 Amazon RDS Proxy 서비스를 추가로 사용한다. 이 서비스는 Lambda 인스턴스들이 별도의 데이터베이스 연결 풀을 공유해서 사용하는 것처럼 만들어준다.

```
import { Connection } from "mysql2/promise";

async function doQuery<R>(
  dbWork: (connection: Connection) => Promise<R>
): Promise<R> {
  const connection = await connectionPromise;
  return dbWork(connection);
}
```

글 생성을 위한 쿼리는 INSERT 구문을 사용해 작성한다. 테이블의 이름은 간단히 post로 가정한다. 생성 당시에는 존재하지 않는 수정 일시(modified)는 NULL로 남겨두고, 그 외의 제목(title), 내용(content), 생성 일시(created) 값을 넣어 생성한다. 연결 객체(connection)의 execute 함수를 통해 ? 파라미터 대리자를 포함한 쿼리와 파라미터 값의 배열을 넘겨 SQL Injection 걱정 없는 쿼리 실행을 요청한다. 만약 동일한 기본 키, 즉 제목(title)을 가진 다른 글이 존재할 경우 중복 추가에 대한 Duplicate entry 예외가 발생하는데, 이 경우만 예외를 던지는 대신 false를 반환하도록 처리한다. DynamoDB를 사용한 구현과 동일하게, 중복된 글 처리만 정상적인 응답으로 간주하기 위함이다.

```
export async function insert(post: Post): Promise<boolean> {
  try {
    await doQuery((connection) =>
      connection.execute(
        `INSERT INTO post (title, content, created, modified) VALUES (?, ?, ?, NULL)`,
        [post.title, post.content, post.created]
      )
    );
```

```
  } catch (error: any) {
    if (/Duplicate entry/.test(error.message)) {
      return false;
    }
    throw error;
  }
  return true;
}
```

글 조회 함수도 doQuery와 connection.execute 함수를 사용해 작성한다. 지정된 글 제목(title)에 해당하는 글의 데이터는 SELECT 구문과 WHERE title = ? 조건을 사용해 조회할 수 있다. 결과는 mysql2/promise에 정의된 타입인 RowDataPacket의 배열로 반환한다. RowDataPacket은 열 이름이나 인덱스로부터 값을 가져오는 간단한 사전 형태의 타입이다.

```
import { RowDataPacket } from "mysql2/promise";

export async function select(title: string): Promise<Post | null> {
  // 조회 결과로 함께 반환되는 FieldPacket[]은 무시하고 RowDataPacket[]만 가져온다.
  const [rows] = await doQuery((connection) =>
    connection.execute<RowDataPacket[]>(`SELECT * FROM post WHERE title = ?`, [
      title,
    ])
  );
  // RowDataPacket[]의 첫 번째 행만 가져온다.
  const [row] = rows ?? [];
  if (!row) {
    return null;
  }
  // RowDataPacket 내의 데이터를 열 이름으로 가져와서 모델에 넣는다.
  return {
    title: row["title"],
    content: row["content"],
    created: row["created"],
    modified: row["modified"],
  };
}
```

connection.execute는 제네릭 타입 파라미터로 지정한 반환값과 함께 열에 대한 정보를 반환하기 위해 FieldPacket[]을 배열로 같이 묶어 반환한다. 즉, 조회를 위해 RowDataPacket[]을 반환하도록 요청할 경우 실제 반환하는 타입은 [RowDataPacket[], FieldPacket[]]이다. 여기서 첫 번째 항목인 RowDataPacket[]만 가져오기 위해 구조 분해 할당 구문(const [rows] =)을 사용한다. 기본 키로 데이터를 조회했으므로 그 결과는 반드시 하나지만 반환 타입은 행 집합인 RowDataPacket[]이므로, 그중 첫 번째 행만 가져오기 위해 동일한 방법을 사용(const [row] =)해 코드를 작성한다. 이후 얻은 RowDataPacket인 row 변수로부터 각각의 열 이름으로 값을 가져와서 모델 객체로 변환한다.

글을 수정하는 함수도 같은 구조를 가진다. doQuery와 connection.execute 함수를 사용해 글 수정을 위한 UPDATE 구문의 쿼리를 요청한다. 기본 키인 제목(title)을 갱신 대상 조건으로 지정 (WHERE title = ?)하고 제목(title), 내용(content), 수정 일시(modified)를 지정된 값으로 갱신한다. DynamoDB에서는 키인 글 제목을 변경할 때 고려해야 하는 부분이 많았지만, MySQL은 기본 키 변경을 지원하기 때문에 수정 쿼리 하나로 처리할 수 있다. 트랜잭션도, 배치 요청도 필요하지 않다. UPDATE 쿼리 실행 후의 결과는 OkPacket으로 반환된다. 이때 쿼리의 수행 결과로 실제 반영된 행의 개수는 affectedRows로 확인할 수 있다. 이 값이 1인지 검사해 UPDATE 쿼리를 제대로 실행했는지 확인한다. 즉, 올바른 oldTitle로 요청했는지 검증한다.

```
import { OkPacket } from "mysql2/promise";

export async function update(
  oldTitle: string,
  post: Omit<Post, "created">
): Promise<boolean> {
  // UPDATE 쿼리 수행 결과를 가져온다.
  const [ok] = await doQuery((connection) =>
    connection.execute<OkPacket>(
      `UPDATE post SET title = ?, content = ?, modified = ? WHERE title = ?`,
      [post.title, post.content, post.modified, oldTitle]
    )
  );
  // UPDATE를 제대로 실행했는지 확인한다.
  return ok.affectedRows === 1;
}
```

글을 삭제할 때도 doQuery와 connection.execute 함수를 사용해 DELETE 구문의 쿼리를 실행한다. 기본 키인 글 제목(title)을 사용해 글을 삭제한다. DynamoDB 예제의 구현과 동일하게 실제 삭제 여부까지 확인하지는 않는다. 만약 확인이 필요하다면, 수정 쿼리를 실행했을 때와 같이 OkPacket의 affectedRows 값이 1인지 확인하면 된다.

```typescript
export async function remove(title: string): Promise<void> {
  await doQuery((connection) =>
    connection.execute(`DELETE FROM post WHERE title = ?`, [title])
  );
}
```

MySQL을 사용해서 글 목록 조회를 아주 간단하게 구현할 수 있다. 테이블 수준의 쿼리를 지원하지 않아 글 목록을 직접 관리해야 했던 DynamoDB와는 다르게, 테이블 수준의 검색을 SELECT 구문의 쿼리로 쉽게 처리할 수 있기 때문이다. 뿐만 아니라 ORDER BY 구문을 함께 사용해 생성 일시(created)로 정렬된 결과도 간단히 가져올 수 있다.

글 목록 조회 함수도 다른 함수와 동일하게, 쿼리 수행을 위한 doQuery와 connection.execute 함수를 사용한다. 조회한 결과를 받기 위해 RowDataPacket[] 타입을 사용하고 FieldPacket[] 을 제외하기 위해 구조 분해 할당 구문(const [rows] =)을 사용한다. 그렇게 반환된 결과로부터 글 목록을 구성하는 {title, created} 모델로 변환해 반환한다.

```typescript
export async function list(): Promise<PostListItem[]> {
  const [rows] = await doQuery((connection) =>
    connection.execute<RowDataPacket[]>(
      `SELECT title, created FROM post ORDER BY created DESC`
    )
  );
  return (rows ?? []).map((row) => ({
    title: row["title"],
    created: row["created"],
  }));
}
```

글에 대한 CRUD 함수와 글 목록 조회 함수를 모두 구현했다. 테이블 수준의 쿼리와 기본 키 변경을 지원해주는 MySQL의 특징 덕분에 DynamoDB를 사용할 때보다 모든 구현이 훨씬 간단하다. 하지만 DynamoDB와는 다르게 데이터베이스에서 사용할 테이블을 CloudFormation 자원 선언에 함께 포함할 수 없기 때문에 MySQL 인스턴스가 생성된 이후에 직접 연결하여 테이블 생성 쿼리를 실행해야 한다. 따라서 자원 생성을 위해 스택을 먼저 배포하고 그 이후에 테이블을 생성한 후 구현한 기능이 정상 동작하는지 테스트한다.

4-4-5 로컬 테스트

MySQL 인스턴스의 경우 인스턴스를 켜두고 있는 시간만큼 과금이 발생한다. 개발 데이터를 지속적으로 보관할 목적이 아니라면 로컬 테스트 환경은 직접 구축하는 편이 경제적이나. `serverless-offline` 플러그인을 사용해 서버리스 스택의 HTTP API를 로컬에 띄우는 것은 앞선 예제에서 다뤘으므로, 이번에는 Docker를 활용해 MySQL 로컬 개발 환경을 구축하는 방법을 알아본다.

MySQL은 `serverless-dynamodb-local` 플러그인처럼 로컬 환경을 구축하는 Serverless Framework의 플러그인이 존재하지 않는다. 따라서 직접 Docker를 사용해 구축한다. Amazon RDS에서 제공하는 엔진 버전과 동일하게 MySQL 8 버전을 사용한다.

```
docker run --rm --name mysql -p 3306:3306 \
  -e MYSQL_ROOT_PASSWORD="${MYSQL_ROOT_PASSWORD}" \
  -v $PWD/mysql-data:/var/lib/mysql \
  mysql:8
```

1. `--rm` 옵션으로 시작할 때 이미 예전 컨테이너가 남아 있다면 삭제 후 시작한다.
2. `--name mysql` 옵션으로 컨테이너의 이름을 `mysql`로 지정한다. MySQL Docker 컨테이너는 `Ctrl + C`로 종료할 수 없고 `docker kill` 명령으로 제거해야 하므로 이름을 지정해두는 편이 관리하기 편하다.
3. `-p 3306:3306` 옵션으로 MySQL 포트인 3306을 호스트 네트워크에 연결한다.
4. `-e` 옵션으로 환경 변수를 주입한다. `MYSQL_ROOT_PASSWORD`로 root 계정의 비밀번호를 설정하는데, 이미 환경 변수로 지정한 `MYSQL_ROOT_PASSWORD` 값을 그대로 사용한다.
5. `-v` 옵션으로 볼륨을 연결한다. 현재 디렉터리 내 `mysql-data` 디렉터리를 MySQL 데이터 디렉터리와 연결한다. Docker 컨테이너를 재시작해도 이전 데이터를 유지하기 위함이다.

MySQL 컨테이너가 초기화되고 잠시 후 접속 준비가 되었다는 메시지를 볼 수 있다.

```
2021-12-06 11:56:44+00:00 [Note] [Entrypoint]: Entrypoint script for MySQL Server
8.0.27-1debian10 started.
... 생략
2021-12-06T11:56:45.511908Z 0 [System] [MY-010931] [Server] /usr/sbin/mysqld: ready for
connections. Version: '8.0.27'  socket: '/var/run/mysqld/mysqld.sock'  port: 3306  MySQL
Community Server - GPL.
```

MySQL 컨테이너는 완전히 비어 있기 때문에 기본 데이터베이스와 글 보관을 위한 테이블을 직접 생성해야 한다. 이를 위해 MySQL 클라이언트가 필요하다. 가장 많이 사용하는 것은 `mysql-shell`과 `MySQL Workbench`다.

1. `mysql-shell`은 MySQL에 접근할 때 가장 많이 사용하는 기본 클라이언트로 명령행(CLI) 기반이다. 환경에 따라 apt, brew, choco 등의 패키지 매니저로 설치할 수 있다. 혹은 MySQL Shell 다운로드 페이지에서 다운로드해 설치할 수 있다. GUI보다 CLI 사용이 편할 경우 이 도구를 사용하는 것이 좋다.

2. `MySQL Workbench`는 MySQL에서 공식으로 제공하는 GUI 클라이언트로, MySQL Workbench 다운로드 페이지에서 다운로드해 설치할 수 있다. GUI 환경을 더 선호한다면 이 도구를 사용한다.

이번 예제에서는 `mysql-shell`을 사용한다. `mysql` 명령으로 시작할 수 있으며, -h 옵션으로 접속할 대상 주소를 지정하고 -u 옵션으로 접속할 유저를 지정한다. -p 옵션을 주면 접속을 위한 비밀번호를 입력할 수 있다. 접속한 이후 나타나는 MySQL 쉘 프롬프트(>)에 필요한 쿼리를 입력하면 된다.

```
# 로컬 MySQL에 root 계정으로 접속한다.
$ mysql -h 127.0.0.1 -u root -p
Enter password: # 앞서 MYSQL_ROOT_PASSWORD로 설정한 비밀번호 입력.
Welcome to the MySQL monitor.  Commands end with ; or \g.
... 생략

# MySQL 쉘 프롬프트 시작
mysql>
```

데이터베이스는 유니코드를 지원하도록 utf8mb4로 생성한다. 이는 utf8과 다르게 4바이트를 지원하는 캐릭터셋으로 이모지(Emoji) 문자를 저장할 수 있다. 콜레이트도 utf8mb4_unicode_ci로 지정한다. 이는 한때 많이 사용했던 utf8mb4_general_ci보다 좀 더 정확한 정렬을 지원한다. 글의 모델은 제목(title), 내용(content), 작성 일시(created), 수정 일시(modified) 4개의 속성을 갖도록 구성한다. 간단히 제목을 기본 키로 설정하여 식별성 및 유일성을 관리하고, 생성 일시와 수정 일시는 큰 고민 없이 문자열로 관리한다. 이를 테이블 구조로 만들기 위한 SQL로 작성하면 다음과 같다. 테이블 생성 이후 DESC 쿼리를 통해 테이블 구조가 기대한 대로 생성되었는지, 혹은 SELECT 쿼리를 통해 테이블 안에 데이터가 올바르게 들어가 있는지 확인할 수 있다.

```
# 데이터베이스 생성
mysql> CREATE DATABASE blog CHARACTER SET utf8mb4 COLLATE utf8mb4_unicode_ci;
Query OK, 1 row affected (0.01 sec)

# 테이블 생성
mysql> CREATE TABLE post (
    ->     title VARCHAR(400) NOT NULL PRIMARY KEY,
    ->     content TEXT,
    ->     created VARCHAR(30),
    ->     modified VARCHAR(30)
    -> );
Query OK, 0 rows affected (0.09 sec)

# 생성한 테이블 구조 확인
mysql> DESC post;
+----------+--------------+------+-----+---------+-------+
| Field    | Type         | Null | Key | Default | Extra |
+----------+--------------+------+-----+---------+-------+
| title    | varchar(400) | NO   | PRI | NULL    |       |
| content  | text         | YES  |     | NULL    |       |
| created  | varchar(30)  | YES  |     | NULL    |       |
| modified | varchar(30)  | YES  |     | NULL    |       |
+----------+--------------+------+-----+---------+-------+
4 rows in set (0.08 sec)
```

코드에서 로컬에 구축한 MySQL을 사용하도록 접속 주소를 변경한다. `serverless.ts` 파일은 `serverless-offline`이 개입하기 전에 실행되므로 여기의 `environment`를 변경하는 것은 소용 없다. 따라서 `storage.ts` 파일에 MySQL을 연결하는 다음 부분을 수정한다. `IS_OFFLINE` 환경 변수가 설정되었을 때 `127.0.0.1` 주소의 MySQL을 `root` 계정으로 접근한다. 비밀번호는 동일하므로 `MYSQL_ROOT_PASSWORD`는 환경 변수의 값을 그대로 사용해도 된다.

```
const connectionPromise = createConnection({
  host: process.env.IS_OFFLINE ? "127.0.0.1" : process.env.MYSQL_HOST,
  user: process.env.IS_OFFLINE ? "root" : process.env.MYSQL_ROOT_USER,
  password: process.env.MYSQL_ROOT_PASSWORD,
```

모든 로컬 환경이 준비되었으므로 `serverless-offline` 플러그인을 사용해 로컬 테스트를 위한 HTTP API 서버를 시작한다.

```
sls offline
```

앞서 DynamoDB 때 사용했던 테스트 스크립트를 다시 사용해 이번 구현 내용이 잘 동작하는지 확인한다. 테스트 스크립트를 실행하기 전에 `API_URL`이 올바른지 확인한다.

```
# 로컬에서 기동한 HTTP API를 대상으로 설정.
$ export API_URL="http://localhost:3000/api"

# 이후 앞선 테스트 때와 동일한 curl 명령 실행.
```

로컬 개발을 완료했다면 MySQL 컨테이너도 종료한다. 앞서 설명했듯이 MySQL 컨테이너는 `Ctrl + C`로 종료할 수 없기 때문에 다음과 같이 직접 `docker kill` 명령을 실행해 종료한다.

```
$ docker kill mysql
mysql
```

4-4-6 배포

정의한 서버리스 스택을 배포하기 위해 `sls deploy` 명령을 사용한다. 이를 통해 글에 대한 CRUD 함수와 글 목록을 조회하는 API가 배포되고, 그 함수에서 접근할 MySQL 데이터베이스 인스턴스가 생성된다.

```
$ sls deploy
...생략
endpoints:
  POST - https://API_ID.execute-api.AWS_REGION.amazonaws.com/api/post
  GET - https://API_ID.execute-api.AWS_REGION.amazonaws.com/api/post/{title}
  PUT - https://API_ID.execute-api.AWS_REGION.amazonaws.com/api/post/{title}
  DELETE - https://API_ID.execute-api.AWS_REGION.amazonaws.com/api/post/{title}
  GET - https://API_ID.execute-api.AWS_REGION.amazonaws.com/api/post
functions:
  createPost: simple-blog-mysql-dev-createPost (580 kB)
  readPost: simple-blog-mysql-dev-readPost (580 kB)
  updatePost: simple-blog-mysql-dev-updatePost (580 kB)
  deletePost: simple-blog-mysql-dev-deletePost (580 kB)
  listPosts: simple-blog-mysql-dev-listPosts (580 kB)
```

생성된 데이터베이스는 `aws rds describe-db-instances` 명령으로 확인할 수 있다. 배포가 정상적으로 완료되면 이 명령으로 방금 생성된 데이터베이스를 다음과 같이 확인할 수 있다.

```
$ aws rds describe-db-instances
{ "DBInstances": [ {
    # ... 생략
    "MasterUsername": "lacti",
    "DBName": "blog",
    "Endpoint": {
        "Address": "DATABASE_ID.AWS_REGION.rds.amazonaws.com",
        "Port": 3306,
```

`Endpoint.Address`에 접근 가능한 퍼블릭 주소가 나온다. `serverless.ts`에서 이 값을 `MYSQL_HOST` 환경 변수로 넘겨주기 때문에 Lambda 내의 코드에서는 `process.env.MYSQL_HOST`로 접근할 수 있다. 하지만 개발이나 운영 등의 사유로 MySQL 클라이언트를 통해 직접 데이터베이스에 연결할 때는 이 환경 변수를 사용할 수 없으니 주소를 잘 기억해둔다. 이제 생성된 데이터베이스에 직접 연결하여 글을 관리하는 테이블(post)을 생성해보자.

4-4-7 MySQL 테이블 작성

DynamoDB에서는 자원을 선언할 때 테이블도 함께 선언할 수 있었으나 MySQL은 불가능하다. 따라서 테이블을 관리하는 SQL을 별도의 채널에서 직접 실행해야 한다. 이 점은 추가적인 관리부담 면에서 DynamoDB에 비해 단점으로 여겨질 수 있다.

데이터베이스에 접근하기 위해 필요한 정보는 다음과 같다. 모두 MySQL 자원을 선언할 때 미리 선언했거나 스택 배포 이후 얻을 수 있는 내용이다. 연결 시 사용되는 이 정보는 추후 Lambda 코드 내에서 데이터베이스에 연결할 때에도 사용한다.

변수	설명
host	데이터베이스 서버의 주소. MySQL 인스턴스가 생성되면 얻을 수 있다.
user	데이터베이스 서버에 인증하기 위한 유저. MYSQL_ROOT_USER 환경 변수로 설정했다.
password	데이터베이스 서버에 인증하기 위한 암호. MYSQL_ROOT_PASSWORD 환경 변수로 설정했다.
database	데이터베이스 이름. 이 예제에서는 MySQL 인스턴스를 선언할 때 blog로 지정했다.

대부분의 MySQL GUI 클라이언트는 연결 테스트를 지원하기 때문에 위 정보를 입력한 후 잘 접속되는지 바로 확인할 수 있다. 만약 모든 정보를 올바르게 입력했는데 접속에 문제가 발생한다면 네트워크 방화벽 설정이 잘못된 것이므로 그 부분에 문제가 없는지 다시 한번 확인한다.

mysql-shell을 사용할 경우 다음과 같이 접속할 수 있다. MYSQL_ROOT_USER와 MYSQL_ROOT_PASSWORD는 환경 변수에 정의된 값을 사용한다고 가정한다.

```
# MySQL 클라이언트 실행
$ mysql -h DATABASE_ID.AWS_REGION.rds.amazonaws.com -u $MYSQL_ROOT_USER -p$MYSQL_ROOT_PASSWORD blog
```

테이블 생성을 위한 쿼리는 로컬 환경을 구축할 때 작성했다. 여기서도 그대로 실행해준다.

```
# 테이블 생성
mysql> CREATE TABLE post (
    ->     title VARCHAR(400) NOT NULL PRIMARY KEY,
    ->     content TEXT,
    ->     created VARCHAR(30),
    ->     modified VARCHAR(30)
    -> );
Query OK, 0 rows affected (0.07 sec)
```

개발 도중이나 운영 툴 구현 전까지는 데이터베이스에 직접 접근하여 데이터를 관리할 일이 자주 발생한다. 때문에 데이터베이스 접근 도구를 준비하고 익숙해질 때까지 연습하는 과정이 필요하다.

4-4-8 테스트

DynamoDB를 사용할 때와 API 수준에서의 변경점은 없기 때문에, 동일하게 curl을 사용해 테스트할 수 있다. 앞선 테스트에서 사용했던 API_URL 환경 변수를 배포한 API Gateway의 주소로 변경해 테스트를 진행한다.

4-4-9 정리

MySQL은 관계형 데이터베이스로 테이블의 구조를 정의하고 테이블 내 데이터의 삽입, 수정, 삭제, 조회 등의 쿼리를 지원하는 저장소다. 뿐만 아니라 테이블 구조를 기반으로 여러 테이블을 JOIN해 쿼리를 수행하기 좋다. 개별 데이터 수준의 쿼리와 함께 테이블 수준의 쿼리와 스캔을 제공하고 기본 키 변경을 지원하기 때문에 DynamoDB보다 구현이 훨씬 간단했다. 또한 조회 시 좀 더 나은 성능을 제공하는 별도의 색인(Index)과 의도치 않은 데이터를 추가하지 못하게 하는 제약(Constraints) 기능을 추가할 수도 있다.

다양한 기능을 지원하지만 테이블 내의 데이터가 처음 지정한 구조를 벗어날 수 없고, 구조를 수동으로 관리해야 하며, 구조를 CloudFormation으로 함께 관리할 수 없다는 단점이 있다. 또한 파티션 단위의 수평 확장(Scale-out)을 제공하는 DynamoDB와 다르게 MySQL은 수직 확장(Scale-up)만 지원한다. 온라인으로 지원할 수 있지만 트래픽이 높을 경우 쉽지 않다. 직접 샤드(Shard)를 구성하거나 아니면 비용이 더 높은 Aurora 서비스를 사용해야 한다. 즉, DynamoDB보다 운영에 좀 더 신경을 써야 한다.

관계형 데이터베이스는 오랜 기간 동안 다양한 방법으로 활용되었기 때문에 대부분의 도메인에서 적절한 활용 방법을 찾을 수 있다. 이번 예제 또한 DynamoDB보다 MySQL을 활용했을 때 더 나은 구현이 가능했다. 블로그 서비스는 매우 간단한 형태이므로 큰 차이를 보여주기 어려웠지만, 만약 수많은 테이블을 다각도로 JOIN해 로직을 처리하거나 트랜잭션의 활용도가 높은 상황이라면 관계형 데이터베이스가 NoSQL보다 더 나은 선택이 될 수 있다.

예제에서 설계한 블로그 서비스는 너무 간단하기 때문에 저장소로 MySQL을 이용하는 것이 과분해 보일 수 있다. 다음 단원에서는 관계형 데이터베이스이지만 애플리케이션에 포함해서 사용할 수 있는 SQLite를 활용하는 구현에 대해 알아본다.

4-5 SQLite 연동

SQLite는 MySQL과 같은 데이터베이스 관리 시스템이지만, 서버가 아니라 애플리케이션을 넣어 사용하는 비교적 가벼운 데이터베이스이다. 데이터베이스를 하나의 파일로 관리하며 SQLite 라이브러리를 사용해 쿼리를 실행한다. 하나의 파일을 사용하기 때문에 대규모 데이터를 다루는 데는 적합하지 않다. 하지만 데이터 규모가 크지 않다면 속도에 손색이 없기 때문에 데이터베이스 시스템을 별도로 관리하는 것보다 좀 더 간편하게 사용할 수 있다.

DynamoDB나 RDS의 MySQL처럼 별도의 AWS 자원을 할당할 필요는 없다. 데이터베이스 파일을 관리하기 위해 S3 Bucket을 사용하는 것으로 충분하다. 다만 Lambda는 동시에 실행될 수 있는데 실행 중 S3 Bucket 내의 데이터베이스 파일에 동시 수정이 발생할 경우 일부 수정을 잃어버릴 수 있다. 때문에 동시성 제어가 필요하다.

이번 예제에서는 동시성 제어 측면에서 읽기 요청과 쓰기 요청을 나눈다. 읽기 요청을 처리하는 동안 발생한 수정 요청은 그 수정분까지 고려할 경우에 높은 동시성 제어가 필요하지만, 이는 성능 저하를 야기하기 때문에 고려하지 않는다. 대신 동시 수정 요청 시 의도치 않은 덮어씀으로 인해 일부 수정을 잃어버리는 경우를 막기 위해 잠금을 사용한다. 먼저 읽기 요청의 흐름을 도식화하면 다음과 같다.

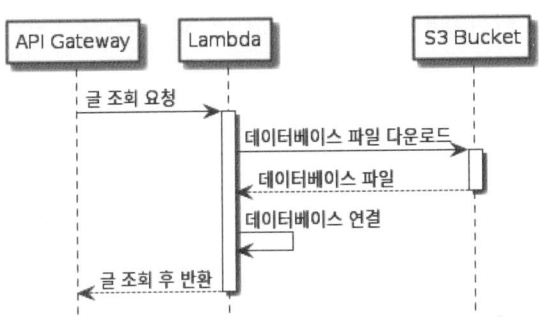

그림 4-5-1 SQLite 저장소의 읽기 요청 흐름도

S3 Bucket 내의 객체는 원자적으로 관리된다. 즉, 어떤 Lambda에 의해 수정된 데이터베이스 파일이 완전히 업로드되기 전까지 다른 Lambda는 이전 데이터베이스 파일을 읽는다. 앞서 읽는 동안 수정된 데이터를 반영할 필요가 없다고 가정했기 때문에, 잠금 없이 Bucket에서 데이터베이스 파일을 가져오는 것으로 충분하다.

쓰기 요청은 동시 수정 요청의 동시성 제어를 위해 잠금을 사용해야 한다. 잠금을 사용하지 않을 경우 동시 수정이 발생했을 때 일부 수정을 잃어버릴 수 있다. 예를 들어, 다음과 같이 잠금을 사용하지 않는 수정 흐름이 있다고 가정하자.

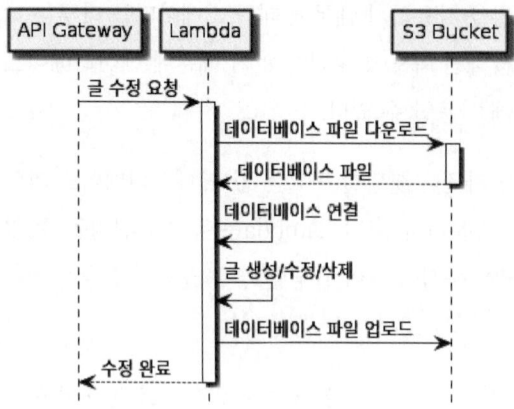

그림 4-5-2 SQLite 저장소의 쓰기 요청 흐름도

데이터베이스 파일을 Bucket으로부터 가져와서 작업하는 것은 읽기와 동일하다. 하지만 쓰기 요청을 처리할 때는 데이터베이스 파일이 변경된다. 그리고 변경된 데이터베이스 파일을 다시 Bucket에 업로드해야 한다. 만약 두 Lambda가 동시에 실행됐고 같은 버전1 데이터베이스 파일을 가져와서 변경한 후, 각각 버전2와 버전3을 다시 Bucket에 업로드하면 조금이라도 늦게 업로드한 쪽으로 덮어쓰인다. 즉, 수정 하나는 사라진다.

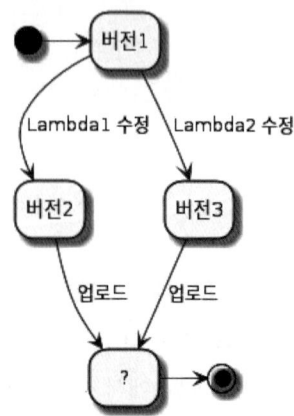

그림 4-5-3 동시 수정 요청에 의한 정합성 파괴

이 문제를 해결하기 위해 잠금을 도입한다. 수정을 위해 데이터베이스 파일에 접근할 때는 잠금을 사용하고, 한 번에 하나의 수정만 하도록 제어한다. 이 때문에 다소 성능이 떨어지는 문제가 발생할 수 있지만, 잠금을 획득하고 해제하는 비용이 데이터베이스 작업에 비해 저렴하기 때문에 큰 문제는 아니다. 잠금을 사용하는 쓰기 흐름은 다음과 같다.

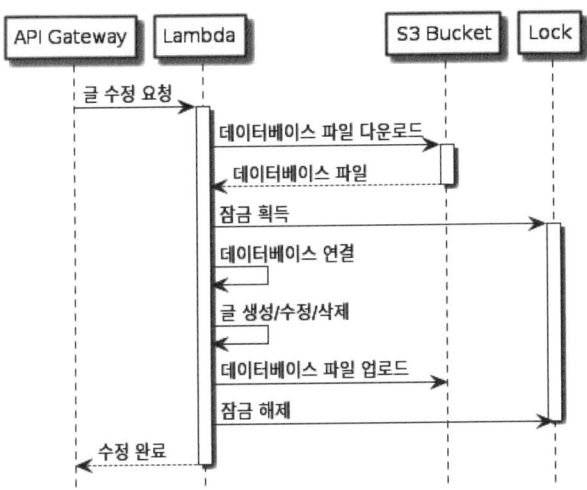

그림 4-5-4 잠금을 통한 동시 수정 문제 해결

Lambda에서 잠금을 직접 구현하기는 어렵기 때문에 외부 시스템의 도움을 받는다. 이번 예제에서는 AWS에서 제공하는 Redis 서비스인 ElastiCache를 사용해 잠금을 구현한다. 시스템의 규모가 아주 크지 않다면 잠금을 구현하는 데 큰 자원이 필요하지 않으므로 프리티어에 해당하는 `cache.t3.micro` 인스턴스를 사용해도 충분하다.

4-5-1 자원 선언

SQLite 데이터베이스 파일을 보관하는 S3 Bucket을 선언한다. 관리의 편의를 위해 Bucket 이름은 환경 변수로 관리한다. Bucket에 파일을 넣고(Put) 가져오는(Get) 작업을 하기 위해 `iam.role.statements`로 IAM Role을 추가한다.

```
const S3Bucket = {
  Type: "AWS::S3::Bucket",
  Properties: {
    BucketName: process.env.BUCKET_NAME!,
  },
};
const S3BucketRoleStatement = {
  Action: ["s3:PutObject", "s3:GetObject"],
  Effect: "Allow",
  Resource: `arn:aws:s3:::${process.env.BUCKET_NAME}/*`,
};
```

```
const config: AWS = {
  provider: {
    iam: {
      role: {
        statements: [S3BucketRoleStatement],
```

잠금을 구현하는 ElastiCache 자원을 선언한다. CacheCluster 타입으로 하나의 클러스터만 선언할 수도 있고, ReplicationGroup으로 복제본을 포함하는 클러스터를 선언할 수도 있다. 이번 예제에서는 ReplicationGroup으로 Redis 자원을 선언한다.

```
const RedisInstance = {
  Type: "AWS::ElastiCache::ReplicationGroup",
  Properties: {
    ReplicationGroupId: process.env.REDIS_NAME!,
    ReplicationGroupDescription: "Redis instance for simple locking",
    CacheNodeType: "cache.t3.micro",
    Engine: "redis",
    ReplicasPerNodeGroup: 0,
    AutomaticFailoverEnabled: false,
  },
};
```

1. ReplicationGroupId로 ElastiCache 인스턴스의 이름을 지정한다. S3 Bucket과 같이 관리의 편의를 위해 REDIS_NAME 환경 변수로 지정한다.

2. ReplicationGroupDescription은 인스턴스에 대한 설명이다. 이 값은 필수이므로 설명을 위한 내용을 적당히 입력한다. 다만 한글을 지원하지 않으므로 영어로 입력해야 한다.

3. CacheNodeType은 인스턴스로 사용할 사양 유형이다. 아주 간단한 잠금 구현으로 SET, DEL 명령만 사용하므로 가장 낮은 사양인 cache.t3.micro로도 충분하다. 이는 2 vCPU, 0.5GB, 최대 5GiB의 네트워크 사양을 갖는다.

4. Engine은 반드시 redis로 입력해야 한다. 필수값은 아니지만 설명을 위해 추가했다.

이 외에도 Redis 클러스터를 제대로 운영하기 위해 필요한 설정이 있다. AutomaticFailoverEnabled 설정을 켜면 장애 시 읽기 복제본을 기본 노드로 승격시켜준다. 기본 설정은 false이고, 이 설정을 켜면 노드와 복제본 수를 적절히 지정해야 한다. NumNodeGroups로 클러스터의 샤드 개수를 지정하고, ReplicasPerNodeGroup으로 각 샤드마다 몇 개의 복제본을 가질지 지정한다.

이번 예제에서는 Redis를 저장소로 사용하지 않고 잠금을 위해 간단히 사용하므로 이 설정을 사용하지 않는다.

Redis 인스턴스 선언은 이것으로 충분하다. 하지만 AWS에서는 Redis 인스턴스를 반드시 VPC 내에서만 할당하도록 제약하므로 이에 대한 구성이 필요하다. 또한 별도의 VPC 설정을 하지 않은 Lambda는 특정 VPC 안의 Redis 인스턴스에 접근할 수 없으므로 이에 대한 구성도 필요하다.

4-5-2 VPC 설정

MySQL 인스턴스와 동일하게, Redis 또한 VPC 내에서만 인스턴스를 띄울 수 있다. 하지만 ElastiCache는 RDS처럼 `publiclyAccessible` 옵션을 지원하지 않는다. 즉, MySQL을 구성할 때처럼 간단한 우회 방법은 없다. VPC를 구성한 후 ElastiCache를 그 안에 띄우고 Lambda가 그 VPC에 연결할 수 있는 구성을 추가해야 한다.

VPC(Virtual Private Cloud)는 클라우드 내에서 네트워크 영역을 분리하는 요소로 서브넷과 라우트 테이블, 방화벽 등으로 구성된다. 네트워크가 필요한 AWS 자원은 VPC 내에 소속되어야 한다. 하지만 계정을 처음 가입한 후 VPC 구성부터 진행하면 복잡하기 때문에, VPC 구성을 신경 쓰지 않고도 자원을 할당할 수 있는 기본 VPC를 제공한다. 만약 별도의 VPC를 지정하지 않고 자원을 할당했다면 모두 기본 VPC 안에서 네트워크를 구성하게 된다.

MySQL 예제에서 설명했던 것과 같이, 상용 서비스를 준비하는 상황이라면 VPC를 제대로 구성하는 것이 좋다. 하지만 설명의 편의를 위해, 여기서는 기본 VPC를 최대한 사용하는 쪽으로 진행한다. VPC를 제대로 구성하고 자원을 할당하는 방법은 7장 게임 개발 단원에서 다룬다.

이번 예제에서는 기본 VPC를 그대로 사용할 수는 없고 네트워크 구성과 방화벽을 조금 수정해야 한다. 이때 기본 VPC의 ID를 확인한다. VPC는 EC2의 네트워크 영역을 관리하는 명령으로 `aws vpc`가 아니라 `aws ec2` 하위 명령을 사용한다. VPC 목록을 조회하려면 `aws ec2 describe-vpcs` 명령을 사용하고, 이때 `IsDefault`가 `true`인 항목이 기본 VPC이다. VPC와 관련 자원의 세부 속성이 많기 때문에, `jq` 명령을 사용해 필요한 결과만 본다. 여기서 확인한 기본 VPC에서 Redis 인스턴스가 할당되고 Lambda 인스턴스를 실행할 것이다. `VpcId`를 기억해두자.

```
$ aws ec2 describe-vpcs | jq '.Vpcs[] | {VpcId, IsDefault}'
{
  "VpcId": "vpc-9fae21f4",
```

```
  "IsDefault": true
}
```

기본 VPC에 소속된 서브넷 목록을 확인한다. `aws ec2 describe-subnets` 명령을 `--filter`와 함께 사용한다. `SubnetId`와 함께 `AvailabilityZone`을 확인해보면 각 가용 영역마다 서브넷이 하나씩 있는 것을 알 수 있다. 기본 VPC에 할당된 Redis 인스턴스에 접근하려면 Lambda가 그 네트워크에 해당하는 서브넷을 사용해야 한다. `SubnetId`를 기억해두자.

```
$ aws ec2 describe-subnets --filter Name=vpc-id,Values=vpc-9fae21f4 \
    | jq '.Subnets[] | {SubnetId, AvailabilityZone}'
{
  "SubnetId": "subnet-8c55ece7",
  "AvailabilityZone": "ap-northeast-2a"
}
{
  "SubnetId": "subnet-9385efe8",
  "AvailabilityZone": "ap-northeast-2b"
}
{
  "SubnetId": "subnet-77926c28",
  "AvailabilityZone": "ap-northeast-2d"
}
{
  "SubnetId": "subnet-a70ee3e8",
  "AvailabilityZone": "ap-northeast-2c"
}
```

기본 VPC에 소속된 라우트 테이블을 확인한다. `aws ec2 describe-route-tables` 명령을 `--filter`와 함께 사용한다. 라우트 테이블은 VPC 내에서 대상 네트워크로 향하는 길을 결정하기 위해 사용한다. 기본 VPC 내의 라우트 테이블에는 기본으로 2개의 라우트(Routes)가 있다. 하나는 종착지(DestinationCidrBlock)가 `172.31.0.0./16`일 경우 `local`로 보내는(GatewayId) 규칙이고, 하나는 그 외의 모든 주소(0.0.0.0/0)를 인터넷으로 보내는(igw-10671578) 규칙이다. 즉, VPC 내의 서브넷에서는 서로 통신이 가능하고, 그 범위를 벗어나는 IP는 인터넷과 통신한다.

```
$ aws ec2 describe-route-tables --filter Name=vpc-id,Values=vpc-9fae21f4
{ "RouteTables": [
  { "Associations": [ ... ],
    "PropagatingVgws": [],
```

```
        "RouteTableId": "rtb-462f7b2d",
        "Routes": [
            {
                "DestinationCidrBlock": "172.31.0.0/16",
                "GatewayId": "local",
                "Origin": "CreateRouteTable",
                "State": "active"
            },
            {
                "DestinationCidrBlock": "0.0.0.0/0",
                "GatewayId": "igw-10671578",
                "Origin": "CreateRoute",
                "State": "active"
            },
```

하지만 이 규칙만으로는 서브넷 안에서 S3와 통신할 수 없다. S3는 라우트 테이블의 인터넷 규칙으로 접근할 수 없고, S3 서비스의 IP에 대한 특별한 라우트를 추가해야 한다. 라우트는 IP 대역 단위로 대상지를 지정하는 형태를 관리하므로 S3와 같이 여러 IP가 서비스 엔드포인트가 되는 경우를 지정하려면 VPC 엔드포인트를 사용해야 한다. 미리 지정된 `com.amazonaws.ap-northeast-2.s3` 서비스 이름을 사용해 기본 VPC에 VPC 엔드포인트를 생성한다. `aws ec2 create-vpc-endpoint` 명령에 `--vpc-id`로 기본 VPC ID를 지정하고 `--route-table-id`로 기본 라우트 테이블 ID를 지정한다. 이 명령은 VPC 엔드포인트를 생성하고 라우트 테이블에 그에 대한 라우트 규칙을 추가해준다.

```
$ aws ec2 create-vpc-endpoint --service-name com.amazonaws.ap-northeast-2.s3 --vpc-id
vpc-9fae21f4 --route-table-id rtb-462f7b2d
{
    "VpcEndpoint": {
        "VpcEndpointId": "vpce-06a611198d317f9d3",
        "VpcEndpointType": "Gateway",
        "VpcId": "vpc-9fae21f4",
        "ServiceName": "com.amazonaws.ap-northeast-2.s3",
```

이제 라우트 테이블은 다음과 같이 구성된다. 기존 `local`과 `igw-10671578`에 이어서 `vpce-06a611198d317f9d3`가 추가되었다. 대상지가 `pl-78a54011`일 때 VPC 엔드포인트로 보내는 규칙이다. 대상지인 S3의 IP는 하나가 아니고 서비스 상황에 따라 변경될 수 있으므로 변경 가능한 IP 집합인 관리형 접두사 목록을 사용한다. S3의 경우 AWS가 제공하는 서비스이므로 DynamoDB

와 함께 미리 정의된 관리형 접두사 목록이 있다. `aws ec2 create-vpc-endpoint` 명령을 사용하면 이 부분을 모두 자동으로 만들어준다.

DestinationCidrBlock	GatewayId
172.31.0.0/16	local
0.0.0.0/0	igw-10671578
pl-78a54011	vpce-06a611198d317f9d3

마지막으로 기본 VPC에서 Redis 인스턴스 포트로 접근을 허용하도록 보안 규칙을 수정한다. 기본 VPC의 보안 그룹의 ID를 확인하기 위해 `aws ec2 describe-security-groups` 명령을 사용한다. 그리고 다른 명령과 동일하게 `--filter` 옵션을 사용해 기본 VPC에 소속된 보안 그룹만 확인한다. 이때 기본으로 사용하는 보안 그룹을 찾기 위해 `GroupName`이 `default`인 대상을 찾는다.

```
$ aws ec2 describe-security-groups --filter Name=vpc-id,Values=vpc-9fae21f4 \
    | jq '.SecurityGroups[] | {GroupId, GroupName}'
{
  "GroupId": "sg-29bb2654",
  "GroupName": "default"
}
```

오로지 같은 VPC에서만 Redis 인스턴스에 접근할 수 있도록 ingress 규칙을 추가한다. Redis 포트인 6379에 대해 기본 VPC IP 대역인 172.31.0.0/16을 허용하도록 규칙을 추가한다. `aws ec2 authorize-security-group-ingress` 명령을 사용한다.

```
$ aws ec2 authorize-security-group-ingress \
  --group-id sg-29bb2654 \
  --protocol tcp \
  --port 6379 \
  --cidr 172.31.0.0/16
```

VPC와 관련된 모든 설정이 완료되었다. `serverless.ts`에서 자원을 선언할 때 기본 VPC와 보안 규칙을 사용하도록 설정한다. Redis 인스턴스의 경우 VPC나 서브넷을 지정하는 별도의 설정이 없다면 기본 VPC를 사용한다. 따라서 위에서 수정한 보안 그룹을 사용하도록 설정만 추가한다.

관리의 편의를 위해 serverless.ts에 직접 보안 그룹의 ID를 입력하는 대신 환경 변수를 사용하는 편이 더 좋지만, 설명의 편의를 위해 여기서부터는 값을 직접 사용하겠다.

```
const securityGroupIds = ["sg-29bb2654"];

const RedisInstance = {
  Type: "AWS::ElastiCache::ReplicationGroup",
  Properties: {
    // ... 생략
    SecurityGroupIds: securityGroupIds,
  },
};
```

Lambda 인스턴스의 경우 두 가지 방법으로 VPC를 지정할 수 있다. functions에서 함수를 정의할 때 vpc를 설정해 그 함수의 VPC를 지정하거나, provider.vpc를 설정해 스택에 포함된 모든 Lambda의 VPC를 지정할 수 있다. 이때 vpc 항목은 서브넷과 보안 그룹을 지정한다. 글과 글 목록 조회 API는 잠금을 사용하지 않고 글 생성, 수정, 삭제 API만 잠금을 사용하기 때문에 필요한 함수에 직접 vpc 항목을 추가한다.

```
const subnetIds = [
  "subnet-8c55ece7",
  "subnet-9385efe8",
  "subnet-a70ee3e8",
  "subnet-77926c28",
];
const vpc = { subnetIds, securityGroupIds };
const functions = {
  createPost: {
    // ... 기존 설정 생략
    vpc,
  },
  updatePost: {
    // ... 기존 설정 생략
    vpc,
  },
  deletePost: {
    // ... 기존 설정 생략
    vpc,
  },
```

서버리스 스택에 대한 설정을 완료했다. Redis 인스턴스와 Redis 인스턴스에 접근이 필요한 Lambda 인스턴스를 기본 VPC에서 실행한다. Lambda 인스턴스는 API Gateway로부터 요청을 받아, 필요하다면 Redis 인스턴스와 통신해 잠금을 구현하고 S3 Bucket으로부터 데이터베이스 파일에 접근한다. 인프라 자원 선언을 마쳤으니 다시 구현으로 넘어가자.

4-5-3 SQLite 라이브러리 추가

SQLite 데이터베이스를 다루기 위해 `better-sqlite3` 라이브러리를 사용한다. 이는 Node.js에서 사용할 수 있는 SQLite3 라이브러리 중 성능이 가장 좋은 라이브러리다. 그런데 이 라이브러리는 네이티브 의존성을 포함한다. 이를 웹팩 빌드를 통해 번들에 포함하려면 여러 추가 설정이 필요하다. 이 과정이 번거롭다고 웹팩을 안 쓰면 불필요한 `node_modules`의 모든 파일이 포함되어 패키지가 너무 커진다. 이 문제를 해결하기 위해, `better-sqlite3` 라이브러리는 Lambda Layer로 준비해서 사용하고 나머지 코드는 그대로 웹팩으로 묶어서 사용한다.

Lambda Layer는 미리 준비된 Lambda의 파일 시스템 레이어다. Lambda는 기동될 때 설정된 소스뿐만 아니라 등록된 Layer를 모두 포함하여 파일 시스템을 구성한다. `better-sqlite3`와 같이 네이티브 의존성을 포함하는 라이브러리를 미리 Lambda Layer로 준비해두면 이를 사용하는 Lambda들의 기동 시간과 배포 시간을 단축할 수 있다. Lambda 각자가 의존성을 포함하면 모든 Lambda의 시작 시간에 준비 시간이 필요하겠지만, Lambda Layer로 공유하면 이를 사용하는 Lambda 중 하나만 준비해두면 다른 Lambda는 준비된 Layer를 사용할 수 있기 때문이다.

Serverless Framework에서는 `layers` 구성을 통해 Lambda Layer를 정의하고 배포할 수 있다. 하지만 Lambda Layer의 생성만이 목적이라면 Serverless Framework를 사용하는 것보다 AWS CLI를 직접 사용하는 편이 훨씬 더 간단하다.

`better-sqlite3` 라이브러리를 Lambda Layer로 배포하기 위해 새로운 프로젝트를 시작한다. 새로운 디렉토리를 만들고 Node.js 프로젝트를 시작한다. 그리고 `better-sqlite3` 라이브러리를 의존성에 추가한다.

```
$ npm init -y
$ npm install --save better-sqlite3
```

`node_modules` 디렉토리에 `better-sqlite3` 패키지가 설치되었다. Node.js를 위한 Lambda Layer에 업로드하는 압축 파일에는 추가할 의존성이 `nodejs/node_modules` 디렉토리에 위치해

야 한다. 다음과 같이 `node_modules` 디렉토리를 `nodejs` 아래로 옮겨서 압축한다.

```
$ mkdir nodejs
$ mv node_modules nodejs
$ zip -r layer.zip nodejs
```

`aws lambda publish-layer-version` 명령을 사용해 새 Lambda Layer를 생성한다. `--layer-name`으로 Lambda Layer의 이름을 지정하고 `--zip-file`로 파일의 위치를 URL 형식으로 지정한다. `--compatible-runtimes`로 호환될 Lambda 런타임 버전을 지정한다. 명령을 실행하면 배포한 Layer의 ARN과 버전을 반환한다.

```
$ aws lambda publish-layer-version --layer-name better-sqlite3 --zip-file fileb://./layer.zip --compatible-runtimes nodejs14.x
{ "Content": {
    "Location": "https://awslambda-LAYERS.s3.AWS_REGION.amazonaws.com/snapshots/ACCOUNT_ID/better-sqlite3-UUID?TOKEN",
    "CodeSha256": "FY/3j7oterXglwHWvOftSyYkHYL1Kfq/Ko64+C4XRtM=",
    "CodeSize": 3928876
  },
  "LayerArn": "arn:aws:lambda:AWS_REGION:ACCOUNT_ID:layer:better-sqlite3",
  "LayerVersionArn": "arn:aws:lambda:AWS_REGION:ACCOUNT_ID:layer:better-sqlite3:1",
  "Description": "",
  "CreatedDate": "2021-10-23T01:25:02.480+0000",
  "Version": 1,
  "CompatibleRuntimes": [
    "nodejs14.x"
  ]
}
```

바로 업로드할 수 있는 압축 파일의 최대 크기는 50MB이다. 만약 그 이상을 업로드해야 한다면 S3 Bucket에 파일을 업로드한 후, `--content` 옵션을 사용해 이를 연결해야 한다. S3 Bucket을 사용하면 성능이 상대적으로 떨어지기 때문에 가급적이면 50MB 아래로 압축을 유지하는 것이 좋다.

Layer 생성 결과로 얻은 `LayerVersionArn`을 `serverless.ts`에 `layers`로 추가한다. `vpc`와 같이 `functions` 내의 개별 함수마다 `layers`를 지정할 수도 있고, `provider.layers`로 모든 함수를 지정할 수도 있다. 이번 예제에서는 모든 함수가 `better-sqlite3` 라이브러리를 사용해야 하므로 `provider.layers`에 설정을 추가한다.

```
const layers = [
  "arn:aws:lambda:AWS_REGION:ACCOUNT_ID:layer:better-sqlite3:1",
];
const config: AWS = {
  provider: {
    // ... 생략
    layers,
```

better-sqlite3 외에도 이미지 조작을 위한 sharp 등 성능을 위해 네이티브 의존성이 필요한 경우에는 Lambda Layer를 사용하면 보다 효율적으로 패키지를 관리할 수 있다.

4-5-4 Better SQLite3 준비

SQLite3를 사용하기 위해 better-sqlite3 패키지를 추가한다. 이 라이브러리는 타입 선언을 포함하지 않으므로 @types/better-sqlite3 타입 패키지를 추가로 설치해야 한다.

```
$ npm install --save better-sqlite3
$ npm install --save-dev @types/better-sqlite3
```

물론 Lambda에 업로드할 패키지에는 better-sqlite3를 빼야 하므로 webpack.config.js 에서 이를 제외하는 설정을 추가한다. aws-sdk를 뺐던 것과 동일하게, externals에 /better-sqlite3/를 추가한다.

```
module.exports = {
  externals: [/aws-sdk/, /better-sqlite3/],
```

SQLite3 사용을 위한 라이브러리를 추가했으니 이제 데이터베이스 파일에 연결해 쿼리를 실행하는 기반 함수를 구현한다.

4-5-5 SQLite 기반 쿼리 함수 구현

S3 Bucket에서 SQLite 데이터베이스 파일을 보관해야 하므로 다음 세 개의 함수가 필요하다.

1. S3 Bucket에 파일이 존재하는지 검사하는 함수

2. S3 Bucket으로부터 로컬에 파일을 다운로드하는 함수
3. 로컬의 파일을 S3 Bucket에 업로드하는 함수

모두 사진 업로드 예제에서 구현했던 함수다. 다만 앞선 예제에서는 중복 처리를 위해 로컬에 파일을 다운로드할 때 파일의 내용을 모두 메모리의 버퍼에 담아서 해시를 계산하는 로직이 필요했다. 하지만 이번 예제에서는 그런 작업이 필요하지 않다. 따라서 굳이 메모리를 불필요하게 사용하지 않고 스트림을 통해 바로 파일에 쓴다.

먼저 Bucket에 파일이 존재하는지 검사하는 함수다. 예전 구현과 달라진 부분은 없다.

```
const s3 = new AWS.S3();

async function s3Exists(bucketName: string, key: string): Promise<boolean> {
  try {
    await s3.headObject({ Bucket: bucketName, Key: key }).promise();
    return true;
  } catch (error: any) {
    // ListBucket 권한을 주지 않았으므로 파일이 없으면 Forbidden이다.
    if (error.code === "Forbidden") {
      return false;
    }
    throw error;
  }
}
```

Bucket의 객체를 로컬에 파일로 다운로드하는 함수다. `getObject`의 반환값에서 `createReadStream` 함수를 호출해 `ReadStream`을 만들고, 이를 `fs.createWriteStream()`으로 생성한 `WriteStream`으로 보낸다(pipe). 즉, 파일에 쓴다. 그리고 `WriteStream`이 끝나면 Promise를 완료하고, 스트림에서 예외가 발생했다면 Promise를 통해 전파한다.

```
import * as fs from "fs";

async function s3Download(
  bucketName: string,
  key: string,
  localFile: string
): Promise<void> {
  return new Promise<void>((resolve, reject) =>
    s3
```

```
      .getObject({
        Bucket: bucketName,
        Key: key,
      })
      .createReadStream()
      .on("error", reject)
      .pipe(
        fs.createWriteStream(localFile).on("close", resolve).on("error", reject)
      )
  );
}
```

파일을 Bucket에 업로드하는 함수도 사진 서비스의 예제와 거의 비슷하다. 다만 굳이 지정할 필요가 없는 ContentType 등을 제외했다.

```
async function s3Upload(
  bucketName: string,
  key: string,
  localFile: string
): Promise<void> {
  await s3
    .putObject({
      Bucket: bucketName,
      Key: key,
      Body: fs.createReadStream(localFile),
    })
    .promise();
}
```

세 함수를 사용해 데이터베이스에 접근하는 함수를 구현한다. 데이터베이스로의 읽기 요청과 쓰기 요청은 잠금의 필요 여부가 달라지므로 분기가 필요하다. 또한 데이터베이스 파일이 아직 존재하지 않을 때와 존재할 때의 요청 처리도 분기가 필요하다.

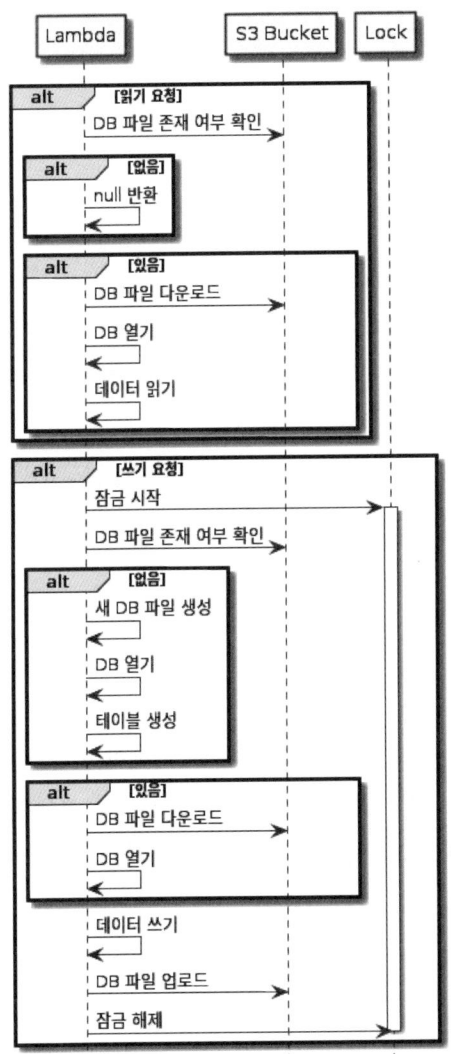

그림 4-5-5 SQLite의 읽기/쓰기 요청 흐름도

읽기 함수는 데이터베이스 파일이 Bucket에 있는지 검사하고, 있다면 로컬에 다운로드해 SQLite 데이터베이스를 열고 필요한 데이터를 읽어서 반환한다. 그리고 로컬 임시 파일을 제거한다. 임시 파일을 제거해야 추후 Lambda 인스턴스가 재사용될 때 의도치 않게 오래된 버전의 데이터베이스 파일을 읽는 문제를 방지할 수 있다.

만약 데이터베이스 파일이 없다면 null을 반환한다. 읽기 함수를 사용하는 쪽에서는 null이 반환되면 기본값을 반환하도록 처리한다.

```
import * as os from "os";
import * as path from "path";

const s3BucketName = process.env.BUCKET_NAME!;
const dbS3ObjectKey = "simple-blog.db";
const localDbFile = path.join(os.tmpdir(), dbS3ObjectKey);

async function doRead<T>(work: (db: Database) => T): Promise<T | null> {
  if (!(await s3Exists(s3BucketName, dbS3ObjectKey))) {
    return null;
  }
  await s3Download(s3BucketName, dbS3ObjectKey, localDbFile);
  try {
    const db = new BetterSqlite3(localDbFile);
    return work(db);
  } finally {
    fs.unlinkSync(localDbFile);
  }
}
```

쓰기 함수는 잠금을 수행하는 **doInLock** 함수 안에서 실행한다. Bucket에 데이터베이스 파일이 없다면 새 데이터베이스를 만들고 테이블을 생성한다. 만약 파일이 있다면 그 파일을 로컬에 다운로드한 후 데이터베이스를 연다. 쓰기 작업을 수행하고 그로 인해 변경된 데이터베이스 파일을 Bucket에 업로드한다.

```
// 글을 보관할 테이블을 생성하는 쿼리.
const createTableSQL = `CREATE TABLE post (
  title TEXT NOT NULL PRIMARY KEY,
  content TEXT NOT NULL,
  created TEXT NOT NULL,
  modified TEXT NULL
);
`;

async function doWrite<T>(work: (db: Database) => T): Promise<T> {
  return await doInLock(async () => {
    let db: Database;
    if (!(await s3Exists(s3BucketName, dbS3ObjectKey))) {
      // Bucket에 데이터베이스 파일이 없는 경우. 즉, 첫 요청.
      // 데이터베이스 파일을 새로 만들고 테이블을 생성한다.
```

```
      db = new BetterSqlite3(localDbFile);
      db.exec(createTableQuery);
    } else {
      // 데이터베이스 파일을 다운로드하고 연결한다.
      await s3Download(s3BucketName, dbS3ObjectKey, localDbFile);
      db = new BetterSqlite3(localDbFile);
    }
    // 변경 작업을 처리한 후 다시 Bucket에 업로드한다.
    const result = work(db);
    await s3Upload(s3BucketName, dbS3ObjectKey, localDbFile);
    return result;
  });
}
```

데이터베이스 파일이 없을 때 새로 만들고 테이블을 생성하므로 어찌 보면 직접 쿼리를 실행해야 하는 MySQL보다 낫다고 볼 수도 있다. 하지만 테이블의 구조가 변경되거나 테이블 내의 데이터를 마이그레이션해야 할 일이 있다면 이야기가 달라진다. MySQL의 경우 직접 연결해서 필요한 쿼리를 실행할 수 있지만 SQLite의 경우 필요한 쿼리가 잘 실행되도록 로직을 작성해야 하기 때문이다. 예를 들면, 스키마 버전을 관리하는 테이블을 추가하고 스키마 변경 쿼리를 버전과 함께 관리해, SQLite 데이터베이스 파일의 스키마 버전과 코드의 스키마 버전을 비교해 마이그레이션하는 로직을 작성할 수 있다. 다소 번거로운 방법이지만 오히려 스키마의 히스토리를 관리할 수 있다는 점에서 장점으로 보는 경우도 있다.

doInLock 함수는 ElastiCache를 사용해 잠금을 처리하는 함수다. Redis의 SETEX 명령을 사용해 간단한 잠금을 구현한다. SETEX 명령은 Redis에 지정된 키가 존재하지 않을 때만 값을 쓰는 명령으로, 동시 요청 상황에서도 반드시 하나의 요청만 성공한다. 이를 사용해 잠금 함수를 구현하는 방법을 알아보자.

4-5-6 잠금 함수 구현

Redis를 연동하기 위해 @redis/client 라이브러리를 사용한다. 이 라이브러리는 타입 선언을 포함하고 있기 때문에 @redis/client 패키지만 설치해서 사용할 수 있다.

```
$ npm install --save @redis/client
```

동시 요청에서 하나의 요청만 성공을 반환하는 특성을 가진 Redis의 SETEX 명령을 사용하면 간단한 잠금을 손쉽게 구현할 수 있다. SETEX 명령으로 잠금을 획득한 Lambda 인스턴스는 수정 작업을 진행하고, 획득하지 못한 Lambda 인스턴스는 잠금을 획득할 때까지 지속적으로 재시도(Busy-waiting)한다. 직관적인 방법이지만 몇 가지 상황에 대한 고민이 필요하다.

1. 동시 요청이 너무 많을 경우 어떤 Lambda 인스턴스는 계속 잠금을 획득하지 못할 수 있다. 이 경우 Lambda 인스턴스의 timeout이 발생할 수 있다. 무한히 자원을 소모하지는 않지만 이런 경우에도 보다 나은 예외를 보여주기 위해 지정된 시간 내에서만 잠금 획득을 위한 재시도를 수행하는 편이 낫다.

2. 잠금을 획득했으나 그 안의 로직에서 의도치 않게 시간이 오래 걸려 Lambda 인스턴스가 timeout으로 끝날 수 있다. 이때 잠금 해제를 하지 않았으므로 다른 Lambda 인스턴스는 더 이상 잠금을 획득할 수 없다. 이 문제를 막기 위해 잠금에 TTL을 설정해야 한다.

3. TTL을 설정한 잠금을 사용했는데 그 안의 로직이 의도치 않게 시간이 오래 걸려 잠금이 먼저 풀려버릴 수 있다. 이 경우 잠금 획득을 재시도하던 다른 Lambda 인스턴스가 임계 구역으로 진입하는 문제가 발생한다. 또한 먼저 잠금을 획득했던 Lambda 인스턴스가 잠금을 해제해버리면 다시 잠금이 풀린 상태가 되므로, 또 다른 Lambda 인스턴스가 임계 구역으로 진입하는 문제가 발생한다.

4. 어떤 Lambda 인스턴스가 잠금을 획득했는데 Redis 인스턴스가 장애로 인해 재시작했고 이때 잠금 상태를 적절히 복원하지 못했다면, 다른 Lambda 인스턴스가 잠금을 획득하고 임계 구역에 진입할 수 있다.

모든 문제를 제대로 해결하려면 제대로 된 분산 잠금을 구현해야 한다. 하지만 동시 수정이 많지 않고 동시성이 완벽히 제어되지 않아도 큰 문제가 없는 도메인이라면, 잠금 획득을 위해 대기하는 최대 시간과 잠금이 유지되는 최대 시간을 지정하는 것으로도 충분하다. 이번 예제에서는 구현의 간편함을 위해 이 두 개의 설정만 사용한다.

@redis/client 라이브러리로부터 createClient 함수를 가져와 Redis와의 연결 객체를 생성한다. 필요하다면 MySQL 구현 때와 같이 이 연결을 전역 변수로 만든 뒤 Lambda 인스턴스가 재사용될 때 굳이 다시 연결하지 않도록 관리해도 된다. SETEX 명령으로 잠금을 획득하는 acquireLock 함수가 있다고 가정하고, 잠금을 획득하면 work 함수를 실행해 그 결과를 반환한다. 처리가 완료되면 DEL 명령으로 Redis에서 항목을 제거하고 연결을 끊는다. 만약 잠금 획득에 실패하면 예외를 발생해 호출자에게 전달한다.

```
import { createClient } from "@redis/client";
```

```
const redisUrl = `redis://${process.env.REDIS_HOST}:6379`;

async function doInLock<T>(work: () => Promise<T>): Promise<T> {
  const client = createClient({ url: redisUrl });
  await client.connect();

  if (!(await acquireLock(client, lockRedisKey))) {
    throw new Error("Cannot acquire lock");
  }
  try {
    return await work();
  } finally {
    await client.del(lockRedisKey);
    await client.quit();
  }
}
```

acquireLock 함수는 Redis 연결 객체를 사용해 지정된 키에 대해 지속적으로 SETEX 명령을 수행한다. 다만 이때 항목의 TTL도 설정해야 하기 때문에 SET 명령에 항목이 존재하지 않을 때만 삽입하는 EX 옵션과, TTL을 밀리초 단위로 설정하는 PX 옵션을 주어 사용한다. 최대 대기 시간(waitTimeoutMillis) 동안 30밀리초 내의 임의의 시간만큼 쉬면서 잠금을 획득할 때까지 재시도한다. 잠금은 최대 유지 시간(lockTimeoutMillis)을 넘어가면 자동으로 해제된다. SET 명령의 반환값이 OK라면, 즉 성공했다면 잠금을 획득한 것이다.

```
type RedisClientType = ReturnType<typeof createClient>;

const waitTimeoutMillis = 3000; // 잠금 획득 최대 대기 시간
const lockTimeoutMillis = 5000; // 잠금 유지 최대 시간

// 임의의 밀리초를 쉬기 위한 함수.
async function sleep(millis: number): Promise<void> {
  return new Promise<void>((resolve) => setTimeout(resolve, millis));
}

async function acquireLock(
  client: RedisClientType,
  lockRedisKey: string,
  timeoutMillis: number
): Promise<boolean> {
  const acquireStart = Date.now();
```

```
  while (Date.now() - acquireStart < waitTimeoutMillis) {
    const ret = await client.set(lockRedisKey, Date.now().toString(), {
      NX: true,
      PX: lockTimeoutMillis,
    });
    if (ret === "OK") {
      return true;
    }
    await sleep(Math.random() * 30);
  }
  return false;
}
```

RedisClientType 타입을 직접 createClient의 반환값으로부터 가져와서 사용한다. 이는 @redis/client가 제공하는 타입이 플러그인 확장을 위해 복잡한 타입 파라미터를 지원하다 보니 쉽게 쓰기 어렵기 때문이다.

4-5-7 CRUD 함수 구현

데이터베이스와 잠금을 준비했으니 필요한 데이터에 접근하는 CRUD 함수를 손쉽게 구현할 수 있다. 데이터베이스 연결이 준비되고 동시성 제어가 된 시점에서 이 구현은 MySQL에서 했던 구현과 큰 차이가 없어진다.

글 생성 함수는 INSERT 쿼리를 사용한다. MySQL에서는 파라미터 대리자로 ?을 사용했지만 SQLite에서는 @NAME을 사용한다. prepare 함수에 인자로 넣은 쿼리의 파라미터 대리자로, run 함수로 넣는 객체의 속성값을 읽어 사용한다. 만약 제목(title)이 중복되었다면 UNIQUE constraint failed: post.title 메시지를 갖는 SqliteError가 발생하므로 이에 대한 예외 처리를 추가한다.

```
export async function insert(post: Post): Promise<boolean> {
  try {
    await doWrite((db) =>
      db
        .prepare(
          `INSERT INTO post (title, content, created, modified) VALUES (@title, @content, @created, NULL)`
        )
```

```
      .run(post)
   );
 } catch (error: any) {
   if (/UNIQUE constraint failed: post.title/.test(error.message)) {
     return false;
   }
   throw error;
 }
 return true;
}
```

글 조회 함수는 SELECT 쿼리를 사용한다. 조건절에 넣는 파라미터 대리자는 get 함수로 지정한 객체의 속성으로부터 값을 읽어 사용한다. 조회 결과를 받는 get 함수는 객체의 배열 형태를 반환한다. 현재 Post 모델과 데이터베이스에서 관리하는 모델은 이름이 일치하기 때문에 별도의 변환 없이 그대로 반환할 수 있다.

```
export async function select(title: string): Promise<Post | null> {
  const row = await doRead((db) =>
    db.prepare(`SELECT * FROM post WHERE title = @title`).get({ title })
  );
  return row ?? null;
}
```

글 수정 함수는 UPDATE 쿼리를 사용한다. 쿼리의 파라미터 대리자를 @NAME 형태로 지정한다. 그리고 쿼리를 실행(run)할 때 예전 글 제목(oldTitle)도 객체에 포함하도록 글(post) 객체와 하나로 합쳐서 전달한다. 실행 결과는 RunResult 모델로 반환되는데 변경된 행의 개수를 changes로 확인할 수 있다. 이 값이 1인지 검사해 UPDATE 쿼리를 제대로 실행했는지 확인한다.

```
export async function update(
  oldTitle: string,
  post: Omit<Post, "created">
): Promise<boolean> {
  const result = await doWrite((db) =>
    db
      .prepare(
        `UPDATE post SET title = @title, content = @content, modified = @modified WHERE title = @oldTitle`
      )
```

```
    .run({ ...post, oldTitle })
  );
  return result.changes === 1;
}
```

글 삭제 함수는 DELETE 쿼리를 사용한다. 다른 수정과 동일하게 prepare 함수로 쿼리를 지정한 후 run 함수로 실행한다. 다른 저장소 예제의 구현처럼 실제 삭제 여부까지 확인하지는 않는다. 만약 확인이 필요하다면, 쿼리 실행 결과의 changes 값이 1인지 확인하면 된다.

```
export async function remove(title: string): Promise<void> {
  await doWrite((db) =>
    db.prepare(`DELETE FROM post WHERE title = @title`).run({ title })
  );
}
```

글 목록 조회 함수는 SELECT 쿼리를 사용한다. 딱히 조회 조건이 필요하지 않기 때문에 파라미터 대리자를 사용하지 않는다. 작성한 최신순으로 정렬하기 위해 ORDER BY created DESC 정렬 조건을 추가한다. 조회한 모든 데이터를 가져오기 위해 all 함수를 사용한다. 데이터베이스 파일이 Bucket에 존재하지 않을 경우 null을 반환하므로 이때 빈 배열([])을 대신 반환하도록 구현한다.

```
export async function list(): Promise<PostListItem[]> {
  const rows = await doRead((db) =>
    db.prepare(`SELECT title, created FROM post ORDER BY created DESC`).all()
  );
  return rows ?? [];
}
```

글에 대한 CRUD 함수와 글 목록 조회 함수를 모두 구현했다. doRead와 doWrite 함수를 통해 MySQL과 최대한 유사하게 구현하도록 설계했다. better-sqlite3 라이브러리의 특성상 인자와 결과를 JSON으로 다루기 때문에 코드가 더 간단해진 부분도 있다. 또한 데이터베이스 파일이 없을 경우 테이블과 함께 새로 만들기 때문에 새 환경을 구축할 때 MySQL보다 신경 써야 할 부분이 적다.

4-5-8 로컬 S3 준비

서버리스 스택의 HTTP API를 로컬에서 실행하는 것은 `serverless-offline` 플러그인으로 처리할 수 있다. 이번 예제에서는 저장소로 SQLite를 사용했고, 이를 위해 S3와 ElastiCache의 Redis를 사용했다. 이 둘을 Docker를 사용해 로컬 환경을 구축해보자.

S3는 잘 알려진 시스템이며 몇 개의 로컬 환경 구축 선택지가 있다. 가장 유명한 방법은 LocalStack이다. LocalStack은 AWS 자원을 모두 로컬에 구축하는 스택으로 거의 모든 AWS 서비스를 로컬에서 운영할 수 있게 해준다. 그리고 Serverless Framework와의 연동을 돕는 `serverless-localstack` 플러그인도 제공한다. 하지만 많은 서비스를 제공하는 만큼 알아야 할 내용이 많고 ElastiCache, RDS, API Gateway V2 등 기능의 절반 이상은 유료라서 라이선스를 구매해야 사용할 수 있다.

또는 S3와 호환되는 API를 제공하는 MinIO가 있다. 클라우드 저장소를 위한 솔루션으로 커뮤니티 버전은 무료로 사용할 수 있다. Docker를 사용해 간단히 구성할 수 있고 웹 UI를 제공하기 때문에 여러 Bucket을 관리하거나 각각의 인증 키를 별도로 관리할 때 유용하게 사용할 수 있다. 하지만 Serverless Framework 플러그인을 지원하지 않기 때문에 Docker 명령을 통해 서버를 관리하고, 관리 콘솔로 초기 설정을 직접 진행해야 하는 번거로움이 있다.

마지막으로 `serverless-s3-local` 플러그인이 있다. 이는 Node.js로 작성된 S3 페이크 서버인 s3rver를 사용한다. 기본 설정만으로도 충분히 사용할 수 있기 때문에 간편하게 사용하기에는 가장 좋다. `sls plugin install` 명령으로 플러그인을 설치한다.

```
$ sls plugin install --name serverless-s3-local
```

이 플러그인도 다른 `-local` 플러그인처럼 `serverless-offline` 앞에 위치해야 한다. `serverless.ts`의 `plugins`에서 `serverless-offline` 앞에 올 수 있도록 순서를 조정한다.

```
const config: AWS = {
  // ... 기존 설정 생략
  plugins: ["serverless-webpack", "serverless-s3-local", "serverless-offline"],
};
```

`serverless-offline`으로 HTTP API 서버를 기동해 `IS_OFFLINE` 환경 변수가 설정된 경우 기존 S3 클라이언트 대신 로컬에 띄운 s3rver에 연결하도록 설정한다. 인증 키는 `S3RVER`이고 접속 주

소는 `localhost:4569`다. `s3ForcePathStyle` 옵션으로 경로 스타일을 강제해야 문제없이 통신할 수 있다.

```
const s3 = process.env.IS_OFFLINE
  ? new AWS.S3({
      accessKeyId: "S3RVER",
      secretAccessKey: "S3RVER",
      endpoint: "http://localhost:4569",
      s3ForcePathStyle: true,
    })
  : new AWS.S3();
```

s3rver 서버는 기본 설정으로 현재 작업 디렉토리 아래의 `buckets` 디렉토리에서 파일을 관리한다. 이때 `buckets/BUCKET_NAME/OBJECT_KEY` 형태로 객체를 관리하며, 하나의 `OBJECT_KEY`에 메타 정보를 관리하는 `_S3rver_metadata.json` 파일, 실제 객체인 `_S3rver_object` 파일, 해시 값을 관리하는 `_S3rver_object.md5` 파일을 생성한다. 예를 들어 `blog-db`라는 Bucket에 `data.db` 객체를 생성했다면 전체 구조는 다음과 같다.

```
$ tree buckets
buckets/
└── blog-db
    ├── data.db._S3rver_metadata.json
    ├── data.db._S3rver_object
    └── data.db._S3rver_object.md5
```

로컬에서 개인 개발 환경을 구축하는 것으로 충분하다면 serverless-s3-local 플러그인이 가장 좋은 선택이다. 하지만 공용으로 사용해야 할 테스트 환경이 필요하다면 MinIO도 좋은 선택이 될 수 있다. 만약 S3 이외에 다양한 AWS 자원의 테스트 환경을 구축해야 한다면 LocalStack도 고려해볼 수 있다. 상황에 따라 적절한 도구를 사용하자.

4-5-9 로컬 Redis 준비

로컬에 Redis를 설치하는 방법은 다양하다. 패키지 매니저를 통해 설치해도 되고 직접 Redis 홈페이지에서 실행 파일을 다운로드해서 실행해도 된다. 하지만 제일 간단한 방법은 다음과 같이

Docker를 사용해 Redis를 구동하는 것이다. Redis는 6379번 포트를 사용하므로 이에 대한 포트를 열어준다.

```
$ docker pull redis:6
$ docker run --rm --name redis -it -p 6379:6379 redis:6
```

로컬 환경에서 실행할 경우 `IS_OFFLINE` 환경 변수가 설정되므로, 이때 로컬에 기동한 Redis에 연결할 수 있도록 주소를 `127.0.0.1`로 지정한다. 그렇지 않은 경우는 환경 변수로 전달된 `REDIS_HOST`에 연결하도록 한다. ElastiCache의 Redis 자원에 암호 등의 별다른 설정을 하지 않았기 때문에 로컬에서 딱히 달라져야 하는 설정은 없다.

```
const redisUrl = `redis://${
  process.env.IS_OFFLINE ? "127.0.0.1" : process.env.REDIS_HOST
}:6379`;
```

4-5-10 로컬 테스트

모든 로컬 환경이 준비되었으므로 `serverless-offline` 플러그인을 사용해 로컬 테스트를 위한 HTTP API 서버를 시작한다.

```
sls offline
```

앞선 테스트 때 사용했던 스크립트를 다시 사용해 이번 구현 내용이 잘 동작하는지 확인한다. 테스트 스크립트를 실행하기 전에 `API_URL`이 올바른지 확인하는 작업을 거친다.

```
# 로컬에서 기동한 HTTP API를 대상으로 설정.
$ export API_URL="http://localhost:3000/api"

# 이후 앞선 테스트 때와 동일한 curl 명령 실행.
```

테스트를 완료했다면 Docker로 기동한 Redis 컨테이너를 `Ctrl + C`로 종료한다.

4-5-11 배포

정의한 서버리스 스택을 배포하기 위해 `sls deploy` 명령을 사용한다. 이를 통해 글에 대한 CRUD 함수와 글 목록을 조회하는 API가 배포되고, 데이터베이스 파일을 보관할 S3 Bucket과 잠금 구현을 위한 ElastiCache의 Redis가 생성된다.

```
$ sls deploy
...생략
endpoints:
  POST - https://API_ID.execute-api.AWS_REGION.amazonaws.com/api/post
  GET - https://API_ID.execute-api.AWS_REGION.amazonaws.com/api/post/{title}
  PUT - https://API_ID.execute-api.AWS_REGION.amazonaws.com/api/post/{title}
  DELETE - https://API_ID.execute-api.AWS_REGION.amazonaws.com/api/post/{title}
  GET - https://API_ID.execute-api.AWS_REGION.amazonaws.com/api/post
functions:
  createPost: simple-blog-sqlite-dev-createPost (178 kB)
  readPost: simple-blog-sqlite-dev-readPost (178 kB)
  updatePost: simple-blog-sqlite-dev-updatePost (178 kB)
  deletePost: simple-blog-sqlite-dev-deletePost (178 kB)
  listPosts: simple-blog-sqlite-dev-listPosts (178 kB)
```

DynamoDB MySQL을 사용할 때와 API 수준에서의 변경점은 없기 때문에, 동일하게 `curl`을 사용해 테스트할 수 있다. 앞선 테스트에서 사용했던 `API_URL` 환경 변수를 배포한 API Gateway의 주소로 변경해 테스트를 진행한다.

4-5-12 느린 응답 시간

API를 요청해보면 첫 요청에 대한 응답 시간이 1초 이상으로 꽤 느리다. 첫 기동 지연 시간이 크기 때문이다. 첫 기동 시 Lambda Layer를 설정하는 데 걸리는 시간, 잠금을 위해 Redis와 통신하는 데 걸리는 시간, 데이터베이스 파일을 S3로부터 가져오고 다시 업로드하는 데 걸리는 시간이 필요하다. 정확히 어떤 구간에서 얼마의 시간이 걸렸는지 알아보려면 AWS X-Ray를 사용해야 한다. X-Ray는 AWS가 제공하는 분산 추적 도구로 각 구간의 수행 시간과 발생한 예외 등의 정보를 수집할 수 있다. 하지만 이 기능은 REST API에서만 사용할 수 있다. REST API와 실행 시간 추적에 대해서는 REST API 사용 단원에서 좀 더 자세히 알아본다.

4-5-13 응용

하나의 파일로 데이터베이스를 관리하는 SQLite의 특성상 다른 데이터베이스 시스템과는 다른 사용 방법을 가질 수 있다. 특히 상태를 유지할 수 없는 Lambda와 함께 사용한다면 좀 더 나은 성능과 비용을 위해 다음과 같은 방법을 고려해볼 수 있다.

1. 데이터 수정이 극히 적은 경우 Lambda 인스턴스가 초기화될 때 S3 Bucket으로부터 데이터베이스 파일을 한 번 가져온 후 해당 Lambda 인스턴스가 재사용되는 동안 계속 그 파일을 사용한다. 이는 데이터 조회 시 S3와의 통신을 처음 한 번만 수행하기 때문에 이후의 응답을 매우 빠르게 처리할 수 있다.
2. 데이터 수정이 아예 없는 경우 Lambda가 사용할 코드와 함께 데이터베이스 파일을 배포한다. 코드와 함께 배포하므로 첫 요청에서도 S3와 통신하지 않는다. 데이터가 변경될 때마다 Lambda 코드 패키지를 다시 배포해야 하지만 응답 시간도 개선되고 S3 비용도 발생하지 않으니 매우 효율적으로 시스템을 구축할 수 있다.
3. 데이터 수정이 많은 경우 많은 Lambda 인스턴스가 수정을 위한 잠금을 획득하기 위해 불필요한 대기가 발생할 수 있다. 이를 개선하기 위해 액터 모델을 도입한다. 처리를 위한 잠금을 획득한 Lambda가 있다면 다른 Lambda는 자신의 작업을 그 Lambda에게 위임하는 것이다. 이에 대해서는 7장 게임 개발 단원에서 좀 더 자세히 알아보자.

데이터가 완전히 정적이거나, 드물게 수정되거나, 배치에 의해 주기적으로 생성되는 형태이고 구조가 조금은 복잡해 JSON이나 CSV로 대응하기 어려울 경우 SQLite는 좋은 선택이 될 수 있다.

4-5-14 정리

SQLite는 관계형 데이터베이스로 MySQL과 유사한 구조를 갖는다. 다만 별도의 관리 시스템을 갖지 않고 하나의 데이터베이스 파일에서 모든 내용을 관리하며 애플리케이션에 통합된 라이브러리로 데이터베이스에 접근한다. 관계형 데이터베이스 테이블 구조를 토대로 쿼리하거나 테이블 사이의 JOIN을 통한 접근을 지원하므로 이에 대한 장점도 누릴 수 있다. 데이터베이스 파일이 하나이므로 S3 Bucket에 올린 후 필요할 때 다운로드 받아 사용할 수 있어 비용과 자원을 절약할 수 있는 장점도 있다.

다만 하나의 데이터베이스 파일로 관리하기 때문에 일정 규모 이상의 데이터를 다루기 어렵고 스키마 관리를 로직으로 처리해야 하는 불편함도 있다. S3 Bucket에서 Lambda에 다운로드해서 사용하고 데이터베이스 파일 수정 이후에는 다시 업로드하기 때문에 이 과정에서 추가 지연 시간이 발생한다. 이때 동시성 이슈가 발생할 수 있어 잠금을 통해 동시성 제어도 해야 한다. 이를 ElastiCache의 Redis를 사용해 간단히 구현할 수 있지만 이 자원을 할당하기 위해 VPC를 사용해야 하는 번거로움도 있다.

그럼에도 이 방법은 데이터 수정이 거의 없거나, 접근 자체가 드물거나, 복잡한 데이터를 다각도로 조회만 하는 경우에 사용하는 서버리스 스택을 효율적으로 구성할 수 있다. 예를 들어 배치를 통해 분석된 데이터를 SQLite 데이터베이스 파일로 만든 뒤 이를 조회만 하는 HTTP API를 작성하면 잠금도 필요하지 않기 때문에 API Gateway, Lambda, S3만 사용하는 간단한 시스템으로 요청을 처리할 수 있다.

간단한 데이터의 경우 단순히 JSON 형태로 모델링하는 것도 가능하지만 여러 데이터의 관계를 조회해야 하거나 정렬이나 검색이 필요하다면 데이터베이스를 사용하면 편리하다. 예를 들어, 블로그 서비스의 글 생성, 수정, 삭제, 조회는 단순한 키-JSON 값 형태로 관리해도 큰 문제는 없지만 글 목록을 관리할 때는 데이터베이스를 사용하면 더 편하게 처리할 수 있다. MySQL과 같이 준비된 데이터베이스 시스템은 굉장히 빠른 응답 시간을 보이지만 그만큼 비용도 많이 발생한다. 따라서 약간의 응답 지연을 허용할 수 있는 상황이라면, SQLite 데이터베이스 파일을 S3에서 관리하는 방식을 사용해 적은 비용으로 효율적인 응답을 하는 시스템을 구축할 수 있다.

4-6 저장소 비교

DynamoDB, MySQL, SQLite를 저장소로 활용하는 구현 방법에 대해 살펴봤다. DynamoDB는 키-값 문서를 처리하는 NoSQL 데이터베이스이고, MySQL과 SQLite는 테이블 스키마를 통해 데이터의 규격을 정해두고 그 사이의 관계를 활용하는 관계형 데이터베이스이다. DynamoDB와 MySQL은 데이터베이스 관리 시스템이 독립되어 있고, SQLite는 데이터베이스 파일을 애플리케이션에 포함된 라이브러리가 읽어 사용하는 내장된 형태다. 이처럼 각 저장소의 형태와 지원 기능이 매우 다르기 때문에 장단점을 동일 선상에서 비교하기는 어렵다. 하지만 이번 예제에서 구현한 블로그 서비스 경험을 토대로 응답 지연 시간, 비용, 유지 보수, 유리한 시나리오 관점에서 장단점을 비교해보자.

4-6-1 응답 지연 시간

DynamoDB는 키-값 문서를 키 해시에 따라 파티션으로 나눠 보관하기 때문에 쿼리가 특정 파티션만 계속 부하를 발생하는 경우를 제외하면 높은 요청량에도 일정한 응답 시간을 기대할 수 있다. AWS 문서에서는 10밀리초 미만의 성능을 제공한다고 명시되어 있다. 만약 키-값 형태로 데이터를 관리할 수 있고, 키 해시를 파티션 분산에 적절하게 구성할 수 있다면 DynamoDB는 응답 지연 시간 측면에서 가장 좋은 선택이 될 수 있다. 데이터 양이 아주 많아져도 빠른 응답을 기대할 수 있다.

MySQL도 대부분의 경우에서는 빠른 응답을 보인다. 데이터를 정규화하고 그 사이의 관계를 활용해 쿼리를 수행해야 하거나 복잡한 데이터 처리를 트랜잭션으로 다뤄야 한다면 MySQL과 같은 관계형 데이터베이스를 사용해야만 한다. 다만 복잡한 쿼리를 실행할 때 응답 지연이 발생하지 않도록 색인을 추가하고 쿼리 실행 계획을 조정하고 데이터 구조를 변경하는 등 꾸준한 관리가 필수다. 데이터가 너무 많아질 경우 실행이 느려질 수도 있으므로 적절한 샤딩이 필요할 수 있으며 쿼리 요청이 너무 많이 몰릴 경우 CPU나 메모리 자원이 부족해 응답 지연이 발생할 수 있다. DynamoDB의 경우 많은 부분을 직접 관리해주지만 MySQL을 사용하려면 이런 부분들을 직접 관리해야 한다. 하지만 잘 관리한다면 복잡한 쿼리 패턴에서도 빠른 응답 시간을 기대할 수 있다.

SQLite도 관계형 데이터베이스이므로 다른 관계형 데이터베이스가 지원하는 기능을 모두 사용할 수 있다. 정규화된 데이터 사이에서 JOIN을 통해 복잡한 쿼리를 처리하거나 트랜잭션을 처리할 수 있다. 그리고 대부분의 경우 매우 빠른 쿼리 실행을 보여준다. 다른 데이터베이스처럼 별도의 시스템과 통신하지 않고, 애플리케이션과 통합되어 같은 주소 공간을 공유하며 쿼리를 실행하기 때문이다. 하지만 SQLite는 하나의 데이터베이스 파일을 사용하기 때문에 데이터 양이 많아질 경우 응답 지연이 발생할 수 있다. 뿐만 아니라, 이를 서버리스 환경에서 사용하려면 S3에 데이터베이스 파일을 올려두고 필요할 때마다 Lambda로 가져와서 사용해야 한다. S3와 Lambda 사이의 통신 지연이 늘 수십 밀리초 이상 발생하기 때문에 다른 데이터베이스에 비해 훨씬 큰 응답 지연이 발생한다. S3 대신 AWS EFS(Elastic File System)를 사용해 이 부분의 지연을 줄여볼 수 있지만, 그래도 데이터베이스를 다운로드하는 시간을 완전히 제거할 수 없기 때문에 상대적으로 지연 시간이 꽤 커질 수밖에 없다. 게다가 동시 수정 요청을 제어하기 위해 잠금까지 사용하므로 지연 시간은 더욱 늘어난다. 다른 데이터베이스는 10밀리초 미만의 응답 시간을 보이는 데 반해 SQLite 데이터베이스 파일을 S3에 업로드해 사용할 때는 최소 100밀리초 이상의 응답 시간을 보인다.

4-6-2 비용

DynamoDB는 읽기, 쓰기 요청과 데이터 보관 용량을 지불한다. 읽기, 쓰기 요청은 온디맨드(On-Demand)와 프로비저닝(Provisioned) 용량 모드 중 어느 것을 사용하냐에 따라 비용 수준이 달라진다. 트래픽 수준에 맞춘 읽기, 쓰기 요청을 선구매하는 프로비저닝이 온디맨드에 비해 저렴하다. 온디맨드 기준 1백만 읽기에 0.27USD, 1백만 쓰기 요청에 약 1.36USD 요금이 발생한다. 읽기 요청 단위(RCU) 1은 4KB 이하 항목의 최종적으로 일관된 읽기 요청 2개를 처리할 수 있고, 쓰기 요청 단위(WCU) 1은 1KB 이하 항목의 쓰기 요청 1개를 처리할 수 있다. 따라서 요청하는 데이터의 크기에 따라 비용이 달라질 수 있다. 스토리지는 1GB-월에 0.27USD 요금이 발생한다.

MySQL는 항상 켜져 있는 인스턴스를 할당하므로 시간당 비용과 스토리지에 따른 비용이 발생한다. 인스턴스의 성능에 따라 가장 저렴한 타입은 시간당 0.025USD, 가장 비싼 타입은 13.68USD 요금이 발생한다. 스토리지는 유형에 따라 다른데, 범용 스토리지일 경우 1GB-월에 0.131USD 요금이 발생한다. 비용이 발생하는 형태가 다르기 때문에 DynamoDB와 바로 비교하기 어렵다. 하지만 DynamoDB는 요청량에 따라 비용이 증가하므로 꾸준히 들어오는 대량의 요청을 지속적으로 처리해야 한다면 MySQL이 상대적으로 저렴해질 수도 있다. 물론 비용보다는 사용하려는 데이터의 도메인과 쿼리 패턴에 맞춰 데이터베이스를 선택하므로 대부분의 경우 비용 비교는 큰 의미가 없다.

SQLite 자체는 사용 비용이 없지만, 데이터베이스 파일을 관리하는 S3에서 비용이 발생한다. 그리고 S3에서 데이터베이스 파일을 가져와서 처리하는 Lambda의 실행 시간도 비용으로 포함한다. 동시성 제어를 위한 잠금에 사용하는 Redis 인스턴스도 있지만, 웬만한 요청은 프리티어 수준에서 해결할 수 있으므로 비용에 포함하지 않는다. S3는 1백만 읽기에 0.35USD, 1백만 쓰기에 4.5USD 요금이 발생한다. Lambda에 데이터베이스 파일을 가져와서 처리해야 하는 특성상, 데이터베이스 파일 하나가 아주 커질 수는 없다. 때문에 S3 스토리지 비용은 무시할 수 있는 수준이다. Lambda의 실행 시간은 1GB 인스턴스를 100밀리초씩 1백만 회 실행했을 때 1.33USD가 발생한다. 데이터 크기에 따라 비용이 달라지는 DynamoDB와 다르게 이 모델은 비용의 변화가 없다. 만약 1K 크기의 데이터를 다룬다면 DynamoDB가 더 저렴하겠지만 그 이상의 크기를 다룬다면 이쪽이 더 저렴하다. 또한 MySQL처럼 관계형 데이터베이스의 기능을 사용할 수 있지만, 시간당 비용이 발생하는 MySQL과는 다르게 요청당 비용이 발생한다.

4-6-3 유지 보수

데이터베이스를 포함하는 애플리케이션을 관리하면 테이블의 구조 변경이나 데이터 마이그레이션과 같은 유지 보수 작업이 필요하다. DynamoDB의 경우 NoSQL 특성상 별도의 테이블 구조를 관리하지 않으므로 자유롭게 키-값 형태의 데이터를 넣을 수 있다. 대신 이를 읽는 쪽에서 데이터 안에 포함된 타입이나 버전 등의 메타데이터를 사용해 적절히 최신 버전으로 변환해 사용하도록 로직을 작성한다. 혹은 모든 데이터를 최신 형태에 맞게 마이그레이션해주는 배치를 운영할 수도 있다. 관리 콘솔에서 DynamoDB에 대한 웹 UI를 제공해주므로 이를 사용해 필요한 값을 확인하거나 일부 값을 수정할 수도 있다.

MySQL은 테이블 구조를 먼저 설계하고 그 구조에 맞는 데이터를 관리하는 구조이다. 따라서 구조를 변경할 때 테이블 안의 모든 데이터가 새 구조를 만족할 수 있도록 신경 써야 한다. 때문에 구조를 변경할 때마다 마이그레이션이 필요하거나 상하위 호환성을 고려해야 하는 번거로움이 발생할 수 있다. 하지만 어떤 테이블 안에 있는 데이터는 반드시 그 테이블의 구조를 따르기 때문에, 데이터를 읽을 때 기대한 형태의 결과를 얻을 수 있어 NoSQL에 비해 더 편하다고 볼 수도 있다. MySQL에 접근해 쿼리를 실행하는 운영 도구를 DynamoDB와 같이 AWS에서 웹 UI로 제공하지는 않지만, mysql-shell이나 Workbench같은 유명한 도구가 많으므로 적당한 도구를 선택해 사용한다. 다만 운영을 위해 VPC 내에 배치된 MySQL 인스턴스에 접근해야 한다면 네트워크 연결을 위해 프록시를 사용해야 하므로 조금 더 수고가 필요하다.

SQLite도 관계형 데이터베이스이므로 앞서 설명한 MySQL과 동일한 형태를 띤다. 테이블은 구조를 가지고 그 안의 데이터는 모두 그 구조를 만족한다. SQLite 데이터베이스 파일에 접근하는 도구가 다른 데이터베이스에 비해 다소 부족해 운영 시 불편할 수 있다. 게다가 S3에 데이터베이스 파일을 올려서 사용하므로 데이터베이스의 수정이 어렵다. 로컬에 다운로드 받아서 수정한 후 다시 업로드하는 동안 다른 Lambda 인스턴스에서 새 수정본을 업로드할 가능성이 있기 때문이다. 다소 오래 걸리는 운영 작업 때문에 수정 잠금을 긴 시간 획득했다가는 서비스에 영향이 발생하므로, 동시성 문제 해결을 위한 수정 잠금을 획득하기도 어렵다. 따라서 SQLite의 테이블 구조 변경이나 데이터 마이그레이션은 애플리케이션 내에 포함된 코드의 로직으로 처리한다. 데이터베이스의 버전을 로직으로 직접 관리해야 하고 하위 호환성을 위해 과거 버전의 로직을 어느 정도 유지해야 한다. 이 때문에 데이터베이스 시스템에 연결해 쿼리를 실행하는 것으로 유지 보수가 가능한 다른 데이터베이스에 비해 SQLite의 운영이 다소 어렵게 느껴질 수 있다.

4-6-4 유리한 시나리오

대량의 데이터를 키-값 형태로 보관할 수 있다면 DynamoDB가 좋은 선택이다. 키 해시만 잘 구성하면 늘 빠른 응답 시간을 보장할 수 있다. 값이 400KB를 넘을 수 없으므로 하나의 문서는 적절한 크기를 유지해야 한다. 하나의 문서에 참조할 다른 문서의 키 집합을 직접 관리해서 사용해도 되는 경우에 유리하다. 데이터의 개수가 아주 많지만 열람할 일은 적은 도메인에 적합하다. 예를 들어 음악, 영화, 도서, 쇼핑과 같이 어떤 내용이 유일한 키에 대응될 수 있고, 운영을 통해 일부 데이터만 전시할 수 있는 경우에 사용하면 좋다. 물론 관계형 데이터베이스를 사용해도 되지만, 어떤 형태로 진화할지 모르는 전시 데이터는 NoSQL로 다루는 편이 더 낫다.

데이터가 항상 최신 구조를 유지해야 하고, 각 데이터 간의 관계를 엮어서 조회하거나 함께 갱신해야 하는 경우라면 MySQL이 좋은 선택이다. 정규화를 통해 다뤄야 하는 복잡한 도메인에 적합하다. 예를 들면 회원 정보나 결제가 있다. 다만 이 경우에도 현행 데이터만 관계형 데이터베이스로 관리하고 과거 데이터나 변경 이력에 대해서는 DynamoDB와 같은 NoSQL을 사용하는 편이 더 낫다. 그런 유형의 데이터는 더 이상 변경될 일도 없고 매번 새 구조에 맞춰서 마이그레이션할 필요도 거의 없기 때문이다. 이런 일부의 경우를 제외하고는, 관계형 데이터베이스는 오랜 세월 필요한 다양한 기능을 추가해왔기 때문에 대부분의 경우에 유용하게 사용할 수 있다.

관계형 데이터베이스의 특성이 필요하지만 MySQL과 같이 별도의 시스템을 운영하기 번거로울 경우 SQLite 데이터베이스 파일을 S3에 업로드해 사용할 수 있다. 수정이 적거나, 아예 없거나, 오프라인으로 미리 준비된 데이터베이스 파일을 만들어둘 수 있을 때 유리하다. 또한 수정이 필요하지 않은 데이터베이스 파일이 몇 MB 수준으로 크지 않을 경우 코드와 함께 포함해 배포하면 응답 시간을 조금 더 개선할 수 있다. 요청당 과금으로 관계형 데이터베이스를 사용하고 싶을 때나 미리 계산된 데이터를 조회만 할 때 유용하게 사용할 수 있다.

4-7 프런트엔드 연동

지금까지 세 가지 방법을 사용해 블로그 API를 작성해보았다. 이번 단원에서는 이 API를 사용하는 웹 페이지를 구현한다. 구현한 세 가지 방법은 각자 다른 저장소를 사용하여 데이터를 보관하지만 모두 동일한 API를 가지도록 설계하였다. 때문에 어떤 방법을 택해도 지금 구현하는 웹 페이지를 연동하는 데 문제가 없다.

웹 페이지, 즉 프런트엔드를 구현하는 방법은 다양하다. 직접 HTML과 자바스크립트를 사용해 구현할 수 있고, Vue나 React와 같이 유명한 프레임워크를 사용해서 구현해도 된다. 작성한 웹 페이지에 스타일을 추가할 때도 직접 CSS를 사용해도 되고 CSS-in-JS 등의 방법을 사용해도 된다. 다양한 방법이 존재하고 각각의 장단점이 존재한다. 이번 예제에서는 React로 적당히 구현하는 방법을 알아본다.

React는 페이스북에서 관리하는 자바스크립트 프런트엔드 라이브러리로 컴포넌트 기반의 선언형 모듈을 작성하기 위한 기반을 제공하고 있어 인기가 많다. React는 공식 개발 문서도 잘 작성되어 있고 사용자가 많아 커뮤니티도 활성화되어 있기 때문에 참고 자료가 아주 많다. 이 책은 프런트엔드 개발을 소개하는 책은 아니므로, 필요한 부분만 간단히 설명한다. 만약 프런트엔드 개발이 처음이라면 관련 서적이나 공식 문서를 참고하는 것이 좋다.

4-7-1 create-react-app

create-react-app 부트스트랩의 도움을 받으면 React 기반의 프로젝트를 쉽게 시작할 수 있다. 직접 React와 필요한 파일들을 구성하는 것도 좋은 방법이지만, 세세한 부분을 크게 신경을 쓸 필요가 없는 경우라면 어느 정도 기본적인 구성 요소를 갖추고 있는 기반으로부터 프로젝트를 시작하는 것이 유리하다. create-react-app은 React 라이브러리와 함께 빌드를 위한 웹팩 설정 및 기본 스크립트를 자동으로 생성해준다. 뿐만 아니라 템플릿을 지정해 원하는 시작 기반을 선택할 수 있다. typescript 템플릿을 선택하면 타입스크립트 기반의 React 프로젝트를 생성한다.

create-react-app은 npx 도구로 실행한다. npx는 npm으로 설치한 패키지를 실행하는 도구이다. 다음과 같이 npx를 사용해 create-react-app을 실행한다. 아직 설치가 되어 있지 않다면 바로 설치를 진행한다.

```
$ npx create-react-app
Need to install the following packages:
  create-react-app
# 설치가 필요하다면 y를 입력해 바로 설치를 진행한다.
Ok to proceed? (y) y

# create-react-app 실행 결과.
```

```
Please specify the project directory:
  create-react-app <project-directory>

For example:
  create-react-app my-react-app

Run create-react-app --help to see all options.
```

설치가 완료된 `create-react-app` 도구를 사용해 다음과 같이 `--template` 옵션과 함께 blog-frontend라는 이름으로 프로젝트를 생성한다. 장황한 설치 로그와 함께 사용법에 대한 가이드가 출력된다.

```
$ npx create-react-app --template typescript blog-frontend

Creating a new React app in /home/lacti/blog-frontend.

... 템플릿 의존성 설치 ...
... Git 디렉토리 설정 ...
... 프로젝트 의존성 설치 ...
... 타입스크립트 설정 ...
... 템플릿 의존성 제거 ...

Success! Created blog-frontend at /home/lacti/blog-frontend
Inside that directory, you can run several commands:

  npm start
    Starts the development server.

  npm run build
    Bundles the app into static files for production.

... 기타 명령어 설명 ...
```

개발 서버를 시작하는 `npm start` 명령과 프로젝트를 빌드해 정적 웹 페이지 파일을 생성하는 `npm run build` 명령을 자주 사용한다. blog-frontend 디렉토리로 이동한 후 `npm start` 명령을 실행해 프로젝트의 결과물을 웹 브라우저에서 확인할 수 있다. 코드를 수정하면 바로 반영하여 웹 브라우저를 새로 고침하는 웹팩 개발 서버까지 같이 설치되므로 편리하다. IDE는 서버리스 스택을 개발할 때와 동일하게 VSCode를 사용한다.

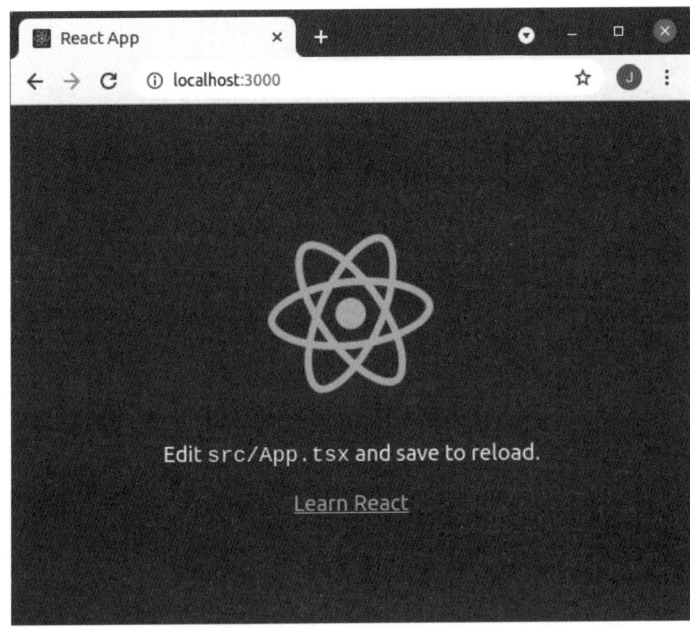

그림 4-7-1 React 첫 화면

4-7-2 웹 페이지 설계

블로그 API는 글 목록 조회와 글 조회, 생성, 수정, 삭제까지 5개다. 이를 사용하기 위한 간단한 웹 페이지를 설계한다. 간단히 다음 4가지 경우로 생각해보자.

페이지	설명	API 사용
글 목록 페이지	글 목록을 조회함	글 목록 조회 API
글 내용 페이지	글 내용을 조회함	글 조회 API
글 생성 페이지	새로운 글을 작성함	글 생성 API
글 수정 페이지	기존 글을 수정하거나 삭제함	글 수정, 삭제 API

글 생성과 수정을 동일한 형태의 페이지에서 처리한다면 총 3개의 페이지를 구현하게 된다. `create-react-app`으로 준비한 프로젝트 기반에서 페이지를 렌더링하는 컴포넌트와 동작을 처리하는 API 및 로직을 구현하는 과정을 알아보자.

4-7-3 컴포넌트 기본

React는 JSX를 활용해 HTML과 자바스크립트 코드를 자바스크립트 모듈 안에 함께 표현할 수 있다. 예를 들어 다음과 같이 h1 HTML 요소로 "글 제목"이라는 문자열을 포함하는 Title 컴포넌트를 작성할 수 있다. 컴포넌트는 상태나 로직을 갖고 렌더링 결과물을 JSX로 정의하는 작은 빌딩 블록이다.

```
function Title() {
  return <h1>글 제목</h1>;
}
```

보통은 "글 제목"이라는 고정된 문자열보다는 외부에서 필요한 값을 변수로 주입해 재사용성을 높인다. 컴포넌트의 규약에 의해 필요한 내용을 다음과 같이 객체 타입으로 전달한다. 예를 들어, title이라는 문자열 변수를 전달하려면 그 값을 바로 전달하는 게 아니라 title이라는 멤버를 갖는 객체 타입으로 전달한다. 그리고 이 값을 JSX 안에서 사용할 때 {} 문법을 사용한다. JSX의 {} 구간 안에서는 다시 자바스크립트를 사용할 수 있다.

```
function Title({ title }: { title: string }) {
  return <h1>{title}</h1>;
}
```

이렇게 작성한 Title 컴포넌트는 다른 컴포넌트에서 HTML 요소를 정의하는 데 사용할 수 있다. 예를 들어, 글을 보여주기 위한 Viewer 컴포넌트를 작성했다고 가정하자. 글의 모델은 간단히 title과 content 두 개의 문자열로 이루어져 있다고 가정하고, 이를 post라는 변수로 받는 Viewer 컴포넌트를 정의한다. 그리고 이 컴포넌트가 HTML로 렌더링될 결과물을 JSX로 정의한다. div 안에 Title과 p 요소를 포함하고, 그 때 필요한 내용을 각각의 속성이나 자식 컴포넌트로 전달한다. Title 컴포넌트는 title 속성으로 제목(post.title)을 전달하고, p 요소는 글 내용(post.content)을 자식 컴포넌트로 전달한다.

```
function Viewer(post: { title: string, content: string }) {
  return (
    <div>
      <Title title={post.title} />
      <p>{title.content}</p>
    </div>
```

);
}
```

create-react-app에서 만들어준 App.tsx에는 이런 형태의 App 컴포넌트가 정의되어 있다. 이는 렌더링할 최상위 컴포넌트로 전체 페이지 렌더링을 위한 진입점 격의 컴포넌트다. 정적 파일이 모여 있는 `public` 디렉터리의 `index.html`이 브라우저가 해석하는 첫 번째 파일이지만, 렌더링과 로직에 필요한 모든 동작은 `index.tsx`를 거쳐 `App.tsx`에 정의되기 때문에 App 컴포넌트를 진입점으로 봐도 무방하다. `index.tsx`는 App 컴포넌트를 `ReactDOM.render` 함수로 렌더링하여 `index.html` 파일에 정의된 `root` ID의 div HTML 요소에 넣어준다. 렌더링의 기본적인 흐름을 이번 예제에서 수정할 일은 없으므로, 앞으로 구현하는 내용은 `App.tsx` 파일 안에서 모두 이뤄진다.

## 4-7-4 서버 API 연동

블로그 API를 조회하는 함수를 먼저 정의해보자. 블로그 API는 모두 HTTP API고, 브라우저에서 HTTP API를 비동기로 호출하는 함수인 `fetch`를 사용해 구현할 수 있다.

글 목록 조회 API의 경우 `/api/post` 주소를 GET으로 요청해 글 제목(title)과 생성 일시(created)의 배열을 반환한다. 이에 대한 모델과 호출 함수를 구현하면 다음과 같다. `fetch`의 수행 결과는 `Promise<Response>`로 여기서 다시 `.json()` 함수를 호출해야 원하는 값을 얻을 수 있다. 이때 `.json()` 함수가 반환하는 값은 `Promise<any>`이므로, 반환 타입을 직접 `Promise<PostListItem[]>`으로 명시해 암시적인 형 변환이 일어날 수 있도록 한다.

```
interface PostListItem {
  title: string;
  created: string;
}
async function fetchPostListItems(): Promise<PostListItem[]> {
  return fetch(`/api/post`).then((r) => r.json());
}
```

글 조회 API는 `/api/post/{title}` 주소를 GET으로 요청해 글 제목(title), 글 내용(content), 생성 일시(created), 수정 일시(modified)를 반환한다. 글이 한 번도 수정된 적 없다면 `modified` 값은 전달하지 않을 수 있다. 이에 대한 모델과 호출 함수를 구현하면 다음과 같다. 글 목록 조회 함수를
```

구현할 때와 마찬가지로, fetch의 결과로 반환된 Response 객체의 .json()를 호출해 응답 결과를 JSON으로 반환한다. API 주소에 들어가는 글 제목(title)을 직접 URL 인코딩하지 않아도 브라우저가 알아서 잘 처리한다.

```
interface Post {
  title: string;
  content: string;
  created: string;
  modified?: string;
}
async function fetchPost(title: string): Promise<Post> {
  return fetch(`/api/post/${title}`).then((r) => r.json());
}
```

서버가 반환하는 날짜 형식은 자바스크립트의 new Date().toISOString() 결과로 얻은 값이다. ISO 출력 형식은 2021-11-30T10:31:06.267Z와 같이 읽기 좋은 형식은 아니다. 약간 신경을 써서, 이 값을 좀 더 읽기 좋은 형식으로 변환하자. date-fns 라이브러리와 같이 날짜의 서식화를 지원하는 외부 라이브러리를 사용해 적당한 형식으로 이를 변환해도 좋지만 의존성을 추가하는 게 번거로우므로, 내장된 Date가 제공하는 LocaleString을 사용해 2021. 11. 30. 오후 7:31:06 형식으로 변환한다. Date.parse 함수를 사용해 ISO 출력 형식의 문자열을 유닉스 타임스탬프 형태로 변환한 후, 이를 Date의 생성자로 넣어 Date 객체를 만든다. 이후 toLocaleString 함수에 적당한 로케일 코드를 넣어 원하는 형식의 날짜 문자열을 얻는다.

```
function formatDate(date: string): string {
  return new Date(Date.parse(date)).toLocaleString("ko");
}
```

글을 생성하는 API는 /api/post 주소를 POST로 요청하는데, 이때 요청 본문(body)에 제목(title)과 내용(content)을 넣어서 요청한다. 요청이 성공하면, 생성한 글의 제목을 반환한다. fetch 함수는 요청 본문으로 임의의 객체를 받지는 못하므로, 직접 JSON.stringify 함수를 사용해 JSON 문자열로 변환한 후 HTTP 헤더에 Content-Type: application/json을 넣어 요청하도록 구현한다. 결과를 가져오는 부분은 앞서 구현한 함수들과 동일하게 .json() 함수를 호출해서 반환한다.

```
async function createPost(
  title: string,
```

```
    content: string
): Promise<{ title: string }> {
  return fetch(`/api/post`, {
    method: "POST",
    headers: { "Content-Type": "application/json" },
    body: JSON.stringify({ title, content }),
  }).then((r) => r.json());
}
```

글을 수정하는 API는 /api/post/{title} 주소를 PUT으로 요청하는데, 이때 요청 본문에 새로운 제목(title)과 내용(content)을 넣어서 요청한다. 글 생성 API와 마찬가지로 요청이 성공하면 수정한 글의 제목을 반환한다. fetch 함수를 사용해 API를 요청하고 결과를 반환하는 방법은 글 생성 함수와 동일하다. 한 가지 다른 부분은, 글 수정을 위해서 글의 예전 제목(oldTitle)이 필요하다는 것이다. API를 요청할 때 주소에는 예전 제목을 넣고, 요청 본문에는 새 제목을 넣는다.

```
async function updatePost(
  oldTitle: string,
  title: string,
  content: string
): Promise<boolean> {
  return fetch(`/api/post/${oldTitle}`, {
    method: "PUT",
    headers: { "Content-Type": "application/json" },
    body: JSON.stringify({ title, content }),
  }).then((r) => r.json());
}
```

글을 삭제하는 API는 /api/post/{title} 주소를 DELETE로 요청한다. 이 API는 성공 여부를 HTTP 상태 코드로 응답하므로, fetch의 결과로 반환된 Response에서 본문을 볼 필요는 없고 .ok 속성을 통해 성공 응답을 받았는지만 판단한다.

```
async function deletePost(title: string): Promise<void> {
  const response = await fetch(`/api/post/${title}`, { method: "DELETE" });
  if (!response.ok) {
    throw new Error(`글을 삭제할 수 없습니다. 제목[${title}]`);
  }
}
```

4-7-5 컴포넌트 구현

서버에서 조회한 데이터를 렌더링하기 위한 컴포넌트를 구현한다. 이번 예제는 매우 간단하므로, 큰 설계적 고민 없이 컴포넌트를 설계한다. 실제 개발에서는 재사용성과 테스트를 고려해 보다 나은 컴포넌트 설계를 진행할 수 있다. 혹은 라이브러리에 정의된, 이미 잘 구현된 컴포넌트를 조합해서 필요한 컴포넌트를 구현해도 된다.

글 목록을 조회하는 컴포넌트를 구현한다. 상태를 갖지 않는 가장 간단한 형태의 컴포넌트이다. 렌더링을 위해 필요한 글 목록(postItems) 값과 내부에 발생하는 이벤트를 외부로 위임하는 이벤트 처리자를 속성으로 받는다.

```
function PostList({
  postItems,
  onView,
  onNew,
}: {
  postItems: PostListItem[];
  onView: (title: string) => void;
  onNew: () => void;
}) {
  return (
    <div>
      <ul>
        {postItems.map((item) => (
          <li key={item.title} onClick={() => onView(item.title)}>
            [{formatDate(item.created)}] {item.title}
          </li>
        ))}
      </ul>
      <button onClick={onNew}>새 글</button>
    </div>
  );
}
```

1. 글 목록은 ul 안의 li 요소로 추가한다.
2. 글 목록 중 하나를 클릭하면(onClick) 그 글로 이동하도록 이벤트 함수(onView)에 글 제목(item.title)을 넘겨준다.
3. 글 목록 내 항목은 생성 일시(item.created)의 서식화된 형태(formatDate)와 제목으로 구성된다.

4. 새 글 추가 button을 추가한다. 클릭 이벤트를 이벤트 함수(onNew)에 위임한다.

React는 HTML 요소나 컴포넌트의 계층으로부터 가상 DOM을 구축하고 이를 HTML DOM으로 렌더링하는데, 이때 갱신 가능한 각 구성 요소를 식별하는 고유 키가 필요하다. 부모와 자식이 직접 선언되는 경우에는 식별자를 자동으로 생성할 수 있지만, postItems에 의해 반복해서 생성하는 li 요소의 경우에는 직접 고유 키를 지정해야 한다. key 속성으로 고유한 값을 지정한다. 글 제목(title)은 고유한 값이므로, 이 값을 전달한다. 이 키는 추후 각 구성 요소가 다시 렌더링될 필요가 있을지 검사할 때 사용하므로, 효율적인 렌더링을 위해 고유한 값을 잘 전달해야 한다.

이번 예시에서 글의 내용은 dl 내 dt와 dd 태그로 정리한다. 취향에 따라 더 나은 HTML 요소를 사용해도 문제없다. 글 모델에는 생성 일시(created)와 수정 일시(modified)가 존재하고 이를 글 조회 컴포넌트나 수정 컴포넌트에서 모두 노출해야 한다. 그때마다 매번 dt, dd를 선언해도 되지만 어차피 동일한 코드를 반복하게 될테니 다음과 같이 재사용 가능한 컴포넌트를 미리 작성한다.

```
function DateField({ label, date }: { label: string; date?: string }) {
  if (!date) {
    return null;
  }
  return (
    <>
      <dt>{label}</dt>
      <dd>{formatDate(date)}</dd>
    </>
  );
}
```

1. 수정 일시(modified)의 경우 수정된 적이 없다면 존재하지 않을 수 있다. 따라서 ?로 undefined를 허용한다.
2. date 값이 전달되지 않았다면 굳이 렌더링할 필요가 없다. React는 null이나 false는 렌더링하지 않는다.
3. dt와 dd 두 개의 요소를 사용하는 컴포넌트를 정의할 때, 이 둘을 하나로 묶기 위해 <></>로 감싼다. 이는 React.Fragment의 약어로, 요소의 집합을 반환해야 할 때 이를 감싸는 별도의 요소를 추가하지 않고 상위 컴포넌트에 집합 그대로를 자식 컴포넌트로 추가하기 위해 사용한다.

글을 보여주는 컴포넌트를 정의한다. 글 목록 컴포넌트와 동일하게 별도의 상태를 갖지 않고 속성으로 넘어온 글 정보를 렌더링하고, 내부에서 발생하는 이벤트를 처리자에게 위임한다. 생성 일시와 수정 일시를 표시할 때 앞서 정의한 `DateField` 컴포넌트를 사용한다.

```
import nl2br from "react-nl2br";

function Viewer({
  post,
  onStartEdit,
  onBack,
}: {
  post: Post;
  onStartEdit: () => void;
  onBack: () => void;
}) {
  return (
    <div>
      <h1>{post.title}</h1>
      <dl>
        <DateField label="생성" date={post.created} />
        <DateField label="수정" date={post.modified} />
        <dt>내용</dt>
        <dd>
          <p>{nl2br(post.content)}</p>
        </dd>
      </dl>
      <button onClick={onBack}>목록</button>
      <button onClick={onStartEdit}>수정</button>
    </div>
  );
}
```

1. 하나의 완결된 컴포넌트로 설계하기 위해 `<></>` 대신 `div`를 사용했다. 필요하면 여기에 `className`을 추가해 스타일링할 수 있다.

2. 내용을 표시할 때 줄바꿈 문자(`\n`)를 br HTML로 변환하기 위해 nl2br 함수를 사용한다. 이는 react-nl2br 라이브러리를 추가해서 사용할 수 있다. `npm install --save add react-nl2br`로 의존성을 추가한 후 사용한다.

3. 글 목록으로 다시 돌아가거나 지금 보고 있는 글을 수정하는 버튼을 추가하고, 각각의 이벤트 함수를 연결한다.

글을 수정하는 컴포넌트를 정의한다. 조금 복잡하지만, 글을 생성할 때도 이 컴포넌트를 사용할 수 있도록 수정할 글 정보가 있을 때(post)와 없을 때(null)를 모두 지원한다. 저장, 취소, 삭제에 대한 이벤트를 외부로 전달하는 처리자도 속성으로 받는다. 이 컴포넌트는 지금까지 구현한 다른 컴포넌트와는 다르게 React 상태를 사용한다. 상태는 `React.useState` 함수로 선언한다. 이 함수의 반환값은 상태값과 그 상태를 변경하는 함수다. 상태를 변경하는 함수에 새로운 상태값을 넣어 호출하면 상태가 변하고 컴포넌트가 다시 렌더링된다. 상태가 복잡해지면 의도치 않게 렌더링이 발생하는 경우가 많으므로 조심해야 한다. 글 수정 컴포넌트에서는 사용자가 `input`과 `textarea`로 입력하는 값을 유지하기 위해 상태를 사용한다.

```
import React from "react";

function Editor({
  post,
  onSave,
  onCancel,
  onDelete,
}: {
  post: Post | null;
  onSave: (title: string, content: string) => void;
  onCancel: () => void;
  onDelete: () => void;
}) {
  const [title, setTitle] = React.useState<string>(post?.title ?? "");
  const [content, setContent] = React.useState<string>(post?.content ?? "");
  return (
    <div>
      <dl>
        <dt>제목</dt>
        <dd>
          <input
            type="text"
            defaultValue={title}
            placeholder="글 제목"
            onChange={(event) => setTitle(event.target.value)}
          />
        </dd>
        <DateField label="생성" date={post?.created} />
        <DateField label="수정" date={post?.modified} />
        <dt>내용</dt>
        <dd>
```

```
          <textarea
            defaultValue={content}
            placeholder="글 내용"
            onChange={(event) => setContent(event.target.value)}
          />
        </dd>
      </dl>
      <button onClick={onCancel}>취소</button>
      <button onClick={() => onSave(title, content)}>저장</button>
      {post && <button onClick={onDelete}>삭제</button>}
    </div>
  );
}
```

1. input과 textarea로 입력하는 글 제목과 내용을 위해 title, content의 상태를 React.useState 함수로 선언했다. 글 수정일 경우, 이 상태의 초기값은 글(post)로부터 가져와서 설정한다.

2. 글 제목이나 내용을 입력하는 input, textarea의 처음 값을 전달하려면 value가 아닌 defaultValue를 사용해야 한다. 글 수정 시 기존 글의 제목과 내용을 표시하기 위해 사용한다.

3. 글 제목이나 내용이 변경될 때 상태를 갱신하기 위해, onChange 이벤트 처리자에서 해당 HTML 요소의 값(event.target.value)을 받아 상태를 갱신한다(setTitle, setContent).

4. 취소, 저장, 삭제를 위한 버튼을 추가하고 동작을 정의한다. 취소와 삭제는 이벤트를 처리자에게 그대로 위임할 수 있지만, 저장은 글 제목(title)과 내용(content)을 처리자에게 넘겨준다. 삭제 버튼은 글 수정 상황(post &&)일 때만 노출한다.

input과 textarea에 글자를 입력하는 동안 상태가 갱신되어 다시 렌더링하는 부분이 비효율적으로 보이지만 큰 문제없이 잘 동작하는 방법이다. 물론 과거 직접 DOM을 제어했던 것과 동일하게, 두 HTML 요소를 직접 제어하는 Ref 객체를 만들고 제어권을 획득한 후 DOM에 접근해 .value를 가져오는 방법도 있다. 하지만 DOM에 직접 접근하는 것은 부득이한 경우를 제외하고는 좋은 선택이 아니다.

필요한 모든 컴포넌트를 작성했다. 이를 활용해 최종 컴포넌트인 App 컴포넌트를 구현한다. 웹 페이지는 글 목록을 노출했다가 글을 선택하면 글 내용을 노출한다. 글 내용을 보다가 수정을 눌러 내용을 수정할 수도 있고, 삭제할 수도 있다. 글 목록 페이지에서는 새 글을 추가할 수도 있다. 이 모든 상황을 제어하려면 적어도 3개의 상태가 필요하다.

1. 글 목록을 조회하고 그 결과를 관리하는 상태

2. 글을 조회하고 그 결과를 관리하는 상태
3. 현재 보기 모드인지, 편집 모드인지 관리하는 상태

웹 페이지가 처음 시작되면 글 목록을 조회하고 이 상태가 갱신되면 렌더링을 다시 한다. 즉, 글 목록을 렌더링한다. 그중 하나를 선택하면 글을 조회하고 상태를 갱신한다. 새 글 생성이나 수정 버튼을 누르면 편집 모드로 전환한다. 이에 대한 상태를 선언하고, 각 상황마다의 분기를 작성하면 다음과 같다.

```
export default function App() {
  const [postItems, setPostItems] = React.useState<PostListItem[]>([]);
  const [post, setPost] = React.useState<Post | null>(null);
  const [editMode, setEditMode] = React.useState<boolean>(false);

  function refreshPostList() {
    fetchPostListItems().then(setPostItems).catch(alert);
  }
  React.useEffect(() => {
    refreshPostList();
  }, []);

  if (!editMode) {
    if (post) {
      return /* 글 조회를 위한 Viewer 반환 */;
    }
    return /* 글 목록 조회를 위한 PostList 반환 */;
  }
  return /* 글 생성, 수정을 위한 Editor 반환 */;
}
```

1. App.tsx 파일에서 노출하는 대표 컴포넌트이므로 export default를 사용해 노출한다.
2. postItems는 글 목록을 관리하는 상태로, refreshPostList 함수에서 글 목록 조회 함수를 호출한 후 setPostItems을 통해 상태를 갱신한다.
3. post는 글을 관리하는 상태로, 글 조회 함수로부터 얻은 결과를 setPost로 넣는다.
4. editMode는 수정 모드를 표시하는 플래그로 기본값은 false다. 새 글 생성 혹은 수정 버튼을 누르면 setEditMode를 통해 상태를 갱신한다.
5. 분기를 위해 필요한 상태를 모두 선언했으니 editMode와 post 값의 유무에 따라 글 조회, 글 목록 조회, 글 생성과 수정 컴포넌트 중 어떤 것을 보여줄지 결정한다.

React는 특정 상태가 변할 때 부가적인 작업을 실행할 수 있도록 React.useEffect 함수를 제공한다. 이 함수는 두 번째 인자로 받는 의존성 배열의 값이 달라졌다는 것을 확인하면 첫 번째 인자로 전달한 함수를 실행한다. 때문에 두 번째 인자의 배열이 비어 있다면 App 컴포넌트가 상위 컴포넌트에 의해 마운트(mount)되는 첫 시점에만 동작하게 된다. 즉, 페이지가 처음 시작되었을 때 글 목록을 조회해 postItems 상태를 갱신한다. 이때 아직 글을 조회하지 않았으므로 post는 null이고, 수정 모드도 아니기 때문에 editMode도 false다. 글 목록을 보여줄 수 있도록 다음과 같이 postItems 상태를 연결하고 이벤트를 처리한다.

```
<PostList
  postItems={postItems}
  onView={(title) => {
    setEditMode(false);
    fetchPost(title).then(setPost).catch(alert);
  }}
  onNew={() => {
    setPost(null);
    setEditMode(true);
  }}
/>
```

1. 어떤 글을 누르면(onView) 보기 모드로 전환하고(setEditMode(false)) 그 제목에 해당하는 글을 조회한 후(fetchPost) 결과로 상태를 갱신해(setPost) 다시 렌더링될 때 글을 보여주도록 한다.
2. 새 글 추가를 누르면(onNew) 예전에 수정을 위해 남겨두었던 글을 초기화하고(setPost(null)), 수정 모드로 진입한다(setEditMode(true)).

글(post) 상태가 갱신되었다면 글 조회 컴포넌트를 사용한다. 렌더링을 위해 글 정보를 그대로 넘긴다. 수정을 시작할 때 현재 조회한 글 정보를 그대로 사용하면 되므로 수정 모드(setEditMode(true))로 전환한다. 다시 글 목록으로 가려면 글(post) 상태만 초기화(null)하면 된다. 다시 렌더링될 때 App 컴포넌트의 분기에 의해서 글 목록이 다시 노출된다.

```
<Viewer
  post={post}
  onStartEdit={() => setEditMode(true)}
  onBack={() => setPost(null)}
/>
```

마지막으로 글 추가나 수정을 위해 Editor 컴포넌트를 사용한다. 만약 새 글을 추가한다면 글 (post) 정보는 없고(null), 수정이라면 조회 시 가져온 글 정보가 있다. 이를 그대로 Editor 컴포넌트에 넘겨준다. 저장, 취소, 삭제 이벤트 처리는 글 추가인지 수정인지를 고려하여 처리한다.

```
<Editor
  post={post}
  onSave={(title, content) =>
    (post ? updatePost(post.title, title, content) : createPost(title, content))
      .then(() => fetchPost(title).then(setPost).catch(alert))
      .then(() => setEditMode(false))
      .then(() => refreshPostList())
      .catch(alert)
  }
  onCancel={() => setEditMode(false)}
  onDelete={() =>
    post
      ? deletePost(post.title)
          .then(() => setPost(null))
          .then(() => setEditMode(false))
          .then(() => refreshPostList())
          .catch(alert)
      : 0
  }
/>
```

1. 저장할 때(onSave) 받은 제목(title)과 내용(content)을 서버에 전달해 반영한다. 이때 post가 있다면 글을 수정한 것이니 글 수정 함수(updatePost)를 호출한다. 이때 예전 제목(post.title)을 함께 넘겨서 제목 변경도 대응할 수 있도록 한다. post가 없다면 새 글 추가이다. 글 생성 함수를 호출한다.

   - 이 함수가 성공했다면 글이 추가되었거나 수정된 것이므로, 현재 가지고 있는 글 상태를 갱신한다. 즉, 글 조회 함수를 한 번 더 불러 새 정보를 가져온 후 setPost로 상태를 갱신한다.
   - 편집을 완료했으니 다시 보기 모드로 돌아간다(setEditMode(false)). 제목이 변경되었을 수 있으므로 글 목록도 갱신한다(refreshPostList). 굳이 서버에 요청하지 않고 메모리에 있는 글과 글 목록 객체에 수정된 내용을 직접 반영할 수도 있다. 이 경우 서버와의 데이터 불일치가 발생하지 않도록 주의한다.
   - 요청이 실패한 경우에는 예외 처리가 필요하다. 발생한 오류 메시지는 보통 토스트 등의 형태로 화면에 노출한다. 이번 예제는 설명의 편의를 위해 예외 처리를 생략하고 alert를 사용한다.

2. 편집 취소(onCancel)는 다시 보기 모드로 전환(setEditMode(false))하면 된다.

3. 삭제(onDelete)는 글을 수정할 때만 유효한 요청이므로 post 값이 존재하는지 확인한 후 처리한다. 글 삭제 함수를 호출한 뒤 성공하면 현재 조회 중인 글 상태를 초기화하고(setPost(null)), 보기 모드로 전환한 후(setEditMode(false)) 글 목록을 갱신한다(refreshPostList). 다시 렌더링된 이후에는 글 목록에서 삭제된 글을 찾을 수 없다.

웹 페이지 노출을 위한 모든 컴포넌트와 로직을 구현했다. 필요할 경우 public 디렉터리의 index.html 파일을 수정해 문서 제목(document.title)을 변경한다거나 메타(meta) 태그를 더 추가할 수도 있다. 혹은 각 컴포넌트에 className을 추가한 후 App.css 파일에 필요한 스타일링을 진행할 수 있다. 이제 웹 프로젝트의 개발 서버를 띄워 구현한 내용을 실제 브라우저에서 확인하는 방법을 알아보자.

4-7-6 프록시 서버

로컬에서 웹 서버를 기동하기 전에, 웹 페이지에서 서버 API를 호출하기 위해 알아둬야 할 개념이 있다. 바로 CORS이다. CORS는 교차 출처 리소스 공유(Cross-Origin Resource Sharing)로 한 출처(오리진)에서 실행 중인 웹 애플리케이션이 다른 출처의 자원에 접근하려 할 때 권한을 부여하도록 브라우저에게 알려주는 체제이다. 출처는 프로토콜, 도메인, 포트로 이루어진다. 예를 들어, 이번 예제를 로컬에서 테스트하기 위해 API 서버와 웹 프로젝트 개발 서버를 각각 띄웠다면, API 주소는 http://localhost:3000으로 시작하고 웹 페이지는 http://localhost:3001로 시작한다. 즉, 도메인이 다르다. CORS를 위한 HTTP 헤더를 설정하지 않았다면 No 'Access-Control-Allow-Origin' header is present on the requested resource! 오류와 함께 글 조회 API 등이 실패한다.

이 문제를 해결하는 가장 간단한 방법은 API 서버와 웹 페이지 서버를 하나로 합쳐서 둘의 도메인이 달라지는 일이 없도록 하는 것이다. 로컬에서 HTTP API를 띄우는 serverless-offline에 웹 프로젝트 결과물도 제공할 수 있도록 연결하기 위해서는 설정과 구현을 좀 더 해야 한다. 하지만 다행히 웹 프로젝트의 개발 서버는 프록시 기능을 제공한다. 개발 서버가 알지 못하는 주소의 요청을 받았을 때, 지정된 프록시 서버로 요청을 위임하는 기능이다. 이를 활용하면 웹 페이지가 아닌 주소, 즉 API 주소로 요청이 들어올 경우 HTTP API 서버로 요청을 위임하도록 설정할 수 있다. 다음과 같이 package.json의 proxy 항목에 서버 주소를 설정한다. serverless-offline으로 실행한 로컬 HTTP API 서버의 포트는 3000번이므로 http://localhost:3000으로 설정한다.

```
{
  "name": "blog-frontend",
  "proxy": "http://localhost:3000",
```

이제 웹 프로젝트 개발 서버의 주소로 웹 페이지와 API가 접근할 수 있다. 더 이상 CORS 문제가 발생할 일이 없어 아주 편리하다. 이는 추후 인증과 같이 로컬 HTTP API에서 처리하기 힘든 부분이 있을 때 proxy에 AWS 배포 주소를 입력해 사용할 수 있으므로 아주 유용하다.

4-7-7 개발 서버 시작

`npm start`로 개발 빌드를 시작할 수 있다. 이는 프런트엔드 프로젝트 내의 파일이 변경될 때마다 현재 결과물을 확인하고 있는 브라우저를 새로 고침 해준다. 모듈 핫리로딩 기능 덕분에 보다 빠르게 프런트엔드 수정 결과를 확인할 수 있어 매우 편리하다.

개발 서버는 3000번 포트를 기본으로 사용한다. 하지만 이미 로컬 HTTP API 서버를 띄웠다면 포트 충돌로 인해 다음과 같은 에러가 발생한다. 왜냐하면 `serverless-offline`도 3000번 포트를 기본으로 사용하기 때문이다. 에러가 발생했을 때 포트를 변경해서 개발 서버를 시작할지 물어보는데, 이때 Y를 입력한다. 그럼 개발 서버는 3001번 포트를 사용해 기동한다.

```
? Something is already running on port 3000. Probably:
  node /home/lacti/.nvm/versions/node/v14.17.0/bin/sls offline (pid 71321)
  in /home/lacti/404-blog-sqlite

Would you like to run the app on another port instead? › (Y/n)
```

하지만 실행할 때마다 Y를 입력하는 것은 매우 번거로우므로 다음 방법을 사용해 둘 중 하나의 포트를 변경한다. `serverless-offline`은 `--httpPort` 옵션으로 포트 번호를 지정할 수 있고, 웹 프로젝트는 PORT 환경 변수를 설정해 포트 번호를 지정할 수 있다.

```
# serverless-offline의 포트를 변경
$ sls offline --httpPort 8000

# 혹은 프런트엔드 개발 서버 포트를 변경
$ PORT=4000 npm start
```

개발 서버를 시작할 때마다 환경 변수를 설정해야 하면 매우 번거로울 수 있다. 이를 위해 .envrc 파일에 사용할 포트 번호를 적어둘 수 있다. 혹은 다음과 같이 package.json을 수정해 개발 서버를 시작(npm start)할 때 포트 번호를 지정해서 시작하도록 scripts.start 값을 수정하는 것도 좋다. react-scripts는 create-react-app에 의해 자동으로 추가된 라이브러리로, React 프로젝트를 쉽게 관리하도록 도와주는 명령행 도구다.

```
{
  "scripts": {
    "start": "PORT=4000 react-scripts start",
```

만약 윈도우 등 환경 변수를 설정하는 방법으로 다른 운영체제를 사용한다면 cross-env 라이브러리를 사용한다. 환경 변수를 선언하는 명령줄 앞에 cross-env를 넣어주면 환경에 맞는 방법으로 환경 변수를 설정한다. 개발 시에만 사용하는 도구이므로, npm install --save-dev cross-env 명령으로 설치한다.

```
{
  "scripts": {
    "start": "cross-env PORT=4000 react-scripts start"
```

브라우저를 통해 개발 서버에 접속하면 프런트엔드가 잘 만들어진 것을 확인할 수 있다.

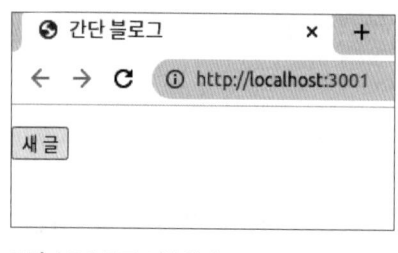

그림 4-7-2 블로그 첫 화면

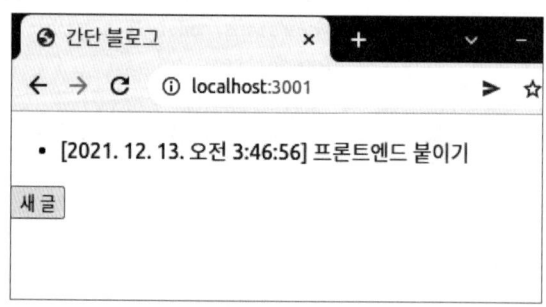

그림 4-7-3 블로그 글 목록 화면

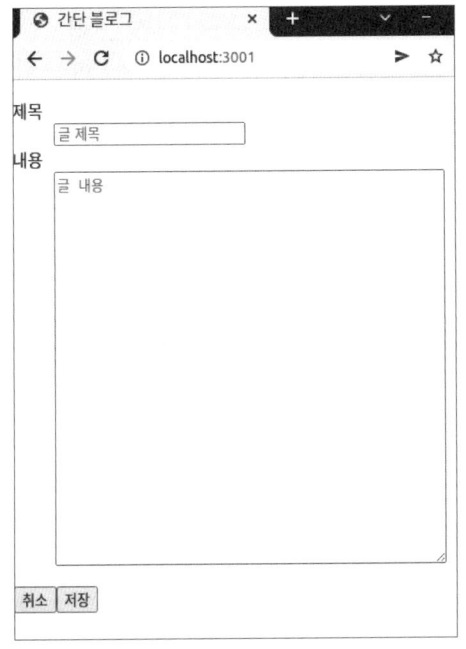

그림 4-7-4 블로그 글쓰기 화면

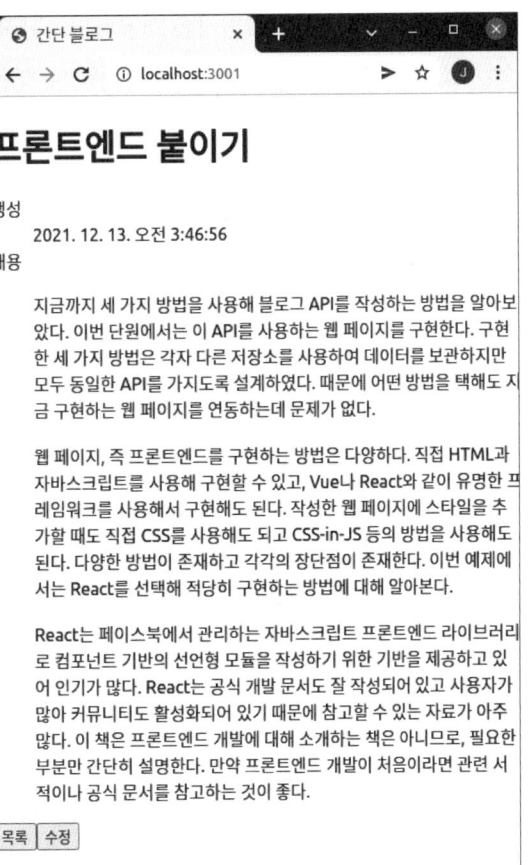

그림 4-7-5 블로그 글 조회 화면

4-7-8 주소 기반 라우트

지금까지 만든 웹 페이지는 글 목록에서 글을 선택해도 주소가 바뀌지 않는다. React로 만드는 웹 애플리케이션은 기본적으로 단일 페이지 애플리케이션(Single Page Application)이기 때문이다. 어떤 동작을 처리하기 위해 내부 상태를 변경했을 뿐 주소 자체를 조작한 적은 없다. 웹 페이지의 현재 상태를 주소로 드러내지 않는 것은 큰 문제가 아닐 수 있지만 이번 예제와 같이 블로그의 경우에는 문제가 될 수 있다. 먼저, 새로 고침했을 때 모든 상태가 초기화되기 때문에 글을 보다가도 글 목록으로 다시 돌아가는 문제가 있다. 또한 지금 읽고 있는 글을 다른 사람에게 공유할 때 적절한 주소를 획득할 수 없다. 같은 이유로, 검색 엔진에서 글의 참조를 생성할 수 없는 문제도 발생한다.

react-router-dom 라이브러리를 사용하면 이 문제를 해결할 수 있다. react-router-dom는 주소를 코드로 제어하는 함수와 특정 주소일 때 보여줄 컴포넌트를 지정하는 기반을 제공하는 라이브러리다. 타입 선언이 라이브러리에 포함되어 있어 별도의 타입 패키지를 설치할 필요가 없다.

```
$ npm install --save react-router-dom
```

라이브러리에서 먼저 눈여겨봐야 할 컴포넌트는 Link다. to 속성을 사용해 원하는 주소로 이동하는 링크를 만들 수 있다. a 요소의 href 속성을 사용하는 렌더링 결과를 만들어내지만, 여기에 onClick 이벤트 함수로 자바스크립트를 사용해 원하는 컴포넌트를 보여주도록 상태를 변경하는 작업을 추가한다. 즉, 주소 변경에 의해 전체 페이지를 갱신하는 href의 동작 대신, 필요한 부분만 갱신하는 자바스크립트 함수를 실행하도록 최적화한다.

이번 예제에서는 글 목록 보기, 글 보기, 새 글 작성, 글 수정의 네 가지 유형의 주소를 갖는다. 다음과 같이 간단히 설계한다. 지금은 새 글 작성 주소 체계가 글 보기와 동일하므로, 글 제목으로 _new를 사용할 수 없다. 큰 문제는 아니므로 설명의 편의를 위해 이 체계를 유지한다.

페이지	주소
글 목록 보기	/
글 보기	/글-주소
새 글 작성	/_new
글 수정	/글-주소/edit

각 페이지와 그에 대한 라우트를 작성하기 전에 이벤트 위임으로 처리했던 페이지 간의 이동을 Link를 사용해 대체해보자. 앞서 작성한 글 목록을 보여주는 컴포넌트는 글 항목을 클릭했을 때 이동하는 이벤트 함수와 새 글을 작성하는 이벤트 함수를 외부에 위임했다. 하지만 react-router와 Link를 사용하면 이벤트 처리의 위임 없이 주소 이동으로 간결히 표현할 수 있다.

```
import { Link } from "react-router-dom";

function PostList({ postItems }: { postItems: PostListItem[] }) {
  return (
    <div>
      <ul>
```

```
      {postItems.map((item) => (
        <li key={item.title}>
          <Link to={`/${item.title}`}>
            [{formatDate(item.created)}] {item.title}
          </Link>
        </li>
      ))}
    </ul>
    <Link to="/_new">새 글</Link>
  </div>
);
}
```

1. li 요소에서 글 항목을 클릭했을 때 글에 해당하는 주소인 글 제목으로 이동하도록 Link의 to 속성을 지정한다.
2. 새 글 작성 버튼도 /_new 라는 주소로 이동하는 Link 컴포넌트로 대체한다.
3. 이벤트 위임이 없어졌기 때문에, PostList의 속성에서 이벤트 함수를 제거한다.

글을 보여주는 컴포넌트에서도 다시 목록으로 돌아가는 버튼과 글을 수정하는 버튼을 제공하고 이에 대한 이벤트 처리를 바깥에 위임했다. 하지만 이것도 글 목록을 보여주는 컴포넌트를 수정한 방법과 동일하게 Link 컴포넌트로 대체할 수 있다.

```
function Viewer({ post }: { post: Post }) {
  return (
    <div>
      {/* ... 기존 코드 생략 */}
      <Link to="/">목록</Link>
        
      <Link to={`/${post.title}/edit`}>수정</Link>
    </div>
  );
}
```

1. 글 목록 페이지(/)로 이동하는 Link로 대체한다.
2. 글 수정 페이지(/글-제목/edit)로 이동하는 Link로 대체한다.
3. 더 이상 상태 전환을 위한 이벤트 처리가 필요하지 않으므로, Viewer의 속성에서 이벤트 함수를 제거한다.

글 수정 컴포넌트도 취소, 저장, 삭제 버튼이 있고 이에 대한 이벤트를 바깥에 위임한다. 이 행위는 주소 변경을 통한 페이지 교체 외에도 글의 조작이나 브라우저 히스토리 조작이 필요하므로 Link를 사용하는 대신 히스토리 API를 사용한다. 자세한 내용은 글 수정 페이지를 작성할 때 설명한다.

페이지를 구성하기 위한 컴포넌트의 수정을 마쳤다. 이제 앞서 정의한 4개의 페이지를 구현한다. 페이지는 특정 주소를 렌더링하는 대표 컴포넌트로, 추후 페이지 주소에 대응되는 컴포넌트를 라우트할 때 진입점으로 사용한다.

순서대로 구현을 진행해보자. 먼저 글 목록을 보여주는 페이지 컴포넌트다. 글 목록 조회 함수(fetchPostListItems)를 호출해 데이터를 얻고 상태(postItems)를 갱신한다. 그리고 글 목록을 보여주는 PostList 컴포넌트를 사용해 렌더링한다. 상태 기반의 화면 전환을 담당했던 App 컴포넌트의 일부 로직이 분리된 형태다.

```
function PostListPage() {
  const [postItems, setPostItems] = React.useState<PostListItem[]>([]);
  React.useEffect(() => {
    fetchPostListItems().then(setPostItems).catch(alert);
  }, []);
  return <PostList postItems={postItems} />;
}
```

글을 보여주는 페이지 컴포넌트다. 주소로부터 글 제목(title)을 가져와서 글 조회 함수(fetchPost)를 통해 상태(post)를 변경한다. 그리고 글을 보여주는 Viewer 컴포넌트를 사용해 렌더링한다. 주소를 사용할 수 있다는 점, 글 정보가 상태로 준비되지 않는 시점이 존재한다는 점이 이전의 구현과는 다른 부분이다.

```
import { useParams } from "react-router-dom";

function PostViewPage() {
  const { title } = useParams<"title">();
  const [post, setPost] = React.useState<Post | null>(null);
  React.useEffect(() => {
    fetchPost(title!).then(setPost).catch(alert);
  }, [title]);

  if (!post) {
    return <p>불러오는 중...</p>;
```

```
  }
  return <Viewer post={post} />;
}
```

1. **react-router-dom** 라이브러리의 **useParams** 함수를 사용해 주소로부터 필요한 값을 가져올 수 있다. title 변수로 글 제목을 가져온다. 추후 라우트 설정에서 title이란 변수로 주소를 전달하도록 설정해야 한다.

2. 주소로부터 가져온 title은 string | undefined 타입이므로, 필요할 경우 ! 연산자를 써서 값이 항상 존재한다고 알려준다.

3. 글 제목(title)으로부터 글 조회 함수(fetchPost)를 호출해 그 결과로 상태(post)를 갱신한다. 아직 상태가 준비되지 않았다면(!post) 글 조회 함수가 완료되지 않은 것이므로 불러오는 중이라고 표시한다. 상태가 준비되었다면 Viewer 컴포넌트를 사용해 렌더링한다.

4. 글 목록을 조회하는 useEffect 작업은 글 제목이 변경될 때마다 수행해야 하므로 의존 목록에 title을 넣어준다.

PostViewPage 컴포넌트는 재사용될 수 있다. React는 컴포넌트 계층 구조에서 새로 진입하거나 제거되는 경우를 제외하고 여전히 그 위치를 유지하는 컴포넌트를 재사용한다. 그 경우에 원하는 동작을 다시 수행하기 위해 useEffect 함수의 의존 목록을 제대로 구성해야 한다. 만약 A라는 글을 조회하고 있는 상황에서 B라는 글을 조회하도록 주소가 변경되었다면 useParams는 title 값에 B를 넣어줄 것이다. 이때 글 조회 함수가 다시 동작하기 위해 useEffect의 의존 목록에 title이 들어가야 한다. 즉, title 값이 변경되었을 때 글 조회 함수를 다시 호출하고 그 결과로 post 상태를 갱신해 렌더링 결과를 변경한다. 컴포넌트의 재사용과 처리 조건을 위한 의존 목록 구성은 더 빠른 React 애플리케이션을 작성하기 위해 중요하다.

새 글을 작성하는 글 생성 페이지 컴포넌트는 Editor 컴포넌트를 사용해 렌더링하고 저장, 취소 이벤트를 대응한다.

```
import { useNavigate } from "react-router-dom";

function PostNewPage() {
  const navigate = useNavigate();

  return (
    <Editor
      post={null}
```

```
    onSave={(title, content) =>
      createPost(title, content)
        .then(() => navigate(`/${title}`, { replace: true }))
        .catch(alert)
    }
    onCancel={() => navigate(-1)}
    onDelete={() => {}}
   />
  );
}
```

1. 새 글을 작성하는 시점에는 글이 존재하지 않으니 post 속성은 null로 지정한다. 이는 앞선 구현을 그대로 따른 것이다.
2. 저장 이벤트에서는 글 생성 함수(createPost)를 호출하고 생성한 글의 주소(/title)로 이동한다. 글을 보여주는 페이지에서 뒤로 가기를 클릭했을 때 글 생성 페이지로 이동하는 것은 의도된 상황이 아니다. 따라서 글 생성 페이지를 히스토리에 남기지 않아야 한다. React Router가 관리하는 주소를 변경할 때 useNavigate 함수가 반환하는 navigate를 사용한다. 옵션으로 replace를 지정하면 현재 주소를 히스토리 스택에서 유지하지 않고 새 주소로 이동한다. 이 기능을 사용하면 뒤로 가기 했을 때 현재 보고 있는 페이지로 다시 돌아올 수 없다.
3. 취소를 클릭했을 때는 이전 페이지로 이동한다. 이는 navigate 함수의 인자로 얼마나 뒤로 이동할지 숫자를 전달하면 된다. 바로 이전 페이지로 이동하므로 -1을 사용한다.
4. 글 생성 페이지에서는 삭제 버튼을 노출하지 않는다. 따라서 아무 일도 하지 않는 빈 함수를 연결해 둔다.

글 수정 페이지 컴포넌트 역시 Editor 컴포넌트를 사용해 렌더링한다. 저장을 클릭하면 글 수정 함수를 호출하고, 삭제를 클릭하면 글 삭제 함수를 호출한다. 수정해야 할 글의 정보를 조회하기 위해 글의 상태를 유지하고 조회를 위한 useEffect도 사용한다. 즉, 글 생성 페이지 컴포넌트와 글 조회 페이지 컴포넌트의 로직을 모두 가지고 있는 컴포넌트다.

```
function PostEditPage() {
  const navigate = useNavigate();
  const { title } = useParams<"title">();
  const [post, setPost] = React.useState<Post | null>(null);

  React.useEffect(() => {
    fetchPost(title!).then(setPost).catch(alert);
  }, [title]);
```

```
  if (!post) {
    return <p>불러오는 중...</p>;
  }
  return (
    <Editor
      post={post}
      onSave={(title, content) =>
        updatePost(post.title, title, content)
          .then(() => navigate(`/${title}`, { replace: true }))
          .catch(alert)
      }
      onCancel={() => navigate(-1)}
      onDelete={() =>
        deletePost(post.title)
          .then(() => navigate(`/`, { replace: true }))
          .catch(alert)
      }
    />
  );
}
```

1. 글 조회 페이지 컴포넌트에서 했던 방법처럼, 주소에서 글 제목(title)을 가져오고(useParams) 글 조회 함수(fetchPost)를 호출한 결과를 상태(post)로 관리한다. 이에 대한 처리(useEffect)는 제목이 변경될 때마다([title]) 처리한다.

2. 아직 상태가 준비되지 않았다면(!post) 불러오는 중을 보여준다.

3. Editor 컴포넌트에 수정할 글을 post 속성으로 넘겨준다.

4. 저장 이벤트가 발생하면 글 저장 함수(updatePost)를 호출하고 완료되면 글을 보기 위한 페이지(/title)로 이동한다. 이때 뒤로 가기의 영향을 받지 않기 위해 navigate 함수의 replace 옵션을 사용한다.

5. 취소 이벤트가 발생하면 이전 페이지로 이동하기 위해 navigate(-1)를 사용한다.

6. 삭제 이벤트가 발생하면 글 삭제 함수(deletePost)를 호출하고 완료되면 글 목록을 보기 위해 / 페이지로 이동한다. 저장과 동일하게, 뒤로 가기의 영향을 받지 않기 위해 replace 옵션을 사용한다.

각 페이지의 로직과 렌더링을 처리하는 페이지 컴포넌트를 모두 구현했다. App 컴포넌트는 주소 패턴에 따라 필요한 컴포넌트를 사용할 수 있도록 라우트를 설정한다. 라우트는 react-router-dom 라이브러리의 BrowserRouter, Routes, Route를 사용해 구성한다.

```
import { BrowserRouter, Route, Switch } from "react-router-dom";

export default function App() {
  return (
    <BrowserRouter>
      <Routes>
        <Route path="*" element={<PostListPage />} />
        <Route path="/_new" element={<PostNewPage />} />
        <Route path="/:title" element={<PostViewPage />} />
        <Route path="/:title/edit" element={<PostEditPage />} />
      </Routes>
    </BrowserRouter>
  );
}
```

1. BrowserRouter를 최상위 컴포넌트로 설정해 그 아래의 컴포넌트가 라우트되도록 구성한다.
2. Routes를 통해 그 하위의 Route 컴포넌트에 따라 DOM이 변경될 수 있도록 구성한다.
3. 페이지 주소에 따른 Route 항목을 추가한다. path로 분기할 주소를 입력한다. :으로 시작하는 문자열로 주소 변수를 작성할 수 있다. 예를 들어 글 조회 페이지(PostViewPage)의 Route는 /:title 주소를 갖는데, 이는 글-주소를 title 변수로 사용하겠다는 뜻이다.
4. Route는 element 속성으로 보여줄 컴포넌트를 지정한다. 각 주소에 따른 페이지 컴포넌트를 연결하도록 구성한다.
5. Route의 path 속성을 *로 주면 주어진 조건과 일치하지 않는 모든 경로에 동작한다. 즉, 관리되지 않은 나머지 모든 주소에 라우트한다는 의미다. / 주소뿐만 아니라 이상한 주소로 접근해도 글 목록 페이지를 노출한다.

이제 npm start 명령으로 개발 서버를 실행해 결과를 확인한다. 각 동작을 수행할 때마다 주소가 변경된다. 또한 글을 보다가 새로 고침을 하거나 그 주소를 다른 브라우저에서 열어도 잘 나온다. react-router 라이브러리가 주소를 해석해 필요한 페이지 컴포넌트를 잘 노출했기 때문이다.

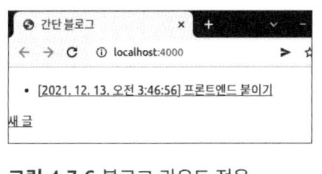

그림 4-7-6 블로그 라우트 적용 - 글 목록 조회

그림 4-7-7 블로그 라우트 적용 - 글 조회

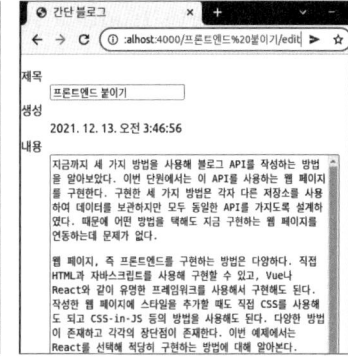

그림 4-7-8 블로그 라우트 적용 - 글 수정

이는 자바스크립트에 의해 필요한 화면을 구성한 것일 뿐 실제 그 주소에 해당하는 파일이 있는 것은 아니다. 그래서 개발 서버가 아닌 정적 파일 서버를 사용할 경우 글 주소로부터 글 조회 페이지에 접근하지 못하는 문제가 발생한다. 이 문제를 해결하는 방법은 추후 빌드 결과물을 서버리스 스택으로 제공할 때 자세히 다룰 예정이다.

4-7-9 빌드

프로젝트를 빌드하려면 `npm run build` 명령을 사용한다. HTML, CSS 파일과 렌더링 컴포넌트, 로직, 의존성 라이브러리 자바스크립트 파일을 깔끔하게 묶어 HTML, CSS, JS 파일을 생성한다. 이는 개발 서버에서 사용하는 빌드와는 다르게, 사용하지 않는 코드를 삭제하거나 디버깅 관련 정보를 제거하는 등의 최적화 작업을 수행한다. 결과물은 `build` 디렉토리에 생성된다.

```
$ npm run build
> react-scripts build
Creating an optimized production build...
Compiled successfully.

File sizes after gzip:
  54 kB     build/static/js/main.90dfe43b.js
  1.8 kB    build/static/js/787.84821aac.chunk.js
  264 B     build/static/css/main.e6c13ad2.css

# ... "homepage" 설명 생략

The build folder is ready to be deployed.
```

```
You may serve it with a static server:

 serve -s build
```

이 파일을 웹 서버에 업로드하면 그 서버에 접근하는 사용자에게 웹 페이지를 제공할 수 있다. 이때 웹 서비에서 이 파일을 처리하기 위한 별도의 로직이 필요하지 않고, 요청한 주소에 해당하는 파일을 그대로 반환하면 되기 때문에 이를 정적 파일(static file)을 제공하는 웹 서버로 분류한다. 서버에서 로직 처리가 필요한 경우와는 다르게 단순히 파일만 제공하면 되므로 훨씬 더 간단한 서버를 사용할 수 있다.

4-7-10 로컬 테스트

결과물이 잘 만들어졌는지 확인하기 위해 빌드 결과 가이드에서 나온 대로 serve 패키지를 사용한다. serve는 정적 파일을 제공하는 간단한 웹 서버다. -p 옵션으로 포트를 지정하고 -s 옵션으로 빌드 결과물이 담긴 디렉토리를 지정한다. 로컬 서버와 포트 충돌이 발생하지 않도록 5000번을 포트 번호로 사용한다. 실행 후 http://localhost:5000에 접근해 결과가 잘 나오는지 확인한다.

```
$ npm install -g serve
$ serve -p 5000 -s build
  ┌─────────────────────────────────────────────┐
  │                                             │
  │   Serving!                                  │
  │                                             │
  │   - Local:            http://localhost:5000 │
  │                                             │
  │   Copied local address to clipboard!        │
  │                                             │
  └─────────────────────────────────────────────┘
```

개발자 도구를 열어서 확인해보면 모든 API 요청이 실패한 것을 확인할 수 있다. 앞서 npm start 명령을 사용했을 때에는 package.json의 proxy로 지정한 컬 API 서버를 웹팩 개발 서버가 프록시했기 때문에 웹 페이지와 같은 도메인으로 API에 접근할 수 있었다. 하지만 serve는 단순히 정적 파일을 제공하는 웹 서버이므로 이런 기능이 없다. 따라서 웹 페이지는 같은 도메인의 API에 접근하려 했지만 이는 존재하지 않는 주소이기 때문에 모든 요청이 실패했다.

이 문제는 서버 API를 요청하는 함수에서 API 서버 주소를 따로 지정하지 않았기 때문에 발생했다. 글 목록을 조회하는 `fetchPostListItems` 함수를 다시 보자. fetch 함수에 전달하는 서버 주소가 `/api/post`로 작성되어 있다. 이는 웹 페이지를 제공하는 서버와 동일한 출처를 사용한다는 뜻이다. serve에 의해 웹 페이지가 http://localhost:5000 출처로 제공되므로 글 목록 조회 API의 주소는 http://localhost:5000/api/post가 된다.

```
async function fetchPostListItems(): Promise<PostListItem[]> {
  return fetch("/api/post").then((r) => r.json());
}
```

로컬 API 서버의 주소는 `serverless-offline`에 의해 http://localhost:3000으로 설정되므로, 글 목록 조회 API의 주소는 다음과 같이 절대 주소로 설정되어야만 한다.

```
return fetch("http://localhost:3000/api/post").then((r) => r.json());
```

하지만 이 방법 또한 두 가지 문제가 발생한다.

- 로컬 테스트를 할 때는 API 서버 주소가 http://localhost:3000이지만 AWS에 배포된 이후에는 다른 주소로 변경되어야 한다. 또한 `npm start` 명령에 의해 개발 서버를 사용할 경우 프록시 서버가 정상 동작하기 위해 출처 없이 API를 요청하는 형태도 유지해야 한다.
- 웹 페이지를 제공하는 서버와 API를 제공하는 서버의 출처가 다를 경우 앞서 설명한 CORS 문제가 발생한다.

브라우저는 로컬 자원에 접근할 때는 예외적으로 CORS 문제를 검사하지 않는다. 따라서 이번 단원에서는 첫 번째 문제의 해결책만 알아본다. CORS 문제를 해결하는 방법은 웹 페이지 빌드 결과물을 S3와 CloudFront로 제공하는 방법을 설명할 때 자세히 알아볼 것이다.

4-7-11 서버 주소 문제 해결

서버 주소가 달라져야 하는 경우는 다음과 같이 세 가지가 있다.

- `npm start` 명령을 통해 개발 서버를 띄워 로컬에 띄운 API 서버를 프록시로 연결하는 경우
- `npm run build` 명령을 통해 빌드한 결과물을 로컬에서 `serve`로 띄워, 로컬에 띄운 API 서버와 함께 테스트하는 경우

- `npm run build` 명령을 통해 빌드한 결과물을 서버리스 스택에 업로드해서 서버리스 스택으로 배포한 API 서버와 함께 사용자에게 제공하는 경우

세 가지 경우의 글 목록 조회 API(/api/post)의 예는 다음과 같다.

상황	주소
상황 1	/api/post
상황 2	http://localhost:3000/api/post
상황 3	https://API_GATEWAY/api/post

이 문제를 간단하게 풀기 위해 환경 변수를 사용한다. React 프로젝트에서도 환경 변수를 `process.env`로 접근할 수 있다. 다만 브라우저는 환경 변수를 지원하지 않기 때문에, 환경 변수로 주입되는 값은 반드시 빌드 단계에서 실제 문자열로 치환되어야 한다. `create-react-app`으로 생성한 프로젝트는 자체 웹팩 설정을 통해 `REACT_APP_` 접두사로 시작하는 환경 변수를 빌드시 실제 값으로 치환하는 플러그인을 사용하고 있다. 이 기능을 사용해 서버 API 출처를 환경 변수로 설정해보자.

```
return fetch(`${process.env.REACT_APP_SERVER}/api/post`).then((r) => r.json());
```

`REACT_APP_SERVER` 값을 `npm start` 명령이나 `npm run build` 명령을 수행할 때 지정하면 원하는 서버를 사용할 수 있다. `npm start` 명령에서는 이 값을 빈 값으로 설정해 개발 서버의 프록시를 통해 API를 요청하도록 한다. `npm run build` 명령은 로컬 빌드와 상용 빌드를 분리하여 각 시점에 맞는 API 서버 주소를 사용하도록 지정한다. 매번 명령을 실행할 때마다 환경 변수를 지정하는 것은 번거로우므로 `package.json`의 `scripts` 영역에 설정을 추가한다. 필요하다면 다른 OS 환경에서도 환경 변수를 지정할 수 있도록 `cross-env`를 사용한다.

```
{
  "scripts": {
    "start": "cross-env PORT=4000 REACT_APP_SERVER= react-scripts start",
    "build:local": "cross-env REACT_APP_SERVER=http://localhost:3000 react-scripts build",
    "build": "cross-env REACT_APP_SERVER=https://API_GATEWAY react-scripts build",
```

npm run build:local 명령으로 http://localhost:3000을 서버 주소(REACT_APP_SERVER)로 사용하는 결과물을 만들 수 있다. 이 명령의 실행으로 만들어진 build 디렉토리의 결과물을 serve 명령으로 브라우저에서 테스트해보면 로컬 API 서버와 잘 통신하는 것을 확인할 수 있다.

```
$ npm run build:local
$ serve -p 5000 -s build
# http://localhost:5000/ 를 브라우저로 접속해서 테스트
```

4-7-12 정리

React와 몇 가지 라이브러리를 사용해 블로그 API를 활용하는 간단한 프런트엔드 프로젝트를 개발했다. 렌더링을 위한 컴포넌트가 어떻게 상태를 갖고 의존 배열에 의한 로직을 실행하는지 간략히 알아봤다. 그리고 react-router를 사용해 상태뿐만 아니라 주소를 통해 컴포넌트를 라우트하는 방법을 알아봤다. 필요하다면 다양한 라이브러리를 사용해 보다 복잡한 화면을 구성하고 더 미려한 웹 페이지를 작성할 수 있다.

다음 단원에서는 프런트엔드 프로젝트의 빌드 결과물을 서버리스 스택으로 배포하는 방법을 알아본다. 웹 페이지 파일은 서버에 기반한 동적 요소를 포함하지 않으므로 정적 파일 서버로도 충분히 필요한 기능을 제공할 수 있다. 서버리스 스택으로 이를 구성하는 방법은 크게 두 가지가 있다.

- 앞서 사진 서비스 예제와 동일한 구성으로, S3 Bucket에 웹 페이지 파일을 업로드한 후 CloudFront를 통해 제공한다.
- API를 구현한 서버리스 스택에 웹 페이지 파일을 포함한 후, API Gateway와 Lambda로 직접 HTML, CSS, JS를 반환하는 API를 구성한다.

각각의 구성 내역과 장단점에 대해 알아보자.

4-8 S3와 CloudFront를 사용해 배포

프런트엔드 프로젝트의 빌드 결과물인 웹 페이지 파일을 S3 Bucket에 업로드하고, 이를 오리진으로 사용하는 CloudFront 배포를 추가해 서비스를 구성한다. CloudFormation으로 필요한 자원을 선언하고, Serverless Framework의 플러그인으로 웹 페이지 파일을 배포한다. `create-react-app`으로 생성한 프로젝트는 이미 타입스크립트 설정을 가지고 있기 때문에 Serverless Framework와 잘 호환되지 않을 수 있다. 불필요한 설정 충돌을 피하기 위해 다음과 같이 별도의 디렉토리로 배포할 스택을 관리한다. 전체 디렉토리 구조는 다음과 같다.

```
.
├── blog-api
├── blog-pages
└── cdn-stack
```

1. `blog-api`는 앞서 'SQLite 연동하기'에서 작성한 예제를 사용한다.
2. `blog-pages`는 앞서 '프런트엔드 연동'에서 작성한 예제를 사용한다.

`blog-pages`의 빌드 결과물을 배포할 서버리스 스택을 정의하기 위해 `cdn-stack` 디렉토리를 추가한다. 여기서 프런트엔드 빌드 결과물을 S3 Bucket으로 배포하고 필요한 자원을 CloudFormation으로 정의한다. 설명의 편의를 위해 모두 Serverless Framework로 관리한다. 이를 위해 `npm init` 명령으로 Node.js 프로젝트를 시작한다.

```
$ mkdir cdn-stack && cd cdn-stack
cdn-stack$ npm init -y
```

S3 Bucket으로 웹 페이지 파일을 배포하기 위해 `serverless-s3-sync` 플러그인을 사용한다. 이는 로컬 파일을 S3 Bucket으로 배포하는 다양한 옵션을 제공하는 편리한 플러그인이다. 이 플러그인과 `serverless.ts` 파일을 사용하기 위한 `ts-node`와 `typescript`를 의존성에 추가한다.

```
cdn-stack$ npm install --save-dev serverless-s3-sync typescript ts-node
```

배포를 위한 `serverless.ts` 파일을 작성한다. AWS 자원은 사진 서비스의 예제와 같이 `s3-cloudfront.ts` 파일에 선언한다. 이번 예제에서는 Serverless Framework의 타입 지원 라이브러리를 설치하지 않았다. 기본 타입 지원 라이브러리로는 AWS 자원 선언이나 파일 업로드를 위한 s3sync 설정에 자동 완성 도움을 받기 어렵기 때문이다. 따라서 별도의 변수나 타입 할당 없이 설정을 `export =`로 바로 노출한다.

```typescript
import resources from "./s3-cloudfront";

export = {
  service: "simple-blog-pages",
  frameworkVersion: "3",
  provider: {
    name: "aws",
    region: "ap-northeast-2",
  },
  plugins: ["serverless-s3-sync"],
  custom: {
    s3Sync: [
      {
        bucketName: process.env.WEBSITE_BUCKET_NAME!,
        localDir: "../blog-pages/build",
        params: [
          { "index.html": { CacheControl: "no-cache" } },
          { "static/**/*": { CacheControl: "public, max-age=31536000" } },
        ],
      },
    ],
  },
  resources,
};
```

1. 기본 설정인 `service`, `frameworkVersion`, `provider`를 설정한다. 기존 설정과 크게 다르지 않다. 다만 Lambda를 배포하는 스택이 아니기 때문에 `provider`에는 런타임을 생략할 수 있다.
2. `plugins`에 s3Sync 플러그인을 등록해준다.
3. s3Sync 플러그인의 설정은 모두 `custom.s3Sync` 안에 정의한다.
   - bucketName으로 파일을 업로드할 S3 Bucket의 이름을 설정한다.
   - localDir로 업로드할 로컬 파일의 위치를 설정한다. 프런트엔드 페이지의 결과물이 담기는 위치를 지정한다.

- params로 파일 패턴에 따라 추가 메타데이터 설정을 할 수 있다.

만약 export = 부분에서 오류가 발생한다면 타입스크립트의 모듈 해석에 문제가 있는 것이다. 다음과 같이 tsconfig.json 파일을 작성한다.

```
{
  "compilerOptions": {
    "module": "commonjs"
  }
}
```

메타데이터는 Bucket 내의 객체마다 설정할 수 있는 추가 정보다. 보통 이처럼 정적 파일 제공을 위한 파일을 구성할 때는 CloudFront로 응답하기 위한 HTTP 헤더를 정의하게 된다.

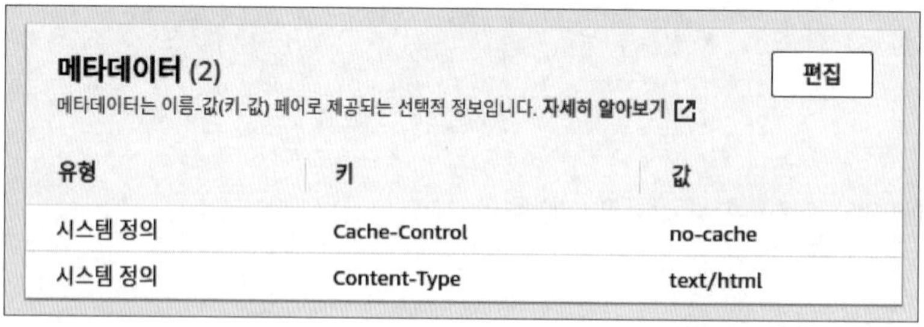

그림 4-8-1 S3 객체의 메타데이터

Content-Type의 경우 s3Sync 플러그인에 의해 자동으로 설정된다. 그 외에 추가로 필요한 헤더 구성이 있다면 설정이 필요하다. 예를 들어 캐시 제어(Cache-Control) 헤더가 여기에 속한다. 별도의 설정이 없다면 모두 no-cache로 동작하거나 CloudFront의 설정을 따른다. React의 빌드 결과물 중 static 디렉토리에 포함된 파일은 모두 캐시해도 되기 때문에 1년(31,536,000초)의 캐시 시간을 갖도록 설정한다.

스택을 구성하기 위해 필요한 자원은 파일을 업로드할 S3 Bucket과 CDN을 위한 CloudFront다. 이에 대한 정의는 s3-cloudfront.ts 파일의 resources 변수로 관리한다. 이는 사진 서비스와 동일한 구조다. 다만 두 서비스의 차이로 인해 조금씩 달라지는 부분이 있다. 비교의 편의를 위해 각각의 리소스나 속성별로 설정을 나누어 설명한다.

먼저 CloudFront에서 S3에 접근하기 위한 Identity다. 이는 Comment 항목만 필요하기 때문에 설명 빼고는 달라지는 부분이 없다.

```
const OAI = {
  Type: "AWS::CloudFront::CloudFrontOriginAccessIdentity",
  Properties: {
    CloudFrontOriginAccessIdentityConfig: {
      Comment: "블로그 프런트엔드 페이지용 OAI",
    },
  },
};
```

사진 서비스 예제에서는 사진의 보존 기간을 지정하기 위해 `Lifecycle`도 설정하고 전송 가속화를 위해 `AccelerateConfiguration`도 설정했지만 여기서는 그런 설정들이 모두 필요 없다. 파일만 업로드할 Bucket을 할당하면 되므로 `BucketName`만 지정한다.

```
const BlogStaticFileBucket = {
  Type: "AWS::S3::Bucket",
  Properties: {
    BucketName: process.env.WEBSITE_BUCKET_NAME!,
  },
};
```

이제 Bucket에 OAI로 접근하는 정책을 추가한다. OAI와 마찬가지로 달라지는 부분이 없다. 다만 Bucket 내에 접근을 허용할 위치만 `Resource`로 잘 지정한다. 만약 하나의 Bucket 내에 여러 웹 페이지를 제공한다면 루트(/*) 대신 지정된 경로 하위(/PREFIX/*)만 허용해야 한다.

```
const BlogStaticFileBucketOAIPolicy = {
  Type: "AWS::S3::BucketPolicy",
  Properties: {
    Bucket: { Ref: "BlogStaticFileBucket" },
    PolicyDocument: {
      Statement: [
        {
          Action: "s3:GetObject",
          Effect: "Allow",
          Resource: `arn:aws:s3:::${process.env.WEBSITE_BUCKET_NAME}/*`,
          Principal: {
            CanonicalUser: { "Fn::GetAtt": ["OAI", "S3CanonicalUserId"] },
          },
        },
      ],
```

```
    },
  },
};
```

S3 Bucket에 접근하기 위한 OAI와 정책의 선언을 완료했다. 이제 CloudFront 자원을 선언한다. CloudFront가 접근할 오리진의 설정은 이미 `WEBSITE_BUCKET_NAME` 환경 변수를 통해 지정하도록 구성했으므로 그대로 가져와서 사용할 수 있다.

```
const S3Origin = {
  Id: "S3Origin",
  DomainName: `${process.env.WEBSITE_BUCKET_NAME}.s3.ap-northeast-2.amazonaws.com`,
  S3OriginConfig: {
    OriginAccessIdentity: {
      "Fn::Join": ["", ["origin-access-identity/cloudfront/", { Ref: "OAI" }]],
    },
  },
};
```

사진 서비스 예제에서는 설명의 편의를 위해 별도의 캐시 구성을 하지 않았지만 이번 예제에서는 구성해보자. CloudFront 배포의 동작은 관리 콘솔의 동작 탭으로 관리하며 CloudFormation 에서는 `DefaultCacheBehavior`와 `CacheBehaviors`로 선언한다. 경로 패턴에 따른 동작을 여러 개 구성할 수 있으며, 모든 경로에 일관된 구성을 한다면 `DefaultCacheBehavior` 하나만 선언해도 된다.

`CacheBehavior`는 경로 패턴에 어떤 오리진 혹은 오리진 그룹을 사용하고, 이때 어떤 프로토콜과 HTTP 메소드를 허용하며 어떤 캐시 정책과 오리진 요청 정책을 사용할지 결정할 수 있다. 즉, CloudFront 배포로 진입한 요청이 어떤 동작을 할지 정할 수 있다. 이번 예제와 같이 하나의 오리진, 그리고 그 오리진이 S3일 경우에는 `DefaultCacheBehavior`만 사용해서 동작을 쉽게 정의할 수 있다. 다음과 같이 어떤 오리진으로 요청할지(`TargetOriginId`)를 지정하고 HTTP 요청을 HTTPS로 전송하도록 프로토콜 정책만 결정하면 된다.

```
const DefaultCacheBehavior = {
  TargetOriginId: "S3Origin",
  ViewerProtocolPolicy: "redirect-to-https",
};
```

CloudFront는 CDN 서비스로 캐시 정책을 구성할 수 있다. 어떤 캐시 키를 사용하고 캐시 항목에 어떤 TTL 정책을 가져갈지는 `CachePolicy`로 관리한다. `CachePolicy`는 `aws cloudfront create-cache-policy` 명령으로 생성한다. 그리고 그 ID를 동작(`CacheBehavior`)의 `CachePolicyId`로 지정한다. AWS는 자주 사용하는 캐시 패턴을 관리형 캐시 정책으로 제공한다. 목록은 AWS 공식 문서에서 확인할 수 있다. 또는 `aws cloudfront list-cache-policies` 명령의 결과로 나오는 목록 중 `Type`이 `managed`인 항목을 확인해도 된다. 이번 예제에서는 캐시 효율을 높이기 위해 `CachingOptimized` (658327ea-f89d-4fab-a63d-7e88639e58f6) 캐시 정책을 사용한다. 이 정책은 CloudFront가 캐시 키에 포함된 값을 최소화해 효율성을 최적화하도록 설계되었다. 다만 `Accept-Encoding` 헤더를 포함해 압축 형식의 객체를 별도로 캐시한다. 이 정책과 함께 압축(`Compress`)을 활성화하면 브라우저가 압축 형식을 지원할 때 CloudFront가 압축된 콘텐츠를 전송하므로 네트워크 대역폭 소모를 최적화할 수 있다.

```
const DefaultCacheBehavior = {
  // ... 생략
  Compress: true,
  CachePolicyId: "658327ea-f89d-4fab-a63d-7e88639e58f6",
};
```

CloudFront에서 캐시 누락으로 오리진에 콘텐츠를 요청할 때 URL, 요청 본문, 그 외 자동으로 포함하는 몇 개의 HTTP 헤더를 전달한다. URL 쿼리 문자열이나 그 외의 HTTP 헤더, 쿠키 등은 오리진에 전달하지 않는다. 만약 이에 대한 전송을 설정하려면 오리진 요청 제어(`OriginRequestPolicy`)를 설정해야 한다. 캐시 정책과 마찬가지로, 필요한 정책을 직접 생성해서 사용할 수 있고 또는 AWS가 제공하는 관리형 오리진 요청 제어 항목을 사용할 수 있다. 그리고 그 ID를 동작(`CacheBehavior`)의 `OriginRequestPolicyId`로 연결한다. 유명한 정책으로 User Agent와 Referer를 포함하는 `UserAgentRefererHeaders`(acba4595-bd28-49b8-b9fe-13317c0390fa)와 S3 오리진에 CORS 요청을 활성화하는 `CORS-S3Origin`(88a5eaf4-2fd4-4709-b370-b4c650ea3fcf)이 있다. 이번 예제에서는 필요하지 않기 때문에 설정하지 않는다.

도메인과 인증을 연결하는 부분은 환경 변수를 통해 주입하도록 작성해두었기 때문에 그대로 사용할 수 있다. `ACM_CERTIFICATE_ARN`은 사진 서비스 예제에서 사용했던 것과 동일한 `ROOT_DOMAIN`을 사용하면 같은 값을 사용할 수 있다. 도메인이 달라지면 그에 맞는 새로운 인증서를 발급한 뒤 그 ARN을 연결한다. 이번 예제에서는 `blog.lacti.link` 도메인을 사용한다. `SUB_DOMAIN` 환경 변수는 `blog`, `ROOT_DOMAIN` 환경 변수는 `lacti.link`로 설정한다. 그리고 인증서의 ARN은 앞선 예제에서 사용한 값과 동일한 값을 사용한다. 만약 확인이 필요하다면 aws

--region us-east-1 acm list-certificates 명령을 사용한다.

```
const Domain = `${process.env.SUB_DOMAIN}.${process.env.ROOT_DOMAIN}`;
const ViewerCertificate = {
  AcmCertificateArn: process.env.ACM_CERTIFICATE_ARN!,
  MinimumProtocolVersion: "TLSv1.2_2021",
  SslSupportMethod: "sni-only",
};
```

프런트엔드를 구성할 때 블로그 글마다 주소를 만들어주기 위해 react-router 라이브러리를 사용했다. 이 라이브러리는 실제 URL에 해당하는 파일은 없지만 index.html에서 실행하는 자바스크립트에서 URL을 분석해 그 경로에 맞는 화면을 구성해준다. 때문에 /나 index.html과 같이 실제 파일이 존재하는 경로를 먼저 접근해야 라우팅을 위한 자바스크립트가 동작할 수 있고, 실제 경로에 해당하는 화면을 보여줄 수 있다. 예를 들어 /처음-쓰는-글이란 경로로 접근해도 일단 /index.html 파일에 접근해야 한다. 여기서 획득하는 자바스크립트 파일을 통해 라우팅 로직이 동작하고, 처음-쓰는-글이라는 경로에 해당하는 글 화면을 구성한다.

CloudFront는 요청 주소에 대한 응답이 캐시되어 있으면 캐시된 값을 반환한다. 만약 없다면 오리진에 콘텐츠를 요청한다. 이번 예제에서는 요청 주소의 경로에 해당하는 객체를 S3 Bucket에서 찾아서 반환한다. 앞선 예시의 경우 S3 Bucket에서 처음-쓰는-글이라는 객체를 찾지만 이런 객체는 존재하지 않는다. 이 경로는 오로지 주소를 통해 글의 제목을 얻는 수단으로, 브라우저에서 실행하는 자바스크립트에 의한 결과일 뿐이기 때문이다.

정리하면, 정적 파일에 대한 라우팅은 서버에 의해 처리되고 글과 같은 동적 주소에 대한 라우팅은 자바스크립트에 의해 처리된다. 이를 위해서는 서버가 알지 못하는 주소에 접근했을 때도 자바스크립트에 의한 라우팅이 처리되는 기회를 주어야 한다. 즉 index.html을 통해 자바스크립트가 실행될 수 있도록 보장해주어야 한다. 따라서 다음과 같이 CustomErrorResponses를 설정한다. S3와 연동한 CloudFront가 Bucket에서 객체를 찾지 못할 경우 ListBucket 권한이 없어 403 오류가 발생한다. 이 오류가 발생할 때 index.html 파일을 사용하도록 설정한다. Response PagePath는 앞에 반드시 /까지 붙여주어야 정상 동작한다.

```
const CustomErrorResponses = [
  {
    ErrorCode: 403,
    ResponseCode: 200,
    ResponsePagePath: "/index.html",
```

    },
  ];
```

필요한 모든 부분의 속성을 정의했으므로 이를 모아 CloudFront의 배포 설정을 구성할 수 있다.

```
const BlogStaticFileCdn = {
  Type: "AWS::CloudFront::Distribution",
  Properties: {
    DistributionConfig: {
      Comment: "간단한 블로그 웹 서비스",
      Enabled: true,
      DefaultRootObject: "index.html",
      CustomErrorResponses,
      Origins: [S3origin],
      DefaultCacheBehavior,
      HttpVersion: "http2",
      Aliases: [Domain],
      ViewerCertificate,
    },
  },
};
```

마지막으로 CloudFront에 사용자 정의 도메인을 연결한다. 이 부분도 이미 사진 서비스 예제에서 환경 변수로 설정 가능하도록 코드를 작성했기 때문에 그대로 가져와서 사용할 수 있다. 다만 이번 예제에서는 전체 도메인을 Domain이라는 변수로 정의해두었으므로 그 값을 가져와 사용한다.

```
const BlogStaticFileCdnDns = {
  Type: "AWS::Route53::RecordSet",
  Properties: {
    AliasTarget: {
      DNSName: { "Fn::GetAtt": ["BlogStaticFileCdn", "DomainName"] },
      HostedZoneId: "Z2FDTNDATAQYW2",
    },
    HostedZoneName: `${process.env.ROOT_DOMAIN}.`,
    Name: Domain,
    Type: "A",
  },
};
```
```

필요한 자원을 모두 선언했다. 이제 모든 선언을 하나로 모아 CloudFormation의 **Resources** 구문을 선언한다. 그리고 `serverless.ts`에서 참조해 사용할 수 있도록 **export**한다.

```
const resources = {
  AWSTemplateFormatVersion: "2010-09-09",
  Resources: {
    OAI,
    BlogStaticFileBucket,
    BlogStaticFileBucketOAIPolicy,
    BlogStaticFileCdn,
    BlogStaticFileCdnDns,
  },
};

export default resources;
```

배포를 위한 Serverless Framework의 설정 작성과 서버리스 스택을 구성하기 위한 Cloud Formation 선언을 마쳤다. 이대로 스택을 배포해서 문제없이 동작하면 좋겠지만 해결해야 할 문제가 있다. 프런트엔드를 빌드할 때 언급했던 서버 API 주소 설정과 CORS 문제다.

4-8-1 서버 API 주소 설정

앞서 빌드 명령을 구성할 때 `REACT_APP_SERVER` 환경 변수를 통해 API 서버의 주소를 설정할 수 있도록 `package.json` 파일을 작성했다.

```
{
  "scripts": {
    "start": "cross-env PORT=4000 REACT_APP_SERVER= react-scripts start",
    "build:local": "cross-env REACT_APP_SERVER=http://localhost:3000 react-scripts build",
    "build": "cross-env REACT_APP_SERVER=https://API_GATEWAY_URL react-scripts build",
```

API Gateway 주소는 API를 배포한 서버리스 스택에서 `sls info` 명령을 실행해 확인할 수 있다. `blog-api` 디렉토리에서 이 명령을 실행해 주소를 확인한다. `endpoints`에서 나오는 주소인 `https://API_ID.execute-api.AWS_REGION.amazonaws.com`을 사용한다.

```
$ cd blog-api
blog-api$ sls info

... 생략
endpoints:
  POST - https://API_ID.execute-api.AWS_REGION.amazonaws.com/api/post
```

이 주소를 REACT_APP_SERVER 환경 변수로 사용하도록 package.json의 build 명령 실행줄을 수정한다. 만약 package.json 파일을 재사용해야 하는 경우라면 환경 변수를 직접 명시하지 않는 편이 낫다. 이 경우 .envrc 파일에 REACT_APP_SERVER 환경 변수를 정의하는 방법을 사용하는 것도 좋다.

4-8-2 CORS 문제 해결

CORS는 웹 애플리케이션이 다른 출처의 리소스에 함부로 접근하지 못하도록 막는 브라우저의 안전 장치다. 이런 안전 장치가 없다면 악의적인 개발자가 비슷한 모양의 사이트를 만들어두고 원본 자원의 API를 호출하여 의도치 않게 정보를 획득해갈 수 있다. 따라서 브라우저에서는 원본 API를 요청할 때, 혹은 요청하기 전에 현재 출처를 허용하는지 확인한다. 전자를 단순 요청(Simple request)이라고 하고, 후자를 프리플라이트 요청(Preflighted request)이라고 한다. 단순 요청은 자원 요청에 대한 응답에 CORS 헤더를 추가해 내 출처를 허용하는지를 알려준다. 프리플라이트 요청은 자원을 요청하기 전에 먼저 OPTIONS 요청을 보내어 내 출처를 허용하는지 확인한다.

두 과정 모두 자원을 가지고 있는 서버가 요청자를 허용할지 CORS 헤더를 통해 알려준다는 점은 동일하다.

1. 요청자는 HTTP 요청에 자신의 출처(Origin)를 포함한다. 이번 예제에서는 https://blog.lacti.link이다.
2. 서버 응답에는 이를 허용하는지 알려주기 위해 Access-Control-Allow-Origin 헤더를 응답한다.

예를 들어 글 목록을 조회하는 HTTP 요청과 응답을 간단히 정리하면 다음과 같다.

```
GET /api/post HTTP/1.1
... 생략
Origin: https://blog.lacti.link

HTTP/1.1 200 OK
... 생략
Access-Control-Allow-Origin: https://blog.lacti.link

[글 내용]
```

만약 서버에 CORS 설정을 하지 않았다면 응답에 `Access-Control-Allow-Origin`이 포함되지 않을 것이다. 혹은 허용하지 않은 다른 출처에서 요청할 경우 이 헤더가 포함되지 않을 것이다. 그 경우 브라우저는 해당 자원 요청을 취소하고 `No 'Access-Control-Allow-Origin' header` 에러를 표시한다.

서버에서 CORS 요청에 대응하기 위해서는 앞서 설명한 단순 요청과 프리플라이트 요청 모두 대응해야 한다. 또한 출처의 허용을 관리하는 `Access-Control-Allow-Origin`뿐만 아니라, 어떤 HTTP 메소드를 허용할지 `Access-Control-Allow-Methods`로 지정하거나 CORS에서 허용하는 기본 HTTP 헤더 외의 요청을 허용하는 `Access-Control-Allow-Headers`를 사용할 수도 있다. 혹은, `fetch` 요청에서 쿠키나 `Authorization` 헤더를 보내는 것을 허용하는 `Access-Control-Allow-Credentials`를 설정할 수도 있다. 만약 이를 직접 구현한다면 HTTP 요청을 처리하는 각 함수에 CORS 헤더를 적절히 반환하도록 구현하고 프리플라이트 요청을 위한 `OPTIONS` 요청을 처리하는 함수를 추가해야 한다.

다행히 API Gateway에서 CORS 구성을 위한 기능을 제공한다. 각 API마다 CORS를 직접 제어해야 하는 경우가 아니라면 다음과 같이 간단히 `provider.httpApi.cors`에 설정을 추가하는 것으로 CORS 응답을 구성할 수 있다. 이때 CORS 헤더에 대응되는 HTTP API의 CORS 구성 속성은 다음과 같다.

CORS 헤더	CORS 구성 속성	예제 값
Access-Control-Allow-Origin	allowOrigins	https://example.com 혹은 * (모든 오리진 허용)
Access-Control-Allow-Headers	allowHeaders	Authorization 혹은 * (모든 헤더 허용)
Access-Control-Allow-Methods	allowMethods	GET, POST 혹은 * (모든 메소드 허용)
Access-Control-Allow-Credentials	allowCredentials	true (혹은 없음)

허용할 오리진은 웹 페이지가 배포된 도메인이므로 `https://blog.lacti.link`이다. 추후 편하게 재사용하기 위해 이 부분도 `CORS_ALLOW_ORIGIN` 환경 변수로 외부에서 주입한다. 허용 HTTP 메소드는 현재 API에서 사용하는 모든 메소드를 정의한다. CRUD에 해당하는 `GET`, `POST`, `PUT`, `DELETE`를 다 넣는다. HTTP 헤더는 요청 본문 형식을 제어하는 `Content-Type`을 추가한다. 마지막으로 인증 시 쿠키 전달을 허용할 수 있도록 `allowCredentials`도 설정한다. 이를 `serverless.ts`에 적용하면 다음과 같다.

```
const config: AWS = {
  service: "simple-blog-sqlite",
  provider: {
    httpApi: {
      cors: {
        allowedOrigins: [process.env.CORS_ALLOW_ORIGIN!],
        allowedMethods: ["GET", "POST", "PUT", "DELETE"],
        allowedHeaders: ["Content-Type"],
        allowCredentials: true,
      },
    }
```

HTTP API는 개별 API마다 CORS 설정을 처리하는 것이 아니라 API 구성 하나에 CORS를 지원하는 구조다. 따라서 `functions`의 개별 함수에 CORS 속성이 정의되지 않고 `provider.httpApi.cors`로 정의된다. 만약 함수 단위의 CORS 설정이 필요하다면 더 많은 기능을 지원하는 REST API를 사용하거나 직접 구현해야 한다.

프로젝트를 개발할 때는 편의를 위해 허용할 오리진을 전체(*)로 설정하는 경우가 있다. 하지만 상용에서는 반드시 서비스 도메인으로 이를 한정해야 한다. 그렇지 않을 경우 CORS를 통한 안전장치가 무의미해진다.

`sls deploy` 명령으로 스택을 배포하면 CORS 설정이 완료된다. 제대로 설정되었는지는 `aws apigatewayv2 get-api` 명령에 `--api-id` 옵션을 주어 확인할 수 있다. API ID는 API 주소에서 쉽게 확인할 수 있다. 주소의 형태가 `https://API_ID.execute-api.AWS_REGION.amazonaws.com`이라서 이미 API ID를 포함하고 있기 때문이다. 설정에 문제가 없다면 `CorsConfiguration`이 잘 나온다.

```
$ aws apigatewayv2 get-api --api-id API_ID
{
```

```
    "ApiEndpoint": "https://API_ID.execute-api.AWS_REGION.amazonaws.com",
    "ApiId": "API_ID",
    "ApiKeySelectionExpression": "$request.header.x-api-key",
    "CorsConfiguration": {
        "AllowCredentials": true,
        "AllowHeaders": [
            "content-type"
        ],
        "AllowMethods": [
            "GET",
            "POST",
            "DELETE",
            "PUT"
        ],
        "AllowOrigins": [
            "https://blog.lacti.link"
        ],
```

curl 명령으로 프리플라이트 요청을 보내 CORS 헤더가 잘 내려오는지 확인할 수 있다. 글 목록 조회 API의 프리플라이트 요청을 위해 OPTIONS 메소드를 사용한다. 이때 access-control-request-method 헤더로 사용할 HTTP 메소드를 지정하고 access-control-request-headers 헤더에 전달할 HTTP 헤더를 지정한다. 그리고 요청자의 오리진을 origin 헤더로 지정한다. 이 헤더는 브라우저가 fetch 함수의 요청에 따라 적절히 설정해주는 값이다. curl 명령으로 이를 모사하면 다음과 같다.

```
$ curl -v -XOPTIONS "https://API_ID.execute-api.AWS_REGION.amazonaws.com/api/post" \
  -H "access-control-request-method: GET" \
  -H "access-control-request-headers: content-type" \
  -H "origin: https://blog.lacti.link"

... 요청 생략

< HTTP/2 204
< date: Sat, 27 Nov 2021 15:56:45 GMT
< access-control-allow-origin: https://blog.lacti.link
< access-control-allow-methods: DELETE,GET,POST,PUT
< access-control-allow-headers: authorization,content-type
< access-control-allow-credentials: true
< access-control-max-age: 0
< apigw-requestid: JeJBqiGiIE0EP_A=
```

204 (No Content) 응답으로 `access-control-allow` 계열의 헤더가 잘 포함된 것을 확인할 수 있다. 만약 잘못된 오리진을 사용하거나 `access-control-request-method`를 지정하지 않거나 선언하지 않은 HTTP 헤더를 `access-control-request-headers`에 지정하면 CORS 헤더를 응답하지 않는다. 그 경우 적절한 CORS allow 헤더를 받지 못한 브라우저가 API 요청을 거부하게 된다. 다음은 잘못된 오리진을 사용해 CORS allow가 응답하지 않는 경우를 테스트한 것이다.

```
$ curl -v -XOPTIONS "https://API_ID.execute-api.AWS_REGION.amazonaws.com/api/post" \
  -H "access-control-request-method: GET" \
  -H "access-control-request-headers: content-type" \
  -H "origin: https://lacti.example"

... 요청 생략

< HTTP/2 204
< date: Sat, 27 Nov 2021 15:58:25 GMT
< apigw-requestid: JeJRVg2HIE0EMCg=
```

4-8-3 배포

API에 CORS 설정까지 완료해서 배포했고, 프런트엔드 웹 페이지 배포를 위한 빌드와 배포 설정 및 자원 선언을 완료했다. 마지막으로 웹 페이지를 배포하면 모든 작업이 완료된다. `cdn-stack` 디렉터리로 이동해 `sls deploy` 명령으로 배포한다. CloudFormation으로 선언한 S3 Bucket과 CloudFront 자원을 생성한 후 `serverless-s3-sync` 플러그인을 사용해 프런트엔드 빌드 결과물을 S3 Bucket에 업로드한다.

```
$ cd cdn-stack
cdn-stack$ sls deploy

... 서버리스 스택 생성

✓ Synced files to S3 buckets
✓ Synced bucket metadata
✓ Updated bucket tags
```

만약 더 이상의 CloudFormation 변경점 없이 웹 페이지만 배포한다면 `sls s3sync` 명령을 사용한다. `sls deploy` 명령은 CloudFormation으로 관리하는 스택의 변경점을 비교하고 자원을 갱신하기 때문에 수행 시간이 길다. 하지만 `sls s3sync` 명령은 `serverless-s3-sync` 플러그인의 파일 업로드 기능만 처리하기 때문에 상대적으로 수행 시간이 짧다. 변경된 웹 페이지를 빠르게 배포할 때 사용하면 유용하다.

모든 배포를 완료했다. 이제 브라우저로 설정한 도메인에 접근하면 서버리스 스택으로 배포한 블로그 서비스를 확인할 수 있다.

4-9 CloudFront의 다중 오리진 사용

S3 오리진에 CloudFront를 연결해 정적 웹 페이지를 제공하고, 동적 콘텐츠를 제공하기 위해 API Gateway와 Lambda를 사용하는 패턴은 굉장히 직관적이다. 하지만 두 가지 아쉬운 부분이 있다.

1. CloudFront로 제공하는 웹 서비스와 API Gateway로 제공하는 웹 서비스의 주소가 다르므로, 프런트엔드 프로젝트 빌드 시 API 서버 주소를 주입해주고 API 서버는 CORS 요청에 대응해야 하기 때문에 번거롭다.
2. CloudFront는 엣지를 사용해 콘텐츠 배포 속도를 높인다. 하지만 현재 구성한 API Gateway는 그렇지 않다. API Gateway의 HTTP API를 사용하면 리전(regional) API만 사용 가능한데, 이는 같은 지역 내의 전송 속도를 높이는 옵션이다. 엣지 로케이션을 사용하려면 엣지 최적화(Edge Optimized) API를 사용해야 하는데 이는 REST API만 지원하는 기능이다.

1번 문제는 처음에 한 번만 고생하면 그 이후에는 신경 쓰지 않아도 되니 큰 문제가 아니라고 생각할 수 있다. 하지만 글로벌 서비스를 고려하고 있다면 2번 문제는 개선해야 한다. API 서비스만 제공하는 경우라면, REST API의 엣지 최적화(Edge optimized) API를 사용해서 이 문제를 해결한다. 엣지 최적화 API는 API Gateway를 CloudFront와 연동해 API Gateway로 제공하는 동적 콘텐츠의 전송 속도를 높이는 기능이다. 이 기능을 사용하면 2번 문제를 해결할 수는 있지만 1번 문제를 해결할 수 없다. 여전히 API와 CloudFront가 다른 도메인을 갖기 때문이다. 따라서 AWS 공식 문서에서는 이번 예제처럼 API와 함께 CloudFront 배포가 존재하는 경우에, CloudFront 배포 안에 새로운 오리진으로 API Gateway를 추가하는 방법을 권장한다.

이 구성을 위해 앞서 설정한 s3-cloudfront.ts를 조금 더 수정한다. 두 스택의 주된 차이점을 비교하면 다음과 같다.

단일 오리진	다중 오리진
CloudFront는 정적 웹 페이지 요청을 받으면 S3 오리진에 접근해 콘텐츠를 전달한다. 브라우저는 CORS 검증 후 자바스크립트를 통해 API Gateway에 동적 콘텐츠를 요청한다.	CloudFront는 HTTP 요청을 받아 /api/*로 시작하는 경로면 API Gateway 오리진에 접근해 동적 콘텐츠를 전달한다. 만약 그 외의 경우라면 S3 오리진에 접근해 정적 콘텐츠를 전달한다.

하나의 CloudFront 배포에서 경로를 기반으로 S3와 API Gateway 오리진에 접근하면 API Gateway의 접근성도 좋아질 뿐만 아니라 두 자원을 하나의 도메인으로 접근하기 때문에 CORS를 걱정할 필요도 없다. 물론 CloudFront에서 인터넷으로 데이터를 전송하는 요금뿐만 아니라 API Gateway로 요청을 전달하는 비용이 추가로 발생한다.

앞선 예제에서는 `S3Origin`만 선언했다. 이번에는 API Gateway를 오리진으로 사용하기 위한 선언을 추가한다. `DomainName` 속성에 배포한 API 주소를 입력한다. API Gateway는 HTTPS만 지원하므로 프로토콜(`OriginProtocolPolicy`)을 `https-only`로 지정하고, CloudFront와 통신할 때 굳이 낮은 버전의 암호화 프로토콜(`OriginSSLProtocols`)을 사용할 필요가 없으므로 권장값인 `TLSv1.2`를 사용한다.

```
const S3Origin = {
  // ... 생략
};

const APIOrigin = {
  Id: "APIOrigin",
  DomainName: "API_ID.execute-api.AWS_REGION.amazonaws.com",
  CustomOriginConfig: {
    OriginProtocolPolicy: "https-only",
    OriginSSLProtocols: ["TLSv1.2"],
  },
};
```

`S3Origin`에 대한 동작은 앞서 선언한 `DefaultCacheBehavior`를 그대로 사용한다. 대신 `APIOrigin`에 대한 동작을 추가하기 위해, 새로운 `CacheBehavior`를 추가한다. 사용할 오리진(`TargetOriginId`)을 `APIOrigin`으로 설정한 `CacheBehavior`이다.

```
const APIOriginCacheBehavior = {
  TargetOriginId: "APIOrigin",
  PathPattern: "/api/*",
  ViewerProtocolPolicy: "https-only",
  AllowedMethods: ["GET", "HEAD", "OPTIONS", "PUT", "PATCH", "POST", "DELETE"],
  CachePolicyId: "4135ea2d-6df8-44a3-9df3-4b5a84be39ad",
};
```

1. `PathPattern`은 이 구성이 동작할 경로를 지정한다. API 주소는 모두 /api/ 아래에 위치하므로 /api/*로 지정한다.

2. `ViewerProtocolPolicy`는 허용할 브라우저의 프로토콜을 지정한다. 웹 페이지가 S3Origin의 redirect-to-https 구성에 의해 반드시 HTTPS에서 실행되므로 자바스크립트에서 실행하는 API 요청도 항상 HTTPS로 요청한다. 따라서 API는 `https-only`로 설정해도 충분하다.

3. `AllowedMethods`는 CloudFront에서 허용할 HTTP 메소드를 설정한다. 이때 GET, HEAD 또는 GET, HEAD, OPTIONS 또는 GET, HEAD, OPTIONS, PUT, PATCH, POST, DELETE의 세 가지 옵션 중 하나를 선택해야 한다. API는 `GET`, `HEAD`와 같은 조회뿐만 아니라 `POST`, `PUT`, `DELETE`와 같은 메소드도 사용하므로 마지막 옵션을 선택한다.

4. `CachePolicyId`는 캐시 정책을 결정한다. API는 대부분 동적 콘텐츠를 반환하므로 캐시를 사용하지 않아야 한다. 따라서 관리형 캐시 정책 중 `CachingDisabled` (4135ea2d-6df8-44a3-9df3-4b5a84be39ad)를 사용한다. 그래야 모든 요청이 캐시 없이 `APIOrigin`에 전달된다.

CloudFront 배포 설정 구성을 위한 모든 속성의 정의를 완료했다. 이를 한 곳에 모아 `DistributionConfig`를 정의한다. 이전과 비교해보면 `Origins`가 S3Origin과 APIOrigin 두 개로 설정되었고, 기본 동작(`DefaultCacheBehavior`) 외에 `APIOriginCacheBehavior`가 동작(`CacheBehaviors`)으로 추가되었다.

```
const BlogStaticFileCdn = {
  Type: "AWS::CloudFront::Distribution",
  Properties: {
    DistributionConfig: {
      Comment: "간단한 블로그 웹 서비스",
      Enabled: true,
      DefaultRootObject: "index.html",
      CustomErrorResponses: [CustomErrorResponse],
      // Origin이 S3, API 2개가 되었다.
      Origins: [S3Origin, APIOrigin],
      // 기본 동작은 S3 Origin이지만 API 동작도 추가되었다.
```

```
      DefaultCacheBehavior,
      CacheBehaviors: [APIOriginCacheBehavior],
      HttpVersion: "http2",
      Aliases: [Domain],
      ViewerCertificate,
    },
  },
};
```

4-9-1 서버 API 주소 설정

웹 페이지가 같은 도메인에 속한 API를 사용하므로, API를 요청할 때 상대 경로를 사용할 수 있다. 이를 위해 프런트엔드 디렉터리의 `package.json` 파일에서 `build`를 수행할 때 REACT_APP_SERVER가 빈 값을 사용하도록 설정한다.

```
{
  "scripts": {
    "start": "cross-env PORT=4000 REACT_APP_SERVER= react-scripts start",
    "build:local": "cross-env REACT_APP_SERVER=http://localhost:3000 react-scripts build",
    "build": "cross-env REACT_APP_SERVER= react-scripts build",
```

`npm run build` 명령으로 빌드 결과물을 생성한다. 이 웹 페이지는 상대 경로로 API를 요청한다. 예를 들어 글 목록은 `GET /api/post` 요청을 사용한다. 웹 페이지와 API 주소의 출처가 같아졌으므로 이제 CORS를 걱정할 필요도 없다.

4-9-2 배포

blog-pages 디렉터리에서 `npm run build` 명령으로 REACT_APP_SERVER 환경 변수가 빈 값인 웹 페이지를 생성한 후, cdn-stack 디렉터리에서 `sls deploy` 명령을 사용해 변경된 서버리스 스택과 웹 페이지 파일을 배포한다. 모든 배포가 완료된 후 브라우저에서 설정한 도메인으로 접근해 결과를 확인한다. 웹 페이지와 API가 같은 출처를 갖는 것을 확인할 수 있다.

4-9-3 동작 이해

관리 콘솔의 CloudFront 배포에서 동작 탭으로 이동하면, 다음과 같이 `APIOrigin`과 `S3Origin` 두 개가 구성된 것을 볼 수 있다. 경로 패턴을 갖는 `APIOrigin`의 동작(`CacheBehaviors[0]`)이 우선 순위가 높고 기본 동작(`DefaultCacheBehavior`)인 `S3Origin`이 우선 순위가 낮다. 즉, 어떤 요청이 CloudFront에 도달했을 때 경로 패턴의 우선 순위에 따라 오리진이 결정되고 마지막에 모든 경로 패턴에 동작하는 기본 동작을 사용함을 알 수 있다.

그림 4-9-1 캐시 동작 페이지

그리고 오리진에서 오류 응답이 전달될 경우, 오류 페이지(`CustomErrorResponses`)에 구성된 응답 페이지 경로를 기본 동작으로 지정한 오리진에 요청한다는 것도 알 수 있다. 만약 다중 오리진과 오류 페이지를 함께 쓸 경우 의도치 않은 오리진의 페이지에 접근하지 않도록 설정을 잘 구성하는 것이 중요하다.

4-9-4 장점과 단점

S3와 CloudFront를 통해 정적 웹 페이지를 제공할 때 비용이 가장 효율적이다. `index.html` 파일을 제외하고 `Cache-Control`을 통해 클라이언트가 HTTP 캐시를 최대한 활용하도록 설정할 수도 있다. 뿐만 아니라 압축 설정을 통해 콘텐츠 전송 시 네트워크를 절약할 수도 있고 전 세계의 엣지 네트워크를 사용해 콘텐츠를 빠르게 전송할 수도 있다.

하지만 배포를 위해 추가로 서버리스 스택을 사용해야 하고, 도메인이 달라져 CORS 설정이 추가로 필요하므로 번거롭다. 도메인을 맞추기 위해 다중 오리진 설정을 추가로 구성해야 하는 번거로움도 있다. 뿐만 아니라 AWS 계정 하나에서 생성할 수 있는 S3 Bucket 수와 CloudFront Distribution 수의 제한이 있기 때문에, 매번 이런 형태로 배포하게 되면 자원 고갈 문제로 이어질 수 있다.

이를 해결하기 위해 하나의 S3 Bucket에 여러 웹 프로젝트의 빌드 결과물을 넣고, CloudFront의 Lambda@Edge에서 요청에 따라 적절한 파일을 선택하게 하는 것도 방법이다. Lambda@Edge에 의한 비용이 추가로 발생하지만 서브 도메인으로 구분되는 다양한 웹 페이지를 제공해야 하는 경우에는 하나의 CloudFront와 S3 Bucket으로도 운영이 가능할 수 있다. 하지만 서비스를 제공하는 웹 페이지가 아니라 개발이나 운영을 위한 웹 페이지를 배포하는 경우라면 이 방법 또한 매우 번거롭다.

이런 경우에는 API를 배포하는 서버리스 스택에 웹 페이지 빌드 결과물을 함께 배포하는 전략이 더 나을 수 있다. 다음 단원에서는 API Gateway와 Lambda를 활용해 웹 페이지를 서비스하는 방법을 알아보자.

4-10 API Gateway에서 웹 페이지 제공

API Gateway는 이름에 API가 있어 문자열 형태의 로직 처리 결과만 응답할 것 같지만 그 외의 것도 응답할 수 있다. 예를 들어, HTML, CSS, JS와 같은 문자열이나 JPG나 PNG와 같은 바이너리도 응답할 수 있다. 이러한 특성을 이용하면 CloudFront나 S3의 정적 웹 사이트 호스팅 기능을 사용하지 않고도 API Gateway를 통해 웹 페이지를 제공할 수 있다. 이는 API와 함께, API를 사용하는 간단한 웹 페이지를 같은 서버리스 스택으로 제공할 수 있기 때문에 편리하다. 다만 API Gateway의 응답 비용과 Lambda의 파일 처리 비용이 CloudFront와 S3의 조합보다 더 비싸기 때문에 트래픽이 많은 상용 서비스보다는 사내에서 사용하는 운영툴이나 개발자 도구를 만들 때 사용하면 좋다.

서버리스 스택으로 정적 파일을 제공하는 기능은 Serverless Framework의 `serverless-aws-static-file-handler` 플러그인을 사용하면 간편하게 구현할 수 있다. 하지만 이 라이브러리는 타입 정의를 제공하지 않아서 이를 사용하려면 별도의 타입 선언 파일을 직접 작성해야 한다. 요청에 따른 파일을 찾아 반환하는 것이 복잡한 작업은 아니므로 이번 예제에서는 이 플러그인을 사용하지 않고 필요한 기능을 직접 구현한다.

먼저 필요한 추가 의존성은 다음과 같다.

1. mime-types. 응답하는 파일의 MIME 타입을 확인하여 Content-Type 헤더를 구성할 때 사용한다. 타입 지원을 위해 @types/mime-types도 함께 설치해야 한다.
2. serverless-plugin-scripts. 웹 페이지를 응답하는 함수가 웹 페이지 파일을 포함하는 복사 명령을 수행할 때 사용한다. 설치 이후 serverless.ts 파일의 plugins에 항목이 잘 추가되었는지 확인한다.

```
$ npm install --save mime-types
$ npm install --save-dev @types/mime-types
$ sls plugin install --name serverless-plugin-scripts
```

웹 페이지를 반환하는 함수를 staticHandler.ts 파일 내의 serveStatic 이름으로 정의한다. 글에 대한 CRUD API를 처리하는 코드와 Lambda에 배포하는 패키지를 분리하기 위함이다. 이는 각 함수에서 필요한 패키지만 포함하기 때문에 Lambda 인스턴스의 첫 기동 지연 시간에서 이득을 볼 수 있다.

파일에 접근하기 위해 fs와 path 라이브러리를 가져온다. 그리고 Content-Type을 판단하기 위해 contentType 함수를 mime-types 라이브러리로부터 가져온다. 다른 Lambda 함수와 같이, serveStatic 함수를 APIGatewayProxyHandlerV2 타입으로 정의한다.

```
import * as fs from "fs";
import * as path from "path";

import { APIGatewayProxyHandlerV2 } from "aws-lambda";
import { contentType } from "mime-types";

export const serveStatic: APIGatewayProxyHandlerV2 = async (event) => {
  // 파일 응답 코드 작성.
};
```

요청 주소는 event 인자를 통해 전달된다. 요청한 전체 주소가 필요하므로 rawPath를 사용한다. 리소스 경로를 따로 입력하지 않은 경우 rawPath는 /로 전달되므로 index.html 파일을 사용한다. 요청 경로에 해당하는 파일이 없을 때도 index.html 파일을 반환한다. 글 제목으로 글 조회 페이지를 접근하는 동작을 자바스크립트 라우팅 로직을 통해 처리해야 하기 때문이다. 모든 웹 페이지는 pages 디렉토리 안에 담겨 있다고 가정한다.

```
const staticRoot = "pages";
const requestPath = path.join(
  staticRoot,
  event.rawPath !== "/" ? event.rawPath : "index.html"
);
const resourcePath = fs.existsSync(requestPath)
  ? requestPath
  : path.join(staticRoot, "index.html");
```

API Gateway는 문자 형태뿐만 아니라 바이너리 응답도 가능하다. 하지만 Lambda는 반드시 문자열을 응답해야 한다. 때문에 Lambda에서 API Gateway를 통해 이미지 등의 바이너리 응답을 하려면 다음 사항을 고려해야 한다.

1. 반환값은 반드시 문자열로 설정해야 한다. 바이너리 타입일 경우 Base64로 인코딩해서 반환한다.
2. isBase64Encoded 값을 true로 설정한다.
3. 응답 헤더(headers)의 Content-Type에 적절한 MIME 타입을 설정한다.

이 규칙에 따라 요청 경로에 대응되는 웹 페이지 파일을 찾아 읽어서 반환한다. 잘 알려진 문자 형태의 파일이 아닐 경우 바이너리 파일로 간주하여 isBase64Encoded를 true로 설정하고, utf-8 대신 base64로 인코딩해 응답을 반환한다. Content-Type은 mime-types 라이브러리의 도움을 받아 설정한다. 만약 알 수 없는 타입이라면 일반적인 바이너리로 간주하기 위해 application/octet-stream을 사용한다. 캐시 정책은 CloudFront를 사용했을 때와 동일하게 설정한다. index.html 파일일 경우 캐시를 사용하지 않고, 그 외의 경우에는 1년 캐시를 사용한다.

```
const textTypes = [".css", ".html", ".js", ".json", ".map", ".svg", ".txt"];
const isBase64Encoded = !textTypes.some((ext) => resourcePath.endsWith(ext));
const body = fs
  .readFileSync(resourcePath)
  .toString(isBase64Encoded ? "base64" : "utf-8");
return {
  statusCode: 200,
  headers: {
    "Content-Type":
      contentType(path.basename(resourcePath)) || "application/octet-stream",
    "Cache-Control": resourcePath.endsWith("index.html")
      ? "no-cache"
      : "public, max-age=31536000",
  },
```

```
    body,
    isBase64Encoded,
  };
```

4-10-1 서버리스 스택 설정

staticServe 함수를 serverless.ts의 functions에 등록한다. 이미 다른 API들이 모두 better-sqlite3 라이브러리를 사용하기 위해 Lambda Layer 설정을 공용 위치에 등록했다는 점을 주의해야 한다. 이는 이번 예제가 SQLite를 사용하는 API를 기반으로 작성되었기 때문이다. 만약 DynamoDB나 MySQL 저장소를 사용한다면 이 부분은 고민할 필요 없다. 웹 페이지를 제공하는 함수에서는 better-sqlite3 라이브러리가 필요하지 않기 때문에 Lambda Layer에 대한 의존성을 provider에서 functions 내 각 함수로 옮긴다.

```
const functions = {
  createPost: {
    handler: "handler.createPost",
    events: [{ httpApi: { path: "/api/post", method: "post" } }],
    layers,
  },
  // ... 이후 생략
```

그리고 serveStatic 함수를 추가한다. 이 함수는 staticHandler.ts 파일의 serveStatic 이름으로 정의되었으므로, handler를 staticHandler.serveStatic으로 정의한다. 그리고 가장 마지막에 추가한다. 경로 규칙에서 겹치는 부분이 발생할 때 선언한 순서대로 우선권을 갖기 때문에 이 함수처럼 가능한 모든 경우에 대한 경로 설정이 있는 API보다는 명확한 경로를 갖는 API를 먼저 선언하는 게 바람직하다. 프런트엔드 빌드 결과물의 디렉토리 구조에 맞게 /{fileName}과 /static/{type}/{fileName}으로 설정할 수 있다. 경로 파라미터를 사용하는 것은 아니지만 응답할 주소 패턴을 지정함으로써 잘못된 요청에 불필요하게 Lambda가 실행되는 것을 막을 수 있다. 물론 아무런 경로 없이 /로 요청했을 때도 index.html을 응답해야 하므로 다음과 같이 총 3개의 경로에 대한 이벤트를 정의한다.

```
const functions = {
  // ... 이전 생략
  serveStatic: {
```

```
    handler: "staticHandler.serveStatic",
    events: [
      { httpApi: { path: "/", method: "get" } },
      { httpApi: { path: "/{fileName}", method: "get" } },
      { httpApi: { path: "/static/{type}/{fileName}", method: "get" } },
    ],
  },
```

serveStatic 함수는 프런트엔드 결과물을 포함하므로 다른 함수에 비해 다소 용량이 커진다. 함수 코드의 용량이 크면 첫 기동 지연 시간에 좋지 않은 영향을 주므로, 글에 대한 CRUD API와 웹 페이지를 제공하는 serveStatic 함수의 패키지는 각각 따로 만드는 것이 좋다. `package.individually` 설정을 통해 각 함수의 패키지를 따로 만든다.

```
const config: AWS = {
  // ... 생략
  package: {
    individually: true,
  },
```

그리고 serveStatic 함수를 빌드할 때 프런트엔드 결과물을 포함하도록 웹팩이 실행되는 단계에서 파일 복사 명령을 실행한다. 프런트엔드는 `blog-pages` 디렉토리에 위치한다고 가정한다. 웹팩 빌드 결과물은 `.webpack` 디렉토리 아래 각 함수 이름의 디렉토리에서 만들어진다. 그 경로에 웹 페이지 결과물이 담긴 `build` 디렉토리를 복사한다. Serverless Framework는 `sls deploy function -f FUNCTION_NAME` 명령으로 함수 하나만 골라서 배포할 수 있기 때문에 적어도 serveStatic 함수가 포함된 배포가 발생할 때만 복사를 수행해야 한다. 따라서 그 디렉토리가 존재하는지 확인하고 복사한다. 실행 명령의 `exitcode`가 0이 아니면 배포가 실패하기 때문에 스크립트를 작성할 때 신경 써야 한다. 여기서는 디렉토리가 존재하면 복사하고, 존재하지 않으면 `|| true`해서 반환값이 반드시 0이 되도록 처리한다.

```
const config: AWS = {
  // ... 생략
  custom: {
    scripts: {
      hooks: {
        "webpack:package:packExternalModules":
          "[ -d .webpack/serveStatic ] && cp -r ../blog-pages/build .webpack/serveStatic/pages || true",
```

```
      },
    },
  },
```

4-10-2 서버 API 주소 설정

CloudFront의 다중 오리진 사용과 동일하게 웹 페이지가 같은 도메인에 속한 API를 사용한다. 따라서 프런트엔드 디렉토리의 `package.json` 파일의 `build` 명령에 `REACT_APP_SERVER`가 빈 값을 갖도록 설정한다.

4-10-3 배포

다시 API 디렉토리로 이동한다. 모든 구성이 완료되었으므로 `sls deploy`를 통해 배포한다. 그럼 다음과 같이 웹 페이지를 제공하는 API가 추가된 것을 확인할 수 있다. 그리고 브라우저에서 해당 주소로 접속했을 때 웹 페이지가 정상적으로 보이는 것도 확인할 수 있다.

```
blog-api$ sls deploy
# ... 생략
endpoints:
  # ... CRUD API 생략
  GET - https://API_ID.execute-api.AWS_REGION.amazonaws.com/
  GET - https://API_ID.execute-api.AWS_REGION.amazonaws.com/{fileName}
  GET - https://API_ID.execute-api.AWS_REGION.amazonaws.com/static/{type}/{fileName}
```

이후 프런트엔드만 변경되었을 때는 다음 두 명령을 사용한다.

- 먼저 프런트엔드 디렉토리(blog-pages)에서 `npm run build`로 빌드 결과물을 생성한다.
- 그리고 API 디렉토리(blog-api)에서 `sls deploy function -f serveStatic` 명령으로 serveStatic 함수를 다시 배포한다.

이 과정을 사용하면 웹 페이지 파일을 처리하는 Lambda 함수만 배포할 수 있기 때문에, 전체 스택을 배포하는 `sls deploy` 명령보다 훨씬 빠르게 배포할 수 있다.

4-10-4 도메인 연결

CloudFront로 웹 페이지를 제공할 때는 CloudFront의 배포에 CNAME을 지정해 도메인을 연결했다. 이번 예제는 API Gateway를 통해 웹 페이지를 제공하므로, API Gateway에 사용자 지정 도메인을 연결한 후 Route53에 등록해 도메인을 부여한다. 이 작업도 관리 콘솔이나 CloudFormation을 사용해 직접 진행할 수 있지만 Serverless Framework의 `serverless-domain-manager` 플러그인을 사용하면 보다 쉽게 처리할 수 있다. 다른 플러그인을 설치할 때와 마찬가지로, `serverless.ts`의 `plugins`에 `serverless-domain-manager`가 제대로 등록되었는지 확인한다.

```
$ sls plugin install --name serverless-domain-manager
```

이 플러그인의 설정은 `custom` 안에 `customDomain`으로 지정한다. API Gateway가 제공하는 REST API, HTTP API, WebSocket에 대한 사용자 지정 도메인을 구성할 수 있다.

```
const config: AWS = {
  custom: {
    customDomain: {
      apiType: "http",
      domainName: "bloga.lacti.link",
      certificateName: "lacti.link",
      endpointType: "regional",
      createRoute53Record: true,
    },
```

1. `apiType`으로 API 유형을 선택한다. HTTP API는 `http`, REST API는 `rest`, WebSocket은 `websocket`이다. 유형에 따라 사용자 지정 도메인에서 지원하는 기능이 다르기 때문에 직접 선택해야 한다.

2. `domainName`으로 부여할 도메인을 지정한다. 이미 CloudFront 배포가 `blog.lacti.link`를 사용하므로 이번 예제에서는 `bloga.lacti.link`를 사용한다.

3. `certificateName`은 ACM에서 도메인에 대한 인증서를 발급할 때 유효 범위로 지정한 이름을 사용한다. 보통 도메인 이름(`lacti.link`)으로 인증서를 생성한 후 모든 하위 도메인에(`*.lacti.link`) 허용하는 형태로 생성하므로, 여기엔 도메인 이름을 적어준다. 만약 비슷한 이름이 많아 플러그인이 적당한 인증서를 찾지 못할 경우, `certificateArn`으로 사용할 인증서의 ARN을 직접 지정해준다.

4. `endpointType`은 동일 지역 내에서 보다 빠르게 접근하는 리전(Regional) API 유형과 CloudFront의 엣지 로케이션을 사용해 콘텐츠 전송 속도를 높인 엣지 최적화(Edge optimized) API 유형이 있다. 이번 예제는 동일 지역에서의 접근이 빠르고 비용이 상대적으로 저렴한 HTTP API를 사용하고 있다. HTTP API는 리전 API만 사용할 수 있으므로, 이 설정은 반드시 `regional`이 되어야 한다.

5. `createRoute53Record`는 도메인을 Route53에 등록할지 결정하는 설정이다. API Gateway에 리전 API를 생성하면 `d-ID.execute-api.AWS_REGION.amazonaws.com` 형태의 `ApiGateway DomainName`이 생성되는데, 이를 `bloga.lacti.link`와 연결해야 외부에서 그 도메인으로 접속할 수 있다. 따라서 Route53에 이 둘을 연결하는 A, AAAA 레코드 생성이 필요하다. `createRoute53 Record`를 true로 설정하면 DNS 레코드를 생성해준다.

도메인을 생성하려면 `sls create_domain` 명령을 사용한다. ACM에서 도메인 인증서를 찾은 후 API Gateway 사용자 지정 도메인에 리전 API를 생성하고 Route53에 지정된 도메인과 연결하는 A, AAAA 레코드를 생성해준다. 엣지 최적화 API의 경우 CloudFront를 사용하므로 상황에 따라 새로운 도메인이 생성될 때까지 상당한 시간이 걸릴 수 있다. 하지만 리전 API는 대부분의 경우 금방 처리된다.

```
$ sls create_domain
```

사용자 지정 도메인은 API mapping을 사용해 하나 이상의 API Gateway를 연결할 수 있다. 예를 들어 `api.lacti.link`라는 도메인에 `/auth`라는 경로를 인증하기 위해 API Gateway를 연결하고 `/log`라는 경로로 로그를 남기기 위해 API Gateway를 연결할 수 있다. 서비스의 성격에 따라 사용자 지정 도메인이 어떤 API의 대표 도메인이 될 수도 있지만 여러 서비스 API 집합의 도메인이 될 수도 있다는 뜻이다. 때문에 도메인 관리 플러그인은 `create_domain`, `delete_domain`과 같이 사용자 지정 도메인을 생성하는 명령과 배포한 API를 도메인에 연결하는 부분을 분리했다.

`create_domain` 명령으로 생성한 사용자 지정 도메인을 배포한 API에 연결하려면 `sls deploy` 명령을 사용해야 한다. 스택 배포가 완료된 후 마지막에 그 API를 도메인에 연결하는 로그를 볼 수 있다. 이때 별도의 API mapping을 사용하지 않아 (none)으로 `bloga.lacti.link`가 연결되었다. 이는 `bloga.lacti.link`로 전달되는 모든 요청을 API에 바로 전달하겠다는 뜻이다. 이제 `bloga.lacti.link`로 접속하면 블로그 웹 서비스를 확인할 수 있다.

```
$ sls deploy
# ... 배포 로그 생략
```

```
Serverless Domain Manager:
  Domain Name: bloga.lacti.link
  Target Domain: DOMAIN_ID.execute-api.AWS_REGION.amazonaws.com
  Hosted Zone Id: Z20JF4UZKIW1U8
```

하나의 사용자 지정 도메인에 여러 경로를 사용하고 싶다면 `customDomain`의 `basePath` 속성을 설정하면 된다. 이때 주소 규칙에 주의해야 한다. HTTP API는 편의를 위해 많은 부분을 간략화한 API Gateway 서비스로, 스테이지를 지정하지 않을 경우 `$default` 스테이지에서 API 구성을 관리할 수 있게 해준다. 하지만 복잡한 구성을 다룰 때는 구성의 안정성을 테스트하기 위해 별도의 스테이지를 관리한다. 뿐만 아니라 REST API를 사용하는 경우 기본 스테이지를 제공하지 않기 때문에 명시적으로 스테이지를 사용해야 하고, 이 때문에 API 주소 앞에 스테이지가 접두사로 붙는다. 예를 들어 인증을 위한 Auth API와 게임을 위한 Game API가 있다고 했을 때 각각의 스테이지 구성에 따라 `serverless.ts`에 정의한 각 Lambda를 실행할 주소와 실제 호출할 주소가 달라진다.

API	stage	API 주소	실제 주소
Auth API	$default	GET /test	GET /test
Game API	prod	GET /profile	GET /prod/profile

스테이지는 여러 버전이나 배포 단계를 관리해야 하는 개발 환경에서 매우 필요한 기능이다. 그리고 사용자 지정 도메인은 API Mapping을 관리할 때 `basePath`에 연결할 API Gateway 배포와 함께 스테이지를 지정하기 때문에 API Gateway의 실제 주소를 원하는 형태로 완벽히 감출 수 있다.

basePath	stage	사용자 지정 도메인 기반의 주소	API Gateway 실제 주소
/auth	$default	https://domain/auth/test	https://AUTH.API/test
/game	prod	https://domain/game/profile	https://GAME.API/prod/profile
/game-dev	dev	https://domain/game-dev/profile	https://GAME.API/dev/profile

하지만 이는 Lambda 함수의 인자로 받은 이벤트로부터 경로 파라미터(`pathPatameters`)가 아닌 요청 경로(`rawPath`)를 다룰 때 피곤해진다. 요청 경로를 따로 해석하지 않고 사용자의 요청을 그대로 전달해주기 때문이다. 즉, 사용자 지정 도메인으로 접근했을 때와 API Gateway 주소

로 접근했을 때 같은 API에 접근했음에도 요청 경로가 달라진다. 만약 이번 예제의 `serveStatic`과 같이 요청 경로를 분석하여 어떤 작업을 처리해야 할 일이 있는데 사용자 지정 도메인도 사용해야 한다면 이 점을 주의해야 한다. 혹은 사용자 지정 도메인을 붙인 순간부터 API Gateway 배포 주소를 사용하지 못하도록 `aws apigatewayv2 update-api --disable-execute-api-endpoint` 명령을 사용하는 것도 방법이다. 하지만 로컬 개발 환경을 구축한 경우에도 API Gateway 실제 주소와 동일한 형태로 요청 경로를 받기 때문에, `serverless-offline` 플러그인의 `--noPrependStageInUrl` 옵션을 사용해 스테이지를 API 주소에서 제외하거나 코드에서 이를 적절히 처리할 수 있도록 수정해야 한다.

basePath	stage	사용자 지정 도메인으로 접근했을 때	API Gateway 주소로 접근했을 때
/auth	$default	/auth/test	/test
/game	prod	/game/profile	/prod/profile
/game-dev	dev	/game-dev/profile	/dev/profile

다음 단원에서는 엣지 최적화 API를 사용하기 위해 서버리스 스택이 HTTP API 대신 REST API를 사용하도록 변경하는 방법을 알아보자.

4-11 REST API 사용

지금까지의 예제에서는 모두 HTTP API를 사용했다. API Gateway는 원래 REST API 기능만 제공하다가 나중에 좀 더 가볍고 쓰기 쉽고 비용이 저렴한 HTTP API를 출시했다. 때문에 간단한 API를 생성한다면 많은 학습이 필요하지 않은 HTTP API를 사용하는 편이 낫다. HTTP API는 별도의 스테이지를 구성하지 않아도 기본 스테이지($default)를 지원해주고, API 변경점을 자동으로 배포하는 기능도 지원해주기 때문이다.

하지만 REST API만 지원하는 기능이 있다.

1. VPC 엔드포인트를 구성해 VPC 내에서만 접근할 수 있는 프라이빗 API를 구성할 수 있다. VPC 수준에서 API 접근을 보호할 때 사용할 수 있다.

2. 웹 애플리케이션 방화벽인 AWS WAF 서비스를 연동해 보안 규칙 및 조건에 따라 웹 요청을 허용하거나 차단할 수 있다.
3. API 수준의 캐시 설정을 활성화해 응답성을 개선할 수 있다.
4. 콘텐츠 인코딩 기능을 지원한다. `minimumCompressionSize`보다 크기가 큰 응답을 압축한 후 결과를 반환할 수 있다.
5. 이진 미디어 유형을 지원한다. Lambda가 반환하는 응답의 `Content-Type`을 보고 특정 유형일 때 바이너리 응답으로 처리하도록 설정할 수 있다.
6. AWS X-Ray를 사용할 수 있다. X-Ray는 AWS가 제공하는 분산 추적 시스템으로 여러 AWS 자원이 통합된 상황에서 실행 시간이나 로그를 추적할 때 편리하게 사용할 수 있다. 예를 들어 어떤 API 응답이 매우 느릴 때 API Gateway가 느린 것인지, 아니면 Lambda가 느린 것인지 확인할 수 있고 Lambda에서도 초기화 시간이 오래 걸렸는지, 실제 코드 실행이 느렸는지 확인할 수 있다.
7. 좀 더 복잡한 조절(Throttle) 기능을 제공한다. HTTP API가 스테이지 수준의 조절을 통해 과도한 요청이 들어오는 것을 제한한다면, REST API는 사용량 계획(Usage Plan)과 API 키(API Key)를 통해 더욱 복잡한 제어가 가능하다.
   - 사용량 계획은 조절을 갖는 API 집합이다. 속도(Rate)와 버스트(Burst)로 1초당 허용할 요청량을 결정한다. 그리고 할당(Quota)으로 일, 주, 월 단위에서 최대 몇 개의 요청까지 허용할지 결정한다. 여기에 이 규칙을 따를 API 집합을 설정한다. API 집합은 API 배포와 스테이지로 구성된다. 그리고 필요하다면 HTTP 메소드와 경로 수준 규칙도 함께 구성할 수 있다.
   - API 키는 사용량 계획을 사용하기 위한 키다. 사용량 계획 하나에 여러 키를 등록할 수 있다. 키를 `X-API-Key` 헤더로 요청하면 API Gateway는 그 키에 연결된 사용량 계획의 조절과 할당량을 참고해 요청을 허용할지 거절할지 결정한다.

개발을 시작할 때는 이런 기능이 필요하지 않아 간단하고 저렴한 HTTP API로 시작했지만, 나중에 REST API로 변경해야 할 수 있다. 이번 예제에서는 HTTP API 기반으로 작성한 블로그 API의 어떤 부분을 수정해 REST API로 배포할 수 있는지 알아본다. 그리고 API 지연 상황을 분석하기 위해 X-Ray를 사용하는 방법도 함께 알아본다.

4-11-1 서버리스 스택 변경

먼저, `serverless.ts` 파일에서 함수를 정의할 때 `events`로 사용했던 `httpApi`를 모두 `http`로 변경한다. `httpApi`는 Lambda의 이벤트 소스로 HTTP API를 사용하기 위한 설정이고 `http`는 REST API를 사용하기 위한 설정이다.

```
const functions = {
  createPost: {
    handler: "handler.createPost",
    events: [
      {
        // 이전에는 httpApi였지만 모두 http로 변경한다.
        http: {
          path: "/api/post",
```

HTTP API에서는 Lambda가 반환하는 `Content-Type`을 보고 API Gateway가 알아서 바이너리 응답으로 변환했지만 REST API는 명시적인 설정이 필요하다. `provider.apiGateway.binaryMediaTypes`에 바이너리로 응답할 타입을 명시한다. 모든 이미지에 대한 응답을 바이너리로 취급하기 위해 `image/*`를 사용한다. 그리고 REST API 특화 기능인 압축된 응답 기능을 사용하기 위해 `minimumCompressionSize`도 설정한다. 이 값을 1024로 설정하면 브라우저가 `Accept-Encoding`으로 압축을 허용하는 경우, API Gateway가 1KB 이상의 응답을 압축해서 반환한다.

```
const config: AWS = {
  provider: {
    apiGateway: {
      binaryMediaTypes: ["image/*"],
      minimumCompressionSize: 1024,
    },
```

도메인 부여를 위한 `customDomain` 설정도 HTTP API 기준으로 작성했으므로 REST API에 맞게 변경한다. `apiType`을 `rest`로 변경한다. 그리고 엣지 최적화 API를 사용하기 위해 `endpointType`을 `edge`로 변경한다. 물론 REST API도 리전 API를 사용할 수 있지만 이번 예제에서는 REST API의 특화된 기능을 사용하기 위해 엣지 최적화 API를 사용한다. 기존 도메인과 충돌하지 않기 위해 `blogb.lacti.link`로 도메인을 변경했다.

```
const config: AWS = {
  custom: {
    customDomain: {
      apiType: "rest",
      domainName: "blogb.lacti.link",
      certificateName: "lacti.link",
      endpointType: "edge",
```

```
        createRoute53Record: true,
    },
```

4-11-2 코드 변경

구현 관점에서 HTTP API와 REST API의 가장 큰 차이점은 API Gateway의 버전 차이다. HTTP API는 API Gateway V1과 V2를 모두 지원하지만 REST API는 2022년 8월 기준 API Gateway V1만 지원한다. HTTP API는 별도의 설정이 없으면 기본으로 API Gateway V2를 사용하므로, 이를 REST API로 변경하려면 모두 V1 형식에 맞도록 코드를 수정해야 한다. `@types/aws-lambda` 라이브러리가 제공하는 타입으로 비교해보면 HTTP API는 `APIGatewayProxyHandlerV2`를 사용하고 REST API는 `APIGatewayProxyHandler`를 사용한다. 둘은 Lambda 함수의 인자로 들어오는 `event`와 반환값의 타입이 다르다. 예를 들어, API Gateway V2는 간단한 응답을 지원하기 위해 `statusCode`만 반환하거나 임의의 객체를 반환했을 때 이를 `statusCode` 200의 `body`로 변환해서 반환하는 기능이 있지만, API Gateway V1은 그런 기능이 없으므로 반드시 다음 타입을 지켜 반환하도록 `APIGatewayProxyHandler` 타입이 작성되어 있다.

```
export interface APIGatewayProxyResult {
  statusCode: number;
  headers?:
    | {
        [header: string]: boolean | number | string;
      }
    | undefined;
  multiValueHeaders?:
    | {
        [header: string]: Array<boolean | number | string>;
      }
    | undefined;
  body: string;
  isBase64Encoded?: boolean | undefined;
}
```

1. 모든 반환값은 반드시 `statusCode`와 `body`를 포함해야 한다.
2. 필요할 경우, `headers`나 `multiValueHeaders`로 응답 헤더를 지정할 수 있다.
3. 바이너리 응답이 필요한 경우, 이를 Base64로 인코딩해 `body`를 구성하고 `isBase64Encoded`를 `true`로 설정한다.

REST API를 사용하기 위해 API Gateway V2로 작성된 모든 함수를 V1 형태의 코드로 변경한다. 먼저 Lambda 함수의 타입을 `APIGatewayProxyHandlerV2`에서 `APIGatewayProxyHandler`로 변경한다. `APIGatewayProxyHandlerV2`는 자바스크립트 객체를 반환해도 구조화된 응답으로 변환하기 때문에 반환값 타입을 타입 파라미터로 지정할 수 있다. 예를 들어 글 조회 함수는 `APIGatewayProxyHandlerV2<Post>` 타입을 갖는다. 하지만 `APIGatewayProxyHandler`는 반드시 구조화된 응답을 반환해야 하고, 이때 `body`는 반드시 `string` 타입을 사용해야 한다. 따라서 반환값에 대한 별도의 타입 파라미터가 존재하지 않으며 모두 `string`으로 직접 변환해서 반환해야 한다.

글 조회 API를 기준으로 변경점을 살펴보면 다음과 같다. 예외 상황에서도 HTTP API가 단순히 `statusCode`를 반환했던 것에 비해, REST API는 `body`까지 반환해야 한다. 결과를 반환할 때 HTTP API가 단순히 자바스크립트 객체를 반환했던 것에 비해, REST API는 `statusCode: 200`을 추가하고 `body`에 직접 `JSON.stringify`한 결과를 반환해야 한다.

```
// HTTP API에서는 APIGatewayProxyHandler<Post>를 타입으로 사용.
export const readPost: APIGatewayProxyHandler = async (event) => {
  if (!event.pathParameters || !event.pathParameters["title"]) {
    // HTTP API에서는 { statusCode: 404 }를 반환.
    return { statusCode: 404, body: "Not Found" };
  }
  const post = await storage.select(
    decodeURIComponent(event.pathParameters.title)
  );
  if (!post) {
    // HTTP API에서는 { statusCode: 404 }를 반환.
    return { statusCode: 404, body: "Not Found" };
  }
  // HTTP API에서는 post를 반환.
  return { statusCode: 200, body: JSON.stringify(post) };
};
```

모두 구조화된 반환값을 사용해야 하므로 `body`에 `JSON.stringify`한 결과를 넣었다. 다만 HTTP API 구현에서 글 목록 조회 함수는 글 목록에 대한 `Promise`를 반환하는 형태로 구현했었다. API Gateway V2 기반이 `Promise`로부터 얻은 반환값을 자동으로 구조화된 응답으로 변환한 후 사용하기 때문이다. 하지만 REST API는 이를 JSON으로 직접 변환해서 반환해야 하므로, `Promise`를 직접 `await`해 결과를 가져온 후 `JSON.stringify`로 변환해서 반환한다.

```
export const listPosts: APIGatewayProxyHandler = async () => {
  // HTTP API에서는 storage.list()를 반환.
  return { statusCode: 200, body: JSON.stringify(await storage.list()) };
};
```

API Gateway V1과 V2는 반환 타입뿐만 아니라 요청에서도 차이가 있다. 값을 담는 방법과 값을 담는 키와 위치가 변경된 것이 있다. 예를 들어, 파라미터(pathParamters)의 URL 인코딩을 지원하는 부분이 달라졌다. HTTP API는 API Gateway V2를 사용했으므로 경로 파라미터의 내용을 자동으로 URL 디코딩해준다. 블로그 API 중 글 제목을 경로 파라미터로 사용하는 글 조회, 수정, 삭제 API에서는 덕분에 `event.pathParameters.title` 값을 바로 사용할 수 있었다. 하지만 REST API는 API Gateway V1을 사용하므로, 경로 파라미터를 `decodeURIComponent` 함수로 직접 디코딩해서 사용해야 한다. 글 조회 함수로 변경점을 살펴보면 다음과 같다. 물론 글 조회 함수뿐만 아니라 글 수정(updatePost), 삭제(deletePost) 함수도 동일하게 수정해야 한다.

```
export const readPost: APIGatewayProxyHandler = async (event) => {
  if (!event.pathParameters || !event.pathParameters["title"]) {
    return { statusCode: 404, body: "Not Found" };
  }
  const post = await storage.select(
    // HTTP API에서는 decodeURIComponent할 필요가 없었다.
    decodeURIComponent(event.pathParameters.title)
  );
  if (!post) {
    return { statusCode: 404, body: "Not Found" };
  }
  return { statusCode: 200, body: JSON.stringify(post) };
};
```

또 다른 요청 객체의 변경점은 `event.path`의 사용 여부다. API Gateway V2는 이를 `rawPath`로 접근하지만 API Gateway V1은 이를 `path`로 접근해야 한다. 따라서 웹 페이지를 제공하는 `serveStatic` 함수를 REST API로 구현하려면 이 부분을 수정해야 한다. 이 함수는 HTTP API로 구현할 때도 구조화된 응답을 사용했으므로 응답에서는 변경할 부분이 없다. 함수의 타입만 `APIGatewayProxyHandler`을 사용하도록 변경하고 `event.rawPath` 대신 `event.path`를 사용하도록 수정하면 된다.

```typescript
// HTTP API에서는 APIGatewayProxyHandlerV2를 타입으로 사용.
export const serveStatic: APIGatewayProxyHandler = async (event) => {
  // HTTP API에서는 event.rawPath를 사용.
  const requestPath = path.join(
    "pages",
    event.path !== "/" ? event.path : "index.html"
  );
  // ... 이후 동일한 부분 생략
```

이제 `sls deploy` 명령으로 서버리스 스택을 배포하면 REST API를 사용할 수 있다. 모든 동작이 완벽하게 호환된다는 확신이 있으면 HTTP API로 작성한 스택을 바로 REST API로 변경해도 된다. 하지만 이번 예제와 같이 아주 간단한 시스템이 아니라면 대부분의 경우 호환성에서 문제가 발생할 수 있다. 때문에 가능하다면, 기존 스택을 유지한 채로 기존 자원을 참조하는 REST API 기반의 새로운 스택을 배포하는 편이 안정적인 서비스 측면에서 더 낫다. 호환성에 문제가 없다는 것이 검증되면 그 이후에 Route53에서 레코드를 변경한다. 다만 이렇게 구성할 경우 여전히 S3 Bucket이나 Redis와 같은 자원들이 HTTP API를 포함한 예전 스택에서 관리되므로 추후 자원 소유권 정리가 필요하다. 혹은 아예 처음부터 저장소와 같은 의존 기반 자원의 스택을 API와 별도로 구성하는 것도 방법이다.

4-11-3 로컬 테스트

SQLite를 저장소로 사용하는 로컬 테스트 환경을 앞서 구축했으므로 여기서도 그대로 사용할 수 있다. Redis를 로컬에 Docker로 띄운 후 `serverless-offline` 플러그인으로 로컬 서버를 시작하면 된다. 다만 기본 스테이지를 사용하던 HTTP API와는 다르게 REST API는 반드시 스테이지를 설정해야 한다. 스테이지는 Serverless Framework의 설정 파일인 `serverless.ts`의 `provider.stage` 항목으로 설정할 수 있다. 보통 개발 환경에는 `dev`, 상용 환경에는 `prod`를 사용한다. 아무것도 입력하지 않았다면 기본으로 `dev`를 사용한다.

REST API는 API 주소의 접두사로 스테이지를 사용한다. 예를 들어 글 목록 조회 API는 `GET /api/post`로 정의했지만 `dev` 스테이지에서는 `GET /dev/api/post`가 된다. 같은 방법으로, 웹 페이지를 가져오기 위한 `GET /`도 `GET /dev/`가 된다. 사용자 지정 도메인을 사용하면 사용할 API와 스테이지를 함께 선택해 이를 다시 `GET /api/post`나 `GET /` 형태로 만들어줄 수 있다. 즉, 사용자 지정 도메인 수준에서 스테이지를 미리 선택하여 주소에서 스테이지를 숨길 수 있다.

serverless-offline도 이 규칙을 따른다. 이 플러그인은 API Gateway와 같은 형태를 유지하기 위해 별다른 설정을 하지 않을 경우 API 주소의 접두사로 스테이지를 사용한다.

```
$ sls offline
# ... 생략
   |     POST    | http://localhost:3000/dev/api/post          |
   |     GET     | http://localhost:3000/dev/api/post/{title}  |
   |     PUT     | http://localhost:3000/dev/api/post/{title}  |
```

만약 스테이지를 의도적으로 주소로 노출하는 경우가 아니라면, 로컬에서 개발 및 테스트할 때와 배포된 이후의 주소 체계가 달라져 문제를 일으키기 쉽다. 따라서 두 상황에서 모두 같은 형태의 URL을 사용할 수 있도록 만들어주는 것이 좋다. 보통 스테이지를 노출할 경우 상용 API에서 개발 버전의 API 주소를 유추해 공격하는 경우가 있기 때문에 스테이지를 주소에서 숨긴다. 때문에 serverless-offline으로 로컬 서버를 기동할 때도 --noPrependStageInUrl 옵션을 사용해 스테이지를 주소에서 삭제한다.

```
$ sls offline --noPrependStageInUrl
# ... 생략
   |     POST    | http://localhost:3000/api/post          |
   |     GET     | http://localhost:3000/api/post/{title}  |
   |     PUT     | http://localhost:3000/api/post/{title}  |
```

4-11-4 X-Ray 추가

앞서 구현한 REST API에 X-Ray를 연동해 API의 지연 시간을 세부 항목별로 확인할 수 있다. X-Ray 라이브러리는 X-Ray API를 사용해 각 단위(Segment)의 수행을 쉽게 추적하도록 돕는다. AWS 클라이언트뿐만 아니라 http, https와 같은 Node.js 기본 라이브러리의 측정 도구도 내장하고 있으며 추가 라이브러리를 사용할 경우 MySQL이나 Express 라이브러리도 쉽게 측정할 수 있다.

이번 예제에서는 AWS 클라이언트와 직접 작성한 함수의 측정만 진행할 예정이므로 통합 패키지인 aws-xray-sdk 대신 필요한 기능만 있는 aws-xray-sdk-core를 설치한다. 불필요한 라이브러리를 최대한 배제해야 코드 크기를 줄이고 초기 기동 시간에 도움을 줄 수 있기 때문이다. 이때 3.3.1 버전을 선택해 설치한다. 3.3.2 버전 이후부터는 AWS SDK V3 라이브러리를 참조한다.

AWS Lambda 자바스크립트 런타임은 2022년 8월을 기준, V2 라이브러리만 기본으로 제공하고 있기 때문에 V2 라이브러리를 사용해야만 Lambda 패키지에서 AWS-SDK 라이브러리를 제외할 수 있다. 만약 V3 라이브러리를 사용하려면 배포 패키지에 AWS SDK V3의 내용도 함께 배포해야 한다. 즉, 배포 패키지가 커지고 초기 기동 시간에 나쁜 영향을 준다. 배포 패키지를 줄이기 위해 예제에서는 V2 라이브러리만 사용한다. 따라서 X-Ray 라이브러리도 V2 라이브러리와 호환되는 버전을 사용한다.

```
$ npm install --save aws-xray-sdk-core@3.3.1
```

AWS X-Ray를 API Gateway와 Lambda 수준에서 활성화하려면 각각의 구성에 X-Ray 연동 설정이 필요하다. Serverless Framework에서는 이를 `provider.tracing`으로 제어할 수 있다. `serverless.ts` 파일의 `provider.tracing`에 `apiGateway`와 `lambda`를 `true`로 설정해 두 시스템의 정보를 흐름 추적에 포함하도록 구성한다.

```
const config: AWS = {
  provider: {
    tracing: {
      apiGateway: true,
      lambda: true,
    },
  },
```

Lambda에서 다른 AWS 자원의 연동까지 추적하려면 `capture` 함수를 사용해 AWS 클라이언트를 감싼다. 예를 들어 AWS 클라이언트 전체를 추적하려면 `aws-sdk` 라이브러리에서 가져온 모든 클라이언트를 `aws-xray-sdk-core` 라이브러리의 `captureAWS` 함수를 사용해 모두 추적하도록 구성한다.

```
import * as RawAWS from "aws-sdk";
import AWSXRay from "aws-xray-sdk-core";

// 모든 AWS 클라이언트를 추적한다.
const AWS = AWSXRay.captureAWS(RawAWS);

// 그중 S3 클라이언트를 사용한다.
const s3 = new AWS.S3();
```

하지만 일부 클라이언트만 사용하는 경우 그 자원만 추적하는 것이 낫다. 특히 이번 예제와 같이 로컬 개발 환경 구축도 필요한 경우에는, 필요한 클라이언트가 배포된 환경에서 실행되는 시점에 추적을 연동해야 한다. `serverless-offline`으로 기동하는 로컬 서버는 X-Ray를 지원하지 않기 때문에 X-Ray 관련 코드가 포함되면 오류가 발생한다. 따라서 `IS_OFFLINE` 환경 변수가 설정된 경우는 X-Ray를 사용하지 않도록 분기한다. 배포된 환경에서만 `cpatureAWSClient` 함수에 클라이언트 객체를 넣어 추적을 시작한다. 이렇게 생성된 `s3` 객체를 사용해 S3에 접근하면 각 함수의 호출 수행 시간과 예외 등을 추적해 X-Ray에 전송한다.

```
import * as AWS from "aws-sdk";
import AWSXRay from "aws-xray-sdk-core";

const s3 = process.env.IS_OFFLINE
  ? new AWS.S3({
      // ... 로컬 연동 설정 생략
    })
  : AWSXRay.captureAWSClient(new AWS.S3()); // 필요할 때 추적 시작.
```

함수의 수행 시간을 수집할 때는 동기/비동기 여부에 따라 X-Ray 라이브러리의 `captureFunc`와 `captureAsyncFunc` 함수를 사용한다. 이 함수는 현재의 수집 구간(segment) 하위에 새로운 하위 수집 구간(subsegment)을 생성하고 지정한 이름(name)을 부여한다. 그리고 측정하려는 함수를 실행하고 그 결과를 반환한다. 함수를 실행하는 데 걸린 시간과 이때 발생한 예외를 수집해 X-Ray에 보고한다. 비동기 함수의 경우 함수가 언제 완료될지 라이브러리 함수는 알지 못하므로, 코드를 작성할 때 직접 `subsegment`를 사용해 수집 구간을 제어해야 한다.

X-Ray는 로컬 테스트를 위한 환경에서 동작하지 않으므로 예외 처리가 필요하다. 또한 비동기 함수의 수행 결과를 추적하는 비슷한 패턴의 코드가 반복되므로 미리 함수를 만들어두면 편리하게 사용할 수 있다. 먼저, 동기적으로 실행되는 함수의 측정을 돕는 함수는 다음과 같다. 동기 함수의 측정은 `captureFunc`만으로도 충분하기 때문에 그 함수를 그대로 사용한다. 다만 로컬 서버를 띄웠을 때는 X-Ray를 사용하지 않도록 예외 처리하기 위해 `IS_OFFLINE` 환경 변수를 보고 `captureFunc` 함수를 실행하지 않는다.

```
function captureFn<R>(name: string, fn: () => R): R {
  return process.env.IS_OFFLINE ? fn() : AWSXRay.captureFunc(name, fn);
}
```

captureFn 함수를 사용해 동기 실행 함수의 수행을 추적할 수 있다. 예를 들어, 동기적으로 실행
되는 doRead와 doWrite 함수의 SQLite 쿼리 실행 부분은 다음과 같이 측정할 수 있다.

```
async function doRead<T>(work: (db: Database) => T): Promise<T | null> {
  // ... 코드 생략
  try {
    const db = new BetterSqlite3(localDbFile);
    // SQL 실행 부분을 "doRead"라는 이름으로 수집한다.
    return captureFn("doRead", () => work(db));
```

```
async function doWrite<T>(work: (db: Database) => T): Promise<T> {
  return await doInLock(async () => {
    let db: Database;
    try {
      // ... 코드 생략
      // SQL 실행 부분을 "doWrite"라는 이름으로 수집한다.
      const result = captureFn("doWrite", () => work(db));
```

비동기 작업을 측정하기 위해서는 captureAsyncFunc 함수를 사용한다. 하지만 이 함수는
captureFunc와는 다르게 하위 구간(subsegment)을 바로 닫을 수 없다. 비동기 작업이 언제 완료
되는지 알 수 없기 때문이다. 대신 subsegment를 받아 Promise 객체를 생성하는 함수를 인자로
받는다. 그리고 이 함수의 결과로 얻은 Promise 객체를 반환한다. 따라서 측정 대상 함수는 비동
기 작업이 성공이나 실패로 완료되었을 때 subsegment를 닫아주어야만 한다. 이를 돕기 위한 코
드를 구현하면 다음과 같다.

```
async function captureAsyncFn<R>(
  name: string,
  fn: () => Promise<R>
): Promise<R> {
  if (process.env.IS_OFFLINE) {
    return fn();
  }
  return AWSXRay.captureAsyncFunc(name, async function (subsegment) {
    try {
      const result = await fn();
      subsegment?.close();
      return result;
    } catch (error: any) {
      subsegment?.close(error);
```

```
      throw error;
    }
  });
}
```

1. captureFn과 동일하게 로컬 서버로 기동했을 때는 X-Ray 코드를 실행하지 않도록 한다.
2. 비동기 작업 work를 수행한 후 subsegment를 닫는다. 만약 그 사이에 예외가 발생했다면 그 예외를 기록하면서 닫는다.
3. subsegment 값이 전달되지 않을 수도 있는 것처럼 타입이 작성되어 있으므로 안전하게 ? 연산자를 사용해 close 함수를 호출한다. 다만 현재 aws-xray-sdk-core@3.3.1 코드를 확인했을 때 subsegment가 전달되지 않는 경우는 없는 것처럼 보인다.

captureAsyncFn 함수는 captureFn 함수와 동일한 형태로 비동기 함수를 측정할 때 사용한다. 예를 들어 Redis를 통한 잠금을 다루는 데 걸리는 각 시간을 측정하려면 다음과 같이 각 구간마다 captureAsyncFn 함수로 실제 처리할 함수를 감싸서 호출한다.

```
async function doInLock<T>(work: () => Promise<T>): Promise<T> {
  const client = createClient({ url: redisUrl });
  // Redis에 연결하는 구간을 측정한다.
  await captureAsyncFn("connectToRedis", () => client.connect());

  // Redis에서 잠금을 획득하는 구간을 측정한다.
  if (
    !(await captureAsyncFn("acquireLock", () =>
      acquireLock(client, lockRedisKey)
    ))
  ) {
    throw new Error("Cannot acquire lock");
  }
  try {
    return await work();
  } finally {
    // Redis에서 잠금을 제거하고 연결을 해제하는 구간을 측정한다.
    await captureAsyncFn("releaseLock", async () => {
      await client.del(lockRedisKey);
      await client.quit();
    });
  }
}
```

sls deploy 명령으로 스택을 배포하고 블로그를 사용하면 captureFn과 captureAsyncFn 함수에 의해 측정된 지표가 X-Ray에 수집된다. 수집된 데이터는 AWS 관리 콘솔의 X-Ray에서 시각화해서 볼 수 있다.

4-11-5 X-Ray 지표 분석

함수별 지표를 확인하기 위해 Lambda 관리 콘솔의 모니터링 페이지에서 X-Ray 탭을 사용할 수 있다. 또는 X-Ray 관리도구의 Analytics에서 탐색할 시간 구간과 쿼리를 입력해 확인할 수도 있다. 쿼리를 입력하지 않으면 모든 추적에 대해 보여준다. CloudWatch Logs처럼 수집 후 노출까지 약간의 시간이 필요하기 때문에 API를 요청한 후 지표가 나올 때까지 잠시 기다려야 한다. 이번 단원에서는 X-Ray 관리도구를 사용해 수집한 지표를 확인하는 방법을 알아본다.

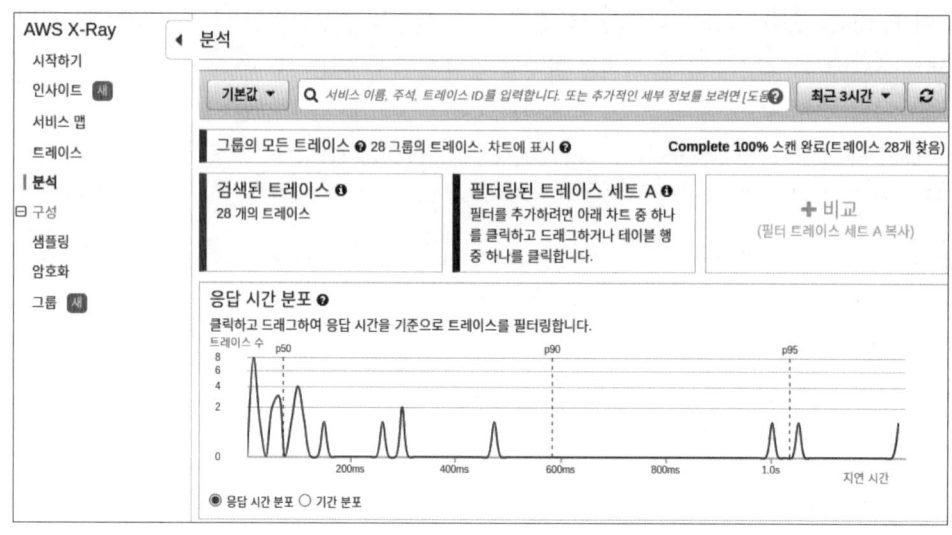

그림 4-11-1 AWS X-Ray Analytics 화면

응답 지연 시간의 세부 내용은 하단의 트레이스 목록 테이블에서 볼 수 있다. 시간이 오래 걸린 순으로 정렬되며, 항목을 누르면 개별 상세 내용을 확인할 수 있다. 응답에 1초가량 걸린 건들은 보통 첫 기동 지연 시간이 포함된 것이다. 이 항목을 선택해 세부 항목을 확인하면 어떤 부분의 실행이 느렸는지 자세히 알아볼 수 있다.

트레이스 목록			
URL	USE...	RESPONSE	RESPONSE TIME
https://blogr.lacti.link/api/post/축%20X-Ray		200	1.253
https://blogr.lacti.link/api/post		200	1.056
https://blogr.lacti.link/api/post/축%20X-Ray		200	1.007
https://blogr.lacti.link/		200	0.479
https://blogr.lacti.link/favicon.ico		200	0.311
https://blogr.lacti.link/static/css/main.8c8b27cf.chunk.css.map		200	0.307

그림 4-11-2 AWS X-Ray 트레이스 목록

다음은 1.06초 걸린 글 목록 조회(/api/post) API의 지표이다. 전체 구간인 API Gateway가 1.06초이고 그다음 구간인 Lambda가 1.04초이다. 즉, 둘 사이의 통신에는 20밀리초가 걸렸다. 하지만 Lambda의 실제 수행 시간을 뜻하는 `Invocation`은 163밀리초이다. 약 840밀리초가 Lambda의 초기화에 사용된 것이다.

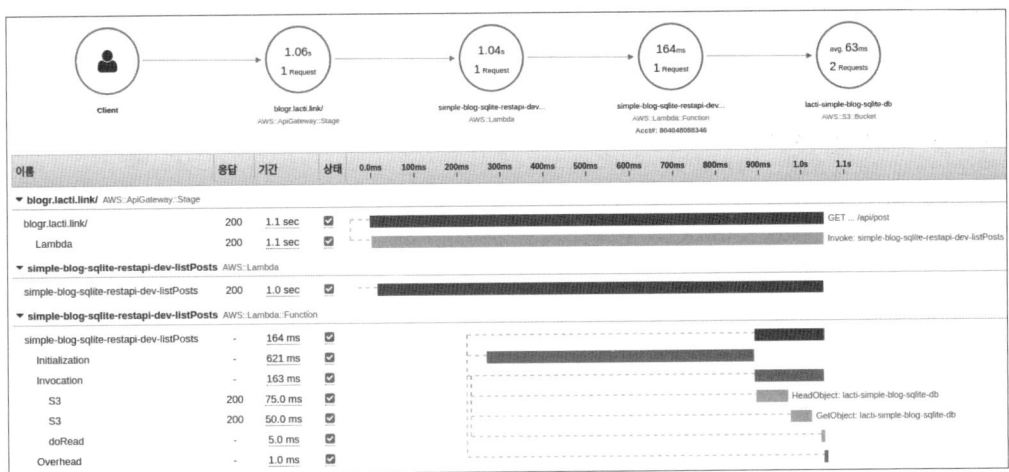

그림 4-11-3 AWS X-Ray 글 목록 조회 - 첫 기동 지연 포함

1. Lambda의 시작부터 `Initialization`이 시작하는 시간까지의 구간은 Lambda 인스턴스가 준비되는 시간이다. Firecracker microVM이 Lambda 인스턴스를 준비하는 시간도 여기에 포함된다. 하지만 그 작업은 100밀리초 수준이다. 그보다는 코드를 가져와서 인스턴스를 구성하는 시간이 오래 걸린다. 글 목록 조회 API의 코드는 X-Ray를 포함해 240KB 수준이지만 `better-sqlite`를 위한 Lambda Layer의 용량이 약 4MB이다. 즉, Lambda 인스턴스를 할당하고 코드를 네트워크에서 가져온 후 압축을 풀고 런타임을 구성해 코드가 시작하기까지 걸리는 시간이 총 380밀리초인 것이다.

2. `Initialization`은 Lambda 런타임에서 사용자가 작성한 코드가 메모리에 적재되어 실제 Lambda 함수의 진입점, 즉 HTTP 요청을 처리하는 함수가 시작되기 전까지의 시간이다. 간단히 Node.js의 자바스크립트 엔진이 배포한 소스 코드를 읽어 메모리에 올리고 전역 공간을 초기화하는 데 걸리는 시간이다. 이 작업을 처리하는 데 621밀리초가 걸렸다.

3. 코드가 준비되어 HTTP 요청을 처리하는 데 걸린 시간인 `Invocation`은 163밀리초이다. 그중 S3 Bucket에 객체가 있는지 확인하는 데(`HeadObject`) 75밀리초가 걸리고 그 객체를 가져오는 데 (`GetObject`) 50밀리초가 걸렸다. 준비된 SQLite 데이터베이스 파일을 읽는 데는(`doRead`) 5밀리초가 걸렸다. 모든 구간을 빠짐없이 관측한 것은 아니므로 중간중간 시간이 비지만, S3와의 통신에 대부분의 시간이 걸렸다는 점은 알 수 있다.

`Initialization`이 완료될 때까지의 시간이 첫 기동 지연 시간이다. 전체 수행 시간의 80%를 첫 기동 지연 시간이 차지하고 있다. 이 실행 이후의 글 목록 조회 API 요청의 추적 결과를 보면, 이미 초기화된 Lambda 인스턴스를 재사용할 경우의 시간 변화를 자세히 확인할 수 있다.

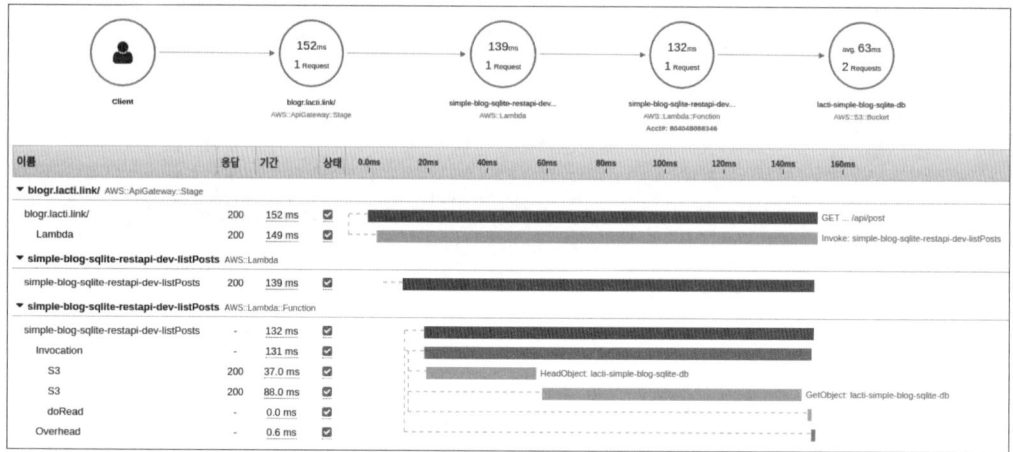

그림 4-11-4 AWS X-Ray 글 목록 조회 - WarmUp 이후

1. API Gateway와 Lambda가 통신하는 데 13밀리초가 걸렸다. 이전 실행에서는 19밀리초가 걸렸으니 약간 빨라졌다고도 볼 수 있지만 크게 의미 있는 차이는 아니다.

2. `Initialization`까지의 시간이 모두 사라졌다. 즉, Lambda 인스턴스가 재활용되어 첫 기동 지연 작업이 수행될 필요가 없었다.

3. S3와의 통신은 `HeadObject`와 `GetObject`가 각각 37밀리초, 88밀리초 걸렸다. 이전 요청과 객체의 크기 변화는 없었지만 응답 시간이 달라졌다. 이를 토대로, S3와의 통신이 별로 빠르지 않을 뿐더러 지연 시간도 불규칙하다고 생각해볼 수 있다.

4. SQLite 데이터베이스 파일에서 쿼리를 실행하는 데 걸린 시간이 이번에는 0밀리초이다. 즉 1밀리초 이하로 완료되었다는 뜻이다. Node.js의 JIT(Just In Time) 컴파일러에 의해 최적화된 코드를 캐시해두고 재사용하기 때문에 두 번째 이후부터의 실행이 좀 더 빨라졌다고 볼 수 있다. 따라서 Lambda 인스턴스가 재사용되면 첫 기동 지연 시간을 아낄 수 있고 더불어 최적화된 코드 실행도 기대할 수 있다.

다음은 좀 더 많은 작업을 수행하는 글 수정 API의 흐름이다. S3와 통신해 데이터베이스 파일을 가져온 후 SQLite 쿼리를 실행할 뿐만 아니라, Redis와 통신해 잠금을 구현하기 때문에 좀 더 복잡한 수행 흐름을 보인다.

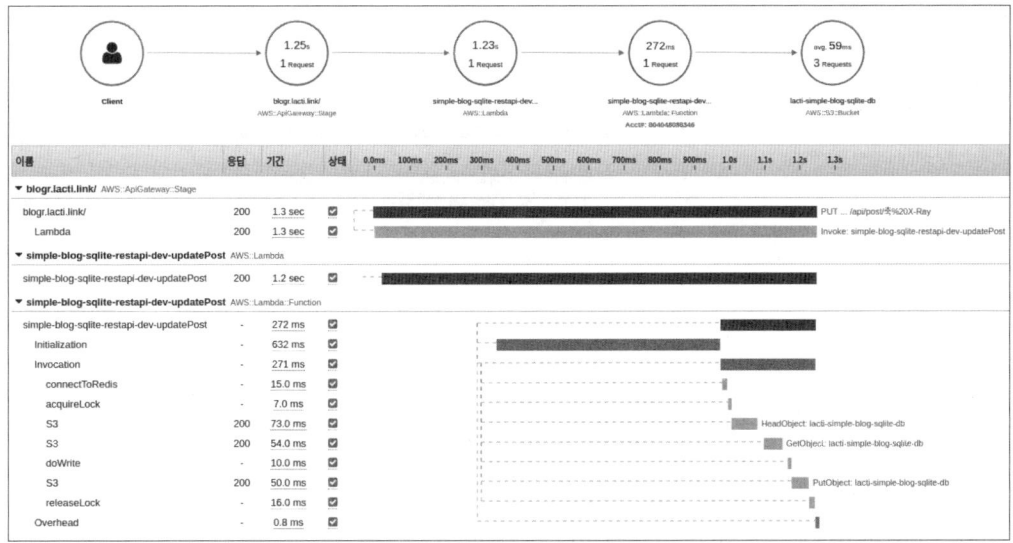

그림 4-11-5 AWS X-Ray 글 수정 - 첫 기동 지연 포함

1. API Gateway와 Lambda 사이의 통신은 25밀리초가 걸렸다. 역시 큰 편차를 보이지는 않는다.
2. Lambda의 `Initialization` 직전까지의 시간은 320밀리초가 걸렸다. 글 조회 API의 380밀리초보다는 조금 빨라졌다. 글 조회와 글 수정 API는 같은 Lambda Layer를 사용하는데, 먼저 호출된 글 조회 API에 의해 Lambda Layer가 한 번 불러와져서(Prefetch) 속도가 개선된 것으로 볼 수 있다.
3. `Initialization`은 632밀리초가 걸렸다. 글 조회 API에서 621밀리초가 걸렸으니 오차 범위 내에서 같은 수준의 지연 시간으로 볼 수 있다.
4. Redis에 연결해서 잠금을 획득하고 해제하는 데 걸리는 시간은 다 합쳐서 38밀리초이다. 보통 Redis와의 통신이 수 밀리초가 걸리지 않으므로 빠른 속도는 아니다.

5. S3에 객체가 있는지 확인하고 가져온 후에 DB 작업 이후 다시 업로드하는 데 각각 50밀리초 이상 걸렸다. S3와의 통신이 꽤 오래 걸리는 것을 알 수 있다.
6. SQLite 데이터베이스 파일에 기존 글을 수정하는 작업(doWrite)은 10밀리초가 걸렸다.

글 조회 API의 추적 분석처럼 글 수정 API에서도 Lambda 인스턴스가 재사용된 이후에 각 구간의 지연 시간이 감소하는지 확인해보자.

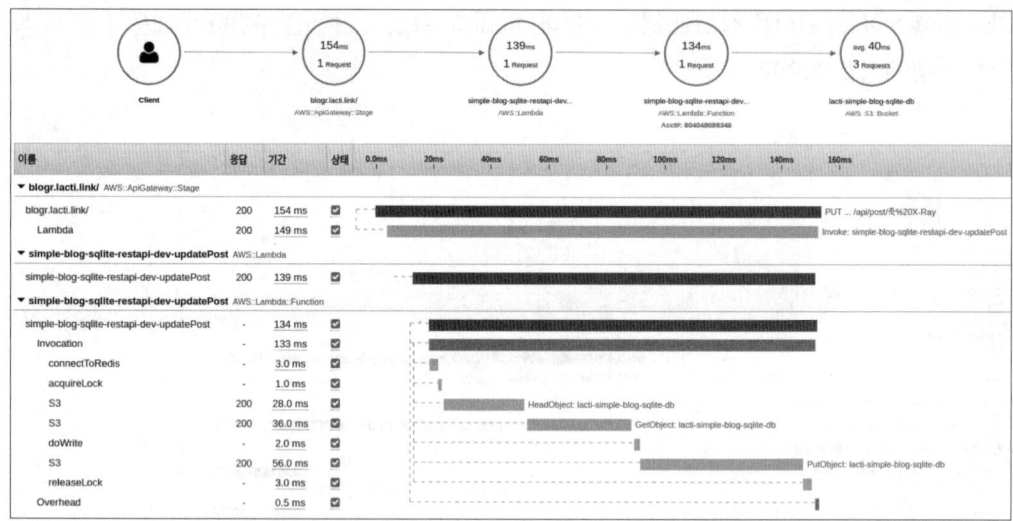

그림 4-11-6 AWS X-Ray 글 수정 - WarmUp 이후

1. API Gateway와 Lambda는 다른 때와 비슷하게 15밀리초가 걸렸다.
2. Lambda 인스턴스가 재사용되어 첫 기동 지연 시간이 사라졌다.
3. Redis 연동 부분은 다 합쳐 7밀리초가 되었다. JIT 효과도 있겠지만, 재차 요청할 경우 네트워크 자원이 좀 더 잘 사용되는 게 아닐까 추측된다.
4. S3와의 통신도 30~50밀리초 수준으로 다소 나아졌다.
5. SQLite 데이터베이스 작업에는 2밀리초가 걸렸다.

지금까지의 결과를 통해 Lambda의 첫 기동 지연 시간이 무시하기 어려운 수준임을 알 수 있다. 또한 각각의 구간 지표를 토대로 어떤 부분에서 지연이 발생하는지 상세한 내용도 확인해보았다. 물론 X-Ray를 추가하여 발생하는 지연도 있으므로 상용에서는 필요할 때만 지표를 수집하거나 샘플링 규칙(Sampling rules)을 지정해 일부 지표만 수집하는 것이 좋다. 첫 기동 지연 시간은 Lambda의 Provisioned Concurrency 기능을 통해 해결할 수 있지만 사용량을 어느 정도 예측해야 한다는 어려움이 있다. 뿐만 아니라 JIT에 의한 성능 개선 효과도 무시하기 어려우므로, 필요하다면 주기적으로 일정량 이상의 Lambda 동작을 계속 실행해두는 웜업(WarmUp) 처리가 필요하다. 혹은 이런 문제가 상대적으로 덜 발생하는 Rust나 Go 런타임을 사용하는 것이 좋다.

4-11-6 정리

HTTP API는 간단하고 저렴하지만 지원하는 기능이 부족하므로, 상황에 따라 REST API를 사용해야 할 수 있다. REST API는 API Gateway의 첫 기능으로 출시되어 API Gateway V2를 기본으로 사용하는 HTTP API와는 완벽히 호환되지 않는 부분이 있어 스택 설정이나 코드 수정이 필요하다. 하지만 캐시, 압축, 사용량 계획 등 추가 기능을 사용할 수 있고, 특히 X-Ray를 통해 요청의 처리 과정을 추적하여 각 구간의 에러 상황이나 지연 시간을 상세히 확인할 수 있다.

4-12 인증 구현

지금까지 간단한 블로그 웹 서비스를 위해 API Gateway와 Lambda로 API를 설계하고 여러 특성의 저장소를 연동했다. React 기반의 프론트엔드를 만들고 빌드한 웹 페이지 결과물을 S3와 CloudFront를 통해, 혹은 API Gateway에 통합해 제공하는 방법도 알아봤다. 이번 단원에서는 프론트엔드에 구글 로그인을 연동하고 API에서 인증 토큰으로 자격 증명을 확인해 지정된 사용자만 글의 추가, 수정, 삭제를 허용하는 방법에 대해 알아본다. 즉, 서버리스 스택에 인증을 추가하는 방법을 알아본다.

인증과 권한 부여는 API나 자원의 액세스 제어를 관리하기 위해 필요하다.

1. 가장 간단한 방법은 요청마다 지정된 비밀 키(secret)를 전달해 유효한 요청인지 판단하는 것이다. 이는 인증과 권한 부여를 동시에 처리하는 방법이다.
2. 또 다른 방법은 아이디와 비밀번호를 인증 API로 전송해 유효한 값이면 인증 토큰을 발급받고, 이후 요청부터 토큰을 함께 전달해 권한이 필요한 자원에 접근하는 방법이다.

아주 간단한 시스템이고 보안적으로 크게 문제가 없다면 전자의 방법을 사용할 수도 있지만 비밀 키를 안전하게 보관하는 것이 매우 중요하기 때문에 소스와 네트워크 요청을 쉽게 확인할 수 있는 웹 서비스에서 사용하기에는 다소 무리가 있다. 따라서 후자의 방법을 주로 사용한다. 후자의 방법도 각각의 요소를 어떻게 구현하느냐에 따라 다양하게 구현할 수 있다.

1. 아이디와 비밀번호를 인증 API에 어떤 형식으로 전달할지 결정한다. 평문으로 전달할 수도 있고 간단히 Base64로 전달할 수도 있다. 유명한 기본 인증(Basic Authentication)은 아이디와 비밀번호를 : 문자로 합친 후 Base64로 변환해 전달한다.

2. 인증 API에서 토큰을 어떤 형식으로 반환할지 결정한다. UUID 등으로 임의의 토큰을 생성해 반환할 수 있다. 그리고 토큰과 부여할 권한을 서버의 저장소에 보관해두고, 추후 토큰과 함께 자원을 요청했을 때 저장소를 조회해 획득할 권한이 있는지 확인한다. 혹은 필요한 인증이나 권한 정보를 모두 담은 JWT(JSON Web Token)를 토큰으로 사용해 서버 저장소를 사용하지 않을 수 있다.

3. 권한이 요구되는 자원을 요청할 때 인증 토큰을 어떻게 전달할지 결정한다. 인증 토큰을 `Set-Cookie`로 전달한 후, 이후 요청에 `Cookie`로 다시 전달하는 잘 알려진 방법을 사용할 수 있다. 혹은 HTTP 헤더를 통해 인증 토큰을 전달할 수 있다. 쿠키를 사용하지 않는 많은 HTTP API가 `Authorization` 헤더를 통해 인증 토큰을 전달한다.

JWT는 JSON Web Token의 약자로 위조를 막기 위한 서명부와 함께 전달할 데이터를 토큰으로 만드는 인터넷 표준이다. 서명 생성을 위해 알고리즘을 명시하는 헤더와 토큰에 포함할 데이터(클레임)를 담는 페이로드, 그리고 토큰의 위조를 막기 위한 서명의 세 부분으로 구성된다. 토큰은 Base64 URL 인코딩을 사용한다. 이는 Base64와 비슷하지만 URL로 표현해도 안전한 문자를 사용하며 패딩을 제외한다.

만약 사용자의 인증과 권한 정보를 직접 관리한다면 서버 저장소에 이를 보관해두고 인증 요청이 들어올 때마다 비교해 권한 부여 여부를 결정할 수 있다. 하지만 OAuth의 등장으로 다른 웹 서비스의 인증을 대신 사용할 수 있게 되었다. OAuth는 이미 인증한 웹 서비스의 정보를 가지고 다른 웹 서비스에 접근 권한을 부여하는, 접근 위임을 위한 개방형 표준이다. 이 표준을 사용해 구글이나 페이스북의 계정으로 OAuth를 지원하는 다른 웹 서비스를 별도의 가입 없이 사용할 수 있다. 사용자는 새로운 웹 서비스를 사용할 때마다 매번 새로 회원 가입을 할 필요가 없고 가입한 곳의 아이디와 비밀번호를 외우지 않아도 되므로 편하게 새 웹 서비스를 이용할 수 있다. 서버도 인증을 위한 저장소를 운영하지 않아도 되므로 편리하다. 하지만 인증을 위한 제3자의 서비스가 등장하기 때문에 전체 흐름은 조금 더 복잡해진다.

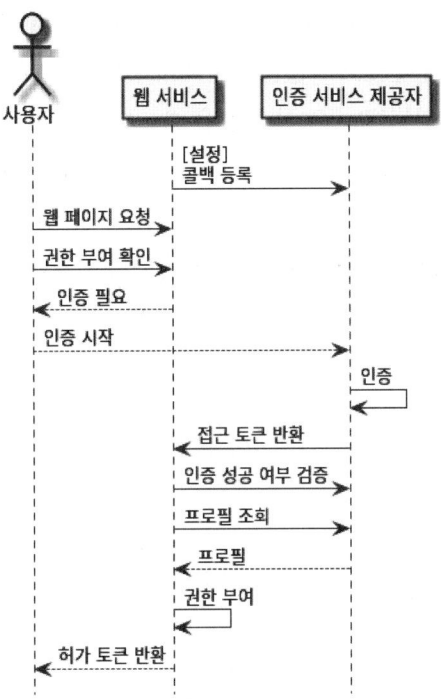

그림-4-12-1 웹 서비스 OAuth 인증 흐름도

1. 인증을 제공하는 서비스, 예를 들어 구글 혹은 페이스북과 같은 서비스에 먼저 **접근 토큰**을 전달받을 콜백 주소를 등록한다. 이는 임의의 공격자가 중간에 페이지 이동을 가로채 부당하게 토큰을 획득하는 일을 막기 위함이다.

2. 웹 서비스에 접근했을 때 **허가 토큰**이 없다면 사용자를 인증 서비스 제공자의 인증 페이지로 이동시킨다.

3. 사용자는 인증을 수행한다.

4. 인증이 성공하면 인증 서비스 제공자는 1번 단계에서 지정한 콜백 주소로 **접근 토큰**을 전달한다.

5. 콜백 주소로 이동한 사용자의 웹 브라우저는 그 안의 폼 요청이나 자바스크립트 요청으로 **접근 토큰**을 웹 서비스에 전달한다.

6. 웹 서비스는 **접근 토큰**을 인증 서비스 제공자에게 전달해 토큰이 유효한지 검증하고, 프로필 등 필요한 정보를 요청한다.

7. 프로필 정보와 함께 권한 범위를 부여해 JWT를 생성한다. 이 **허가 토큰**을 사용자에게 전달한다.

8. 사용자는 **허가 토큰**을 사용해 토큰이 만료될 때까지 필요한 자원에 접근한다.

접근 토큰은 인증 서비스 제공자가 관리하므로 서비스를 구현할 때 보관할 필요는 없다. 다만 이번 예제와 같이 이를 감싸는 별도의 허가 토큰을 유지하지 않고 접근 토큰을 계속 사용하려 한다면, 만료 기간을 갱신하는 갱신 토큰(RefreshToken)이나 로그아웃 시 토큰을 제거할 취소 토큰(RevokeToken)을 보관해야 할 수도 있다. 물론 접근 토큰으로 획득한 사용자 프로필 정보를 토대로 사용자를 식별한 후, 요청한 권한에 접근할 수 있는지 권한 매핑 정보도 서버에서 유지해야 한다. 이번 예제에서는 설명의 편의를 위해, 접근 토큰을 계속 사용하는 대신 이로부터 획득한 내용과 허가 여부를 JWT에 담아 사용한다. 허가 여부는 획득한 이메일 주소가 환경 변수로 지정된 값과 일치하는지 판단하는 것으로 대신한다.

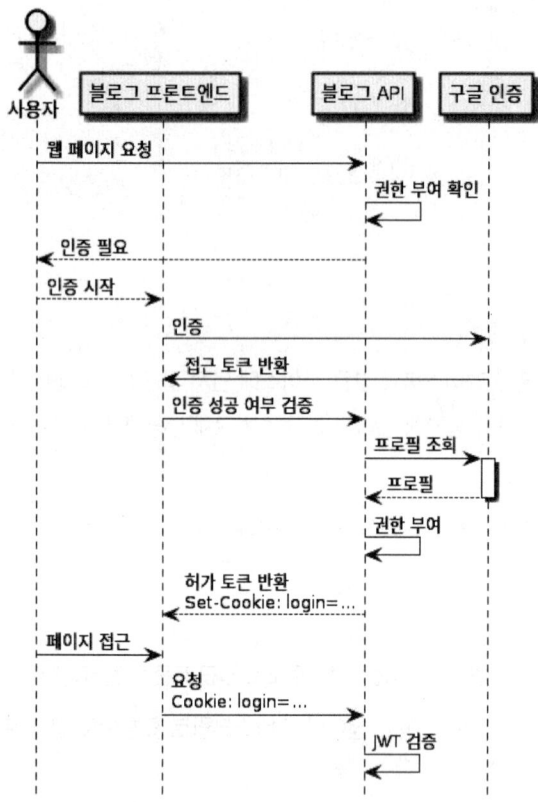

그림 4-12-2 블로그 구글 인증 흐름도

이번 예제에서는 구글 인증을 사용한다. 구글 인증으로 얻은 접근 토큰으로 구글 프로필 API를 호출해 이메일 주소를 가져온다. 그리고 환경 변수로 지정한 이메일과 동일할 경우 글의 관리 권한을 부여한다. 이 정보는 모두 JWT의 페이로드 안에 포함해 서버에서 인증을 위한 또 다른 저장소를 사용하지 않는다. 서버는 JWT로 작성된 허가 토큰을 **Set-Cookie** 헤더와 함께 반환해 쿠키로 관리한다. 이후 요청부터는 허가 토큰을 Cookie 헤더로 서버에 전송하므로, 서버는 이 값을 통해 요청의 허가 여부를 판단할 수 있다.

이번 예제는 허가 토큰을 보관하기 위해 쿠키를 사용한다. 로컬 스토리지나 세션 스토리지를 사용해 토큰을 직접 관리하고 fetch를 요청할 때마다 이를 Authorization 헤더에 넣어주는 방법도 있지만 쿠키를 사용하면 이 모든 작업을 자동으로 처리할 수 있다. 한때 쿠키는 자바스크립트 공격에 의해 쉽게 탈취당하는 대상이었지만 최근 브라우저 표준에서는 HttpOnly 옵션과 Secure 옵션이 추가되어 오히려 다른 스토리지보다 좀 더 안전하게 토큰을 관리할 수 있다. fetch 함수를 사용할 때는 credentials: true 옵션을 주어 요청하면 HTTP 요청에 쿠키를 포함할 수 있다.

4-12-1 Lambda 인증

API Gateway는 액세스 제어를 위해 여러 유형의 권한 부여자를 제공한다.

1. Lambda 권한 부여자는 Lambda 함수를 사용해 API의 액세스를 제어한다. HTTP 요청을 처리하는 Lambda를 실행하기 전에, 인증을 처리하는 별도의 Lambda를 실행해 그 결과로 요청을 허용할지 결정하는 방법이다.
2. JWT 권한 부여자는 JWT를 사용해 API의 액세스를 제어한다. 보통 Amazon Cognito를 사용해 사용자 정보를 직접 관리할 때 이 방법으로 인증을 제어하고 요청 허용 여부를 결정할 수 있다.
3. 표준 AWS IAM 역할 및 정책으로 액세스를 제어할 수도 있다. IAM 역할 및 정책을 사용해 API를 생성 관리할 수 있는 사용자와 API를 호출할 수 있는 사용자를 제어할 수 있다.

이번 예제에서는 서버에 인증을 위한 별도의 저장소를 관리하지 않고 직접 인증과 허가를 처리하므로 Lambda 권한 부여자를 사용한다. Lambda 권한 부여자도 API Gateway V1과 V2에 따라 요청과 응답 형식이 다르다. HTTP API는 API Gateway V2를 기본으로 사용하므로, Lambda 권한 부여자도 V2 형식에 맞도록 작성한다. V1 형식의 경우 허가 여부를 IAM 역할(Role statement) 형태로 반환해야 하므로 번거롭다. 하지만 V2 응답 형식의 경우 허가 여부를 단순히 boolean 형태로 반환할 수 있으므로 편리하다.

4-12-2 함수 구현

인증 로직을 처리하기 위해 authHandler.ts 파일을 새로 추가한다. 구글 인증을 처리하는 login Google 함수는 구글 **접근 토큰**을 사용해 사용자 정보를 조회한다. 만약 토큰이 유효하지 않다면

4XX 에러를 반환하므로 검증과 동시에 필요한 정보를 받을 수 있다. https://www.googleapis.com의 /oauth2/v3/userinfo API를 사용해 사용자 정보를 조회한다. 오로지 이 API만 사용하므로 별도의 클라이언트 라이브러리를 사용하지 않았다. API가 반환하는 타입은 필요한 항목만 최대한 짧게 작성한다.

```typescript
import https from "https";

async function fetchGoogleUserinfo(
  token: string
): Promise<{ email: string; error?: string }> {
  const response = await new Promise<string>((resolve, reject) =>
    https
      .request(
        {
          hostname: "www.googleapis.com",
          path: "/oauth2/v3/userinfo",
          method: "GET",
          headers: {
            authorization: `Bearer ${token}`,
          },
        },
        (response) => {
          let data = "";
          response
            .on("data", (chunk) => (data += chunk))
            .on("error", reject)
            .on("close", () => resolve(data));
        }
      )
      .on("error", reject)
      .end()
  );
  return JSON.parse(response);
}
```

이때 node-fetch와 같이 잘 알려진 라이브러리를 사용해도 되고 예제와 같이 직접 https 내장 라이브러리를 사용해 요청해도 된다. 다만 라이브러리를 최대한 적게 사용할수록 초기 기동 시간에서 유리하기 때문에 필요하지 않다면 사용하지 않는 편이 좋다. 지금과 같이 https 내장 라이브러리를 사용해 빌드할 경우 구글 로그인을 처리하는 함수의 크기는 137KB 정도인데, node-fetch 라이브러리를 사용할 경우 274KB로 증가한다.

구글 사용자 정보 요청 함수를 사용해 구글 접근 토큰을 처리하는 Lambda 함수를 구현한다. 쿼리 파라미터로 token을 받아 구글 사용자 정보를 조회한다. 사용자 정보를 잘 획득했다면 그 안에서 이메일(email)을 가져와 알려진 이메일인지 확인하고, 권한을 부여한 JWT를 생성한 후 쿠키로 관리할 수 있도록 Set-Cookie로 반환한다.

```typescript
import { createSigner } from "fast-jwt";

const secretKey = process.env.JWT_SECRET_KEY!;
const adminEmail = process.env.ADMIN_EMAIL;

const cookieName = "login";
const oneWeekMillis = 7 * 24 * 60 * 60 * 1000;
const signToken = createSigner({
  key: secretKey,
  expiresIn: oneWeekMillis,
});

export const loginGoogle: APIGatewayProxyHandlerV2 = async (event) => {
  const { token } = event.queryStringParameters ?? {};
  if (!token) {
    return { statusCode: 400 };
  }

  const response = await fetchGoogleUserinfo(token);
  if (response.error) {
    return { statusCode: 401 };
  }
  const { email } = response;
  const jwt = signToken({ email, admin: adminEmail === email });
  const expires = new Date(Date.now() + oneWeekMillis).toUTCString();
  return {
    statusCode: 200,
    headers: {
      "Set-Cookie": `${cookieName}=${jwt}; Path=/; Expires=${expires}; Secure; HttpOnly`,
    },
  };
};
```

1. JWT는 최근까지 업데이트가 있는, 그리고 속도가 가장 빠른 fast-jwt 라이브러리로 생성하고 검증한다. npm install --save fast-jwt 명령으로 의존성을 설치한다.

2. JWT 서명을 위한 비밀키를 JWT_SECRET_KEY 환경 변수로 전달한다. 이 키는 추후 검증 함수에서도 사용한다.
3. 글 편집 권한을 가질 운영자의 이메일 주소를 ADMIN_EMAIL 환경 변수로 전달한다. 구글 사용자 정보 조회 후 이메일 주소가 이 값과 일치할 때만 권한을 부여한다.
4. 토큰의 유효 기간과 쿠키의 보존 기간을 동일하게 일주일로 설정한다. 서비스 목적에 맞게 적당히 설정하면 된다.
5. createSigner 함수로 JWT를 생성하는 함수를 만들고 createVerifier 함수로 JWT를 검증하는 함수를 생성한다.
6. Path=/로 설정해 이후의 모든 요청에 쿠키를 포함하도록 한다.
7. 쿠키를 탈취해 악용하는 상황을 막기 위해 Secure이자 HttpOnly인 쿠키를 설정한다.

같은 방법으로 로그아웃 함수를 구현한다. 로그인 쿠키를 만료시켜 브라우저에서 삭제하도록 HTTP 헤더를 응답한다.

```
export const logout: APIGatewayProxyHandlerV2 = async (event) => {
  const epoch = new Date(0).toUTCString();
  return {
    statusCode: 200,
    headers: {
      "Set-Cookie": `${cookieName}=; Path=/; Expires=${epoch}`,
    },
  };
};
```

쿠키에서 JWT를 가져오는 함수는 다음과 같다. 로그인 API에서 login=JWT 형태로 허가 토큰을 내렸으므로, 이와 동일한 형태의 값을 갖는 쿠키를 찾아 JWT를 가져온다. cookie-parser와 같이 쿠키를 다루는 라이브러리를 사용해도 되지만, 매우 간단한 작업이므로 외부 의존성을 추가하지 않고 직접 구현한다. login= 문자열이 있는지 확인한 후, =와 ; 사이의 값을 가져오는 함수다. 이 함수를 사용해 Lambda 권한 부여자나 허가 API 함수에서 쿠키로부터 허가 토큰을 가져온다.

```
function parseTokenFromCookie(cookies: string[]): string {
  const cookiePrefix = `${cookieName}=`;
  return (
    cookies
      .filter((cookie) => cookie.includes(cookiePrefix))
      .flatMap((cookie) => cookie.split(/;\s*/g))
```

```
      .filter((part) => part.startsWith(cookiePrefix))[0]
      ?.substring(cookiePrefix.length) ?? ""
  );
}
```

Lambda 권한 부여자인 `authorize` 함수는 JWT를 검증해 요청을 허가할지 결정한다. 앞서 설명한 바와 같이, HTTP API는 Lambda 권한 부여자에 대해서도 별도의 설정이 없으면 API Gateway V2 형식을 기본으로 사용한다. API Gateway V2 형식의 Lambda 권한 부여자를 위한 함수 타입은 `APIGatewayRequestSimpleAuthorizerHandlerV2WithContext`이다. 그리고 여기에 타입 파라미터로 `context`로 전달할 값의 타입을 지정한다. `context` 타입을 먼저 선언하면 다음과 같다. 로그인한 사용자의 이메일(`email`)과 운영자 여부(`admin`)를 가진다.

```
interface AuthorizationContext {
  email: string | null;
  admin: boolean;
}
```

`APIGatewayRequestSimpleAuthorizerHandlerV2WithContext` 타입을 사용해 Lambda 권한 부여자 함수인 `authorizer` 함수를 구현한다. 이 함수는 글 생성, 수정, 삭제 API가 요청될 때마다 실행되므로, 다른 함수들보다 더 많이 실행된다. 따라서 최대한 빠르게 동작하도록 최대한 빠른 라이브러리를 사용하고 외부 리소스 접근을 최소화하는 것이 중요하다.

```
import { APIGatewayRequestSimpleAuthorizerHandlerV2WithContext } from "aws-lambda";
import { createVerifier } from "fast-jwt";

const verifyToken: (token: string) => any = createVerifier({ key: secretKey });

export const authorize: APIGatewayRequestSimpleAuthorizerHandlerV2WithContext<
  AuthorizationContext
> = async (event) => {
  try {
    const token = parseTokenFromCookie(event.cookies ?? []);
    const { email, admin } = verifyToken(token) as AuthorizationContext;
    return { isAuthorized: admin, context: { email, admin } };
  } catch (error) {
    return { isAuthorized: false, context: { email: null, admin: false } };
  }
};
```

1. JWT의 유효성을 검증하는 함수를 createVerifier 함수로부터 생성한다. 역시 타입 문제가 있기 때문에 token을 받아 검증 후 페이로드를 동기적으로 획득하는 함수 타입으로 강제한다.
2. parseTokenFromCookie 함수를 사용해 쿠키로부터 허가 토큰을 획득한다.
3. 허가 토큰의 페이로드로부터 허가 여부(admin)을 그대로 가져와 반환값(isAuthorized)으로 넘겨준다. 권한 부여자 함수에서 허가 여부를 직접 판단하는 것보다는, 로그인 요청 시 생성하는 JWT의 페이로그에 권한 부여 여부를 함께 넣어두고 여기서는 JWT 검증만 처리하는 것이 훨씬 효율적이다. 권한 부여자는 필요한 모든 API 요청에서 실행할 수 있기 때문에 최대한 빨리 실행되어야 한다. JWT 검증은 몇 마이크로초밖에 걸리지 않으므로 이 작업은 매우 빠르게 처리된다.
4. JWT 검증 시 획득한 페이로드 안의 이메일(email)과 운영자 여부(admin)를 반환값의 context로 넘겨준다. 이는 추후 실행되는 실제 Lambda 함수 요청 객체(event)의 event.requestContext.authorizer.lambda로 접근할 수 있다. 인증 정보를 함수에서 사용할 때 편리하다. 예를 들어, 글 작성자 정보를 글 모델에 포함할 때 사용한다.

Lambda 권한 부여자 함수는 운영자 권한(admin)이 없으면 접근을 거부(isAuthorized: false)한다. 따라서 글 생성, 수정, 삭제 함수는 호출되지 않는다. 사전에 호출이 거부되기 때문이다. Lambda 권한 부여자 함수의 반환값은 적절히 캐시되어 재사용된다. 인증 캐시 정책을 구성하면 권한 부여자 함수의 호출 횟수가 줄어들기 때문에 응답 시간의 큰 손해 없이 인증을 추가할 수 있다. 뿐만 아니라 API Gateway의 요청은 권한 부여 및 인증이 실패한 경우 요금이 청구되지 않는다. 즉, 권한 부여자를 적절히 사용하는 것만으로도 인증을 획득하지 않은 과도한 공격성의 요청으로부터 비용 발생을 막을 수 있다.

허가 API는 프런트엔드에서 명시적으로 요청해 허가 여부를 획득하는 API다. Lambda 권한 부여자와는 다르게 허가 토큰이 잘못되어도 오류를 발생하지 않고, 인증 정보가 없다는 반환값(email: null, admin: false)을 반환한다. 하지만 하는 일은 거의 비슷하다. Lambda 권한 부여자와 마찬가지로 쿠키에서 허가 토큰을 가져온 후 JWT 검증을 통해 획득한 페이로드를 반환한다. 즉, 현재 가지고 있는 허가 정보를 해석하는 API다. 프런트엔드는 이 API의 결과를 받아 현재 로그인 상태인지 확인할 때 사용한다.

```
export const grant: APIGatewayProxyHandlerV2<AuthorizationContext> = async (
  event
) => {
  try {
    return verifyToken(parseTokenFromCookie(event.cookies ?? []));
  } catch (error) {
    return { email: null, admin: false };
```

```
    }
  };
```

4-12-3 서버리스 스택 변경

Lambda 권한 부여자는 HTTP API 수준에서 정의한다. 여러 개의 권한 부여자를 설정할 수 있으며, 여기에서 정의한 권한 부여자의 키를 각 함수를 정의할 때(functions) `authorizer`로 지정해 연결한다. `provider.httpApi.authorizers`에 권한 부여자의 식별자를 키로 하여 필요한 옵션을 설정한다.

```
const config: AWS = {
  provider: {
    httpApi: {
      authorizers: {
        auth: {
          type: "request",
          functionName: "authorize",
          enableSimpleResponses: true,
          identitySource: ["$request.header.cookie"],
        },
      },
    },
```

1. `type`은 Lambda 권한 부여자가 받을 요청의 유형을 결정한다. Lambda 권한 부여자 V1은 토큰(TOKEN)과 요청(REQUEST) 중 하나를 선택할 수 있었지만 V2는 요청(REQUEST) 기반만 지원한다. 토큰 기반 요청은 HTTP 헤더의 `Authorization`만 보고 권한을 부여하는 방식이고, 요청 기반은 HTTP 요청 전체를 보고 권한을 부여하는 방식이다. 권한 부여 결과를 캐시하는 캐시 키를 효율적으로 구성하기 위해 V1 토큰을 주로 사용했으나, V2에서는 자격 증명 원본(identitySource)으로 캐시 키를 지정할 수 있으므로 굳이 토큰 기반을 사용할 필요가 없어졌다.

2. `functionName`은 권한 부여자로 사용할 Lambda의 이름이다. 추후 `functions`에서 등록하는 함수의 이름이기도 하다.

3. `enableSimpleResponses` 옵션은 권한 부여자의 응답을 IAM 형식에 따라 하는 것이 아니라, 허가 여부만 `boolean` 형태로 반환하도록 지원하는 옵션이다. 세부적인 IAM 역할 설정이 필요하지 않다면 이 옵션을 켜서 간단한 형태의 권한 부여자를 작성한다.

4. identitySource는 자격 증명 원본으로 권한을 부여하는 데 필요한 데이터 위치를 지정한다. 만약 쿠키를 기반으로 처리한다면 $request.header.cookie를 지정하고, Authorization 헤더를 기반으로 처리한다면 $request.header.authorization을 지정한다. 이 값은 캐시 키로도 사용된다. 만약 서로 다른 요청 주소에서 다른 캐시를 사용해야 한다면 $context.routeKey도 추가한다. 예를 들어 URL 패턴 기반의 권한 부여 방식을 사용하는 Lambda 권한 부여자를 구현한다면 $context.routeKey를 포함해야 한다.

authorize 함수는 구글의 프로필 API를 사용한다. Lambda 입장에서 이는 인터넷에 위치한다. 현재 Redis에 접근하기 위해 Lambda를 기본 VPC에 띄우도록 설정하고 있다. 기본 VPC의 네트워크는 인터넷 게이트웨이가 있지만 인터넷 게이트웨이는 퍼블릭 IP를 할당받은 대상만 인터넷으로 연결해주기 때문에, 기본 VPC에서 기동하는 Lambda 인스턴스는 인터넷에 연결할 수 없다. 기본 VPC에 존재하는 모든 가용 영역의 서브넷마다 Lambda에서 사용하는 네트워크 인터페이스(ENI)가 있지만 이 인터페이스에는 퍼블릭 IP가 없기 때문이다. 만약 authorize 함수가 Redis에도 접근해야 하고 인터넷도 접근해야 한다면 탄력적 IP(Elastic IP)를 할당해서 모든 네트워크 인터페이스에 부여해주어야 한다. 하지만 탄력적 IP는 점유하는 동안 지속적으로 비용이 발생하고 네트워크 인터페이스도 언제 증가할지 모르기 때문에 이 방법은 관리가 어렵다. 일반적인 해결 방법은 NAT 게이트웨이를 설치하고 여기에 퍼블릭 IP를 부여한 후 인터넷 요청은 이쪽으로 라우트하도록 라우트 테이블을 수정하는 것이지만, NAT 게이트웨이 역시 시간당 비용이 발생하기 때문에 켜두는 것만으로도 비용 부담이 생긴다.

다행히 authorize 함수는 인터넷에는 접근하지만 Redis에는 접근하지 않는다. 즉, 기본 VPC에서 실행할 필요가 없다. 따라서 앞서 글 생성, 수정, 삭제 함수와는 다르게 functions을 구성할 때 vpc를 추가하지 않는다. 또한 SQLite도 사용하지 않기 때문에 better-sqlite3 라이브러리를 사용하기 위한 layers도 추가할 필요가 없다. 따라서 vpc와 layers 구성 없이 로그인과 로그아웃을 처리할 loginGoogle, logout API와 현재 권한을 확인할 grant API, Lambda 권한 부여자로 사용할 authorize 함수를 등록한다.

```
const functions = {
  // ... 기존 함수 생략
  loginGoogle: {
    handler: "authHandler.loginGoogle",
    events: [{ httpApi: { path: "/api/login/google", method: "post" } }],
  },
  logout: {
    handler: "authHandler.logout",
```

```
      events: [
        { httpApi: { path: "/api/logout", method: "post", authorizer: "auth" } },
      ],
    },
    grant: {
      handler: "authHandler.grant",
      events: [{ httpApi: { path: "/api/grant", method: "post" } }],
    },
    authorize: {
      handler: "authHandler.authorize",
    },
};
```

1. 로그인(loginGoogle) 요청에는 아직 허가 토큰이 없으므로 권한 부여자를 사용하지 않는다.

2. 로그아웃(logout) 요청에는 허가 토큰이 있을 때만 쿠키 만료 처리를 하면 되므로 authorizer를 등록한다. events[].httpApi.authorizer로 provider.httpApi.authorizers의 키로 사용한 이름을 입력한다. 이번 예제에서는 auth를 이름으로 사용했으므로 authorizer: "auth"를 추가한다.

3. 허가 여부를 확인하는(grant) 요청은 허가 토큰을 사용하지만, 만약 토큰이 없어도 권한 부여자에 의해 호출이 거부되면 안 된다. 없으면 없는 대로 결과를 응답해야 한다. 따라서 권한 부여자를 사용하지 않는다.

4. Lambda 권한 부여자인 authorize는 특정 이벤트에 의해 시작하는 Lambda가 아니므로 events를 정의하지 않는다.

인증이 필요한 함수에 권한 부여자를 사용하도록 설정한다. 글 생성, 수정, 삭제 API에 대한 액세스를 제어해야 하므로 createPost, updatePost, deletePost에 같은 방법으로 authorizer: "auth"를 추가한다.

```
const functions = {
  createPost: {
    // ... 생략
    events: [
      { httpApi: { path: "/api/post", method: "post", authorizer: "auth" } },
    ],
  },
  // 같은 방법으로 updatePost, deletePost에 authorizer를 추가.
};
```

만약 Lambda 권한 부여자가 잘못 연결되어 페이지 접근이 실패하는 경우에는 `authorizer`의 로그만으로 추적이 어려울 수 있다. 이를 위해 `httpApi`의 액세스 로그를 활성화한다. 그리고 여기에 `authorizer`가 왜 실패했는지 `authorizer.error` 로그를 추가한다. 추후 인증이 실패하면 `authorizer`에서 어떤 값을 응답했는지 HTTP API의 액세스 로그로 확인할 수 있다. 이는 CloudWatch Logs의 `/aws/http-api/STACK_NAME`에서 확인할 수 있다. 이번 예제의 경우 `/aws/http-api/simple-blog-sqlite-dev`이다.

```
const config: AWS = {
  provider: {
    logs: {
      httpApi: {
        format: `$context.identity.sourceIp - - [$context.requestTime] "$context.routeKey $context.protocol" $context.status $context.responseLength $context.requestId $context.authorizer.error`,
      },
    },
  },
};
```

마지막으로 JWT 토큰의 서명을 관리하는 비밀 키와 운영자의 이메일을 환경 변수로 주입한다. 비밀 키는 구글 로그인 API에서 JWT 토큰을 서명할 때와 Lambda 권한 부여자 함수에서 전달받은 JWT의 서명이 유효한지 검증할 때 사용한다. 이메일은 JWT 토큰을 생성할 때 로그인한 사용자의 이메일 주소가 운영자의 것인지 판단하기 위해 사용한다.

```
const config: AWS = {
  provider: {
    environment: {
      // ... 생략
      JWT_SECRET_KEY: process.env.JWT_SECRET_KEY!,
      ADMIN_EMAIL: process.env.ADMIN_EMAIL!,
    },
  },
};
```

4-12-4 빌드 오류 수정

함수의 양이 늘고 더 많은 라이브러리를 사용하면 빌드 시 소모하는 자원이 커진다. 심할 경우 패키지를 빌드하기 위해 웹팩을 실행했을 때 다음과 같이 메모리 부족 오류가 발생할 수 있다.

```
$ sls package
# ... 생략

FATAL ERROR: Ineffective mark-compacts near heap limit Allocation failed - JavaScript heap out of memory
# ... 생략
Aborted (core dumped)
```

웹팩에서 타입스크립트 빌드에 사용하는 `ts-loader`가 타입 체크 등 다른 작업까지 처리하면서 많은 자원을 소모하기 때문이다. 효율적인 빌드를 위해 `ts-loader`는 `transpileOnly`를 설정해 컴파일만 처리하고 타입 검사는 `ForkTsCheckerWebpackPlugin`을 사용하도록 구성한다. `ForkTsCheckerWebpackPlugin`은 타입스크립트의 검사를 별도의 프로세스에서 진행하는 웹팩 플러그인으로 `npm install --save-dev fork-ts-checker-webpack-plugin` 명령을 통해 의존성을 추가할 수 있다. 다음과 같이 웹팩 설정(webpack.config.js)을 변경한다.

```
const ForkTsCheckerWebpackPlugin = require("fork-ts-checker-webpack-plugin");

const config: AWS = {
  // ... 생략
  module: {
    rules: [
      {
        loader: "ts-loader",
        options: {
          transpileOnly: true,
        },
        // ... 생략
      },
    ],
  },
  plugins: [
    new ForkTsCheckerWebpackPlugin(),
```

설정을 변경한 후 다시 빌드하면 메모리 부족 오류도 없어지고 빌드 시간도 조금 더 단축된 것을 확인할 수 있다. 개별 패키지를 처리하는 서버리스 스택을 구성한다면 이 설정을 기본으로 가져가는 것도 좋다. 실제로, 타입스크립트를 사용하는 Serverless Framework의 기본 템플릿은 이 플러그인을 기본으로 사용하도록 구성하고 있다.

4-12-5 CloudFront 수정

만약 CloudFront 배포에 인증이 추가된 API Gateway를 오리진으로 등록해서 사용한다면 CloudFront 자원 수정이 필요하다. 앞서 API의 앞단에는 CloudFront가 위치하므로 별도의 캐시를 사용하지 않고 모두 API 오리진으로 요청을 전달하도록 캐시 비활성화(CacheDisabled) 정책을 사용했다. 하지만 별도의 오리진 요청 정책을 사용하지는 않았다. 오리진 요청 정책은 오리진으로 전달할 요청에 어떤 정보를 포함할지 결정하는 정책이다. 따로 지정하지 않을 경우 URL과 몇 개의 기본 HTTP 헤더만 전달된다. 이번 예제에서는 로그인 함수가 추가되었고, 인증을 위해 허가 토큰을 쿠키로 교환한다. 오리진 요청 정책을 정의하지 않으면 쿼리 파라미터나 쿠키가 전달되지 않으므로 인증과 관련된 모든 기능이 동작하지 않는다.

이를 해결하기 위해 `AllViewer` 정책 사용도 생각해볼 수 있다. 이 정책은 모든 HTTP 헤더, 쿠키, 쿼리 파라미터를 오리진에게 전달한다. 하지만 API Gateway를 오리진으로 사용하고 있다면 이 정책을 사용할 수 없다. Host 헤더가 이 정책으로 덮어쓰일 수 있는데, API Gateway는 자신이 알고 있는 Host와 다른 요청을 받게 되면 처리하지 않고 403 오류를 반환하기 때문이다. 따라서 다음과 같이 Host 헤더를 제외한 나머지 모든 정보를 오리진에 전달하도록 오리진 요청 정책을 정의한다.

```
const APIOriginRequestPolicy = {
  Type: "AWS::CloudFront::OriginRequestPolicy",
  Properties: {
    OriginRequestPolicyConfig: {
      Name: "AllViewerExceptHostHeader",
      Comment:
        "Host 헤더를 제외하고 나머지 모든 정보를 오리진으로 전달하는 정책",
      CookiesConfig: {
        CookieBehavior: "all",
      },
      HeadersConfig: {
        HeaderBehavior: "whitelist",
        Headers: [
```

```
            "Accept-Charset",
            "Origin",
            "Access-Control-Request-Method",
            "Access-Control-Request-Headers",
            "Referer",
            "Accept-Language",
          ],
        },
        QueryStringsConfig: {
          QueryStringBehavior: "all",
        },
      },
    },
  },
};
```

1. `OriginRequestPolicy`를 정의한다. 이는 `OriginRequestPolicyConfig` 속성으로 이름(Name), 설명(Comment)과 함께 전달을 허용할 쿠키(CookiesConfig), HTTP 헤더(HeadersConfig), 쿼리 파라미터(QueryStringsConfig)를 정의한다.

2. 각 설정은 각자의 `Behavior`를 정의한다. `none`으로 설정하면 어떤 값도 전달하지 않고, `all`로 설정하면 모든 값을 전달한다. 그 외에 `whitelist`로 지정해 지정된 이름의 항목만 전달하도록 설정할 수 있다.

3. `CookiesConfig`와 `QueryStringsConfig`는 모든 항목(`all`)을 오리진에 전달하고, `HeadersConfig`는 `Host` 헤더를 제외한 나머지만 `whitelist`로 허용한다.

생성한 오리진 요청 정책을 API 오리진의 캐시 동작에 연결한다. `OriginRequestPolicyId`로 생성한 정책의 ID를 연결한다. `Ref` 항목으로 ID를 가져올 수 있다.

```
const APIOriginCacheBehavior = {
  // ... 기존 설정 생략
  OriginRequestPolicyId: { Ref: "APIOriginRequestPolicy" },
};
```

그리고 `resources` 변수의 `Resources`에 `APIOriginRequestPolicy`를 등록해 오리진 요청 정책도 함께 생성되도록 한다.

```
const resources = {
  Resources: {
```

```
    // ... 기존 구성 생략
    APIOriginRequestPolicy,
    BlogStaticFileCdn,
    BlogStaticFileCdnDns,
  },
};
```

`sls deploy` 명령으로 변경된 스택을 배포하면 새로운 오리진 요청 정책이 생성되고 API 오리진에서 그 요청 정책을 사용할 수 있도록 캐시 동작이 업데이트된 것을 확인할 수 있다.

그림 4-12-3 오리진 요청 정책이 적용된 캐시 동작 페이지

4-12-6 프런트엔드 작업

`react-google-login` 라이브러리를 사용하면 구글 로그인을 프런트엔드 프로젝트에 연동할 수 있다. 구글 로그인을 사용하려면 구글의 사용자 인증을 먼저 구성하고 클라이언트 ID를 획득해야 한다. 이번 예제에서는 클라이언트 ID가 준비되었다고 가정하고 구현을 진행한다. 구글 프로젝트 및 사용자 인증을 구성하는 방법은 Appendix B에서 알아본다.

먼저 로그인과 로그아웃 API를 요청하는 함수를 작성한다. `fetch` 함수로 지정된 주소를 호출하면 된다. 이때 전달되는 `Set-Cookie`는 브라우저가 잘 처리해준다. 요청의 반환값으로 처리할 일은 없기 때문에 `fetch` 함수의 수행 결과를 `await`하는 것만으로도 충분하다.

```
async function requestLogin(accessToken: string): Promise<void> {
  await fetch(
    `${process.env.REACT_APP_SERVER}/api/login/google?token=${accessToken}`,
    { method: "POST" }
  );
}
```

```
async function requestLogout(): Promise<void> {
  await fetch(`${process.env.REACT_APP_SERVER}/api/logout`, {
    method: "POST",
  });
}
```

브라우저의 쿠키 저장소에 보관된 허가 토큰이 잘 존재하는지, 여전히 유효한지 확인하기 위해 허가(grant) API를 호출하는 함수를 작성한다. 서버가 반환하는 모델에 맞게 간단한 Grant 타입을 정의해서 사용한다.

```
interface Grant {
  email: string | null;
  admin: boolean;
}

async function requestGrant(): Promise<Grant> {
  return fetch(`${process.env.REACT_APP_SERVER}/api/grant`, {
    method: "POST",
  }).then((r) => r.json());
}
```

허가(Grant) 정보는 여러 컴포넌트에서 사용한다. App 컴포넌트에서 로그인 버튼 노출 여부를 결정하기 위해 사용하고, PostListPage 컴포넌트에서 새 글 추가 버튼 노출 여부를 결정할 때도 사용한다. 따라서 이 정보를 필요한 모든 컴포넌트에 전파해야 한다. 컴포넌트의 속성에 허가 정보를 추가하고 이를 사용할 때마다 계속 넘겨주어야 한다. 하지만 이는 매우 번거롭고 수정에 취약하다. 이 문제를 해결하기 위해, 소속된 모든 하위 컴포넌트에서 값에 접근하는 장치인 React Context를 사용한다. 글을 관리하는 권한을 가졌는지 판단하는 운영자 여부(admin) 정보를 Context로 관리한다.

```
const GrantContext = React.createContext({ admin: false });

function App() {
  const [grant, setGrant] = React.useState<Grant>({
    email: null,
    admin: false,
  });
  React.useEffect(() => {
    requestGrant().then(setGrant).catch(alert);
```

```
  }, []);

  return (
    <GrantContext.Provider value={{ admin: grant.admin }}>
      <Router>{/* ... Switch 생략 */}</Router>
    </GrantContext.Provider>
  );
}
```

1. React.createContext로 하위 계층에 공유할 Context 객체를 생성한다. 인자로 기본값을 넣어주는데, 운영자 여부(admin)를 false로 설정한다.
2. 허가(Grant) 여부를 관리하기 위한 상태를 정의한다. 그리고 App 컴포넌트가 처음 사용될 때 허가 여부를 요청(requestGrant)하고 그 결과로 상태(grant)를 갱신한다.
3. 모든 페이지 컴포넌트의 분기를 처리하는 Router 컴포넌트의 상위 계층으로 GrantContext.Provider를 설정한다. 그리고 admin 값을 허가 상태(grant)의 값으로 설정한다. 이제 GrantContext.Provider 하위 계층의 컴포넌트는 허가 요청으로 획득한 admin 값에 접근할 수 있다.

GrantContext.Provider로 설정한 값은 React.useContext 함수로 가져올 수 있다. 여기서 admin 값을 가져와 지정된 컴포넌트의 노출 여부를 결정하는 컴포넌트를 설계한다. 다음과 같이 운영자 권한이 있을 때만 자식 컴포넌트를 노출하는 AdminComponent를 작성한다.

```
export function AdminComponent({ children }: { children: React.ReactNode }) {
  const { admin } = React.useContext(GrantContext);
  return admin ? <>{children}</> : <></>;
}
```

1. children으로 자식 컴포넌트를 받는다. 자식 컴포넌트로 React에서 정의할 수 있는 모든 요소를 받으려면 React.ReactNode 타입을 사용한다.
2. React.useContext 함수를 사용해 GrantContext로부터 admin 값을 가져온다.
3. 만약 admin이라면 children을 노출한다. children의 타입인 ReactNode는 문자열이나 boolean 값도 허용하고 하나 이상의 컴포넌트도 허용한다. 컴포넌트 함수는 올바른 JSX를 반환해야 하므로 children을 그대로 노출할 수는 없고 이를 React.Fragment로 감싸서 반환한다.
4. 만약 운영자가 아니라면 아무 것도 표시하지 않는다. 이때도 올바른 JSX를 반환해야 하므로 불필요한 컴포넌트를 사용하는 대신 React.Fragment를 반환한다.

AdminComponent 컴포넌트를 사용하면 운영자 권한이 부여된 대상에게만 보여줄 컴포넌트를 쉽게 만들 수 있다. 보여줄지 말지 결정해야 하는 부분을 AdminComponent 컴포넌트로 감싸주면 된다. 예를 들어 글 목록을 보여주는 PostList 컴포넌트는 새 글 페이지로 이동하는 Link 컴포넌트를 감싸주고, 글 내용을 보여주는 Viewer 컴포넌트는 글 수정 페이지로 이동하는 Link 컴포넌트를 감싸준다.

```
function PostList({ postItems }: { postItems: PostListItem[] }) {
  // ... 기존 코드 생략
  return (
    <div>
      {/* ... 기존 코드 생략 */}
      <AdminComponent>
        <Link to="/_new">새 글</Link>
      </AdminComponent>
    </div>
  );
}
function Viewer({ post }: { post: Post }) {
  // ... 기존 코드 생략
  return (
    <div>
      {/* ... 기존 코드 생략 */}
      <AdminComponent>
        <Link to={`/${post.title}/edit`}>수정</Link>
      </AdminComponent>
    </div>
  );
}
```

같은 방법으로, 운영자 권한이 있을 때만 페이지를 보여주고 권한이 없다면 접근 불가 화면을 보여주는 AdminPage 컴포넌트를 작성한다. 페이지 컴포넌트에 대한 접근을 제어하는 컴포넌트이다. AdminComponent와 동일하게 GrantContext에서 admin 값을 가져온 후, 그 값에 따라 접근 불가 화면을 보여주거나 children을 렌더링한다.

```
export function AdminPage({ children }: { children: React.ReactNode }) {
  const { admin } = React.useContext(GrantContext);
  if (!admin) {
    return (
      <div>
```

```
      <p>접근할 수 없습니다.</p>
      <Link to="/">돌아가기</Link>
    </div>
    );
  }
  return <>{children}</>;
}
```

AdminPage 컴포넌트는 Route 레벨에서 활용할 수 있다. 페이지 컴포넌트의 노출 여부를 결정하기 때문이다. 다음과 같이 App 컴포넌트에서 Route를 설정할 때, 글 생성 페이지 컴포넌트인 PostNewPage와 글 수정 페이지 컴포넌트인 PostEditPage를 AdminPage 컴포넌트로 감싼다. 이로써 글 생성이나 수정에 대한 Route가 실행될 때 실제 페이지 컴포넌트보다 AdminPage 컴포넌트가 먼저 실행되고, 이때 운영자 권한이 없다면 접근 불가 페이지를 보여줄 것이다.

```
export default function App() {
  // ... 기존 코드 생략
  return (
    // ... 기존 코드 생략
    <Routes>
      <Route
        path="/_new"
        element={
          <AdminPage>
            <PostNewPage />
          </AdminPage>
        }
      />
      <Route
        path="/:title/edit"
        element={
          <AdminPage>
            <PostEditPage />
          </AdminPage>
        }
      />
    </Routes>
    // ... 기존 코드 생략
  );
}
```

마지막으로 구글 로그인 연동이다. react-google-login 라이브러리는 로그인 버튼과 로그아웃 버튼 컴포넌트를 제공한다. 몇 가지 속성만 지정하면 손쉽게 구글 로그인을 연동할 수 있다. 다음과 같이 상황에 따라 구글 로그인 혹은 로그아웃 버튼을 보여주는 LogInOutButton 컴포넌트를 작성한다.

```
import {
  GoogleLogin,
  GoogleLogout,
  GoogleLoginResponse,
} from "react-google-login";

const googleClientId = process.env.REACT_APP_GOOGLE_CLIENT_ID!;
export function LogInOutButton({ logged }: { logged: boolean }) {
  if (!logged) {
    return (
      <GoogleLogin
        clientId={googleClientId}
        fetchBasicProfile={false}
        onSuccess={(response) =>
          requestLogin((response as GoogleLoginResponse).accessToken).then(() =>
            window.location.reload()
          )
        }
        onFailure={(failure) => alert(failure.error)}
      />
    );
  }
  return (
    <GoogleLogout
      clientId={googleClientId}
      onLogoutSuccess={() =>
        requestLogout().then(() => window.location.reload())
      }
    />
  );
}
```

1. 구글 사용자 인증에서 가져온 클라이언트 ID가 반드시 필요하므로 이 값을 환경 변수(REACT_APP_GOOGLE_CLIENT_ID)를 통해 가져온다.

2. 현재 로그인 여부(logged)에 따라 GoogleLogin 혹은 GoogleLogout 컴포넌트를 반환한다. 두 컴포넌트 모두 클라이언트 ID가 필수 속성이다.
3. 로그인 처리 과정에서 프로필 정보는 로그인 API에서 가져온다. 따라서 GoogleLogin 컴포넌트에서 이 값을 굳이 가져올 필요는 없다. fetchBasicProfile 속성을 false로 설정한다.
4. 구글 인증 결과를 GoogleLoginResponse로 받아 인증 토큰(accessToken)을 가져온다. react-google-login은 로그인의 오프라인 모드도 지원하기 때문에 onSuccess 콜백 함수 인자의 타입이 GoogleLoginResponse나 GoogleLoginResponseOffline이 될 수 있는데, 이번 예제에서는 오프라인 모드를 사용하지 않으므로 항상 GoogleLoginResponse이다.
5. 구글 인증 토큰으로 로그인 API 요청 함수(requestLogin)를 호출한다. 성공하면 페이지를 새로 고침해서 허가(Grant) 정보를 갱신하고 전체 페이지를 재구성한다. 물론 컴포넌트 계층 구조에서 허가 상태(grant)의 전파를 깔끔하게 구현하고 모든 컴포넌트가 빠짐 없이 갱신될 수 있다면 굳이 페이지를 새로 로침하지 않고 다시 허가 여부를 조회(requestGrant)한 후 상태를 갱신(setGrant)하는 것도 가능하다. 이번 예제에서는 설명의 편의를 위해 페이지 새로 고침을 사용했다.
6. 구글 인증이 실패하면 어떤 오류가 발생했는지 alert으로 표시한다. 예를 들어 인증을 진행하지 않고 계정 선택 화면을 닫았을 때 오류가 발생한다. 필요에 따라 적절한 예외 처리를 해야 하지만 다른 부분과 마찬가지로 이번 예제에서는 크게 신경 쓰지 않는다.
7. 로그아웃 버튼을 눌렀다면 로그아웃 API 요청 함수(requestLogout)를 호출하고 성공하면 페이지를 새로 고침한다. 로그인 처리와 같은 맥락이다.

이제 LogInOutButton 컴포넌트를 App 컴포넌트에 추가한다.

```
function App() {
  // ... 기존 코드 생략
  return (
    <>
      <LogInOutButton logged={!!grant.email} />
      <GrantContext.Provider value={{ admin: grant.admin }}>
        {/* ... 기존 코드 생략 */}
    </>
  );
}
```

1. 이 컴포넌트는 운영자 여부(admin)를 확인할 필요가 없으므로 GrantContext.Provider 하위에 넣지 않고 같은 레벨에 넣어준다.
2. LogInOutButton 컴포넌트는 현재 로그인된 상태인지 확인하기 위해 logged 속성을 사용한다.

허가(grant) 정보에서 이메일(email) 값의 존재 여부로 확인할 수 있다.

3. App 컴포넌트도 올바른 JSX 형태를 반환해야 하므로, 두 컴포넌트를 감싸기 위해 <></>를 사용한다.

4-12-7 테스트

serverless-offline 플러그인은 2022년 8월 기준으로 Lambda 권한 부여자를 지원하지 않는다. 따라서 로컬 서버를 사용할 수 없다. 따라서 배포한 서버를 로컬 프런트엔드에서 프록시 서버로 연결해 사용해야 한다.

먼저 서버를 배포한다. blog-api 디렉토리로 이동해 sls deploy 명령으로 배포한다. 배포 후 나오는 스택 정보에서 인증 관련 API들이 잘 추가되었는지 확인한다.

```
$ sls deploy
endpoints:
  # ... 생략
  POST - https://API_ID.execute-api.AWS_REGION.amazonaws.com/api/login/google
  POST - https://API_ID.execute-api.AWS_REGION.amazonaws.com/api/logout
  POST - https://API_ID.execute-api.AWS_REGION.amazonaws.com/api/grant
functions:
  # ... 생략
  loginGoogle: simple-blog-sqlite-dev-loginGoogle
  logout: simple-blog-sqlite-dev-logout
  authorize: simple-blog-sqlite-dev-authorize
  grant: simple-blog-sqlite-dev-grant
```

blog-pages 디렉토리로 이동해 package.json의 proxy 값을 배포된 API의 주소로 변경한다. 이제 npm start 명령으로 서버를 띄우면 웹팩 개발 서버가 /api/login/google 등의 API를 호출하고 배포된 API에 요청한 후 그 결과를 반환해준다. 즉, 프록시해준다.

```
{
  "proxy": "https://API_ID.execute-api.AWS_REGION.amazonaws.com",
```

처음 접근했을 때 글 생성 링크가 없는 것을 확인한다. ADMIN_EMAIL 환경 변수로 지정한 이메일로 로그인하면 글 생성 링크가 생기는 것을 확인할 수 있다.

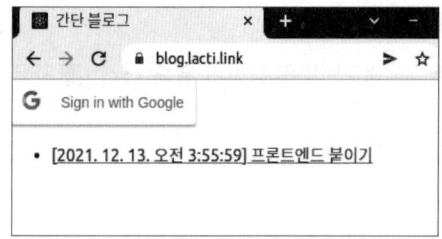

그림 4-12-4 블로그 인증 - 로그인 전

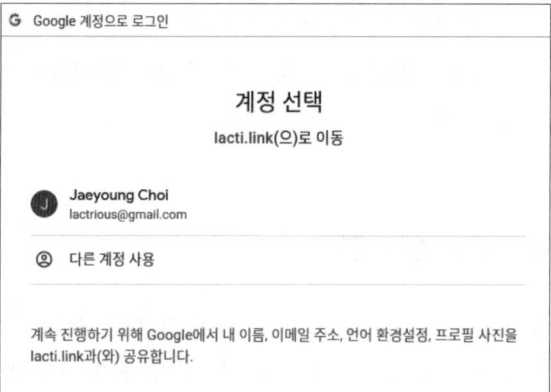

그림 4-12-5 블로그 인증 - 구글 계정 선택 화면

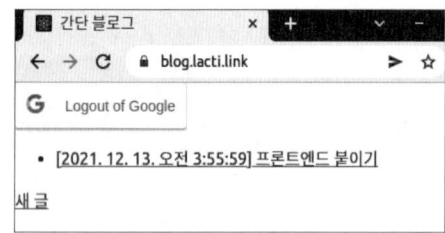

그림 4-12-6 블로그 인증 - 로그인 후

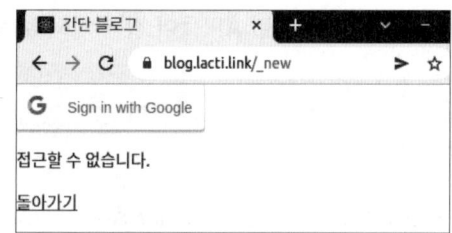

그림 4-12-7 블로그 인증 - 로그인 없이 글 생성 접근

4-12-8 정리

API Gateway는 액세스 제어를 관리하는 권한 부여자 기능을 제공한다. 권한 부여자는 API 처리를 위해 통합된 Lambda를 실행하기 전에 실행되며 접근을 허가하지 않을 경우 통합된 Lambda의 실행을 막을 수 있다. 통합된 Lambda의 실행과 분리된 별도의 단계로 여러 API에서 공유해 사용할 수 있어 편리하다. 그리고 실제 Lambda 실행을 막을 수 있어 의도치 않은 요청에 대한 자원 접근을 사전에 막을 수 있을 뿐만 아니라, 이때 발생하는 Lambda 실행 비용도 막을 수 있다.

Amazon Cognito나 IAM을 사용해서 권한 부여자를 구성할 수도 있고, 이번 예제에서와 같이 Lambda 권한 부여자를 직접 구현해 인증과 허가를 구성할 수 있다. 인증을 직접 구현할 수도 있지만 구글 인증과 같은 OAuth를 사용해 회원 가입 부담 없이 편하게 사용할 수 있는 웹 서비스를 구축할 수 있다. 그리고 허가 토큰을 JWT로 만들어 인증 토큰 자체를 관리하기 위한 갱신 토큰이나 취소 토큰의 관리 부담을 줄일 수 있다. JWT는 페이로드에서 필요한 정보를 빠르게 가져올 수 있고 위조를 막기 위한 서명을 가지고 있기에, 데이터베이스 등의 외부 자원 접근 없이 인증에 사용할 수 있는 점이 장점이다. 이 토큰을 쿠키를 통해 교환해 블로그 API의 인증과 허가를 구현할 수 있었다.

프런트엔드는 React의 Context 기능을 사용해 허가 정보를 관리하고 이를 사용해 컴포넌트의 노출 유무를 결정하는 컴포넌트를 설계했다. 자바스크립트로 버튼이나 페이지의 노출을 제어하는 것이므로, 권한이 없어도 자바스크립트를 조작해 실제 기능에 접근할 수 있는 허점도 있다. 하지만 서버 API에서 허가 토큰이 없는 요청을 거절하므로 문제없다. 이 부분을 개선하려면 서버에서 HTML 컴포넌트를 동적으로 생성해 반환하면 된다.

4-13 상용 서비스 고려

이번 예제는 블로그 API뿐만 아니라 프런트엔드와 인증까지 구현했다. 각 부분을 나눠보면 다음과 같다.

1. DynamoDB, MySQL, SQLite 세 가지 저장소를 사용해 블로그 API를 서버리스 스택으로 구현했다.
2. React 기반의 프런트엔드 프로젝트를 개발하고, 결과물을 S3와 CloudFront로 제공하거나 API Gateway에 통합해 제공했다.
3. API Gateway의 액세스 제어를 위해 Lambda 권한 부여자를 구글 OAuth와 함께 사용했다.

앞선 사진 서비스 예제에서 API Gateway, Lambda, S3, CloudFront의 제한과 상용 서비스에 대해 고려할 부분을 이미 알아봤다. 이번 단원에서는 그 외의 부분에 대해 알아보자.

4-13-1 DynamoDB

DynamoDB의 한 항목은 최대 크기가 400KB를 넘을 수 없다. 만약 이보다 큰 문서를 관리해야 한다면 글 하나를 여러 항목으로 나눠서 저장한 후 모아서 조회하는 API 로직을 추가해야 한다. 뿐만 아니라 현재 글 목록을 하나의 항목에 JSON 형태로 관리하고 있는데, 글의 개수가 많아지면 이 부분도 문제가 될 수 있다. 상용 서비스를 고려한다면 글 목록을 보다 효율적으로 관리할 수 있도록 자료 구조를 개선해야 한다. 혹은 글로벌 보조 인덱스를 사용해 글 목록 조회를 위한 쿼리와 스캔 요청을 처리한다. 쿼리와 스캔 요청은 최대 1MB까지 결과를 반환할 수 있으므로 이보다 큰 결과를 조회해야 할 경우 이전 결과 이후로부터 이어서 조회하는 작업을 반복해야 한다.

DynamoDB는 워크로드의 크기에 상관없이 한 자릿수 밀리초의 지연 시간을 제공한다. 이를 보장하기 위해서는 파티션에 치우침이 없고 쿼리 요청이 특정 파티션에만 치우치지 않도록 제어해야 한다. 글에 대한 해시 키를 잘 구성하고 자주 접근하는 글에 대해서는 별도의 캐시를 도입하는 등 개선이 필요할 수 있다.

이번 예제에서는 읽기 쓰기 처리량을 고민하지 않는 온디맨드 방식을 사용했다. 이는 DynamoDB에 필요한 처리량을 잘 모를 때나 거의 0에 가까울 때 유용한 방법이다. 하지만 트래픽이 어느 정도 추정되고 추적 가능한 모델이라면, 즉 급격히 변화하는 패턴을 자주 보이지 않는다면 프로비저닝 유형을 사용하고 읽기(RCU) 쓰기(WCU) 처리량을 지정하는 편이 비용 측면에서 훨씬 효율적이다. 요청이 늘 꾸준하게 발생할 때 온디맨드는 프로비저닝에 비해 비용이 몇 배 이상 발생할 수 있다. 만약 요청량이 시간에 따라 변한다고 해도 DynamoDB의 Auto Scaling 기능을 활용해 트래픽에 따라 처리량을 조절할 수 있다.

온디맨드와 프로비저닝의 읽기 쓰기 처리량 상한은 40,000이다. 하지만 이 처리량은 DynamoDB 테이블 전체에 해당하는 양이다. 테이블 내의 한 파티션은 최대 3,000의 읽기 처리량과 1,000의 쓰기 처리량을 허용한다. 만약 이보다 높은 트래픽을 처리해야 한다면 해시 키를 적절히 구성해 요청이 각자 다른 파티션으로 분산될 수 있도록 유도해야 한다. 혹은 DAX(DynamoDB Accelerator)와 같은 솔루션을 추가로 도입할 수 있다.

4-13-2 MySQL

Amazon RDS for MySQL을 사용하는 것은 AWS가 제공하는 MySQL 인스턴스를 사용하는 것일 뿐, 이를 잘 사용하는 것은 기존에 MySQL을 다루는 방법과 큰 차이가 없다. 다만 기존에 MySQL 인스턴스를 직접 운영할 때 얻었던 성능 지표와 완전히 동일할 수는 없기 때문에 필요한 쿼리 패턴에 대한 지표를 직접 테스트해서 얻고, CloudWatch를 통해 제공하는 CPU, 메모리, IO 지표를 지속적으로 모니터링해야 한다.

인스턴스에 따라 성능이 결정된다. 예제에서는 가장 저렴한 `db.t3.micro` 인스턴스를 사용했지만 상용 데이터의 보관과 요청량에 따라 적절한 수준의 인스턴스를 선택해야 한다. 이번 예제는 아주 간단한 블로그 서비스이고, 대부분 글 제목을 키로 조회, 삽입, 수정, 삭제하는 경우이므로 워크로드 패턴이 단순하다. 오로지 글 목록 조회 부분만 글 제목이 아닌 작성 일시 기준으로 정렬해서 보여주는데, 이는 글 작성 일시 기준으로 인덱스를 추가하는 정도로 해결할 수 있다.

글 저장량을 추산해 그 용량 수준에 맞는 인스턴스를 선택한 후 지속적인 모니터링을 통해 필요에 따라 인스턴스 수준을 상향한다. 혹은 새로운 유형의 쿼리 패턴이 추가될 때 어떤 성능 영향을 미칠지 성능 테스트를 수행해 적절한 쿼리 튜닝이나 인스턴스 업그레이드를 수행한다. 아니면 읽기 복제본을 구성하거나 캐시 레이어를 도입할 수도 있다. 테이블의 최대 크기는 16TB이다. 만약 이보다 큰 용량을 다뤄야 한다면 파티셔닝을 사용한다. 파티셔닝은 규칙에 따라 일부 데이터를 별도의 테이블로 관리하는 방법이다. Amazon Aurora 서비스를 사용하면 Auto Scaling 기능을 사용해 요청량에 따라 인스턴스를 동적으로 확장할 수 있다. 또는 Amazon Aurora Serverless 서비스를 사용해 예측할 수 없는 워크로드에 대해서도 빠르게 용량 대응이 가능하도록 구성할 수 있다. 하지만 Aurora는 MySQL보다 20% 정도 비용이 더 비싸며, Aurora Serverless는 콜드 스타트 문제를 피하기 위해 최소 ACU를 확보해야 해서 최소 시간당 0.1USD가 발생한다. 물론 이 서비스 또한 인스턴스의 확장만 보장해줄 뿐 그 안에서 사용하는 쿼리를 지속적으로 모니터링하고 쿼리 및 테이블을 튜닝해야 한다.

인스턴스가 허용하는 최대 동시 접속 개수는 100,000까지 확장할 수 있다. 하지만 각 연결마다 필요한 메모리의 크기가 있으므로 인스턴스 타입에 따라 허용 가능한 최대 연결수는 달라진다. RDS는 MariaDB 또는 MySQL 인스턴스의 연결 1개에 대해 12,582,880바이트의 메모리를 상정한다. 예를 들어 `db.m5.xlarge` 인스턴스의 경우 16GB 메모리를 갖기 때문에 1,365개(17,179,869,184/12,582,880)의 최대 연결수를 기본으로 사용한다. MySQL을 저장소로 사용하는 예제에서 Lambda 인스턴스 1개마다 MySQL 연결을 맺기 때문에 Lambda의 동시 실행수가 MySQL에 맺을 수 있는 최대 연결수를 초과하면 시스템이 정상 동작하지 않는다. 이를 상향하는 가장 좋은 방법은 데이터베이스 인스턴스를 상향하는 것이지만, 상황에 따라서는 RDS의 파라미터 그룹을 바꿔서 `max_connections` 파라미터만 상향해 사용할 수도 있다. 물론 철저한 모니터링으로 문제가 없다는 것을 확인하고 작업해야 한다.

쿼리가 복잡해지면 느린 쿼리에 대한 모니터링도 필요하다. RDS의 파라미터 그룹에서 `slow_query_log` 옵션을 활성화하고 `log_output`을 `FILE`로 변경한 후 MySQL 로그를 CloudWatch Logs로 게시하기 위해 `cloudwatch-logs-export-configuration` 설정을 구성한다. 파라미터 그룹의 수정은 인스턴스를 재시작해야 하므로 상용 서비스 전에 미리 구성해두는 것이 좋다.

4-13-3 SQLite

SQLite는 별도의 AWS 서비스를 사용하는 것은 아니다. SQLite 데이터베이스 파일을 보관하기 위해 S3 Bucket에 접근하고 동시성 제어를 위한 잠금 구현을 위해 ElastiCache의 Redis를 사용한다.

S3 Bucket은 계정당 가질 수 있는 상한이 있기 때문에 이런 유형의 서비스가 많이 늘어난다면 문제가 될 수 있다. 현재 서버리스 스택에 S3 Bucket을 정의해 하나의 CloudFormation으로 관리한다. 이는 스택의 완결성 측면에서는 좋은 전략이지만 자원을 굉장히 비효율적으로 사용하는 방법이다. 왜냐하면 그 S3 Bucket에는 SQLite 데이터베이스 파일 하나만 들어 있기 때문이다. S3 Bucket은 그 안에 많은 파일을 관리할 수 있기 때문에, 이런 유형의 서비스를 많이 만들어야 하는 경우에는 공용으로 사용할 S3 Bucket을 따로 정의해두고 각각의 서버리스 스택에서 이를 참조해 사용하는 편이 좋다. 즉, 공용으로 사용할 S3 Bucket의 CloudFormation을 분리해두고, 서버리스 스택에서는 S3 Bucket이 이미 있다고 가정하고 사용하는 것이다. 그리고 그 Bucket 내에서 적절한 접두사를 사용해 각 서비스마다 개별 디렉터리 안에 데이터베이스 파일을 관리하는 형태를 유지한다.

글 보관량이 많아져 SQLite 데이터베이스 파일이 너무 커지면 개별 쿼리 실행 속도가 늘어날 뿐만 아니라 S3 Bucket과 Lambda가 파일을 교환하는 데 더 많은 시간이 필요하다. 이를 해결하는 가장 간단한 방법은 SQLite 데이터베이스 파일을 분리하는 것이다. 예를 들어 글 제목을 MD5로 해싱하여 얻은 첫 바이트를 16진수로 변환해 사용한다. '시작하는 글'이라는 제목을 가졌다면 MD5 결과의 첫 바이트인 `fb`를 키로 사용해 `blog_fb.db` 데이터베이스 파일을 사용한다. 이는 전체 글을 256개의 데이터베이스 파일로 분할해 관리하므로 어느 정도의 확장성을 보장할 수 있다. 하지만 이런 형태의 파티션은 결국 파티션의 수를 변경해야 하는 시점에 전체를 다시 밸런싱해야 하고, 특정 파티션에만 데이터나 쿼리가 집중되는 경우에도 해싱을 다시 해야 한다. 또한 글 목록을 조회하기 위해 전체 글 목록과 작성 시간에 대한 별도의 데이터베이스 파일을 관리해야 한다. 즉, 파티션뿐만 아니라 인덱스도 직접 관리해야 한다.

뿐만 아니라 SQLite 파일이 아무리 작더라도 S3 Bucket과 Lambda 간의 파일 교환은 거의 100밀리초 수준의 지연이 발생한다. 다른 저장소와 비교해 꽤 큰 응답 지연이다. 이를 개선하기 위해 Amazon EFS(Elastic File System)에 파일을 올려둔 후 Lambda에 연결해서 사용할 수 있다. EFS는 추가 비용이 발생하지만 대부분의 경우 S3보다는 더 빠른 응답 시간을 보인다. EFS에 데이터베이스 파일을 올려두고 Lambda에서 파일을 가져올 경우, 용량이 작다면 10밀리초까지 지연 시간이 줄어들 수 있다.

ElastiCache Redis와의 통신은 매우 빠르므로 잠금 구현에서 지연이 발생할 일은 거의 없다. 예제에서와 같이 가장 낮은 수준의 인스턴스를 사용해도 잠금을 처리하기 위한 `SET` 명령 정도는 2마이크로초 수준으로 처리가 가능하다. 약 60%의 CPU를 사용해서 초당 500K 정도의 `GET`, `SET` 요청을 처리하기 때문에 병목 지점이 될 가능성은 매우 낮다. 때문에 잠금만을 위한 Redis 인스턴스를 서버리스 스택에 포함하는 것은 자원 낭비다. 가장 낮은 인스턴스 수준의 Redis로도 충분히 많은 양의 잠금을 문제없이 처리할 수 있기 때문이다. 공용으로 사용하는 Redis를 별도의 CloudFormation으로 구축해두고 다른 서비스에서 함께 사용하는 것도 좋은 선택이다. 다만 의도치 않게 장애가 전파되는 상황이 발생하지 않도록 주의하고, ElastiCache를 띄우는 VPC의 서브넷 문제가 발생하지 않도록 관리해야 한다.

이번 예제에서는 기본 VPC에 ElasiCache 인스턴스를 띄웠지만 보안 관점에서는 좋은 방법이 아니다. 상용 서비스를 고려한다면 별도의 VPC를 구축해서 사용하는 것이 좋다. 이는 7장 게임 개발 단원에서 자세히 다룬다.

잠금 자체는 충분히 빨리 처리되지만 동시 수정이 많을 경우 수많은 Lambda 인스턴스가 잠금을 획득하기 위해 계속 대기할 수 있다. 요청량이 적을 때도 100밀리초 수준의 응답 지연이 발생하지만, 이렇게 수정을 위한 경합으로 잠금 대기가 길어지면 응답 지연이 걷잡을 수 없이 커질 수 있다. 이를 개선하기 위해 액터 모델을 도입할 수 있다. 잠금을 획득하려 했다가 실패하면 다른 Lambda 인스턴스가 수정을 처리하고 있는 것이므로, 잠금을 획득할 때까지 계속 대기하는 대신 수정 요청을 그 Lambda 인스턴스에게 넘기는 것이다. 물론 동기적으로 결과를 반환해야 한다면 자신의 수정이 완전히 반영될 때까지 기다려야 하지만, 대부분의 경합 상황에서는 차라리 새로 고침으로 최신 데이터를 획득하는 게 더 나을 수도 있다. 이 방법에 대해서도 7장 게임 개발 단원에서 자세히 알아볼 예정이다.

4-13-4 API 요청 횟수 제한

API Gateway는 앞선 Hello API에서 설명한 바와 같이 토큰 버킷 알고리즘 기반의 요청량 관리 기능이 있다. 계정-지역의 제한으로, 1초에 최대 10,000요청을 허용하는 5,000요청 버킷을 사용한다. 하지만 과도한 요청 공격으로 인해 발생하는 비용을 방어하기 위해 이보다 낮은 단위의 요청량 제한을 직접 관리해야 할 수도 있다.

요청량 제한 기능은 초당 제한(ThrottlingRateLimit) 수치와 버스트 제한(ThrottlingBurstLimit) 수치를 사용한다. HTTP API는 API 기본 라우팅에 대한 제한과 경로마다 지정할 수 있는 라우팅 수준의 제한을 설정할 수 있다. 이 수치를 계정 수준 한도보다 높게 설정하더라도 계정 수준 속도 한도로 제한된다. 이 구성은 스테이지를 통해 제어한다. 따라서 다음과 같이 `aws apigatewayv2 update-stage` 명령을 사용해 갱신한다.

```
$ aws apigatewayv2 update-stage --api-id API_ID \
  --stage-name '$default' \
  --default-route-settings '{"ThrottlingBurstLimit":10,"ThrottlingRateLimit":50}'
{
    # ... 생략
    "DefaultRouteSettings": {
        "DetailedMetricsEnabled": true,
        "ThrottlingBurstLimit": 10,
        "ThrottlingRateLimit": 50.0
    },
    "DeploymentId": "bk6796",
    "LastDeploymentStatusMessage": "Successfully deployed stage with deployment ID 'bk6796'"
}
```

1. `--api-id`는 API Gateway 배포의 ID로 `aws apigatewayv2 get-apis` 명령으로 반환된 목록에서 찾을 수 있다.
2. `--stage-name`으로 구성을 변경할 스테이지를 지정한다. HTTP API의 경우 따로 스테이지를 지정하지 않으면 $default 스테이지를 사용하므로 이를 입력한다. 이때 $ 문자가 쉘에 의해 해석되지 않도록 홑따옴표(')로 감싸주어야 정상 동작한다.
3. `--default-route-settings`은 스테이지 수준의 속도 한도를 설정할 수 있다. 만약 경로 수준에서 이를 제어하려면 `--route-settings` 옵션을 사용한다.

REST API도 속도 한도를 제한할 수 있다. 하지만 `aws apigateway` 명령은 `aws apigatewayv2` 명령에 비해 상당히 복잡하다. 어떤 동작을 전달하는 명령이라기보다는 AWS 내에 위치한 API Gateway 모델을 직접 수정하기 위해 JSON Patch를 전달하는 수준이다. 때문에 `aws apigateway update-stage` 명령을 사용할 수도 있지만 차라리 serverless-api-gateway-throttling 플러그인을 사용해 serverless.ts 파일 안에 관련 설정을 포함하는 편이 더 낫다. 이 플러그인은 HTTP API와 REST API를 모두 지원한다.

```
const config: AWS = {
  custom: {
    apiGatewayThrottling: {
```

```
      maxRequestsPerSecond: 50,
      maxConcurrentRequests: 10,
    },
  },
};
```

1. `maxRequestsPerSecond`는 초당 제한(ThrottlingRateLimit) 수치이다.
2. `maxConcurrentRequests`는 버스트 제한(ThrottlingBurstLimit) 수치이다.
3. `custom.apiGatewayThrottling`에서 스테이지 수준의 속도 제한을 설정한다.
4. 함수의 `http` 이벤트의 `throttling`을 사용해 각 경로 수준의 속도 제한을 구성할 수 있다.

앞선 예제에서는 웹 페이지를 API Gateway에서 제공하는 구성도 알아봤다. API 요청에 비해 페이지 요청은 CSS나 JS 등 추가 자원을 요청하기 때문에 한 시점에 높은 요청량 처리가 필요하다. 예를 들어 블로그에 브라우저로 접근하면 `index.html`을 포함해 필요한 `.css`와 `.js` 파일을 요청하기 때문에 총 5번의 요청이 발생한다. 때문에 웹 페이지를 통합 제공하는 API의 경우에는 속도 제한을 설정할 때 이 부분을 고려해 버스트 할당량을 높이는 형태의 구성이 필요하다.

4-13-5 인증

Lambda 권한 부여자를 사용해 인증이 필요한 요청을 보호했다. Lambda 권한 부여자의 실행 결과는 캐시되어 재사용될 수 있으며 이 시간은 `resultTtlInSeconds` 설정으로 제어할 수 있다. 만약 권한 검사 시간에 어느 정도 여유를 둘 수 있다면 이 시간을 충분히 길게 가져가야 효율적 자원 사용에 유리하다.

```
const config: AWS = {
  provider: {
    httpApi: {
      authorizers: {
        auth: {
          resultTtlInSeconds: 300,
```

Lambda 권한 부여자가 연결된 API를 실행하면, API Gateway → Lambda 권한 부여자 → Lambda 통합 함수 순서로 실행이 이어진다. Lambda 권한 부여자도 Lambda 인스턴스로 실행하기 때문에 실행 비용이 발생한다. 또한 API Gateway가 응답을 위해 대기하는 최대 시간은 29

초이므로, 이 안에 Lambda 권한 부여자와 Lambda 통합 함수의 실행이 모두 완료되어야 한다. Lambda 권한 부여자는 여러 API에 구성될 수 있기 때문에, 실행 시간의 부작용을 최대한 줄이기 위해 가급적 빨리 실행되고 최대한 재사용할 수 있어야 한다. 이는 인증 검증을 위해 처리해야 하는 코드 자체도 간단해야 하고 외부 시스템에 대한 접근도 최소화해야 할 뿐만 아니라 첫 기동 지연 시간을 줄이기 위해 실행할 코드 패키지도 작아야 한다.

만약 Lambda 권한 부여자의 결과를 캐시하는 구성을 사용한다면 실행 시간과 비용에 대한 부담도 함께 줄일 수 있다. 뿐만 아니라 Lambda 권한 부여자의 거절 결과를 캐시하면 API Gateway는 캐시가 유지되는 동안 이후 요청을 모두 거절하고, 과금이 발생하지 않는다. 따라서 상용 환경에서 발생하는 의도치 않은 요청을 방어하는 방법으로도 사용할 수 있다.

4-13-6 CloudFront와 S3

사진 서비스는 사용자가 직접 파일을 업로드하기 때문에 업로드한 파일의 보존 시간을 고려하고 너무 많은 파일을 유지하지 않도록 관리했다. 하지만 블로그 서비스에서는 웹 페이지 파일만 관리하기 때문에 이런 부분을 고민할 필요는 없다.

대신 S3 오리진에서 파일이 변경되었는데 CloudFront에는 반영되지 않은 경우를 대응하기 위해 더 자주 캐시 무효화 요청을 사용할 수 있다. 사진 서비스와는 다르게 웹 페이지의 전체 용량이 크지 않기 때문에 *를 사용해 전체 경로를 무효화할 수도 있다. 다만 이를 자동화하도록 구성할 때 조심해야 한다. 나중에 사진이나 동영상과 같이 용량이 큰 리소스가 웹 페이지에 포함될 수 있기 때문이다. 이 경우 캐시 무효화로 인해 CloudFront가 다시 S3 오리진에 접근하면서 의도치 않은 응답 지연이 발생할 수 있다.

S3의 sync 명령은 원본과 대상에 위치한 객체의 용량을 비교해 업로드 여부를 판단한다. 따라서 용량은 동일한데 페이지 내용이 변경된 경우에는 파일이 변경되지 않는다. 예를 들어 동일한 글자수의 오타를 수정해 파일의 용량이 변경되지 않는 경우 sync 명령으로는 파일이 교체되지 않는다. 이때는 aws s3 sync 대신 aws s3 cp 명령을 사용해 직접 파일을 덮어써야 한다. 그리고 변경된 파일을 CloudFront에서 다시 캐시하도록 캐시 무효화 요청을 해야 한다. 이런 문제가 발생하는 경우는 대부분 index.html과 같이 정적으로 운영되고 파일이 이름이 변경되지 않는 경우에 해당하며, .js와 .css 같이 빌드할 때마다 파일 이름이 달라지는 경우라면 큰 문제가 없다.

웹 페이지 서비스를 많이 운영한다면 이번 예제에서와 같이 서비스를 위한 서버리스 스택마다 S3 Bucket을 할당하기 어렵다. S3 Bucket은 하나의 계정에 100개까지 생성할 수 있고, 티켓을 통해 최대 1,000개까지 생성할 수 있다. S3 Bucket 하나에는 수많은 파일을 다룰 수 있으므로, 각 서비스마다 별도의 Bucket을 사용하는 것보다 하나의 Bucket에서 접두사만 다르게 해서 관리하는 것도 좋은 방법이다.

1. CloudFront는 OAI를 구성할 때 지정된 `prefix`에 대한 권한을 구성한다.
2. s3sync 플러그인의 경우 `bucketPrefix`를 사용해 업로드할 위치를 결정할 수 있다.

CloudFront의 계정당 배포수도 200개로 제한되므로, 서비스가 많아질 경우 서비스마다 배포를 늘리는 게 부담스러울 수 있다. 이 경우 서비스의 경로 패턴에 따라 다음과 같은 운영 방식을 고려해볼 수 있다.

1. `domain.com/service/index.html`과 같이 경로 수준에서 서비스를 구분할 수 있다면 하나의 S3 Bucket에 웹 페이지를 모아두고 그에 대한 배포를 하나만 만들어서 운영할 수 있다. 경로에 따라 여러 오리진을 대응해야 한다면 경로 규칙마다 다른 배포 동작을 구성해 필요한 오리진에 접근하도록 구성한다. 이 경우 모든 서비스가 하나의 CloudFront 배포에 위치하므로, 서비스 하나의 캐시를 관리할 때 전체 경로(*)에 대한 캐시 무효화를 요청하지 않도록 주의한다.
2. `service.domain.com/index.html`과 같이 서브 도메인 수준에서 서비스를 구분해야 한다면 CloudFront의 `CNAME`을 `*.domain.com`과 같이 모든 서브 도메인 수준에서 동작할 수 있도록 구성한다. 특정 서브 도메인만 명시해야 할 경우 `CNAME`에서 직접 목록을 관리할 수 있지만 최대 100개까지만 구성할 수 있다. 그리고 Lambda@Edge를 추가해 사용자가 요청한 주소에 따라 다른 오리진을 선택할 수 있도록 구성한다. Lambda@Edge의 경우 버지니아 북부(us-east-1) 지역에 배포해서 사용하지만 실제 로그는 실행되는 지역에 남기 때문에 디버깅할 때 주의가 필요하다.

상용 웹 서비스를 시작할 때 가장 크게 고려하는 것이 검색 향상과 소셜 미리보기, 그리고 다국어 지원이다. 검색 엔진 최적화(SEO)를 위해 글 주소 페이지에 검색 봇이 접근할 때 적절한 타이틀과 메타를 반환할 수 있어야 하고, 소셜 공유 시 그쪽 서버가 미리보기 정보를 획득할 수 있도록 적절한 정보를 반환해야 한다. 하지만 React 기반의 프런트엔드 프로젝트는 자바스크립트에 의해 상태를 갱신하고 렌더링이 완료되어야 이런 정보를 올바르게 구성할 수 있다. 만약 검색 봇이나 소셜 서버가 이런 처리를 제대로 해주지 않는다면 의도한 결과를 얻지 못한다. 다국어 지원의 경우에도 보통 `react-i18next` 라이브러리를 설치해 자바스크립트 기반의 로케일 설정을 구성하므로 동일한 문제가 발생한다. 이 문제를 해결하려면 자바스크립트에 의해 콘텐츠가 렌더링되는 시점을 서버가 콘텐츠를 응답하는 시점으로 당겨야 한다. 즉, 서버 사이드 렌더링(SSR)이 필요하다. `create-react-app`으로 시작한 프로젝트는 서버 사이드 렌더링으로 전환이 간단하지 않아 `react-snap` 같은 별도의 도구를 사용해 직접 페이지 결과를 생성하기도 한다. 하지만 최근에는 Gatsby나 Next.js 등 서버 사이드 렌더링 기능을 지원하는 기반이 많아, 프로젝트를 시작할 때부터 이런 기반으로부터 작업하는 경우가 많다. 그리고 서버 사이드 렌더링으로 생성한 파일을 S3 Bucket에 업로드해서 서비스하거나, `serverless-nextjs` 플러그인을 사용해 Lambda@Edge에서 렌더링한 결과를 반환하도록 구성한다. 국가별 분기가 필요하다면 각 로케일별로 웹 페이지를 생성해 S3 Bucket에 업로드한 후 Lambda@Edge에서 `CloudFront-Viewer-Country` 헤더를 보고 오리진을 분기하거나, CloudFront Functions에서 언어 코드가 빠진 요청이 들어왔을 때 `CloudFront-Viewer-Country` 헤더를 보고 적당한 주소로 리다이렉트해줄 수 있다.

4-14 모니터링

Hello API와 사진 서비스에서 이미 API Gateway와 Lambda에 대한 모니터링을 알아봤다. API Gateway와 Lambda의 제약 조건을 넘지 않는지, 혹은 미처 인지하지 못한 에러가 발생하고 있는지 모니터링했다. 이번 단원에서는 저장소 등 그 외에 관련된 모니터링에 대해 알아보자.

4-14-1 DynamoDB 모니터링

DynamoDB는 AWS가 관리해주는 자원이므로 상대적으로 크게 신경 쓸 필요가 없는 자원이다. Lambda와 마찬가지로 몇 가지 제한 요소를 초과하지 않는지에 대한 모니터링이 필요하다. 예제에서는 온디맨드 용량을 사용했기 때문에 해당 사항이 없지만, 만약 프로비저닝 용량을 사용했다면 할당 용량을 초과하지 않는지 모니터링해야 한다. Lambda 때와 같이, 현재 사용량이 초과 기준에 도달하고 있는지, 아니면 이미 초과했는지를 중점으로 대시보드와 알람을 구성한다. AWS는 관리 콘솔에서 각 자원의 기본 모니터링 요소를 보여준다. DynamoDB의 경우 테이블 상세 페이지의 모니터링 탭에서 CloudWatch 지표 그래프를 확인할 수 있다.

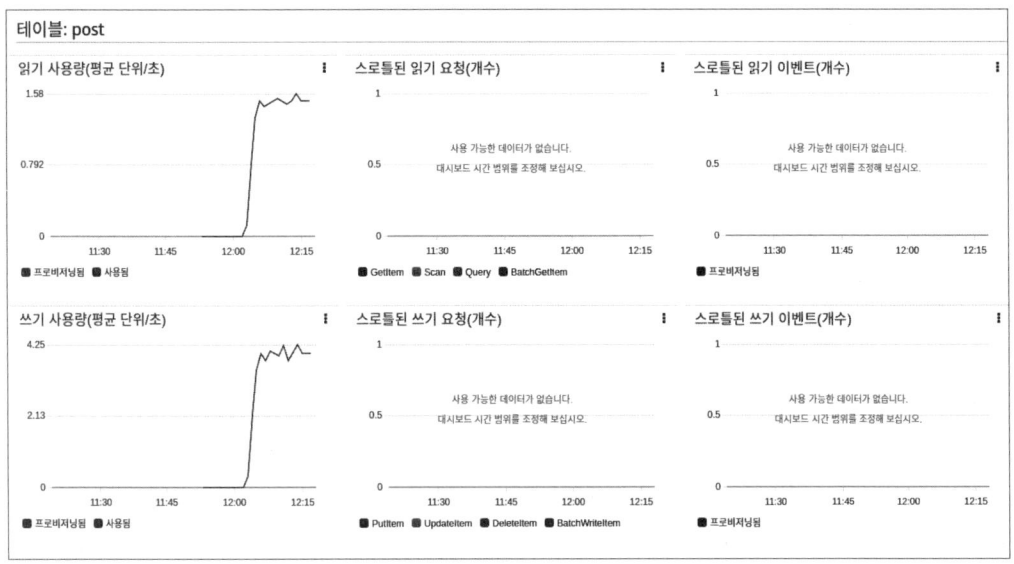

그림 4-14-1 DynamoDB 읽기 쓰기 사용량과 스로틀 지표

가장 위에 나오는 테이블은 사용량과 읽기 쓰기 요청에 대한 지표다. 이 지표를 통해 현재 트래픽으로 인해 발생하는 사용량의 추세를 확인하고, 프로비저닝 용량으로 구성한 DynamoDB의 경우 읽기 쓰기 용량이 부족한 상황을 모니터링할 수 있다.

1. 읽기, 쓰기 사용량은 구간 내 사용된 용량 단위의 수로 프로비저닝된 처리량이 얼마나 많이 사용되는지 추적할 때 사용한다. 트래픽을 추정하기 어려운 경우 온디맨드 용량의 DynamoDB를 사용해서 이 지표를 추적할 수 있다. 이후 적절한 프로비저닝 용량의 DynamoDB로 전환할 수 있다.
2. 스로틀된 요청 개수는 용량 단위를 초과하는 DynamoDB에 대한 요청이다. Batch 계열의 경우 단일 요청으로부터 여러 이벤트가 발생할 수 있다.
3. 스로틀된 이벤트 개수는 프로비저닝된 처리량 제한을 초과할 때 증가하는 지표다. 테이블에 읽기, 쓰기를 할 때뿐만 아니라 보조 인덱스를 갱신하는 작업도 함께 집계된다.

DynamoDB는 수 밀리초 수준의 지연 시간을 보여준다. 하지만 데이터 양이 많아지거나 파티션 치우침이 발생하거나 특정 파티션에만 요청이 너무 자주 발생할 경우 지연 시간이 증가할 수 있다. 따라서 GET, PUT 요청에 대한 지연 시간을 측정한다. 그리고 필요에 따라 쿼리나 스캔에 대한 지연 시간도 측정할 수 있다.

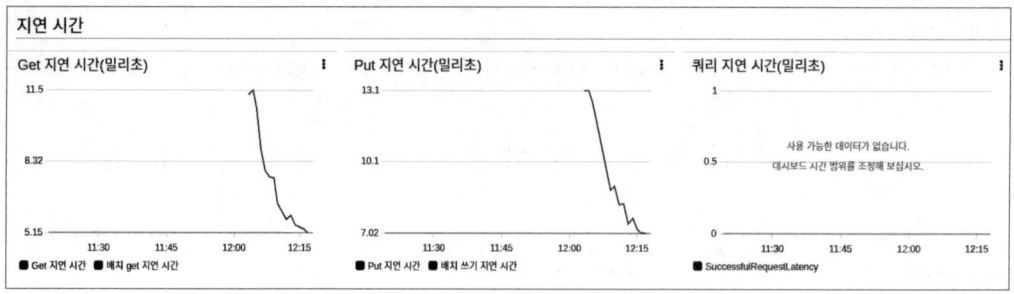

그림 4-14-2 DynamoDB 지연시간 지표

시스템 수준의 오동작 여부를 확인하려면 오류 지표 그룹을 확인한다. DynamoDB가 HTTP 500 오류를 반환하면 시스템 오류로 집계되고, HTTP 400 오류를 반환하면 사용자 오류로 집계된다. 시스템 오류로는 DynamoDB 시스템 자체의 장애를 확인할 수 있고, 사용자 오류로는 잘못된 요청을 확인할 수 있다. 단, 조건부 확인 실패(Conditional Check Failed)의 경우 별도로 집계된다.

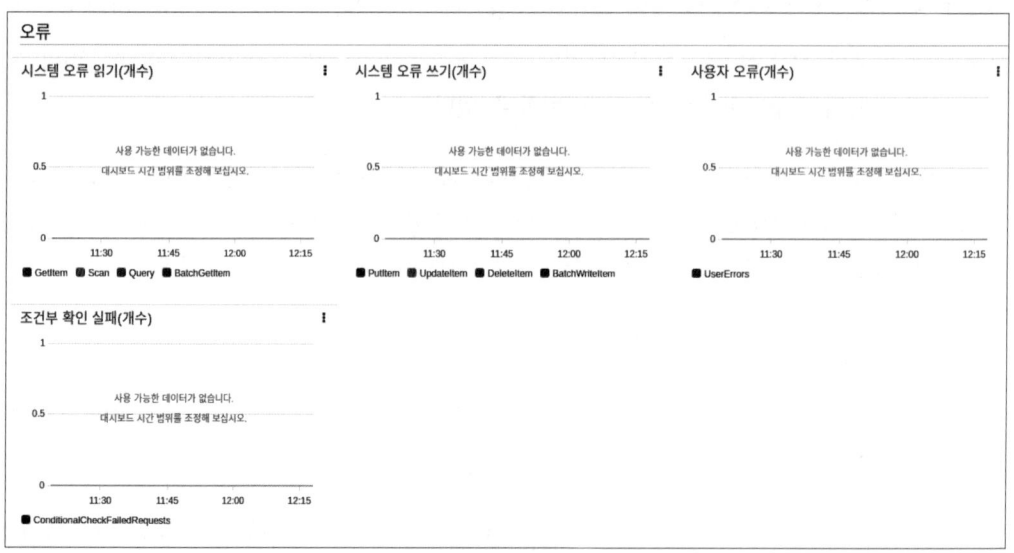

그림 4-14-3 DynamoDB 오류 지표

요청량에 따라 할당 용량을 동적으로 변경하려면 DynamoDB의 AutoScaling 기능을 사용한다. 하지만 CloudWatch로 수집하는 지표는 분 단위로 갱신되므로 단시간 내에 급격히 증가하는 요청량에 대응하기 어렵다. 또한 DynamoDB는 할당 용량을 변경할 수 있는 횟수의 일 제한이 있으므로, 이를 고려해 AutoScaling이 동작할 수 있도록 구성한다. 역시 지속적인 모니터링을 통해 트래픽을 추산해야 가능한 일이므로, 최대한 관련 지표를 사전에 많이 수집해두고 지속적인 최적화 작업이 필요하다.

4-14-2 MySQL 모니터링

MySQL은 Amazon RDS 서비스에서 제공하는 인프라 자원으로, AWS는 MySQL 인스턴스의 가용성을 고려해주지만 MySQL의 성능을 보장해주지는 않는다. MySQL을 사용해 요청할 수 있는 워크로드는 매우 다양하므로, 자주 사용하는 패턴에 대해 직접 MySQL 인스턴스로 테스트하고 지표를 수집한다. 만약 응답 지연이 발생한다면 더 높은 단계의 인스턴스를 사용해 지표가 개선되는지 확인한다.

데이터를 관리하는 유형에 따라 데이터 보관량이 늘어날 수 있다. 이 경우 적당히 파티션을 나누어 과거 데이터에 대한 접근이 적은 경우에도 효율적으로 데이터를 사용할 수 있도록 구분한다. 또는 오래 걸리는 쿼리의 쿼리나 테이블 수준의 지속적인 튜닝을 진행한다.

CloudWatch를 통해 MySQL 인스턴스의 CPU, 메모리 사용량을 모니터링하고, 가용 DB 연결과 IOPS의 상황을 통해 인스턴스 용량 증설이 필요한지 확인한다. 스토리지 사용량 모니터링을 통해 저장소 공간이 부족한지도 확인한다. 만약 복제본을 구성할 경우 복제 지연에 대한 모니터링도 함께 진행한다. 기본 모니터링 요소를 활용해 대시보드의 기반을 구성할 수 있다.

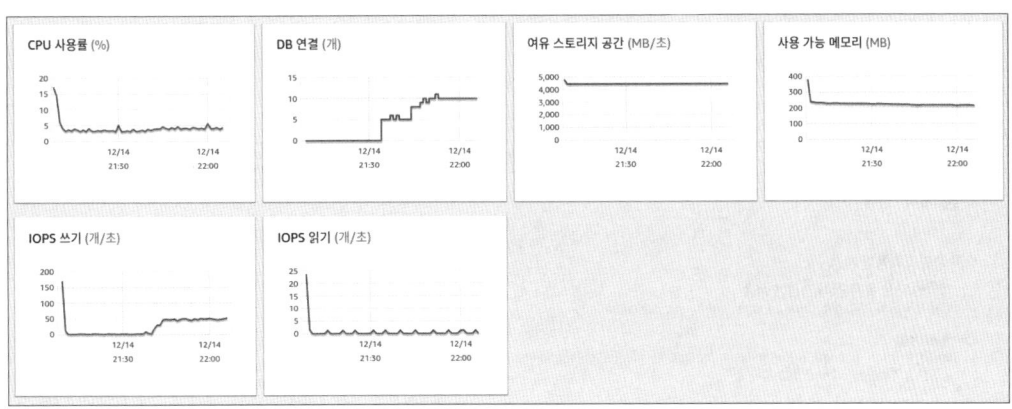

그림 4-14-4 MySQL 기본 모니터링 지표

MySQL 인스턴스의 느린 쿼리를 남기는 옵션은 기본으로 꺼져 있다. 상용 서비스 도중 느린 쿼리를 분석할 일은 꽤 발생하므로 가능하면 이 로그 옵션을 켜두는 것이 좋다. 별도의 설정을 하지 않을 경우 사용하게 되는 기본 파라미터 그룹은 수정이 불가능하므로 새로 하나 만들어서 구성한다. 관리 콘솔에서 DB 파라미터 그룹을 생성하고 다음과 같이 로그와 관련된 옵션을 켜준다.

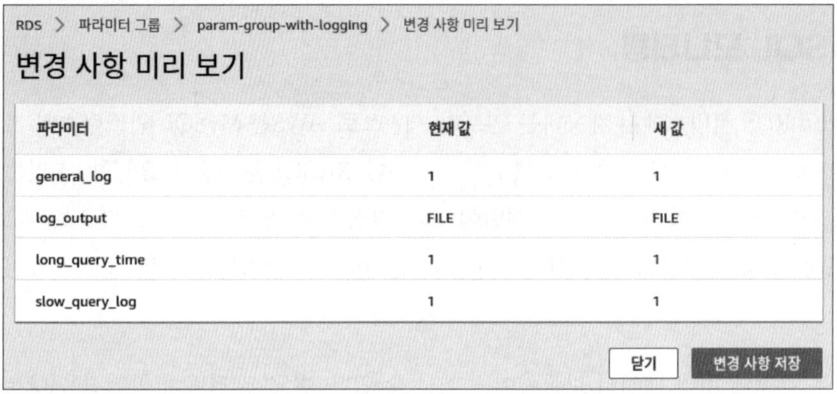

파라미터	현재 값	새 값
general_log	1	1
log_output	FILE	FILE
long_query_time	1	1
slow_query_log	1	1

그림 4-14-5 MySQL 파라미터 그룹 변경

DB 파라미터 그룹을 변경할 때 즉시 적용할 수 있는 것처럼 보여주지만, 로그와 관련된 옵션은 즉시 적용이 불가능하다. 즉시 적용을 선택해도, 처음에는 적용 중이라고 나오지만 곧 재부팅 보류 중으로 상태가 변경된다. 인스턴스 재기동 수행이 완료되면 파라미터 그룹이 변경된다.

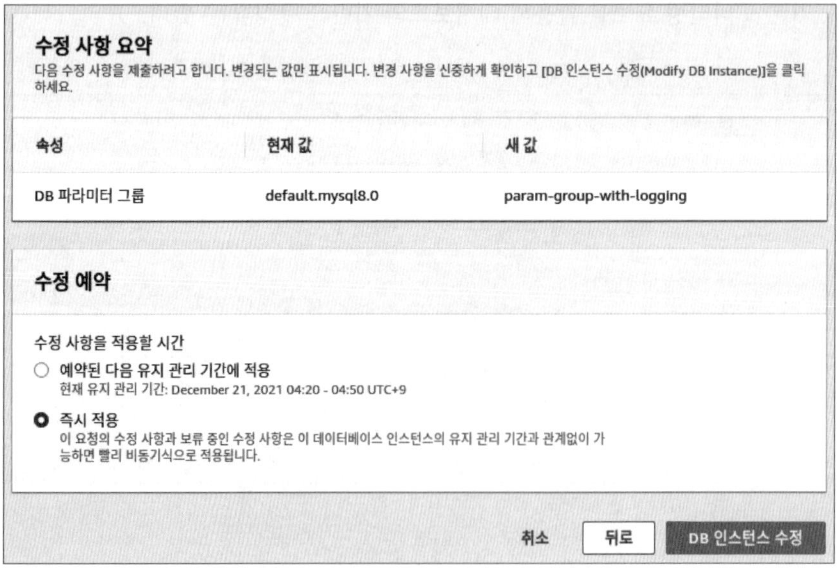

속성	현재 값	새 값
DB 파라미터 그룹	default.mysql8.0	param-group-with-logging

그림 4-14-6 MySQL 파라미터 그룹 변경 즉시 적용

그림 4-14-7 MySQL 파라미터 그룹 변경 적용 중    그림 4-14-8 MySQL 파라미터 그룹 변경 재부팅 보류 중

로깅 설정이 추가된 파라미터 그룹을 적용하면 다음과 같이 로그 및 이벤트 탭의 가장 아래에 있는 로그 테이블에 항목이 추가된 것을 볼 수 있다. 필요에 따라 `general.log`나 `slowquery.log`를 확인한다.

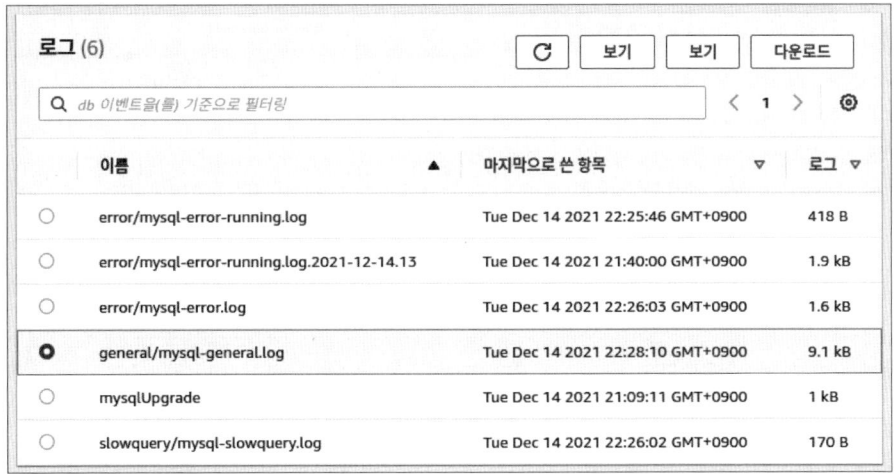

그림 4-14-9 MySQL 로그 목록

4-14-3 Redis 모니터링

Redis는 AWS ElastiCache에서 제공하는 인프라 자원으로 AWS가 인스턴스의 가용량을 고려해주지만 성능은 직접 관리해야 한다. 인스턴스 타입에 따라 더 많은 자원을 사용할 수 있다. CPU, 메모리, 스왑, 연결수 등을 모니터링해서 인스턴스 타입을 상향해야 하는지 모니터링한다. AWS ElastiCache에서 제공해주는 기본 모니터링 요소로도 인프라 측면의 자원 대부분은 모니터링이 가능하다. 하지만 좀 더 세부 명령 수준의 지표가 필요하다면 별도의 모니터링 도구를 추가해야 한다.

기본 모니터링 요소에서 가장 먼저 보여주는 항목은 CPU, 메모리, 스왑 사용량이다. CPU는 노드 사용량과 엔진 사용량을 따로 보여준다. 이 지표를 활용해, 자원이 일정 이상 사용될 경우 가용률을 고려한 적절한 수준의 인스턴스로 업그레이드한다. 다만 이번 예제는 잠금을 위해 SET 명령을 지정된 몇 개의 키에 사용하는 것이 전부이므로, CPU나 메모리 자원이 고갈될 확률은 극히 드물다.

Lambda에서 Redis에 연결할 때 Lambda 인스턴스는 동시에 많이 실행될 수 있으므로 연결에도 주의가 필요하다. 이번 예제에서는 잠금을 처리할 때마다 연결을 새로 맺고 끊었으므로 현재 유지된 연결수는 많지 않고 새 연결수가 높게 나온다. 하지만 CPU 사용량으로 볼 때 큰 문제가 되는 수준은 아니다. Redis에 많은 데이터를 보관할 때는 항목에 대한 모니터링도 해야 하지만 예제에서는 잠금을 위한 1개의 키만 사용하므로 유지되는 항목수는 최대 1개다.

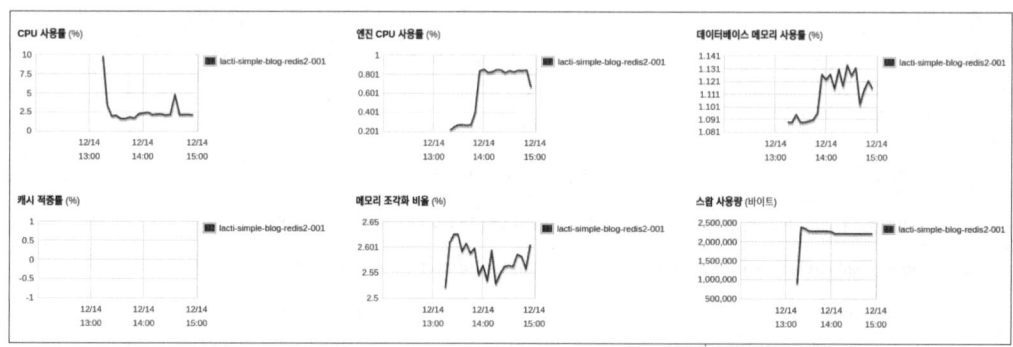

그림 4-14-10 Redis CPU Memory 사용률 지표

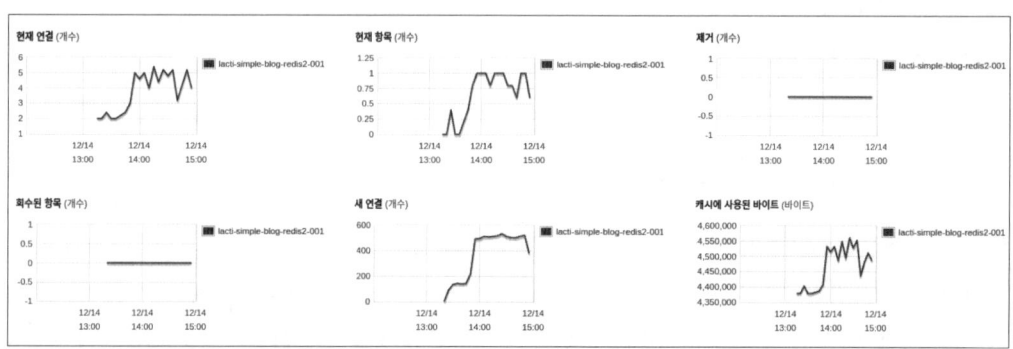

그림 4-14-11 Redis 연결과 항목 지표

Redis의 특정 명령이 얼마나 발생하고 있는지도 모니터링의 주요한 요소가 될 수 있다. 다만 ElastiCache는 개별 명령 단위의 통계를 보여주지는 않고 명령어의 특성에 따른 그룹으로 묶어서 제공한다. 개별 명령의 자세한 통계를 보려면 redis_exporter와 같은 오픈 소스를 사용해 직접 모니터링 환경을 구축한다.

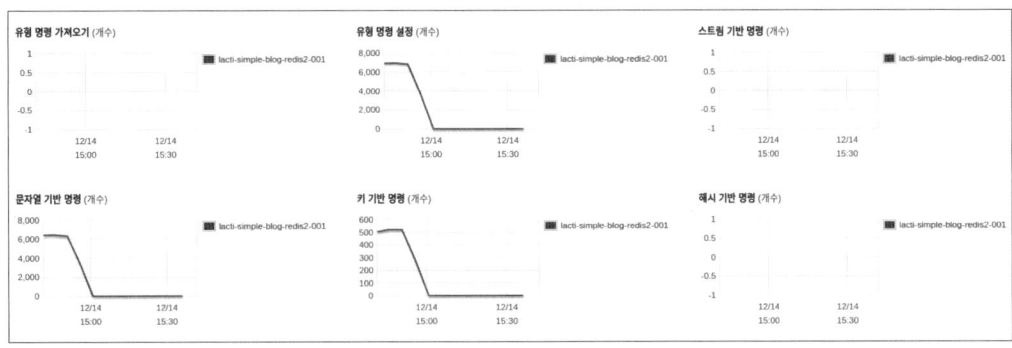

그림 4-14-12 Redis 명령 통계 지표

※ 유형 명령 가져오기(Get Type Commands)와 유형 명령 설정(Set Type Commands)은 번역이 잘못된 것으로 보인다.

이번 예제에서는 잠금을 구현할 용도로 Redis에 SET, DEL 명령만 사용했기 때문에 동시 요청이 많아도 Redis에서 부하가 발생하기 어렵다. 만약 여러 서비스에서 잠금을 위해 하나의 Redis를 함께 사용한다면 요청량에 따라 높은 부하가 발생하는지 확인할 필요가 있지만 대부분의 경우 다른 자원이 먼저 고갈될 것이다.

4-14-4 인증 실패율

API Gateway의 지표는 Hello API에서 알아본 내용에서 더 추가되는 부분은 없으므로 동일하게 모니터링 대시보드를 구축하면 된다. 다만 이번 블로그 예제에서는 API의 액세스 제어를 위해 Lambda 권한 부여자를 사용했기 때문에 잘못된 허가 토큰을 가진 요청에 의해 HTTP 403 응답이 발생할 수 있다. Lambda 권한 부여자가 사용되는 API 함수들의 **4XXError** 지표를 모니터링하면 인증 실패율을 확인할 수 있다. 이 지표를 활용해 의도치 않은 공격이 발생하고 있는지, 잘못된 인증 로직에 의해 의도치 않은 인증 거부 상황이 과도하게 발생하고 있는지 확인할 수 있다.

4-15 비용 계산

이번 예제는 다양한 자원을 포함하고 여러 구성 방식을 예시로 들었다. 때문에 구체적인 시나리오를 먼저 가정하고 각 요소에서 발생할 수 있는 비용을 추산한다.

4-15-1 시나리오

계산 예시를 위해 시나리오를 다음과 같이 가정한다.

1. 블로그는 글이 1천 건 정도 있으며 글의 크기는 평균 2KB이다.
2. 모든 트래픽은 서울에서 발생한다.
3. 블로그는 매시간 꾸준히 1만 회의 글 조회가 발생한다.
4. 글 조회 요청 시 반환하는 웹 페이지 리소스는 총 5개이고 모두 HTTPS로 요청한다.
5. 블로그는 글의 내용을 갱신하는 자동화된 도구가 있으며 매시간 1천 회 수정한다.
6. DynamoDB와 MySQL을 사용하는 Lambda의 수행 시간은 평균 30밀리초이다.
7. DynamoDB는 최종적 일관성을 사용한다.
8. DynamoDB를 사용할 때 글 목록을 관리하기 위해 발생하는 추가적인 쓰기 단위 소모나 재시도는 고려하지 않는다.
9. S3 Bucket으로부터 SQLite 파일을 가져와 쿼리를 처리하는 Lambda의 수행 시간은 300밀리초이다.
10. 인증을 처리하는 Lambda의 수행 시간은 평균 20밀리초이고 캐시는 사용하지 않는다.
11. 모든 Lambda의 메모리 크기는 1,024MB이다.
12. 프런트엔드 빌드 결과물을 배포하기 위해 필요한 S3 업로드 비용과 CloudFront 캐시 무효화 요청 비용은 무시한다.
13. 잠금을 위해 사용하는 Redis는 ElastiCache의 프리티어에 포함된다고 가정하고 비용을 무시한다.
14. CloudWatch에 로그를 보관하는 비용과 모니터링을 구성하는 비용은 무시한다.
15. 한 달은 30일이다.

계산의 편의를 위해 유의미한 비용이 발생하는 서비스의 경우 프리티어를 계산에 포함하지 않는다. 또한 바이트와 횟수를 곱할 때 정확히 1,024와 1,000을 계산하지 않고 자릿수만 맞춘다.

4-15-2 시스템 구성

비용이 발생할 수 있는 시스템을 나열하면 다음과 같다.

1. 웹 페이지 제공 비용
   - CloudFront에서 S3 오리진을 사용해 웹 페이지를 제공하는 비용
   - API Gateway에서 웹 페이지를 제공하는 비용
2. Lambda 권한 부여자가 실행하는 비용
3. API Gateway가 요청을 받아 처리하는 비용
4. API Gateway에 통합된 Lambda를 실행하는 비용
5. 통합된 Lambda가 저장소에 접근하는 비용
   - DynamoDB에 접근하는 비용
   - MySQL을 사용하는 비용
   - S3 Bucket에 SQLite 데이터베이스를 올려서 사용하는 비용

4-15-3 CloudFront와 S3 오리진 사용

웹 페이지와 같은 정적 파일을 제공하기 위해 CloudFront와 S3 오리진을 사용하기를 권장한다. 성능도 가장 괜찮고 비용 측면에서도 가장 효율적이다. 프런트엔드 프로젝트를 빌드해서 얻은 웹 페이지의 전체 파일 크기는 약 800KB 수준이므로, S3 오리진의 객체 보관 비용은 무시할 수 있는 수준이다. 매시간 꾸준히 1만 회 조회가 발생하면 한 달 기준으로 720만 회의 조회가 발생하고, 이때 매번 다른 사람이 접근해 브라우저 캐시를 기대할 수 없는 상황이라면 발생하는 트래픽은 5.76TB(720만 회 × 800KB)이다. 모두 한국에서 요청했다고 가정하면, 처음 10TB까지 0.120USD/GB 비용이 발생하므로 691.2USD(5.76TB × 0.120USD/GB)이다. 웹 페이지는 `index.html`을 요청한 이후 `.css`나 `.js` 등의 추가 리소스를 요청하는데 이번 예제에서는 총 5개의 파일을 요청했다. 따라서 총 HTTPS 요청 횟수는 3600만 회(720만회 × 5)이다. CloudFront의 HTTPS 요청은 0.0120USD/만 건 비용이 발생하므로 43.2USD(3600만 회 × 0.0120USD/만 건)이다. 따라서 모두 합하면 734.4USD이다.

4-15-4 API Gateway에서 웹 페이지 제공

앞선 계산에서 한 달 호출 횟수는 3600만 회이고 데이터 전송량은 5.76TB로 계산했다. HTTP API의 API 호출 비용은 처음 3억 건까지 1.23USD/백만 건이고 데이터 전송 비용은 EC2와 동일하게 처음 10TB까지 0.126USD/GB이다. 따라서 API Gateway로 웹 페이지를 제공할 경우, 호출 비용 44.28USD(3600만 건 × 1.23USD/백만 건), 데이터 전송 비용 725.76USD(5.76TB × 0.126USD/GB)를 합쳐서 770.04USD이다.

웹 페이지를 제공하는 Lambda의 실행 비용도 포함해야 한다. Lambda의 평균 실행 시간을 50밀리초로 가정하자. 그러면 한 달에 3600만 번 호출되고 1,800백만-밀리초(3,600만 번 × 50밀리초)의 실행 시간을 갖는다. 따라서 호출 비용은 7.2USD(3,600만 번 × 0.2USD/백만 건)이고 실행 시간 비용은 30.06USD(1,800백만-밀리초 × 0.0167USD/백만-밀리초)이므로, 이를 합쳐 37.26USD 비용이 발생한다. API Gateway 비용과 합치면 807.3USD이다.

시나리오를 간략화했기 때문에 오차가 클 수 있지만, 단순히 비교해보면 CloudFront와 S3 오리진을 사용할 때보다 약 10% 정도 가격이 더 비싸졌다.

4-15-5 API Gateway의 API 요청 처리 비용

매시간 발생하는 트래픽은 블로그 내의 글을 조회하기 위한 요청이다. 한 달 호출 횟수가 720만 회이고 이때 반환하는 데이터의 크기는 14.4GB(2KB × 720만 건)이다. 따라서 요청 비용 8.856USD(7.2백만 건 × 1.23USD/백만 건)와 데이터 전송 비용 1.814USD(14.4GB × 0.126USD/GB)를 합쳐 10.67USD 비용이 발생한다.

4-15-6 Lambda 권한 부여자 실행 비용

Lambda 권한 부여자는 캐시를 사용하지 않아 매번 실행된다고 가정한다. 쓰기 요청을 처리할 때만 사용하므로, 한 달에 72만 번 호출되고 14.4백만-밀리초(72만 번 × 20밀리초)의 실행 시간을 갖는다. 따라서 호출 비용은 0.144USD(0.72만 번 × 0.2USD/백만 건)이고 실행 시간 비용은 0.24048USD(14.4백만-밀리초 × 0.0167USD/백만-밀리초)이므로, 이를 합쳐 0.385USD 비용이 발생한다.

4-15-7 통합된 Lambda 실행 비용

통합된 Lambda는 오로지 API 실행 처리 비용만 계산한다. 어떤 저장소를 선택해도 한 달에 720만 번 호출되는 점은 변하지 않지만, 저장소에 따라 Lambda의 실행 시간이 달라지므로 실행 시간 비용이 변한다. 720만 번의 호출 비용은 앞선 계산에서 2.405USD임을 이미 얻었다.

1. DynamoDB와 MySQL을 사용하는 Lambda의 평균 실행 시간은 30밀리초이므로 한 달 실행 시간은 216백만-밀리초(720만 번 × 30밀리초)이다. 따라서 이에 대한 비용은 3.6072USD(216백만-밀리초 × 0.0167USD/백만-밀리초)이다.
2. SQLite를 사용하는 Lambda의 평균 실행 시간은 300밀리초로 DynamoDB와 MySQL에 비해 10배다. 따라서 이에 대한 비용은 36.072USD이다.

호출 비용에 비해 실행 시간 비용이 더 큰 비율을 차지한다. 실행 시간이 짧은 DynamoDB나 MySQL은 6.012USD 비용이 발생하지만, 실행 시간이 긴 SQLite는 38.477USD가 발생한다.

4-15-8 DynamoDB 비용

DynamoDB는 읽기 요청 단위 1개에 4KB 데이터를 두 번 읽을 수 있고, 쓰기 요청 단위 1개에 1KB 데이터를 한 번 쓸 수 있다. 처리량 유형에 따라 온디맨드와 프로비저닝된 용량으로 구분할 수 있는데 각각의 경우 비용을 계산하는 방법이 다르다.

유형	온디맨드	프로비저닝된 용량
읽기 요청/용량 단위	100만 건당 0.271USD	시간당 0.00014098USD
쓰기 요청/용량 단위	100만 건당 1.3556USD	시간당 0.0007049USD

온디맨드는 요청 횟수마다 비용을 계산하지만 프로비저닝된 용량은 시간당 비용이 발생한다. 이번 예제에서는 매시간 읽기가 1만 회, 쓰기가 1천 회 발생하는 구조이다. 이를 한 달로 계산하면, 읽기가 720만 회, 쓰기가 72만 회이다.

1. 최종적 일관성 읽기를 하면 1개 읽기 단위당 4KB를 2회 읽을 수 있다. 따라서 읽기 단위는 3.2백만-단위를 사용한다.
2. 최종적 일관성 쓰기를 하면 1개 쓰기 단위당 1KB를 1회 쓸 수 있다. 글은 2KB이므로 글 하나를 쓸 때 단위 2개를 사용해야 한다. 따라서 쓰기 단위는 1.44만-단위를 사용한다.

온디맨드를 사용한다면 읽기는 0.8672USD(3.2백만-단위 × 0.271USD/백만 건) 비용이, 쓰기는 1.952064USD(1.44백만 단위 × 1.3556USD/백만 건)비용이 발생한다. 합쳐서 2.819USD 비용이 발생한다.

만약 매시간 읽기가 1만 회, 쓰기가 1천 회 발생한다는 트래픽 추정이 가능하면 프로비저닝된 용량을 사용할 수 있다. 온디맨드를 계산할 때와 같은 방식으로, 매시간 읽기는 5천-단위, 쓰기는 2천-단위가 필요하다. 프로비저닝된 용량은 초당 읽기/쓰기-단위로 제공하므로, 매시간 균일하게 요청이 들어온다는 가정하에 읽기와 쓰기의 5천과 2천을 3,600으로 나눠서 계산할 수 있다. 따라서 읽기는 0.14098USD(5천-단위 ÷ 3,600초 × 0.00014098USD/시간 × 24시간 × 30일), 쓰기는 0.28196USD(2천-단위 ÷ 3,600초 × 0.0007049USD/시간 × 24시간 × 30일) 비용이 발생한다. 합쳐서 0.423USD이다.

과도한 가정으로 무시할 수 없는 오차가 있겠지만, 트래픽을 완벽히 추정할 수 있다면 온디맨드보다 프로비저닝된 용량으로 DynamoDB를 구성하면 비용을 많이 절약할 수 있다. 물론 이렇게 균일하게 요청이 들어오는 일은 매우 드물기 때문에, 가용량을 고려해서 트래픽에 맞게 유동적으로 읽기 쓰기 용량을 조정할 것이다. 그 경우 이 정도로 극단적인 절약이 발생하지는 않겠지만 그래도 꽤 큰 폭으로 비용을 줄일 수 있다.

스토리지 비용은 월별 첫 25GB 저장까지는 무료, 이후 월별 GB당 0.27075USD이다. 전체 글 용량은 20MB(2KB × 1천 건)이므로 스토리지 비용은 무시할 수 있다.

4-15-9 MySQL 비용

MySQL은 인스턴스 타입에 따라 비용이 달라진다. 모든 비용은 인스턴스가 가동된 시간을 기준으로 부여된다. 단, T4g나 T3 인스턴스의 경우 무제한 모드로 실행되어 기본 사용률을 초과하는 경우 초과한 CPU 크레딧만큼 추가 비용이 발생할 수 있다. 몇 개의 인스턴스 사양과 비용을 정리해보면 다음과 같다.

인스턴스 타입	vCPU	메모리(GB)	EBS 대역폭(Mbps)	네트워크 성능(Gbps)	가격(USD/시간)
db.t3.micro	2	1	-	최대 5	0.026
db.t3.micro	2	2	-	최대 5	0.052
db.t3.2xlarge	8	32	-	최대 5	0.832
db.m5.large	2	8	최대 4,750	최대 10	0.236

인스턴스 타입	vCPU	메모리(GB)	EBS 대역폭(Mbps)	네트워크 성능(Gbps)	가격(USD/시간)
db.m5.24xlarge	96	384	19,000	25	11.328
db.r5.large	2	16	최대 4,750	최대 10	0.285
db.r5.24xlarge	96	768	19,000	25	13.68

매시간 발생하는 1만 회의 조회와 1천 회의 쓰기를 QPS(Queries-per-second)로 환산하면 **SELECT** 기준 2.8QPS, **INSERT**나 **UPDATE** 기준 0.3QPS다. 글 전체 용량이 20MB 수준이므로 저장소가 많이 필요하지도 않다. 이 정도의 트래픽이라면 최소 사양인 `db.t3.micro`로도 충분히 받을 수 있는 양이다. 1GB의 메모리로도 모든 데이터가 캐시에 올라가서 디스크 IO도 거의 발생하지 않는다. CPU 사용량이 높지 않아 기본 사용률도 초과하지 않을 것이기 때문에 추가 비용이 발생할 일도 없어 보인다.

MySQL 인스턴스의 경우 최대 연결수를 계산하기 위해 메모리 크기를 12,582,880로 나눈다. `db.t3.micro`의 경우 메모리가 1GB이므로 최대 연결수는 85이다. 1초에 발생하는 트래픽이 10QPS도 되지 않기 때문에 최대 연결을 걱정할 필요도 없다. Lambda 인스턴스가 DB 연결을 끊지 않기 때문에 인스턴스가 회수될 때까지 접속을 유지하는 연결수가 증가할 수 있지만, 트래픽이 많지 않으므로 대부분의 상황에서 Lambda 인스턴스가 재사용될 것이다.

`db.t3.micro`는 0.026USD/시간의 비용이 발생하므로 한 달 비용은 18.72USD(0.026USD/시간 × 24시간 × 30일)이다. 만약 급격한 트래픽 변화를 걱정해 한 단계 높은 `db.t3.small`로 업그레이드할 경우 한 달에 37.44USD(0.052USD/시간 × 24시간 × 30일) 비용이 발생한다. 데이터베이스 스토리지를 보관하는 데 범용(SSD) 스토리지일 경우 0.131USD/GB-월 비용이 발생한다. 하지만 글 전체 데이터가 20MB 수준이므로 사실상 비용을 무시할 수 있는 수준이다.

MySQL은 인스턴스 기동 시간으로 비용이 발생하므로 대부분의 서비스에서 큰 비용 비중을 차지하지만, 이번 예제는 데이터베이스 중심의 서비스가 아니어서 상대적으로 비용이 많이 줄어들었다.

4-15-10 SQLite 데이터베이스를 위한 S3 비용

SQLite 데이터베이스는 데이터베이스 파일을 S3 Bucket에 관리하는 비용이 발생한다. Lambda의 실행 시간 비용은 앞서 계산했으므로, 여기서는 S3에서 발생하는 비용만 다룬다.

한 달에 720만 회 읽기와 72만 회 쓰기가 발생한다. 읽기를 처리할 때 S3의 GET 요청이 발생하고 쓰기를 처리할 때 PUT 요청이 발생한다. 기본 스토리지를 기준으로, GET 요청의 비용은 0.00035USD/천 건이고 PUT 요청의 비용은 0.0045USD/천 건이다. 따라서 한 달 읽기 비용은 2.52USD(7.2백만 회 × 0.35USD/백만 건)이고, 쓰기 비용은 0.324USD(0.72백만 회 × 0.45USD/백만 건)이다. 합쳐서 2.844USD이다.

스토리지 비용은 처음 50TB/월에 대해 0.025USD/GB이다. 하지만 다른 저장소와 마찬가지로, 글 전체 데이터가 20MB 수준이어서 사실상 비용을 무시할 수 있다.

잠금을 위해 Redis를 사용하지만 프리티어 수준에서 모든 트래픽을 충분히 감당하므로 비용이 발생하지 않는다.

4-15-11 비용 정리

지금까지 계산한 비용을 정리하면 다음과 같다. 비교의 편의를 위해, API 요청을 처리하는 Lambda와 저장소에서 발생하는 비용은 로직 처리 구분으로 합쳐서 계산한다.

구분	항목	비용(USD)
웹 페이지 제공	CloudFront와 S3 오리진 사용	734.4
	API Gateway에서 웹 페이지 제공	807.3
API 처리	API Gateway 처리	10.67
	Lambda 권한 부여자 실행	0.385
로직 처리	통합된 Lambda + DynamoDB 온디맨드	8.831
	통합된 Lambda + DynamoDB 프로비저닝된 용량	6.435
	통합된 Lambda + MySQL	24.732
	통합된 Lambda + SQLite	41.321

1. 사진 서비스와 같이, 비용이 가장 많이 발생하는 구간은 CDN이다. CloudFront와 S3 오리진을 사용하는 것이 좀 더 비용 효율적이지만 그래도 나머지 다른 비용의 10배 이상을 차지한다.
2. Lambda 권한 부여자는 캐시를 적용할 경우 호출 횟수를 줄일 수 있어 비용을 더 절약할 수 있다.
3. 데이터베이스를 많이 사용하는 예제가 아니므로 저장소 비용이 크게 나오지 않았다. 이런 간단한 형태의 예제에서는 DynamoDB를 사용하는 편이 비용 측면에서 가장 효율적이다.

4. MySQL은 인스턴스의 가동 시간으로 비용을 계산하므로 보통 가장 비싼 자원에 속한다. 하지만 이번 예제와 같이 낮은 사양의 타입으로도 트래픽을 충분히 대응할 수 있다면 오히려 비용의 주도권은 Lambda 인스턴스의 실행 시간으로 넘어가게 된다.

4-15-12 비용 줄이기

이번에도 CDN에서 가장 큰 비용이 발생했다. 앞서 소개한 바와 같이, CloudFront의 최소 트래픽 약정을 통해 비용 할인을 받는 게 가장 일반적인 방법이다. 아니면 다소 구성이 복잡해질 수 있지만 상대적으로 저렴한 다른 CDN 솔루션을 사용하는 것도 방법이다.

Lambda도 자주 실행되기 때문에 비용이 많이 발생할 수 있는 요소다. 호출 횟수가 많을수록 메모리 크기를 적당한 수준으로 줄여 비용을 아낄 수 있다. 다만 메모리 크기를 줄이면 할당된 vCPU 크기도 같이 줄어드니 적절한 수준을 찾아야 한다. 그리고 가급적이면 작은 패키지를 유지해 첫 기동 지연 시간과 실행 시간을 최적화한다. Lambda 권한 부여자의 경우 여러 API에서 사용될 수 있는 만큼 최대한 캐시를 활용해 호출 횟수를 줄인다.

API Gateway도 자주 호출될 경우 비용이 꽤 늘어날 수 있다. `GET` 요청을 캐시할 수 있도록 캐시 제어(Cache-Control) 헤더를 적극 사용하거나 REST API의 캐시 기능을 사용할 수 있다. 혹은 CloudFront에 API를 오리진으로 추가해 CloudFront의 캐시를 사용할 수도 있다. 잦은 조회가 발생하는데 콘텐츠 수정을 즉시 반영하지 않아도 되는 경우라면 캐시 도입을 적극 고려해볼 수 있다. 또한 데이터 전송 비용도 무시할 수 없는데, REST API의 압축 기능을 사용하거나 HTTP API의 Lambda 함수가 `Accept-Encoding`을 보고 직접 압축해서 결과를 반환하는 것도 방법이 될 수 있다.

DynamoDB의 경우 모니터링을 통해 트래픽을 추정할 수 있다면 AutoScaling과 함께 프로비저닝된 용량을 사용하면 비용을 더 아낄 수 있다. 트래픽에 가깝게 맞출수록 비용은 절약할 수 있겠지만 급격히 변하는 트래픽이나 긴급 운영 작업에 의한 처리 용량 소모를 대응할 수 없을 가능성이 있다. 따라서 적절한 가용률을 고려해 최적화된 비용 선을 찾아야 한다.

4-16 정리

서버리스 스택에 DynamoDB, MySQL, SQLite 저장소를 연동해 글을 작성하고 조회할 수 있는 간단한 블로그 서비스를 구현했다. 뿐만 아니라 블로그 API를 활용하는 React 기반의 프런트엔드 프로젝트를 개발해 그 빌드 결과물을 사용자에게 제공하는 CDN 서비스를 구축하는 다양한 방법을 알아봤다. 마지막으로 구글 OAuth와 연동해 권한이 부여된 사용자만 글을 작성할 수 있도록 Lambda 권한 부여자를 추가했다.

API Gateway와 Lambda는 상태를 갖지 않는 자원으로, 상태를 유지하기 위해서는 저장소를 도입해야 한다. DynamoDB, MySQL, SQLite 중 어떤 것을 써도 상태를 저장할 수 있지만 각각의 장단점을 활용하면 더욱 효율적인 응용이 가능하다. 키-값 형태의 데이터를 주로 유지하는 쇼핑몰이나 음악 서비스와 같은 경우 DynamoDB가 더 편리할 것이고, 회원 관리나 결제처럼 구조화된 데이터의 관계가 중요할 경우 MySQL이 더 편리할 것이다. 그 외에 필요할 때마다 S3 Bucket으로부터 SQLite 데이터베이스 파일을 가져와 처리하는 형태는 구조화된 크지 않은 데이터를 간단히 처리하는 저장소를 만들 때 유용하다.

블로그라는 예제를 통해 웹 서비스를 서버리스 스택으로 구성하는 전반적인 방법을 알아봤다. 특히 CloudFront와 API Gateway는 두 단원에 걸쳐 충분히 알아봤다. 다음 단원에서는 다시 Lambda에 집중해, 블로그 글을 추천하는 서비스를 서버리스 스택으로 구현해볼 것이다.

5장

추천 서비스

- **5-1** 시나리오
- **5-2** 개발 환경 구축
- **5-3** 시스템 설계
- **5-4** 학습 구현
- **5-5** 추천 API 구현
- **5-6** 서비스 API 구현
- **5-7** 웹 페이지 구현
- **5-8** CDN 배포
- **5-9** 상용 서비스 고려
- **5-10** 모니터링
- **5-11** 비용 계산
- **5-12** 정리

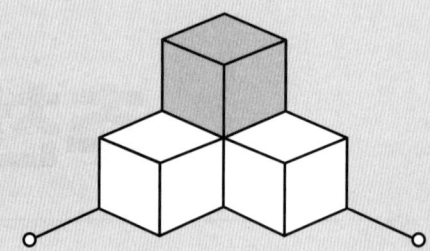

이번 단원에서는 글을 추천하는 서비스를 서버리스 스택을 활용하여 개발한다. 글마다 모두 고유한 식별자가 있다고 가정하고, 이를 Word2vec 라이브러리를 활용해 글 A를 봤을 때 글 B를 볼 수 있도록 추천하는 서비스를 개발한다.

추천에 사용하는 라이브러리는 대부분 코드 용량이 매우 크기 때문에, 지금까지 해왔던 방법으로 Lambda에 코드를 업로드하는 것은 쉽지 않다. 따라서 이번 단원에서는 컨테이너 이미지 기반으로 Lambda 코드를 업로드하는 방법을 알아본다.

5-1 시나리오

블로그나 쇼핑몰처럼 고유한 ID를 갖는 문서의 집합을 관리하는 웹 서비스를 운영한다고 가정하자. 사용자는 웹 서비스가 제공하는 문서를 기호에 따라 차례대로 열람한다. 그중 좀 더 시간을 들여 읽어보거나, 쇼핑몰의 경우 구매까지 이어지는 경우도 있을 것이다. 추적을 위한 쿠키를 사용하고 사용자가 이를 동의할 경우 하나의 세션에서 사용자가 어떤 순서로 문서를 읽는지 알 수 있다. 그리고 이 정보는 다른 사용자에게 적절한 문서를 추천해주는 기반 데이터로 사용할 수 있다. 예를 들어 어떤 사용자가 문서 A를 본 다음에 B와 C를 봤다면 다른 사용자가 문서 A를 볼 때 문서 B와 C를 추천할 수 있다.

추천을 위해 이미 잘 알려진 솔루션을 사용할 수 있다. Google analytics로 사용자 추적 정보를 생성하고 Google Cloud Platform의 BigQuery ML 서비스를 이용해 추천을 위한 행렬 분해 모델(Matrix factorization model)을 사용할 수 있다. 또는 Amazon SageMaker를 사용해 Amazon S3나 Athena에 쌓아둔 데이터를 가동해 직접 구축한 기계 학습 모델로 추천 서비스를 제공할 수 있다. 고도화된 추천 서비스를 만들기 위해서는 대량의 데이터를 정제하고 도메인에 맞는 모델을 설계하고 적합한 특징(feature)과 카테고리를 구성해야 한다. 또한 끊임없이 발생하는 원본 데이터를 가공해 지속적인 기계 학습을 수행하고 그 결과를 서비스로 제공하는 파이프라인 구축도 필요하다. BigQuery ML이나 SageMaker는 이 문제를 해결하기 위한 훌륭한 기반을 제공한다.

이 책은 Lambda의 활용에 좀 더 초점을 두고 있기 때문에 이런 부분은 다루지 않는다. 대신 간단한 원본 데이터로부터 Word2vec 모델을 구축하고, 이를 활용하는 웹 서비스를 API Gateway와 Lambda 기반으로 구현하는 방법을 살펴본다.

5-1-1 Word2vec

Word2vec은 자연어 처리 모델이다. 신경망 모델을 사용해 단어의 연관성을 학습하고, 유사도를 바탕으로 동의어를 감지하거나 단어가 빈 문장에 추가 단어를 제안할 수 있다. 이 모델은 단어 사이의 의미론적 유사성 수준을 벡터화하여 단어를 수백 차원의 숫자 집합으로 표현한다. 즉, Word2vec 모델은 학습을 통해 함께 등장하는 단어들이 벡터 공간 내에서 서로 가깝게 위치할 수 있도록 배치한다. Word2vec은 모델에 따라 주변 단어에서 주어진 단어를 예측하는

CBOW(Continuous Bag Of Word) 구조와 주어진 단어로부터 주변 단어를 예측하는 Skip-gram으로 나눈다. 계산량이 상대적으로 적은 CBOW가 처리가 좀 더 빠르지만 성능은 Skip-gram이 더 낫다고 알려져 있다.

Word2vec은 추천을 위한 모델은 아니지만, 단어들을 벡터화하여 벡터 공간(임베딩)에 배치한다는 특성이 있어 간단한 추천 모델로 사용할 수 있다. 문서의 ID를 단어로 간주해서 학습한 후, 문서 ID 사이의 연관성을 통해 추천을 구현할 수 있기 때문이다. 물론 유의미한 결과를 얻으려면 기반 데이터를 학습 데이터로 정제하고, 학습 파라미터를 튜닝하고, 어떤 서비스 데이터를 기준으로 유사한 데이터를 찾고, 비니지스 로직에 맞게 정제하거나 정렬하는 작업도 필요하다. 이번 예제에서 이런 모든 내용을 다루는 것은 무리라 단순한 기반 데이터로부터 그럴싸한 결과물을 Lambda 기반으로 구축하는 방법을 알아본다.

5-1-2 기반 데이터

시스템과 서비스에서 발생한 데이터를 모아 학습에 맞게 정제한다. 학습의 기반이 되는 데이터는 도메인에 따라 다양해질 수 있다. 보통 이런 데이터는 서비스 로그를 통해 수집한다. 서비스 로그는 사용자가 서비스에서 행한 행동 로그(Action Log)로 볼 수 있다. 예를 들어 어떤 페이지를 열람하고, 어떤 상품을 구매하고, 어떤 문서를 주변에 추천하는 등의 행위가 있다. 이러한 데이터는 서비스 로직을 구현할 때 이를 추적하는 로그를 직접 남겨서 수집할 수 있다. 또는 서버에서 발생한 API 접근 기록(Access Log)를 통해 수집할 수도 있다.

로그는 하나의 행동에 대한 기록이므로 개별 로그로 유의미한 정보를 얻기는 어려워 행동으로부터 연관성을 찾아야 한다. 따라서 개별 사용자나 특정 집단에 추적이 가능한 키를 만들고 그 안에서 로그를 묶어서 보는 장치가 필요하다. 만약 회원 정보를 이용할 수 있고 서비스 로직에서 로그를 남긴다면, 현재 로그인한 사용자에게 고유한 ID를 부여하고 그 ID를 로그에 함께 남겨 추후 로그를 분석하거나 가공할 때 이 ID로 여러 로그를 묶어서 볼 수 있게 한다.

이번 예제에서는 회원 관리 기능을 넣지 않는다. 대신 사용자가 접근했을 때 임의의 쿠키를 발급해 연속된 요청을 추적한다. 쿠키 사용 동의를 수락하면 그때 추적을 위한 쿠키를 발급하며, 그 이후의 행동에 로그를 남겨 분석에 사용한다.

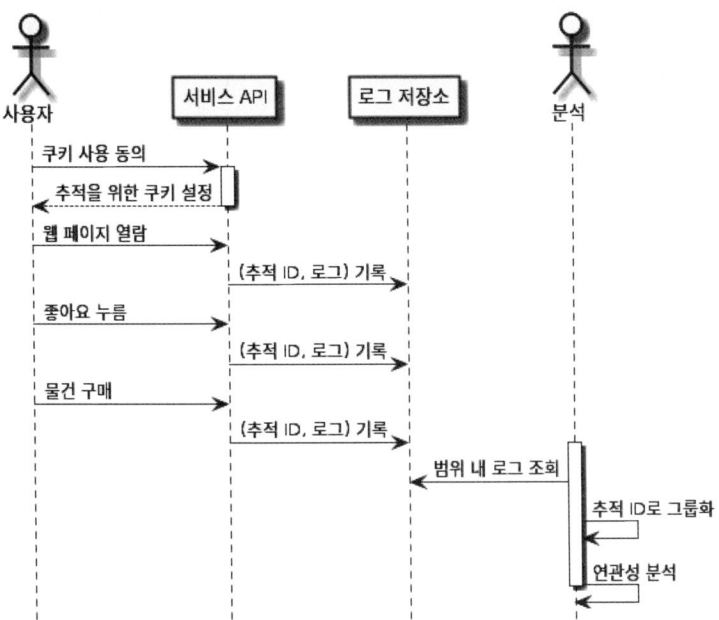

그림 5-1-1 데이터 파이프라인: 이벤트 발생부터 분석까지

Word2vec은 말뭉치를 학습 데이터로 사용한다. 예를 들어 다음과 같은 문장 집합에서 한 단어와 그 주변 단어(윈도우)들의 연관성을 학습한다.

```
단어-1  단어-2  단어-3
단어-2  단어-5  단어-1
단어-3  단어-8
```

이번 예시에서는 단어 대신 이벤트에서 발생한 대상 ID를 사용한다. 이때 하나의 문장을 구성하기 위해 동일한 추적 ID에 속한 대상 ID를 문장으로 간주한다. 예를 들어, 추적 쿠키를 사용한 사용자 A가 문서 3, 2, 1순으로 열람했다면 다음과 같은 학습 데이터를 만든다.

```
문서-3  문서-2  문서-1
```

이를 학습한 Word2vec 모델의 벡터 공간에서 문서-2와 유사한 문서를 찾는다면, 주변에 있는 문서-3과 문서-1이 나오게 될 것이다.

5-2 개발 환경 구축

지금까지는 모두 자바스크립트 런타임의 타입스크립트 언어를 사용했고, Lambda 혹은 S3에 코드를 업로드해 사용하는 방식을 사용했다. 하지만 이번 예제에서는 다른 방법을 사용해야 한다.

1. 이번 예제는 Word2vec을 사용하기 위해 파이썬으로 구현된 Gensim 라이브러리를 사용한다. 따라서 파이썬 런타임을 사용한다.
2. Gensim과 같은 머신러닝 라이브러리는 용량이 크기 때문에 /var/task에 담기 어려운 경우가 많다. 따라서 컨테이너 이미지 기반의 Lambda를 사용한다.
3. 컨테이너 이미지 기반의 Lambda는 비교적 최근에 출시되었다. 그 때문인지 Serverless Framework에서 잘 지원되지 않는 부분이 있다. 예를 들면 2022년 8월 현재 Serverless Offline 플러그인이 잘 동작하지 않는다. 로컬 테스트 환경을 구축하는 것은 중요하므로, 이번 예제는 Serverless Framework 대신 AWS SAM(Serverless Application Model) CLI 도구를 사용한다.

5-2-1 파이썬 환경 구축

여러 버전의 파이썬을 사용하게 된다면 pyenv[1]를 사용하는 것이 좋다. nvm과 같이 여러 버전의 파이썬을 관리할 수 있는 도구다.

Linux나 macOS 환경에서는 다음과 같이 간단히 설치 스크립트를 사용해 설치할 수 있다. 물론 외부의 스크립트를 로컬에서 바로 실행하는 것은 보안 관점에서 좋지 않기 때문에 실행하기 전에 스크립트의 내용을 꼼꼼히 확인해야 한다. 이 스크립트는 pyenv와 필요한 도구들을 Git clone 한 후 필요한 설정을 처리해주는 스크립트다.

```
curl https://pyenv.run | bash
```

물론 Windows와 같이 파이썬의 의존 패키지를 플랫폼에 맞게 다시 빌드해야 하는 경우라면 Anaconda를 사용하는 편이 더 편리하다. 다만 라이선스 문제도 있고 기본으로 설치되는 패키지도 비대한 문제가 있다. 따라서 이 책에서 이 부분은 다루지 않는다.

---

[1] https://github.com/pyenv/pyenv-installer

pyenv가 설치된 이후 shell rc 파일에 다음과 같이 추가한다. 만약 bash를 사용한다면 ~/.bashrc, zsh를 사용한다면 ~/.zprofile에 다음과 같이 추가한다.

```
export PATH="$HOME/.pyenv/bin:$PATH"
eval "$(pyenv init -)"
eval "$(pyenv virtualenv-init -)"
```

변경된 rc 파일을 다시 source 명령으로 읽거나 shell을 다시 띄우면 pyenv를 실행할 수 있다. install 명령을 사용해 필요한 버전을 설치한다. 이때 의존 패키지에 대한 사전 설치가 필요하다. 문제가 발생하면 https://github.com/pyenv/pyenv/wiki/common-build-problems 페이지와 https://github.com/pyenv/pyenv/wiki#suggested-build-environment 페이지를 참고해 해결한다.

AWS Lambda는 2022년 8월 현재 파이썬 3.9까지 런타임으로 지원하므로 3.9의 최신 버전인 3.9.13을 설치한다.

```
$ pyenv install 3.9.13
Downloading Python-3.9.13.tar.xz...
-> https://www.python.org/ftp/python/3.9.13/Python-3.9.13.tar.xz
Installing Python-3.9.13...
Installed Python-3.9.13 to /home/lacti/.pyenv/versions/3.9.13
```

이 버전을 기본으로 사용하려면 pyenv global 명령으로 버전을 지정한다. 동일한 명령을 사용해 현재 사용 중인 파이썬 버전을 확인할 수 있다. 만약 특정 디렉토리에서만 특정 버전을 사용하고 싶다면 pyenv local 명령을 사용한다. 이 명령은 현재 디렉토리에 .python-version 파일에 사용할 파이썬 버전을 명시한다. 이번 예제에서는 간단히 pyenv global 명령을 사용해 전역 파이썬 버전을 고정한다.

```
$ pyenv global 3.9.13
$ pyenv global
3.9.13
```

이후 설치가 잘 되었는지 pyenv doctor로 확인한다. 또는 which로 python이 제대로 연결되었는지 확인한다.

```
$ which python
/home/lacti/.pyenv/shims/python

$ python --version
Python 3.9.13
```

프로젝트를 시작할 때는 virtualenv를 사용한다. 파이썬은 pip 도구를 사용해 의존 패키지를 설치하는데 파이썬이 설치된 디렉토리의 하위 site-packages에 설치하게 된다. 이는 의존성 사이의 버전 충돌을 야기할 수 있다. virtualenv는 현재 작업 디렉토리 하위에 위치하도록 만들어주는 도구로, 의존성을 관리하는 site-packages뿐만 아니라 사용하는 파이썬 버전도 고정할 수 있다.

```
$ pip install virtualenv
Collecting virtualenv
...
Installing collected packages: virtualenv
Successfully installed ... virtualenv-20.14.1

$ virtualenv venv
created virtual environment CPython3.9.13.final.0-64 in 134ms
  creator CPython3Posix(dest=/home/lacti/python-dev/venv, clear=False, no_vcs_ignore=False, global=False)
  seeder FromAppData(download=False, pip=bundle, setuptools=bundle, wheel=bundle, via=copy, app_data_dir=/home/lacti/.local/share/virtualenv)
    added seed packages: pip==22.2.2, setuptools==62.1.0, wheel==0.37.1
  activators BashActivator,CShellActivator,FishActivator,NushellActivator,PowerShellActivator,PythonActivator
```

venv 디렉토리에 virtualenv 환경을 구축한다. bin에 파이썬 관련 실행 파일을 지정한 버전에 맞게 심볼릭 링크로 추가하고 이를 사용하기 위한 activate 쉘 스크립트를 제공한다. activate 쉘 스크립트를 실행해 venv 아래에 파이썬을 사용하도록 환경 변수를 교체하고 나면, 이후 pip를 통해 설치하는 패키지는 모두 venv/lib/python3.9/site-packages에 설치하게 된다. 이는 프로젝트별로 의존성이 섞이지 않도록 도와줄 뿐만 아니라, 시스템 파이썬을 사용할 때 의존성을 설치하기 위해 root 권한이 필요한 문제도 해결되고, 파이썬 Lambda를 사용할 때 함께 업로드되는 의존성의 총 용량이 어느 정도 수준인지 site-packages 디렉토리의 용량을 확인하는 것만으로도 가늠할 수 있게 된다.

```
$ tree
.
└── venv
    ├── bin
    │   ├── activate
    │   ├── ...
    │   ├── pip
    │   ├── python -> /home/lacti/.pyenv/versions/3.9.13/bin/python3.9
    │   └── ...
    ├── lib
    │   └── python3.9
    │       └── site-packages
    └── pyvenv.cfg
```

이 환경을 사용하기 위해 activate 스크립트를 실행한다. 그러면 현재 virtualenv 환경에서 쉘이 실행되고 있다는 점을 알려주기 위해 프롬프트 앞에 (venv)가 추가된다.

```
$ source venv/bin/activate
(venv) $
```

이제 파이썬 개발을 위한 준비가 완료되었다.

5-2-2 AWS ECR 로그인

Lambda에서 컨테이너 이미지를 사용하기 위한 업로드 공간이 필요하다. 보통은 컨테이너 이미지를 관리하기 위해 직접 Docker 레지스트리(Registry)를 관리하거나 Harbor 혹은 Docker Hub 등의 서비스를 사용한다. AWS에서는 이미지 관리를 위해 ECR(Elastic Container Registry) 서비스를 제공한다. ECR은 AWS가 제공하는 Docker 레지스트리 서비스다. AWS ECS(Elastic Container Service)에서 사용할 컨테이너 이미지를 관리하기 위해 시작된 서비스다. Lambda도 컨테이너 이미지를 지원하기 위해 ECR을 사용한다.

Serverless Framework나 이후 소개할 SAM(Serverless Application Model) CLI 도구는 로컬에서 작업한 컨테이너 이미지를 ECR에 업로드한 후 Lambda에서 사용하도록 연결한다. 도구에서 ECR을 제어하기 때문에 ECR에 대한 명령을 자세히 알아둘 필요는 없지만, ECR을 사용하기 위해서 로그인하는 작업은 필요하다. AWS CLI v2 명령 도구를 사용해 Docker를 로그인하는 명령은 다음과 같다.

```
$ aws ecr get-login-password --region <AWS_REGION> \
  | docker login --username AWS --password-stdin <ACCOUNT_ID>.dkr.ecr.<AWS_REGION>.
amazonaws.com
```

1. `aws ecr get-login-password` 명령을 사용해 로그인 암호를 획득한 후 `docker login` 명령으로 넘겨준다. AWS CLI의 버전에 따라 명령이 다르므로 주의가 필요하다. 책에서 소개하는 v2 도구는 v1 도구의 `get-login` 명령을 지원하지 않는다.
2. `AWS_REGION`은 ECR을 사용할 지역을 지정한다. 이번 예제에서는 서울 지역을 사용하므로 ap-northeast-2로 지정한다.
3. `ACCOUNT_ID`는 로그인할 계정의 ID다. `aws sts get-caller-identity` 명령을 사용해 얻을 수 있다. 반환값의 `Account`를 사용한다.

Docker는 로그인 인증 정보를 홈 디렉토리 아래의 `.docker/config.json` 파일에 평문으로 보관한다. 따라서 보안이 유지되는 개발 환경이 아니라면 이는 보안 문제를 유발할 수 있다. 만약 그런 환경에서 로그인이 필요하다면 최소한 작업이 완료된 이후에 `docker logout` 명령을 사용하여 로그아웃 해야 한다.

5-2-3 SAM CLI 설치

AWS의 SAM(Serverless Application Model)은 Lambda 함수뿐만 아니라 API, 데이터베이스, 이벤트 소스 매핑 등의 리소스를 포함해 서버리스 애플리케이션을 정의하는 모델을 제공한다. SAM 템플릿은 CloudFormation과 유사하게 코드로 자원을 정의한다. Lambda 함수, HTTP API, DynamoDB 등을 사용하기 위해 `AWS::Serverless` 네임스페이스의 자원 선언을 지원한다. CloudFormation 문법으로 선언할 수 있는 자원 중 서버리스와 관련된 자원을 조금 더 간결한 속성으로 표현할 수 있도록 지원해준다. 물론 CloudFormation 문법도 지원한다.

SAM 자원을 선언한 SAM 템플릿 파일은 SAM CLI 도구를 사용해 로컬에서 테스트하거나 AWS에 배포할 수 있다. Serverless Framework와 비슷한 AWS의 공식 서비스 지원 도구로 볼 수 있다. 때문에 당연하게도, AWS의 서버리스 모델에 특화된 기능이 출시될 경우 Serverless Framework보다 그 기능을 더 빠르게 지원한다. 예를 들어, 이번 예제에서 사용할 컨테이너 이미지 사용 기능은 Serverless Framework보다 SAM CLI 도구가 더 잘 지원한다.

SAM CLI는 GitHub에서 개발하고 있다. 최신 버전을 설치하려면 `aws/aws-sam-cli` 리포지토리의 최신 릴리즈를 다운로드한다. https://github.com/aws/aws-sam-cli/releases 주소에서 OS에

맞는 최신 버전을 다운로드한 후 설치한다.

1. 리눅스의 경우 압축 파일을 해제한 후 `install` 파일을 실행한다. 만약 새로운 버전으로 업그레이드한다면 `--update` 옵션을 사용한다. 기본으로 `/usr/local/bin` 디렉터리에 설치하므로 설치 명령 시 관리자 권한을 부여한다.
2. 윈도우의 경우 릴리즈 페이지에서 `.msi` 파일을 다운로드하고 실행해 패키지 인스톨러를 통해 설치한다.
3. macOS의 경우 `brew` 명령을 통해 설치한다. `brew tap aws/tap` 명령을 실행해 AWS 도구 formulae를 등록한 후 `brew install aws-sam-cli` 명령을 실행한다.

설치가 올바르게 끝났는지 `sam --version` 명령으로 확인할 수 있다. 2022년 8월 현재 최신 버전은 1.53.0이다.

```
$ sam --version
SAM CLI, version 1.53.0
```

SAM CLI 도구는 자동 업그레이드 기능이 없기 때문에, 새롭게 출시된 AWS 서버리스 기능을 사용할 때는 현재 사용하는 도구가 최신 버전인지 확인해보는 것이 좋다. 템플릿을 올바르게 작성했음에도 SAM CLI에서 알 수 없는 문법이라는 오류가 발생한다면 버전 문제일 가능성이 높다.

5-3 시스템 설계

이번 예제에서는 AWS나 GCP에서 제공하는 머신러닝 솔루션을 사용하지 않고, Lambda에 Word2vec 모델을 올려서 직접 추천 서비스를 구축한다. 다만 학습은 Lambda의 제약 조건으로 인해 직접 하고, 학습된 모델 파일을 Lambda 인스턴스에서 사용하는 시스템을 설계한다.

- 로컬에서 로그 데이터를 모아 학습 데이터로 변환한다.
- 로컬에서 Word2vec 모델을 학습한다.
- 학습한 Word2vec 모델을 S3 Bucket에 업로드한다.
- 추천 API가 호출되면 Lambda 인스턴스가 시작된다. Lambda 인스턴스는 첫 기동 시 S3 Bucket에서 Word2vec 모델을 다운로드한다.

- API를 처리하기 위해 Word2vec 모델을 메모리에 올려서, 요청받은 문서 ID와 유사한 다른 문서 ID를 반환한다.
- 서비스는 추천 API 결과를 받아 문서 ID로부터 문서를 조회해 제공한다.

Word2vec을 가장 쉽게 사용할 수 있는 라이브러리는 파이썬으로 구현된 Gensim이다. 이 라이브러리를 사용하기 위해 이번 예제는 다른 예제들과는 다르게 Lambda의 파이썬 런타임을 사용한다. 그리고 큰 용량의 머신러닝 라이브러리를 250MB의 /var/task에 담는 것은 쉽지 않은 일이므로 컨테이너 이미지 기반의 Lambda를 사용한다.

추천 서비스를 만들기 위해서는 일단 기반이 되는 서비스가 있어야 한다. 이번 예제에서는 이를 위해 간단한 아트 갤러리 웹 서비스가 있다고 가정한다. 사용자는 작품에 대해 '좋아요'를 선택할 수 있고, 이때 로그를 남겨 학습 데이터로 활용한다. 그리고 작품 페이지에 진입했을 때 다른 작품 추천 목록을 보여준다.

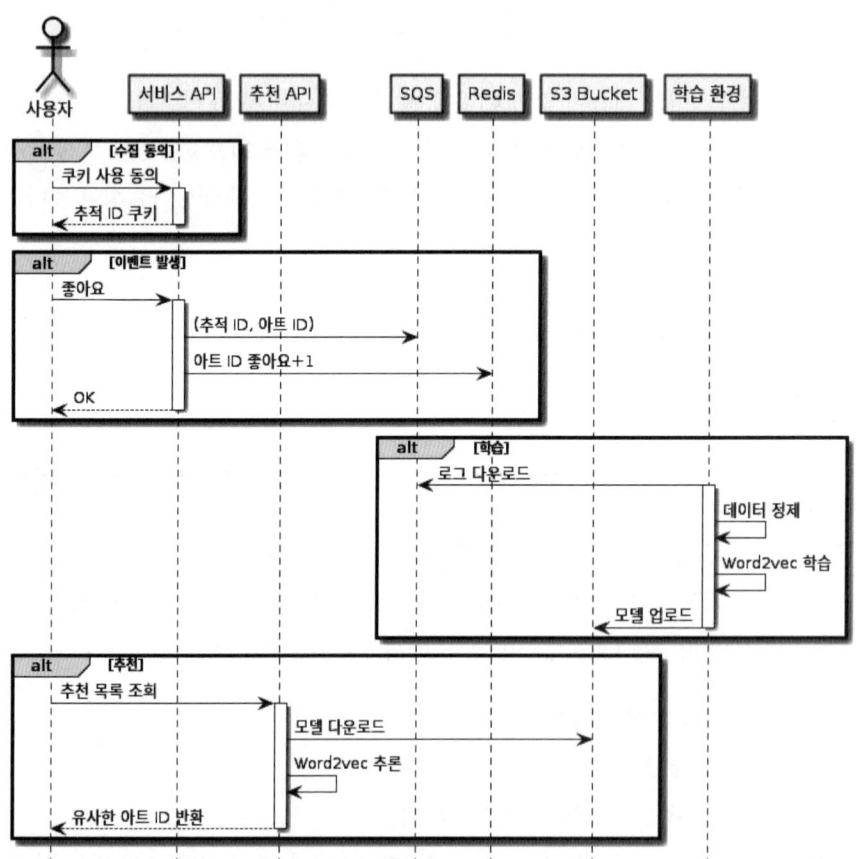

그림 5-3-1 좋아요 이벤트 기반의 추천 시스템 흐름도

시스템 전체 구성도는 그림 5-3-1과 같다.

1. 아트 갤러리에 대한 웹 서비스를 구축한다. 지난 블로그 예제와 같이 정적 웹 페이지와 이를 제공하는 CDN을 구축한다. 예제의 간단함을 위해 아트 리소스는 모두 정적 파일로 작성된다고 가정한다.
2. 좋아요 기능은 별도의 서버리스 API로 작성한다. 좋아요 버튼을 누르면 SQS에 추적 ID와 아트 ID를 보관한다. 이는 학습을 위한 데이터로 가공할 때 사용된다.
   - 추적 ID는 사용자가 웹 서비스의 쿠키 사용 동의를 허가할 때 발급한다. 식별을 위한 GUID를 세션 쿠키로 발급한다.
3. 지금까지 눌린 좋아요 횟수를 보여주기 위해, 좋아요 API는 Redis를 사용한다.
4. 로그 데이터를 수집해 학습하는 시스템은 주기적으로 SQS에서 로그를 가져와 정제한 후 Word2vec 모델을 학습한다. 그리고 모델 파일을 S3 Bucket에 업로드한다.
   - 학습은 많은 자원을 요구할 수 있기 때문에 Lambda에서 진행하기는 어렵고, EC2나 별도의 환경에서 진행한다고 가정한다.
5. 추천 API는 S3 Bucket에서 학습된 모델 파일을 Lambda에 다운로드한 후, 요청받은 아트 ID에 해당하는 추천 목록을 반환한다.

웹 서비스를 구축에 사용하는 방법은 앞선 블로그 예제와 거의 동일하다. 블로그 예제에서는 동적으로 글을 관리하기 위해 글에 대한 CRUD API와 저장소를 제공했지만, 이번 예제는 미리 준비된 데이터를 제공할 뿐이므로 모든 아트 데이터를 정적으로 제공한다. 이를 프로젝트 디렉토리로 간단히 확인하면 다음과 같다.

```
website
├── public
│   ├── images
│   │   └── <image-files...>
│   ├── index.html
│   └── ...
└── src
    ├── App.tsx
    ├── Components.tsx
    ├── data.json
    ├── Pages.tsx
    └── ...
```

1. 아트 이미지 파일은 정적 파일로 함께 배포하기 위해 `public/images` 아래에 모두 넣어둔다.
2. React 코드 구성을 위한 `App`, `Components`, `Pages` 파일은 지난 블로그 예제와 동일하게 가져간다.

3. 아트 갤러리를 위한 메타데이터는 모두 data.json 파일 하나에 담아 코드와 함께 포함한다. 예를 들어 작가 이름이나 작품명이 여기에 속한다.

data.json 파일 안 데이터의 구조는 다음과 같다. 데이터는 모두 파이썬의 Faker 라이브러리 (github.com/joke2k/faker)를 사용해 작성했다. 아트 이미지는 thisartworkdoesnotexist를 사용했다.

```
interface Picture {
  id: string;
  title: string;
  author: string;
  description: string;
  year: number;
}
interface DataJson {
  [id: string]: Picture;
}
```

아트 갤러리의 첫 화면은 전체 목록을 보여주는 페이지다. 이때 상단에 검색창을 추가한다. 검색은 fuse.js 라이브러리를 사용한다. 작품을 선택하면 상세 정보를 보여주는 페이지로 진입하며, 여기서 '좋아요'를 누르거나 추천 목록을 볼 수 있다.

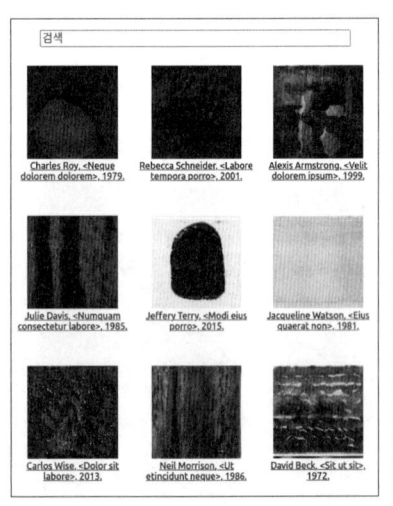

그림 5-3-2 아트 갤러리 첫 화면

그림 5-3-3 아트 갤러리 상세 화면

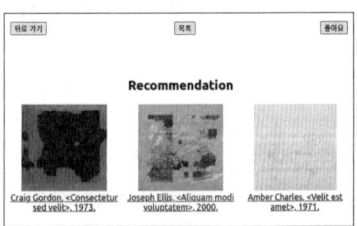

그림 5-3-4 아트 갤러리 추천 화면

이번 예제는 추천을 구현하는 방법을 설명하는 데 초점을 맞추고 아트 갤러리 웹 페이지를 작성하는 부분은 설명을 생략한다. 앞선 블로그 예제에서 사용한 방법과 큰 차이가 없을 뿐더러, 대부분의 기능이 이번 예제만을 위해 구현되어 특별한 부분이 없기 때문이다. 개발할 모듈은 다음과 같이 총 5개다. 다음 표에 정리된 순서대로 하나씩 살펴보자.

모듈	디렉토리 이름	설명
학습	train	SQS에서 이벤트를 다운로드 받아 Word2vec 모델 학습
추천 API	recommend-api	학습한 Word2vec 모델을 S3 Bucket에서 다운로드해 추천 항목 제공
서비스 API	service-api	추적 쿠키와 좋아요 API 제공
웹 페이지	website	작품을 보여주는 프런트엔드 구성
CDN 스택	cdn-stack	API와 웹 페이지를 제공하는 CDN 스택 정의

5-4 학습 구현

학습 모듈은 서비스 API가 SQS에 쌓아둔 이벤트를 가져와서 학습을 위한 데이터로 정제한 후 Word2vec 모델을 학습한다. Word2vec 모델을 다루기 위해 `gensim` 라이브러리를 사용한다. `gensim` 라이브러리는 파이썬으로 작성되었으므로, 학습 모듈은 파이썬으로 구현한다. 학습을 위한 `train` 디렉토리를 만들고 `virtualenv`로 환경을 구성한다.

```
$ mkdir train && cd train
train$ virtualenv venv
train$ source venv/bin/activate
(venv) train $
```

5-4-1 의존 라이브러리 설치

이 모듈에서 사용할 의존 라이브러리를 설치하기 위해 `requirements.txt` 파일에 필요한 의존성을 명시한다. `requirements.txt`는 파이썬 프로젝트에서 사용하는 의존성 패키지를 명시하는

gensim==4.2.0 파일이다. 이 파일을 사용하는 대신 `pip install gensim==4.2.0` 명령과 같이 직접 `pip` 명령으로 의존성을 하나씩 설치할 수도 있지만, 나중에 이 프로젝트를 다시 사용할 때 설치할 의존성을 투명하게 관리하기 위해 requirements.txt 파일을 작성하는 편이 좋다. `pip` 명령으로 개별 의존성을 모두 설치한 뒤 `pip freeze` 명령으로 설치된 모든 의존성의 버전을 한 번에 출력해 보관할 수도 있지만 설치하려는 패키지가 참조하는 다른 의존 패키지의 버전도 함께 출력되므로 의도한 의존성만 깔끔하게 정리할 수 없다.

```
# requirements.txt
gensim==4.1.2
boto3==1.21.3
```

1. Word2vec 모델을 사용하기 위해 gensim 라이브러리를 사용한다.
2. SQS에 접근해 이벤트를 다운로드하고 학습된 Word2vec 모델을 업로드하기 위해 AWS 클라이언트인 boto3 라이브러리를 사용한다.

작성한 requirements.txt 파일은 `pip install` 명령의 -r 옵션으로 설치할 수 있다.

```
$ pip install -r requirements.txt
```

5-4-2 이벤트 다운로드

SQS는 Amazon Simple Queue Service로 AWS가 제공하는 관리형 메시지 대기열 서비스다. SQS를 통해 간단히 메시지를 주고받을 수 있으며 다음과 같은 특성을 갖는다.

1. 순서 보장이 필요하지 않은 표준 대기열과 순서를 보장하는 FIFO 대기열이 있다. 표준 대기열은 최소 1회 전송을 보장하고, FIFO 대기열은 정확히 1회 전송을 보장한다. 표준 대기열이 FIFO 대기열보다 조금 더 저렴하다.
2. 요청 하나에 1~10개의 메시지를 포함할 수 있다. 처리할 메시지가 많다면 10개씩 배치해 처리하는 것이 좋다.
3. 메시지 하나는 64KB까지 사용할 수 있다. 최대 256KB 크기의 메시지를 사용할 수 있는데, 이 경우 4개의 메시지 요청으로 간주된다.
4. 메시지는 별도의 설정 없이 대기열에서 4일간 보존된다. 이 기간은 설정을 통해 1분에서 14일까지 변경할 수 있다.

5. 대기열이 저장할 수 있는 메시지의 수는 제한이 없다.
6. 표준 대기열의 경우 메시지의 송신, 수신, 삭제에 대해 초당 거의 무제한으로 API를 호출할 수 있다.

이러한 특징 덕분에 SQS는 저렴하게 로그를 보관하는 용도로도 사용한다. 대기열에 저장 가능한 메시지 수의 제한이 없고 메시지 보존 기간이 최대 14일까지 늘어날 수 있다는 점 때문에 이번 예제에서와 같이 로그를 주기적으로 가져와 처리할 때 사용하기도 좋다.

학습 모듈은 학습에 사용할 데이터를 구성하기 위해 좋아요 API에 의해 SQS에 쌓인 이벤트를 다운로드한다. 이벤트는 (추적 ID, 작품 ID) 형태를 사용한다. 이를 타입스크립트 타입으로 표현하면 다음과 같다.

```
interface LikeEvent {
  traceId: string; // 추적 ID
  id: string; // 작품 ID
}
```

학습을 처리하는 main.py 파일을 구현한다. SQS를 사용하기 위해서는 먼저 SQS 클라이언트를 생성해야 한다. SQS 클라이언트는 boto3 라이브러리에 있다. SQS 대기열의 이름은 학습 모듈과 서비스 API 양쪽에서 모두 사용해야 하므로 `LIKE_QUEUE_NAME` 환경 변수로 주입한다. SQS는 QueueName으로부터 QueueUrl을 얻고, 이 URL을 사용해 메시지의 송신, 수신, 삭제를 처리해야 한다. 따라서 먼저 get_queue_url 함수를 사용해 QueueUrl을 얻는다.

```
import boto3
import os

queue_name = os.getenv("LIKE_QUEUE_NAME")
sqs = boto3.client("sqs")
get_queue_url = sqs.get_queue_url(QueueName=queue_name)
queue_url = get_queue_url["QueueUrl"]
```

SQS에서 메시지를 가져오는 drain 함수는 다음과 같다. SQS 메시지 수신 함수를 사용해 메시지를 다운로드한 후 메시지 안의 이벤트 정보를 읽는다.

```
import json

def drain():
```

```python
messages = sqs.receive_message(
    QueueUrl=queue_url, MaxNumberOfMessages=10, WaitTimeSeconds=0
)
result = []
if "Messages" not in messages:
    return result

for message in messages["Messages"]:
    result.append(json.loads(message["Body"]))

entries_to_delete = [
    {"Id": m["MessageId"], "ReceiptHandle": m["ReceiptHandle"]}
    for m in messages["Messages"]
]
deleted = sqs.delete_message_batch(QueueUrl=queue_url, Entries=entries_to_delete)
if "Failed" in deleted:
    details = json.dumps(deleted["Failed"])
    raise Exception(f"메시지를 삭제할 수 없습니다: {details}")
return result
```

1. 메시지 수신 함수(sqs.receive_message)는 어떤 QueueUrl에서 메시지를 가져올지, 한 번에 몇 개의 메시지를 가져올지(MaxNumberOfMessages), 메시지가 없다면 몇 초까지 기다릴지(WaitTimeSeconds)를 설정한다. 메시지 호출 횟수를 줄이기 위해서는 한 번에 최대한 많이 가져오는 것이 좋으니 가져올 수 있는 최댓값인 10을 사용한다. 메시지가 없다면 기다릴 필요가 없으니 대기 시간을 0초로 설정한다.
   - 만약 메시지를 수신해 작업을 실시간에 가깝게 처리해야 한다면 대기 시간을 최대한 줘서 메시지를 기다리는 롱 폴링(Long polling) 방식을 사용한다. WaitTimeSeconds는 최대 20초까지 설정할 수 있다.

2. 수신 함수의 반환값에 메시지가 존재하지 않는다면 Messages 항목 자체가 없다. 이 경우 빈 배열을 반환해 더 이상 메시지가 없다고 알려준다.

3. 메시지 본문은 Body로 전달된다. 이때 본문은 문자열 타입이므로 도메인에 맞는 역직렬화가 필요하다. 서비스 API에서 이벤트를 JSON.stringify해서 보낼 예정이므로, 여기서는 JSON 파싱을 위해 json.loads 함수를 사용한다.

4. 수신한 메시지를 대기열에서 모두 삭제한다. SQS는 메시지를 자동으로 삭제하지 않기 때문에 처리가 완료된 메시지는 직접 삭제(delete_message_batch)해야 한다. 삭제할 메시지는 메시지의 핸들(ReceiptHandle)로 지정한다. 이때 여러 개를 한 번에 삭제하기 위해 배치 함수를 사용할 경우, 개별 삭제 요청마다 유일한 요청 ID가 필요하다. 안 겹치면 되므로 적당히 msg1, msg2와 같이 사용해

도 되고 이 구현과 같이 `MessageId`를 사용해도 된다.

- 이번 예제처럼 메시지 수신 후 즉시 삭제하는 경우가 아니라면 메시지를 수신할 때 `Visibility Timeout` 옵션으로 시간을 지정할 수 있다. 이 값은 최소 0부터 최대 12시간까지 사용할 수 있다. 메시지를 수신한 후 이 시간 내에 삭제 요청을 하지 않으면 해당 메시지는 대기열 안에서 다시 가져갈 수 있는 상태로 전환되어 다른 수신 요청에서 이 메시지를 획득할 수 있다. 이는 수신자의 고장에 대비해 메시지 처리 신뢰성을 높일 수 있지만 종종 의도치 않은 시간 초과에 의해 메시지를 중복 처리하는 문제를 야기할 수 있다. 따라서 메시지 처리 시간이 길어진다면 `change_message_visibility` 함수를 사용해 시간을 조정해야 한다.

SQS에서 얻은 메시지를 추적 ID(traceId)로 묶어서 저장하는 `collect` 함수는 다음과 같다.

```python
import datetime
import tempfile

bucket_name = os.getenv("BUCKET_NAME")
s3 = boto3.client("s3")

def collect():
    user_map = dict()
    while True:
        events = drain()
        if len(events) == 0:
            break
        for event in events:
            if event["traceId"] not in user_map:
                user_map[event["traceId"]] = []
            user_map[event["traceId"]].append(event["id"])

    if len(user_map) == 0:
        return

    filename = "event." + datetime.datetime.now().strftime("%Y-%m-%d") + ".log"
    local_file = os.path.join(tempfile.gettempdir(), filename)
    with open(local_file, "w") as f:
        for _, ids in user_map.items():
            f.write(" ".join(ids) + "\n")

    s3.upload_file(Bucket=bucket_name, Filename=local_file, Key=f"events/{filename}")
```

1. 메시지가 더 이상 존재하지 않을 때까지 읽어서 추적 ID(traceId)를 키로 작품 ID(id)를 모은다.

2. 데이터를 집계한 날짜로 로그 파일을 저장한다. 로그 수집 모듈을 일 단위로 수행해 `event.yyyy-MM-dd.log` 파일 형태로 모으기 위함이다.
3. 로그 파일은 각 행마다 작품 ID를 공백 문자로 연결해서 보관한다. 하나의 행을 문장으로, 하나의 작품 ID를 단어로 취급하는 Word2vec 학습 데이터를 구성한다.
4. 작성한 로그 파일을 S3 Bucket에 업로드한다. 학습 모듈의 파일 시스템이 항상 유지된다고 보장할 수 없기 때문에, 학습 데이터를 S3 Bucket에 보관한다.

이번 예제에서는 발생할 데이터가 많지 않다고 가정했기 때문에 모든 데이터를 메모리에서 집계했다가 한 번에 파일로 쓴다. 만약 데이터가 아주 많다면 이 방법은 메모리 부족 문제를 야기하므로 사용할 수 없다. 그 경우 `user_map`의 크기에 따라 적당히 중간에 저장하고 `user_map`을 비운다. 아니면 같은 의도로, 이 모듈을 시간 단위로 좀 더 자주 실행한다. 동일한 추적 ID임에도 다른 행으로 데이터가 기록되는 부분이 아쉽지만, 데이터가 아주 많다면 이런 사소한 노이즈는 학습 결과에 큰 영향을 미치지 않는다.

`collect` 함수를 매일 실행해서 S3 Bucket에 일 단위의 로그 데이터를 업로드한다. 학습 모듈은 S3 Bucket으로부터 데이터를 다운로드해서 Word2vec 모델을 학습한다. S3 Bucket으로부터 이벤트 로그 파일을 다운로드하는 `download_event_logs` 함수는 다음과 같다.

```python
def download_event_logs():
    objects = s3.list_objects_v2(Bucket=bucket_name, Prefix="events/")
    if "Contents" not in objects:
        return

    for obj in objects["Contents"]:
        filename = os.path.basename(obj["Key"])
        local_file = os.path.join(tempfile.gettempdir(), filename)
        if os.path.exists(local_file):
            continue
        s3.download_file(Bucket=bucket_name, Key=obj["Key"], Filename=local_file)
```

1. S3 Bucket 내의 파일 목록을 `list_objects_v2` 함수를 통해 가져온다. 파일이 하나도 없다면 Contents 항목이 존재하지 않는다.
2. Contents 배열 안에 있는 Key 항목으로부터 S3 객체의 키를 가져온다. 업로드할 때 이를 `event.yyyy-MM-dd.log` 형식으로 설정했다. 따라서 그 키를 그대로 임시 파일 디렉토리(`tempfile.gettempdir()`) 안의 파일 이름으로 사용한다.

3. 만약 파일이 이미 존재한다면 다운로드하지 않는다. 이는 학습 모듈을 실행하는 인스턴스를 재사용할 때 불필요한 다운로드를 줄이도록 돕는다.

5-4-3 학습

학습에 필요한 데이터가 로컬에 준비되었으므로, 이제 남은 작업은 학습뿐이다. Word2vec 라이브러리는 옵션에 따라 학습 데이터 파일을 여러 번 읽는다. 데이터가 클 경우 모든 데이터를 메모리에 올려두는 것은 불가능하므로, 다음과 같이 순회할 수 있는(Iterable) 객체를 만들어 넘겨준다. `yield` 한 번으로 반환하는 내용은 문장이다. 즉, 단어의 집합이다.

```python
import glob

class Reader:
    def __iter__(self):
        pattern = os.path.join(tempfile.gettempdir(), "event.*.log")
        for file in glob.glob(pattern):
            for line in open(file, "r"):
                yield [id for id in line.strip().split(" ") if len(id) > 0]
```

1. 임시 파일 디렉토리에서 `event.*.log` 패턴을 갖는 모든 파일을 찾는다(`glob.glob`).
2. 파일을 열어서(`open`) 각 행을 공백 문자로 나눠서(`split`) 배열로 반환한다.

학습은 `gensim.models` 패키지의 `Word2Vec` 클래스를 사용한다. `Reader`를 사용해 데이터로부터 학습한 후, 그 결과 벡터를 `w2v.dat` 파일에 저장한다. 그리고 모델 파일을 추천 API에서 사용할 수 있도록 S3 Bucket에 업로드한다.

```python
from gensim.models import Word2Vec

w2v_dat_file = "w2v.dat"
local_w2v_dat_file = os.path.join(tempfile.gettempdir(), w2v_dat_file)

def train():
    w = Word2Vec(sentences=Reader())
    w.wv.save(local_w2v_dat_file)

    s3.upload_file(Bucket=bucket_name, Filename=local_w2v_dat_file, Key=w2v_dat_file)
```

이번 예제는 추천을 위한 모델보다는 전체적인 파이프라인에 초점을 맞추고 있기 때문에 Word2Vec 클래스의 사용에 대해서는 크게 신경 쓰지 않는다. Word2Vec 클래스는 학습을 위한 많은 파라미터를 지정할 수 있다. 기본으로 사용하는 CBOW 대신 Skip-gram을 사용할 수도 있고, 데이터의 특성에 맞게 벡터 차원의 크기나 문맥을 파악하기 위한 주변 단어의 수, 최소 등장 빈도 수 등을 지정할 수 있다. 이번 예제에서는 파라미터를 하나도 지정하지 않고 모두 기본값을 사용한다.

지금까지 구현한 모든 함수를 순차적으로 실행하는 진입점을 작성한다. 단, Word2Vec 라이브러리는 로거(Logger)를 활성화하지 않았다면 아무런 메시지를 출력하지 않는다. 만약 학습과 관련된 로그를 확인하고 싶다면 다음과 같이 logger를 켜주는 코드도 함께 추가한다.

```
import logging

logging.basicConfig(format='%(asctime)s : %(levelname)s : %(message)s', level=logging.INFO)

if __name__ == "__main__":
    collect()
    download_event_logs()
    train()
```

SQS에 테스트 데이터를 넣고 이 모든 단계를 실행해 정상 동작하는지 확인할 수 있다. 혹은 비용이 발생하는 SQS 구간을 제외하고, 로컬에 이벤트 로그를 미리 받아두고 train 함수만 실행해 학습이 올바르게 되는지 확인할 수 있다. Word2vec은 신경망이므로 학습이 돌아가는 걸 보려면 적어도 몇 천 건 이상의 데이터는 있어야 하고, 유의미한 결과를 보려면 적어도 몇 십만 건 이상은 있어야 한다. 이번 예제는 모든 데이터를 임의로 생성했으므로 학습 데이터 또한 임의로 생성해서 사용해야 한다. 때문에 학습과 추천이 동작하는 것처럼 보이지만 유의미한 결과를 나타내지는 않는다. 이벤트 로그를 /tmp/event.yyyy-MM-dd.log 형식으로 만들어두고 지금까지 작성한 코드를 실행하면 다음과 같은 로그를 볼 수 있다. 설명의 편의를 위해 로그의 시간 부분은 생략한다.

```
(venv) $ python main.py
INFO : collecting all words and their counts
INFO : PROGRESS: at sentence #0, processed 0 words, keeping 0 word types
INFO : PROGRESS: at sentence #10000, processed 94695 words, keeping 1000 word types
INFO : PROGRESS: at sentence #20000, processed 189943 words, keeping 1000 word types
```

```
INFO : collected 1000 word types from a corpus of 263000 raw words and 27713 sentences
INFO : Creating a fresh vocabulary
INFO : deleting the raw counts dictionary of 1000 items
INFO : sample=0.001 downsamples 0 most-common words
INFO : estimated required memory for 1000 words and 100 dimensions: 1300000 bytes
INFO : resetting layer weights
INFO : worker thread finished; awaiting finish of 2 more threads
INFO : worker thread finished; awaiting finish of 1 more threads
INFO : worker thread finished; awaiting finish of 0 more threads
INFO : EPOCH - 1 : training on 263000 raw words (263000 effective words) took 0.2s,
1545049 effective words/s
# ... 반복 학습 로그 생략
INFO : EPOCH - 5 : training on 263000 raw words (263000 effective words) took 0.2s,
1423196 effective words/s
INFO : saved w2v.dat
```

1. 문장으로부터 유의미한 단어 집합을 생성한 후 지정된 파라미터에 따라 각 단어의 벡터를 계산한다.
2. 임의로 생성한 데이터를 기반으로 학습했기 때문에 모든 수치가 깔끔하게 나온다.
3. 임의로 생성한 데이터 수가 너무 적기 때문에 5번 반복했음에도 굉장히 빨리 완료된다.
4. 학습이 완료된 후 w2v.dat 파일로 결과를 저장했다.

5-4-4 S3 Bucket 준비

학습 데이터와 Word2vec 모델을 담는 S3 Bucket은 관리 주체가 모호하다. 서비스 API 스택은 완전 동떨어져 있고, 추천 API도 소유권을 가지기보단 가져다 사용하는 모듈에 가깝다. 가장 적극적으로 S3 Bucket을 사용하는 건 학습 모듈인데 학습 모듈은 서버리스 스택을 정의하지 않았다. 이런 애매한 자원은 하나의 CloudFormation에 모아서 자원을 배포할 수도 있다. 하지만 간단한 경우라면 문서를 통해 관리 주체만 명시하고 `awscli` 명령을 사용해 자원을 직접 추가하는 것도 방법이다. CloudFormation의 경우 최대 2,000개까지 배포할 수 있으므로 이런 개별 유형의 자원까지 CloudFormation으로 관리하는 것은 자원 낭비에 가깝다.

다음과 같이 `BUCKET_NAME` 환경 변수로 지정한 S3 Bucket을 서울(ap-northeast-2) 지역에 생성한다.

```
aws s3 mb s3://${BUCKET_NAME} --region ap-northeast-2
```

5-4-5 배포

학습 모듈을 실행할 장소를 고르려면 다음 두 가지를 고려해야 한다.

1. 이벤트 로그 파일의 용량이 얼마나 커질 수 있는가?
2. 학습 프로그램의 수행 시간이 얼마나 길어질 수 있는가?

Word2vec의 학습 시간은 충분히 빠르기 때문에 문서의 양이 적고 이벤트가 많지 않다면 Lambda에서 학습 모듈을 실행할 수도 있다. 예를 들어, 이번 예제에서는 1천 개의 문서에 대해 총 8백만 행의 학습 데이터를 생성했다. 하나의 데이터는 평균 10개 정도의 문서 ID를 포함했고, 전체 학습 데이터는 약 2GB 정도의 크기를 가진다. 학습 시간은 Intel i7-10510U CPU로 약 5분 정도 걸렸다. Lambda는 최대 15분의 수행 시간을 가질 수 있고, 임시 디렉토리(/tmp)를 기본 512MB에서 최대 10GB까지 사용할 수 있다. 이번 예시 정도의 작은 규모라면 Lambda에서 충분히 학습할 수 있다. 하지만 추천 서비스가 필요한 웬만한 상용 환경의 데이터 규모는 이에 비할 바가 아니며, Lambda에서 학습을 실행하는 것은 사실상 무리다.

따라서 학습을 위한 컴퓨팅 자원을 별도로 할당하는 것이 좋다. Jenkins나 Argo CD와 같이 지정된 워크플로우를 주기적으로 실행할 수 있는 솔루션을 사용해도 좋고, EC2를 AWS Instance Scheduler 서비스를 사용해 지정된 시간에 주기적으로 실행해도 된다. 혹은 지속적으로 할당된 자원에서 특정 시간에만 학습을 시작할 수 있도록 `cron job`을 구성해도 좋다. 학습을 위한 별도의 컴퓨팅 풀을 구성할 것인지, 아니면 이미 사용 중인 풀을 같이 활용할 것인지는 현재 운영 중인 시스템 환경에 따라 결정한다.

이때 학습을 실행하는 환경에서 SQS와 S3에 접근할 수 있도록 IAM 권한을 구성해야 한다. 학습 모듈은 로그 파일을 다운로드하고 Word2vec 모델을 업로드하기 위해 S3 Bucket에 접근하고, 이벤트를 가져오기 위해 SQS 대기열에 접근한다. 따라서 학습 모듈을 실행하려면 적어도 다음 권한이 구성되어야 한다.

자원(Resource)	행동(Actions)
arn:aws:s3:::${BUCKET_NAME}	s3:ListBucket
arn:aws:s3:::${BUCKET_NAME}/*	s3:GetObject, s3:PutObject
arn:aws:sqs:{AWS_REGION}:{ACCOUNT_ID}:${QUEUE_NAME}	sqs:GetQueueUrl, sqs:ReceiveMessage, sqs:DeleteMessage

1. S3 Bucket에서 로그 파일의 목록을 가져오기 위해(list_objects_v2) s3:ListBucket 권한이 필요하다. 이는 객체 수준이 아닌 Bucket 수준의 권한으로 따로 지정한다.
2. S3 Bucket에서 로그 파일을 다운로드하기 위해 s3:GetObject 권한이, Word2vec 모델 파일을 업로드하기 위해 s3:PutObject 권한이 필요하다. 객체 수준의 권한이므로, 자원에 /*를 명시했다. 좀 더 견고한 권한 체계가 필요하다면 객체 표현식을 포함한다.
3. SQS 대기열의 QueueUrl을 가져오기 위해 sqs:GetQueueUrl 권한이, 메시지를 가져오기 위해 sqs:ReceiveMessage 권한이 필요하다. 읽은 메시지는 배치로 지우는데(delete_message_batch) 권한은 단건 삭제인 sqs:DeleteMessage로 지정해야 한다. 배치에 대한 행동은 따로 없다.

만약 EC2나 ECS에서 학습을 실행한다면, IAM 역할을 생성할 때 Amazon EC2 역할 유형으로 생성한다. EC2의 경우 이를 인스턴스 프로파일로 지정하고, ECS의 경우 컨테이너 인스턴스 IAM으로 지정한다. 그러면 그 안에서는 별도의 접근 키와 비밀 키 설정 없이 IAM 역할로 지정된 자원에 접근할 수 있다. 만약 AWS 환경이 아닌 곳에서 학습을 실행해야 한다면, IAM 사용자를 하나 추가하고 역할을 부여한 후 프로그램 키를 발급받아 그 접근 키와 비밀 키를 환경 변수로 구성한다.

5-5 추천 API 구현

학습을 통해 Word2vec 모델 파일인 `w2v.dat` 파일을 S3 Bucket에 준비했다. 추천 API를 위한 Lambda는 이를 다운로드해 지정된 문서 ID와 유사한 다른 문서 ID를 반환한다. 이에 앞서, 먼저 Word2vec 모델을 불러온 후 어떤 함수를 사용해 유사한 다른 문서를 찾을지 알아보자.

5-5-1 추천 구현

Word2vec 모델의 `wv`(word vectors)를 통해 저장한 `w2v.dat` 파일은 `KeyedVectors` 클래스를 사용해 불러올 수 있다. 다음과 같이 `gensim.models` 라이브러리에서 `KeyedVectors` 클래스를 가져온 후, 모델 파일을 읽는다(load). 그리고 주어진 문서 ID와 유사한 다른 문서를 `most_similar_cosmul` 함수를 통해 찾는다. 만약 임시 디렉토리(/tmp)에 `w2v.dat` 파일이 위치한다면, 다음과 같이 스크립트를 실행해 원하는 결과를 얻을 수 있다.

```
from gensim.models import KeyedVectors

kv: KeyedVectors = KeyedVectors.load("/tmp/w2v.dat")
r = kv.most_similar_cosmul(positive=["d8b423c7c9803b768206f68faff97e25"], negative=["d9e
1630de6a64ae46601435b0bc46670"])
print(r)
```

1. most_similar_cosmul 함수는 벡터 공간에서 유사한 벡터를 찾는 함수 중 하나다. 벡터는 크기와 방향으로 구성되며 벡터의 크기는 학습 데이터에서의 노출 빈도수에 따라 달라질 수 있다. most_similar_cosmul은 most_similar보다 벡터 크기의 영향을 덜 받는다. 학습 데이터의 편향을 피해 좀 더 나은 유추를 할 수 있도록 most_similar_cosmul을 사용한다.

2. most_similar 계열의 함수는 긍정(positive)과 부정(negative)을 설정할 수 있다. 긍정에 가깝고 부정에 먼 결과를 반환한다. 만약 시스템이 '좋아요'뿐만 아니라 '싫어요' 기능을 제공한다면 부정에 대한 서비스도 지원할 수 있다. 하지만 학습 데이터를 통해 구성된 벡터 공간이 유사도에 의한 클러스터링을 표현하는 데 그친다면, 긍정과 부정 벡터와의 합이 반드시 올바른 결과를 보여준다는 보장이 어렵기 때문에 쉽게 사용할 수 있는 기능은 아니다.

작성한 스크립트를 실행하면 다음과 같은 결과를 얻을 수 있다. most_similar_cosmul 함수는 긍정과 부정을 고려한 유사한 문서 ID를 유사도와 함께 반환한다. 임의로 만든 데이터를 사용했기 때문에 모든 항목의 점수가 비정상적으로 높다. 또한 부정까지 고려했기 때문에 점수가 1을 넘는다. 보통 이런 결과는 추천받는 입장에서는 큰 의미가 없다. 하지만 전체적인 시스템 구성을 설명하기 위한 예제로는 부족함이 없다.

```
(venv) $ python predict.py
[('89061bcfde7980532b1b90b017432d27', 1.0003701448440552),
 ('a70938169e8631d9b3207cddd13b403b', 1.0003353357315063),
 ('65c9c61cf848142129babe39d15e860a', 1.0003225803375244),
 ('c49c6993ba2fbc61d005af349ba9c889', 1.0003142356872559),
 ('1e8ac1b542c6ac1e0998360b6ac7ff66', 1.0002695322036743),
 ('7d47422d1016716f3683871d18959aee', 1.0002647638320923),
 ('b45311781125a2de8cf47efc50dafa63', 1.0002604722976685),
 ('14e8facbb894813e9274ef6954651926', 1.000251293182373),
 ('56637dbb7e02b1500d6d3276bf4332f4', 1.0002487897872925),
 ('b8ff2c6f4188c4b639160a1d2a4f72dd', 1.0002484321594238)]
```

5-5-2 SAM 프로젝트 작성

추천 API는 문서 ID를 요청으로 받아 `most_similar_cosmul` 함수의 결과를 응답으로 반환한다. 하지만 앞서 이야기한 바와 같이, Word2vec 라이브러리는 용량이 너무 커서 Lambda의 패키지를 사용할 수 없고 컨테이너 이미지를 사용해야 한다. 그리고 Serverless Framework의 offline 플러그인은 2022년 8월 기준 컨테이너 이미지를 지원하지 않기 때문에 로컬 테스트 환경을 지원하는 SAM CLI 도구를 사용한다.

SAM CLI의 `sam init` 명령을 통해 템플릿으로부터 프로젝트를 간단히 시작할 수 있다. 이 명령은 테스트를 위한 기본 코드도 작성해주므로 일반적인 프로젝트를 시작할 때 편리하다. 하지만 이번 예제에서는 복잡한 설명을 피하기 위해 템플릿을 사용하지 않고, 필요한 파일만 직접 작성해서 프로젝트를 구성한다. 필요한 파일은 다음과 같다.

```
.
├── .dockerignore
├── app.py
├── Dockerfile
├── requirements.txt
├── template.yaml
└── venv
```

- `.dockerignore` 파일과 `Dockerfile`은 컨테이너 이미지를 구성하는 Docker 이미지 선언 파일이다.
- `app.py`는 Lambda 인스턴스가 실행할 함수의 코드가 들어가는 애플리케이션 파일이다. 이 파일에서 Word2vec 모델을 불러와 추천 대상을 반환한다.
- `requirements.txt` 파일은 필요한 파이썬 의존성을 명시한 파일이다.
- `template.yaml`은 SAM 자원을 정의하는 템플릿 파일이다.
- `venv` 디렉토리는 파이썬 프로젝트를 위한 `virtualenv` 환경이다.

먼저 추천 API에 필요한 의존성을 `requirements.txt` 파일에 명시하고 설치한다. 학습 때와 같이, AWS 자원에 접근하기 위한 `boto3` 라이브러리와 Word2vec을 위한 `gensim` 라이브러리를 명시한다.

```
(venv) $ cat << EOF > requirements.txt
gensim==4.1.2
```

```
boto3==1.21.3
EOF

(venv) $ pip install -r requirements.txt
```

Lambda 함수의 구현을 담는 **app.py**는 HTTP API 요청을 처리하는 함수를 구현한다. 요청과 처리 문맥을 **event**와 **context** 인자로 받는다. HTTP API를 사용해 API Gateway V2를 사용하므로 반환값의 본문을 JSON으로 변환해 내려준다. Lambda 인스턴스는 재사용될 수 있다. 이때 전역 공간에 선언한 변수는 재사용된다. 따라서 추천을 위해 w2v.dat 파일을 준비하는 작업을 여기서 처리하면 Lambda 함수 수행 시간을 크게 아낄 수 있다.

```
import json

# 전역 공간

def lambda_handler(event, context):
    return json.dumps({...body...})
```

S3 Bucket에 업로드한 **w2v.dat** 모델 파일을 로컬의 임시 디렉토리(/tmp)에 다운로드(download_file)한다. 이 작업은 함수가 호출될 때마다 수행할 필요는 없고 Lambda 인스턴스가 처음 초기화될 때 한 번만 실행하면 된다. 그렇기 때문에 전역 공간에서 실행한다. Lambda 인스턴스가 재사용될 동안 오래된 w2v.dat 파일을 볼 수 있으나 Lambda 인스턴스는 길어야 10분 정도 재사용되므로 큰 문제는 아니다. 하지만 변경된 w2v.dat 파일을 즉시 적용해야 한다면, Redis 등의 빠른 저장소에 최신 버전을 저장해두고 로컬 사본의 버전과 비교해 모델 파일을 갱신해야 한다. S3 Bucket에 매번 접근하는 전략은 보통 좋지 않다. 왜냐하면 S3 Bucket과 Lambda의 응답 시간은 수십에서 수백 밀리초가 필요하고 요청마다 비용이 발생하기 때문이다.

```
import boto3
import os
import tempfile

w2v_dat_file = os.path.join(tempfile.gettempdir(), "w2v.dat")

bucket_name = os.getenv("BUCKET_NAME")
s3_client = boto3.client("s3")
s3_client.download_file(Bucket=bucket_name, Key="w2v.dat", Filename=w2v_dat_file)
```

다운로드한 모델 파일을 KeyedVectors로 가져온다. load 함수로 모델 파일을 지정해 불러올 수 있다. 이 부분도 w2v.dat 파일을 다운로드하는 것과 같이, Lambda 인스턴스와 함께 재사용되면 효율적이므로 전역 공간에 선언한다.

```
from gensim.models import KeyedVectors

kv: KeyedVectors = KeyedVectors.load(w2v_dat_file)
```

Word2vec 모델이 준비되었으므로, HTTP API 요청으로부터 기준 문서(id)와 선호(like), 비선호(dislike)를 사용해 유사한 다른 문서 ID를 찾을 수 있다. 이때 조회할 개수(topn)도 요청으로부터 받는다. most_similar_cosmul의 반환값은 (ID, 유사도)의 배열이므로 여기서 유사도를 제거하고 ID만 모아서 반환한다.

```
default_topn = 10

def lambda_handler(event, context):
    id = event["pathParameters"]["id"]
    likes, dislikes, topn = _read_query_params(event)
    r = kv.most_similar_cosmul(positive=[id] + likes, negative=dislikes, topn=int(topn))
    return json.dumps({"result":[each[0] for each in r]})

def _read_query_params(event):
    if "queryStringParameters" not in event:
        return [], [], default_topn
    query = event["queryStringParameters"]
    return _split_csv(query.get("like")) \
        , _split_csv(query.get("dislike")) \
        , query.get("topn") or default_topn

def _split_csv(input: str):
    if input is None:
        return []
    return [id.strip() for id in input.split(",") if len(id.strip()) > 0]
```

1. 기준 문서(id)는 경로 파라미터(pathParameters)로 받는다. 이 값은 필수로 설계한다.
2. 그 외의 변수들은 선택이므로 쿼리 파라미터(queryStringParameters)로 받는다. 선호(like)와 비선호(dislike)는 여러 개를 전달할 수 있도록 CSV(Comma-separated values) 형식으로 전달한다.

3. 쿼리 파라미터를 하나도 설정하지 않는 경우에는 event에서 queryStringParameters 자체가 없다. 이 경우를 주의해서 처리한다.

Lambda 함수의 구현을 완료했다. 이 함수는 압축을 통한 패키지로 업로드하는 대신, 컨테이너 이미지로 올라가야 한다. 이를 위해 다음과 같이 Dockerfile을 작성한다.

```
FROM public.ecr.aws/lambda/python:3.9

COPY requirements.txt ./
RUN python3.9 -m pip install -r requirements.txt -t .
COPY app.py ./

CMD ["app.lambda_handler"]
```

1. Lambda 파이썬 런타임은 실행할 버전에 맞게 AWS의 기반 이미지를 사용한다. 파이썬 3.9를 사용하려면 public.ecr.aws/lambda/python:3.9를 사용한다.
2. requirements.txt 파일을 이미지 안으로 복사한 후 의존성을 설치한다(install -r).
3. app.py 파일을 복사한다. 보통 requirements.txt 파일은 자주 바뀔 일이 없지만 app.py는 자주 바뀌므로, 둘을 분리시켜 컨테이너 이미지를 다시 만들 때 좀 더 효율적으로 만들도록 한다.
4. Lambda 함수의 진입점을 CMD로 지정한다. 모듈 이름과 함수 이름을 지정한 것으로, app 모듈의 lambda_handler 함수를 실행한다.

컨테이너 이미지에 불필요한 파일이 들어가는 것을 막고 불필요한 파일이 수정되었을 때 컨테이너 이미지를 다시 생성하는 것을 막기 위해, 다음과 같이 .dockerignore 파일을 작성한다. 필요한 파일이 몇 개 없으므로, 다음과 같이 모두 제외(**)한 후에 필요한 파일만 제외(ignore)에서 제외(!)하도록 구성하는 편이 간단하다. Dockerfile에서 COPY 명령의 인자로 사용한 app.py 파일과 requirements.txt 파일만 포함한다.

```
**
!/app.py
!/requirements.txt
```

마지막으로 SAM 템플릿을 작성한다. SAM 템플릿은 CloudFormation과 비슷하지만 서버리스 자원을 선언할 때 좀 더 간결한 표현식을 사용할 수 있는 확장을 제공한다. 기본 구조는 CloudFormation과 비슷하다.

```
AWSTemplateFormatVersion: "2010-09-09"
Transform: AWS::Serverless-2016-10-31

Parameters:
  BucketName:
    Type: String

Resources:
  RecommendFunction:
    # 추후 설명

Outputs:
  # 추후 설명
```

1. `AWSTemplateFormatVersion`으로 버전을 명시한다. 2010-09-09 고정값이다.
2. `Transform`으로 변환 서식 버전을 지정한다. `AWS::Serverless-2016-10-31` 고정값이다.
3. `Parameters`로 이 템플릿에서 사용할 변수를 외부로부터 주입한다. Serverless Framework의 선언과는 다르게, 환경 변수를 그대로 사용하는 방법은 없다. 모두 `Parameters`에 선언하고 SAM CLI 명령을 통해 전달해야 한다.
   - 이번 예제에서는 Word2vec 모델 파일을 다운로드할 S3 Bucket의 이름을 전달하기 위해 `BucketName` 파라미터를 사용한다.
4. `Resources`로 스택이 포함할 자원을 선언한다.
5. `Outputs`로 배포가 완료된 이후 출력해야 할 내용을 선언한다. 예를 들어, 배포한 HTTP API의 주소가 여기에 해당한다. Serverless Framework에서는 배포 정보를 기본으로 출력했지만 SAM CLI는 직접 출력하도록 템플릿을 선언해야 한다.

스택에 포함할 자원은 `Resources` 영역에 선언한다. 추천 API는 Lambda, API Gateway, Cloud Watch Logs, IAM, ECR 등의 자원으로 구성된다. 다행히 SAM 템플릿은 이 모든 걸 각각 선언하는 대신, `AWS::Serverless::Function` 자원 선언 하나로 필요한 구성을 알아서 처리해준다.

```
Resources:
  RecommendFunction:
    Type: AWS::Serverless::Function
    Properties:
      PackageType: Image
      MemorySize: 2048
      Timeout: 29
```

```
      Architectures:
        - x86_64
      Events:
        RecommendApi:
          Type: HttpApi
          Properties:
            Path: /recommend-api/{id}
            Method: get
      Environment:
        Variables:
          BUCKET_NAME: !Ref BucketName
      Policies:
        - S3ReadPolicy:
            BucketName: !Ref BucketName
    Metadata:
      Dockerfile: Dockerfile
      DockerContext: .
      DockerTag: v1
```

1. `PackageType`은 Lambda가 사용할 패키지의 유형이다. 컨테이너 이미지를 사용하므로 `Image` 유형을 사용한다.

2. `MemorySize`는 Lambda 인스턴스의 메모리 크기다. 이번 예제에서는 문서의 양이 많지 않으므로 적당히 작은 메모리를 사용해도 문제없다. 만약 모델의 크기가 크거나 더 많은 CPU가 필요하다면 메모리의 크기를 늘린다.

3. `Timeout`은 Lambda의 수행 시간을 지정한다. 컨테이너 이미지 유형의 Lambda는 초기 수행 시간이 상당하므로 API Gateway 통합 Lambda의 최대 시간인 29초로 지정한다.

4. `Architectures`는 Lambda의 코어 유형이다. 사용하는 라이브러리의 `arm` 호환성을 보장할 수 없다면 `x86_64`를 사용하는 편이 좋다.

5. `Events`는 Lambda가 기동될 이벤트 유형을 정의한다. `HttpApi`로 /recommend-api/{id} 경로를 통해 요청받도록 설정한다. 여기서 지정한 `{id}`를 경로 파라미터(pathParameters)로 받는다.

6. `Environment`의 `Variables`로 Lambda에서 사용할 환경 변수를 선언한다. 스택의 `BucketName`으로 전달한 S3 Bucket의 이름을 `BUCKET_NAME` 환경 변수로 전달한다.

7. `Policies`로 Lambda가 가질 IAM Policy를 선언한다. SAM 템플릿은 잘 알려진 유형에 미리 정의된 정책 템플릿을 제공한다. SQS, S3, DynamoDB 등 잘 알려진 AWS 자원으로의 접근을 손쉽게 허용할 수 있다. 이번 예제에서는 `w2v.dat` 파일을 다운로드하기 위해 S3 Bucket의 읽기 권한이 필요하다. 이 경우 `S3ReadPolicy`를 사용하고 `BucketName`를 지정해주면 된다.

8. Metadata로 빌드할 Docker 설정을 지정한다. 사용할 Dockerfile과 빌드할 위치(DockerContext)와 컨테이너 이미지의 태그(DockerTag)를 지정한다. SAM CLI의 build 명령을 사용하면 이 선언에 따라 컨테이너 이미지를 빌드한다.
   - DockerTag는 반드시 지정할 필요는 없다. 다만 버전이 달라질 경우를 대비해 버전을 태그로 사용하거나, 혹은 런타임이 달라질 경우를 대비해 런타임 이름을 태그로 사용한다.
   - 만약 이미지 빌드에 인자(argument)가 필요하다면 DockerBuildArgs를 통해 지정한다.

배포가 완료된 이후에는 HTTP API의 주소를 출력하도록 Outputs를 설정한다. Outputs는 하위 항목마다 출력할 대상을 Value로 지정할 수 있다. 각 항목에 대한 설명(Description)도 지정할 수 있다.

```
Outputs:
  RecommendApi:
    Value: !Sub "https://${ServerlessHttpApi}.execute-api.${AWS::Region}.amazonaws.com/recommend-api/"
```

1. !Sub 내장 함수를 사용하면 문자열 내에 포함된 표현식을 모두 치환한다. Fn::Join과 Ref를 조합한 것과 동일한 효과를 보인다.
2. ServerlessHttpApi는 SAM 템플릿에 의해 자동으로 만들어지는 자원으로, Serverless 자원이 HttpApi 이벤트를 사용할 때 이를 참조하면 API ID를 가져올 수 있다. 즉, API Gateway의 주소를 만들 때 사용할 수 있다.

sam validate 명령으로 템플릿 선언이 알맞게 되었는지 확인할 수 있다. 잘못 작성한 부분이 없다면 다음과 같이 문제가 없다고 나온다. VSCode의 aws-toolkit-vscode 확장을 설치하면 작성하는 중에도 유효성을 검사할 수 있다. 다만 스키마 파일이 늘 최신으로 유지되는 것은 아니므로, sam validate 명령도 사용하는 편이 좋다.

```
$ sam validate
2022-04-21 22:32:55 Loading policies from IAM...
2022-04-21 22:33:01 Finished loading policies from IAM.
/home/lacti/502-art-gallery/recommend-api/template.yaml is a valid SAM Template
```

sam build 명령으로 컨테이너 이미지를 빌드하고 배포를 위한 템플릿 파일을 준비한다. 코드나 템플릿에 변경점이 있다면 반드시 sam build 명령을 수행한 후 배포를 진행해야 한다. 그렇게 하지 않으면 변경점이 적용되지 않으므로 주의가 필요하다.

```
$ sam build
# Docker 빌드 로그 생략
Successfully built a6512ee6024c
Successfully tagged recommendfunction:v1

Build Succeeded

Built Artifacts  : .aws-sam/build
Built Template   : .aws-sam/build/template.yaml

Commands you can use next
=========================
[*] Invoke Function: sam local invoke
[*] Test Function in the Cloud: sam sync --stack-name {stack-name} --watch
[*] Deploy: sam deploy --guided
```

1. `sam build` 명령으로 Docker 이미지가 빌드된다. 빌드가 완료된 후 `DockerTag`로 지정한 태그가 부여된다.
2. 템플릿을 빌드해서 `.aws-sam` 디렉토리에 넣는다. 이 디렉토리의 내용을 배포할 때 사용한다.
3. 빌드 이후에 할 수 있는 작업을 알려준다. `sam local invoke` 명령으로 로컬에서 실행하거나 `sam deploy` 명령으로 배포할 수 있다.

5-5-3 로컬 테스트

`sam local start-api` 명령을 통해 로컬 테스트 서버를 시작한다. `--port` 옵션으로 웹 서버의 포트를 지정할 수 있다. 서비스 API를 위한 로컬 서버와 포트의 충돌을 피하기 위해 3001번 포트를 사용한다. 이 명령의 실행 결과로 로컬에 기동된 API 서버의 주소를 확인할 수 있다.

```
$ sam local start-api --port 3001
Mounting RecommendFunction at http://127.0.0.1:3001/recommend-api/{id} [GET]
You can now browse to the above endpoints to invoke your functions. You do not need
to restart/reload SAM CLI while working on your functions, changes will be reflected
instantly/automatically. You only need to restart SAM CLI if you update your AWS SAM
template
2022-04-21 22:55:45  * Running on http://127.0.0.1:3001/ (Press CTRL+C to quit)
```

※ SAM 템플릿을 변경하면 SAM CLI를 재시작해야 하지만 함수를 변경했을 때는 자동으로 반영된다고 쓰여 있다. 하지만 2022년 8월 현재 컨테이너 이미지 기반의 SAM은 이 기능을 지원하지 않는다. 함수 코드나 템플릿을 변경했다면 반드시 `sam build` 명령을 실행해야 한다. 다행히 `sam local start-api` 명령을 종료할 필요는 없다. 로컬 테스트 서버는 그대로 켜두고 다른 터미널에서 `sam build` 명령을 실행해도 된다.

curl 명령을 사용해 요청을 만들어보자. 그럼 다음과 같은 로그를 확인할 수 있다.

```
# 테스트를 위한 curl 요청.
$ curl -XGET http://localhost:3001/recommend-api/c65a88fb2d7393c040058f1d6e3fa64b

# SAM CLI의 실행 로그.
Invoking Container created from recommendfunction:v1
Building image..................
Skip pulling image and use local one: recommendfunction:rapid-1.46.0-x86_64.

START RequestId: da152a60-ed36-4f6d-bf1e-edcacb95d90e Version: $LATEST
bucket_name=lacti-recommend-data
Elapsed [0.33050107955932617s]: Download w2v.dat from S3
Elapsed [0.021983861923217773s]: Load KeyedVectors
END RequestId: da152a60-ed36-4f6d-bf1e-edcacb95d90e
REPORT RequestId: da152a60-ed36-4f6d-bf1e-edcacb95d90e  Init Duration: 0.12 ms
Duration: 1006.94 ms    Billed Duration: 1007 ms    Memory Size: 2048 MB    Max Memory
Used: 2048 MB
2022-04-21 22:57:25 127.0.0.1 - - [21/Apr/2022 22:57:25] "GET /recommend-api/c65a88fb2d7
393c040058f1d6e3fa64b HTTP/1.1" 200 -
```

1. curl 요청을 보낼 때마다 매번 `Building image` 로그가 나온다. 하지만 실제로 이미지를 빌드하지 않는다. 그래도 빌드된 이미지를 매번 새로 가져와서 사용하므로, 다른 터미널에서 필요할 때마다 `sam build` 명령으로 이미지를 빌드하면 테스트 서버를 계속 재사용할 수 있다.

2. START부터 REPORT 구간까지의 로그는 Lambda 인스턴스의 실행 로그와 동일한 규격이다. 설명의 편의를 위해, w2v.dat 파일을 다운로드하고 Word2vec 모델을 불러오는 시간을 출력했다. 모델의 크기가 작기 때문에 두 동작이 오래 걸리지는 않는다.

3. 로컬 테스트 서버는 매번 Docker 인스턴스를 새롭게 시작하기 때문에 `app.py`의 전역 공간에 선언한 변수도 매번 초기화된다. 따라서 curl 요청을 보낼 때마다 매번 w2v.dat 파일을 다운로드하고 Word2vec 모델을 불러온다.

curl 명령의 수행 시간을 time으로 측정하면 2초 정도가 나온다. 하지만 로그에서의 실행 시간은 1초 정도이고, app.py의 전역 공간과 함수의 수행 시간을 합치면 0.5초보다 작다. 이러한 시간 차이는 컨테이너 이미지를 가져오는 시간과 첫 실행에 의한 지연 시간 때문에 발생한다. AWS 환경에 Lambda를 배포한 후 X-Ray를 추가해 어디서 지연이 발생하는지 알아보자.

curl 명령을 사용한 테스트가 번거롭다면, Lambda를 직접 실행하는 `sam local invoke` 명령을 대신 사용할 수 있다. 이 명령은 실행할 함수 이름과 함수로 전달할 이벤트의 JSON 파일을 인자로 받는다. 이벤트는 유형에 따라 형식이 다양한데, `sam local generate-event` 명령을 사용하면 손쉽게 생성할 수 있다. 예를 들어, API Gateway를 통해 전달되는 Lambda 통합 이벤트는 `sam local generate-event apigateway aws-proxy` 명령으로 생성할 수 있다. 이번 예제에서는 경로 파라미터(pathParameters)와 쿼리 파라미터(queryStringParameters)만 사용하므로 다음과 같이 event.json 파일을 작성할 수 있다.

```json
{
  "pathParameters": {
    "id": "c65a88fb2d7393c040058f1d6e3fa64b"
  },
  "queryStringParameters": {
    "like": "id,...",
    "dislike": "id,...",
    "topn": "5"
  }
}
```

이제 `sam local invoke` 명령을 사용해 다음과 같이 함수를 실행할 수 있다. 수행 결과가 `sam local start-api` 명령으로 로컬 서버를 띄운 후 curl 요청을 보냈을 때와 동일하게 나오는 것을 확인할 수 있다.

```
$ sam local invoke "RecommendFunction" --event event.json
# 'start-api' 명령과 동일한 로그이므로 생략.
```

5-5-4 배포

`sam deploy` 명령으로 배포한다. 첫 배포 시에는 필요한 설정을 지정해야 하므로 `--guided` 옵션을 사용한다. `--guided` 옵션은 설정에 필요한 항목을 하나씩 대화식으로 지정할 수 있다. 배포

시 템플릿에 선언한 Parameters의 값을 전달하기 위해 --parameter-overrides 옵션을 사용한다. BUCKET_NAME 환경 변수에 w2v.dat 파일을 위한 S3 Bucket 이름이 있다고 가정하고, 이를 BucketName 변수로 전달하기 위해 BucketName=${BUCKET_NAME}과 같이 지정한다.

```
$ sam deploy --guided --parameter-overrides BucketName=${BUCKET_NAME}
Configuring SAM deploy
======================

        Looking for config file [samconfig.toml] :  Not found

        Setting default arguments for 'sam deploy'
        =========================================
        Stack Name [sam-app]: art-gallery-recommend
        AWS Region [ap-northeast-2]:
        Parameter BucketName [lacti-recommend-data]:
        #Shows you resources changes to be deployed and require a 'Y' to initiate deploy
        Confirm changes before deploy [y/N]: y
        #SAM needs permission to be able to create roles to connect to the resources in your template
        Allow SAM CLI IAM role creation [Y/n]: y
        #Preserves the state of previously provisioned resources when an operation fails
        Disable rollback [y/N]: n
        RecommendFunction may not have authorization defined, Is this okay? [y/N]: y
        Save arguments to configuration file [Y/n]: y
        SAM configuration file [samconfig.toml]:
        SAM configuration environment [default]:
```

1. Stack Name에서 스택의 이름을 입력한다. 이번 예제에서는 art-gallery-recommend를 사용한다.

2. AWS Region에서 스택을 배포할 지역을 선택한다. 기본값으로 현재 AWS 계정의 프로파일로 설정된 지역이 나온다. 서울 지역에 배포하기 위해 ap-northeast-2를 사용한다.

3. Parameter BucketName으로 BucketName의 파라미터를 지정한다. --parameter-overrides 옵션으로 BUCKET_NAME 환경 변수의 값을 넘기기 때문에, 그 값이 기본값으로 설정되어 있다.

4. Confirm changes before deploy를 y로 설정하면 배포 전에 어떤 자원이 변경되는지 보여준다. 배포 자동화가 목적이라면 이 옵션을 끄는 게 나을 수 있지만 수동으로 배포한다면 켜두는 것이 실수를 방지하는 데 좋다.

5. Allow SAM CLI IAM role creation은 SAM CLI에서 필요한 IAM 권한을 직접 생성할지에 대한 옵션이다. 권한을 직접 관리할 수 있다면 y로 주는 것이 덜 번거롭다.

6. Disable rollback은 잘못된 스택을 배포했을 때 이전 상태로 복구(rollback)하지 않는다. 스택에 포함된 자원 중에 복구로 인해 잘못될 수 있는 경우가 없다면 이 옵션은 사용하지 않는 것이 좋다.
7. 허가(authorization)를 구성하지 않는다면 이에 대한 경고를 보여준다.
8. 필요한 모든 문답이 완료되면 지금까지 구성한 내용을 samconfig.toml 파일에 저장할지 물어본다. 파일을 저장해두면 다음 배포 시 이 파일을 참조해 바로 배포할 수 있다. 따라서 다음 배포부터는 옵션 없이 sam deploy 명령만 실행해도 된다.

배포에 필요한 기본 설정을 완료했다. SAM CLI는 스택의 배포 정보를 S3 Bucket에 관리한다. 앞서 SAM CLI IAM role로 추가한 권한을 바탕으로 S3에 관리용 Bucket을 만들고 빌드한 템플릿을 업로드한다.

```
Looking for resources needed for deployment:
Creating the required resources...
Successfully created!
 Managed S3 bucket: aws-sam-cli-managed-default-samclisourcebucket-dor0vngmad2a
 A different default S3 bucket can be set in samconfig.toml
```

다음 과정으로 컨테이너 이미지를 ECR 리포지토리에 업로드한다. 이미 있는 ECR 리포지토리를 사용할 수도 있고, 새롭게 만들어서 사용할 수도 있다. ECR 리포지토리 주소도 samconfig.toml 파일에 저장되어 다음 배포부터는 다시 설정할 필요가 없다. 컨테이너 이미지는 리포지토리가 달라지면 레이어를 공유하지 못하므로 첫 배포에서 꽤 많은 용량을 업로드하게 된다. 컨테이너 이미지의 크기는 Lambda의 첫 기동 지연 시간에 나쁜 영향을 주기 때문에 이미지 크기를 최대한 줄이는 게 좋다. 하지만 이번 예제는 용량이 큰 gensim 라이브러리를 포함하기 때문에 업로드하는 이미지의 크기가 400MB 수준으로 꽤 크다.

```
 Image repositories: Not found.
  #Managed repositories will be deleted when their functions are removed from the
template and deployed
  Create managed ECR repositories for all functions? [Y/n]: y

 Saved arguments to config file
 Running 'sam deploy' for future deployments will use the parameters saved above.
 The above parameters can be changed by modifying samconfig.toml
 Learn more about samconfig.toml syntax at
 https://docs.aws.amazon.com/serverless-application-model/latest/developerguide/
serverless-sam-cli-config.html
```

```
# ... Docker 이미지 업로드 생략
recommendfunction-e8f99ae40d45-v1: digest: sha256:9fb64559122e2be8... size: 2418
```

배포 전 설정 검증을 위해, 지금까지 설정한 내용을 보여준다. `samconfig.toml`에 저장된 내용과 동일하다. 그리고 SAM CLI가 관리하는 S3 Bucket에 SAM 템플릿을 업로드한다. 이는 배포한 템플릿의 이력 관리를 위한 용도다.

```
Deploying with following values
===============================
    Stack name                   : art-gallery-recommend
    Region                       : ap-northeast-2
    Confirm changeset            : True
    Disable rollback             : False
    Deployment image repository  :
        { "RecommendFunction": "ACCOUNT_ID.dkr.ecr.AWS_REGION.amazonaws.com/REPO_NAME" }
    Deployment s3 bucket         : aws-sam-cli-managed-default-samclisourcebucket-dor0vngmad2a
    Capabilities                 : ["CAPABILITY_IAM"]
    Parameter overrides          : {"BucketName": "lacti-recommend-data"}
    Signing Profiles             : {}

Initiating deployment
=====================
RecommendFunction may not have authorization defined.
Uploading to art-gallery-recommend/ad28eceb8b9308c64df54f4961993c5e.template  1059 / 1059  (100.00%)
```

기존 템플릿과 비교하여 이번 배포에서 달라질 부분을 보여준다. 이전에 배포한 적이 없기 때문에 모든 자원이 새롭게 추가된다. 새로 배포를 진행할 때 변경점 목록을 보고 의도치 않은 수정이 발생하는지 확인한다. 이를 통해 의도치 않은 변경이 발생하는 문제를 사전에 막을 수 있다. 템플릿에 `AWS::Serverless::Function` 하나만 선언했지만 SAM CLI 도구의 확장으로 인해 HTTP API 구성에 필요한 Lambda, IAM, ApiGatewayV2의 자원이 자동으로 추가되었다.

```
Waiting for changeset to be created..

CloudFormation stack changeset
-------------------------------------------------------------------------------
Operation   LogicalResourceId              ResourceType              Replacement
-------------------------------------------------------------------------------
```

```
+ Add    RecommendFunctionRecommendApiPermission    AWS::Lambda::Permission      N/A
+ Add    RecommendFunctionRole                      AWS::IAM::Role               N/A
+ Add    RecommendFunction                          AWS::Lambda::Function        N/A
+ Add    ServerlessHttpApiApiGatewayDefaultStage    AWS::ApiGatewayV2::Stage     N/A
+ Add    ServerlessHttpApi                          AWS::ApiGatewayV2::Api       N/A
---------------------------------------------------------------------------------

Changeset created successfully. arn:aws:cloudformation:AWS_REGION:ACCOUNT_ID:changeSet/
samcli-DEPLOY-ID

Previewing CloudFormation changeset before deployment
======================================================
Deploy this changeset? [y/N]:
```

각 자원의 배포 과정을 보여준다. 이를 통해 현재의 배포 진행 상황을 좀 더 쉽게 파악할 수 있다. Serverless Framework의 경우 배포 진행 상황을 보여주기는 하지만 배포 에러가 발생하면 직접 CloudFormation 명령을 사용해 현재 상태를 확인해야 한다. SAM CLI는 진행 과정을 모두 보여주므로, 변경점 적용 과정에서 발생한 오류를 보다 쉽게 확인할 수 있다.

```
2022-04-21 23:53:04 - Waiting for stack create/update to complete

CloudFormation events from stack operations
---------------------------------------------------------------------------------
ResourceStatus        ResourceType              LogicalResourceId
ResourceStatusReason
---------------------------------------------------------------------------------
CREATE_IN_PROGRESS    AWS::IAM::Role            RecommendFunctionRole                      -
CREATE_IN_PROGRESS    AWS::IAM::Role            RecommendFunctionRole
  Resource creation Initiated
CREATE_COMPLETE       AWS::IAM::Role            RecommendFunctionRole                      -
CREATE_IN_PROGRESS    AWS::Lambda::Function     RecommendFunction                          -
CREATE_IN_PROGRESS    AWS::Lambda::Function     RecommendFunction
  Resource creation Initiated
CREATE_COMPLETE       AWS::Lambda::Function     RecommendFunction                          -
CREATE_IN_PROGRESS    AWS::ApiGatewayV2::Api    ServerlessHttpApi                          -
CREATE_IN_PROGRESS    AWS::ApiGatewayV2::Api    ServerlessHttpApi
  Resource creation Initiated
CREATE_COMPLETE       AWS::ApiGatewayV2::Api    ServerlessHttpApi                          -
CREATE_IN_PROGRESS    AWS::ApiGatewayV2::Stage  ServerlessHttpApiApiGatewayDefaultStage    -
CREATE_IN_PROGRESS    AWS::Lambda::Permission   RecommendFunctionRecommendApiPermission    -
CREATE_COMPLETE       AWS::ApiGatewayV2::Stage  ServerlessHttpApiApiGatewayDefaultStage    -
```

```
CREATE_IN_PROGRESS   AWS::ApiGatewayV2::Stage      ServerlessHttpApiApiGatewayDefaultStage
  Resource creation Initiated
CREATE_IN_PROGRESS   AWS::Lambda::Permission       RecommendFunctionRecommendApiPermission
  Resource creation Initiated
CREATE_COMPLETE      AWS::Lambda::Permission       RecommendFunctionRecommendApiPermission  -
CREATE_COMPLETE      AWS::CloudFormation::Stack    art-gallery-recommend                    -
-------------------------------------------------------------------------------------------
```

모든 배포가 완료되면 Outputs에 선언한 결과를 보여준다. 배포가 정상적으로 마무리되었다면 다음과 같이 올바른 API Gateway의 주소를 보여준다.

```
CloudFormation outputs from deployed stack
-------------------------------------------------------------------------------
Outputs
-------------------------------------------------------------------------------
Key             RecommendApi
Description     -
Value           https://API_ID.execute-api.AWS_REGION.amazonaws.com/recommend-api/
-------------------------------------------------------------------------------

Successfully created/updated stack - art-gallery-recommend in AWS_REGION
```

curl 명령을 사용해 배포한 주소로 요청을 보내보자. 배포가 잘 되었다면 로컬 환경에서 테스트했을 때와 동일한 결과가 나온다. 만약 서버 에러가 발생한다면, Lambda에서 S3 Bucket에 접근하는 권한이 제대로 부여되었는지 확인해보자.

다만 로컬 환경에서 테스트했을 때보다 첫 기동 시간은 훨씬 오래 걸린다. 오래 걸리는 이유를 X-Ray를 통해 간단히 확인해보자.

5-5-5 수행 시간 확인

배포한 주소로 curl 명령을 실행하고 수행 시간을 측정해보면 16초에서 20초 정도가 걸린다. 하지만 CloudWatch Logs에 기록된 Lambda의 수행 시간(Duration)을 보면 6초에서 8초 정도다. 그 이후의 요청은 수십 밀리초 수준으로 굉장히 빨리 처리된다. 따라서 이 시간이 첫 기동 지연 시간이라는 점은 알 수 있다. 하지만 전체 수행 시간과 Lambda의 수행 시간 차이를 명확히 알기는 어렵다. 이를 확인하기 위해 X-Ray를 활성화한다.

```
Resources:
  RecommendFunction:
    Type: AWS::Serverless::Function
    Properties:
      Tracing: Active
      # ... 생략
```

sam deploy 명령으로 배포한 이후 다시 curl 요청을 보내면 첫 기동 지연 시간을 재현할 수 있다. 이때 X-Ray 세그먼트 타임라인과 CloudWatch Logs에 남은 Lambda 수행 시간 로그를 확인하면 다음과 같다.

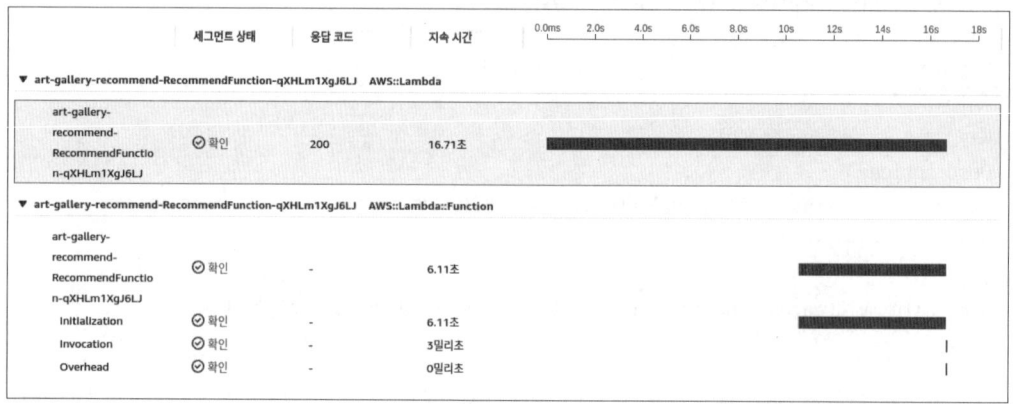

그림 5-5-1 X-Ray 세그먼트 타임라인

```
# Lambda 첫 수행 로그의 시간 부분
Duration: 6114.92 ms    Billed Duration: 6115 ms    Memory Size: 2048 MB    Max Memory
Used: 93 MB
```

1. 세그먼트 타임라인에 측정된 총 시간은 16.71초로 Lambda에서 잡힌 타임라인보다 훨씬 길다.
2. 세그먼트 타임라인에 나온 Lambda 함수의 Initialization 시간과 CloudWatch Logs에 나온 Duration의 시간은 6.11초로 동일하다.
3. CloudWatch Logs의 Lambda 로그를 보면 Init Duration이 없다.
4. 세그먼트 타임라인을 보면, Initialization 이후 Lambda의 Invocation 시간은 3밀리초로 아주 빠르다.

Lambda의 첫 기동 지연 시간은 Initialization과 Init Duration의 합이다. 그리고 Init Duration은 Billed Duration에서 제외해준다. 하지만 이번 예제에서는 아예 Init Duration이 없다. 그 이유는 Init Duration이 Lambda가 제공하는 런타임(Provided runtime)을 초기화하는 데 걸리는 시간이기 때문이다. 여기서는 컨테이너 이미지를 사용해 사용자 지정 런타임(Custom runtime)을 사용했기 때문에 이런 차이가 발생한다. 그리고 컨테이너 이미지로부터 Lambda 인스턴스를 실행해 app.py의 전역 공간을 초기화하는 부분까지 걸리는 시간이 6초에 해당한다. CloudWatch Logs에서 w2v.dat 파일을 다운로드하고 모델을 로드하는 데 걸리는 시간이 200밀리초 이내기 때문에, 대부분은 컨테이너 이미지를 실행하고 파이썬 라이브러리를 불러오는 데 걸리는 시간이다.

16초와 6초의 차이는 ECR 리포지토리에서 Lambda로 컨테이너 이미지를 가져오는 데 걸리는 시간으로 보인다. 배포 후 함수를 다시 실행했을 때는 16초 정도 걸리지만, Lambda 인스턴스가 회수된 후에 다시 요청했을 때는 6초 정도 걸리기 때문이다. Lambda 인스턴스를 다시 설정해야 한다는 점을 제외하면 둘의 차이는 컨테이너 이미지를 불러오는 것밖에 없다. 다음 세그먼트 타임라인은 Lambda 인스턴스 회수 이후의 요청에 대한 측정값이다. 전체 시간과 Lambda 함수 실행 시간의 차이가 수백 밀리초밖에 발생하지 않았다.

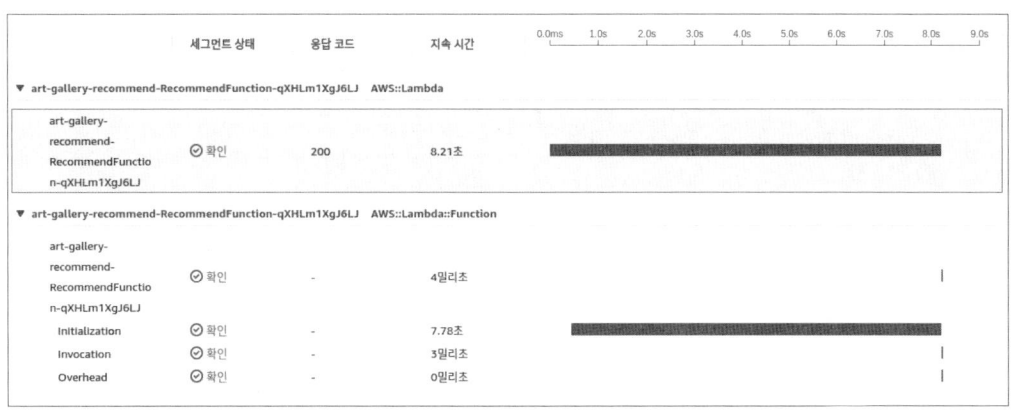

그림 5-5-2 X-Ray 세그먼트 타임라인 - 컨테이너 이미지 재사용

머신러닝 라이브러리와 같이 용량이 큰 경우에는 어쩔 수 없지만, 가능하다면 컨테이너 이미지의 크기를 최대한 줄이는 편이 실행 시간 효율 관점에서 더 좋다. 어쩔 수 없는 경우라면 Provisioned Concurrency 기능을 사용한다.

5-5-6 ECR 리포지토리 관리

SAM CLI로부터 생성하는 ECR 리포지토리는 아무런 컨테이너 이미지 관리 정책을 가지지 않는다. 이는 업로드하는 모든 컨테이너 이미지를 유지한다는 뜻이다. 잘못 배포한 Lambda 함수를 빠르게 이전 버전으로 되돌리기 위해 어느 정도 과거의 이미지를 유지하는 것은 도움이 되지만, 모든 이미지를 다 유지하는 것은 낭비다. 대부분의 경우 Lambda 함수의 코드도 버전 관리를 하기 때문에 특정 배포 버전에 해당하는 컨테이너 이미지를 다시 만들 수 있기 때문이다. 뿐만 아니라 ECR 리포지토리는 GB당 0.1USD 요금이 매달 발생하기 때문에 불필요한 용량을 줄이는 것이 좋다.

ECR 리포지토리는 이미지의 생명 주기(Lifecycle) 관리 정책을 제공한다. 이를 사용해 일정 기간이 지난 이미지를 자동으로 제거하거나, 최근 몇 개의 이미지만 남기도록 설정할 수 있다. 예를 들어, 최근 1개의 이미지만 남기고 모두 삭제하는 정책은 다음과 같이 정의한다.

```
{
  "rules": [
    {
      "rulePriority": 1,
      "description": "하나만 남기고 모두 삭제",
      "selection": {
        "tagStatus": "any",
        "countType": "imageCountMoreThan",
        "countNumber": 1
      },
      "action": { "type": "expire" }
    }
  ]
}
```

1. `rulePriority`는 여러 개의 규칙이 있을 때 규칙 사이의 우선 순위를 조정하기 위해 사용한다.
2. `selection`은 대상의 선택 기준을 설정한다.
   - `tagStatus`는 태그 부여 여부를 결정하기 위해 사용한다. 특정 태그가 있는 경우(tagged), 태그가 없는 경우(untagged), 모두(any) 중 어느 대상을 사용할지 지정한다.
   - `countType`은 이미지가 업로드된 이후(sinceImagePushed)나 업로드된 이미지 개수(imageCountMoreThan) 중 하나를 선택할 수 있다. 개수가 아닌 기간을 설정하면 `countUnit`으로 날짜 단위를 지정할 수 있다.

- countNumber는 countType에 따른 수치를 지정한다. imageCountMoreThan을 사용하면 이 개수만큼만 이미지를 남긴다.
3. action은 selection으로 선택된 대상의 행동을 지정한다. 현재 expire만 지원한다. 즉, 대상을 만료시킨다.
4. 이 예제는 expire | imageCountMoreThan (1) | any와 같이 요약할 수 있다. 즉, 태그와 상관없이 이미지 개수가 1개를 초과하면 모두 만료시키는 정책이다.

ECR 리포지토리에 수명 주기 정책을 부여하려면 리포지토리의 이름을 알아야 한다. `samconfig.toml` 파일을 열어 `image_repositories` 항목을 통해 이름을 확인하거나, `aws ecr describe-repositories` 명령으로 모든 리포지토리를 열거한 후 art-gallery-recommend와 관련 있어 보이는 이름을 찾는다.

```
$ cat samconfig.toml
# ... 생략
image_repositories = ["RecommendFunction=ACCOUNT_ID.dkr.ecr.AWS_REGION.amazonaws.com/
artgalleryrecommend3cf0159e/recommendfunctiond9bf96c4repo"]

$ aws ecr describe-repositories
{ "repositories": [
    { "repositoryName": "artgalleryrecommend3cf0159e/recommendfunctiond9bf96c4repo",
```

수명 주기 정책은 `aws ecr put-lifecycle-policy` 명령으로 부여할 수 있다. `--repository-name`으로 부여할 대상 리포지토리의 이름을 지정하고, `--lifecycle-policy-text`로 정책을 담은 파일을 지정한다. 정책이 적용된 이후 이미지가 2개 이상 있었다면 24시간 이내에 1개 빼고 모두 만료된다.

```
$ aws ecr put-lifecycle-policy \
  --repository-name artgalleryrecommend3cf0159e/recommendfunctiond9bf96c4repo \
  --lifecycle-policy-text file://lifecycle-policy.json
```

5-6 서비스 API 구현

서비스 API는 Redis를 사용해 작품의 좋아요 횟수를 관리하고, 좋아요 이벤트를 SQS로 전달한다. 그리고 이벤트에 추적 ID를 부여하기 위해 쿠키를 생성하는 로직을 포함한다. 서비스를 제공하는 API 목록은 다음과 같다.

API	목적
GET /api/accept-trace	추적을 위한 쿠키를 생성한다. 좋아요를 클릭한 사용자의 정보를 추적하기 위해 사용한다.
GET /api/{id}/like	작품 ID의 좋아요 횟수를 조회한다.
POST /api/{id}/like	작품 ID의 좋아요 횟수를 증가시키고, 추천을 위한 로그 데이터를 생성한다.

웹 페이지에서는 사용자에게 추적 쿠키를 허용할지 묻는다. 사용자가 승낙하면 추적 쿠키를 생성하는 API를 호출한다. 작품의 상세 페이지에 진입하면 해당 작품의 현재 조회수를 확인하는 좋아요 횟수 조회 API를 사용한다. 그리고 좋아요를 클릭하면 좋아요 API를 호출해 (추적 ID, 작품 ID) 이벤트를 SQS 대기열에 넣는다.

5-6-1 추적 쿠키 발급 API

추적 쿠키를 발급하는 `acceptTraceIdCookie` 함수는 다음과 같다. 임의의 문자열을 생성해 쿠키로 전달한다. 브라우저는 좋아요 API를 요청할 때 쿠키를 함께 전달한다. 이 과정을 통해 좋아요 API에서 추적 ID를 획득한다.

```
import { APIGatewayProxyHandlerV2 } from "aws-lambda";
import { randomUUID } from "crypto";

const cookieName = "trace-id";
const oneDaySeconds = 24 * 60 * 60;

export const acceptTraceIdCookie: APIGatewayProxyHandlerV2 = async (event) => {
  const traceId =
```

```
      parseTokenFromCookie(event.cookies ?? [], cookieName) || randomUUID();
    return {
      statusCode: 200,
      headers: {
        "Set-Cookie": `${cookieName}=${traceId}; Path=/; Max-Age=${oneDaySeconds}; Secure; HttpOnly`,
      },
    };
};
```

1. 추적 ID는 임의의 문자열이다. 최대한 겹치지 않도록 randomUUID를 사용한다.
2. 쿠키는 최대 1일간 유지한다(Max-Age). 쿠키를 재사용하면 같은 사용자에 대한 데이터를 더 많이 모을 수 있으므로 유리하다.
3. 만약 이미 사용자가 추적 ID를 가지고 있다면 그 값을 재사용한다. 쿠키 사용을 동의하면 웹 페이지에 접근할 때마다 쿠키 발급 API를 호출하는데, 그때마다 새로운 추적 ID가 발급되는 것은 좋지 않기 때문이다.
4. 보안적으로 중요한 쿠키는 아니지만 굳이 노출할 필요는 없으므로 Secure; HttpOnly 옵션을 사용한다.

기존 쿠키를 재사용하기 위해, 쿠키 목록에서 trace-id에 해당하는 쿠키를 찾는다. 쿠키를 다루는 라이브러리를 쓰면 좀 더 간편하게 구현할 수 있지만, 크게 복잡한 작업도 아닌데 코드 용량을 늘릴 필요는 없으므로 직접 구현한다. 모든 쿠키 집합에서 trace-id 문자열을 키로 갖는 쿠키를 찾아 그 값을 반환한다.

```
function parseTokenFromCookie(cookies: string[], cookieName: string): string {
  const cookiePrefix = `${cookieName}=`;
  return (
    cookies
      .filter((cookie) => cookie.includes(cookiePrefix))
      .flatMap((cookie) => cookie.split(/;\s*/g))
      .filter((part) => part.startsWith(cookiePrefix))[0]
      ?.substring(cookiePrefix.length) ?? ""
  );
}
```

추적을 위한 쿠키를 발급하는 과정은 직관적이나 쿠키 사용 동의에 의해 매번 쿠키 발급 API를 부르는 부분은 다소 어색하다. 이미 추적 쿠키를 가지고 있다는 것을 브라우저가 안다면 굳이 쿠키 발급 API를 호출할 필요가 없기 때문이다. 이번 예제에서는 추적 쿠키를 `HttpOnly`로 설정했기 때문에 자바스크립트에서 쿠키의 존재 여부를 확인할 수 없다. 이를 개선하기 위해, 쿠키 사용 동의 여부를 브라우저의 `localStorage`에 저장할 때 쿠키의 만료 시간을 함께 저장해 그 사이에는 다시 쿠키 발급 API를 호출하지 않게 하거나, `HttpOnly`가 아닌 쿠키를 사용해 자바스크립트에서 존재 여부를 검사한 후 없을 때만 쿠키 발급 API를 호출하게 할 수 있다.

5-6-2 좋아요 횟수 조회 API

좋아요 횟수는 Redis로 관리한다. 원칙대로라면 ElastiCache Redis 자원을 서비스 API를 포함하는 서버리스 스택에 선언해서 사용해야 하지만, 설명의 편의를 위해 이미 할당된 Redis 자원을 사용한다. Redis 자원을 선언하는 CloudFormation 선언문이 짧지 않은데, 앞서 SQLite를 사용하는 블로그 예제에서 작성한 내용과 동일하기 때문이다.

Redis 접근 주소는 `REDIS_HOST` 환경 변수로 주입한다고 가정한다. Redis 자원을 사용하기 위한 `useRedis` 함수는 다음과 같이 구현한다.

```
import { createClient } from "@redis/client";

type RedisClient = ReturnType<typeof createClient>;

const redisUrl = `redis://${
  process.env.IS_OFFLINE ? "127.0.0.1" : process.env.REDIS_HOST
}:6379`;

async function useRedis<R>(callback: (client: RedisClient) => Promise<R>) {
  const client = createClient({ url: redisUrl });
  await client.connect();
  try {
    return await callback(client);
  } finally {
    await client.quit();
  }
}
```

1. 로컬 테스트 환경을 지원하기 위해, `IS_OFFLINE` 환경 변수가 설정되어 있다면 로컬(127.0.0.1)에 있는 Redis를 사용한다. 그렇지 않다면 `REDIS_HOST` 주소를 사용한다.

2. 자원 관리의 편의를 위해, 매번 새로 연결을 맺고 작업을 처리한 후 연결을 끊는다. 최대 연결수를 제어할 수 있다면, 접속 시간을 아끼기 위해 전역 공간에 Redis 연결을 선언해두고 재사용하는 것이 좋다.
3. `@redis/client` 라이브러리는 다양한 확장을 지원하기 때문에 타입이 굉장히 복잡하다. 이를 간단하게 사용하기 위해 `createClient` 함수의 반환값을 그대로 `RedisClient` 타입으로 지정해서 사용한다.

이제 다음과 같이 좋아요 횟수를 반환하는 `fetchLike` 함수를 구현한다.

```
const redisKey = "lambda-playground::art-gallery::likes";

export const fetchLike: APIGatewayProxyHandlerV2 = async (event) => {
  const { id } = event.pathParameters ?? {};
  if (!id) {
    return { statusCode: 404 };
  }
  const value = await useRedis((client) => client.hGet(redisKey, id));
  return { result: value ? +value : 0 };
};
```

1. 경로 파라미터로부터 작품 ID(id)를 받는다.
2. 작품 ID를 사용해 Redis에서 좋아요 수를 가져온다. 만약 없다면 한 번도 좋아요를 한 적이 없는 작품이므로 0을 반환한다.
3. 이때 Redis의 `HGET` 명령을 사용한다. 개별 작품마다 좋아요 수를 관리하는 키-값 쌍을 유지해도 문제 없지만, Redis를 좀 더 효율적으로 사용하기 위해 HASH 자료 구조를 사용한다. 이번 예제에서 모든 작품의 수는 1천 개이므로 하나의 HASH 자료 구조로 관리해도 무방하다.

5-6-3 좋아요 API

좋아요 API는 Redis에 좋아요 횟수를 1 늘리고, 추적 쿠키가 있다면 추적 ID와 작품 ID를 묶어 SQS 대기열에 넣는다. 이를 처리하는 `markAsLike` 함수를 다음과 같이 구현한다.

```
export const markAsLike: APIGatewayProxyHandlerV2 = async (event) => {
  const { id } = event.pathParameters ?? {};
  if (!id) {
    return { statusCode: 404 };
```

```
  }
  const result = await useRedis((client) => client.hIncrBy(redisKey, id, 1));

  const traceId = parseTokenFromCookie(event.cookies ?? [], cookieName);
  if (traceId) {
    await enqueueLikeEvent({ id, traceId });
  }
  return { result };
};
```

1. 경로 파라미터로부터 작품 ID(id)를 받는다.
2. 작품 ID를 HASH 자료 구조의 키로 삼아 HINCRBY 명령으로 값을 1 증가한다. HINCRBY는 원자적으로 처리되므로 좋아요 횟수 증가는 동시성 문제가 발생하지 않는다.
3. 쿠키에서 추적 ID를 가져와서(parseTokenFromCookie) 그 값이 있다면 SQS 대기열에 넣는다.
4. API의 응답으로 HINCRBY 명령의 결과를 반환한다. 이는 기존 값에서 1이 증가된 값이다. 웹 페이지에서는 API의 응답 본문으로부터 갱신된 좋아요 횟수를 확인한 뒤 화면을 갱신한다.

SQS 대기열에 넣기 위한 이벤트의 타입은 다음과 같으며 추적 ID와 작품 ID로 구성된다. 이 데이터는 학습 모듈에서 사용하는 데이터이므로, 양쪽의 데이터가 달라지지 않도록 주의한다. 학습 모듈은 파이썬으로 작성했고 Lambda 함수 코드는 타입스크립트로 작성했으므로 두 언어가 달라 모델 코드를 공유할 수 없다. 때문에 모델 불일치가 발생하기 쉬우므로 주의가 필요하다.

```
interface LikeEvent {
  traceId: string;
  id: string;
}
```

SQS 대기열에 이벤트를 넣는 enqueueLikeEvent 함수를 구현한다. aws-sdk 라이브러리로부터 SQS 클래스를 가져와 사용한다.

```
import { SQS } from "aws-sdk";

const sqs = new SQS({
  endpoint: process.env.IS_OFFLINE ? "http://127.0.0.1:9324" : undefined,
});

async function enqueueLikeEvent(event: LikeEvent): Promise<void> {
```

```
  const queueUrl = await getQueueUrl(sqs, process.env.LIKE_QUEUE_NAME!);
  await sqs
    .sendMessage({ QueueUrl: queueUrl, MessageBody: JSON.stringify(event) })
    .promise();
}
```

1. SQS 객체를 만들 때 `IS_OFFLINE` 환경 변수가 설정되면 로컬에 띄운 SQS를 사용한다. 로컬 테스트 환경 구축을 위해 사용한다.
2. SQS 대기열에 작업을 하려면 `QueueUrl`을 미리 준비해야 한다. `LIKE_QUEUE_NAME` 환경 변수로 주입된 `QueueName`을 사용해 `QueueUrl`을 찾는다.
3. SQS 대기열에 이벤트를 전송한다. SQS 대기열은 문자열 타입의 메시지를 받으므로 `JSON.stringify`로 직렬화해서 전달한다.

`QueueName`으로부터 `QueueUrl`을 가져오는 함수는 `sqs.getQueueUrl`이다. 미리 Queue가 준비되어 있다면 이 함수만 사용해서 끝날 일이지만, 로컬 테스트 환경을 고려해야 하기 때문에 조금 더 신경 쓸 부분이 있다. `QueueUrl`을 가져오는 `getQueueUrl` 함수는 다음과 같이 구현한다.

```
async function getQueueUrl(sqs: SQS, queueName: string): Promise<string> {
  try {
    const getResult = await sqs.getQueueUrl({ QueueName: queueName }).promise();
    if (getResult.QueueUrl) {
      return getResult.QueueUrl;
    }
  } catch (error: any) {
    if (!/AWS.SimpleQueueService.NonExistentQueue/.test(error.code)) {
      throw error;
    }
  }
  // 로컬 개발 환경에서만 사용한다.
  const created = await sqs.createQueue({ QueueName: queueName }).promise();
  return created.QueueUrl!;
}
```

1. AWS에 배포된 스택에서는 CloudFormation에 의해 SQS 대기열 자원이 생성되므로 `sqs.getQueueUrl`을 통해 바로 `QueueUrl`을 획득할 수 있다.
2. 로컬 테스트 환경의 SQS는 대기열을 직접 생성해야 한다. 따라서 일단 `sqs.getQueueUrl`을 시도하고, Queue가 없다는 `NonExistentQueue` 예외가 발생하면 그때 `sqs.createQueue` 함수를 통

해 새로 하나 만든다. 테스트보다는 실 서비스를 위한 코드가 더 우선적으로 동작해야 하므로, 일단 `getQueueUrl`을 해보고 없으면 `createQueue`를 하는 편이 더 합리적이다.

이로써 모든 API 구현을 완료했다. 이제 구현한 함수를 서버리스 스택에 등록하고 필요한 자원을 등록하고 적절한 권한을 부여하는 일이 남았다. 하지만 그전에 풀어야 할 VPC 문제가 있다. VPC에서 실행하는 Lambda는 SQS를 바로 연결할 수 없기 때문이다.

5-6-4 VPC에서 SQS 연결

별다른 VPC를 설정하지 않은 Lambda는 SQS나 S3와 같은 서비스에 자유롭게 접근할 수 있다. Lambda를 실행하는 기본 VPC가 그쪽으로의 네트워크 연결을 지원하기 때문이다. 이번 예제에서는 좋아요 횟수를 관리하기 위해 Redis를 사용한다. Redis는 외부에서의 접근을 방어하기 위해 별도의 VPC에서 실행하는데, Lambda에서 Redis를 연결하기 위해 같은 VPC를 사용해야 한다. 이는 Lambda와 Redis를 기동하는 VPC에서도 SQS나 S3를 연결하도록 네트워크 구성이 필요하다는 뜻이다.

앞선 블로그 구현 예제에서는 VPC에서 실행된 Lambda가 S3에 접근하기 위해 S3의 VPC 엔드포인트를 사용했지만 `com.ap-northeast-2.amazonaws.s3`에 대한 게이트웨이 유형의 VPC 엔드포인트를 생성했고, 해당 경로를 사용해 S3에 접근할 수 있도록 라우트 규칙을 추가했다. SQS에 접근하기 위해서도 비슷한 처리가 필요하다.

1. VPC에서 SQS에 접근하기 위해서도 VPC 엔드포인트를 구성해야 한다. 단, 게이트웨이 유형의 S3와는 다르게 인터페이스 유형의 엔드포인트를 사용한다.
2. 인터페이스 유형의 엔드포인트는 라우트 규칙에 경로를 추가하는 형태가 아니라 인터페이스에 연결할 서브넷을 구성한다. 이때 가용 영역마다 1개의 서브넷만 연결할 수 있다.

인터페이스 유형의 엔드포인트는 퍼블릭 영역에 위치한 다른 VPC에 연결하기 위한 네트워크 진입점이다. AWS PrivateLink 서비스를 통해 지원한다. 이는 VPC에서 대상까지 비공개 네트워크를 통해 연결하는 기능이다. 탄력적 네트워크 인터페이스(ENI)를 사용해 구성되며 네트워크 인터페이스를 유지하기 위해 시간당 과금과 데이터 전송량에 따른 과금이 추가로 발생한다.

VPC 엔드포인트는 `aws ec2 create-vpc-endpoint` 명령으로 생성할 수 있다. 이때 이를 구성할 VPC의 ID를 알아야 한다. 이번 예제에서도 구성의 간편함을 위해 VPC를 제대로 구축하지 않고 기본 VPC를 계속 사용한다. 앞서 언급한 바와 같이 권장하는 구성 방법은 아니다. VPC를 처음부터 끝까지 구성하는 방법은 7장 게임 개발 단원에서 다룬다.

VPC ID는 `aws ec2 describe-vpcs` 명령으로 전체 VPC 목록을 조회한 후 확인한다. 현재 구성된 VPC가 많지 않다면 쉽게 찾을 수 있겠지만, 만약 많다면 다음과 같이 `jq` 명령을 사용해 필요한 부분만 추린다. `IsDefault`가 `true`인 `VpcId`를 확인한다.

```
$ aws ec2 describe-vpcs | jq '.Vpcs[] | {VpcId, IsDefault}'
{ "VpcId": "vpc-9fae21f4", "IsDefault": true }
```

인터페이스 유형의 VPC 엔드포인트는 VPC ID와 함께 연결할 서브넷 ID 목록도 필요하다. `aws ec2 describe-subnets` 명령에 VPC ID로 필터를 추가해 서브넷 목록 ID를 확인한다.

```
$ aws ec2 describe-subnets --filter Name=vpc-id,Values=vpc-9fae21f4 \
    | jq '.Subnets[] | {SubnetId, AvailabilityZone}'
{ "SubnetId": "subnet-8c55ece7", "AvailabilityZone": "ap-northeast-2a" }
{ "SubnetId": "subnet-9385efe8", "AvailabilityZone": "ap-northeast-2b" }
{ "SubnetId": "subnet-a70ee3e8", "AvailabilityZone": "ap-northeast-2c" }
{ "SubnetId": "subnet-77926c28", "AvailabilityZone": "ap-northeast-2d" }
```

VPC ID와 서브넷 ID를 참조해, `aws ec2 create-vpc-endpoint` 명령으로 SQS의 VPC 엔드포인트를 생성한다. SQS의 서비스 이름(service-name)은 `com.amazonaws.ap-northeast-2.sqs`이다. 엔드포인트 유형(vpc-endpoint-type)을 인터페이스(Interface)로 지정하고, VPC ID(vpc-id)와 서브넷 ID(subnet-ids)도 모두 옵션으로 명시한다.

```
$ aws ec2 create-vpc-endpoint \
  --service-name com.amazonaws.ap-northeast-2.sqs --vpc-endpoint-type Interface \
  --vpc-id vpc-9fae21f4 \
  --subnet-ids subnet-8c55ece7 subnet-9385efe8 subnet-77926c28 subnet-a70ee3e8
{
  "VpcEndpoint": {
    "VpcEndpointId": "vpce-0c4d57f39af267a81",
    "VpcEndpointType": "Interface",
    "VpcId": "vpc-9fae21f4",
    "ServiceName": "com.amazonaws.ap-northeast-2.sqs",
    "State": "pending",
    "RouteTableIds": [],
    "SubnetIds": [
      "subnet-8c55ece7", "subnet-9385efe8", "subnet-77926c28", "subnet-a70ee3e8"
```

```
        ],
        "Groups": [{ "GroupId": "sg-29bb2654", "GroupName": "default" }],
          # ... 생략
```

네트워크 인터페이스 구성이 필요하므로 생성 완료까지 시간이 걸린다(State=pending). `aws ec2 describe-vpc-endpoints` 명령으로 VPC 엔드포인트 ID(vpc-endpoint-id)를 지정해 사용 가능한(available) 상태(State)인지 확인할 수 있다. VPC ID와 서브넷 ID가 잘 설정되었는지 확인한다. 보안 그룹을 옵션(security-group-ids)으로 지정하지 않았기 때문에 VPC의 기본 보안 그룹을 사용한다.

인터페이스 유형의 VPC 엔드포인트는 네트워크 인터페이스를 사용하므로 보안 그룹의 인바운드와 아웃바운드 규칙을 따른다. SQS는 `QueueUrl`을 통해 접근하고, 이는 `https` 프로토콜을 사용하므로 443 포트에 대한 허용이 필요하다. 별도의 보안 그룹을 지정하지 않아 VPC의 기본 보안 그룹을 사용하고 있으므로, 기본 보안 그룹에 443 포트의 인바운드 허용 규칙을 추가한다. 이 규칙은 기본 보안 그룹을 사용하는 모든 대상에 적용되므로 주의가 필요하다. 가장 권장하는 방법은, VPC 엔드포인트를 위한 별도의 보안 그룹을 구성하고 그 보안 그룹에서만 443 포트의 인바운드 허용 규칙을 추가하는 것이다. 이번 예제에서는 구성의 편의를 위해 기본 VPC와 기본 보안 그룹을 사용하므로, 기본 보안 그룹에 허용 규칙을 추가한다. 인바운드 규칙을 추가하기 위해 `aws ec2 authorize-security-group-ingress` 명령을 사용한다.

```
$ aws ec2 authorize-security-group-ingress \
    --group-id sg-29bb2654 \
    --protocol tcp \
    --port 443 \
    --cidr 172.31.0.0/16
```

구성이 잘못되면 Lambda에서는 SQS에 연결하지 못해 네트워크 연결 과정에서 시간 초과가 발생한다. 문제 발생 시 연결성 분석기를 사용해 어느 구간에서 문제가 발생했는지 확인할 수 있다. 자세한 방법은 7장 게임 개발 단원에서 다룬다.

5-6-5 서버리스 스택 구성

서비스 API를 배포하기 위한 서버리스 스택을 구성한다. `serverless.ts` 파일에 SQS 대기열 자원을 선언하고 Lambda 함수를 정의한다. 그리고 Lambda 함수에서 Redis에 연결하기 위해 실행할 VPC를 지정하고, Lambda에서 SQS 접근 권한을 부여한다. 먼저, SQS 대기열 자원을 선언한다. 대기열의 이름은 LIKE_QUEUE_NAME 환경 변수로 관리한다. 학습 모듈에서 이벤트 데이터를 다운로드하기 위해 같은 Queue에 접근해야 하므로, 환경 변수를 통해 양쪽 모듈에 동일한 QueueName을 사용하도록 설정한다. 이번 예제에서는 SQS 대기열의 기본 속성을 사용해도 충분하기 때문에 별도의 속성을 지정하지 않는다.

```
const queueName = process.env.LIKE_QUEUE_NAME!;
const LikeQueue = {
  Type: "AWS::SQS::Queue",
  Properties: {
    QueueName: queueName,
  },
};
```

Lambda에서 SQS 접근 권한을 선언한다. QueueName으로부터 QueueUrl을 가져오기 위해 GetQueueUrl 권한이 필요하다. 또한 좋아요 이벤트를 SQS 대기열로 전송하기 위해 SendMessage 권한도 필요하다.

```
const LikeQueueStatement = {
  Action: ["sqs:GetQueueUrl", "sqs:SendMessage"],
  Effect: "Allow",
  Resource: {
    "Fn::Join": [
      ":",
      [
        "arn:aws:sqs",
        { Ref: "AWS::Region" },
        { Ref: "AWS::AccountId" },
        queueName,
      ],
    ],
  },
};
```

Lambda가 Redis에 접근할 수 있도록 VPC 설정을 추가한다. Redis가 실행된 VPC의 서브넷과 보안 그룹의 ID를 통해 VPC를 선언한다.

```
const subnetIds = [
  "subnet-8c55ece7",
  "subnet-9385efe8",
  "subnet-a70ee3e8",
  "subnet-77926c28",
];
const securityGroupIds = ["sg-29bb2654"];
const vpc = { subnetIds, securityGroupIds };
```

서버리스 스택에 포함할 함수를 선언한다. 앞서 정리한 API에 맞게 Lambda 함수에 경로와 HTTP 메소드를 지정한다. Redis 인스턴스로의 접근이 필요한 좋아요 관련 API만 `vpc`를 사용하고, 추적 쿠키를 생성하는 Lambda는 VPC를 사용하지 않는다.

```
const functions = {
  acceptTraceIdCookie: {
    handler: "handler.acceptTraceIdCookie",
    events: [{ httpApi: { path: "/api/accept-trace", method: "post" } }],
  },
  markAsLike: {
    handler: "handler.markAsLike",
    events: [{ httpApi: { path: "/api/{id}/like", method: "post" } }],
    vpc,
  },
  fetchLike: {
    handler: "handler.fetchLike",
    events: [{ httpApi: { path: "/api/{id}/like", method: "get" } }],
    vpc,
  },
};
```

지금까지 선언한 자원들을 모아서 `AWS` 설정을 작성한다. Redis 주소와 SQS 대기열 이름은 환경 변수로 주입한다. Lambda가 VPC에서 실행될 수 있도록 `vpc`를 지정하고, SQS에 접근할 수 있도록 `LikeQueueStatement`를 IAM 역할에 포함한다. 함수를 연결하고 `LikeQueue`를 자원부(resources)에 포함해 서버리스 스택으로 함께 관리한다. 좋아요 횟수를 관리하는 Redis 인스턴스(RedisInstance)는 앞서 사용한 선언과 동일하므로 생략한다. Lambda 함수의 코드를 빌드하는 `serverless-webpack` 플러그인과 로컬 테스트 환경을 구축하는 `serverless-offline` 플러그인을 사용한다.

```
const config: AWS = {
  service: "art-gallery-api",
  frameworkVersion: "3",
  provider: {
    name: "aws",
    runtime: "nodejs14.x",
    region: "ap-northeast-2",
    environment: {
      LIKE_QUEUE_NAME: process.env.LIKE_QUEUE_NAME!,
      REDIS_HOST: {
        "Fn::GetAtt": ["RedisInstance", "PrimaryEndPoint.Address"],
      },
    },
    iam: { role: { statements: [LikeQueueStatement] } },
  },
  functions,
  resources: {
    Resources: {
      LikeQueue,
      RedisInstance,
    },
  },
  plugins: ["serverless-webpack", "serverless-offline"],
};
```

5-6-6 로컬 테스트

로컬 서버를 띄우기 위해, 서버리스 스택으로 포함한 Redis와 SQS도 로컬에 띄운다. 둘 다 Docker 이미지가 있으므로 다음과 같이 `docker run` 명령을 사용해 실행할 수 있다.

```
# Redis 시작
$ docker pull redis:6
$ docker run --rm --name redis -it -p 6379:6379 redis:6

# SQS 시작
$ docker pull softwaremill/elasticmq
$ docker run --rm --name sqs-local -it -p 9324:9324 -p 9325:9325 softwaremill/elasticmq
```

SQS의 공식 Docker 이미지를 AWS가 제공하지 않으므로, SQS와 인터페이스 호환이 가능한 ElasticMQ를 사용한다. 9324번 포트를 통해 SQS 인터페이스를 사용할 수 있다. 9325 포트는 SQS에 대한 정보를 보여주는 웹 어드민의 포트다. 메시지를 전송한 후 메시지가 잘 적용되어 있는지 확인하기 위해 브라우저에서 `http://localhost:9325` 주소에 접근하면 다음과 같이 어드민 페이지를 확인할 수 있다.

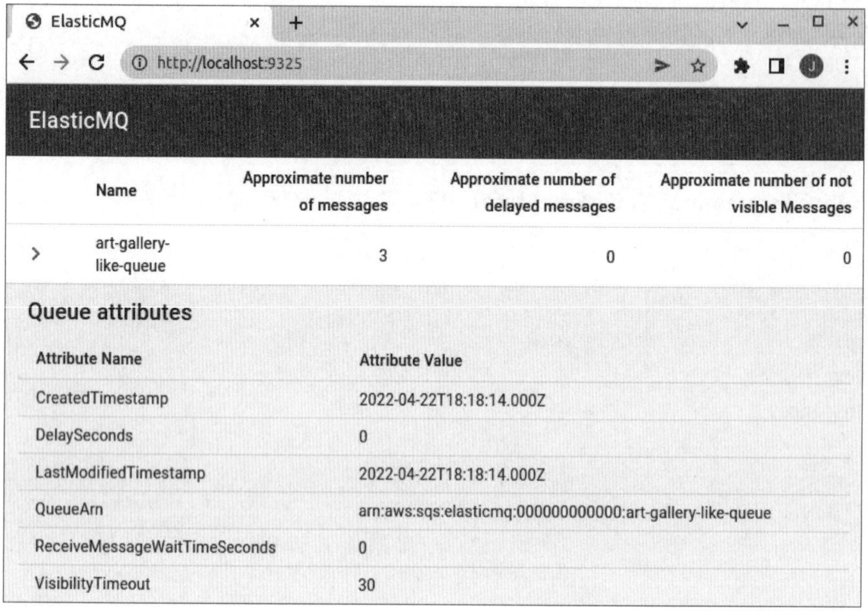

그림 5-6-1 ElasticMQ 어드민 페이지

필요한 모든 준비가 끝났다. `sls offline` 명령을 사용해 로컬 서버를 기동한다. 다음과 같이 3개의 함수가 잘 나오는지 확인한다. Redis나 SQS는 실제 요청이 처리될 때 연결하므로 단순히 로컬 서버 기동만으로는 설정이 올바른지 확인할 수 없다. `curl` 명령을 사용해 추적 쿠키 발급이나 좋아요 API를 호출해 모든 구성이 올바르게 되어 있는지 확인하자.

```
$ sls offline
# ... 빌드 로그 생략

Starting Offline at stage dev (ap-northeast-2)

Offline [http for lambda] listening on http://localhost:3002
Function names exposed for local invocation by aws-sdk:
        * acceptTraceIdCookie: art-gallery-api-dev-acceptTraceIdCookie
```

* markAsLike: art-gallery-api-dev-markAsLike
* fetchLike: art-gallery-api-dev-fetchLike

```
| POST | http://localhost:3000/api/accept-trace                                        |
| POST | http://localhost:3000/2015-03-31/functions/acceptTraceIdCookie/invocations    |
| POST | http://localhost:3000/api/{id}/like                                           |
| POST | http://localhost:3000/2015-03-31/functions/markAsLike/invocations              |
| GET  | http://localhost:3000/api/{id}/like                                           |
| POST | http://localhost:3000/2015-03-31/functions/fetchLike/invocations               |
```

5-6-7 배포

서버리스 스택에 포함된 Redis와 SQS 대기열을 위해 REDIS_HOST와 LIKE_QUEUE_NAME 환경 변수를 설정한다. REDIS_HOST는 블로그 예제 스택에 포함된 Redis 주소를 사용한다. LIKE_QUEUE_NAME은 80자 이내의 알파벳, 숫자, 하이픈(-), 언더스코어(_) 문자의 조합으로 작성한다. 환경 변수 설정을 마친 후 스택을 배포하기 위해 sls deploy 명령을 사용한다.

```
$ sls deploy
# ... 빌드 로그 생략
✓ Service deployed to stack art-gallery-api-dev (56s)

endpoints:
  POST - https://API_ID.execute-api.AWS_REGION.amazonaws.com/api/accept-trace
  POST - https://API_ID.execute-api.AWS_REGION.amazonaws.com/api/{id}/like
  GET - https://API_ID.execute-api.AWS_REGION.amazonaws.com/api/{id}/like
functions:
  acceptTraceIdCookie: art-gallery-api-dev-acceptTraceIdCookie (175 kB)
  markAsLike: art-gallery-api-dev-markAsLike (175 kB)
  fetchLike: art-gallery-api-dev-fetchLike (175 kB)
```

배포가 잘 끝났다면 aws sqs list-queues 명령으로 SQS 대기열도 잘 생성되었는지 확인한다.

```
$ aws sqs list-queues
{
```

```
    "QueueUrls": [
        "https://sqs.AWS_REGION.amazonaws.com/ACCOUNT_ID/LIKE_QUEUE_NAME"
    ]
}
```

로컬 환경에서의 테스트와 같이 curl 명령을 사용해 배포한 서버의 API를 호출해보자. API가 기대대로 응답하면 모든 구성이 올바르다는 뜻이다. 서버 에러가 발생한다면 CloudWatch Logs에서 자세한 로그를 확인한다. 대부분의 경우 Redis나 SQS에 접근하지 못해 발생하는 오류다. VPC의 연결성 분석기를 사용해 Lambda의 네트워크 인터페이스로부터 Redis나 SQS로 잘 도달하는지 확인한다. 이에 대한 자세한 내용은 7장 게임 개발 단원에서 다룬다.

5-7 웹 페이지 구현

지금까지 구현한 추천 API와 서비스 API를 사용하는 프런트엔드를 구현한다. 앞서 언급한 바와 같이, 작품 데이터를 생성하고 노출을 위한 화면을 구성하는 부분은 이번 단원의 주제와는 상관없는 단순한 코딩이므로 이에 대한 설명은 생략한다. 작품을 보여주는 웹 프로젝트는 정적으로 구성된 데이터를 보여주기 위해 임의로 구현된 코드이므로 설명을 통해 얻을 수 있는 내용도 없다. 만약 코드 확인이 필요하다면 첨부된 예제 코드를 확인하자. 웹 프로젝트는 create-react-app의 타입스크립트 템플릿으로 시작했으며 불필요한 파일을 제거해 다음과 같은 파일 및 디렉토리 구조를 갖는다.

```
website
├── public
│   ├── images
│   │   └── <image-files...>
│   ├── index.html
│   └── ...
└── src
    ├── App.tsx
    ├── Components.tsx
    ├── data.json
    ├── Pages.tsx
```

```
├── server.ts
├── setupProxy.js
└── ...
```

1. 작품 데이터는 src/data.json과 public/images 아래의 이미지 파일이다. 예제를 위해 생성한 임의의 데이터를 정적으로 제공할 수 있도록 모두 프로젝트에 포함시킨다.
2. 메인 컴포넌트인 App 컴포넌트로부터 페이지 라우터에 따라 Pages.tsx 파일의 컴포넌트가 호출되고, Components.tsx 파일 안에 선언된 컴포넌트를 사용해 화면을 구성한다.
3. 서버와 통신하는 함수는 모두 server.ts 파일에 정의한다.
4. 로컬 테스트 서버를 사용하기 위해 프록시 서버 구성이 필요하다. http-proxy-middleware 라이브러리와 setupProxy.js 설정을 통해 웹팩 개발 서버가 추천 API와 서비스 API 둘 다 중계할 수 있도록 구성한다.

이번 단원에서는 Pages.tsx, Components.tsx, server.ts 파일을 수정해 다음 기능을 추가한다.

- 쿠키 사용 동의 화면을 보여주고, 동의한 사용자는 추적 쿠키 발급 API를 호출한다.
- 작품 상세 페이지에 좋아요 숫자를 노출하기 위해 좋아요 조회 API를 호출한다.
- 작품 상세 페이지에 좋아요 버튼을 추가하고 좋아요 API를 호출한다.
- 작품 상세 페이지에서 추천 API를 호출해 추천 작품 목록을 노출한다.

5-7-1 추적 쿠키 사용

추적 쿠키를 발급하려면 서비스 API의 GET /api/accept-trace API를 호출해야 한다. 서버는 웹 페이지와 같은 오리진을 사용하도록 로컬 프록시 서버나 CDN 스택을 구성할 예정이므로 요청 주소에서 서버의 주소를 포함하지 않는다. 따라서 추적 쿠키 발급을 위해 fetch 함수를 요청하는 acceptTraceIdCookie 함수는 server.ts 파일에 다음과 같이 구현한다.

```
export async function acceptTraceIdCookie(): Promise<void> {
  await fetch(`/api/accept-trace`, { method: "POST" });
}
```

사용자가 쿠키를 허용하면 다음에 웹 사이트를 다시 방문해도 묻지 않고 쿠키를 계속 사용할 수 있다. 이런 상태를 보관하기 위해 브라우저의 localStorage를 사용한다. 다음과 같이 local

Storage에서 쿠키 허용 여부를 보관, 조회하는 함수를 Components.tsx 파일에 구현한다.

```
const storageKey = "cookie-agree";
function getCookieAgree(): string | null {
  return localStorage.getItem(storageKey);
}
function updateCookieAgree(agree: boolean) {
  localStorage.setItem(storageKey, `${agree}`);
}
```

쿠키 동의 여부를 보여줄 CookieAgreement 컴포넌트를 구현한다. localStorage로부터 쿠키 동의 여부를 설정한 사실이 없는지(=== null) 확인하고, 없다면 동의 화면을 보여준다(display). 이미 동의 여부가 결정되었다면 동의 화면을 보여주지 않는다. 그리고 동의한 상황이라면(=== "true"), 이 컴포넌트가 처음 마운트될 때(useEffect(..., [])) 추적 쿠키 발급을 위한 API(acceptTraceIdCookie)를 호출해 쿠키 저장소에 추적 ID를 보관한다.

```
export function CookieAgreement() {
  const [display, setDisplay] = React.useState<boolean>(
    getCookieAgree() === null
  );

  React.useEffect(() => {
    if (getCookieAgree() === "true") {
      acceptTraceIdCookie().catch((error) => console.error(error));
    }
  }, []);
```

쿠키 사용 여부의 수락, 거절에 따른 이벤트 처리 함수를 구현한다. 수락과 거절 어느 쪽을 선택해도 동의 화면을 노출하지 않아야 한다(setDisplay(false)). 수락과 거절 여부를 localStorage에 저장하고(updateCookieAgree) 수락했을 때는 즉시 추적 쿠키 발급을 요청한다(acceptTraceIdCookie). 설명의 편의를 위해 코드 블록을 여러 구간으로 나누었지만 다음 구현 내용도 CookieAgreement 컴포넌트에 포함된 내용이다.

```
const accept = React.useCallback(() => {
  setDisplay(false);
  updateCookieAgree(true);
  acceptTraceIdCookie().catch((error) => console.error(error));
}, []);
```

```
const deny = React.useCallback(() => {
  setDisplay(false);
  updateCookieAgree(false);
}, []);
```

동의 화면 노출 여부(display)에 따라 적절한 화면을 그린다. 동의 화면은 적절한 메시지와 함께 수락, 거절 버튼을 제공한다. 그리고 버튼에 앞서 구현한 이벤트 처리 함수를 연결한다.

```
  if (!display) {
    return <></>;
  }
  return (
    <div className="CookieAgreement">
      <span>
        개인 맞춤 데이터 제공을 위해 쿠키를 사용하고 있습니다. 쿠키 사용에 동의하시겠습니까?
      </span>{" "}
      <button onClick={accept}>수락</button>
      <button onClick={deny}>거절</button>
    </div>
  );
}
```

이제 App 컴포넌트에서 가장 위에 CookieAgreement 컴포넌트를 넣는다. 동의 여부를 결정하기 전까지는 모든 페이지에서 동의 화면을 보여주기 위해 Switch 컴포넌트 바깥에 선언한다.

```
export default function App() {
  return (
    <Router>
      <ScrollToTop />
      <CookieAgreement />
      <Switch>
```

컴포넌트에 설정한 className을 사용해 적절한 스타일을 구성하면 다음 화면과 같이 상단에 노출되는 동의 화면을 볼 수 있다. 그리고 수락이나 거절을 눌렀을 때 화면이 사라지며, 페이지를 새로 고침해도 다시 동의 화면이 보이지 않는 것을 확인할 수 있다. 브라우저의 개발 도구를 켜서 확인해보면 accept-trace API가 잘 호출되고 있고, 이때 trace-id 쿠키도 잘 전달되어 그 값이 그대로 재사용되는 것도 확인할 수 있다.

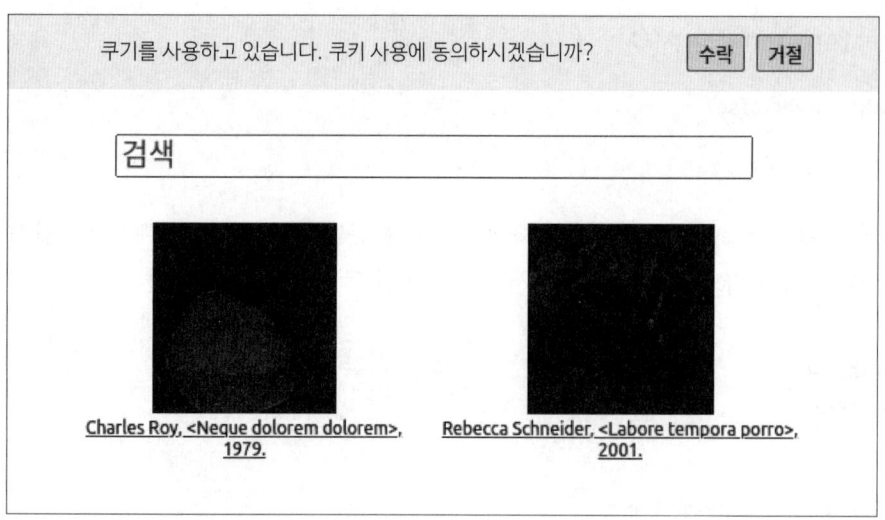

그림 5-7-1 상단의 쿠키 동의 노출

5-7-2 좋아요 노출

서비스는 값을 `{ result: T }` 형태의 JSON으로 반환하므로, 이를 받을 수 있는 일반적인 함수를 먼저 구현한다. server.ts 파일에 구현된 다음 함수는 API 요청의 결과가 올바를 때(response.ok) 그 결과를(json.result) 반환하고, 올바르지 않으면 에러 객체를 반환했다고 간주하고 예외로 던진다(throw). 발생한 예외를 개발자 도구의 콘솔에 기록한 후, 함수의 인자로 받은 `defaultValue`를 반환한다. 즉, 예외가 발생해도 기본값으로 동작하도록 서버의 반환 결과를 처리하는 함수다.

```
async function handleServerResponse<R>(
  promise: Promise<Response>,
  defaultValue: R
): Promise<R> {
  try {
    const response = await promise;
    const json = await response.json();
    if (response.ok) {
      return json.result;
    }
    throw json;
  } catch (error) {
    console.error({ error }, "서버 요청이 실패했습니다");
  }
```

```
  return defaultValue;
}
```

좋아요 횟수는 서비스 API의 GET /api/{id}/like API를 사용해 가져올 수 있다. 앞서 구현한 handleServerResponse 함수를 사용해 API의 요청 결과를 정리해서 반환한다. 만약 예외가 발생하면 null을 반환해 값을 획득할 수 없다고 호출자에게 알린다.

```
export async function fetchLike(id: string): Promise<number | null> {
  return await handleServerResponse(fetch(`/api/${id}/like`), null);
}
```

작품의 상세 정보를 보여주는 PictureDetail 컴포넌트는 Components.tsx 파일에 구현되어 있다. 이 컴포넌트는 작품의 정보(Picture)와 뒤로 가기(onBack) 혹은 목록으로 가기(onList) 이벤트 처리 함수를 속성으로 받는다.

```
interface PictureDetailProps {
  picture: Picture;
  onBack: () => void;
  onList: () => void;
}
```

PictureDetail 컴포넌트에 좋아요 횟수를 관리할 상태를(like) 선언한다. 서버와 연결이 실패했을 때 기본값으로 null을 사용할 수 있으니 이 값을 기본값으로 사용한다. 작품 상세가 변경될 때마다(useEffect(..., [picture.id])) 지금 설정된 좋아요 횟수를 초기화하고(setLike(null)) 현재 작품의 좋아요 횟수를 조회해(fetchLike(picture.id)) React 상태에 넣는다(setLike).

```
export function PictureDetail({ picture, onBack, onList }: PictureDetailProps) {
  const [like, setLike] = React.useState<number | null>(null);

  React.useEffect(() => {
    setLike(null);
    fetchLike(picture.id)
      .then(setLike)
      .catch(() => setLike(null));
  }, [picture.id]);
```

작품 세부 정보는 작품 상세(PictureDetail)와 버튼 그룹(Buttons) 두 영역으로 구성된다. 좋아요 횟수는 상세 영역에 추가한다. 작품 설명이 dl 요소 안에 포함되는 dt, dd 요소이므로, 좋아요의 횟수에 해당하는 상태값(like)을 동일한 형식으로 표현한다. 단, 이 값이 null이라면 서버에서 가져오는 중이거나 에러가 발생했다는 뜻이므로 적당히 ...으로 노출한다.

```
return (
  <>
    <section className="PictureDetail">
      <PictureImage picture={picture} />
      <h1>{picture.title}</h1>
      <dl>
        <dt>작가</dt>
        <dd>{picture.author}</dd>
        <dt>제작년도</dt>
        <dd>{picture.year}</dd>
        <dt>해설</dt>
        <dd>{picture.description}</dd>
        <dt>좋아요</dt>
        <dd>{like ?? "..."}</dd>
      </dl>
```

이제 작품 상세 페이지에 접근하면 상세 설명 하단부에 좋아요 횟수가 노출되는 것을 확인할 수 있다.

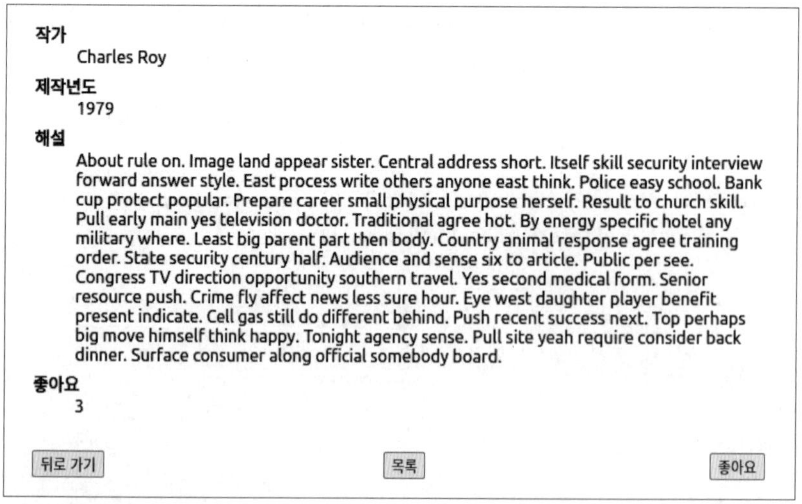

그림 5-7-2 좋아요 노출 화면

5-7-3 좋아요 버튼

좋아요 버튼을 클릭하면 서비스 API의 `POST /api/{id}/like` API를 호출한다. 이 API는 좋아요 횟수를 증가시키고 SQS에 이벤트를 발생시킨 후 증가된 좋아요 횟수를 반환한다. 반환값이 있으므로 앞서 구현한 `handleServerResponse` 함수를 사용한다. 예외가 발생하면 `null`을 반환해 값을 획득할 수 없다고 호출자에게 알린다.

```
export async function markAsLike(id: string): Promise<number | null> {
  return await handleServerResponse(
    fetch(`/api/${id}/like`, { method: "POST" }),
    null
  );
}
```

`PictureDetail` 컴포넌트에 좋아요 버튼을 눌렀을 때 사용할 이벤트 처리 함수를 구현한다. 지금 보고 있는 작품의 ID로 `markAsLike` 함수를 통해 서버의 좋아요 API를 호출한다. 그리고 반환값으로 받은 갱신된 좋아요 횟수를 상태에 넣어(`setLike`) 화면을 갱신한다. 작품 ID에 종속적인 콜백 함수를 등록해 불필요한 함수 생성을 막는다.

```
export function PictureDetail({ picture, onBack, onList }: PictureDetailProps) {
  // ... 생략
  const onLike = React.useCallback(() => {
    markAsLike(picture.id).then((maybe) =>
      maybe !== null ? setLike(maybe) : alert("지금은 할 수 없습니다.")
    );
  }, [picture.id]);
```

작품 상세 페이지의 버튼은 `dl` 요소와 같은 레벨이다. 좋아요 버튼(`button`)을 추가하고 이벤트 함수로 앞서 구현한 `onLike` 함수를 사용한다. 로컬 테스트 환경을 구축한 후, 페이지를 띄워 좋아요 버튼을 누르면 좋아요 횟수가 변경되는 것을 확인할 수 있다. 추적 쿠키를 허용한 뒤 로컬에 띄운 SQS 어드민 페이지에 들어가보면, 좋아요 버튼을 누를 때마다 SQS 대기열에 보내지는 메시지의 개수가 늘어나는 것을 볼 수 있다.

```
  return (
    <>
      {/* 생략 */}
      <div className="Buttons">
```

```
        <button onClick={onBack}>뒤로 가기</button>
        <button onClick={onList}>목록</button>
        <button onClick={onLike}>좋아요</button>
      </div>
    </>
  );
}
```

5-7-4 추천 목록

추천 API는 GET /recommend-api/{id}이다. id로 지정하는 작품의 ID 외에도 추천을 정교화하는 like, dislike 쿼리 파라미터가 있다. 만약 이런 기능이 필요하다면, localStorage에 사용자가 앞서 좋아요 한 작품 ID를 기록했다가 사용하는 등의 방법을 생각해볼 수 있다. 혹은 dislike를 위해 싫어요 버튼을 추가할 수도 있다. 이번 예제에서는 설명의 편의를 위해 like, dislike 쿼리 파라미터를 사용하지 않고, 추천 개수 제어를 위한 topn 쿼리 파라미터만 사용한다. 만약 에러로 인해 추천 데이터를 조회할 수 없다면 빈 배열([])을 사용해 추천 데이터가 아직 없는 것처럼 보여준다.

```
export async function fetchRecommendation(id: string): Promise<string[]> {
  return await handleServerResponse(fetch(`/recommend-api/${id}?topn=3`), []);
}
```

추천 목록을 보여줄 Recommendation 컴포넌트는 기준이 되는 작품 ID(id)를 속성으로 받아 추천 항목을 노출한다. 그리고 추천 항목을 보관하는 상태(recommend)를 사용한다. 아직 불러오지 않은 상태를 null로 정의하고, 작품 ID가 변경될 때 fetchRecommendation 함수를 불러 추천 데이터를 가져온다. 이때 추천 API는 유사한 작품 ID만 반환하는데, 작품의 모든 정보(pictureMap)는 웹사이트에 정적으로 포함하고 있기 때문에 ID를 작품(Picture)으로 변환해서 상태를 갱신한다.

```
export function Recommendation({ id }: { id: string }) {
  const [recommend, setRecommend] = React.useState<Picture[] | null>(null);
  React.useEffect(() => {
    setRecommend(null);
    fetchRecommendation(id).then((ids) =>
      setRecommend(ids.map((id) => pictureMap[id]))
    );
```

```
    }, [id]);
```

추천 목록 상태(recommend)로부터 화면을 구성한다. 상태가 아예 없다면(null) 아직 서버로부터 응답을 받지 못한 상황이다. 상태가 존재한다면, 배열에 값이 존재하는지의 여부로 추천 항목을 노출하거나(PictureList) 추천 항목이 없다고 메시지를 띄운다.

```
    return (
      <section className="Recommendation">
        <h2>Recommendation</h2>
        {recommend ? (
          recommend.length > 0 ? (
            <PictureList pictures={recommend} />
          ) : (
            <div>아직 추천할 항목이 없습니다.</div>
          )
        ) : (
          <div>불러오는 중...</div>
        )}
      </section>
    );
}
```

Recommendation 컴포넌트의 스타일을 정리하고 로컬 테스트 환경에서 화면을 구성하면 다음과 같은 추천 목록을 볼 수 있다. 추천 API는 매 실행마다 S3 Bucket으로부터 Word2vec 모델을 다운로드해서 불러오므로 2초에서 3초 정도의 지연을 보인다.

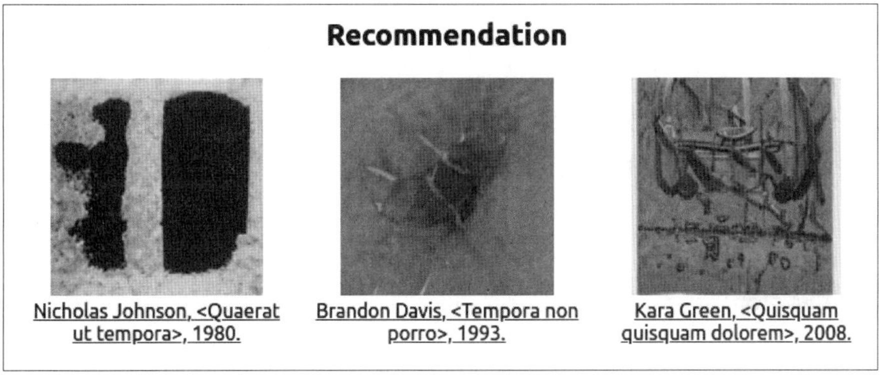

그림 5-7-3 추천 목록

5-7-5 프록시 서버 구성

블로그 예제에서는 웹팩 개발 서버에서 로컬 서버 API를 호출하기 위해 `package.json`의 `proxy` 속성을 사용했다. 이 방법은 간편하지만 서버가 1대일 때만 사용할 수 있다. 이번 예제는 추천 API와 서비스 API로 로컬 서버 2대가 기동되므로 이 방법을 사용할 수 없고 프록시 서버를 직접 띄워야 한다. 이를 위해 `http-middleware-proxy` 도구를 사용한다.

`http-middleware-proxy` 도구는 `src/setupProxy.js` 파일에 설정된 규칙에 따라 웹팩 개발 서버의 프록시 서버를 구성한다. 먼저 다음 명령을 사용해 `http-middleware-proxy` 도구를 개발 의존성에 포함한다.

```
$ npm install --save-dev http-proxy-middleware
```

추천 API는 `/recommend-api` 주소로 시작하고, 서비스 API는 `/api` 주소로 시작한다. 추천 API는 3001번 포트를 사용하고 서비스 API는 3000번 포트를 사용한다. 이에 대한 프록시 규칙을 `src/setupProxy.js` 파일로 작성하면 다음과 같다.

```
const { createProxyMiddleware } = require("http-proxy-middleware");

module.exports = function (app) {
  app
    .use(
      "/recommend-api",
      createProxyMiddleware({ target: "http://localhost:3001" })
    )
    .use("/api", createProxyMiddleware({ target: "http://localhost:3000" }));
};
```

이제 `npm run start`로 웹팩 개발 서버를 실행하면, 서버에 요청하는 API의 주소가 `/recommend-api`냐 `/api`냐에 따라 그에 맞는 서버를 연결한다.

5-7-6 로컬 테스트

추천 API 로컬 서버가 3001번 포트를 사용하고, 서비스 API 로컬 서버가 3000번 포트를 사용한다. 웹팩 개발 서버는 기본으로 3000번 포트를 사용하므로 포트 충돌이 발생한다. `package.`

json에서 다음과 같이 start 스크립트에 PORT=4000을 추가해 웹팩 개발 서버는 4000번 포트를 사용한다. 그리고 Windows 대응을 위해 cross-env 도구를 사용해서 환경 변수를 정의한다.

```
{
  "scripts": {
    "start": "cross-env PORT=4000 react-scripts start",
    "build": "react-scripts build",
```

로컬 테스트 환경을 띄우기 위해서는 웹팩 개발 서버뿐만 아니라 로컬 테스트 서버도 모두 띄워야 한다. 앞서 각 단원마다 로컬 서버 실행을 위한 명령을 언급했지만 전체를 일람하기 위해 한 번 더 정리한다.

시스템	기동 명령
추천 API	sam local start-api --port 3001
SQS	docker run --rm --name redis -it -p 6379:6379 redis:6
Redis	docker run --rm --name sqs-local -it -p 9324:9324 -p 9325:9325 softwaremill/elasticmq
서비스 API	sls offline
웹팩 개발 서버	npm run start

모든 구성 요소를 실행한 뒤, 브라우저에서 http://localhost:4000 주소로 접근하면 아트 갤러리 예제를 볼 수 있다. 좋아요 버튼을 클릭해 좋아요 횟수가 잘 증가하는지 확인하고, 좋아요 이벤트가 SQS로 잘 전달되었는지 SQS 어드민 페이지를 통해 확인한다. 그리고 추천 API가 올바르게 동작해 웹 페이지에 추천 목록이 잘 노출되는지 확인한다.

5-8 CDN 배포

블로그 예제에서 사용했던 CDN과 큰 차이는 없다. S3 Bucket을 통해 웹 페이지를 배포하고 경로 규칙에 따라 API를 연결하는 구성의 형태가 동일하기 때문이다. S3 Bucket에 의한 웹 페이지 배포는 달라지는 부분이 하나도 없다. 따라서 다음 내용은 생략한다.

1. S3 Bucket에 웹 페이지 빌드 결과물을 업로드하고 OAI를 추가해 CloudFront에서 접근할 수 있게 권한을 부여한다.
2. S3 오리진(S3Origin)과 캐시 효율을 높인 기본 캐시 정책(DefaultCacheBehavior)을 구성한다.
3. React 라우트에 대응하기 위해 객체가 존재하지 않는 주소를 요청했을 경우 `index.html`을 반환하도록 오류 페이지(CustomErrorResponses)를 설정한다.
4. CloudFront 배포가 사용자 지정 도메인을 가질 수 있도록 도메인(Aliases)과 인증서(Viewer Certificate)를 설정한다.

앞선 예제와의 가장 큰 차이점은 API가 2개라는 점이다. 블로그 예제에서는 블로그 API 1개만 있었지만 이번 예제는 추천 API와 서비스 API 2개다. 이를 위해 2개의 오리진을 선언하고 각각에 대해 다른 경로 패턴(PathPattern)을 갖는 캐시 행동(CacheBehavior)을 선언한다. 블로그 예제의 `cdn-stack` 디렉토리를 복사하고 `s3-cloudfront.ts` 파일을 수정한다. 서비스 API 제공을 위해 API 오리진 부분을 다음과 같이 수정한다.

```
const APIOrigin = {
  Id: "APIOrigin",
  DomainName: process.env.API_DOMAIN!,
  CustomOriginConfig: {
    OriginProtocolPolicy: "https-only",
    OriginSSLProtocols: ["TLSv1.2"],
  },
};
const APIOriginCacheBehavior = {
  TargetOriginId: "APIOrigin",
  PathPattern: "/api/*",
  ViewerProtocolPolicy: "https-only",
  AllowedMethods: ["GET", "HEAD", "OPTIONS", "PUT", "PATCH", "POST", "DELETE"],
  CachePolicyId: "4135ea2d-6df8-44a3-9df3-4b5a84be39ad",
  OriginRequestPolicyId: { Ref: "APIOriginRequestPolicy" },
};
```

1. 배포된 서비스 API의 주소를 `API_DOMAIN` 환경 변수로 주입해서 사용한다.
2. 서비스 API의 경로는 모두 `/api/`로 시작하므로 이에 대한 경로 패턴(PathPattern)을 사용한다.
3. API이므로 캐시 정책(CachePolicyId)은 사용하지 않는다(CachingDisabled, 4135ea2d-6df8-44a3-9df3-4b5a84be39ad).

4. 오리진으로 요청을 보낼 때 Host HTTP 헤더를 제외하고 보낼 수 있도록 `APIOriginRequestPolicy` 정책을 사용한다. 이 정책은 블로그 예제에서 CORS, Origin 등의 기본 HTTP 헤더와 쿠키, 쿼리 파라미터를 오리진으로 전송하도록 정의했다. 만약 이 스택에서 동일한 구성을 새롭게 하나 더 선언해서 사용한다면 이름이 겹치지 않도록 주의한다. 만약 블로그 예제가 배포되어 있는데 아트 갤러리 예제의 CDN 스택에서 동일한 이름(`AllViewerExceptHostHeader`)의 오리진 전송 정책을 갖도록 구성할 경우 Internal error 에러와 함께 실패한다.

추천 API도 서비스 API와 비슷한 구성을 갖는다. 추천 API의 주소는 `RECOMMEND_API_DOMAIN` 환경 변수를 통해 주입되고 경로 패턴(`PathPattern`)은 `/recommend-api/*`라는 점이 다르다.

```
const RecommendAPIOrigin = {
  Id: "RecommendAPIOrigin",
  DomainName: process.env.RECOMMEND_API_DOMAIN!,
  CustomOriginConfig: {
    OriginProtocolPolicy: "https-only",
    OriginSSLProtocols: ["TLSv1.2"],
  },
};
const RecommendAPIOriginCacheBehavior = {
  TargetOriginId: "RecommendAPIOrigin",
  PathPattern: "/recommend-api/*",
  ViewerProtocolPolicy: "https-only",
  AllowedMethods: ["GET", "HEAD", "OPTIONS", "PUT", "PATCH", "POST", "DELETE"],
  CachePolicyId: "4135ea2d-6df8-44a3-9df3-4b5a84be39ad",
  OriginRequestPolicyId: { Ref: "APIOriginRequestPolicy" },
};
```

설명의 편의를 위해 서비스 API와 추천 API 구성을 거의 동일하게 가져갔지만, 사실 추천 API의 설정은 좀 더 최적화할 수 있다.

1. GET 메소드만 사용하므로 `AllowedMethods`를 GET, HEAD만 사용해 기대하지 않은 요청을 사전에 막을 수 있다.
2. 쿼리 파라미터가 변하지 않는다는 가정하에 캐시 정책(`CachePolicyId`)을 공격적으로 사용할 수 있다. 만약 요청 경로만으로 추천할 내용을 결정할 수 있다면 `CachingOptimized` 정책을 사용해 추천을 위한 Lambda 함수의 부담을 낮출 수 있다.
3. 쿼리 파라미터를 사용한다고 해도 그 쿼리 파라미터만 캐시 키로 포함하는 캐시 정책을 만들어 쓸 수 있다.

4. HTTP 헤더와 쿠키를 사용하지 않고 쿼리 파라미터도 일부만 사용하므로 이에 맞는 요청 정책을 만들어 쓸 수 있다. 이로써 오리진으로 통하는 네트워크를 절약하고 HTTP 요청 분석(parsing)에 들어가는 시간도 조금은 아낄 수 있다.

CloudFront 배포는 S3 오리진 설정과 함께, 앞서 선언한 `APIOrigin`과 `RecommendAPIOrigin`을 포함한다.

```
const ArtGalleryCdn = {
  Type: "AWS::CloudFront::Distribution",
  Properties: {
    DistributionConfig: {
      Comment: "간단한 아트 갤러리",
      Enabled: true,
      DefaultRootObject: "index.html",
      CustomErrorResponses: [CustomErrorResponse],
      Origins: [S3Origin, APIOrigin, RecommendAPIOrigin],
      DefaultCacheBehavior,
      CacheBehaviors: [APIOriginCacheBehavior, RecommendAPIOriginCacheBehavior],
      HttpVersion: "http2",
      Aliases: [Domain],
      ViewerCertificate,
    },
  },
};
```

이렇게 선언한 모든 자원을 Resources로 묶어 `serverless.ts` 파일에서 참조해(import) 사용할 수 있도록 내보낸다(export).

```
const resources = {
  AWSTemplateFormatVersion: "2010-09-09",
  Resources: {
    OAI,
    ArtGalleryStaticFileBucket,
    ArtGalleryStaticFileBucketOAIPolicy,
    APIOriginRequestPolicy,
    ArtGalleryCdn,
    ArtGalleryCdnDns,
  },
};
export default resources;
```

serverless.ts 파일은 블로그 예제와 동일하다. 서비스 이름(service)과 S3 Bucket에 정적 파일 배포를 위한 대상 디렉토리(localDir)가 바뀌었을 뿐이다.

```ts
import resources from "./s3-cloudfront";

export = {
  service: "art-gallery",
  frameworkVersion: "3",
  provider: {
    name: "aws",
    region: "ap-northeast-2",
  },
  plugins: ["serverless-s3-sync"],
  custom: {
    s3Sync: [
      {
        bucketName: process.env.WEBSITE_BUCKET_NAME!,
        localDir: "../website/build",
        params: [
          { "index.html": { CacheControl: "no-cache" } },
          { "static/**/*": { CacheControl: "public, max-age=31536000" } },
        ],
      },
    ],
  },
  resources,
};
```

배포에 앞서, 아직 웹 페이지를 빌드하지 않았다면 website 디렉토리에서 npm run build 명령을 실행한다. website/build 안에 결과물이 잘 들어있다면 빌드가 성공한 것이다. 그리고 배포를 위해 환경 변수를 설정한다. 서버리스 스택에서 사용하는 환경 변수는 다음과 같다. 관리의 편의를 위해 .envrc 파일에 환경 변수를 정리한다.

```
export ROOT_DOMAIN=lacti.link            # 루트 도메인 예시
export SUB_DOMAIN=art-gallert            # 서브 도메인 예시
export ACM_CERTIFICATE_ARN=arn:aws:acm:us-east-1:ACCOUNT_ID:certificate/CERTIFICATE_UUID

export API_DOMAIN=API_ID.execute-api.AWS_REGION.amazonaws.com
export RECOMMEND_API_DOMAIN=API_ID.execute-api.AWS_REGION.amazonaws.com
```

```
export BUCKET_NAME=lacti-art-gallery-recommend    # 데이터 S3 Bucket 이름 예시
export WEBSITE_BUCKET_NAME=lacti-art-gallery-files  # 웹 페이지 S3 Bucket 이름 예시
```

환경 변수를 모두 설정했다면 `sls deploy` 명령을 사용해 스택을 배포한다. 배포가 완료되면 웹 브라우저를 통해 배포한 주소에 접속한다. 주소는 https://SUB_DOMAIN.ROOT_DOMAIN이다. 아트 갤러리 웹 페이지에서 좋아요 횟수가 잘 보이고 좋아요 버튼이 잘 동작하는지 확인한다. 좋아요 버튼을 클릭했을 때 SQS 대기열로 이벤트가 발송되는지 관리 콘솔이나 AWS CLI를 통해 확인한다. 그리고 작품 상세 페이지에서 추천 목록이 잘 노출되는지 확인한다.

이후 스택 자체가 변경되는 것이 아니라면, `website` 디렉토리에서 `npm run build` 명령으로 웹 페이지를 빌드한 후 `sls s3sync` 명령을 통해 S3 Bucket으로 업로드만 요청할 수 있다. 이는 스택의 변경점을 비교하는 것보다 수행 시간이 훨씬 빠르다.

5-9 상용 서비스 고려

이번 시스템은 총 세 가지 부분으로 나눌 수 있다. 웹 서비스를 제공하는 CDN과 서비스 API, 그리고 추천 API다. 웹 페이지와 CDN 스택, 그리고 서비스 API에서 사용하는 Redis에 대해서는 블로그 예제에서 자세히 알아보았다. 따라서 이번 예제에서는 그 내용을 다루지 않고, SQS를 통한 이벤트 수집과 추천 API의 Lambda 제약에 대해 살펴본다.

5-9-1 SQS 이벤트 채널

SQS는 충분히 저렴하고 메시지의 송신과 수신에 제약 조건이 없기 때문에, 적당한 규모의 이벤트를 모아서 처리하는 채널로 사용하기에 나쁘지 않다. 하지만 추천 도메인은 대용량 데이터 처리를 상정하므로 상용 서비스 규모에서의 이벤트 관리는 적합하지 않다. SQS를 사용해도 괜찮을지 검토해보려면, 다음 질문에 답을 해보면 된다.

학습 모듈을 실행하는 환경에서 SQS 대기열의 메시지 수신 속도가 서비스 API에서 메시지를 송신하는 속도보다 충분히 빠른가?

학습 모듈에서는 SQS 대기열로부터 메시지를 수신해 학습을 위한 데이터로 가공한다. 이번 예제에서는 이 작업을 하루에 한 번 실행한다고 가정했다. 데이터를 조회하는 `ReceiveMessage`는 한 번에 최대 10개의 메시지를 수신할 수 있다. 1번 수신할 때 걸리는 시간을 10밀리초라고 가정해보면, 1개의 메시지를 수신하는 데 1밀리초가 걸린다고 볼 수 있다. 그럼 하루에 수신할 수 있는 메시지의 수는 8천6백6십만 건(24×60×60×1,000)이다. 즉, 학습 모듈을 위해 데이터를 SQS 대기열로부터 수신하는 모듈을 1개만 실행한다고 가정하면, 하루에 수집할 수 있는 이벤트의 최대 개수가 저 수치를 넘을 수 없다는 뜻이다. 이번 예제는 좋아요 이벤트를 사용했기 때문에, 하루에 8천만 번 이상 좋아요가 클릭되는 게 현실성이 없어 보일 수 있다. 하지만 규모 있는 소셜 플랫폼이나 이커머스에서 발생하는 다양한 이벤트의 총합은 이 수치를 쉽게 넘을 수 있다.

상용에서 사용할 수 있는 좀 더 현실적인 방법은 액세스 로그를 활용하는 것이다. CloudFront에서 서비스 API의 액세스 로그를 남겨 S3 Bucket에 보관한 후 EC2와 같은 컴퓨팅 자원을 통해 로그를 정제할 수 있다. 혹은 액세스 로그가 S3 Bucket에 쓰여지는 이벤트로 Lambda를 실행해 로그를 정제할 수도 있다. 아니면 Kinesis Stream이나 Athena와 같이 이미 제공되는 서비스를 통해 로그 정제부터 학습까지 다루거나 머신러닝 서비스까지 함께 처리할 수 있는 SageMaker 솔루션을 사용하는 것이 더 나을 수 있다.

5-9-2 추천 Lambda의 수행 시간

만약 `gensim` 대신 Tensorflow 같은 용량이 더 큰 라이브러리를 사용하면 코드 크기가 더 커진다. 컨테이너 이미지를 사용했을 때 최대로 사용할 수 있는 이미지의 크기는 10GB이다. 이번 예제에서는 `gensim`을 사용해 350MB 정도의 이미지를 사용했는데도 첫 기동 지연 시간이 16초 정도로 길었다. 그중 10초 정도는 컨테이너 이미지를 Lambda가 가져가 시작하는 데까지 걸린 시간이다. 이 시간은 이미지의 크기와 연관이 있으므로, 용량이 더 큰 라이브러리를 사용할 경우 첫 기동 지연 시간이 더 오래 걸릴 가능성이 높다.

문제 해결 방법으로 3가지를 고민해볼 수 있다. 첫 번째는 컨테이너 이미지의 크기를 가능한 한 작게 만드는 것이다. 작은 크기의 라이브러리를 사용하고, 불필요한 스테이지를 줄여 컨테이너 이미지를 최적화한다. 그리고 필요하다면 `inotifywait`과 같은 도구를 사용해 Lambda 함수 실행에 필요한 파일만 추려서 이미지를 만드는 방법도 있다. 얻을 수 있는 효과는 크지 않으면서 한계도 명확한 방법이다.

두 번째 방법은 미리 준비된(Provisioned) Lambda를 확보하는 것이다. 앞선 실험에서, Lambda가 컨테이너 이미지를 한 번 가져온 후부터는 Lambda 인스턴스를 재사용하지 못해도 첫 기동 지연 시간이 1~3초 수준으로 그리 크지 않다는 점을 확인했다. 이 점에 착안해, 미리 준비된 Lambda를 1개만 확보해도 그 구역에 있는 Lambda들의 첫 기동 시간을 줄일 수 있다. 물론 Lambda가 컨테이너 이미지를 어떻게 관리하는지는 알려진 부분이 아니므로, 서비스 요청에 필요한 수준만큼 미리 Lambda를 준비해두어야 좀 더 예측 가능한 성능을 볼 수 있다.

세 번째 방법은 API Gateway 대신 Lambda Function URL을 사용하는 것이다. 첫 기동 지연 시간이 너무 길어지면 API Gateway 통합 시 사용할 수 있는 최대 수행 시간인 29초를 초기화에 다 써버릴 수 있다. 그럼 그다음 요청은 준비된 Lambda를 사용하기 때문에 정상적인 응답을 받을 수도 있지만, 첫 번째 요청은 무조건 실패하게 된다. 만약 오래 걸려도 괜찮으니 실패하는 요청이 없길 바란다면 Lambda Function URL을 사용해볼 수 있다. Lambda Function URL은 Lambda 함수를 실행하는 HTTPS 엔드포인트로 API Gateway가 제공하는 경로 파라미터나 사용자 지정 도메인, 보안 등의 기능을 사용할 수 없지만 API 호출 비용이 없고 최대 900초까지 기다릴 수 있다는 장점이 있다. `serverless.ts` 파일에서 Lambda 함수를 선언할 때 `url` 속성을 `true`로 주면 사용할 수 있다.

```
const config: AWS = {
  functions: {
    handleRecommend: {
      handler: "handler.handleRecommend",
      url: true,
```

만약 SAM 템플릿을 사용한다면 `FunctionUrlConfig`를 사용한다. 이는 `AWS::Lambda::Url` 자원으로 변환된다. 여기서는 `AuthType`을 생략할 수 없기 때문에, IAM으로 접근을 제한하는 경우가 아니라면 `NONE`으로 지정해 인증 없이 접근할 수 있다고 명시한다.

```
Resources:
  RecommendFunction:
    Type: AWS::Serverless::Function
    Properties:
      FunctionUrlConfig:
        AuthType: NONE
```

배포된 주소는 다음과 같다. SAM 템플릿의 경우 `AWS::Serverless::Function`으로 선언한 함수의 이름 뒤에 `Url`을 붙인 자원으로 `FunctionUrl`이 생성된다. 따라서 RecommendFunction에 대한 주소를 얻으려면 RecommendFunctionUrl.FunctionUrl의 속성을 접근해야 한다.

```
https://URL_ID.lambda-url.AWS_REGION.on.aws
```

사용자 지정 도메인을 사용할 수 없기 때문에 CORS를 구성해야 한다. 또한 경로 파라미터를 지원하지 않기 때문에 이번 예제처럼 경로 패턴에 의한 CDN을 구성할 수 없다. 그럼에도 Lambda 함수를 최대 900초까지 HTTPS를 통해 요청할 수 있다는 점은 큰 장점이다. 만약 추천 등의 개별 기능을 제공하는 Lambda 함수에 대한 마이크로서비스를 구축한다면 괜찮은 선택지다.

이 외에도 추천할 모든 데이터를 미리 받아두는 방법도 있다. 머신러닝 추론 라이브러리를 포함하는 컨테이너 이미지의 용량이 큰 것이 문제의 핵심이므로, 추천한 데이터를 모두 저장소에 넣어두고 추천 API는 그저 데이터를 조회해서 반환하는 역할만 하는 것이다. 사용자에 대한 추천 데이터가 하루에 한 번씩 다시 만들어지고, 사용자마다 최대 100개의 데이터를 유지하고, 추천의 유효 대상자는 1천만 명(10M)이라고 가정하자. 추천 데이터를 ID로 관리하고 ID 하나의 크기가 32바이트라면, 매일 새로 만들어야 하는 데이터의 크기는 32GB다. DynamoDB에 보관하면 약 9USD 비용이 발생하는 수준으로 충분히 수용할 수 있는 규모다. 이 방법을 사용하면 동적으로 변하는 선호, 비선호에 따른 추천이 어렵고 신규 사용자에 대한 즉시 추천도 어렵지만, 기존 사용자에 대한 추천은 다른 서비스 API와 같이 수 밀리초 이내의 응답이 가능해진다.

5-9-3 AVX2 지원

Lambda의 메모리 크기를 더 높게 설정하면 더 많은 CPU를 사용할 수 있다. 만약 멀티코어를 지원하는 라이브러리를 사용한다면 이 방법만으로도 꽤 높은 성능 향상을 꾀할 수 있다. 여기에 더해 라이브러리가 벡터 연산을 지원한다면, Lambda의 AVX2 지원에 힘입어 조금 더 성능 이득을 볼 수 있다.

x86 프로세서를 사용하는 Lambda 함수를 사용하면 AVX2 기능을 사용할 수 있다. AVX2(Advanced Vector Exensions 2)는 SIMD(Single Instruction Multiple Data) 명령 집합으로, 하나의 명령어로 여러 개의 값을 동시에 계산하기 위한 확장이다. 계산량이 많지만 대부분 동일한 연산을 처리하는 경우, 즉 이미지 처리나 머신러닝 학습 및 추론에서 AVX2 기능을 사용하면 성능을 높일 수 있다.

물론 GPU를 사용할 때처럼 몇 배의 성능 향상을 기대할 수는 없지만 30~40% 정도의 성능 향상을 기대할 수 있다.

AVX2 명령을 사용하기 위해 보통 Intel Math Kernel Library(MKL) 라이브러리를 사용한다. PyTorch와 같이 기본으로 MKL을 사용하기 때문에 추가 작업 없이 성능 이득을 보는 경우도 있지만, gensim 라이브러리가 사용하는 계산 라이브러리인 NumPy, SciPy처럼 AVX2를 활성화하기 위해 MKL을 사용하도록 빌드해야 하는 경우도 있다. Tensorflow 라이브러리의 경우 MKL을 사용하도록 --config=mkl 옵션을 주어 빌드하거나, --copt=-mavx2 옵션을 주어 AVX2를 활성화한다. 라이브러리를 직접 빌드해서 사용하므로 번거롭지만 추가 비용이 발생하지 않고 성능 향상을 기대해볼 수 있는 작업이므로 해볼 만하다.

5-9-4 모델 파일의 크기

Lambda는 수행 시간뿐만 아니라 임시 디렉토리(/tmp) 공간의 제약도 있기에 Word2vec 모델 파일이 너무 커지면 문제가 될 수 있다. 임시 디렉토리의 기본 크기는 512MB이므로, 모델 파일이 이보다 클 경우 Lambda 인스턴스의 초기화 과정에서 S3 Bucket으로부터 모델 파일을 다운로드하다가 실패할 수 있다. 모델 크기를 줄일 수 있다면 제일 좋겠지만, 만약 어렵다면 Lambda의 임시 디렉토리의 크기를 최대 10GB까지 늘려 대응할 수 있다.

Serverless Framework를 사용한다면, Lambda 함수를 선언할 때 `ephemeralStorageSize` 속성을 사용해 크기를 MB 단위로 지정할 수 있다. 512와 10240 사이의 숫자를 지정한다.

```
const config: AWS = {
  functions: {
    handleRecommend: {
      handler: "handler.handleRecommend",
      ephemeralStorageSize: 10240,
```

SAM 템플릿을 사용한다면 `AWS::Serverless::Function` 자원의 속성으로 `EphemeralStorage`을 구성한다. `EphemeralStorage`는 `Size` 속성으로 임시 디렉토리의 크기를 설정한다. 여기도 동일하게 MB 단위로 512와 10240 사이의 숫자를 지정한다.

```
Resources:
  RecommendFunction:
```

```
Type: AWS::Serverless::Function
Properties:
    EphemeralStorage:
        Size: 10240
```

Lambda는 512MB의 임시 디렉토리 공간은 추가 비용 없이 제공한다. 하지만 이보다 높은 용량을 할당하면 GB-초당 0.0000000352USD의 요금이 발생한다. 예를 들어 10GB의 임시 디렉토리 공간을 사용했다면 512MB를 제외한 9.5GB에 대한 요금이 발생하므로 초당 0.0000003344USD의 요금이 발생한다. Lambda가 한 번 실행될 때 평균 1초씩 걸렸고 한 달에 1억 회 호출되었다면 33.44USD 요금이 발생한다.

5-10 모니터링

이번 예제에서도 핵심은 Lambda이므로 Lambda에 대한 모니터링은 필수다. Lambda나 API Gateway가 정상 응답을 하고 있는지 모니터링하고 의도치 않은 에러 수치가 높아진다면 CloudWatch Logs에서 자세한 원인을 추적해야 한다. 추천 API의 경우 첫 기동 지연 시간에 의해 Lambda 수행 시간 초과가 발생할 수 있으므로 이 부분도 함께 모니터링해야 한다. 뿐만 아니라 Lambda의 동시 실행수를 모니터링하다 한도에 도달하기 전에 서포트 티켓을 통해 상향 요청해야 한다.

그 외에 웹 페이지를 업로드하는 S3 Bucket이나 CDN 서비스를 위한 CloudFront도 있다. 그리고 좋아요 횟수를 관리하는 Redis도 있다. 이런 항목들은 앞선 예제에서 어떻게 CloudWatch 지표를 확인하고 모니터링 대시보드를 구축하는지 이미 살펴봤으므로 이번에는 생략한다. 대신, 이번 예제에서 처음 등장한 SQS, ECR, PrivateLink의 모니터링 요소를 알아보자.

5-10-1 SQS 모니터링

좋아요 API를 호출하면 추적 ID와 작품 ID를 SQS 대기열로 전달한다. SQS의 표준 대기열을 사용할 경우 메시지의 송수신과 보관량에 제한이 없으므로 여기에 주의할 부분은 없다. 따라서

SQS의 이상 동작을 감지하는 모니터링보다는 SQS를 사용하는 시스템의 이상 상황을 감지하는 모니터링에 해당한다.

좋아요 API를 처리하는 Lambda 함수에서 SQS에 접근하지 못하면 Lambda의 에러 지표로 관측된다. 문제가 될 수 있는 부분은, SQS에 있는 데이터를 학습 모듈이 가져가지 않는 경우다. 이는 학습 모듈의 구성이 잘못되었거나 모종의 문제로 인해 제대로 실행되지 않고 있음을 뜻한다. `ApproximateAgeOfOldestMessage` 지표를 사용해 가장 오래된 메시지의 수명을 확인할 수 있다. 대기열 안의 메시지가 처리되지 않는다면 이 값은 계속 증가한다. 만약 학습 모듈을 하루에 한 번 실행하도록 구성했는데 이 값이 하루, 즉 86.4KSeconds를 초과한다면 문제가 있는 것이다. 뿐만 아니라 대기열의 기본 설정상 메시지는 4일까지 보관되므로, 학습 모듈을 4일 넘게 돌리지 않을 경우 대기열에서 데이터가 소실된다.

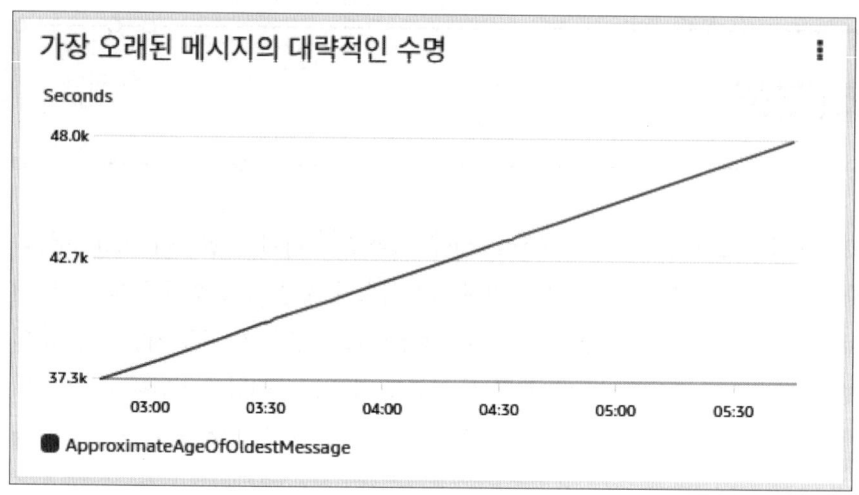

그림 5-10-1 SQS의 ApproximateAgeOfOldestMessage 지표

또 하나 주의해야 할 지표는 `ApproximateNumberOfMessagesVisible`이다. 이는 현재 대기열에서 수신할 수 있는 대략적인 메시지 수다. 만약 학습 모듈이 지속적으로 실행되어 대기열로부터 데이터를 가져가고 있는데 이 수치가 계속 증가한다면 데이터 발생 속도를 소모 속도가 따라가지 못한다는 뜻이다. 학습 데이터 수집을 병렬로 실행하거나, 대용량의 이벤트 데이터를 처리할 수 있도록 파이프라인 전반을 개선해야 할 수 있다.

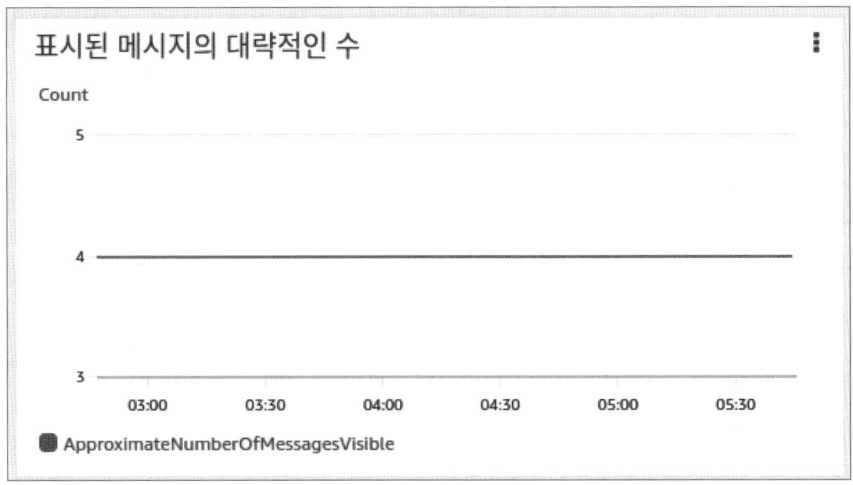

그림 5-10-2 SQS의 ApproximateNumberOfMessagesVisible 지표

5-10-2 ECR 모니터링

ECR은 이번 예제와 같이 Lambda와 연동해서 사용할 경우 주의해서 모니터링해야 할 부분은 없다. 다만 ECR에 등록할 수 있는 최대 리포지토리의 수와 리포지토리당 사용 가능한 최대 이미지의 수가 10,000개니 이를 넘지 않으면 된다. ECR에 업로드한 이미지의 총 용량으로 비용이 발생하기 때문에, 과거 버전을 사용할 일이 없다면 앞서 설명한 수명 주기 관리를 통해 오래된 이미지를 자동으로 삭제하기를 권장한다.

5-10-3 PrivateLink 모니터링

VPC 안에서 실행하는 Lambda를 SQS에 연결하려면 인터페이스 유형의 VPC 엔드포인트를 사용해야 한다. VPC 엔드포인트는 가용 영역당 10Gbps의 대역폭을 지원하고 최대 40Gbps까지 자동으로 조정된다. 이번 예제에서 설계한 좋아요 이벤트 1건은 약 70B 수준이므로 10Gbps 기준으로 계산해도 초당 천만 건 이상의 메시지를 무리 없이 전달할 수 있다.

Lambda에서 VPC 엔드포인트를 거쳐 SQS로 이어지는 구간이 모두 AWS에 의해 관리되는 구간이므로 특별히 신경 써야 하는 부분은 없다. 하지만 VPC 엔드포인트는 데이터 전송량에 따른 추가 과금이 있으므로 현재 발생하는 트래픽을 모니터링해야 할 수 있다. 또한 네트워크 상황에 따라 패킷이 버려지거나 연결이 비정상적으로 끊어지는 장애 상황을 모니터링해야 할 수 있다.

VPC 엔드포인트는 PrivateLink 기능을 통해 구현되므로 PrivateLink의 모니터링 기능을 사용한다.

지표	설명
ActiveConnections	활성화된 동시 연결수로, 여기에는 SYN_SENT 및 ESTABLISHED 상태의 연결도 포함된다.
BytesProcessed	엔드포인트와 서비스 간에 교환된 바이트 수로, 양방향으로 집계된다. 여기에 집계된 바이트의 GB 단위로 요금이 계산된다.
NewConnections	엔드포인트를 통해 설정된 새 연결의 수다.
PacketsDropped	엔드포인트에서 삭제한 패킷의 수다. 일부 패킷 삭제는 지표에 포함되지 않을 수 있다. 이 지표를 통해 엔드포인트나 서비스가 비정상임을 알 수 있다.
RstPacketsReceived	엔드포인트에서 수신된 RST 패킷의 수다. 이 지표를 통해 서비스가 비정상임을 알 수 있다.

현재의 연결 상황을 확인하려면 `ActiveConnections` 지표나 `NewConnections` 지표를 모니터링한다. 트래픽 수준을 확인하려면 `BytesProcessed` 지표를 모니터링한다. 그리고 서비스가 비정상인지 확인하려면 `PacketsDropped` 지표나 `RstPacketsReceived` 지표를 모니터링한다. AWS 관리 콘솔의 VPC 엔드포인트 세부 페이지 하단에서 모니터링 탭을 선택해 지표를 확인할 수 있다. 필요한 모니터링 요소를 CloudWatch 대시보드에 추가하거나 알람 요소로 등록해 장애 상황을 인지하고 시스템을 복구한다.

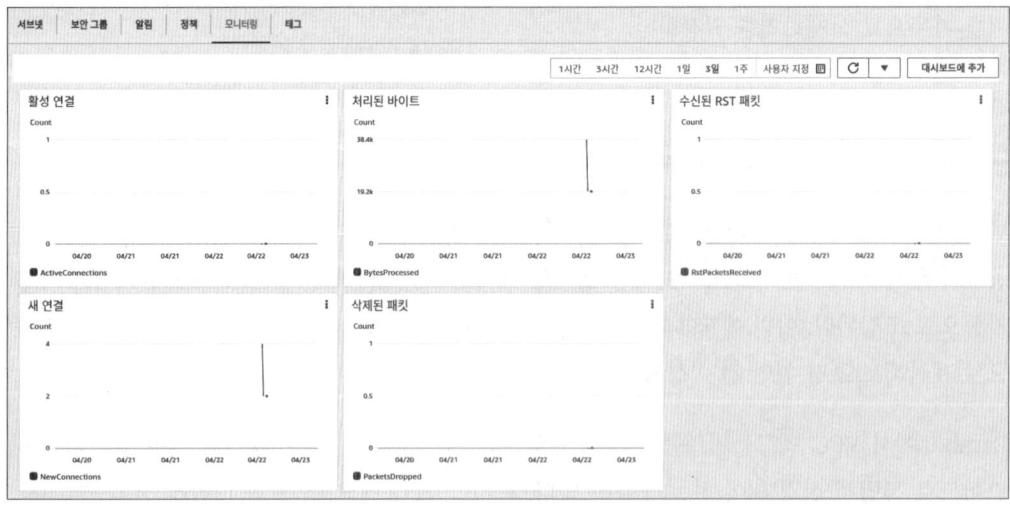

그림 5-10-3 VPC 엔드포인트 - 모니터링

5-11 비용 계산

이번 예제에서는 꽤 많은 AWS 자원을 사용한다. 먼저 비용이 발생할 수 있는 모든 자원을 열거해보자. 설명의 편의를 위해, 학습 모듈은 EC2 자원을 할당해서 사용한다고 가정한다.

자원	목적
API Gateway	추천 API와 서비스 API 제공
Lambda	추천 API와 서비스 API의 요청을 처리하기 위해 통합된 Lambda
ECR	Lambda에서 사용할 컨테이너 이미지 관리
S3 Bucket	정적 웹 페이지를 제공하는 오리진, 이벤트 로그 파일, 모델 파일 관리
CloudFront	API, S3 Bucket을 오리진으로 하여 CDN 제공
Redis	좋아요 횟수 관리
SQS	좋아요 이벤트를 학습 모듈에 전달
EC2	주기적으로 학습 모듈 실행
VPC	Redis와 Lambda를 실행하는 VPC. 단, 이번 예제에서는 기본 VPC 사용
VPC 엔드포인트	VPC에서 실행한 Lambda가 SQS와 통신하기 위해 사용
CloudWatch	API Gateway나 Lambda의 실행 로그를 저장하고 모니터링 지표 및 대시보드 사용

이전 단원에서 API Gateway, Lambda, S3 Bucket, CloudFront, Redis의 가격은 이미 살펴봤다. 이번 예제에서 새로 등장하는 자원의 요금을 알아보고, 시나리오를 통해 요금이 어느 정도의 규모로 발생하는지 알아보자.

5-11-1 시나리오

비용을 계산하기 위해 시나리오를 다음과 같이 가정한다. 아트 갤러리에 접근한 사용자는 다음 규칙을 따른다.

1. 모든 트래픽은 서울에서 발생한다.
2. 모든 사용자는 추적 쿠키를 허용한다.

3. 모든 사용자는 적어도 20개의 작품을 감상한다. 이때 발생하는 트래픽은 2MB다. 이는 정적 웹 페이지를 구성하는 용량과 API 요청 및 응답의 크기를 포함한 수치다.
4. 매시간 1만 명의 사용자가 방문한다. 동일한 사용자의 재접속은 고려하지 않는다.
5. 매시간 1천 명의 사용자가 평균 5개의 좋아요를 누른다.
6. 학습은 c5.2xlarge EC2 인스턴스를 사용한다. 학습은 하루에 1회 진행하며 1시간이 소요된다.
7. 학습에 사용하는 데이터는 최대 한 달간 보존한다.
8. 학습은 1천 개 작품 간의 유사도를 계산하는 벡터 공간을 계산한다.
9. 프런트엔드 빌드 결과물을 배포하는 데 필요한 S3 업로드 비용과 CloudFront 캐시 무효화 요청 비용은 무시한다.
10. 좋아요 횟수 관리에 사용하는 Redis는 ElastiCache의 프리티어에 포함된다고 가정하고 비용을 무시한다.
11. CloudWatch에 로그를 보관하는 비용과 모니터링을 구성하는 비용은 무시한다.
12. 한 달은 30일이다.

계산의 편의를 위해 유의미한 비용이 발생하는 서비스의 경우 프리티어를 계산에 포함하지 않는다. 또한 바이트와 횟수를 곱할 때 정확히 1,024와 1,000을 계산하지 않고 자릿수만 맞춘다.

5-11-2 고정 비용

이번 예제에서 새롭게 사용한 시스템의 요금 항목을 정리하면 다음과 같다. SQS와 VPC 엔드포인트 트래픽 비용은 구간별 비용 할인이 발생할 수 있다. 다만 예제의 시나리오에서는 첫 번째 구간을 벗어나지 않는다.

요금 단위 항목	단위 비용
ECR 스토리지 요금	프라이빗 리포지토리 500MB까지 프리티어. GB/월당 0.10USD
SQS 요청 요금	- 처음 1백만 개 요청/월 무료 - 1백만~1천억 개 백만 요청/월 0.40USD - 1천억~2천억 개 백만 요청/월 0.35USD - 2천억 개 초과 백만 요청/월 0.32USD
c5.2xlarge EC2 실행 비용	시간당 0.384USD
가용 지역별 VPC 엔드포인트당 요금	시간당 0.013USD

요금 단위 항목	단위 비용
VPC 엔드포인트에서 월별로 처리된 데이터 요금	- 처음 1PB는 GB당 0.01USD - 다음 4PB까지 GB당 0.006USD - 5PB 초과부터 GB당 0.004USD

설명의 편의를 위해, 인스턴스가 켜져 있기만 해도 비용이 발생하는 항목과 요청량에 따라 비용이 달라질 수 있는 부분을 구분하여 계산한다. 먼저 고정적으로 비용이 발생하는 대상을 계산한다.

항목	요금 계산
ECR 스토리지 요금	발생하지 않는다. 컨테이너 이미지의 크기가 프리티어 기준인 500MB를 넘지 않기 때문이다. 다만 생명 주기를 관리하지 않거나 오래된 이미지를 많이 유지할 경우 GB/월당 0.10USD의 비용이 발생할 수 있으니 주의한다.
EC2 요금	학습 모듈 실행을 위한 EC2는 하루에 1시간씩 30일 실행한다. 따라서 발생하는 비용은 0.384USD × 30시간 = 11.52USD이다.
VPC 엔드포인트 실행 요금	인터페이스 유형의 VPC 엔드포인트는 켜져만 있어도 비용이 발생한다. 그것도 가용 지역별로 발생한다. 이번 예제에서는 서울 지역(ap-northeast-2)의 4개 가용 지역에 해당하는 서브넷에 모두 VPC 엔드포인트를 구성했기 때문에 4배의 비용이 발생한다. 1달 동안 발생하는 비용은 24시간 × 30일 × 가용 지역 4개 × 0.013USD를 계산해서 37.440USD이다.

5-11-3 API 비용

다음으로 요청량에 따라 발생하는 비용이다. 먼저 API에서 발생하는 비용을 계산한다. 추적 쿠키 발급, 좋아요 횟수 조회, 좋아요의 세 가지 서비스 API와 추천 목록을 조회하는 추천 API가 있다.

API 유형	요청수	평균 API Gateway 응답 크기	평균 Lambda 수행 시간	Lambda 메모리 크기
추적 쿠키 발급	720만 회(1만 명/시간 × 24시간 × 30일)	300바이트	3밀리초	1,024MB
좋아요 횟수 조회	1억4400만 회(20회 × 1만 명/시간 × 24시간 × 30일)	250바이트	20밀리초	1,024MB
좋아요	360만 회(5회 × 1천 명/시간 × 24시간 × 30일)	250바이트	80밀리초	1,024MB
추천 목록 조회	1억4400만 회(20회 × 1만 명/시간 × 24시간 × 30일)	400바이트	25밀리초	2,048MB

1. 좋아요 요청 중 Redis에 좋아요 횟수를 증가시키는 작업은 대단히 빨리 끝난다. 하지만 SQS에 좋아요 이벤트를 송신하는 부분이 꽤 오래 걸린다.
2. 추천 목록을 조회하는 Lambda의 평균 실행 시간은 25밀리초이다. 첫 기동 지연 시간이 1초에서 6초 수준으로 상당하지만 대부분의 경우 Lambda 인스턴스가 재사용되어 평균 3밀리초 이내의 응답이 가능하다. 여기서 가정하는 수행 시간은 Lambda의 비용 시간(Billed Duration)이므로 컨테이너 이미지를 가져오는 시간은 제외할 수 있다.

API Gateway의 비용은 요청 비용과 응답 트래픽 처리 비용의 합이다.

1. 모든 요청 횟수를 더하면 2억9880만 회다. 따라서 요청 비용은 367.524USD(298.8백만 건 × 1.23USD/백만 건)이다.
2. 각 요청수에 평균 응답 크기를 곱해서 모두 더하면 96.66GB이다. 따라서 데이터 전송 비용은 12.179USD(96.66GB × 0.126USD/GB)이다.

Lambda의 비용은 호출 횟수와 총 수행 시간에서 발생하는 비용의 합이다.

1. 총 호출 횟수는 API 호출 횟수와 동일하게 2억9880만 회다. 따라서 호출 비용은 59.76USD(298.8백만 건 × 0.2USD/백만 건)이다.
2. 총 수행 시간은 각 요청수에 평균 수행 시간을 곱해서 더한 10,389.6백만-밀리초다. 이때 계산의 편의를 위해 추천 Lambda는 2,048MB 메모리를 사용하므로 수행 시간에 2배를 곱했다. 따라서 총 수행 시간에 따른 비용은 173.51USD(10,389.6백만-밀리초 × 0.0167USD/백만-밀리초)이다.

CloudFront의 비용은 발생한 총 트래픽과 HTTPS 요청 횟수로 계산한다.

1. 사용자 1명의 트래픽을 2MB로 가정했으므로, 발생하는 총 트래픽은 14.4TB(2MB/사용자 × 1만 사용자/시간 × 24시간 × 30일)이다. 첫 10TB는 0.12USD/GB를 적용해 1,200USD, 나머지 4.4TB는 0.1USD/GB를 적용해 440USD이다. 따라서 총 1,640USD이다.
2. 20개의 작품 상세 페이지를 열람할 경우 모든 정적 리소스의 요청수는 약 100번이다. 따라서 한 달의 리소스 요청수는 7억2천만 회(100회 × 1만 명/시간 × 24시간 × 30일)다. API 요청 횟수인 2억9880만 회를 더해 총 요청 횟수를 계산하면 10억1880만 회다. 따라서 HTTPS 요청 비용은 1222.56USD(10억1880만 회 × 0.0120USD/만 건)이다.

좋아요 이벤트는 360만 회 발생했다. 이때 하나의 이벤트 메시지는 추적 ID와 작품 ID로 구성되므로 약 70B다. 따라서 발생한 총 트래픽은 252MB(360만 회 × 70B)다.

1. SQS API 요청은 1천억 개를 넘지 않았으므로 첫 번째 과금 구간을 일괄 적용한다. 따라서 1.44USD(3.6백만 회 × 0.40USD/백만 회)이다.
2. VPC 엔드포인트의 트래픽은 1PB를 넘지 않았으므로 첫 번째 과금 구간을 일괄 적용한다. 따라서 0.002USD(0.232GB × 0.01USD/GB)이다.

S3 Bucket의 비용은 학습에 사용할 로그 데이터와 Word2vec 모델 데이터 관리 비용의 합이다.

1. 작품 ID는 32바이트이므로 공백 한 글자를 포함해 학습 데이터는 118.8MB(360만 건 × 33B)다. Word2vec 모델은 1MB보다 작으므로, 전체 용량은 120MB 정도다. 따라서 0.003USD(120MB × 0.025USD/GB) 스토리지 비용이 발생한다.
2. 학습은 매일하므로 총 30번 발생하는데, 이때 매번 30일치의 로그 데이터를 접근한다. 반올림해서 1천 번의 GET, SELECT 접근이 있다고 가정하면 0.00035USD(1천 번 × 0.00035USD/천 번)의 API 비용이 발생한다. 즉, 사실상 발생하지 않는다. 같은 논리로, Word2vec 모델도 30번 업로드하는 비용은 무시할 수 있다.
3. 추천 목록 조회를 위한 Lambda는 요청이 지속적으로 들어오기 때문에 99% 정도 재사용된다고 가정할 수 있다. 즉, 전체 요청의 1% 정도만 Lambda 인스턴스의 전역 공간을 다시 설정하고, 이 인스턴스만 Word2vec 모델을 S3 Bucket으로부터 다운로드한다고 가정하자. 그 경우 발생하는 S3 Bucket 접근 횟수는 144만 회(1억4400만 회 × 1%)다. 따라서 여기서 발생하는 S3 GET 요청의 비용은 0.504USD(1440천 회 × 0.00035USD/천 번)이다.

5-11-4 비용 일람

계산한 모든 비용을 표로 정리하면 다음과 같다. 비교를 위해 전체 비용에서 차지하는 비율도 함께 표시한다.

비용 항목	비용(USD)	비율(%)
EC2 요금	11.52	0.33
VPC 엔드포인트 실행 요금	37.44	1.06
API Gateway 요청 비용	367.524	10.42
API Gateway 데이터 전송 비용	12.179	0.35
Lambda 호출 비용	59.76	1.69
Lambda 수행 시간 비용	173.51	4.92

비용 항목	비용(USD)	비율(%)
CloudFront 데이터 전송 비용	1,640	46.51
CloudFront HTTPS 요청 비용	1,222.56	34.67
SQS API 비용	1.44	0.04
VPC 엔드포인트 데이터 전송 비용	0.002	0.00
S3 스토리지 비용	0.003	0.00
학습 모듈에서 S3 접근 비용	0	0.00
추천 Lambda에서 S3 접근 비용	0.504	0.01

발생한 총 비용은 3526.442USD이다. 전체 비용의 81%가 CloudFront에서 발생했다. 앞선 예제와 비슷하게 대부분의 비용이 CDN에서 발생한 것이다.

컴퓨팅 자원에서 발생한 요금을 보려면 API Gateway와 Lambda의 비용을 합하면 된다. 이는 612.973USD로 전체의 17.4%다. 시간 단위로 환산하면 0.851USD/시간이다. 이는 0.384USD/시간의 비용이 발생하는 `c5.2xlarge` EC2 인스턴스 2.2개에 해당하는 비용이다. 만약 요청이 항상 일정하게 들어온다면 서버리스로 구축한 비용은 EC2 인스턴스를 사용한 비용과 큰 차이가 없어 보인다. 오히려 EC2 인스턴스를 사용해 더 비용을 절약할 수 있을 것 같기도 하다. 하지만 요청은 특정 시간에 몰리기 마련이고, 피크 시간대의 요청을 감당하기 위해서 EC2 인스턴스가 일시적으로 더 많이 필요할 수도 있다. 그런 점을 고려했을 때 Lambda 기반의 서버리스 스택을 사용하는 것이 비용적으로도 더 효율적이라 볼 수 있다.

5-11-5 비용 줄이기

대부분의 비용이 CDN에서 발생했으므로, CloudFront의 볼륨 할인을 받거나 더 저렴한 CDN 벤더를 사용해 비용을 낮출 수 있다. 혹은 CDN으로 전송하는 데이터를 조금이라도 더 줄여 비용을 낮추는 방법을 고려해보거나 API Gateway는 CDN을 사용하지 않도록 분리할 수도 있다.

Lambda에서 발생하는 비용을 최적화하는 가장 좋은 방법은 Lambda 함수 실행에 적합한 메모리 크기를 찾는 것이다. 불필요한 메모리 크기를 적절하게 줄이면 발생 비용을 줄일 수 있고, 메모리 크기와 함께 늘어난 CPU 자원으로 수행 시간이 더 빨라져 비용이 줄어들 수도 있다. AWS Lambda Power tuning(github.com/alexcasalboni/aws-lambda-power-tuning) 도구는 비용이나 수행 시간 관점에서 최적의 메모리 크기를 찾을 수 있도록 돕는다.

API Gateway나 CloudFront의 캐시를 적극 활용해 Lambda 함수의 호출 횟수를 줄일 수 있다. 예를 들어 추천 목록이 사용자와 상관없이 현재 보는 작품에만 의존적이라면 추천 목록 결과를 CloudFront에서 캐시하는 것이 좋다. 그럼 대부분의 사용자는 캐시가 유지되는 시간 동안 추천 API를 호출하지 않을 수 있다. 이는 현재 발생한 API Gateway와 Lambda의 비용을 절반 가까이 줄여준다. 더 나아가, 추천 결과가 잘 바뀌지 않는다면 추천 결과를 포함한 정적 웹 페이지를 작성할 수 있다. 그럼 더 이상 추천 API는 필요하지 않고, 추천 목록은 정적 웹 페이지로 S3 오리진에서 제공한다. 전체 작품수가 많지 않고 추천이 자주 바뀌지 않는다면 이런 방법을 사용할 수도 있다.

서비스 이용자가 적을 경우 API Gateway, Lambda, CloudFront의 비용은 크게 줄어든다. 대신 상대적으로 VPC 엔드포인트 비용의 비율이 올라간다. VPC 엔드포인트는 VPC 안에서 실행되는 Lambda가 SQS에 접근하기 위해 사용되었고, Lambda를 VPC 안에서 실행한 이유는 Redis가 VPC 안에 있기 때문이었다. 만약 요청량이 거의 없는 환경에서 서비스를 한다면, Redis를 EC2나 Lightsail과 같은 저렴한 인스턴스에 띄워 퍼블릭 IP를 부여해 사용할 수 있다. 이 경우 더 이상 VPC가 필요하지 않기 때문에 Lambda도 Lambda의 기본 VPC에서 실행할 수 있고, 덕분에 Lambda와 SQS가 바로 통신할 수 있으므로 VPC 엔드포인트도 필요가 없어진다. 즉, 퍼블릭 IP를 갖는 Redis를 저렴하게 운영해 VPC 엔드포인트 비용을 제거할 수 있다. 물론 이렇게 구성할 경우 Redis의 보안이 위험해지므로 주의가 필요하다.

5-12 정리

웹 서비스에서 발생하는 사용자 이벤트를 학습해 추천 API를 만드는 방법을 살펴봤다. SQS 대기열은 저렴하게 비동기 이벤트를 보관하기 좋았고 컨테이너 이미지 기반의 Lambda는 10GB의 코드 크기를 지원하므로 머신러닝 모델을 쉽게 실행할 수 있었다. 하지만 SQS 대기열의 응답 지연은 생각보다 길었고, 컨테이너 이미지의 크기가 클수록 Lambda의 첫 기동 지연 시간은 길어졌다.

Word2vec은 문장 내 등장하는 단어를 주변 단어와의 관계를 고려해 벡터 공간 내에 퍼뜨릴 수 있다. 이 벡터 공간 안에서 서로의 위치를 고려해 유사한 단어를 찾을 수 있다. 이번 예제에서는 단어 대신 아트 갤러리의 작품 ID를 학습했다. HTTP API에서 발생한 좋아요 이벤트를 SQS 대기열에 넣고, 학습 모듈이 이벤트를 데이터를 가공해 Word2vec 모델을 학습하고, 추천 API가 모델을 사용해 유사 작품 ID를 제공했다. 이를 통해 추천까지의 파이프라인을 간단하게 익힐 수 있었다.

Redis 인스턴스를 사용하기 위해 VPC를 구성했고, VPC에서 기동하는 Lambda가 SQS에 접근하기 위해 VPC 엔드포인트를 추가했다. 기본 VPC를 필요한 만큼 수정해서 사용하고 있기 때문에 VPC 구성에 대해 알아볼 기회가 부족했다. 게임 개발 단원에서 VPC 구성을 자세히 알아본다. 게임 개발은 HTTP API와는 다르게 언제든 서버에서 클라이언트로 메시지를 전송할 수 있어야 한다. 따라서 다음 단원에서는 비동기로 메시지를 주고받는 WebSocket API에 대해 알아본다.

채팅

6-1   WebSocket API

6-2   에코

6-3   채팅 전파

6-4   주제-구독-전파

6-5   인증

6-6   사용자 지정 도메인

6-7   상용 서비스 고려

6-8   모니터링

6-9   비용 계산

6-10 정리

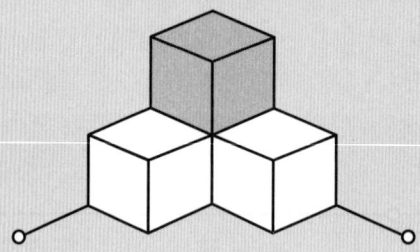

이번 단원에서는 AWS API Gateway의 기능인 WebSocket API를 활용해 간단한 채팅 서비스를 개발한다. 보낸 메시지를 그대로 돌려주는 에코(Echo) 예제, 접속한 모든 사람에게 동일한 메시지를 전파(Broadcast)하는 예제, 특정 주제(Topic)를 구독한 대상에게만 메시지를 전파하는 예제를 살펴본다. 그리고 WebSocket API에서 Lambda 권한 부여자를 사용했을 때 얻을 수 있는 이점과 사용자 지정 도메인을 사용했을 때 주의할 점에 대해서도 함께 살펴본다.

6-1 WebSocket API

API Gateway는 HTTP 요청을 받기 위한 Gateway로 지난 예제에서는 REST API와 HTTP API 이벤트 형식과 이를 처리하기 위한 Lambda 통합에 대해 알아보았다. 하지만 이들은 모두 클라이언트의 요청에 대해서만 서버가 응답할 수 있는 구조로, 서버가 능동적으로 먼저 클라이언트에게 데이터를 보낼 때는 사용하기가 어렵다.

HTTP 프로토콜은 클라이언트와 서버의 양방향 통신을 위해 WebSocket 프로토콜을 지원한다. HTTP 통신을 위한 프로토콜을 WebSocket으로 업그레이드하여 클라이언트와 서버가 서로 데이터를 주고받을 수 있도록 지원하는 방식이다. 이를 활용하면 서버에서 필요한 시점에 클라이언트에게 원하는 데이터를 전송할 수 있다. 예를 들어 오래 걸리는 작업이나 리소스 변경에 대한 통지를 비동기로 전송하거나 게임과 같이 서버의 로직에 의해 변경점을 지속적으로 클라이언트에게 알려주어야 할 때 사용한다.

API Gateway는 WebSocket을 지원하기 위해 WebSocket API를 별도로 지원한다. 이는 REST API와 HTTP API가 서로 다른 이벤트 유형을 갖고 있듯이 WebSocket API라는 별도의 이벤트 유형을 제공하는 것이다. 때문에, REST API와 HTTP API의 요청과 응답 본문 형식이 달라졌듯이 WebSocket API의 형식도 조금은 다르다. HTTP API에서 사용하는 V2의 형식보다는 REST API가 사용하는 V1의 형식에 조금 더 가깝다.

API Gateway의 REST API나 HTTP API를 처리하는 Lambda는 HTTP 요청을 처리하는 Lambda 함수의 반환값을 HTTP 응답으로 사용한다. 하지만 WebSocket API의 경우 연결을 맺을 때, 끊을 때, 메시지를 받을 때의 이벤트 함수를 정의한다. 이를 라우트 유형이라 한다. 그리고 Lambda 함수의 반환값은 `statusCode`를 반환해야 한다.

라우트 유형	목적	함수 반환값
$connect	연결을 맺을 때 호출됨	200을 반환하면 연결을 허용. 4xx나 5xx를 반환할 경우 연결을 맺지 않음
$disconnect	연결을 끊을 때 호출됨	반환값이 크게 의미를 지니지 못함. 보통 200을 반환.
$default	메시지를 받을 때 호출됨	반환값이 크게 의미를 지니지 못함. 보통 200을 반환.

$default는 메시지 본문에 따른 라우트를 지정하지 않을 경우 호출되는 기본 라우트 유형이다. 즉, 특별한 라우트 규칙을 지정하지 않은 경우 모두 이 함수가 호출된다. 라우트 규칙은 요청 본문이 JSON 형식일 때만 유의미하므로, JSON 형식이 아닌 요청이 전달될 경우에도 $default 라우트가 사용된다. 만약 이를 지정하지 않을 경우 500 Internal Server Error가 반환되는 경우를 볼 수 있으니, 불필요한 에러 메시지를 감추고 싶다면 지정하는 게 낫다. 다만 요금이 나가니 바로 연결을 끊는 것을 권장한다.

```
> {"action":"action","value":1}
< action:{"action":"action","value":1}
> {"action":"acti0n","value":1}
< {"message": "Internal server error", "connectionId":"OTqodfF4oE0CJ8A=",
"requestId":"OTqq3FnqoE0Fi5Q="}
```

각 함수는 반환값이 큰 의미를 지니지 않는다. API Gateway의 공용 규격을 사용하지만 `body`는 생략 가능하므로 `{statusCode: number}` 형태를 사용한다. `$connect`의 경우 `statusCode`를 4XX나 5XX로 지정해 연결을 수락하지 않을 수 있다. 그 외의 경우에는 이 값을 반환하지 않을 경우 500 Internal Server Error가 발생할 뿐, 이 값의 유형에 따라 동작이 달라지는 부분은 없다.

WebSocket이 연결되면 WebSocket API는 연결에 고유한 ID를 부여한다. 이를 `connectionId`라고 한다. 이 ID를 사용해 연결 정보를 얻거나, 메시지를 보내거나, 연결을 끊을 수 있다. 다음 @connections URL IAM 권한이 있는 요청을 보내어 원하는 명령을 처리한다.

```
https://API_ID.execute-api.AWS_REGION.amazonaws.com/STAGE/@connections/CONNECTION_ID
```

1. GET 요청을 보내면 해당 연결 정보를 얻는다. 연결을 맺은 시점(`ConnectedAt`), 마지막 활성화 시점(`LastActiveAt`), 그리고 접속자의 IP 정보(`Identity.SourceIp`), 유저 에이전트(`Identity.UserAgent`)를 알 수 있다.
2. POST 요청을 보내면 해당 연결에 비동기로 메시지를 보낼 수 있다. WebSocket으로 메시지를 보내기 위해서는 이 API를 사용해야 한다.
3. DELETE 요청을 보내면 해당 연결을 끊을 수 있다. 하지만 WebSocket의 종료 코드를 보낼 수는 없고, 항상 1000(Normal close)으로 종료된다.

IAM 권한 부여 작업을 직접 처리하는 것은 번거로우므로 `aws-sdk` 라이브러리에 포함된 `ApiGatewayManagementApi` 라이브러리를 사용한다. 이 라이브러리의 사용법은 각 예제를 통해 자세히 알아본다.

6-2 에코

클라이언트가 보낸 메시지를 그대로 클라이언트에게 응답하는 에코 예제를 작성한다. 다른 예제들과 동일하게, Hello API의 타입스크립트 구현체를 복사해서 작성한다. 프로젝트를 위한 파일 목록은 다음과 같다. 만약 Hello API의 예제를 복사해서 사용한다면, `serverless.ts`의 `service`를 반드시 변경해야 한다. 그렇지 않으면 이전에 배포한 스택을 의도치 않게 덮어쓸 수 있다.

```
.
├── handler.ts
├── package.json
├── serverless.ts
├── tsconfig.json
└── webpack.config.js
```

WebSocket API를 사용하기 위해서는 `aws-sdk`가 필요하다. 2022년 8월 기준으로 Lambda에 설치된 버전은 2.1055.0이다.

```
$ npm install --save-optional --save-exact aws-sdk@2.1055.0
```

`serverless.ts`의 형태는 크게 고칠 부분이 없다. `service`는 CloudFormation 스택의 이름으로 사용되므로 예제에 맞게 적절히 변경한다. `provider`나 `plugins`는 달라지지 않았다. `functions`에 `websocket` 이벤트를 처리하는 함수를 등록한다.

```typescript
import type { AWS } from "@serverless/typescript";

const config: AWS = {
  service: "websocket-echo",
  frameworkVersion: "3",
  provider: {
    name: "aws",
    runtime: "nodejs14.x",
    region: "ap-northeast-2",
  },
  functions: {
```

```
    handleMessage: {
      handler: "handler.handleMessage",
      events: [{ websocket: { route: "$default" } }],
    },
  },
  plugins: ["serverless-webpack"],
};

export = config;
```

1. WebSocket 이벤트를 처리하는 Lambda 함수를 선언하기 위해, `events`에 `websocket`을 등록한다.
2. `websocket` 이벤트는 `route`를 통해 처리할 메시지의 유형을 결정할 수 있다. `$default`는 모든 메시지를 처리하기 위해 미리 정의된 라우트다. 따라서 WebSocket으로 전달되는 모든 메시지를 `handleMessage` 함수에서 처리한다.
3. 연결을 맺을 때와 끊을 때 발생하는 `$connect`, `$disconnect` 라우트에 대해서는 함수를 등록하지 않는다. 그러면 모든 연결은 바로 수락되고, 끊어질 때 아무 일도 하지 않는다. 이번 예제에서는 클라이언트가 보낸 메시지를 그대로 반환하면 되기 때문에 연결에 관여할 필요가 없다.

메시지를 처리하는 `handleMessage` 함수의 구현은 다음과 같다. WebSocket 클라이언트가 전달한 본문(body)을 그대로 되돌려 주는(postToConnection) 함수다.

```
import { APIGatewayEvent } from "aws-lambda";
import { ApiGatewayManagementApi } from "aws-sdk";

export const handleMessage = async (event: APIGatewayEvent) => {
  const connectionId = event.requestContext.connectionId!;
  const body = event.body;
  if (!body) {
    return { statusCode: 200 };
  }
  const managementApi = new ApiGatewayManagementApi({
    endpoint: `${event.requestContext.domainName}/${event.requestContext.stage}`,
  });
  await managementApi
    .postToConnection({ ConnectionId: connectionId, Data: body })
    .promise();
  return { statusCode: 200 };
};
```

1. 연결에 대한 고유 ID는 event.requestContext.connectionId를 통해 얻을 수 있다. aws-lambda가 제공하는 APIGatewayEvent 타입은 API Gateway에서 발생하는 모든 이벤트에 공용으로 사용하기 때문에 connectionId가 string | undefined다. REST API와 HTTP API의 경우 이 값이 존재하지 않기 때문이다. 하지만 이번 예제는 WebSocket API를 사용하므로 이 값이 반드시 존재한다. 따라서 ! 연산자를 사용해 값이 반드시 존재한다고 명시한다.
2. 요청 본문은 event.body로 전달된다. 요청 본문이 비어 있다면 이 값이 존재하지 않는다. 그 경우에는 되돌려 줄 메시지가 없으므로 무시한다.
3. ApiGatewayManagementApi 라이브러리를 사용한다. 이때 @connections URL의 앞부분을 endpoint로 설정해야 한다. event.requestContext.domainName은 API_ID.execute-api.AWS_REGION.amazonaws.com 값을 가지고 event.requestContext.stage는 stage 값을 가지므로 둘을 /로 결합해 사용한다.
4. postToConnection 함수를 사용하면 연결에 메시지를 보낼 수 있다. ConnectionId로 연결 ID를 지정하고 Data에 보낼 본문을 지정한다. 이때 Data는 string 타입이다. 요청 본문 또한 string 타입이기 때문에 그대로 보낼 수 있다. 만약 JSON 객체를 보내야 한다면 JSON.stringify 함수와 같은 직렬화 함수를 사용한다.
5. 모든 처리를 마치면 statusCode: 200을 반환한다. 반환값을 지정하지 않으면 클라이언트는 500 Server Internal Error를 받는다. 하지만 연결이 끊어지지는 않는다.

6-2-1 로컬 테스트

WebSocket API도 serverless-offline 플러그인을 사용해 로컬 테스트 환경을 구축할 수 있다. serverless plugin install 명령을 사용해 플러그인을 설치한다.

```
$ serverless plugin install --name serverless-offline
```

serverless.ts 파일의 plugins에 serverless-offline이 추가되었는지 확인한다. 만약 추가되지 않았다면 가장 마지막 항목으로 추가한다.

```
const config: AWS = {
  plugins: ["serverless-webpack", "serverless-offline"],
```

@connections URL을 serverless-offline에서 제공하는 주소로 변경한다. serverless-offline 플러그인은 WebSocket을 위한 포트로 3001번을 기본으로 사용한다. 그리고 @connections

URL은 websocketPort를 사용하는 http 엔드포인트 주소를 갖는다. 즉, 기본 포트인 3001 번을 사용한다면 WebSocket 연결 주소는 ws://localhost:3001이고, @connections URL 은 http://localhost:3001이다. 따라서 ApiGatewayManagementApi의 endpoint 값은 IS_OFFLINE 환경 변수가 설정되었을 때 http://localhost:3001을 사용하도록 구성한다. 만약 포트 번호 충돌이 발생한다면 --websocketPort 옵션으로 다른 포트를 사용할 수 있다. 이때 ApiGatewayManagementApi.endpoint 값도 변경된 포트를 사용할 수 있도록 변경해주어야 한다.

```
const managementApi = new ApiGatewayManagementApi({
  endpoint: process.env.IS_OFFLINE
    ? "http://localhost:3001"
    : `${event.requestContext.domainName}/${event.requestContext.stage}`,
});
```

2022년 8월 현재 serverless-offline 플러그인의 문제로, $connect 라우트가 없을 경우 로컬 테스트 서버가 정상 동작하지 않는다. 따라서 다음과 같이 $connect 라우트를 처리하는 빈 함수를 작성한다.

```
export const handleConnect = async (event: APIGatewayEvent) => {
  return { statusCode: 200 };
};
```

그리고 작성한 handleConnect 함수가 $connect 라우트를 처리할 수 있도록 serverless.ts 파일에 함수를 선언한다.

```
const config: AWS = {
  functions: {
    handleConnect: {
      handler: "handler.handleConnect",
      events: [{ websocket: { route: "$connect" } }],
    },
```

모든 준비가 끝났다. sls offline 명령을 사용해 로컬 테스트 서버를 기동한다. 다음과 같이 웹팩 빌드 결과와 함께 serverless-offline 플러그인의 기동 메시지를 볼 수 있다. 그리고 WebSocket 으로 연결할 주소와 @connections URL로 사용할 주소를 보여준다. --websocketPort를 사용하지 않았으므로, 기본 포트인 3001번을 사용했다. WebSocket 연결 주소는 `ws://localhost:3001`이고 @connections URL은 `http://localhost:3001`이다.

```
$ sls offline
# ... 웹팩 메시지 생략
Starting Offline at stage dev (ap-northeast-2)

Offline [http for lambda] listening on http://localhost:3002
Function names exposed for local invocation by aws-sdk:
           * handleConnect: websocket-echo-dev-handleConnect
           * handleMessage: websocket-echo-dev-handleMessage
Offline [websocket] listening on ws://localhost:3001
Offline [http for websocket] listening on http://localhost:3001
```

테스트를 위해 WebSocket 클라이언트를 설치한다. 가장 흔히 사용하는 `wscat` 라이브러리를 사용한다. 이는 터미널에서 WebSocket 통신을 할 수 있는 간단한 도구다. 앞으로의 예제에서도 계속 사용해야 하므로 전역으로 설치한다.

```
$ npm install -g wscat
```

`wscat`는 `-c` 옵션으로 연결 대상의 주소를 지정할 수 있다. 연결이 완료되면 간단한 프롬프트가 나타나며, 그곳에 입력하는 문자열을 서버로 보내고 서버에서 받은 문자열도 보여준다. 서버로 보낸 문자열은 앞에 < 문자가 표시되고, 서버에서 받은 문자열은 앞에 > 문자가 표시된다. 모든 구성이 올바르다면 다음과 같이 보낸 메시지를 그대로 돌려받을 수 있다.

```
$ wscat -c "ws://localhost:3001"
Connected (press CTRL+C to quit)
> Hello, WebSocket!   # 서버에 보낸 문자열
< Hello, WebSocket!   # 서버에서 받은 문자열
>
```

6-2-2 배포

이번 예제에서는 별다른 환경 변수를 사용하지 않았다. 또한 인프라 준비도 필요 없다. 따라서 별도의 준비 작업 없이 `sls deploy` 명령을 사용해 스택을 배포하면 된다. WebSocket API는 API

Gateway와 동일하게 SSL을 지원해준다. 따라서 wss 프로토콜을 사용한다.

```
$ sls deploy
# ... 웹팩 메시지 생략
Copying existing artifacts...

✓ Service deployed to stack websocket-echo-dev (64s)

endpoint: wss://WS_ID.execute-api.AWS_REGION.amazonaws.com/dev
functions:
  handleConnect: websocket-echo-dev-handleConnect (2 kB)
  handleMessage: websocket-echo-dev-handleMessage (2 kB)
```

배포된 주소를 wscat을 사용해 테스트한다. 로컬과 동일하게 잘 동작하는 것을 확인할 수 있다. 메시지를 처음 되돌려 받는 순간에는 첫 기동 지연 시간을 체감할 수 있다. 하지만 그 이후 handleMessage를 처리하는 Lambda가 재사용될 때부터는 지연 시간을 체감하기 어려울 정도로 빠른 응답을 보여준다.

```
$ wscat -c "wss://WS_ID.execute-api.AWS_REGION.amazonaws.com/dev"
Connected (press CTRL+C to quit)
> Hello, WebSocket!   # 서버에 보낸 문자열
< Hello, WebSocket!   # 서버에서 받은 문자열
>
```

6-2-3 라우트 선택 표현식 활용

WebSocket 이벤트를 처리하는 Lambda 함수는 route를 통해 처리할 이벤트의 라우트를 지정할 수 있다. 기본으로 지정된 $connect, $disconnect, $default 외에도 요청 본문의 형식에 따라 처리 함수를 분기할 수 있다. 즉, 사용자 정의 라우트를 지정할 수 있다.

메시지 유형에 따라 라우트를 다르게 등록하려면 provider.websocketsApiRouteSelectionExpression에 표현식을 등록한다. 요청 본문을 기준으로 표현식을 만든다면 $request.body를 사용한다. 예를 들어, {action: string}과 같은 형태의 요청 본문을 사용하고, action에 따른 처리 함수를 분기하려면 $request.body.action을 사용한다. 그리고 websocket의 route 이벤트에 처리할 action에 해당하는 이름을 적는다. 예를 들어 talk에 대한 action의 처리를 handleTalk

Action 함수로 분리하려면 다음과 같이 route를 talk로 지정한다.

```
const config: AWS = {
  // ... 생략
  provider: {
    // ... 생략
    websocketsApiRouteSelectionExpression: "$request.body.action",
  },
  functions: {
    handleConnect: {
      handler: "handler.handleConnect",
      events: [{ websocket: { route: "$connect" } }],
    },
    handleTalkAction: {
      handler: "handler.handleTalkAction",
      events: [{ websocket: { route: "talk" } }],
    },
    handleMessage: {
      handler: "handler.handleMessage",
      events: [{ websocket: { route: "$default" } }],
    },
  },
```

그리고 talk가 아닌 메시지가 도착했을 때를 처리하기 위해 여전히 $default 라우트를 유지한다. 예를 들어, 약속한 유형 외의 메시지를 보내는 모든 클라이언트를 비정상으로 간주하고 연결을 끊어버릴 수 있다. 이를 위해 $default 라우트를 처리하는 handleMessage 함수는 무조건 ApiGatewayManagementApi의 deleteConnection 함수를 사용해 연결을 끊어버린다.

```
export const handleMessage = async (event: APIGatewayEvent) => {
  const connectionId = event.requestContext.connectionId!;
  const managementApi = new ApiGatewayManagementApi({
    endpoint: process.env.IS_OFFLINE
      ? "http://localhost:3001"
      : `${event.requestContext.domainName}/${event.requestContext.stage}`,
  });
  await managementApi
    .deleteConnection({ ConnectionId: connectionId })
    .promise();
  return { statusCode: 200 };
};
```

WebSocket 클라이언트와 주고받을 메시지의 구조를 정의한다. 클라이언트는 action이 talk인 TalkMessage 유형의 본문을 보낼 수 있다. 서버는 이 메시지를 받아서 TalkResponse 유형의 메시지를 전달한다. 이번 예제에서 클라이언트로 메시지를 되돌려 줄 때는 굳이 action이 필요하지 않으므로 메시지 본문만 전달한다. 그리고 클라이언트가 이 유형 외의 메시지를 보내면 앞서 구현한 handleMessage 함수를 사용해 연결을 끊는다.

```
interface TalkMessage {
  action: "talk";
  message: string;
}

interface TalkResponse {
  message: string;
}
```

요청 본문의 action 값이 talk 때만 실행되는 handleTalkAction 함수를 작성한다. 요청 본문의 message 값이 존재하지 않는다면 규격 외로 간주하여 연결을 바로 끊는다. message가 존재한다면 그 값을 JSON으로 변환해 전송한다.

```
export const handleTalkAction = async (event: APIGatewayEvent) => {
  const connectionId = event.requestContext.connectionId!;
  const managementApi = new ApiGatewayManagementApi({
    endpoint: process.env.IS_OFFLINE
      ? "http://localhost:3001"
      : `${event.requestContext.domainName}/${event.requestContext.stage}`,
  });

  const { message } = JSON.parse(event.body!);
  if (!message) {
    await managementApi
      .deleteConnection({ ConnectionId: connectionId })
      .promise();
    return { statusCode: 200 };
  }

  await managementApi
    .postToConnection({
      ConnectionId: connectionId,
      Data: JSON.stringify({ message }),
    })
```

```
    .promise();
  return { statusCode: 200 };
};
```

라우트 기능을 사용하여 각각 본문의 유형에 맞추어 이를 처리하는 개별 함수를 사용할 수 있다. HTTP API나 REST API에서 `path`에 따라 처리 함수를 분리해 등록하는 구조와 유사하다. 메시지를 처리하는 함수를 이와 같이 관리하면, 메시지의 유형에 따라 처리 함수를 분리할 수 있어 함수를 보다 깔끔하게 관리할 수 있다. 또한 로직이 변경된 특정 유형의 함수만 배포할 수 있기 때문에, 하나의 변경점이 서비스의 다른 기능에 영향을 주지 않는다. 이는 특정 기능을 긴급히 수정해서 배포할 때 이미 잘 동작하고 있는 다른 기능을 건드리지 않을 수 있으므로 추가적인 문제 발생 가능성을 낮추고, 불필요한 첫 기동 지연 시간을 유발하지 않는다.

뿐만 아니라 이벤트 처리 함수마다 개별 패키지를 작성하도록 Serverless Framework의 `package: individually` 기능을 사용할 경우 그 효과가 더 빛을 발한다. 메시지의 유형에 따라 처리 방식이 많이 달라질 경우 상이한 라이브러리를 참조해 구현이 필요한 경우가 있는데, 이를 모두 `$default` 라우트를 처리하는 함수에서 구현하면 그 함수의 코드 크기가 너무 커져 첫 기동 지연 시간에 나쁜 영향을 줄 가능성이 높다. 라우트마다 처리 함수를 분리하면 웹팩의 트리 쉐이킹(Tree Shaking) 기능을 통해 필요한 함수만 번들에 포함할 수 있으므로 의존 코드가 적다면 패키지의 크기를 꽤 줄일 수 있다. 프로비저닝된 동시성을 사용할 계획이 없지만 첫 기동 지연 시간을 최소화해야 할 때라면 반드시 라우트 사용을 고려하는 것이 좋다.

라우트 기능을 사용해도 요청 본문의 `action`이 지정된 유형인지 검사할 뿐, 그 외의 다른 필드가 조건에 맞는지는 직접 검사해야 한다. 타입스크립트의 타입은 컴파일 시점의 타입 검사만 보장해주고 런타임 객체의 타입 안전성은 보장해주지 못하기 때문이다. 메시지가 모든 필드가 의도한 대로 존재하는지 검사하는 로직을 모든 유형에 작성하는 것은 번거로운 작업이다. 그럴 경우 JSON Schema로 클라이언트와 교환할 메시지의 구조를 정의한 후, Ajv와 같은 구조 유효성 검증 라이브러리를 사용해 검증 코드를 라이브러리에 맡길 수 있다. 다만 외부 라이브러리를 사용할 경우 코드 패키지의 크기가 커지므로, 빠른 첫 기동이 필요하다면 메시지의 유효성을 검사하는 코드를 직접 작성하는 편이 낫다.

6-3 채팅 전파

지금까지 WebSocket으로 메시지를 주고받는 기본 구조를 알아보았다. 이번에는 WebSocket 서버 주소에 접속한 모든 연결이 메시지를 주고받을 수 있는 예제를 만들어보자. 메시지를 처리하는 Lambda는 요청 문맥에서 메시지를 전달한 클라이언트의 연결 ID만 알 수 있다. 이때 접속한 모든 연결에 메시지를 전파하려면 접속한 모든 연결을 알고 있어야 한다. 따라서 저장소에 접속한 모든 연결 ID를 보관해두었다가, 메시지가 도착하면 이 목록을 순회하며 메시지를 전송한다. 전체 처리 흐름도를 그리면 다음과 같다. 설명의 편의를 위해 이번 예제부터는 사용자 정의 라우트 기능을 사용하지 않고, $default 라우트에서 모두 처리한다.

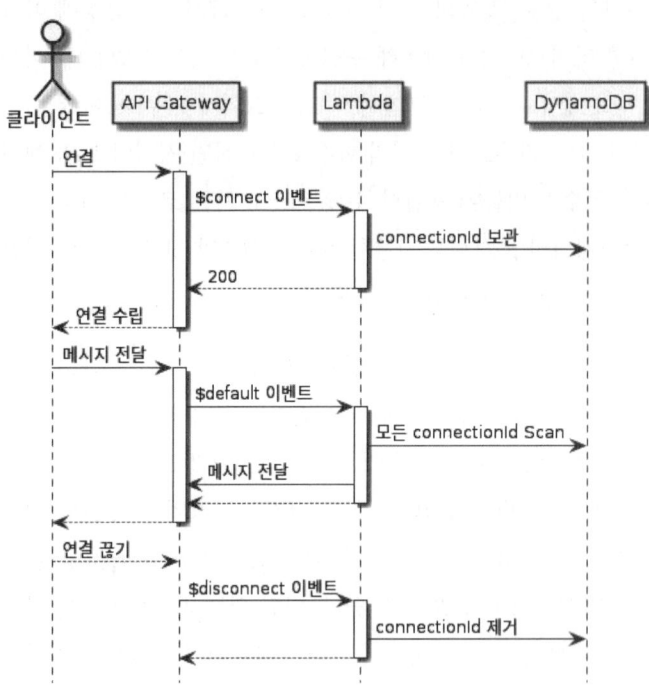

그림 6-3-1 채팅 전파 서비스의 처리 흐름도

6-3-1 연결 ID 관리

DynamoDB를 사용해 연결 ID를 보관한다. 연결을 수립하는 `$connect` 라우트를 처리하는 Lambda에서 `connectionId`를 DynamoDB에 보관한다. 그리고 연결이 끊어질 때 발생하는 `$disconnect` 라우트를 처리하는 Lambda에서 `connectionId`를 DynamoDB에서 제거한다.

먼저 연결을 위한 DynamoDB의 `DocumentClient` 객체를 준비한다. 앞서 DynamoDB를 사용한 블로그 예제에서 사용했던 코드와 동일하게, 로컬 테스트 환경까지 고려한 `DocumentClient` 객체를 생성한다.

```typescript
import { DynamoDB } from "aws-sdk";

const TableName = process.env.TABLE_NAME!;
const db = !process.env.IS_OFFLINE
  ? new DynamoDB.DocumentClient()
  : new DynamoDB.DocumentClient({
      region: "localhost",
      endpoint: "http://localhost:8000",
    });
```

이 객체를 사용해 `$connect`와 `$disconnect` 객체를 처리하는 함수에서 `connectionId`를 DynamoDB에 보관(put)하거나 제거(delete)한다.

```typescript
export const handleConnect = async (event: APIGatewayEvent) => {
  const connectionId = event.requestContext.connectionId!;
  await db.put({ TableName, Item: { connectionId } }).promise();
  return { statusCode: 200 };
};
export const handleDisconnect = async (event: APIGatewayEvent) => {
  const connectionId = event.requestContext.connectionId!;
  await db.delete({ TableName, Key: { connectionId } }).promise();
  return { statusCode: 200 };
};
```

1. 별도의 예외 처리 없이 그대로 바깥으로 예외를 전파한다. 이를 통해 WebSocket API는 해당 요청 처리가 실패했다고 인지한다.
2. `$connect` 라우트를 처리할 때 WebSocket API가 실패를 인지하면 연결을 거부한다. 따라서 클라이언트는 서버 에러에 의해 연결이 실패한다. 이번 예제에서는 연결 ID가 등록되지 않으면 연결 이

후 아무 동작도 할 수 없기 때문에, 연결 ID를 등록하지 못하면 차라리 연결을 맺지 못하는 것이 더 합리적이다.

3. $disconnect 라우트를 처리할 때는 이 실패가 클라이언트에게 영향을 주는 부분이 없다. 그저 에러 응답 지표로 기록될 뿐이다.

6-3-2 메시지 전파

DynamoDB 테이블에 보관 중인 모든 connectionId를 가져오려면 scan 기능을 사용해야 한다. scan 기능은 조건에 해당하는 데이터를 커서(Cursor)를 사용해 모두 조회할 수 있다. 조건에 부합하는 데이터가 아주 많을 경우 한 번에 모두 가져오는 것은 DynamoDB 서버도, 조회하는 클라이언트도 부담이 크기 때문에 이처럼 페이지 단위로 조회한다.

```
async function scanAllConnectionIds(): Promise<string[]> {
  const scanParams: DynamoDB.DocumentClient.ScanInput = {
    TableName,
    ProjectionExpression: "connectionId",
    ExclusiveStartKey: undefined,
  };
  const connectionIds: string[] = [];
  while (true) {
    const result = await db.scan(scanParams).promise();
    result.Items?.forEach(({ connectionId }) =>
      connectionIds.push(connectionId)
    );
    if (result.LastEvaluatedKey === undefined) {
      break;
    }
    scanParams.ExclusiveStartKey = result.LastEvaluatedKey;
  }
  return connectionIds;
}
```

1. ScanInput은 데이터 조회 조건을 명시한다. 테이블 이름(TableName)과 조회할 필드(ProjectionExpression)와 어디서부터 조회할지 시작 키(ExclusiveStartKey)를 사용한다. 이번 예제에서는 사용할 일이 없지만 필터 조건(FilterExpression) 등의 다른 옵션도 많다.

2. scan 함수를 통해 데이터를 조회한다. 데이터를 몇 건씩 조회할지 결정하는 ScanInput의 Limit 옵션을 사용하지 않았으므로, DynamoDB는 전달할 결과가 1MB에 도달할 때까지 스캔한다.

3. 조회한 결과(result)는 반환 항목(Items)에 조회할 필드(ProjectionExpression)를 가진다. 반환 항목에서 연결 ID(connectionId)를 모두 모아서 반환한다.
4. 데이터가 더 남아 있다면, 결과에 마지막 키(LastEvaluatedKey)가 설정된다. 이 키를 다음 조회의 시작(ExclusiveStartKey) 지점으로 지정해서 계속 스캔한다. 시작 지점은 Exclusive이므로, 다음 조회에서는 마지막 키에 해당하는 항목이 포함되지 않는다.

현재 접속 중인 모든 연결 ID를 가져왔으므로 postToConnection 함수를 사용해 메시지 본문 (body)을 전파한다.

```
import { ApiGatewayManagementApi } from "aws-sdk";

export const handleMessage = async (event: APIGatewayEvent) => {
  const body = event.body;
  if (!body) {
    return { statusCode: 200 };
  }
  const managementApi = new ApiGatewayManagementApi({
    endpoint: process.env.IS_OFFLINE
      ? "http://localhost:3001"
      : `${event.requestContext.domainName}/${event.requestContext.stage}`,
  });
  const connectionIds = await scanAllConnectionIds();
  await Promise.all(
    connectionIds.map((connectionId) =>
      managementApi
        .postToConnection({ ConnectionId: connectionId, Data: body })
        .promise()
    )
  );
  return { statusCode: 200 };
};
```

handleMessage 함수는 API Gateway에 통합된 Lambda로 실행 시간이 29초를 넘을 수 없다. 이 때문에 메시지를 전달해야 할 연결의 개수가 매우 많을 경우 Lambda의 수행 시간이 29초를 넘어 일부 클라이언트에게 메시지를 보내지 못할 수 있다. 이 제약을 해결하려면 API Gateway에 통합된 Lambda를 사용하지 않아야 한다. 예를 들어, 중간에 큐를 두고 handleMessage 함수는 전파할 메시지를 큐에만 넣어두고, 이 큐를 처리하는 별도의 Lambda가 비동기로 실행되어 모든 연결에 메시지를 전파하도록 구성할 수 있다. 비동기로 실행하는 Lambda의 최대 수행 시간은 900초이므로 수행 시간에 여유가 있다.

6-3-3 서버리스 스택 선언

이번 예제에서 사용하는 DynamoDB를 구성하기 위해 serverless.ts 파일에 DynamoDB 자원과 권한을 선언한다. DynamoDB 테이블 이름을 TABLE_NAME 환경 변수로 주입 받아 사용한다. 이 테이블은 연결 ID를 관리하는 용도로, 키이면서 문서 그 자체인 연결 ID(connectionId)만 갖는다. 그리고 간단한 구성을 위해, 처리 용량 단위를 지정하는 대신 PAY_PER_REQUEST를 사용한다.

```
const TableName = process.env.TABLE_NAME;
const ConnectionTable = {
  Type: "AWS::DynamoDB::Table",
  Properties: {
    TableName,
    KeySchema: [{ AttributeName: "connectionId", KeyType: "HASH" }],
    AttributeDefinitions: [
      { AttributeName: "connectionId", AttributeType: "S" },
    ],
    BillingMode: "PAY_PER_REQUEST",
  },
};
```

Lambda에서 DynamoDB 테이블에 연결 ID를 추가(dynamodb:PutItem), 삭제(dynamodb:DeleteItem), 스캔(dynamodb:Scan)하는 역할을 부여한다. 그리고 권한을 부여할 DynamoDB 테이블의 ARN을 GetAtt 내장 함수를 통해 가져와 지정한다.

```
const ConnectionTableRoleStatement = {
  Effect: "Allow",
  Action: ["dynamodb:PutItem", "dynamodb:Scan", "dynamodb:DeleteItem"],
  Resource: { "Fn::GetAtt": ["ConnectionTable", "Arn"] },
};
```

로컬 테스트 환경을 구성하기 위해 serverless-dynamodb-local 플러그인을 준비한다. sls plugin install --name serverless-dynamodb-local 명령으로 플러그인을 설치한다. 혹시 도구의 오동작으로 serverless.ts의 plugins에 serverless-dynamodb-local 항목이 누락되지는 않았는지 확인한다. 그리고 다음과 같이 플러그인을 사용하기 위한 설정도 함께 추가한다.

```
const dynamodbLocal = {
  stages: ["dev"],
  start: { migrate: true },
};
```

설정한 모든 내용을 서버리스 구성에 통합한다. `iam.role.statements`로 연결 ID 관리 테이블에 접근하는 역할을 연결하고, 테이블 이름은 `TABLE_NAME` 환경 변수로 주입한다. DynamoDB 테이블 자원을 선언부(Resources)에 포함시키고, 로컬 테스트 환경을 위한 `serverless-dynamodb-local` 플러그인의 설정을 추가한다. 기본적인 `provider` 설정이나 Lambda 함수를 WebSocket 이벤트의 라우트에 연결시키는 함수 선언은 앞선 예제와 동일하므로 생략한다.

```
const config: AWS = {
  provider: {
    iam: { role: { statements: [ConnectionTableRoleStatement] } },
    environment: {
      TABLE_NAME: process.env.TABLE_NAME!,
    },
    // ... 생략
  },
  resources: {
    Resources: {
      ConnectionTable,
    },
  },
  custom: { dynamodb: dynamodbLocal },
```

6-3-4 로컬 테스트

로컬 환경을 구성하기 위해 먼저 DynamoDB를 기동한다. `sls dynamodb` 명령을 사용한다. `sls dynamodb install` 명령을 사용해 DynamoDB 실행 파일을 다운로드한 뒤, `sls dynamodb start` 명령을 사용해 인스턴스를 시작한다. `sls dynamodb install` 명령으로 DynamoDB를 한 번 설치했다면 작업 디렉토리 아래에 `.dynamodb` 디렉토리가 생기고 필요한 파일이 그 안에 위치한다. 그다음부터는 `sls dynamodb start` 명령만 사용하면 된다.

`sls dynamodb start` 명령을 시작하면서 Serverless Framework에 정의된 DynamoDB 테이블을 미리 생성한다. 따라서 테이블 이름을 위한 `TABLE_NAME` 환경 변수를 미리 설정한다. `.envrc`

파일로 관리해두면 잊지 않고 편리하게 사용할 수 있다.

```
$ sls dynamodb install
# ... 설치 로그 생략

$ cat .envrc
export TABLE_NAME=broadcast-connection

$ sls dynamodb start
Dynamodb Local Started, Visit: http://localhost:8000/shell
DynamoDB - created table broadcast-connection
```

로컬 DynamoDB가 실행되면서 `serverless.ts` 파일에서 선언한 연결 관리 테이블(broadcast-connection)을 생성했다. 이제 필요한 인프라가 모두 준비되었으니 `sls offline` 명령을 통해 로컬 테스트 서버를 기동한다.

```
$ sls offline
# ... 빌드 및 함수 정보 생략
Offline [websocket] listening on ws://localhost:3001
Offline [http for websocket] listening on http://localhost:3001
```

터미널을 두 개 이상 열고 `wscat -c "ws://localhost:3001"` 명령을 사용해 로컬 테스트 서버에 접속한다. 클라이언트 하나에서 전파한 메시지가 다른 클라이언트에서 잘 노출되는지 확인한다.

```
# 터미널 1. 메시지를 전달한다.
$ wscat -c "ws://localhost:3001"
Connected (press CTRL+C to quit)
> Hi there # 이 클라이언트가 전송한 메시지
< Hi there # 자신의 메시지를 되돌려 받음

# 터미널 2. 터미널 1에서 전달한 메시지를 확인한다.
$ wscat -c "ws://localhost:3001"
Connected (press CTRL+C to quit)
< Hi there # 다른 클라이언트가 전송한 메시지
```

6-3-5 배포

sls deploy 명령으로 배포한다. 로컬 테스트와 동일하게 TABLE_NAME 환경 변수가 잘 등록되어 있는지 확인한다.

```
$ sls deploy
# ... 빌드 로그 생략
endpoint: wss://WS_ID.execute-api.AWS_REGION.amazonaws.com/dev
functions:
  handleConnect: websocket-broadcast-dev-handleConnect (3.2 kB)
  handleDisconnect: websocket-broadcast-dev-handleDisconnect (3.2 kB)
  handleMessage: websocket-broadcast-dev-handleMessage (3.2 kB)
```

배포 후 `aws dynamodb list-tables` 명령으로 DynamoDB 테이블이 잘 생성되었는지 확인한다. 그리고 배포된 서버 주소로 연결하여 클라이언트의 메시지가 다른 클라이언트에게 잘 전파되는지 확인한다.

6-4 주제-구독-전파

앞선 예제에서는 WebSocket 주소로 접속한 모든 연결에 메시지를 전파했다. 이번 예제에서는 이를 조금 더 발전시켜, 특정 주제(Topic)를 구독하는 연결에만 메시지를 전파하도록 구현한다.

1. 클라이언트는 WebSocket 연결을 맺을 때 사용자 정보를 헤더로 전달한다.
2. 클라이언트는 WebSocket 메시지로 구독 주제의 정보를 전달한다.
3. 클라이언트가 WebSocket으로 대화 메시지를 전달하면 그 주제를 구독한 모든 연결에 전달된다.

정리하면 이번 예제는 특정 주제 내에서 메시지를 교환하는 간단한 채팅방 서비스로 볼 수 있다. 서비스의 흐름도를 그리면 다음과 같다.

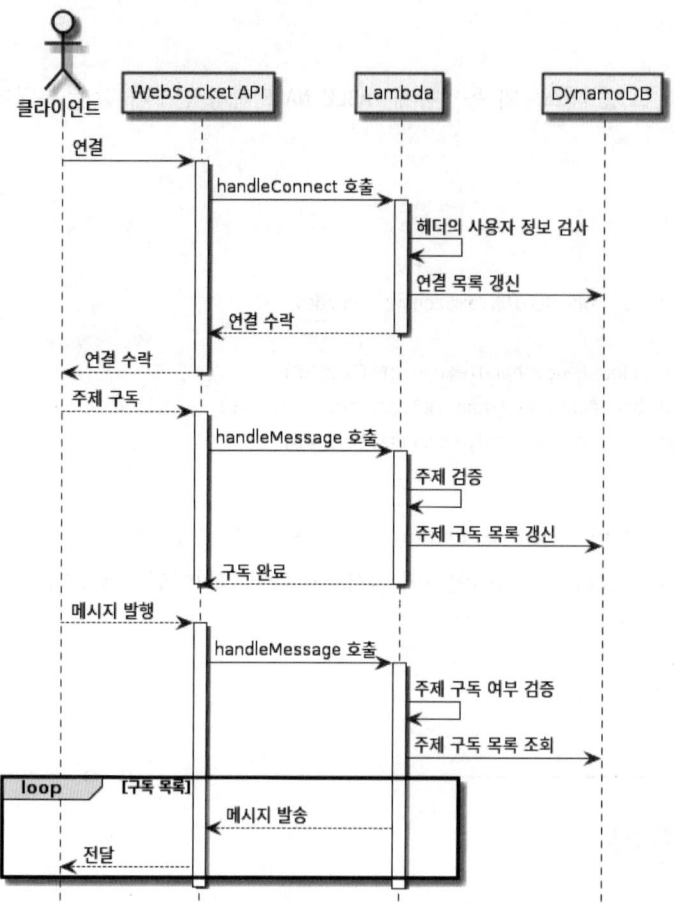

그림 6-4-1 채팅 주제-구독-전파 서비스의 처리 흐름도

단, 이번 예제에서는 회원 가입이나 로그인, 주제 생성 로직에 대한 부분은 모두 생략한다. 회원 인증은 구글 OAuth 연동, 주제 생성 로직은 데이터베이스를 사용하는 간단한 CRUD로 이미 모두 블로그 예제에서 다뤘기 때문이다.

6-4-1 테이블 설계

앞서 정리한 서비스 사양에 따라 이번 예제의 도메인은 연결(Connection), 사용자(User), 주제(Topic)로 구분할 수 있다. 하나의 사용자는 여러 연결을 가질 수 있고 여러 주제를 구독할 수 있다. 즉, 하나의 연결이 주제를 구독해도 그 사용자의 다른 모든 연결에 영향을 주어야 한다.

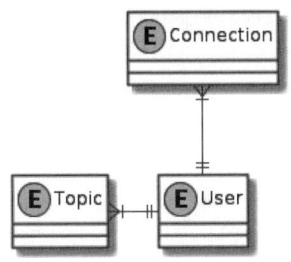

그림 6-4-2 연결-사용자-주제 도메인 관계도

MySQL과 같은 관계형 데이터베이스를 사용하면 각 도메인 모델을 테이블로 설계하고 관계를 설정한 후 JOIN 쿼리를 통해 조회할 수 있다. 하지만 이번 예제에서는 설명의 편의를 위해 DynamoDB를 사용한다. MySQL을 제대로 사용하려면 VPC를 구성해야 하기 때문이다.

DynamoDB는 NoSQL 데이터베이스로 JOIN 쿼리를 사용하기 어렵다. 따라서 다음과 같이 각 문서마다 필요한 관계에 대한 정보를 모두 포함하는 비정규화된 모델을 사용한다. 이를 통해 앞서 정의한 연결-사용자-주제의 관계를 표현한다.

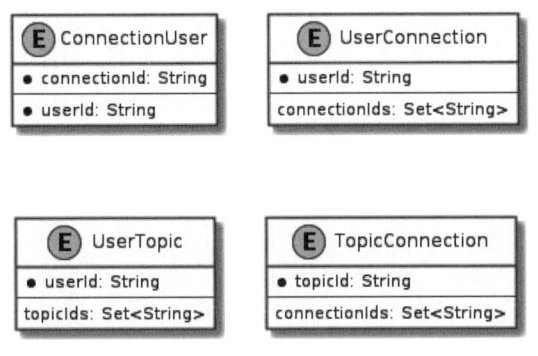

그림 6-4-3 연결-사용자, 사용자-주제, 주제-연결 테이블 모델

1. WebSocket API의 이벤트를 처리하는 Lambda는 `connectionId`만 알 수 있으므로 연결에서 사용자를 식별하기 위해 연결-사용자(ConnectionUser) 테이블을 사용한다.
2. 어떤 연결에서 새로운 주제를 구독하거나 해지했을 때, 그 연결을 가진 사용자의 다른 모든 연결에도 영향을 주기 위해 사용자-연결(UserConnection) 테이블을 사용한다.
3. 사용자가 어떤 주제들을 구독했는지 관리하기 위해 사용자-주제(UserTopic) 테이블을 사용한다.
4. 주제를 구독하는 모든 연결에 메시지를 전달하기 위해 주제-연결(TopicConnection) 테이블을 사용한다. 테이블의 관계를 사용할 수 있다면 이 테이블을 사용하지 않고, 연결-사용자와 사용자-주

제 테이블을 JOIN해서 조회할 수 있다. 이번 예제는 JOIN을 이용하는 대신 주제-연결 테이블로 비정규화해서 사용한다.

5. DynamoDB는 Set 유형의 값을 지원하고, 이 속성에 `ADD`와 `DELETE` 명령을 사용해 원자적 갱신이 가능하다. 이를 활용해 사용자의 주제 집합, 주제의 연결 집합에 대한 동시성 이슈를 해결한다.

채팅 서비스임을 가정해보면, 연결을 맺고 끊거나 주제를 구독하는 작업보다는 이미 구독한 주제 내에서 메시지를 교환하는 작업이 훨씬 빈번할 것이다. 구체적인 예를 들면, 메신저를 껐다 켜거나 새로운 채팅방을 만드는 작업보다는 이미 만들어진 채팅방 내에서 메시지를 주고받는 작업이 훨씬 빈번하다는 뜻이다. 이를 위해 이번 예제에서는 주제-사용자(TopicUser) 테이블 대신 다소 정합성이 떨어지더라도 주제-연결(TopicConnection) 테이블을 설계하여 필요한 정보를 바로 가져온다.

6-4-2 DynamoDB 테이블 선언

앞서 설계한 테이블을 생성하기 위해 `serverless.ts` 파일에 다음과 같이 4개의 테이블을 정의한다. 간단한 예제이므로 키와 관계를 위한 참조 키만 문서에 포함한다. 각 테이블은 구조적으로 차이가 없고 테이블과 키의 이름만 다르다. 테이블 자원 선언의 편의를 위해 다음과 같은 도움 함수를 작성한다.

```
function DynamoDBTable(tableName: string, keyName: string) {
  return {
    Type: "AWS::DynamoDB::Table",
    Properties: {
      TableName: tableName,
      KeySchema: [{ AttributeName: keyName, KeyType: "HASH" }],
      AttributeDefinitions: [{ AttributeName: keyName, AttributeType: "S" }],
      BillingMode: "PAY_PER_REQUEST",
    },
  };
}
```

도움 함수 `DynamoDBTable`을 사용해 연결-사용자, 사용자-연결, 사용자-주제, 주제-연결 테이블을 선언한다. 각 테이블의 이름은 환경 변수를 통해 주입된다. 테이블마다 사용하는 키 컬럼 이름에 주의하며 테이블 자원을 선언한다.

```typescript
// 연결-사용자 테이블 선언. (connectionId, userId) 문서를 관리.
const ConnectionUserTableName = process.env.CONNECTION_USER_TABLE_NAME!;
const ConnectionUserTable = DynamoDBTable(
  ConnectionUserTableName,
  "connectionId"
);

// 사용자-연결 테이블 선언. (userId, connectionId[]) 문서를 관리.
const UserConnectionTableName = process.env.USER_CONNECTION_TABLE_NAME!;
const UserConnectionTable = DynamoDBTable(UserConnectionTableName, "userId");

// 사용자-주제 테이블 선언. (userId, topicId[]) 문서를 관리.
const UserTopicTableName = process.env.USER_TOPIC_TABLE_NAME!;
const UserTopicTable = DynamoDBTable(UserTopicTableName, "userId");

// 주제-연결 테이블 선언. (topicId, connectionId[]) 문서를 관리.
const TopicConnectionTableName = process.env.TOPIC_CONNECTION_TABLE_NAME!;
const TopicConnectionTable = DynamoDBTable(TopicConnectionTableName, "topicId");
```

WebSocket 이벤트를 처리하는 Lambda는 각 테이블에 데이터를 생성하고(dynamodb:PutItem), 읽고(dynamodb:GetItem), 수정하고(dynamodb:UpdateItem), 지워야(dynamodb:DeleteItem) 한다. 테이블의 ARN만 달라질 뿐 필요한 권한 목록은 동일하므로 IAM 역할을 선언하는 도움 함수를 작성한다. 이때 테이블의 ARN을 참조하기 위해 테이블을 선언한 변수 이름을 받아야 한다. 하지만 변수 이름을 문자열 그대로 받으면 추후 변경에 취약하기 때문에, 다음과 같이 객체 형태로 받은 뒤 그 안에서 키를 꺼내어 사용한다. 이는 앞서 구현한 `getVariableName` 함수를 설명의 편의를 위해 내장한 것이다.

```typescript
function DynamoDBTableRoleStatement(table: { [key: string]: unknown }) {
  return {
    Effect: "Allow",
    Action: [
      "dynamodb:PutItem",
      "dynamodb:GetItem",
      "dynamodb:UpdateItem",
      "dynamodb:DeleteItem",
    ],
    Resource: { "Fn::GetAtt": [Object.keys(table)[0], "Arn"] },
  };
}
```

선언한 자원을 모두 모아 서버리스 구성을 마무리한다. Lambda의 IAM 역할 선언부(provider.iam.role.statements)에 4개의 테이블에 대한 CRUD 권한을 선언하고, Lambda의 환경 변수 선언부(provider.environment)에 환경 변수로 주입될 테이블 이름을 넘겨준다. 마지막으로 서버리스 스택에 포함될 자원 선언부(resources.Resources)에 테이블 선언을 포함해, 서버리스 스택을 배포할 때 DynamoDB 테이블도 함께 생성한다.

```
const config: AWS = {
  // ... 생략
  provider: {
    // ... 생략
    iam: {
      role: {
        statements: [
          // 테이블 변수를 객체의 키로 넘겨서 변수 이름 변경에 대비한다.
          DynamoDBTableRoleStatement({ ConnectionUserTable }),
          DynamoDBTableRoleStatement({ UserConnectionTable }),
          DynamoDBTableRoleStatement({ UserTopicTable }),
          DynamoDBTableRoleStatement({ TopicConnectionTable }),
        ],
      },
    },
    environment: {
      CONNECTION_USER_TABLE_NAME: ConnectionUserTableName,
      USER_CONNECTION_TABLE_NAME: UserConnectionTableName,
      USER_TOPIC_TABLE_NAME: UserTopicTableName,
      TOPIC_CONNECTION_TABLE_NAME: TopicConnectionTableName,
    },
  },
  resources: {
    Resources: {
      ConnectionUserTable,
      UserConnectionTable,
      UserTopicTable,
      TopicConnectionTable,
    },
  },
```

로컬 테스트 환경을 준비한다면, 채팅 전파 예제와 동일하게 `serverless-dynamodb-local` 설정을 서버리스 구성에 포함한다. 이 부분은 앞선 예제와 완전히 동일하므로 이번에는 설명을 생략한다.

6-4-3 DynamoDB 연동 구현

DynamoDB에 연결-사용자, 사용자-연결, 사용자-주제, 주제-연결 테이블을 관리하는 함수를 구현한다. DynamoDB를 다루는 모든 코드는 `db.ts` 파일에 구현한다. 추후 Lambda 함수를 구현하는 `handler.ts`에서 이 파일을 참조해 사용한다. `db.ts` 파일에서는 채팅 전파 예제와 동일하게 DynamoDB를 사용하기 위한 `DocumentClient` 객체를 전역 공간에 생성한다. 이때 로컬 테스트 서버 기동을 고려해 `IS_OFFLINE` 환경 변수가 설정된 경우 로컬에 실행한 DynamoDB를 연결하도록 구성한다.

```typescript
import { DynamoDB } from "aws-sdk";

const db = !process.env.IS_OFFLINE
  ? new DynamoDB.DocumentClient()
  : new DynamoDB.DocumentClient({
      region: "localhost",
      endpoint: "http://localhost:8000",
    });
```

연결-사용자(ConnectionUserTable)를 다루기 위한 함수를 작성한다. 연결 ID(connectionId)와 사용자 ID(userId)의 1:1 관계를 관리하는 테이블이므로, `DocumentClient`의 `put`, `delete`, `get` 함수를 사용해 생성(insertConnectionUserId), 삭제(deleteConnectionUserId), 조회(findUserIdByConnectionId) 함수를 간단히 구현할 수 있다.

```typescript
const ConnectionUserTableName = process.env.CONNECTION_USER_TABLE_NAME!;

export async function insertConnectionUserId(
  connectionId: string,
  userId: string
): Promise<void> {
  await db
    .put({ TableName: ConnectionUserTableName, Item: { connectionId, userId } })
    .promise();
}
export async function deleteConnectionUserId(
  connectionId: string
): Promise<void> {
  await db
    .delete({ TableName: ConnectionUserTableName, Key: { connectionId } })
```

```
    .promise();
}
export async function findUserIdByConnectionId(
  connectionId: string
): Promise<string | null> {
  const tuple = await db
    .get({ TableName: ConnectionUserTableName, Key: { connectionId } })
    .promise();
  return tuple.Item?.userId ?? null;
}
```

사용자-연결 테이블(UserConnectionTable), 사용자-주제 테이블(UserTopicTable), 주제-연결 테이블(TopicConnectionTable)을 다루는 부분도 큰 차이는 없다. 하지만 연결-사용자 테이블이 연결 ID와 사용자 ID의 1:1 관계를 표현했다면, 사용자-연결, 사용자-주제, 주제-연결 테이블은 1:N 관계를 표현한다. 하나의 사용자는 여러 연결을 갖거나 여러 주제를 구독할 수 있고, 하나의 주제는 구독한 여러 연결을 가질 수 있기 때문이다. 1:N 관계를 표현하기 위해 값은 집합이 되어야 한다. 그리고 집합을 관리할 때 동시 수정에 의한 문제가 발생하지 않도록 Set 자료 구조를 사용한다. 사용자-연결, 사용자-주제, 주제-연결 테이블의 Set 자료 구조를 사용하는 부분은 일반화해 재사용할 수 있고, 이를 위해 StringSetTable 도움 함수를 작성한다. StringSetTable 함수는 테이블의 이름과 키의 이름, 그리고 값으로 사용할 집합의 이름을 인자로 받는다.

```
function StringSetTable(tableName: string, keyName: string, setName: string) {
```

빈 집합의 문서를 생성하는 create 함수는 문서의 ID를 인자로 받아 키(keyName)로 지정한 문서를 보관(put)한다. 편의를 위해 개별 함수로 나누어 설명을 진행하지만 모두 StringSetTable 함수 안에 구현한 함수다. 따라서 StringSetTable 함수의 인자로 받은 tableName, keyName, setName을 사용할 수 있다.

```
async function create(id: string) {
  await db.put({ TableName: tableName, Item: { [keyName]: id } }).promise();
}
```

문서를 조회하는 get 함수는 문서 ID(id)로부터 문서를 가져오는 함수다. 문서는 문자열 키를 갖는 값 객체(Record<string, any>) 유형으로 간주한다.

```
async function get(id: string): Promise<Record<string, any> | undefined> {
  const tuple = await db
    .get({ TableName: tableName, Key: { [keyName]: id } })
    .promise();
  return tuple.Item;
}
```

사용자-연결, 사용자-주제, 주제-연결 테이블의 구체적인 타입을 선언한 뒤 셋의 유니온 타입 (Union type)을 사용하는 게 번거롭다. 때문에 get 함수의 반환값 타입은 any에 대한 Record 타입을 사용한다. 하지만 개별 타입은 간단하다. 예를 들어 사용자-주제 테이블 문서의 구체적인 타입은 다음과 같다. 문서의 키도 문서에 포함되어 있으므로 userId를 속성으로 갖는다. Set의 값은 values 속성을 갖는 멤버이므로, topicIds는 { values: string[] } 타입이 된다. Set의 타입은 aws-sdk 라이브러리 안의 document_client.d.ts 안에 포함된 DynamoDbSet 타입을 통해 확인할 수 있다.

```
interface UserTopicDocument {
  userId: string;
  topicIds: {
    values: string[];
  };
}
```

문서 ID에 해당하는 값이 존재하는지 확인하는 exists 함수는, 일단 get 함수를 통해 값을 조회한 후 반환되는 값이 있는지 확인하는 방법으로 구현한다.

```
async function exists(id: string): Promise<boolean> {
  return (await get(id)) !== undefined;
}
```

값 집합에 항목을 하나 추가하는 appendValue 함수는 DocumentClient의 update 함수를 사용해 대상을 갱신한다. UpdateExpression으로 ADD 명령을 사용하면 Set 자료 구조에 원자적으로 항목을 추가할 수 있다. ADD 명령은 값으로 Set 자료 구조를 받아야 한다. 따라서 Expression AttributeValues로 DocumentClient의 createSet 함수 반환값을 사용한다. ADD 명령은 대상 값 자체가 아예 존재하지 않는 경우에도 원자적 추가를 처리한다. 예를 들어, 앞서 구현한 create 함수로 문서를 추가하면 Set 자료 구조에 해당하는 값이 존재하지 않는다. 그럼에도 이후 해당 문서에 appendValue로 항목을 추가하면 ADD 명령이 실행되어 값에 대한 집합을 구성함과 동시에 원자적 추가를 처리한다.

값이 추가되는 동시에 문서가 삭제될 경우 불필요한 수정이 발생할 수 있는 문제를 막기 위해 해당 문서가 존재할 때만(attribute_exists) 문서를 수정하도록 지시한다. 이는 해당 문서가 생성되기 전에 의도적으로 집합을 수정할 수 없게 제약할 때도 유용하다. 이번 예제에서는 주제를 사용자가 직접 생성하는 대신 별도의 HTTP API로 생성한다. 따라서 주제가 생성되기 전에 주제-연결 테이블의 집합을 수정할 수 없으므로 주제가 생성되기 전에 구독하는 요청을 막을 수 있다.

```
async function appendValue(id: string, value: string): Promise<void> {
  await db
    .update({
      TableName: tableName,
      Key: { [keyName]: id },
      UpdateExpression: `ADD ${setName} :v`,
      ExpressionAttributeValues: { ":v": db.createSet([value]) },
      ConditionExpression: `attribute_exists(${keyName})`,
    })
    .promise();
}
```

값 집합에서 항목을 하나 제거하는 removeValue 함수도 문서를 수정하는 작업에 해당하므로 DocumentClient의 update 함수를 사용해 대상을 갱신한다. 이때 DELETE 명령을 사용하면 Set 자료 구조에 원자적으로 항목을 제거할 수 있다. appendValue와 동일하게 createSet 함수의 반환값을 사용하고, 동시 삭제에 의한 불필요한 수정을 막아야 하므로 attribute_exists로 문서가 존재할 때만 수정한다.

```
async function removeValue(id: string, value: string): Promise<void> {
  await db
    .update({
      TableName: tableName,
      Key: { [keyName]: id },
      UpdateExpression: `DELETE ${setName} :v`,
      ExpressionAttributeValues: { ":v": db.createSet([value]) },
      ConditionExpression: `attribute_exists(${keyName})`,
    })
    .promise();
}
```

값 집합을 반환하는 getValues 함수는 문서 ID로부터 문서를 조회한 후, 집합값이 있으면 그 안의 values 속성을 반환한다. 만약 값이 없는 상태라면 불필요한 null 검사를 피하기 위해 빈 배열([])을 반환한다.

```
async function getValues(id: string): Promise<string[]> {
  const tuple = await get(id);
  return tuple && tuple[setName] && tuple[setName].values
    ? tuple[setName].values
    : [];
}
```

지금까지 구현한 모든 함수를 StringSetTable 함수의 반환값으로 구성한다.

```
  return { create, get, exists, appendValue, removeValue, getValues };
}
```

StringSetTable 함수를 사용해 사용자-주제 테이블과 주제-연결 테이블을 사용하는 객체를 준비한다. 환경 변수로 주입받은 테이블의 이름과 각 테이블에 맞는 키와 집합값의 이름을 사용해 StringSetTable 객체를 생성한다.

```
const UserConnectionTableName = process.env.USER_CONNECTION_TABLE_NAME!;
export const UserConnectionTable = StringSetTable(
  UserConnectionTableName,
  "userId",
  "connectionIds"
);
export const UserTopicTable = StringSetTable(
  UserTopicTableName,
  "userId",
  "topicIds"
);
const TopicConnectionTableName = process.env.TOPIC_CONNECTION_TABLE_NAME!;
export const TopicConnectionTable = StringSetTable(
  TopicConnectionTableName,
  "topicId",
  "connectionIds"
);
```

6-4-4 연결 맺음과 끊음의 처리

DynamoDB에 데이터를 관리하기 위한 기반 함수들을 모두 작성했다. 이제 Lambda 함수를 구현하는 handler.ts 파일을 작성한다. WebSocket 이벤트의 $connect, $disconnect, $default 라우트를 처리하는 Lambda 함수를 구현한다. 이때 필요한 DynamoDB 함수는 db.ts에서 참조해서 사용한다.

먼저 클라이언트가 연결을 맺고 끊을 때 필요한 테이블을 갱신하는 구현을 진행한다. 연결을 맺을 때 클라이언트는 x-user-id라는 HTTP 헤더로 사용자 ID를 전달한다. 사용자의 서비스 가입 여부는 사용자-주제 테이블(UserTopicTable)에 사용자 ID(userId)에 대한 문서가 있는지로 판단한다. 따라서 HTTP 헤더에 x-user-id가 없거나, 그 사용자 ID로 사용자-주제 테이블에서 문서를 찾을 수 없다면 400 응답 코드를 반환해 연결을 거부한다. 올바른 연결이라면 연결-사용자 테이블(ConnectionUserTable)과 사용자-연결 테이블(UserConnectionTable)에 연결 ID(connectionId)와 사용자 ID를 기록하고 사용자가 현재 구독하고 있는 모든 주제를 사용자-주제 테이블에서 찾아(UserTopicTable.getValues) 새로운 연결을 추가로 구독해준다(TopicConnectionTable.appendValue). 만약 중간에 예외가 발생했다면 저장소에 정보를 제대로 보관하지 못했다는 뜻이므로 400 응답 코드를 반환하여 연결을 거부한다.

```typescript
import * as db from "./db";
import { APIGatewayEvent } from "aws-lambda";

export const handleConnect = async (event: APIGatewayEvent) => {
  const userId = event.headers["x-user-id"];
  if (!userId) {
    return { statusCode: 400 };
  }
  if (!(await db.UserTopicTable.exists(userId))) {
    return { statusCode: 400 };
  }
  const connectionId = event.requestContext.connectionId!;
  try {
    await db.insertConnectionUserId(connectionId, userId);
    await db.UserConnectionTable.appendValue(userId, connectionId);
    for (const topicId of await db.UserTopicTable.getValues(userId)) {
      await db.TopicConnectionTable.appendValue(topicId, connectionId);
    }
    return { statusCode: 200 };
  } catch (error) {
```

```
      return { statusCode: 400 };
    }
};
```

사실 이 구현에는 문제가 하나 있다. $connect 라우트를 처리하는 handleConnect 함수는 연결이 완료된 후 호출되는 것이 아니라, 연결을 수락할지 말지 결정하기 위해 사용된다. $connect 라우트를 처리하는 Lambda가 200 응답 코드를 WebSocket API에 반환해야 연결 수립 과정이 완료된다. 즉, 이 함수가 완료되기 전까지 해당 연결은 유효하지 않다. 때문에 handleConnect 함수 처리가 완료되지 않은 연결은 postToConnection 함수를 통해 메시지를 보낼 수 없다. 그러나 handleConnect 함수는 주제-연결 테이블에 연결 ID를 추가한다. 만약 이 시점에 해당 주제에서 메시지가 발생하면(talk) 아직 수립되지 않은 상태의 연결에 메시지를 보내려다 실패한다. 이 문제를 해결하려면 $connect 라우트가 완료되어 연결이 완전히 수립된 후에 초기화를 위한 별도의 메시지를 받아서 처리해야 한다.

연결을 종료할 때는 반대 순서로 데이터를 제거한다. 먼저 사용자가 현재 구독 중인 모든 주제를 찾아(UserTopicTable.getValues) 각 주제에서 이번 연결을 제거한다(TopicConnectionTable.removeValue). 그리고 사용자-연결 테이블(UserConnectionTable)에서 사용자 ID(userId) 문서 내의 연결 ID(connectionId)를 제거하고, 연결-사용자 테이블(ConnectionUserTable)에서 연결 ID(connectionId)로 사용자 ID(userId)를 찾아 삭제한다(deleteConnectionUserId).

```
export const handleDisconnect = async (event: APIGatewayEvent) => {
  const connectionId = event.requestContext.connectionId!;
  const userId = await db.findUserIdByConnectionId(connectionId);
  if (!userId) {
    return { statusCode: 500 };
  }
  for (const topicId of await db.UserTopicTable.getValues(userId)) {
    await db.TopicConnectionTable.removeValue(topicId, connectionId);
  }
  await db.UserConnectionTable.removeValue(userId, connectionId);
  await db.deleteConnectionUserId(connectionId);
  return { statusCode: 200 };
};
```

$disconnect 라우트를 처리하는 Lambda 함수의 반환값은 클라이언트에 영향을 주지 않는다. 클라이언트의 연결은 이미 끊어졌기 때문이다. 그럼에도 불구하고 500 응답 코드를 반환하는 이

유는 잘못된 상황을 모니터링하기 위함이다. WebSocket API에 통합된 Lambda가 4XX나 5XX를 반환하면 WebSocket API의 `IntegrationError` 지표로 모니터링할 수 있다. 이 방법 대신 아예 예외를 던져 Lambda에서 에러 지표로 문제 상황을 인지할 수 있게 하는 것도 좋은 방법이다.

6-4-5 메시지 전파 처리

클라이언트는 연결이 완료되면 새로운 주제를 구독(subscribe)하거나, 예전에 구독한 주제를 구독 해지(unsubscribe)할 수 있다. 혹은 이미 구독한 주제에 대해 메시지 전파를 요청(talk)할 수 있다. 각 상황의 메시지 타입을 다음과 같이 정의한다.

```
interface SubscribeMessage {
  type: "subscribe";
  topic: string;
}
interface UnsubscribeMessage {
  type: "unsubscribe";
  topic: string;
}
interface TalkMessage {
  type: "talk";
  topic: string;
  text: string;
}
```

1. `SubscribeMessage`를 통해 특정 주제를 구독한다. 예를 들어, 새로운 채팅방을 만들 때 사용한다.
2. `UnsubscribeMessage`를 통해 주제 구독을 해지한다. 예를 들어, 채팅방을 나올 때 사용한다.
3. `TalkMessage`를 통해 특정 주제에 메시지를 전달한다. 예를 들어, 채팅방 내에 메시지를 보낼 때 사용한다.

`$default` 라우트를 처리하는 Lambda가 구독과 관련된 메시지를 받았을 때는 DynamoDB에 구독과 관련된 정보를 갱신한다. 클라이언트에게 되돌려 줄 메시지는 필요하지 않다. 반면, 클라이언트로부터 메시지 전파를 위한 `TalkMessage`를 받았다면 그 주제를 구독하고 있는 다른 모든 클라이언트에게 이를 전파해야 한다. 이때 누가 메시지를 보냈는지 알려주기 위해 사용자(sender) 정보를 추가해서 전파한다. 이때 사용하는 `TalkResponse` 타입은 다음과 같다.

```
interface TalkResponse {
  type: "talk";
  topic: string;
  sender: string;
  text: string;
}
```

1. 클라이언트가 앞으로 여러 유형의 메시지를 받을 수도 있으므로, type: "talk"를 회신할 때도 사용한다.
2. 어떤 주제로부터 전달된 메시지인지 알려주기 위해 topic도 유지한다.
3. 보낸 사람을 식별할 수 있도록 sender에 메시지 송신자 정보를 담는다. 이번 예제에서는 간단히 메시지 송신을 요청한 클라이언트의 x-user-id를 담아서 보낸다.

$default 라우트를 처리하는 handleMessage 함수는 앞서 정의한 세 가지 유형의 메시지를 모두 처리해야 한다. 먼저 요청 본문(body)이 올바른지 확인하고, 메시지 전파에 사용할 postToConnection 함수를 실제 메시지 처리 함수까지 전달하기 위해 SendMessage 타입의 함수로 만들어준다. sendMessage 함수는 연결 ID(connectionId)와 전송할 데이터(data)를 받아 ApiGatewayManagementApi의 postToConnection 함수를 호출하는 어댑터다. 이때 주의할 점은 메시지를 보내다가 예외가 발생해도 이를 바깥으로 전파하지 않는다는 것이다. 주제에 메시지를 보낸 연결의 Lambda에서 메시지 전파를 처리하는데, 메시지를 받을 연결에 문제로 인한 예외로 보낸 연결이 끊어지는 것은 바람직하지 않기 때문이다. 만약 상용 서비스를 작성한다면, 전송이 불안정한 대상 연결을 어떻게 취급할지 정책을 결정해야 한다.

```
type SendMessage = (connectionId: string, data: string) => Promise<unknown>;

export const handleMessage = async (event: APIGatewayEvent) => {
  const body = event.body;
  if (!body) {
    return { statusCode: 200 };
  }
  const managementApi = new ApiGatewayManagementApi({
    endpoint: process.env.IS_OFFLINE
      ? "http://localhost:3001"
      : `${event.requestContext.domainName}/${event.requestContext.stage}`,
  });
  const sendMessage: SendMessage = async (ConnectionId, Data) => {
    try {
```

```
      await managementApi.postToConnection({ ConnectionId, Data }).promise();
    } catch (error) {
      console.error({ error, connectionId }, `메시지를 전달할 수 없습니다`);
    }
  };
```

메시지를 처리하기 위해 연결-사용자 테이블에서 연결 ID(connectionId)에 대응되는 사용자 ID(userId)를 찾는다(findUserIdByConnectionId). 요청 본문(body)을 JSON.parse로 역직렬화한 후 메시지를 처리하는 processMessage 함수에게 위임한다. 사용자가 없거나 본문이 잘못된 경우는 비정상 클라이언트로 간주하고 연결을 바로 끊어버린다.

```
  const connectionId = event.requestContext.connectionId!;
  try {
    const userId = await db.findUserIdByConnectionId(connectionId);
    if (!userId) {
      throw new Error(`사용자를 찾을 수 없습니다: [연결 ID=${connectionId}]`);
    }
    const message = JSON.parse(body) as Message;
    await processMessage(userId, connectionId, message, sendMessage);
    return { statusCode: 200 };
  } catch (error) {
    console.error(
      { error, connectionId, body },
      "예외가 발생해 연결을 종료합니다"
    );
    await managementApi
      .deleteConnection({ ConnectionId: connectionId })
      .promise();
    return { statusCode: 400 };
  }
};
```

processMessage 함수는 message의 실제 유형(type)에 따라 처리를 위한 적절한 함수를 호출하는 함수다. 메시지가 구독을 위한 것인지(subscribe), 구독 해지를 위한 것인지(unsubscribe), 메시지 전파를 위한 것인지(talk) 구분해 각각을 처리하는 함수를 호출한다. 만약 라우트 선택 표현식을 사용한다면 각 유형의 메시지를 처리하는 Lambda 함수를 따로 구현하므로 이렇게 유형에 따라 직접 switch-case 코드를 구현할 필요가 없다.

```
async function processMessage(
  userId: string,
  connectionId: string,
  message: Message,
  sendMessage: SendMessage
) {
  switch (message.type) {
    case "subscribe":
      await subscribeTopic(userId, message);
      return;
    case "unsubscribe":
      await unsubscribeTopic(userId, message);
      return;
    case "talk":
      await talk(userId, connectionId, message, sendMessage);
      return;
    default:
      throw new Error(`잘못된 메시지 유형입니다`);
  }
}
```

주제를 구독하기 위한 subscribeTopic 함수는 사용자-주제 테이블(UserTopicTable)의 사용자 문서에 지정된 주제(message.topic)를 추가한다. 추후 동일한 사용자의 새로운 연결이 발생하면 이 값을 참고해 새 연결도 이 주제를 구독한다. 따라서 새로운 연결에서도 기존에 구독했던 모든 주제에서 발생하는 메시지를 얻을 수 있다. 그리고 이 사용자의 다른 연결 ID(connectionId)를 사용자-연결 테이블(UserConnectionTable)에서 찾아 주제-연결 테이블(TopicConnectionTable)의 주제 문서에 추가한다. 이로써 이 주제에서 발생하는 메시지를 사용자의 모든 연결이 얻을 수 있다.

```
async function subscribeTopic(userId: string, message: SubscribeMessage) {
  await db.UserTopicTable.appendValue(userId, message.topic);
  for (const connectionId of await db.UserConnectionTable.getValues(userId)) {
    await db.TopicConnectionTable.appendValue(message.topic, connectionId);
  }
}
```

주제 구독을 해지하기 위한 unsubscribeTopic 함수는 구독에서 했던 작업을 반대로 한다. 사용자-주제 테이블(UserTopicTable)의 사용자 문서에서 지정된 주제(message.topic)를 제거하고, 주제-연결 테이블(TopicConnectionTable)의 주제 문서에서 이 사용자의 모든 연결 ID(connectionId)

를 제거한다. 사용자의 모든 연결은 사용자-연결 테이블(UserConnectionTable)로부터 가져온다. 이때, 주제-연결 제거를 사용자-주제 제거보다 먼저 수행해야 $disconnect 라우트에서 처리하는 작업과의 경합 문제가 유발되지 않는다. 즉, 이 작업을 처리하는 도중 끊어지는 연결에 대한 부정합이 발생하지 않는다.

```
async function unsubscribeTopic(userId: string, message: UnsubscribeMessage) {
  for (const connectionId of await db.UserConnectionTable.getValues(userId)) {
    await db.TopicConnectionTable.removeValue(message.topic, connectionId);
  }
  await db.UserTopicTable.removeValue(userId, message.topic);
}
```

구독과 구독 해지의 구현은 간단하지만 문제가 있다. 트랜잭션을 사용하지 않으므로 갱신 중 일부만 성공할 경우 정합성이 깨진다. 예를 들어, 사용자 문서는 존재하는데 주제 문서가 존재하지 않을 경우 사용자-주제 테이블은 갱신할 수 있지만 주제-연결 테이블은 갱신할 수 없다. 그 경우 사용자-주제 테이블의 갱신도 롤백해야 하는데, 현재는 트랜잭션이 없으므로 정합성이 깨진다. 따라서 적어도 갱신 작업이 실패할 수 있는 원인을 사전에 검사하는 과정이 필요하다. 제일 좋은 방법은 두 갱신 작업을 트랜잭션으로 묶는 것이다.

하지만 이를 근본적으로 처리하려면 좀 더 정교한 구현이 필요하다. 앞서 설명한 $connect 라우트에서의 문제를 포함해, 모두 액터 모델(Actor model)을 사용해 이 문제를 해결할 수 있다. 사용자에 대응되는 액터를 만들면 사용자 이벤트의 처리 순서를 보장할 수 있기 때문이다. 다만 상태를 유지하지 않고 수행 시간에 제약이 있는 Lambda에서 액터 모델을 구현하려면, 별도의 메시지 큐를 유지하고 메시지 처리의 동시성을 제어하기 위한 분산 잠금 구현이 필요하다. 이는 이번 예제에서 한참 벗어난 내용이므로 다루지 않는다. 대신 이에 대한 간단한 모델을 7장 게임 개발 단원에서 다룬다.

지정된 주제(message.topic)에 메시지를 전파하는 TalkMessage를 처리하는 함수는 주제-연결 테이블(TopicConnectionTable)에서 주제를 구독한 모든 연결 ID를 가져와 메시지를 전송한다(sendMessage). 이때 전파할 TalkResponse 메시지를 전송하는(sendMessage) 바깥에서 한 번만 직렬화(JSON.stringify)해서 사용한다.

```
async function talk(
  userId: string,
  connectionId: string,
```

```
    message: TalkMessage,
    sendMessage: SendMessage
  ) {
    if (!message.text) {
      throw new Error(`잘못된 메시지입니다: [사용자 ID=${userId}]`);
    }
    const receiverIds = await db.TopicConnectionTable.getValues(message.topic);
    if (!receiverIds.includes(connectionId)) {
      throw new Error(
        `잘못된 주제 접근입니다: [주제 ID=${message.topic}][연결 ID=${connectionId}]`
      );
    }
    const response: TalkResponse = {
      type: "talk",
      topic: message.topic,
      text: message.text,
      sender: userId,
    };
    const data = JSON.stringify(response);
    await Promise.all(
      receiverIds.map((receiverId) => sendMessage(receiverId, data))
    );
  }
```

6-4-6 사용자 및 주제 생성 API

이번 예제는 사용자와 주제 생성에 별다른 인증을 제공하지 않는다. 다만 사용자-연결 테이블(UserConnectionTable)이나 사용자-주제 테이블(UserTopicTable)에 사용자 문서가 없거나, 주제-연결 테이블(TopicConnectionTable)에 주제 문서가 없을 경우 구독 동작을 막는 정도의 장치는 있다. 이는 사용자 문서와 주제 문서는 관리자만 생성할 수 있도록 HTTP API를 열어 두고 사용하기 위함이다. 이 방법은 사용자와 주제의 생성을 외부에 위임할 수 있으므로 시스템을 특정 도메인에 묶지 않고 좀 더 일반화해서 사용하기 좋다.

이번 예제에서는 HTTP API에 인가된 사용자인지 여부를 확인하는 구현은 진행하지 않는다. 이런 구현이 필요하다면 Lambda 권한 부여자를 통해 HTTP 헤더의 인증 정보를 보고 판단한다. 이 내용은 4장 블로그 서비스의 인증 구현 단원에서 이미 살펴봤다. 따라서 단순히 HTTP API 요청으로부터 사용자와 주제 문서를 생성하는 함수를 각각 다음과 같이 구현한다.

```
export const createUser: APIGatewayProxyHandlerV2 = async (event) => {
  const { userId } = event.pathParameters ?? {};
  if (!userId) {
    return { statusCode: 400, body: "Bad Request" };
  }
  await db.UserConnectionTable.create(userId);
  await db.UserTopicTable.create(userId);
  return { statusCode: 200, body: "OK" };
};
export const createTopic: APIGatewayProxyHandlerV2 = async (event) => {
  const { topicId } = event.pathParameters ?? {};
  if (!topicId) {
    return { statusCode: 400, body: "Bad Request" };
  }
  await db.TopicConnectionTable.create(topicId);
  return { statusCode: 200, body: "OK" };
};
```

1. 사용자를 생성하는 `createUser` 함수는 사용자-연결 테이블(`UserConnectionTable`)과 사용자-주제 테이블(`UserTopicTable`)에 경로 파라미터(`pathParameters`)에서 가져온 사용자 ID(`userId`) 문서를 생성한다.

2. 주제를 생성하는 `createTopic` 함수는 주제-연결 테이블(`TopicConnectionTable`)에 경로 파라미터(`pathParameters`)에서 가져온 주제 ID(`topicId`) 문서를 생성한다.

6-4-7 함수 등록

구현한 모든 함수를 서버리스 스택에 추가한다. WebSocket의 `$connect`, `$disconnect`, `$default` 라우트를 처리하는 함수와 사용자, 주제를 생성하는 HTTP API를 하나의 스택에서 관리할 수 있다. `serverless.ts` 파일의 `config.functions` 항목에 다음과 같이 Lambda 함수와 이벤트를 연결한다.

```
const config: AWS = {
  functions: {
    handleConnect: {
      handler: "handler.handleConnect",
      events: [{ websocket: { route: "$connect" } }],
    },
```

```
    handleDisconnect: {
      handler: "handler.handleDisconnect",
      events: [{ websocket: { route: "$disconnect" } }],
    },
    handleMessage: {
      handler: "handler.handleMessage",
      events: [{ websocket: { route: "$default" } }],
    },
    createUser: {
      handler: "handler.createUser",
      events: [{ httpApi: { path: "/user/{userId}", method: "POST" } }],
    },
    createTopic: {
      handler: "handler.createTopic",
      events: [{ httpApi: { path: "/topic/{topicId}", method: "POST" } }],
    },
  },
```

6-4-8 로컬 테스트

메시지 전파 예제와 동일하게 이번 예제도 DynamoDB를 사용한다. `sls dynamodb install` 명령으로 설치한 뒤 `sls dynamodb start` 명령으로 실행한다. 로컬 DynamoDB를 이미 설치했다면 바로 `sls dynamodb start` 명령으로 실행하면 된다. 이때 `serverless.ts` 파일에 선언한 테이블을 모두 생성하므로 테이블 이름을 환경 변수로 잘 지정해둔다.

```
$ cat .envrc
export CONNECTION_USER_TABLE_NAME=wt-connection-user
export USER_CONNECTION_TABLE_NAME=wt-user-connection
export USER_TOPIC_TABLE_NAME=wt-user-topic
export TOPIC_CONNECTION_TABLE_NAME=wt-topic-connection

$ sls dynamodb start
Dynamodb Local Started, Visit: http://localhost:8000/shell
DynamoDB - created table wt-connection-user
DynamoDB - created table wt-user-connection
DynamoDB - created table wt-user-topic
DynamoDB - created table wt-topic-connection
```

개발 과정에서는 테이블 안의 내용을 살펴볼 일이 종종 생긴다. AWS에 배포된 DynamoDB 테이블을 사용할 경우 관리 콘솔을 통해 데이터를 확인할 수 있다. 로컬 환경의 경우 공식으로 제공되는 웹 콘솔은 없는데, 오픈 소스로 만들어진 웹 콘솔이 있다(github.com/aaronshaf/dynamodb-admin). 이를 사용하면 브라우저를 통해 로컬 DynamoDB의 테이블 상태와 데이터를 볼 수 있다. 다음과 같이 dynamodb-admin 패키지를 설치해 사용한다.

```
$ npm install -g dynamodb-admin
$ DYNAMO_ENDPOINT=http://localhost:8000 dynamodb-admin
```

1. DynamoDB 웹 콘솔을 위한 dynamodb-admin을 전역으로(-g) 설치한다.
2. dynamodb-admin이 연결할 로컬 DynamoDB 주소를 `DYNAMO_ENDPOINT` 환경 변수로 설정한다. `sls dynamodb start` 명령이 http://localhost:8000 주소로 서버를 기동하므로 이 주소를 설정한다.
3. 만약 Windows 환경에서 환경 변수를 설정해야 한다면 `set`을 사용한다. 신경 쓰지 않으려면 `cross-env` 도구를 사용한다.

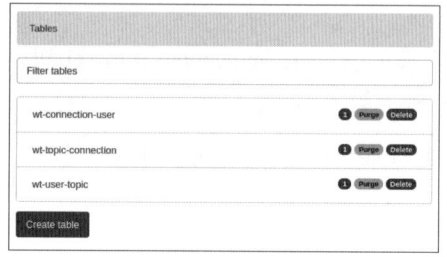

그림 6-4-4 DynamoDB 웹 콘솔 - 테이블 목록

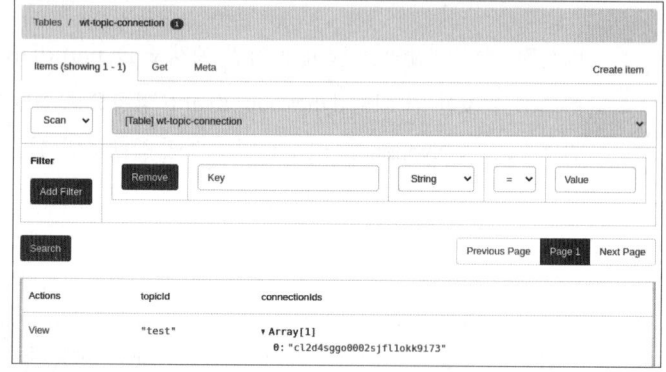

그림 6-4-5 DynamoDB 웹 콘솔 - 주제-연결 테이블 조회

`sls offline` 명령으로 로컬 테스트 서버를 기동한다. 서버 접속 정보에 WebSocket과 HTTP API 목록이 함께 나타난다.

```
|  POST | http://localhost:3000/topic/{topicId}                            |

Offline [http for websocket] listening on http://localhost:3001
Server ready: http://localhost:3000
```

테스트를 위해 먼저 사용자와 주제를 임의로 하나 만든다. 이후 DynamoDB 웹 콘솔에서 사용자-주제 테이블과 주제-연결 테이블에 각각의 문서가 생성된 것을 확인할 수 있다.

```
# ID로 "user1"를 갖는 사용자를 생성한다.
$ curl -XPOST http://localhost:3000/user/user1
OK
# ID로 "topic1"를 갖는 주제를 생성한다.
$ curl -XPOST http://localhost:3000/topic/topic1
OK
```

user1로 WebSocket을 연결해 topic1을 구독한다. wscat 도구는 -H 옵션으로 HTTP 헤더를 추가할 수 있다. 그리고 메시지 전파(TalkMessage)를 요청했을 때 메시지가 잘 수신되는 것을 확인한다. 메시지가 수신될 때 sender에 보낸 사용자의 ID가 추가되는 것도 확인한다.

```
$ wscat -c "ws://localhost:3001" -H "x-user-id: user1"
Connected (press CTRL+C to quit)
> {"type":"subscribe","topic":"topic1"}
> {"type":"talk","topic":"topic1","text":"Hello, there!"}
< {"type":"talk","topic":"topic1","text":"Hello, there!","sender":"user1"}
>
```

이후 동일한 사용자로 topic1의 구독을 해지하기 전까지는 연결을 새로 맺어도 메시지 전파가 계속 잘 되는 것을 확인할 수 있다. 또한 새로운 사용자를 추가한 후 동일한 주제를 구독해도 user1이 보낸 메시지가 잘 전파되는 것을 확인할 수 있다.

잘못된 사용자 ID로 접근했을 때 연결이 실패하는 것도 확인한다. 등록하지 않은 사용자 ID로 접근을 시도하면 다음과 같이 400 응답 코드와 함께 연결이 거부된다.

```
$ wscat -c "ws://localhost:3001" -H "x-user-id: anonymous"
error: Unexpected server response: 400
>
```

6-4-9 배포

`sls deploy` 명령으로 배포한다. 배포 시 사용자, 주제, 연결의 관계를 관리하는 테이블의 이름이 환경 변수에 잘 설정되어 있는지 확인한다.

```
$ sls deploy
# ... 빌드 로그 생략
endpoints:
  wss://WS_ID.execute-api.AWS_REGION.amazonaws.com/dev
  POST - https://API_ID.execute-api.AWS_REGION.amazonaws.com/user/{userId}
  POST - https://API_ID.execute-api.AWS_REGION.amazonaws.com/topic/{topicId}
functions:
  handleConnect: websocket-topic-dev-handleConnect (7.8 kB)
  handleDisconnect: websocket-topic-dev-handleDisconnect (7.8 kB)
  handleMessage: websocket-topic-dev-handleMessage (7.8 kB)
  createUser: websocket-topic-dev-createUser (7.8 kB)
  createTopic: websocket-topic-dev-createTopic (7.8 kB)
```

배포 후 `aws dynamodb list-tables` 명령으로 DynamoDB 테이블이 잘 생성되었는지 확인한다. 그리고 배포된 주소에 연결해 의도한 기능들이 모두 잘 동작하는지 확인한다.

6-5 인증

WebSocket API에서도 Lambda 권한 부여자를 통해 접근을 허가할 수 있다. 단, HTTP API나 REST API에서는 필요한 모든 API에 Lambda 권한 부여자를 실행한 것에 비해, WebSocket API에서는 연결을 맺을 때만 실행한다. 권한 부여자의 허가 여부에 따라 `$connect` 라우트를 처리하는 Lambda의 실행 여부가 달라진다. 물론 권한 부여자가 접근을 허가해도 `$connect` 라우트를 처리하는 Lambda의 함수인 `handleConnect` 함수가 연결을 거부할 수 있다. 이를 도식화하면 [그림 6-5-1]과 같다.

HTTP API와는 다르게, 연결을 맺을 때만 영향을 끼치는 Lambda 권한 부여자는 얼핏 보면 `handleConnect` 함수에서 하는 일을 굳이 또 처리하는 것 같은 느낌을 준다. 하지만 Lambda 권한 부여자가 반환하는 context를 이후 WebSocket 이벤트에 의해 실행되는 Lambda의 requestContext.authorizer로 받아 사용할 수 있다는 점이 다르다.

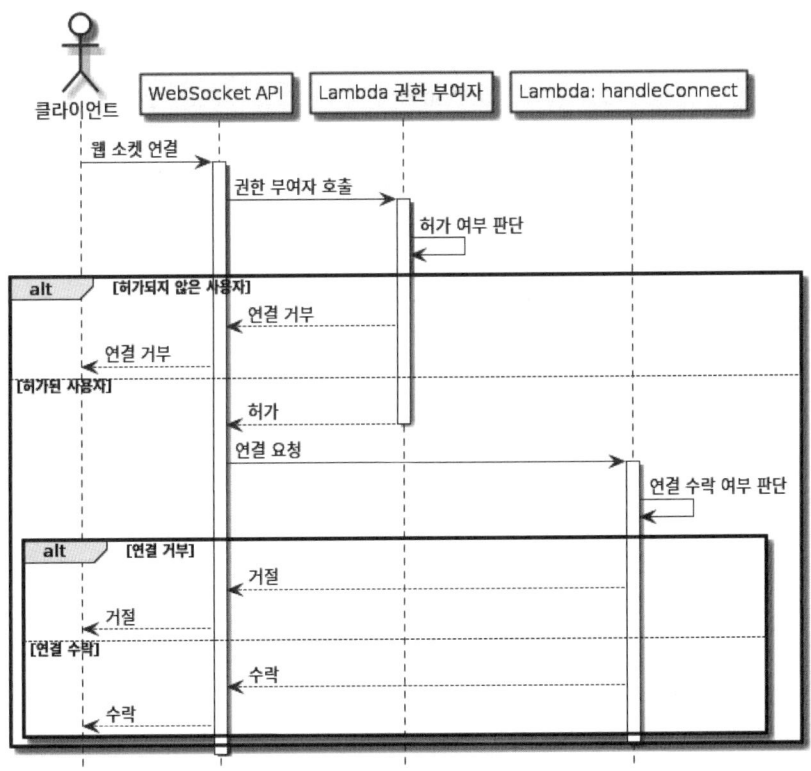

그림 6-5-1 WebSocket API의 연결 수락 과정

앞선 주제-구독-전파 예제에서는 requestContext.connectionId로부터 userId를 찾기 위해 연결-사용자 테이블을 관리하고 요청마다 DynamoDB 테이블을 조회했다. Lambda 권한 부여자를 사용하면 이 부분을 모두 제거할 수 있다. 권한 부여자에서 connectionId로부터 userId를 찾아 context로 반환하면, 그 이후 실행되는 모든 Lambda에서 이를 requestContext.authorizer에서 꺼내어 쓸 수 있기 때문이다. 즉, $connect, $default, $disconnect 라우트를 처리하는 모든 Lambda 함수에서 연결-사용자 테이블로의 접근을 제거할 수 있다. 즉, 연결-사용자 테이블 자체를 제거할 수 있다.

6-5-1 Lambda 권한 부여자 구현

WebSocket API의 Lambda 권한 부여자는 REST API에서의 Lambda 권한 부여자 양식을 따른다. 다소 간략하게 허가 여부를 결정할 수 있었던 API Gateway V2의 HTTP API Lambda 권한 부여자와는 다르게 IAM 정책 문서를 반환해야 한다. 뿐만 아니라 `TOKEN` 유형을 사용할 수 없고 `REQUEST` 유형만 사용할 수 있다. 이를 위해 Lambda 함수의 타입으로 `APIGatewayRequestAuthorizerHandler`를 사용한다.

```
import { APIGatewayRequestAuthorizerHandler } from "aws-lambda";

export const authorize: APIGatewayRequestAuthorizerHandler = async (event) => {
  const token = (event.queryStringParameters ?? {})["token"];
  if (!token) {
    throw "Unauthorized";
  }
  if (!(await db.UserTopicTable.exists(token))) {
    throw "Unauthorized";
  }
  return {
    principalId: token,
    policyDocument: {
      Version: "2012-10-17",
      Statement: [
        {
          Action: "execute-api:Invoke",
          Effect: "Allow",
          Resource: event.methodArn,
        },
      ],
    },
    context: {
      // requestContext.authorizer로 전달할 정보.
    },
  };
};
```

1. 인증 토큰은 블로그 예제에서 구현한 것처럼 OAuth 토큰을 사용할 수 있다. 다만 이번 예제에서는 설명의 편의를 위해 `token` 쿼리 파라미터로 `userId`를 그대로 받는다.
2. 현재 웹 브라우저 WebSocket의 표준에서는 인증 토큰을 `Authorization` 등의 HTTP 헤더로 전달할 수 없다. 따라서 인증 토큰을 `token` 쿼리 파라미터로 받는다.

3. 인증 토큰이 없거나 인증 토큰에 해당하는 사용자가 존재하지 않으면 Unauthorized 문자열을 예외로 던진다. 이는 WebSocket API가 401 Unauthorized 응답으로 변환해서 반환한다.
4. 반환하는 IAM 정책 문서는 `$connect`를 처리하는 `handleConnect` Lambda 함수의 실행(`execute-api:Invoke`)을 허가(`Allow`)해준다. 이때 허가할 Lambda 함수의 ARN은 `event.methodArn`에서 가져올 수 있다.
5. `context`를 통해 필요한 내용을 반환하면 추후 Lambda 함수 `event` 안의 `requestContext.authorizer`에서 꺼내어 사용할 수 있다. 필요한 정보를 미리 넣어두면 이를 다시 조회하지 않아도 되므로 많은 자원을 절약할 수 있다.

이번 예제에서는 사용자 ID(userId)만 준비해도 된다. 이 값을 보관하기 위해 `context`를 사용할 수도 있지만, 이처럼 간단한 값일 경우 `principalId`를 사용할 수 있다. `principalId`는 정책이 적용되는 대상의 고유한 ID로 개발자가 임의로 정의할 수 있는 값이다. 개발자가 임의로 정하는 값이므로 필요하지 않다면 의미 없는 값을 설정할 수도 있지만, 가급적이면 유의미한 값으로 넣어주는 것이 좋다. 왜냐하면 WebSocket API의 로깅 옵션을 활성화했을 때 Lambda 권한 부여자의 처리 결과를 CloudWatch Logs에 남기는데 이 `principalId` 값을 함께 남기기 때문이다. 나중에 이 로그를 통해 잘못된 현상을 추적할 때 사용할 수 있다. 뿐만 아니라 이 값 또한 `requestContext.authorizer`로 전달되기 때문에 굳이 `context`를 사용해 몇 바이트를 더 낭비할 필요도 없다.

6-5-2 이벤트 처리 함수 수정

이제 `$connect`, `$disconnect`, `$default`를 처리하는 Lambda 함수는 더 이상 ConnectionUserTable을 사용할 필요가 없다. `event.requestContext.authorizer`로부터 `principalId`를 가져와 `userId`로 사용하면 되기 때문이다.

먼저 `$connect` 라우트를 처리하는 `handleConnect` 함수의 변경점은 다음과 같다.

```
  export const handleConnect = async (event: APIGatewayEvent) => {
-   const userId = event.headers["x-user-id"];
-   if (!userId) {
+   if (!event.requestContext.authorizer) {
      return { statusCode: 400 };
    }
-   if (!(await db.UserTopicTable.exists(userId))) {
+   const { principalId: userId } = event.requestContext.authorizer;
```

```
+   if (!userId) {
+     return { statusCode: 400 };
+   }
    const connectionId = event.requestContext.connectionId!;
    try {
-     await db.insertConnectionUserId(connectionId, userId);
      await db.UserConnectionTable.appendValue(userId, connectionId);
```

1. 인증 처리는 이미 Lambda 권한 부여자에서 완료했으므로 handleConnect 함수에서 처리할 부분은 없다. 관련 코드를 삭제한다.

2. connectionId로부터 userId를 찾을 필요 없이 event.requestContext.authorizer에서 principalId를 가져와 사용한다.

3. 연결-사용자 테이블(ConnectionUserTable)이 더 이상 필요하지 않으므로 관련 코드를 삭제한다.

$disconnect 라우트를 처리하는 handleDisconnect 함수도 같은 맥락으로 수정한다.

```
    export const handleDisconnect = async (event: APIGatewayEvent) => {
      const connectionId = event.requestContext.connectionId!;
-     const userId = await db.findUserIdByConnectionId(connectionId);
+     if (!event.requestContext.authorizer) {
+       return { statusCode: 500 };
+     }
+     const { principalId: userId } = event.requestContext.authorizer;
      if (!userId) {
        return { statusCode: 500 };
      }
+
+     const connectionId = event.requestContext.connectionId!;
      for (const topicId of await db.UserTopicTable.getValues(userId)) {
        await db.TopicConnectionTable.removeValue(topicId, connectionId);
      }
      await db.UserConnectionTable.removeValue(userId, connectionId);
-     await db.deleteConnectionUserId(connectionId);
      return { statusCode: 200 };
    };
```

1. 연결을 끊을 때 userId를 찾기 위해 연결-사용자 테이블을 사용했지만 이제는 event.requestContext.authorizer의 principalId를 사용하면 된다.

2. 연결-사용자 테이블이 더 이상 필요하지 않으므로 관련 코드를 삭제한다.

마지막으로, $default 라우트를 처리하는 handleMessage 함수도 같은 맥락으로 수정한다.

```
  export const handleMessage = async (event: APIGatewayEvent) => {
    const body = event.body;
    if (!body) {
      return { statusCode: 200 };
    }
+   if (!event.requestContext.authorizer) {
+     return { statusCode: 400 };
+   }
+   const { principalId: userId } = event.requestContext.authorizer;
+   if (!userId) {
+     return { statusCode: 400 };
+   }
    const managementApi = new ApiGatewayManagementApi(...);
    const sendMessage: SendMessage = ...;
    const connectionId = event.requestContext.connectionId!;
    try {
-     const userId = await db.findUserIdByConnectionId(connectionId);
-     if (!userId) {
-       throw new Error(`사용자를 찾을 수 없습니다: [연결 ID=${connectionId}]`);
-     }
      const message = JSON.parse(body) as Message;
```

1. 연결-사용자 테이블 조회 없이 event.requestContext.authorizer의 principalId를 userId 로 사용한다.

requestContext.authorizer에는 integrationLatency 필드로 Lambda 권한 부여자의 통합 시간이 전달된다. 이 값은 Lambda 권한 부여자의 첫 기동 지연 시간이 포함될 경우 수백 밀리초 수준으로 커진다. 때문에 차라리 Lambda 권한 부여자를 사용하지 않고, $connect 라우트를 처리하는 Lambda에서 함께 처리하는 것이 시간 효율이 더 좋다고 생각할 수 있다.

하지만 Lambda 권한 부여자에서 미리 준비해둔 값을 requestContext.authorizer로 접근할 수 있기 때문에 그 이후에 호출되는 $default, $disconnect 처리 Lambda에서는 이득이 있다. 이번 예제의 경우 handleMessage 함수와 handleDisconnect 함수에서 DynamoDB 호출 횟수를 1회 줄일 수 있었다. 보통 연결을 맺고 끊는 것보다 연결 안에서 메시지를 교환하는 경우가 더 빈번하므로 handleMessage 함수의 시간 효율을 높이는 것이 더 유리하다. 이번 예제와 같이 간단한 경우라면 바로 체감하기 어려울 수 있지만, 좀 더 복잡한 정보의 연결을 맺을 때 미리 준비하고 그 값을 계속 사용할 수 있다면 더 높은 성능 향상을 체감할 수 있을 것이다.

6-5-3 서버리스 스택 수정

기존 스택에서 연결-사용자 테이블(ConnectionUserTable)이 필요하지 않으므로 `serverless.ts` 파일에서 DynamoDB 테이블과 IAM 역할을 제거한다. 그리고 Lambda 권한 부여자로 작성한 `authorize` 함수를 등록하고 `handleConnect` 함수에 연결한다.

```
const config: AWS = {
  functions: {
    authorize: {
      handler: "handler.authorize",
    },
    handleConnect: {
      handler: "handler.handleConnect",
      events: [
        {
          websocket: {
            route: "$connect",
            authorizer: {
              name: "authorize",
              identitySource: "route.request.querystring.token",
            },
          },
        },
      ],
    },
```

1. `authorize` 함수는 Lambda 권한 부여자로 등록되어 호출되므로 별도의 이벤트를 연결하지 않는다. 만약 필요하다면, `timeout`이나 `memorySize` 등의 옵션을 조정할 수 있다.
2. `handleConnect` 함수는 `websocket` 이벤트의 `authorizer`로 `authorize` 함수를 연동한다. 이 때 `token` 쿼리 파라미터로 전달하는 값을 인증 토큰으로 사용하기 위해 `identitySource`를 지정한다.

WebSocket API의 Lambda 권한 부여자를 연동할 때는 `identitySource`를 제대로 등록하는 것이 아주 중요하다. 이 값이 존재하지 않으면 WebSocket API에서 Lambda 권한 부여자 함수를 실행하기 전에 401 응답 코드와 함께 접속을 거부하기 때문이다. 예를 들어, 모든 연결을 허가하는 Lambda 권한 부여자를 가진 WebSocket API임에도 `token` 쿼리 파라미터의 존재 여부에 따라 연결 수락 여부가 달라진다. 연결이 거부되지만 Lambda 권한 부여자는 실행되지 않기 때문에 따로 남는 로그도 없다. 이를 확인하려면 API Gateway 수준의 로그를 남겨야 한다. 이 부분을 실수하면 많은 시간을 낭비할 수 있으니 주의가 필요하다.

```
# "token" 파라미터가 없다면 바로 WebSocket API가 401과 함께 응답을 거부한다.
# 만약 Lambda 권한 부여자가 항상 연결을 허용한다고 해도, WebSocket API에서 막힌다.
$ wscat -c "wss://WS_ID.execute-api.AWS_REGION.amazonaws.com/dev"
error: Unexpected server response: 401

# "token" 값이 있다면, Lambda 권한 부여자가 실행된다.
# Lambda 권한 부여자가 항상 연결을 허용한다고 가정했으므로, "token"이 이상해도 연결이 수락된다.
$ wscat -c "wss://WS_ID.execute-api.AWS_REGION.amazonaws.com/dev?token=invalid"
Connected (press CTRL+C to quit)
>
```

6-5-4 WebSocket API 로깅

serverless.ts 파일에 선언된 설정의 provider.logs 항목으로 WebSocket API의 로그를 활성화할 수 있다. 로그 레벨을 INFO 혹은 ERROR로 설정할 수 있다. 하지만 HTTP API나 REST API와는 다르게 Serverless Framework에서는 로깅 서식 옵션을 지원하지 않는다. 허가 거부에 의한 오류뿐만 아니라 허가 성공에 대한 로그도 확인하려면 INFO 레벨을 사용한다.

```
const config: AWS = {
  provider: {
    logs: {
      websocket: {
        level: "INFO",
      },
    },
```

WebSocket API 로그는 앞선 예제에서 살펴본 HTTP API나 REST API와 동일하게 CloudWatch Logs의 /aws/apigateway/API_ID/STAGE 로그 그룹에서 확인할 수 있다. 먼저, identitySource에 해당하는 값이 존재하지 않는 경우의 로그를 살펴보자. 즉, token 쿼리 파라미터가 존재하지 않는 연결 요청에 대한 WebSocket API의 접근 거부다.

```
(PQEmqFlNIE0FQNg=) Extended Request Id: PQEmqFlNIE0FQNg=
(PQEmqFlNIE0FQNg=) Unauthorized request: PQEmqFlNIE0FQNg=
(PQEmqFlNIE0FQNg=) Gateway response type: UNAUTHORIZED with status code: 401
(PQEmqFlNIE0FQNg=) Gateway response body: { "message": "Unauthorized", "connectionId": "PQEmqfU9IE0Abrw=", "requestId": "PQEmqFlNIE0FQNg=" }
```

```
(PQEmqFlNIE0FQNg=) Gateway response headers: {}
(PQEmqFlNIE0FQNg=) Client [UserAgent: null, SourceIp: SOURCE_IP] failed to connect to
API [API_ID].
```

1. WebSocket API가 요청마다 생성하는 requestId로 요청을 추적할 수 있도록 로그를 남긴다.
2. 권한 부여자를 실행했다는 로그가 없다. 이는 추후 다른 유형과 비교할 때 명확하게 볼 수 있다.
3. Gateway는 이 요청을 즉시 Unauthorized request로 분류하고 401 응답을 반환했다.

identitySource에 해당하는 값, 즉 token 쿼리 파라미터는 존재하는데 권한 부여자에서 거절할 경우의 로그는 다음과 같다. WebSocket API의 로그에서는 권한 부여자를 실행해 HTTP 요청을 전달한다. 그리고 그 결과를 받아 응답한다. identitySource가 없을 때와는 다르게 Lambda 권한 부여자를 실행했다는 명확한 로그가 남는다.

```
(PQFCqHE5IE0FcMw=) Extended Request Id: PQFCqHE5IE0FcMw=
(PQFCqHE5IE0FcMw=) Starting authorizer: hr93oo for request: PQFCqHE5IE0FcMw=
(PQFCqHE5IE0FcMw=) Incoming identity: {method.request.querystring.token=****lid}
(PQFCqHE5IE0FcMw=) Endpoint request URI: https://lambda.AWS_REGION.amazonaws.com/2015-
03-31/functions/arn:aws:lambda:AWS_REGION:ACCOUNT_ID:function:websocket-topic-
authorizer-dev-authorize/invocations
(PQFCqHE5IE0FcMw=) Endpoint request headers: [TRUNCATED]
(PQFCqHE5IE0FcMw=) Endpoint request body after transformations: [TRUNCATED]
(PQFCqHE5IE0FcMw=) Sending request to https://lambda.AWS_REGION.amazonaws.com/2015-03-
31/functions/arn:aws:lambda:AWS_REGION:ACCOUNT_ID:function:websocket-topic-authorizer-
dev-authorize/invocations
(PQFCqHE5IE0FcMw=) Unauthorized request: PQFCqHE5IE0FcMw=
(PQFCqHE5IE0FcMw=) Gateway response type: UNAUTHORIZED with status code: 401
(PQFCqHE5IE0FcMw=) Gateway response body: { "message": "Unauthorized", "connectionId":
"PQFCqfeaoE0Abrw=", "requestId": "PQFCqHE5IE0FcMw=" }
(PQFCqHE5IE0FcMw=) Gateway response headers: {}
(PQFCqHE5IE0FcMw=) Client [UserAgent: null, SourceIp: SOURCE_IP] failed to connect to
API
[API_ID].
```

1. identitySource가 들어온 부분을 Incoming identity를 통해 확인할 수 있다. 예제에서는 invalid로 요청했으나 전체를 다 보여주지는 않고 적당히 마스킹해서 로그에 남긴다.
2. 실행할 권한 부여자에게 어떤 HTTP 헤더를 받아 요청 객체(request body)를 만들어 넘길지도 적당히 보여준다. 단, 전체는 너무 길기 때문에 적당히 [TRUNCATED]로 잘라서 로그에 남긴다.

3. Lambda 권한 부여자를 실행하고(Sending request) 받은 거부(Unauthorized)를 클라이언트에 전달한다.

Lambda 권한 부여자가 허가를 위한 IAM 정책 문서를 반환할 경우 $connect 라우트를 처리할 Lambda를 실행하고 그 결과까지 고려해서 연결을 수락한다. 이때, 사용 계획(Usage Plan)을 위한 API Key 검사도 같이 진행한다.

```
(PQFYrG7-IE0FjNw=) Extended Request Id: PQFYrG7-IE0FjNw=
(PQFYrG7-IE0FjNw=) Starting authorizer: hr93oo for request: PQFYrG7-IE0FjNw=
(PQFYrG7-IE0FjNw=) Incoming identity: {method.request.querystring.token=***ti}
(PQFYrG7-IE0FjNw=) Endpoint request URI: https://lambda.AWS_REGION.amazonaws.com/2015-
03-31/functions/arn:aws:lambda:AWS_REGION:ACCOUNT_ID:function:websocket-topic-
authorizer-dev-authorize/invocations
(PQFYrG7-IE0FjNw=) Endpoint request headers: [TRUNCATED]
(PQFYrG7-IE0FjNw=) Endpoint request body after transformations: [TRUNCATED]
(PQFYrG7-IE0FjNw=) Sending request to https://lambda.AWS_REGION.amazonaws.com/2015-03-
31/functions/arn:aws:lambda:AWS_REGION:ACCOUNT_ID:function:websocket-topic-authorizer-
dev-authorize/invocations
(PQFYrG7-IE0FjNw=) Authorizer result body before parsing: { "principalId": "lacti",
    "policyDocument": {
        "Version": "2012-10-17",
        "Statement": [{ "Action": "execute-api:Invoke",
                        "Effect": "Allow",
                        "Resource": "arn:aws:execute-api:AWS_REGION:ACCOUNT_ID:API_ID/
dev/$connect" }]}}
(PQFYrG7-IE0FjNw=) Using valid authorizer policy for principal: ***ti
(PQFYrG7-IE0FjNw=) Successfully completed authorizer execution
(PQFYrG7-IE0FjNw=) Verifying Usage Plan for request: PQFYrG7-IE0FjNw=. API Key:  API
Stage: API_ID/dev
(PQFYrG7-IE0FjNw=) API Key  authorized because route '$connect' does not require API
Key. Request will not contribute to throttle or quota limits
(PQFYrG7-IE0FjNw=) Usage Plan check succeeded for API Key  and API Stage API_ID/dev
(PQFYrG7-IE0FjNw=) Starting execution for request: PQFYrG7-IE0FjNw=
(PQFYrG7-IE0FjNw=) WebSocket Request Route: [$connect]
(PQFYrG7-IE0FjNw=) Client [UserAgent: null, SourceIp: SOURCE_IP] is connecting to
WebSocket API [API_ID].
(PQFYrG7-IE0FjNw=) Endpoint request URI: https://lambda.AWS_REGION.amazonaws.com/2015-
03-31/functions/arn:aws:lambda:AWS_REGION:ACCOUNT_ID:function:websocket-topic-
authorizer-dev-handleConnect/invocations
(PQFYrG7-IE0FjNw=) Endpoint request headers: [TRUNCATED]
(PQFYrG7-IE0FjNw=) Endpoint request body after transformations: [TRUNCATED]
```

```
(PQFYrG7-IE0FjNw=) Sending request to https://lambda.AWS_REGION.amazonaws.com/2015-03-
31/functions/arn:aws:lambda:AWS_REGION:ACCOUNT_ID:function:websocket-topic-authorizer-
dev-handleConnect/invocations
(PQFYrG7-IE0FjNw=) Received response. Status: 200, Integration latency: 680 ms
(PQFYrG7-IE0FjNw=) Endpoint response headers: [TRUNCATED]
(PQFYrG7-IE0FjNw=) Endpoint response body before transformations: { "statusCode": 200 }
(PQFYrG7-IE0FjNw=) AWS Integration Endpoint RequestId : 3c9e7fc4-aaf3-48e7-90e0-
ea16f859cb1f
(PQFYrG7-IE0FjNw=) Client [Connection Id: PQFYret3oE0CJYw=] connected to API [API_ID]
successfully.
```

1. Lambda 권한 부여자를 실행하는 부분은 동일하다. 다만 이번에는 올바른 `token` 쿼리 파라미터인 `lacti`를 사용했으므로 권한 부여자가 허가를 위한 IAM 정책 문서를 반환했다. 이때 `principalId`로 `userId`를 반환한 것을 확인할 수 있다.

2. 이후 `$connect` 라우트 처리를 위한 Lambda를 실행한다. 그리고 그 결과가 `Status: 200`임을 확인하고 연결을 수락한다(connected to API successfully).

WebSocket API 수준의 로깅은 API Gateway 수준의 동작을 검증할 때를 제외하고는 사용할 일이 거의 없다. 하지만 Lambda 권한 부여자를 추가할 때는 API Gateway 통합이 올바르게 동작하는지 확인하기 위해 개발 기간만이라도 로그를 활성화하는 것이 좋다. 모든 것이 기대대로 동작하고 접근에 대한 감시 로그를 남길 필요가 없다면 굳이 이 로그를 계속 활성화해둘 필요는 없다. CloudWatch Logs의 비용을 고려해보면 오히려 필요 없을 때는 꺼두는 게 좋다.

6-6 사용자 지정 도메인

`serverless-domain-manager` 플러그인을 사용하면 WebSocket API도 사용자 지정 도메인을 사용할 수 있다. 플러그인 설치는 앞선 예제에서 소개했던 방법과 동일하게 `sls plugin install --name serverless-domain-manager`으로 설치하고 `serverless.ts`의 `config.plugins`에 `serverless-domain-manager` 항목이 있는지 확인하면 된다. 설정 방식도 크게 다르지 않지만 한 가지 주의할 점이 있다.

```
const stage = "dev";
const subDomain = process.env.SUB_DOMAIN!;
const rootDomain = process.env.ROOT_DOMAIN!;

const config: AWS = {
  provider: {
    stage,
    // ... 생략
  },
  custom: {
    customDomain: {
      apiType: "websocket",
      stage,
      basePath: stage,
      domainName: `${subDomain}.${rootDomain}`,
      certificateName: rootDomain,
      endpointType: "regional",
      createRoute53Record: "true",
    },
  },
};
```

1. config 항목의 custom.customDomain으로 설정한다. apiType을 websocket으로 지정하면 WebSocket API의 사용자 지정 도메인을 정의할 수 있다.
2. 도메인과 인증서의 설정 방식은 차이가 없다.
3. WebSocket API는 리전 API밖에 지원하지 않는다. 따라서 endpointType을 regional로 설정한다.
4. 이미 Route53에 등록된 DNS 항목을 수정하는 것이 아니라면 createRoute53Record를 true로 주어 생성하도록 한다.

주의해야 할 부분은 stage와 basePath다. WebSocket API는 REST API와 같이 stage 설정이 필수이므로, 만약 설정하지 않았다면 Serverless Framework에서 기본값인 dev를 사용한다. 그러면 API Gateway의 주소의 가장 마지막 경로로 추가되어 다음과 같은 주소를 형성한다.

```
wss://WS_ID.execute-api.AWS_REGION.amazonaws.com/STAGE
```

WebSocket API는 클라이언트에게 메시지를 전달하거나 연결을 끊기 위해 aws-sdk 라이브러리의 ApiGatewayManagementApi 객체가 @connections URL을 사용해 명령을 요청하는데, 이 주소는 다음과 같다.

```
# CONNECTION_ID에 메시지를 전달
POST https://WS_ID.execute-api.AWS_REGION.amazonaws.com/STAGE/@connections/CONNECTION
_ID

# CONNECTION_ID의 연결을 끊음
DELETE https://WS_ID.execute-api.AWS_REGION.amazonaws.com/STAGE/@connections/CONNECTION
_ID
```

이때 사용하는 `WS_ID.execute-api.AWS_REGION.amazonaws.com/STAGE`를 `ApiGatewayManagementApi` 객체를 생성할 때 `endpoint`로 넘겨주어야 한다. 배포 전에는 `WS_ID`를 알 수 없으므로 앞선 예제에서는 요청으로부터 전달되는 `requestContext`의 `domainName`과 `stage`를 사용했다.

```
const managementApi = new ApiGatewayManagementApi({
  endpoint: `${event.requestContext.domainName}/${event.requestContext.stage}`,
});
```

사용자 지정 도메인을 사용할 때도 이 부분을 주의해야 한다. 사용자 지정 도메인은 `stage`만 지정하고 `basePath`를 지정하지 않을 경우 해당 `stage` 안의 모든 API를 / 경로에 대응하기 때문이다. 예를 들어 `ws.lacti.link`에 stage=dev, basePath=undefined 형태로 사용자 지정 도메인을 생성했다면 WebSocket은 `wss://ws.lacti.link`로 연결해야 하며 `wss://ws.lacti.link/dev`로는 연결할 수 없다. 이미 사용자 지정 도메인에 `stage`가 포함되었기 때문이다. 하지만 `stage`는 여전히 dev이므로 `requestContext.stage`의 값은 계속 dev다. 이를 정리하면 다음과 같다.

stage	basePath	엔드포인트	requestContext.domainName	requestContext.stage	@connections 명령 URL
dev	dev	wss://ws.lacti.link/dev	ws.lacti.link	dev	https://ws.lacti.link/dev
dev	undefined	wss://ws.lacti.link/	ws.lacti.link	dev	https://ws.lacti.link

`requestContext.stage` 값은 `basePath`와 상관없이 항상 실제 `stage` 값으로 유지되기 때문에, `basePath`를 사용하지 않은 두 번째 경우에는 `ApiGatewayManagementApi`의 `endpoint`로 전달된 값이 첫 번째 설정과 동일하게 `ws.lacti.link/dev`가 된다. 하지만 `ws.lacti.link` 사용자 지정 도메인은 이미 /dev stage의 경로를 포함하고 있기 때문에 @connections 명령을 위한 URL은

https://ws.lacti.link가 되어야 한다. 이 부분에서 불일치가 발생한다. 이 문제로 인해 `wss://ws.lacti.link`에 연결해 메시지를 보내면 `Internal server error` 에러가 응답되는 것을 볼 수 있고 Lambda 로그를 확인해보면 다음과 같이 `AccessDeniedException`이 발생한 것을 볼 수 있다. 잘못된 `@connections` 명령 URL을 사용했기 때문이다.

```
ERROR    Invoke Error    {"errorType":"AccessDeniedException", ...생략}
```

스택을 구성할 때 주소 체계가 어떻게 결정되는지 알 수 있다면 이를 환경 변수를 통해 주입해서 사용하는 것도 방법이다. 예를 들어 `MANAGEMENT_API_URL` 환경 변수를 `ws.lacti.link`로 지정하고 `new ApiGatewayManagementApi({ endpoint: process.env.MANAGEMENT_API_URL })`과 같이 사용하는 것이다. 하지만 이렇게 구성하면 WebSocket API를 배포했을 때 기본으로 생성되는 `wss://API_ID.execute-api.AWS_REGION.amazonaws.com/STAGE` 주소로 접근해도 사용자 지정 도메인에 의한 `MANAGEMENT_API_URL` 주소를 `@connections` 명령 URL로 사용한다. 이 부분을 계속 인지하고 있어야 주소의 불일치로 인해 발생하는 문제에 빠르게 대응할 수 있다.

이 문제를 해결하는 가장 제일 간단한 방법은 `basePath`의 값을 `stage` 값과 동일하게 설정하는 것이다. 이제 WebSocket 연결 주소는 `wss://ws.lacti.link/dev`다. 연결 주소가 `stage`를 경로로 포함하므로 `requestContext.domainName`과 `requestContext.stage`의 조합으로 `@connections` 명령 URL을 구성해도 전혀 문제가 없다.

```
const config: AWS = {
  custom: {
    customDomain: {
      stage,
      basePath: stage,
```

모든 설정이 완료되었으므로 `sls create_domain` 명령을 사용해 도메인 레코드를 생성하고 `sls deploy` 명령으로 사용자 지정 도메인을 생성한다.

```
# 사용자 지정 도메인을 생성하고 Route53에 등록.
$ sls create_domain

# 스택으로 배포된 WebSocket API를 사용자 지정 도메인의 경로로 등록.
$ sls deploy
```

배포가 정상적으로 완료되었다면 wss://ws.lacti.link/dev?token=USER_ID로 연결해 메시지를 주고받을 수 있다.

6-7 상용 서비스 고려

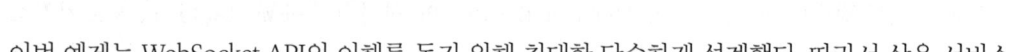

이번 예제는 WebSocket API의 이해를 돕기 위해 최대한 단순하게 설계했다. 따라서 상용 서비스를 고려하기는 쉽지 않다. 하지만 채팅 도메인이라는 관점에서 상용 서비스를 위해 고려해야 할 내용을 알아보자. 또한 WebSocket API의 제약 조건 때문에 발생하는 문제들과 해결 방법에 대해서도 알아보자.

6-7-1 채팅 서비스

주제-구독-전파 예제를 채팅 서비스로 사용하려면 적어도 회원 관리와 인증 부분을 구현해야 한다. 허가되지 않은 사용자가 WebSocket을 연결하는 문제를 해결해야 하기 때문이다. 만약 이런 부분이 없거나 취약하다면 악의적인 공격자가 채팅 서비스에 지속적으로 접속하여 시스템 자원을 과도하게 소모하거나, 무분별하게 주제를 구독한 후 스팸 메시지를 남발해 정상적인 서비스 이용이 불가능하게 만들 수 있다. 회원 가입 후 서비스를 이용하게 한다고 해도 이용 전에 회원을 인증할 필요가 있다. 이때 가능하다면 이메일 인증보다는 휴대폰 인증을 사용하는 것이 좋다. 공격자가 이메일을 대량으로 생성해 많은 계정을 운영할 수 있기 때문이다. 또한 가입된 회원이 무분별하게 주제를 구독할 수 없는지, 만약 주제를 구독한다고 해도 그 주제의 메시지를 받기만 할 것인지 아니면 메시지를 보낼 수도 있는지 등의 권한 관리가 가능하도록 설계하는 것이 좋다. 거기에 더해, 악의적인 사용자나 메시지를 신고하고 이에 대한 적절한 운영 조치를 하는 채널과 관리 도구도 서비스 운영에 꼭 필요하다.

불특정 다수가 이용하는 채팅 서비스를 고려한다면 사용자가 보내는 메시지의 횟수를 제한(RateLimit)하는 것이 좋다. 예를 들어 최대 초당 1번만 보내도록 제한하는 것이다. 또한 동일한 내용의 메시지 전송을 막는다거나 특정 키워드가 들어간 메시지는 전파하지 않을 수도 있다. 이런 운영 요소들은 단순하지만 악의적인 사용자를 1차적으로 차단할 수 있다.

1:1 상담과 같은 채팅 서비스라면 상담이 완료된 후 대화 내용을 일정 기간 동안 보관해야 할 수도 있다. 이 경우 해당 주제를 통해 교환된 메시지를 SQS 대기열에도 송신해두고 상담이 끝난 후 모두 수신하여 S3 Bucket에 업로드할 수 있다. 동시에 진행되는 상담 메시지가 같은 대기열에 쌓이면 상담이 종료된 메시지만 수신할 수 있다. 메시지 보관 작업을 처리하는 모듈은 주기적으로 대기열로부터 메시지를 수신한 후, 임시 저장소에 상담별로 분류하여 보관한다. 그리고 상담이 끝났다는 이벤트를 수신하면 교환한 메시지를 S3 Bucket에 업로드한다.

채팅에 뒤늦게 접속한 사용자가 과거에 이야기한 내용을 확인해야 할 수도 있다. 이번 예제에서는 주제 내에서 메시지가 발생하면 그 시점에 연결된 WebSocket 클라이언트에게 메시지를 전파하고 따로 메시지를 보관하지 않는다. 만약 이전 메시지도 볼 수 있어야 한다면 메시지를 전파하면서 저장소에 보관해야 한다. 그리고 모든 메시지에 단조 증가하는 유일한 ID(Monotonically increasing ID)를 부여한 후, 원하는 시점의 이전 메시지를 N개 가져올 수 있는 기능을 구현한다. 인증만 잘 신경 쓴다면 이 기능을 HTTP API로 구현해도 좋고 WebSocket의 요청 메시지로 추가해도 된다. 다만 WebSocket을 사용하지 않는 운영 도구를 만들어야 한다면 HTTP API로 만들어두는 게 편하다.

사용자가 모바일 네트워크를 사용해 상태가 불안정한 경우도 고려해야 한다. 이번 예제에서는 WebSocket 메시지 전송 실패 처리를 크게 고민하지 않았다. 네트워크가 불안정할 경우, 전송(postToConnection)은 계속 실패하는데 연결이 종료되지 않을 수도 있다. 또한 시간 초과로 인해 전송 실패가 발생할 경우, 지금처럼 모든 전송의 완료를 기다리는(await Promise.all) 구조는 다른 멀쩡한 클라이언트의 지연 시간마저 늘어나게 할 수 있다. 따라서 전송 완료 대기를 그 사용자의 범위로 한정하고 전송이 자주 실패할 때 연결을 끊어야 한다. 또한 메시지를 재전송해야 한다. 중복 제거 처리를 하지 않으면 의도치 않게 메시지가 여러 번 발송될 수도 있기 때문이다.

서비스에 따라 단순히 문자 메시지만 전송하는 채팅도 있겠지만, 사진이나 동영상 등 다양한 매체를 전송하는 서비스도 있다. 만약 이런 기능을 구현한다면 3장에서 구현한 사진 최적화 서비스를 연계한다. 사용자는 별도의 서비스를 통해 사진을 업로드한 후, 사진에 접근하는 CDN 주소를 메시지로 전달한다. 그리고 클라이언트는 이 유형의 메시지를 받아 화면에 사진을 그린다. 이때 네트워크 비용을 아끼기 위해 저화질과 고화질 둘 다 만들어 크게 보기 전까지는 저화질 사진을 띄워줄 수 있다. 그리고 업로드 실패를 대비하는 재시도 로직도 추가해야 한다.

유명한 채팅 서비스들은 봇 개발 등의 확장 기능을 제공한다. 이 예제에서 비슷한 기능을 지원하려면 주제에서 발생하는 대화를 수신할 웹훅(Webhook)으로도 등록하는 기능을 추가한다. 그리고 주제에서 발생한 메시지를 전파할 때 지정된 웹훅으로도 메시지를 전달해주면 된다. 뿐만 아니라

WebSocket 대신 HTTP API를 통해 주제를 구독하고 있는 모든 WebSocket 연결에 메시지를 전파하는 기능(Incoming Webhook)이 필요할 수도 있다. 이는 전파를 위한 HTTP API가 요청한 사용자의 권한을 식별한 후, 주어진 주제에 요청 본문으로 전달된 메시지를 전파하면 된다. 만약 일부 권한이 부여된 사용자만 메시지를 전송할 수 있다면 별다른 제약이 필요 없을 수도 있지만, 모든 사용자가 이 API를 사용할 수 있다면 과도한 요청이 발생하지 않도록 발송 속도를 제한하는 작업이 필요할 것이다.

오픈 채팅방과 같이 하나의 채팅방에 많은 사용자가 접속하는 경우라면 이번 예제에서 작성한 구조로는 대응이 어렵다. WebSocket 클라이언트로부터 전달된 메시지를 처리하는 Lambda에서 주제를 구독한 모든 연결에 메시지를 전파하는 방식을 사용하기 때문이다. 연결이 아주 많을 경우 Lambda의 수행 시간 초과가 발생할 수도 있다. 이 문제를 해결하려면 근본적인 구조를 수정해야 한다. `handleMessage` 함수에서 메시지를 바로 전파하는 대신 전파 대기열에 메시지를 넣어두고 바로 종료한다. 이 대기열을 바라보는 Lambda는 비동기로 실행해 900초의 수행 시간을 가지도록 한다. Lambda에서 대기열로부터 메시지를 수신하면 자신이 담당하는 사용자 집합에게 메시지를 전파한다. 그리고 이런 Lambda를 여러 개 띄워서 운영하면 병렬 메시지 전파가 가능해지므로 대규모 사용자에게도 메시지를 큰 지연 없이 전파할 수 있다. 그리고 900초의 수행 시간이 끝나기 전에 처리할 메시지가 남아 있으면 Lambda를 다시 실행해(Recurring) 남은 작업을 처리하도록 한다.

6-7-2 이벤트 채널

채팅 서비스는 채팅 이벤트를 교환하는 이벤트 채널 서비스로 생각할 수 있다. 그렇다면 반드시 채팅 메시지만 주고받을 필요가 없다. 실시간 알람 메시지나 실시간 게임의 게임 메시지를 전파하는 서비스도 이 구조를 사용할 수 있다. 앞서 채팅 서비스에서 고민했던 부분이 이벤트 채널로 일반화된다고 해서 달라지는 부분은 없다. 다만 이벤트 채널로 개념을 확장했을 때 더 고려해야 하는 점이 두 가지가 있다. 이벤트의 전달 속도와 반드시 한 번만(Exactly once) 전달이다.

실시간 게임의 이벤트 채널을 구축한다면 이벤트가 얼마나 빠르게 전파되는지가 중요하다. 게임 상황을 빠르게 전파하고 그에 대한 반응 또한 빠르게 전달해야 하기 때문이다. 게임의 경우 이벤트를 전파 받아야 하는 사용자가 소수인 경우가 많기 때문에, 전파할 대상이 많아 지연이 발생하기보다는 전파할 횟수가 많아 지연이 발생할 가능성이 높다. 이때 Lambda의 첫 기동 지연 시간은 성능 저하의 주된 원인이다. 따라서 WebSocket 메시지를 수신하는 Lambda는 최대한 가벼운 코드로 실행하고, 이벤트를 이벤트 대기열에 넣고 바로 종료한다. 최대한 빨리 종료해야 Lambda

인스턴스의 재사용 가능성을 높일 수 있기 때문이다. 그리고 게임이 실행되는 동안 계속 실행 중인 Lambda에서 이벤트 대기열을 구독하고, 게임 상태를 변경한 후, 게임에 참여하는 모든 연결에 이벤트를 전파한다. 즉, 메시지를 수신하는 Lambda는 최대한 가볍게 만들어 최대한 빨리 끝내고, 메시지를 전파하는 Lambda는 실행 상태를 계속 유지해 첫 기동 시간에 의한 피해가 발생하지 않도록 한다. 7장 게임 개발 단원에서 이 모델을 자세히 다룬다.

신뢰성 높은 이벤트 채널은 이벤트를 정확히 한 번만(Exactly once) 전달하는 기능이 필요하다. 쉽게 생각할 수 있는 방법은 이벤트 수신자가 메시지를 수신한 후 ACK 메시지를 응답하는 것이다. 이벤트 채널은 ACK를 받을 때까지 기다리고 지정된 시간 내에 ACK가 오지 않을 경우 메시지를 다시 전송한다. 대부분의 경우 이 방법이 잘 동작하지만 네트워크가 불안정할 때 문제가 발생할 수 있다. 예를 들어, 이벤트 수신자가 메시지를 성공적으로 처리한 후 ACK를 보냈는데 네트워크 연결이 불안정해서 채널이 이를 수신하지 못할 수 있다. 이후 재시도 로직에 의해 이미 처리된 메시지가 다시 한번 발송될 수 있다. 혹은 이벤트 수신자가 장애 상황 등에 의해 처리 지연을 겪을 경우 현재 처리 중인 메시지를 또 받을 수 있다. 이 문제를 해결하려면 네트워크 상황에서 발생할 수 있는 모든 문제를 고려해야 한다. 하지만 완벽한 구현은 매우 어렵기 때문에 어느 정도의 제약 상황을 상정하고 구현하거나 메시지 수신자 측에서 멱등적 처리(Idempotent process)를 지원하도록 안내하는 것이 낫다.

6-7-3 WebSocket API의 한계

WebSocket API는 상태를 가지는(Stateful) WebSocket의 연결을 상태를 가지지 않는(Stateless) Lambda에서 처리한다는 점에서 유용하다. 상태를 고려하는 로직을 작성하는 것보다 상태가 없다고 가정하고 로직을 작성하는 쪽이 좀 더 편하기 때문이다. 하지만 Lambda를 사용하기 때문에 Lambda 제약 조건의 영향을 받는다. 예를 들어, WebSocket API에 통합된 Lambda의 최대 수행 시간이 29초라는 점이 여기에 속한다.

뿐만 아니라 WebSocket API도 제약 조건이 있다. 이를 고려하지 않고 서비스를 작성하면 이 제약 조건으로 인해 난감해지는 경우가 있다. 일단 모든 제약 조건을 알아보자.

1. WebSocket API도 HTTP API, REST API와 동일하게 토큰 버킷 알고리즘에 의해 초당 요청수(RPS)를 제한한다. 이에 대해서는 앞서 설명했으므로 생략한다.
2. WebSocket API는 엣지 최적화(Edge optimized) API를 사용할 수 없다. 오로지 리전(Regional) API만 사용할 수 있다.

3. 지역-계정 내 초당 새 연결수는 500개까지 가능하다. 필요하다면 서포트 티켓으로 늘릴 수 있다.
4. Lambda 권한 부여자는 최대 8KB를 반환할 수 있다. 즉, `context`에 너무 많은 데이터를 넣을 수는 없다.
5. API 하나에 라우트와 Lambda 통합을 최대 300개까지 연결할 수 있다. 필요하다면 서포트 티켓으로 늘릴 수 있다.
6. WebSocket 프레임(Frame) 하나의 크기는 최대 32KB다. 이 크기는 더 늘릴 수 없다.
7. WebSocket으로 전달하는 메시지의 최대 크기는 128KB다. 하지만 프레임의 최대 크기는 32KB이므로 128KB를 전송할 경우 4개의 프레임으로 나뉘어 전송된다. 이보다 큰 프레임을 전송할 경우 1009 종료 코드와 함께 연결이 끊어진다. 이 크기는 더 늘릴 수 없다.
8. 연결 후 아무것도 하지 않는 유휴 연결은 10분 뒤에 자동으로 끊는다. 이 시간은 더 늘릴 수 없다.
9. 연결 후 메시지를 주고받는 연결은 2시간 뒤에 자동으로 끊는다. 이 시간은 더 늘릴 수 없다.

WebSocket API를 사용하기 제일 어려운 이유가 마지막 네 가지 제약 조건 때문이다. 메시지의 최대 크기와 최대 연결 시간 제한이 있다. 이 제한들은 티켓으로 상향할 수도 없기 때문에 수용하고 따르거나 사용을 포기해야 한다. 예를 들어 의도적으로 메시지를 32KB 미만으로 설계하고 이보다 클 경우 여러 개의 메시지를 합쳐서 사용하는 구조를 만들어 사용한다. 혹은 S3 Bucket에 실제 교환할 데이터를 업로드한 후 객체의 키만 메시지로 교환할 수 있다. 연결 유지 시간은 방법이 없기 때문에 만약 긴 시간 연결을 유지해야 하는 시스템을 작성해야 한다면 재연결을 피할 수 없으므로 처음부터 재연결 시나리오를 고려해 시스템을 구현한다.

6-7-4 글로벌 서비스 고려

WebSocket API는 엣지 최적화(Edge optimized) API를 사용할 수 없다. 때문에 글로벌 서비스를 위한 네크워크 구성이 필요하다면 직접 구성해야 한다. 이를 구성하는 방법은 두 가지가 있다.

첫 번째는 CloudFront를 사용하는 방법이다. CloudFront는 별도의 추가 구성 없이 WebSocket 연결을 지원한다. CloudFront 배포를 만들고 오리진으로 WebSocket API를 지정한다. 그리고 WebSocket 연결을 위해 `Sec-WebSocket-Key`, `Sec-WebSocket-Accept`, `Sec-WebSocket-Protocol`, `Sec-WebSocket-Version` HTTP 헤더를 오리진에 전달하도록 오리진 요청 정책을 구성한다. 만약 WebSocket 확장을 지원해야 한다면 `Sec-WebSocket-Extensions` HTTP 헤더도 전달한다.

두 번째는 Route53의 지연 시간 라우팅 정책(Latency routing policy)을 사용하는 방법이다. 지연 시간 라우팅 정책은 여러 데이터센터 지역에 자원이 있을 때 왕복 지연 시간이 가장 적은 지역으로 트래픽을 라우팅한다. 이를 활용하기 위해, 서비스를 제공할 지역마다 WebSocket API를 배포하고 리전(Regional) API를 등록한다. 그리고 Route53의 지연 시간 라우팅 정책을 갖는 레코드를 만들어 모든 리전 API를 추가한다. 이제 그 주소로 WebSocket 클라이언트를 연결하면, 접속 지역에 따라 가장 지연 시간이 짧은 데이터센터의 WebSocket API에 연결한다.

CloudFront가 좀 더 사용자에게 가까운 엣지를 제공한다고 해도 그 엣지에서 서비스 지역까지 오는 데 걸리는 시간을 무시할 수 없으므로, 이 방법이 더 나은 지연 시간을 보이기도 한다. 하지만 여러 지역에 서비스를 배포하는 것이므로 저장소를 사용하는 경우에는 저장소의 다중 지역 동기화 기능이 필요할 수도 있다. 물론 다중 지역 저장소의 동기화는 굉장한 운영 비용을 유발할 수 있기 때문에 어떤 방법을 사용해야 할지는 신중히 선택해야 한다.

6-8 모니터링

주제-구독-전파 예제는 WebSocket API, Lambda, DynamoDB를 사용한다. Lambda와 DynamoDB 모니터링은 이전 단원에서 여러 번 살펴봤으므로 이번에는 WebSocket API의 모니터링을 알아본다.

6-8-1 WebSocket API 지표

WebSocket API도 CloudWatch 지표로 모니터링한다. API Gateway의 서비스 중 하나이므로 API Gateway의 지표와 비슷하지만 HTTP와 같이 요청-응답의 구조를 갖지는 않아 약간 다르다.

지표	설명
ConnectCount	$connect 라우트를 처리하는 Lambda로 전송된 메시지의 수
MessageCount	WebSocket 클라이언트가 WebSocket API와 주고받은 메시지의 수
IntegrationError	Lambda에서 4XX나 5XX 응답을 반환한 수

지표	설명
ClientError	Lambda가 실행되기 전에 API Gateway에서 4XX를 반환한 수
ExecutionError	Lambda를 호출하는 동안 발생한 오류수
IntegrationLatency	API Gateway에서 Lambda에 요청을 보낸 후, 그에 대한 응답을 받기까지의 시간

WebSocket API는 초당 500개의 연결을 받을 수 있다. 이 값을 늘리려면 서포트 티켓을 생성해야 한다. 장애가 발생한 이후에 대응하는 것은 좋지 않으니 ConnectCount 지표를 통해 추세를 확인한다.

WebSocket API를 통해 주고받는 메시지(MessageCount)가 많아지면 이를 처리할 Lambda가 부족할 수 있으니, Lambda의 동시 실행수(ConcurrentExecutions)와 함께 모니터링한다. 또한 WebSocket의 지연 시간이 늘어나지는 않는지 통합 시간(IntegrationLatency)을 Lambda의 수행 시간(Duration) 지표와 함께 확인한다. 통합 시간이 증가하고 있는데 수행 시간이 그대로라면 이벤트를 처리하는 Lambda가 제대로 실행되지 못하는 상황이다.

그 외에 이벤트를 처리하는 Lambda에서 에러가 발생하고 있는지 IntegrationError, ClientError, ExecutionError 지표를 통해 확인할 수 있다. Lambda에서도 수행 지표를 통해 에러 발생 수치를 확인할 수 있다. HTTP API를 구성할 때 Lambda뿐만 아니라 API Gateway 지표를 통해서도 에러 수치를 확인했던 것과 동일한 맥락으로 WebSocket API에서도 에러 수치를 확인한다.

다음과 같은 경우에는 로그나 지표를 생성하지 않을 수 있다.

1. 413 Request Entity Too Large 에러가 발생한 경우
2. 429 Too Many Requests 에러가 과도하게 발생하는 경우
3. 사용자 지정 도메인에 연결된 API가 없어 4XX 에러가 발생하는 경우
4. WebSocket API 내부 오류로 인해 5XX 에러가 발생하는 경우

따라서 가급적이면 문제 상황이 발생하지 않도록, 너무 큰 요청 본문을 보내거나 너무 자주 요청하는 것을 막는다. 사용자 지정 도메인을 잘못 연결하는 문제는 잘못된 구성으로 인해 발생할 수 있으니 외부 관찰자를 두어 주기적으로 서비스가 잘 동작하는지 관찰한다.

6-9 비용 계산

주제-구독-전파 예제는 WebSocket API, DynamoDB만 사용하는 간단한 시스템이다. DynamoDB는 사용자, 주제, 연결의 관계를 저장하는 용도로만 사용하므로 대부분의 비용은 WebSocket API에서 발생할 것이다. 다음과 같은 간단한 시나리오를 가정하고 비용 규모를 계산함으로써 WebSocket API의 비용 효율성을 가늠해본다.

6-9-1 시나리오

비용 계산 시나리오를 다음과 같이 가정한다.

1. 모든 트래픽은 서울에서 발생한다.
2. 하루 서비스 이용자는 20만 명이다. 전체 가입자는 500만 명이다.
3. 한 번 연결을 맺은 사용자는 평균 30분간 연결을 유지한다.
4. 사용자 한 명당 하루에 평균 100개의 메시지를 전송한다.
5. 사용자 한 명당 하루에 평균 1개의 연결을 사용한다.
6. 사용자 한 명당 하루에 평균 3번 연결한다.
7. 주제를 구독한 평균 사용자수는 3명이다.
8. 주제의 개수는 100만 건이다.
9. 교환하는 메시지는 모두 32KB 미만이다.
10. Lambda 권한 부여자의 평균 수행 시간은 100밀리초다.
11. `$connect`, `$disconnect` 라우트를 처리하는 Lambda의 평균 수행 시간은 100밀리초다.
12. `$default` 라우트를 처리하는 Lambda의 평균 수행 시간은 80밀리초다.
13. 모든 Lambda의 메모리 크기는 1,024MB이다.
14. 사용자와 주제의 추가 시 발생하는 HTTP API나 DynamoDB의 비용은 무시한다.
15. 사용자가 주제를 구독하는 과정에서 발생하는 WebSocket API와 DynamoDB 비용은 무시한다.
16. CloudWatch에 로그를 보관하는 비용과 모니터링 구성 비용은 무시한다.
17. 한 달은 30일이다.

6-9-2 WebSocket 비용

WebSocket API는 메시지 전송 횟수에 따른 비용과 연결을 유지하는 시간에 따른 비용이 발생한다. 메시지 전송 횟수는 32KB를 기준으로 센다. 예를 들어 31KB는 메시지 1개로 계산하고 33KB는 메시지 2개로 계산한다.

항목	비용
메시지 전송	처음 10억 건 1.14USD/백만 건, 이후 0.94USD/백만 건
연결 시간(분)	0.285USD/백만 연결-분

시나리오를 기준으로 WebSocket API에서 발생하는 비용은 다음과 같다.

1. 한 달 동안 교환되는 총 메시지수는 18억 건(20만 사용자/일 × 100개 메시지/사용자-일 × 3회 전파 × 30일)이다. 처음 10억 건은 1.14USD/백만 건으로 계산하고 남은 8억 건은 0.94USD/백만 건으로 계산한다. 따라서 비용은 1892USD이다.
2. 한 달 동안 WebSocket의 총 연결 시간은 5억4천만 분(20만 사용자/일 × 30분/사용자-일 × 3회 연결 × 30일)이다. 따라서 비용은 153.9USD(540백만 분 × 0.285USD/백만 연결-분)이다.

6-9-3 DynamoDB 비용

DynamoDB는 사용자나 주제를 추가할 때, 구독이나 구독 해지할 때 접근이 발생한다. 하지만 이 수치는 메시지 교환을 위해 주제-연결 테이블을 조회하는 횟수에 비하면 너무 작은 수치다. 따라서 DynamoDB 비용은 스토리지 비용과 주제-연결 테이블을 조회하는 비용만 고려한다.

1. DynamoDB에 보관하는 총 데이터 양은 1GB가 되지 않는다. 1GB로 올림하면 스토리지 비용은 0.27075USD이다.
   - 사용자-주제 테이블은 사용자수만큼의 문서를 가지고 있다. 평균 구독수는 3이므로, 문서의 평균 크기는 150바이트다. 따라서 사용자-주제 문서의 총 크기는 750MB(500만 가입자 × 150바이트)다.
   - 주제-연결 테이블은 주제수만큼의 문서를 가지고 있다. 주제를 구독하는 연결수는 대부분 1개 미만이므로, 문서의 평균 크기는 60바이트로 가정한다. 따라서 주제-연결 문서의 총 크기는 60MB(100만 주제 × 60바이트)다.
2. 메시지를 전파할 때마다 주제-연결 테이블을 조회한다. 한 달 동안 클라이언트가 송신하는 총 메

시지수는 6억 건(20만 사용자/일 × 100개 메시지/사용자-일 × 30일)이다. 따라서 읽기 요청 비용은 162.6USD(600백만 건 × 0.271USD/백만 요청)다.

6-9-4 Lambda 비용

Lambda에서는 호출 횟수와 수행 시간에 따른 비용이 발생한다.

1. 한 달 동안 발생하는 연결의 맺음과 끊음은 총 1천8백만 건(20만 사용자/일 × 3회/일 × 30일)이다. 이 횟수만큼 $connect, $disconnect 라우트를 처리하는 Lambda와 Lambda 권한 부여자가 호출된다.
   - 한 번의 이벤트에 3개의 Lambda가 모두 호출되므로, 호출 비용은 10.8USD(1천8백만 건 × 3회 × 0.2USD/백만 건)이다.
   - 수행 시간은 모두 100밀리초로 가정했으므로, 수행 시간 비용은 90.18USD(1천8백만 건 × 3회 × 100밀리초 × 0.0167USD/백만-밀리초)이다.
2. 한 달 동안 발생하는 메시지 송신 횟수는 총 6억 건(20만 사용자/일 × 100개 메시지/사용자-일 × 30일)이다.
   - 호출 비용은 120USD(600백만 건 × 0.2USD/백만 건)이다.
   - 수행 시간은 평균 80밀리초로 가정했으므로, 수행 시간 비용은 801.6USD(600백만 건 × 80밀리초 × 0.0167USD/백만-밀리초)이다.

6-9-5 비용 일람

계산한 모든 비용을 표로 정리하면 다음과 같다. 비교를 위해 전체 비용에서 차지하는 비율도 함께 표시한다.

비용 항목	비용 (USD)	비율(%)
WebSocket API 메시지 교환 비용	1892	58.55
WebSocket API 연결 시간 비용	153.9	4.76
DynamoDB 스토리지 비용	0.270	0.01
DynamoDB 읽기 요청 비용	162.6	5.03
Lambda 호출 비용	130.8(10.8 + 120)	4.05
Lambda 수행 시간 비용	891.78(90.18 + 801.6)	27.60

전체 비용은 3231.35USD이다. 대부분의 비용은 WebSocket API와 메시지 전파를 처리하는 Lambda에서 발생했다. WebSocket API와 Lambda의 비용을 합치면 3068.48USD로 전체의 95%를 차지한다. 시나리오의 트래픽을 4vCPU 8GiB 메모리의 `c5.xlarge` 인스턴스로 처리한다고 가정해 환산하면 이 금액은 22.2대의 서버를 사용한 금액과 같다(계산의 편의를 위해 EC2의 데이터 전송 비용을 고려하지 않았으나 값이 크지 않아 큰 차이는 없다). 그렇다면 1대의 서버가 1만 명의 연결을 받고 그 안의 사용자가 하루 평균 100개의 메시지를 3명에게 보낸다고 볼 수 있다. 그 정도 규모의 트래픽은 여유로운 처리가 가능하므로 WebSocket API를 사용한 쪽의 비용 효율이 더 안 좋아 보인다. 다만 WebSocket API의 서버리스 스택을 사용할 경우 요청이 고르게 분포하지 않아도 어느 정도 대응이 가능하므로 운영 비용을 아낄 수 있다는 측면에서 나은 선택으로 생각해 볼 수 있다.

6-9-6 비용 줄이기

대부분의 비용이 WebSocket API의 메시지 교환 비용에서 발생했다. 메시지 교환 횟수를 줄이지 않는 한 이 비용을 줄일 수는 없으므로 사실 비용을 줄일 마땅한 방법은 없다. 차라리 Lambda의 수행 시간 비용을 절약하는 쪽으로 눈을 돌리는 것이 좋다. Lambda의 수행 시간을 수십에서 수백 밀리초로 다소 크게 가정했는데 이는 DynamoDB와 `@connections` 명령의 지연 시간을 반영했기 때문이다. `@connections` 명령에 대한 지연 시간은 어찌할 수 없다. 하지만 DynamoDB 대신 Redis를 사용하면 사용자-주제 테이블이나 주제-연결 테이블 접근 시간을 단축할 수 있다. 이를 통해 Lambda의 수행 시간 비용을 조금이라도 아낄 수 있다.

6-10 정리

이번 단원에서는 WebSocket API를 활용해 클라이언트 사이의 메시지를 교환하는 방법을 살펴봤다. `@connections` 명령을 사용해 WebSocket 연결에 메시지를 보내거나 연결을 끊을 수 있다. WebSocket 이벤트를 라우트 단위로 처리하고, 라우트 선택 표현식을 통해 메시지 본문의 내용마다 함수를 분리할 수 있었다. 또한 Lambda 권한 부여자를 사용해 연결을 맺는 시점에 필요한 정보를 구성하고 이후 Lambda 함수에서는 그 값을 다시 이용할 수 있었다.

서버리스 환경의 가장 큰 장점은 처리 문맥의 무상태화(Stateless)다. 연결 자체에 내재된 상태를 `@connections` 명령을 통해 분리하고 WebSocket 이벤트를 처리하는 Lambda는 그 실행 문맥 내의 상태만 유지한다. 이는 실행 인스턴스 사이에 의존성이 없다는 뜻이므로 손쉽게 확장할 수 있고 운영 대응도 간단하다. 하지만 메시지 전파를 위해 주제를 구독한 연결 ID를 관리해야 하므로 외부 저장소에 기대어 상태를 관리한다. 이러한 문제를 해결할 때 별도의 VPC의 구성이 필요하지 않다는 점에서 DynamoDB는 훌륭한 선택이다.

WebSocket API의 편리함과 장점에도 불구하고 가격이 저렴하지는 않았다. 수많은 연결을 유지하고 그들 사이에서 빠른 메시지 교환을 달성하려면 점유된 자원을 최대한 활용할 수 있는 서버를 신중히 작성하는 편이 더 낫다. 따라서 비동기 알림이 필요한 모든 구간에 WebSocket API를 도입하기보다 WebSocket API의 비용 효율이 더 나은 도메인에서 도입한다. 혹은 운영 입장에서 더 이득이 클 경우에 도입한다. 다음 단원에서는 WebSocket API와 Lambda를 활용해 게임 서버를 서버리스 스택으로 구축하는 방법을 알아본다. 이는 비용적으로 큰 효율을 내기는 어렵지만 운영 관점에서 꽤 쓸 만한 모델을 만들 수 있다.

Memo

7장

게임 서버

- **7-1** 온라인 뱀 게임
- **7-2** VPC
- **7-3** 게임 서버 구현
- **7-4** 매칭 구현
- **7-5** 게임 구현
- **7-6** 테스트와 배포
- **7-7** 웹 클라이언트 구현
- **7-8** 상용 서비스 고려
- **7-9** 모니터링
- **7-10** 비용 계산
- **7-11** 정리

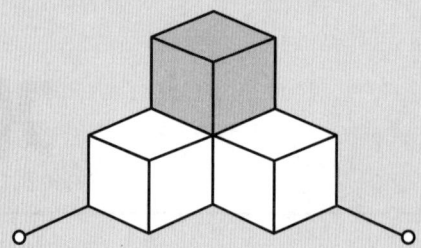

이번 단원에서는 지금까지 연습한 WebSocket API를 활용해 간단한 게임 서버를 Lambda 위에 구축한다.

Lambda에서 VPC 내의 ElastiCache Redis에 연결하면서 @connections 명령을 사용하기 위한 VPC 구축 방법을 알아보고, Lambda 위에 간단한 액터 모델을 구현해 실시간 통신이 가능한 게임 서버를 구현하는 방법을 알아본다.

7-1 온라인 뱀 게임

WebSocket API를 사용하면 Lambda는 클라이언트와 실시간 통신이 가능하다. 이를 활용하면 간단한 실시간 게임 서버를 Lambda에 구축할 수 있다. WebSocket API로 통신할 때 발생하는 응답 지연 시간이나 응답할 대상 연결이 많을 때 발생하는 응답 지연, 그리고 Lambda의 최대 수행 시간을 고려해보면 모든 유형의 게임 서버를 Lambda로 구현할 수 있다고 하기 어렵다. 하지만 아케이드 느낌의 간단한 게임 서버는 Lambda로 손쉽게 구축할 수 있다. 뿐만 아니라 Lambda의 동시 실행에 힘입어, 크게 신경 쓰지 않아도 어느 정도의 동시 접속까지는 버틸 수 있는 비용 효율적인 서버리스 스택을 구축할 수 있다.

이번 예제로는 1:1 대전이 가능한 온라인 뱀 게임을 구현한다. 뱀 게임의 규칙을 간단히 설명하면 다음과 같다.

1. 뱀 게임(Snake game)은 2차원 화면에서 플레이어가 1개의 점으로 시작한다.
2. 방향키를 사용해 뱀의 머리를 이동하여 무작위로 생성되는 사과 위치를 향한다.
3. 사과를 먹으면 뱀의 몸이 1칸 증가한다.
4. 뱀의 몸은 뱀의 머리를 계속 따라가기 때문에 뱀의 움직임은 늘 궤적을 이룬다.
5. 뱀의 머리가 벽이나 자신 혹은 상대의 몸에 부딪히면 패배한다.

완성된 게임의 화면은 [그림 7-1-1]과 같다 (내용 이해를 돕기 위한 이미지로 실제 실행 화면과 색상이 다르다).

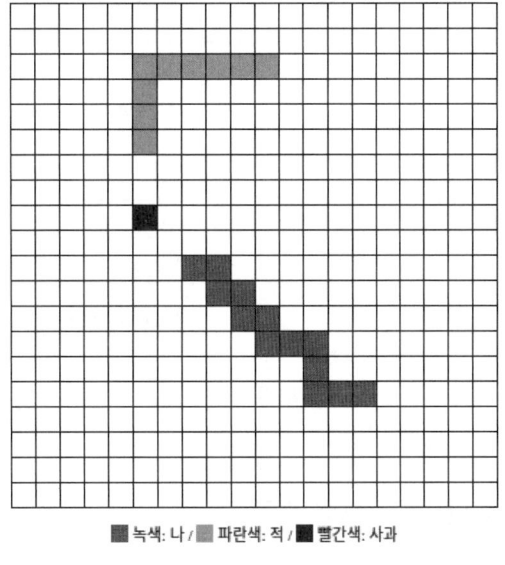

그림 7-1-1 완성된 게임 화면

1:1 대전을 만들기 위해서는 활성화된 클라이언트 연결 2개가 필요하다. 이를 만드는 방법을 여러 가지 생각해볼 수 있다.

1. 방을 생성한 방장이 상대를 초대한다. 방장은 HTTP API를 통해 방을 생성한 후, 상대에게 초대 URL을 보낸다. 상대가 초대 URL을 접속하면 WebSocket 연결 2개가 생성되고 게임을 시작할 수 있다.
2. 플레이어가 매칭 풀에 자신을 등록하고 기다린다. 매칭을 처리하는 서비스가 유효한 연결 2개를 맺어 게임을 시작한다.

좀 더 확장 가능한 모델을 구현할 수 있도록 이번엔 후자의 모델을 사용한다. 보통 게임 서버는 로비를 제공하고, 로비에 접속한 플레이어를 대상으로 게임을 진행하는 프로토콜을 제공한다. 이번 예제에서는 최대한 간단히 구현하기 위해, 접속한 플레이어를 2명씩 매칭해서 새로운 게임으로 진입시키는 방법을 사용한다.

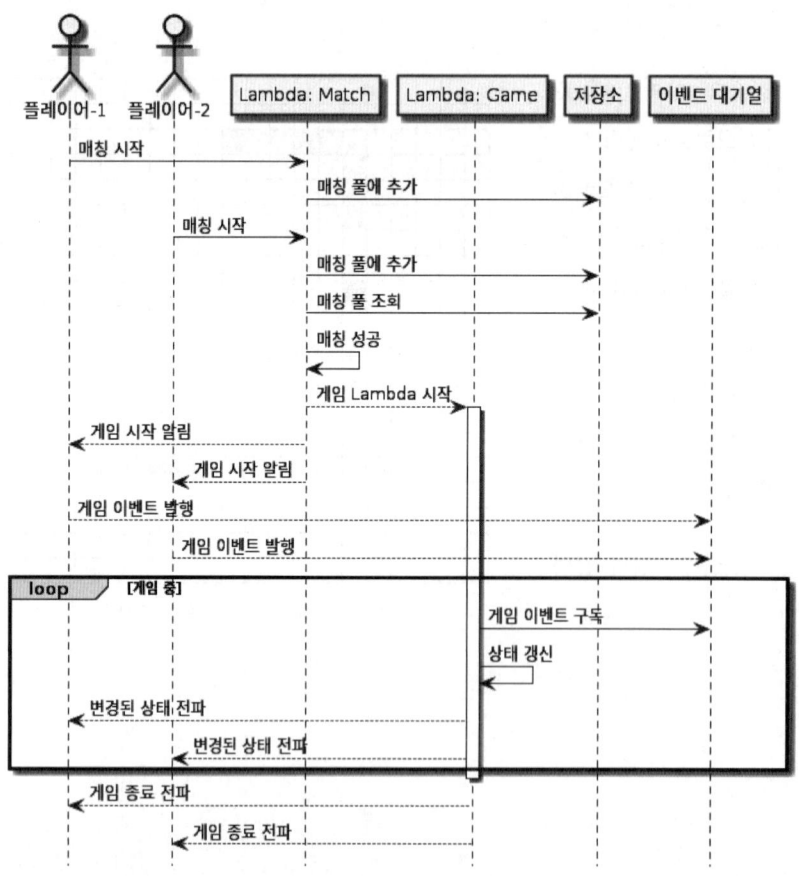

그림 7-1-2 매칭부터 게임까지의 전체 흐름도

게임의 전체 흐름은 다음과 같다. 도식의 간편함을 위해, API Gateway는 생략하고 바로 Lambda를 그린다.

1. 플레이어는 WebSocket으로 API Gateway에 연결하여 매칭 시작 메시지를 보낸다. 이 메시지를 처리하는 Lambda에서 저장소의 매칭 풀에 플레이어를 등록한다.
2. 매칭을 담당하는 Lambda는 저장소를 확인해 현재 활성화된 연결이 2개 있다면 매칭 성공으로 간주한다. 게임 Lambda를 시작하고 플레이어에게 게임이 시작되었다고 알려준다.
3. 플레이어는 게임을 진행하면서 이벤트를 WebSocket으로 전달한다. 이는 메시지를 처리하는 Lambda에 의해 이벤트 대기열로 전달된다.
4. 게임 Lambda는 이벤트 대기열을 구독하고, 이로부터 전달되는 이벤트를 처리하면서 게임을 진행한다. 그리고 상태 변경을 플레이어에게 전파한다.
5. 게임이 완료되면, 게임 Lambda는 결과를 플레이어에게 전달하고 종료된다.

플레이어가 WebSocket으로 서버에 연결한 후 매칭이 성공하면, 게임이 시작되어 이벤트로 상태를 제어하고 변경점을 돌려받아 클라이언트를 갱신하는 구조다. 즉, 보통의 게임 서버-클라이언트의 구조를 따른다.

다만 Lambda를 사용해 이를 구현해야 한다면 라우트에 따른 처리 Lambda로 이 로직을 분리해야 하는 점이 달라진다. 앞서 알아본 $connect, $disconnect, $default 라우트에 따른 동작으로 처리 내용을 다시 정리하면 다음과 같다.

라우트	처리 내용
$connect	플레이어가 WebSocket 연결을 요청했다. 이번 예제에서는 설명의 편의를 위해 별도의 인증 없이 모두 허용해준다.
$disconnect	플레이어가 WebSocket 연결을 끊었다. 만약 매칭 중이었다면 매칭 풀에서 제거하고, 게임 중이었다면 상대편이 승리했다고 간주한다.
$default	플레이어가 메시지를 보냈다. 매칭 전이라면 매칭해달라고 보낼 것이고, 게임 중이라면 뱀을 이동시키는 방향키를 보낼 것이다.

매칭이 완료되면 게임을 담당하는 Lambda를 별도로 실행해 이벤트를 처리한다. 이를 위해 적어도 매칭 풀과 이벤트 대기열, 2개의 저장소가 필요하다.

1. 매칭 풀은 플레이어의 WebSocket 연결 ID를 집합으로 관리한다.
2. 이벤트 대기열은 플레이어가 입력한 명령을 게임 Lambda로 전달한다.

매칭 풀의 경우 플레이어의 접속과 연결 종료가 동시에 발생할 수 있는 점을 고려해, 동시성 문제가 발생하지 않는 자료 구조를 사용해야 한다. 뿐만 아니라, 매칭 로직이 동시에 실행되지 않도록 방어하는 잠금 기능도 필요하다. 이벤트 대기열만 두고 보면 SQS를 사용하는 것도 생각해볼 수 있다. 하지만 매칭 풀과 잠금에 대한 동시성 이슈를 고려해 이 모든 요구 사항을 해결할 수 있는 Redis를 저장소로 사용하겠다.

1. 매칭 풀은 Redis의 중복을 허용하지 않는 집합(Set) 자료 구조를 사용해 관리한다.
2. 매칭 잠금은 앞서 SQLite를 사용한 블로그 예제와 같이, SET 명령을 사용해 간단히 구현한다.
3. 이벤트 대기열은 Redis의 PUBLISH/SUBSCRIBE 기능을 사용해 구현한다.

실제 구현은 각 세부 단원에서 자세히 알아보자. 코드 구현에 앞서, Redis를 사용하기 위한 인프라를 구성한다.

7-2 VPC

이번 예제에서는 지금까지 미뤄왔던 VPC 구성이 필요하다. Elasticache의 Redis를 사용하려면 VPC 구성이 필요하고, Lambda에서 이를 접근하려면 같은 VPC에서 기동해야 하는데, Lambda는 @connections 명령을 사용하기 위해 인터넷도 접근해야 한다. 보통 Redis와 같은 저장소는 외부 네트워크의 접근이 불가능한 프라이빗 서브넷에 배치하므로, 이 구성은 퍼블릭 및 프라이빗 서브넷이 있는 VPC에 해당한다.

먼저 VPC의 기본을 간단히 정리해보자. Amazon VPC는 Virtual Private Cloud로 AWS 클라우드 내에 가상의 네트워크 공간을 할당하는 서비스다. Amazon EC2의 네트워킹 계층으로, aws-cli를 사용할 때도 aws vpc 명령이 아니라 aws ec2의 하위 명령으로 접근한다. API Gateway와 Lambda만을 사용하는 아주 간단한 서버리스 서비스를 사용할 때는 VPC를 구성할 일이 없지만, RDS나 Elasticache와 같이 보안을 위해 네트워크 영역을 분리할 때 VPC를 사용한다.

VPC는 서브넷, 라우팅 테이블, 인터넷 게이트웨이, VPC 엔드포인트, NAT 디바이스 등의 구성 요소로 이루어진다.

요소	설명
서브넷	VPC의 IP 주소 범위
CIDR 블록	클래스 없는 도메인 간 라우팅. 인터넷 프로토콜 주소 할당 및 라우팅 집계 방법
라우팅 테이블	네트워크 트래픽 전달 위치를 결정할 때 사용하는 라우팅이라는 이름의 규칙 집합
인터넷 게이트웨이	VPC의 리소스와 인터넷 간의 통신을 활성화하기 위해 VPC에 연결하는 게이트웨이
NAT 디바이스	프라이빗 서브넷의 인스턴스를 인터넷, 다른 VPC, 온프레미스 네트워크에 연결하는 장치
VPC 엔드포인트	외부로 연결하는 별도의 장치 없이, PrivateLink를 지원하는 AWS 서비스 혹은 서비스에 연결하는 엔드포인트
탄력적인 IP 주소	동적 클라우드 컴퓨팅을 위해 고안된 고정 퍼블릭 IPv4 주소
네트워크 ACL	1개 이상의 서브넷 내부와 외부의 트래픽을 제어하는 방화벽 역할을 하는 VPC를 위한 선택적 보안 계층
보안 그룹	인스턴스의 인바운드 및 아웃바운드 트래픽을 제어하는 가상 방화벽 역할

서브넷에 CIDR 블록으로 할당할 IP 대역을 지정하여 VPC를 구성한다. 서브넷이 IP 주소 및 규칙에 따라 어떤 라우팅을 수행할지 라우팅 테이블을 지정한다. 만약 서브넷이 인터넷에 연결해야 한다면 인터넷 게이트웨이를 연결한 퍼블릭 서브넷을 구성한다. 혹은 인터넷으로부터의 연결을 차단하기 위해 인터넷 게이트웨이를 연결하지 않은 프라이빗 서브넷을 구성할 수 있다. 단, 프라이빗 서브넷으로의 인터넷 접근은 차단하지만, 프라이빗 서브넷에서 인터넷으로 접근하기 위해 퍼블릭 서브넷에 NAT 디바이스를 구성하고 프라이빗 서브넷의 라우팅 규칙을 추가할 수 있다. 또는 S3와 DynamoDB와 같이 퍼블릭 네트워크 영역에 있는 서비스에 접근하기 위해, 프라이빗 서브넷에 VPC 엔드포인트를 연결할 수도 있다.

예를 들어 RDS MySQL이나 ElastiCache Redis를 프라이빗 서브넷에 띄우고, 여기에 접근하는 Lambda를 퍼블릭 서브넷에 구성해 API Gateway와 S3에 접근하는 구성을 도식화하면 다음과 같다.

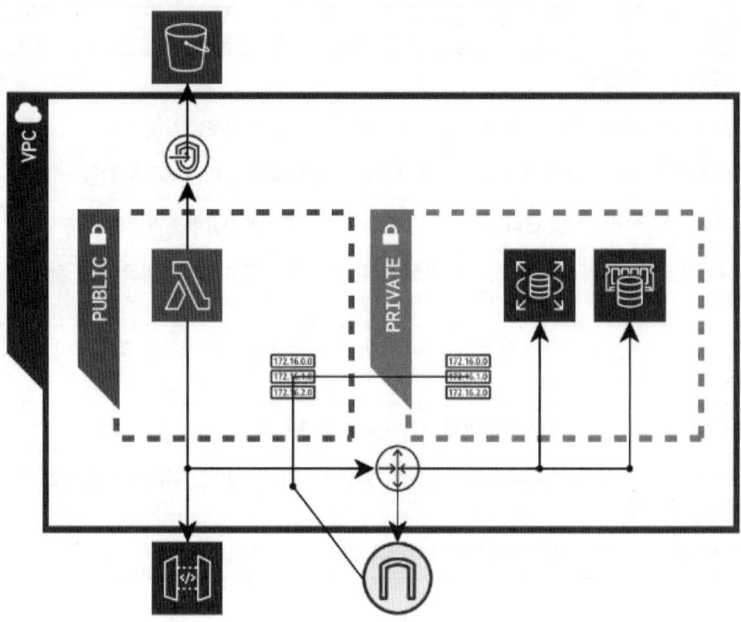

그림 7-2-1 퍼블릭 프라이빗 서브넷

1. 프라이빗 서브넷은 데이터베이스와 같이 외부에서의 접근을 차단해야 하는 요소가 배치된다.
2. 퍼블릭 서브넷은 Lambda와 같이 인터넷에 접근하기 위한 요소를 배치한다.

기존 인프라 환경을 구성하거나 로드밸런서를 통한 EC2 인스턴스 그룹이나 ECS 등의 서비스를 사용할 때 자주 사용하는 익숙한 구성이다. 단지 웹 애플리케이션 서버가 Lambda로 대체되었을 뿐이다. 하지만 이 시스템 구성은 문제가 있다.

1. Lambda는 퍼블릭 서브넷에 위치했지만 인터넷에 접근할 수 없다. 인터넷은 인터넷 게이트웨이를 통하는데, 인터넷 게이트웨이는 퍼블릭 IP가 있는 대상만 인터넷을 사용을 허용하기 때문이다.
2. 따라서 퍼블릭 서브넷에 위치한 Lambda가 인터넷 접근이 필요한 AWS 서비스를 사용할 때 그에 대한 VPC 엔드포인트를 구성해야 한다. 앞선 예제에서는 S3를 위한 Gateway 엔드포인트나 SQS를 위한 인터페이스 엔드포인트를 이용했다.
3. 이번 예제와 같이 @connections 명령을 사용해야 하는 경우 엔드포인트로 문제를 해결할 수 없다. API Gateway의 엔드포인트는 프라이빗 VPC에 구성한 API Gateway에 접근하기 위한 것이고, @connections 명령은 인터넷에 접근할 수 있어야만 사용 가능하기 때문이다.

VPC 안의 Lambda가 인터넷을 사용하는 방법은 두 가지가 있다. 첫 번째 방법은 Lambda가 사용하는 네트워크 인터페이스에 퍼블릭 IP를 부여하는 것이다. 이 방법은 NAT를 구성하는 두 번째 방법보다는 저렴하지만, 네트워크 인터페이스가 변경될 때마다 퍼블릭 IP를 다시 부여해야 한다는 점이 매우 번거롭다.

두 번째 방법은 Lambda가 인터넷을 연결하는 HTTP 프록시를 구성하는 것이다. 예를 들어 퍼블릭 서브넷에 퍼블릭 IP를 갖는 Squid 등의 프록시 서버를 구축한다. 그리고 Lambda가 이 서버를 통해 인터넷에 연결하도록 구성한다. 이 방법은 외부로 나가는 트래픽을 제어할 수 있다는 점에서 합리적이다. 하지만 프록시를 위한 EC2 등을 직접 관리해야 한다는 점이 번거롭다.

이렇게 직접 네트워크 프록시를 구성하는 대신 NAT 디바이스를 사용할 수도 있다. 앞서 간단히 소개한 바와 같이, 프라이빗 서브넷에서 인터넷에 연결할 때 퍼블릭 서브넷의 NAT 디바이스를 사용하도록 라우트를 추가할 수 있다. 같은 방법으로 Lambda가 실행되는 서브넷의 라우트 규칙을 추가해 인터넷으로 나가는 트래픽이 NAT 디바이스를 거치도록 한다.

7-2-1 VPC 인프라 선언

이번 예제에서는 퍼블릭-프라이빗 서브넷의 VPC를 구축하고 프라이빗 서브넷의 인터넷 접근을 위해 NAT를 구성한다. 그리고 설명의 편의를 위해 Lambda를 프라이빗 서브넷에 배치하여 인터넷 접속이 가능하게 한다. 지금까지 설명한 내용을 CloudFormation으로 정리하면서 하나씩 살펴보자. `serverless.ts` 파일에 선언해도 문제 없지만, 설명의 편의를 위해 VPC 관련 자원은 `VpcResources.ts` 파일에 선언한다.

먼저, VPC의 이름과 IP 대역으로 사용하기 위한 CIDR을 선언한다. 재사용성을 위해 이를 환경 변수로 주입하는 것도 좋은 방법이다.

```
const vpcName = "vpc-game";
const vpcCidr = "10.0.0.0/16";
const publicSubnet1Cidr = "10.0.0.0/20";
export const privateSubnet1Cidr = "10.0.16.0/20";
const publicSubnet2Cidr = "10.0.32.0/20";
export const privateSubnet2Cidr = "10.0.48.0/20";
```

1. VPC의 전체 CIDR은 모든 서브넷을 포함하도록 범위를 지정한다. 이번 예제에서는 `10.0.0.0/16`을 사용해 65,534개의 네트워크 주소를 갖도록 구성한다.
2. 서브넷은 퍼블릭과 프라이빗 2개를 가용 영역 2개에 나눠서 구성한다. 고가용성을 위해서라면 좀

더 많은 가용 영역을 사용할 수 있다.

3. 서브넷은 각각 /20 범위를 갖도록 구성했다. 하나의 서브넷마다 4,094개의 네트워크 주소를 가질 수 있다.
4. 프라이빗 서브넷의 CIDR은 Redis의 보안 그룹을 설정할 때 사용하므로, 참조할 수 있게 export해 준다.

네트워크 주소는 인터넷에서 사용하지 않는 영역을 사용한다. IANA에서는 이 용도로 `10.0.0.0/8`, `172.16.0.0/12`, `192.168.0.0/16` 3개의 범위를 미리 할당했으므로 이 중 하나를 선택한다. 추후 서비스 사용량에 따라 IP 공간이 추가로 필요할 수 있으므로, 처음부터 모든 공간을 다 사용하도록 설정하기보다는 적당한 크기로 나눠 사용하는 편이 좋다. 이번 예제는 가용성을 위해 2개의 가용 영역을 사용했다. 또한 Lambda가 최대 1,000개까지 동시 실행될 수 있다는 가정하에, 이보다 더 많은 IP 공간을 가질 수 있도록 적당히 20 접두어 길이를 사용했다.

지정한 네트워크 범위를 갖는 VPC를 선언하면 다음과 같다.

```
const VPC = {
  Type: "AWS::EC2::VPC",
  Properties: {
    CidrBlock: vpcCidr,
    EnableDnsSupport: true,
    EnableDnsHostnames: true,
    Tags: [{ Key: "Name", Value: vpcName }],
  },
};
```

1. VPC 자원을 선언한다. 이 변수의 이름은 `VpcId`로 VPC 자원을 연결할 때 Ref 함수를 통해 참조한다.
2. 앞서 선언한 CIDR 블록을 갖도록 `CidrBlock`을 설정한다.
3. `EnableDnsSupport`와 `EnableDnsHostnames` 옵션을 통해 Dns 기능을 활성화한다. 이는 내부에서 AWS DNS 기능을 사용해 호스트를 찾을 수 있도록 해준다. 별도의 DNS 서버를 구축할 일이 없다면 이 옵션을 켜두는 것이 좋다. 특히, AWS 내에서 할당한 호스트 이름을 사용하거나 VPC 엔드포인트를 이용할 때도 이 옵션을 켜야 한다.
4. 관리의 편의를 위해 Name 태그를 설정한다.

VPC 안에 포함될 서브넷은 다음과 같이 구성한다.

```
const PublicSubnet1 = {
  Type: "AWS::EC2::Subnet",
  Properties: {
    VpcId: { Ref: "VPC" },
    AvailabilityZone: { "Fn::Select": [0, { "Fn::GetAZs": "" }] },
    CidrBlock: publicSubnet1Cidr,
    MapPublicIpOnLaunch: true,
    Tags: [{ Key: "Name", Value: `${vpcName} Public Subnet (AZ1)` }],
  },
};
const PrivateSubnet1 = {
  Type: "AWS::EC2::Subnet",
  Properties: {
    VpcId: { Ref: "VPC" },
    AvailabilityZone: { "Fn::Select": [0, { "Fn::GetAZs": "" }] },
    CidrBlock: privateSubnet1Cidr,
    MapPublicIpOnLaunch: false,
    Tags: [{ Key: "Name", Value: `${vpcName} Private Subnet (AZ1)` }],
  },
};
```

1. VPC 변수와 동일하게, 서브넷을 선언한 변수도 추후 다른 자원 선언에서 Ref 함수를 통해 참조한다.

2. 서브넷은 VPC에 속하므로 VPC 자원을 참조하도록 VpcId를 설정한다.

3. 가용 영역(AvailabilityZone)을 하드코딩할 수도 있지만, 예제에서와 같이 GetAZs 함수로 전체 가용 영역을 얻은 후 Select 함수를 통해 특정 위치의 값을 가져올 수 있다. 첫 번째 서브넷은 첫 번째 가용 영역에 할당하기 위해 0 인덱스를 사용한다.

4. 변수로 선언한 CIDR 블록을 갖도록 CidrBlock을 설정한다.

5. 퍼블릭 서브넷은 MapPublicIpOnLaunch 옵션을 사용해, 이 서브넷에서 기동하는 인스턴스가 퍼블릭 IP를 갖도록 한다. 프라이빗 서브넷은 이 옵션을 끈다.

6. VPC와 동일하게, 관리의 편의를 위해 Name 태그를 설정한다.

가용성을 높이기 위해 두 번째 가용 영역에도 퍼블릭, 프라이빗 서브넷을 할당한다.

```
const PublicSubnet2 = {
  Type: "AWS::EC2::Subnet",
  Properties: {
    VpcId: { Ref: "VPC" },
```

```
      AvailabilityZone: { "Fn::Select": [1, { "Fn::GetAZs": "" }] },
      CidrBlock: publicSubnet2Cidr,
      MapPublicIpOnLaunch: true,
      Tags: [{ Key: "Name", Value: `${vpcName} Public Subnet (AZ2)` }],
    },
};
const PrivateSubnet2 = {
  Type: "AWS::EC2::Subnet",
  Properties: {
      VpcId: { Ref: "VPC" },
      AvailabilityZone: { "Fn::Select": [1, { "Fn::GetAZs": "" }] },
      CidrBlock: privateSubnet2Cidr,
      MapPublicIpOnLaunch: false,
      Tags: [{ Key: "Name", Value: `${vpcName} Private Subnet (AZ2)` }],
    },
};
```

1. 첫 번째 서브넷 구성과 거의 동일하지만 가용 영역을 설정할 때 사용한 인덱스가 1이다.
2. 관리의 편의를 위해, Name 태그에 가용 영역을 표기했다.

다음으로, 라우트 테이블을 구성한다. 퍼블릭 서브넷의 라우트 테이블과 프라이빗 서브넷의 라우트 테이블을 각각 구성한다. 앞서 설명했듯이, 퍼블릭 서브넷은 인터넷 게이트웨이를 갖도록 라우트를 구성한다.

```
const InternetGateway = {
  Type: "AWS::EC2::InternetGateway",
};
const InternetGatewayAttachment = {
  Type: "AWS::EC2::VPCGatewayAttachment",
  Properties: {
    InternetGatewayId: { Ref: "InternetGateway" },
    VpcId: { Ref: "VPC" },
  },
};
const PublicRouteTable = {
  Type: "AWS::EC2::RouteTable",
  Properties: {
    VpcId: { Ref: "VPC" },
    Tags: [{ Key: "Name", Value: `${vpcName} Public routes` }],
  },
};
```

```
const DefaultPublicRoute = {
  Type: "AWS::EC2::Route",
  DependsOn: ["InternetGatewayAttachment"],
  Properties: {
    RouteTableId: { Ref: "PublicRouteTable" },
    DestinationCidrBlock: "0.0.0.0/0",
    GatewayId: { Ref: "InternetGateway" },
  },
};
```

1. 퍼블릭 서브넷에 사용할 라우트 테이블을 선언한다. 라우트 테이블은 VPC에 소속되므로 VpcId를 연결한다. 관리의 편의를 위해 태그로 이름을 지정한다.
2. 인터넷 연결을 위한 인터넷 게이트웨이를 선언하고, VPCGatewayAttachment 자원을 선언해 인터넷 게이트웨이와 VPC를 연결한다.
3. 라우트 테이블의 기본 라우트로 모든 주소 범위(0.0.0.0/0)가 인터넷 게이트웨이(Internet Gateway)로 접근하도록 구성한다.

라우트 테이블은 별도의 라우트를 정의하지 않아도 local 라우트를 기본으로 생성해 같은 네트워크에 포함된 대상이 서로 접근할 수 있도록 경로를 제공한다. 따라서 퍼블릭 서브넷을 위한 라우트 테이블은 local과 인터넷 게이트웨이를 위한 2개의 라우트를 가지게 된다.

생성한 라우트 테이블을 퍼블릭 서브넷에서 사용할 수 있도록 SubnetRouteTableAssociation 자원을 선언하여 연결해준다.

```
const PublicSubnet1RouteTableAssociation = {
  Type: "AWS::EC2::SubnetRouteTableAssociation",
  Properties: {
    RouteTableId: { Ref: "PublicRouteTable" },
    SubnetId: { Ref: "PublicSubnet1" },
  },
};
const PublicSubnet2RouteTableAssociation = {
  Type: "AWS::EC2::SubnetRouteTableAssociation",
  Properties: {
    RouteTableId: { Ref: "PublicRouteTable" },
    SubnetId: { Ref: "PublicSubnet2" },
  },
};
```

1. 각 가용 영역의 퍼블릭 서브넷에서 굳이 다른 라우트 테이블을 가질 필요가 없다면, 이처럼 하나의 라우트 테이블을 공유해서 사용할 수 있다.
2. `RouteTableId`에 선언한 라우트 테이블 변수 이름을 `Ref` 함수로 참조한다.
3. `SubnetId`에는 퍼블릭 서브넷의 변수 이름을 `Ref` 함수로 참조한다.

프라이빗 서브넷을 위한 라우트 테이블도 이와 크게 다르지 않다. 다만 퍼블릭 서브넷이 인터넷 게이트웨이를 통해 직접 인터넷에 연결했던 것과는 다르게, 프라이빗 서브넷은 NAT 디바이스를 통해 인터넷에 연결한다. NAT 디바이스를 퍼블릭 서브넷에 두고 여기에 퍼블릭 IP를 부여해 인터넷 연결이 가능하게 만든 후, 프라이빗 서브넷은 라우트를 추가해 모든 주소 범위를 NAT 디바이스로 지정한다.

```
const NatGateway1EIP = {
  Type: "AWS::EC2::EIP",
  DependsOn: ["InternetGatewayAttachment"],
  Properties: {
    Domain: "vpc",
  },
};
const NatGateway1 = {
  Type: "AWS::EC2::NatGateway",
  Properties: {
    AllocationId: { "Fn::GetAtt": ["NatGateway1EIP", "AllocationId"] },
    SubnetId: { Ref: "PublicSubnet1" },
  },
};
```

1. AWS가 서비스 형태로 제공하는 NAT 디바이스인 NAT 게이트웨이를 사용한다. 먼저 이를 위한 퍼블릭 IP를 선언한다.
2. NAT 게이트웨이(`NatGateway`)를 선언한 후, 앞서 선언한 퍼블릭 IP를 연결한다.
3. NAT 게이트웨이를 퍼블릭 서브넷 1번에 배치한다.

```
const PrivateRouteTable1 = {
  Type: "AWS::EC2::RouteTable",
  Properties: {
    VpcId: { Ref: "VPC" },
    Tags: [{ Key: "Name", Value: `${vpcName} Private routes (AZ1)` }],
  },
```

```
};
const DefaultPrivateRoute1 = {
  Type: "AWS::EC2::Route",
  Properties: {
    RouteTableId: { Ref: "PrivateRouteTable1" },
    DestinationCidrBlock: "0.0.0.0/0",
    NatGatewayId: { Ref: "NatGateway1" },
  },
};
const PrivateSubnet1RouteTableAssociation = {
  Type: "AWS::EC2::SubnetRouteTableAssociation",
  Properties: {
    RouteTableId: { Ref: "PrivateRouteTable1" },
    SubnetId: { Ref: "PrivateSubnet1" },
  },
};
```

1. 라우트 테이블은 퍼블릭 서브넷을 위한 라우트 테이블을 선언할 때와 거의 비슷하다. 다만, 모든 영역(0.0.0.0/0)에서 인터넷 게이트웨이를 연결하는 대신 앞서 선언한 NAT 게이트웨이를 연결한다.
2. 라우트 테이블을 프라이빗 서브넷 1번에 연결한다.

퍼블릭 서브넷은 2개였지만 하나의 인터넷 게이트웨이를 공유했기 때문에 같은 라우트 테이블을 사용할 수 있었다. 하지만 프라이빗 서브넷은 인터넷에 접근하기 위해 NAT 게이트웨이를 사용했고, 이는 각각의 퍼블릭 서브넷에 배치해야 한다. 즉, 프라이빗 서브넷 1번은 퍼블릭 서브넷 1번에 배치된 NAT 게이트웨이를 사용하고, 프라이빗 서브넷 2번은 퍼블릭 서브넷 2번에 배치된 NAT 게이트웨이를 사용한다. 이 때문에 두 프라이빗 서브넷의 라우트 테이블은 서로 다른 NAT 게이트웨이를 가리켜야 하므로 달라질 수밖에 없다. 프라이빗 서브넷 2번의 인터넷 연결을 위한 NAT 게이트웨이와 라우트 테이블 선언은 1번을 선언할 때와 거의 동일하지만, 참조하는 자원의 번호를 1번에서 2번으로 바꿔야 한다.

```
const NatGateway2EIP = {
  Type: "AWS::EC2::EIP",
  DependsOn: ["InternetGatewayAttachment"],
  Properties: {
    Domain: "vpc",
  },
};
const NatGateway2 = {
  Type: "AWS::EC2::NatGateway",
```

```javascript
    Properties: {
      AllocationId: { "Fn::GetAtt": ["NatGateway2EIP", "AllocationId"] },
      // 퍼블릭 서브넷 2번에 NAT 게이트웨이를 배치한다.
      SubnetId: { Ref: "PublicSubnet2" },
    },
};
const PrivateRouteTable2 = {
  Type: "AWS::EC2::RouteTable",
  Properties: {
    VpcId: { Ref: "VPC" },
    Tags: [{ Key: "Name", Value: `${vpcName} Private routes (AZ2)` }],
  },
};
const DefaultPrivateRoute2 = {
  Type: "AWS::EC2::Route",
  Properties: {
    RouteTableId: { Ref: "PrivateRouteTable2" },
    DestinationCidrBlock: "0.0.0.0/0",
    // 라우트 테이블 2번은 NAT 게이트웨이 2번을 연결한다.
    NatGatewayId: { Ref: "NatGateway2" },
  },
};
const PrivateSubnet2RouteTableAssociation = {
  Type: "AWS::EC2::SubnetRouteTableAssociation",
  Properties: {
    // 프라이빗 서브넷 2번은 라우트 테이블 2번을 사용한다.
    RouteTableId: { Ref: "PrivateRouteTable2" },
    SubnetId: { Ref: "PrivateSubnet2" },
  },
};
```

서브넷과 라우트 테이블을 선언해 VPC 내의 네트워크 설정을 거의 마무리했다. 마지막으로 필요한 내용은 보안 그룹이다. VPC는 적어도 하나의 보안 그룹을 가져야 하며 여기서 어떤 정책을 사용할지 결정한다. 이번 예제에서는 Lambda 인스턴스가 Redis로의 접근만 허용하면 되므로, VPC 내부 네트워크에서 Redis 포트 번호인 6379로의 접근을 허용한다. 물론 향상된 보안을 위해서는 서브넷마다 별도의 보안 그룹을 정의하고 각 보안 그룹의 인바운드와 아웃바운드 규칙을 세세히 정하는 것이 좋다.

```javascript
const VpcSecurityGroup = {
  Type: "AWS::EC2::SecurityGroup",
```

```
    Properties: {
      GroupName: `${vpcName}-default`,
      GroupDescription: `Security group for ${vpcName}`,
      VpcId: { Ref: "VPC" },
    },
};
const VpcSecurityGroupIngress = {
  Type: "AWS::EC2::SecurityGroupIngress",
  DependsOn: ["VpcSecurityGroup"],
  Properties: {
    GroupId: { Ref: "VpcSecurityGroup" },
    IpProtocol: "TCP",
    FromPort: 6379,
    ToPort: 6379,
    CidrIp: vpcCidr,
  },
};
```

1. 보안 그룹(SecurityGroup)을 선언한다. 보안 그룹의 이름(GroupName)과 설명(GroupDescription)을 적절히 지정한다. 보안 그룹의 이름은 sg-로 시작할 수 없으므로 주의한다. 두 속성 모두 알파벳과 일부 기호만 지원하므로 한글을 사용할 수 없다.

2. 보안 그룹이 속할 VPC를 VpcId를 통해 지정한다.

3. 보안 그룹에서 허용할 인바운드 규칙을 SecurityGroupIngress로 선언한다. GroupId로 보안 그룹을 참조하고, Redis 허용을 위해 6379 포트를 허용한다. 이때, VPC 내의 모든 네트워크에서의 접근을 허용하기 위해 vpcCidr로 정의한 대역을 허용한다.

지금까지 VPC와 서브넷, 인터넷 게이트웨이와 NAT 게이트웨이, 라우트 테이블과 보안 그룹에 대한 선언을 마쳤다. 앞선 예제와 같이 S3나 DynamoDB와 같은, AWS 서비스와 통신하기 위한 VPC 엔드포인트를 추가로 관리할 수도 있지만 이번 예제에서는 필요하지 않으므로 제외한다. 선언한 모든 자원을 묶어 serverless.ts의 CloudFormation 자원 선언에서 이용하기 위해 export한다.

```
const VpcResources = {
  // VPC와 서브넷.
  VPC,
  PublicSubnet1,
  PrivateSubnet1,
  PublicSubnet2,
```

```
    PrivateSubnet2,
    // 인터넷 게이트웨이와 퍼블릭 서브넷의 라우트 테이블.
    InternetGateway,
    InternetGatewayAttachment,
    PublicRouteTable,
    DefaultPublicRoute,
    PublicSubnet1RouteTableAssociation,
    PublicSubnet2RouteTableAssociation,
    // NAT 게이트웨이 1번과 프라이빗 서브넷 1번의 라우트 테이블.
    NatGateway1EIP,
    NatGateway1,
    PrivateRouteTable1,
    DefaultPrivateRoute1,
    PrivateSubnet1RouteTableAssociation,
    // NAT 게이트웨이 2번과 프라이빗 서브넷 2번의 라우트 테이블.
    NatGateway2EIP,
    NatGateway2,
    PrivateRouteTable2,
    DefaultPrivateRoute2,
    PrivateSubnet2RouteTableAssociation,
    // 보안 그룹과 인바운드 규칙.
    VpcSecurityGroup,
    VpcSecurityGroupIngress,
};

// serverless.ts에서 참조하기 위해 export한다.
export default VpcResources;
```

이 선언으로 생성되는 VPC에 ElastiCache Redis 인스턴스와 Lambda 인스턴스를 띄운다. 두 자원을 VPC에서 띄우기 위해 서브넷과 보안 그룹이 필요하다. 앞서 설명한 바와 같이, 두 자원 모두 프라이빗 서브넷에 띄울 것이므로 미리 PrivateSubnet1과 PrivateSubnet2를 export한다. 그리고 기본 보안 그룹도 export한다.

```
export const vpcPrivateSubnetIds = [
  { Ref: "PrivateSubnet1" },
  { Ref: "PrivateSubnet2" },
];
export const vpcSecurityGroupIds = [{ Ref: "DefaultVpcSecurityGroup" }];
```

7-2-2 Redis 인스턴스 선언

VPC가 준비되었으므로 그 안에서 기동할 ElastiCache Redis 자원을 선언한다. 설명의 편의를 위해, RedisResources.ts로 파일을 분리한다. Redis 인스턴스의 이름은 재사용성을 고려하여 환경 변수로 주입한다.

```
const redisName = process.env.REDIS_NAME!;
```

Redis 인스턴스를 VPC 안에서 띄우려면 먼저 SubnetGroup을 만들어야 한다. 앞선 예제에서는 기본 VPC를 사용했기 때문에 자동으로 기본 VPC의 서브넷에 대한 서브넷 그룹이 사용되었다. 하지만 이번 예제에서는 직접 관리하는 VPC 안에 Redis를 띄워야 하므로 프라이빗 서브넷의 서브넷 그룹을 만들어야 한다.

```
import { vpcPrivateSubnetIds } from "./VpcResources";

const RedisSubnetGroup = {
  Type: "AWS::ElastiCache::SubnetGroup",
  Properties: {
    CacheSubnetGroupName: `${redisName}-subnet-group`,
    Description: "Subnet group for Private subnets in Game VPC",
    SubnetIds: vpcPrivateSubnetIds,
  },
};
```

1. CacheSubnetGroupName으로 서브넷 그룹의 이름을 지정한다.
2. Description으로 설명을 지정한다. 한글을 사용할 수 없으므로 영어로 적당히 입력한다.
3. SubnetIds로 대상 서브넷 ID를 지정한다. VpcResources.ts에서 선언한 vpcPrivateSubnetIds를 사용해, 프라이빗 서브넷의 서브넷 그룹을 만든다.

VPC의 기본 보안 그룹은 어떤 인바운드도 허용하지 않았다. 하지만 Redis 인스턴스를 사용하려면 Redis 포트인 6379에 대한 접근을 허용해야 한다. Redis에 접근할 Lambda는 프라이빗 서브넷에서 실행되므로, 프라이빗 서브넷 네트워크 범위에 6379 포트를 허용하는 보안 그룹을 생성한다.

```
import { privateSubnet1Cidr, privateSubnet2Cidr } from "./VpcResources";
```

```
const RedisSecurityGroup = {
  Type: "AWS::EC2::SecurityGroup",
  Properties: {
    GroupName: `${vpcName}-redis`,
    GroupDescription: `Security group for Redis`,
    VpcId: { Ref: "VPC" },
  },
};
const RedisSecurityGroupIngress1 = {
  Type: "AWS::EC2::SecurityGroupIngress",
  Properties: {
    GroupId: { Ref: "RedisSecurityGroup" },
    IpProtocol: "TCP",
    FromPort: 6379,
    ToPort: 6379,
    CidrIp: privateSubnet1Cidr,
  },
};
const RedisSecurityGroupIngress2 = {
  Type: "AWS::EC2::SecurityGroupIngress",
  Properties: {
    GroupId: { Ref: "RedisSecurityGroup" },
    IpProtocol: "TCP",
    FromPort: 6379,
    ToPort: 6379,
    CidrIp: privateSubnet2Cidr,
  },
};
```

1. 보안 그룹(SecurityGroup)을 선언하고, 인바운드 규칙 2개를 선언한다.
2. 인바운드 규칙 2개는 모두 Redis 포트인 6379번을 프라이빗 서브넷으로부터 허용하는 규칙이다. 다만 프라이빗 서브넷의 CIDR이 2개이므로 인바운드 규칙도 각각 선언한다.

Redis 자원 선언은 ReplicationGroup을 사용한다. 서비스의 고가용성을 위해서라면 Replica와 Failover 설정을 해야겠지만, 설명의 편의를 위해 이 둘을 사용하지 않는다고 가정한다. 앞서 블로그의 SQLite 예제에서 사용했던 선언과 거의 비슷하지만, 직접 구성한 VPC를 사용하기 위해 서브넷 그룹을 지정하는 점이 다르다.

```
const Redis = {
  Type: "AWS::ElastiCache::ReplicationGroup",
```

```
  Properties: {
    ReplicationGroupId: redisName,
    ReplicationGroupDescription: "Redis instance for Game service",
    CacheNodeType: "cache.t3.micro",
    Engine: "redis",
    ReplicasPerNodeGroup: 0,
    AutomaticFailoverEnabled: false,
    CacheSubnetGroupName: { Ref: "RedisSubnetGroup" },
    SecurityGroupIds: [{ Ref: "RedisSecurityGroup" }],
  },
};
```

1. Redis 그룹의 ID(ReplicationGroupId)와 설명(ReplicationGroupDescription)을 지정한다.
2. 필요한 성능 구성에 따라 CacheNodeType을 지정한다.
3. Engine은 redis로 지정한다. 고가용성을 고려하지 않으므로 ReplicasPerNodeGroup과 AutomaticFailoverEnabled 설정은 사용하지 않는다.
4. VPC의 프라이빗 서브넷에서 Redis를 기동하기 위해, 앞서 선언한 서브넷 그룹을 CacheSubnetGroupName으로 지정한다.
5. 프라이빗 서브넷에서 Redis에 접근하는 보안 그룹을 SecurityGroupIds로 지정한다.

Redis 자원의 구성을 마쳤다. 이제 선언한 모든 자원을 묶어 export한다. 이를 serverless.ts의 Resources 구문에서 참조해 사용한다.

```
const RedisResources = {
  RedisSubnetGroup,
  RedisSecurityGroup,
  RedisSecurityGroupIngress1,
  RedisSecurityGroupIngress2,
  Redis,
};
export default RedisResources;
```

또한 Redis의 접속 주소 참조 표현식도 선언한다. 이는 접속할 Redis의 주소를 환경 변수로 주입할 때 참조해 사용한다.

```
export const RedisHost = {
  "Fn::GetAtt": ["Redis", "PrimaryEndPoint.Address"],
};
```

7-2-3 서버리스 스택 선언

VPC와 Redis 자원을 서버리스 스택 선언에 포함해 Lambda 자원과 함께 배포한다. `serverless.ts` 파일에서 `VpcResources.ts`, `RedisResources.ts` 파일의 선언을 `import`해 다음과 같이 정의한다. 두 Resources 파일은 모두 `resources` 디렉토리 하위에 위치한다고 가정한다.

```ts
import VpcResources, {
  vpcPrivateSubnetIds,
  vpcSecurityGroupIds,
} from "./resources/VpcResources";
import RedisResources from "./resources/RedisResources";

const config: AWS = {
  service: "game-snake-api",
  frameworkVersion: "3",
  provider: {
    name: "aws",
    runtime: "nodejs14.x",
    region: "ap-northeast-2",
    vpc: {
      subnetIds: vpcPrivateSubnetIds,
      securityGroupIds: vpcSecurityGroupIds,
    },
  },
  resources: {
    AWSTemplateFormatVersion: "2010-09-09",
    Resources: {
      ...VpcResources,
      ...RedisResources,
    },
  },
};
```

1. `provider.vpc`의 `subnetIds`를 프라이빗 서브넷으로 지정한다. 이제 이 서버리스 스택에 의해 실행되는 Lambda 인스턴스는 VPC의 프라이빗 서브넷에서 실행된다.

2. `provider.vpc`의 `securityGroupIds`를 VPC의 기본 보안 그룹으로 지정한다. 더 나은 보안을 위해서는 Lambda 인스턴스를 위한 별도의 보안 그룹을 운영하는 게 더 낫지만, 이번 예제에서는 VPC의 기본 보안 그룹이 인바운드 규칙을 갖지 않으므로 편의상 그대로 사용한다.

3. `VpcResources`와 `RedisResources`를 합쳐 `resources.Resources`를 구성한다. 이 방법을 사용하면, 경계가 명확한 자원을 별도의 파일로 분할해서 관리해도 서버리스 스택을 정의할 때는 하나로

합쳐서 자원을 명시할 수 있어 편리하다.

VPC나 Elasticache의 경우 자원을 생성하는 데 시간이 꽤 걸리는 편인데, 설정도 복잡해 의도치 않은 곳에서 실수하는 경우가 있다. 때문에 모든 구성을 완료한 후 한 번에 전체를 배포하다 보면 수정과 배포를 반복하는 과정에서 너무 많은 시간이 소모될 수 있다. 따라서 아직은 Lambda 함수를 하나도 정의하지 않았지만, 인프라가 올바르게 선언되었는지 스택을 한 번 배포해보는 것이 좋다. 단, Redis나 NAT 게이트웨이는 인스턴스 생성 이후 시간당 과금이 발생하기 때문에, 인프라 배포 테스트 이후 실제 개발까지의 시간 차이가 꽤 있다면 요금 방어를 위해 다시 스택을 삭제하기를 권장한다.

7-2-4 연결성 분석기

VPC를 처음 구성하다 보면 네트워크 설정이나 보안 그룹 설정이 익숙치 않아 의도치 않게 네트워크 연결이 실패하는 경우가 발생한다. 특히 Lambda와 같이 필요한 시점에 인스턴스가 실행되었다가 사라지는 경우라면 인스턴스에 접속해 네트워크 문제를 확인할 수도 없다. 따라서 머릿속에서 네트워크 상황을 시뮬레이션하고 문제를 추적해야 하는데, 익숙치 않다면 간단한 일이 아니다.

다행히 AWS는 관리 콘솔의 VPC 메뉴에서 네트워크 분석기(Network Analysis) 기능을 제공한다. 그중 연결성 분석기(Reachability Analyzer)를 사용하면 소스에서 대상까지의 연결이 가능한지 쉽게 확인할 수 있다.

소스와 대상의 유형으로는 `Transit Gateways`, `Transit Gateway Attachments`, `VPN Gateways`, `Instances`, `Network Interfaces`, `Internet Gateways`, `VPC Endpoints`, `VPC Peering Connections`를 선택할 수 있다. 이번 예제에서는 Lambda 인스턴스에서 Redis 인스턴스로의 접근이 가능한지 확인하기 위해, `Network Interfaces` 유형을 사용한다. EC2의 경우 `Instances` 유형으로 특정할 수 있지만, Lambda는 필요 시에 기동하므로 `Network Interfaces` 유형을 선택해 ENI를 지정해야 하기 때문이다. 같은 선상에서, Elasticache의 Redis도 딱히 선택 가능한 유형이 없으므로 `Network Interfaces` 유형을 선택해 ENI를 지정한다.

Lambda와 Redis의 ENI는 EC2 관리 콘솔의 네트워크 및 보안 메뉴의 네트워크 인터페이스를 통해 확인할 수 있다. 혹은 `aws ec2 describe-network-interfaces` 명령으로 확인할 수 있다. 그중에서 설명 부분을 통해 Lambda나 Redis를 위한 것인지 확인한다. 예를 들어 Lambda를 위한 설명은 AWS Lambda VPC ENI-{stack-name}-{eni-id}이고, Redis에 대한 설명은 ElastiCache {redis-node-id}이다.

ENI를 확인한 후 다시 연결성 분석기 페이지로 돌아와서 다음과 같이 소스와 대상을 지정한다. 대상은 Redis로 가정하므로 6379 포트의 접근을 확인한다.

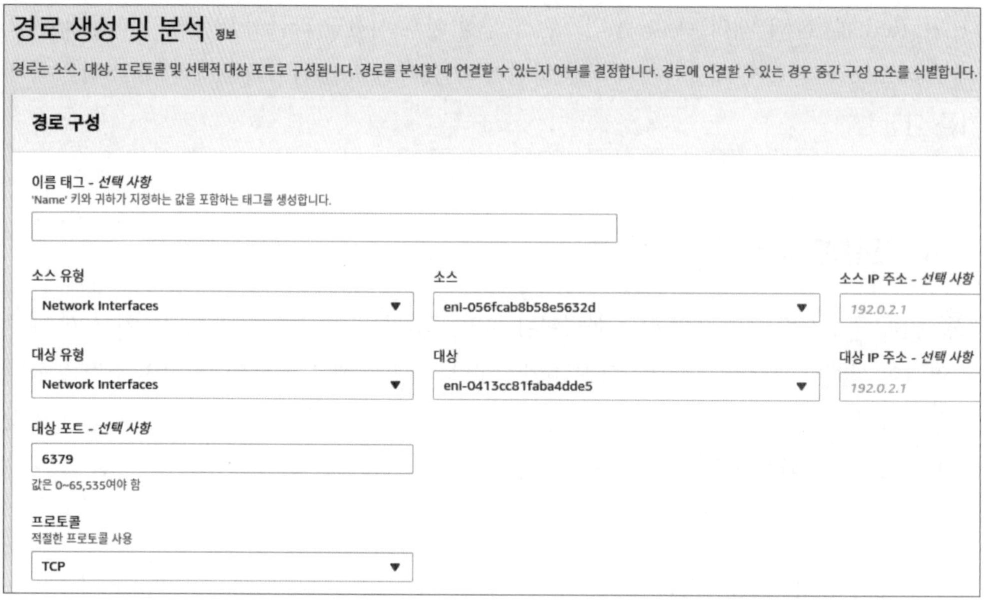

그림 7-2-2 연결성 분석기 - Lambda에서 Redis

잠시 후 분석이 완료되면 다음과 같이 소스에서 대상까지 이어지는 경로를 확인할 수 있다.

그림 7-2-3 연결성 분석기 - Lambda에서 Redis - 결과

- 소스의 네트워크 인터페이스에서 출발해, 소스 보안 그룹의 아웃바운드 규칙을 확인한다.
- 네트워크 ACL(NetworkAcl)의 아웃바운드 규칙을 확인한다.
- 라우트 테이블을 통해 경로가 선택된다.
- 대상의 네트워크 ACL 인바운드 규칙을 확인한다.
- 대상의 보안 그룹 인바운드 규칙을 확인한다. 이후 대상의 네트워크 인터페이스에 도착한다.

네트워크 ACL을 설정하지 않았다면, 보통 문제가 많이 발생하는 부분은 보안 그룹이다. 보안 그룹의 아웃바운드를 모두 허용해놓고 인바운드에 필요한 규칙이 누락되는 경우가 있기 때문이다. 만약 이 문제로 대상에 연결할 수 없다면 '다음 보안 그룹의 ingress 규칙은 적용되지 않습니다.' 오류가 발생한다.

그 외에도 소스 네트워크가 인터넷에 연결 가능한지 확인할 때도 사용할 수 있다. 이때는 소스를 Lambda의 ENI로 지정하고, 대상을 Internet Gateways로 지정한다. 만약 연결이 불가능하다면 다음과 같이 에러 상황과 함께 문제를 해결할 수 있는 제안을 보여준다.

> 소스 주소가 퍼블릭 IP 주소와 페어링되지 않았기 때문에 인터넷 게이트웨이 igw-10671578을(를) 통해 트래픽이 인터넷에 도달할 수 없습니다. IPv4 퍼블릭 IP 주소를 소스에 추가하거나 편집하려면 Elastic IP address를 사용할 수 있습니다. 대상 주소가 VPC vpc-9fae21f4에 있는 네트워크 인터페이스의 퍼블릭 IP 주소가 아닌 경우 인터넷 게이트웨이 igw-10671578은 퍼블릭 인터넷의 인바운드 트래픽을 수락할 수 없습니다. IPv4 퍼블릭 IP 주소를 대상에 추가하거나 편집하려면 Elastic IP address를 사용할 수 있습니다.

앞서 설명한 바와 같이, Lambda의 ENI 자체에는 퍼블릭 IP가 부여되지 않았기 때문에 직접 인터넷 게이트웨이와 통신할 수 없다는 뜻이고, 이를 수정하려면 네트워크 인터페이스에 퍼블릭 IP를 추가해야 한다는 뜻이다. 물론 이번 예제와 같이 라우트 테이블을 통해 NAT 게이트웨이를 거쳐 인터넷 게이트웨이에 접근할 수 있는 경우에는 다음과 같이 ENI → PrivateSubnet RouteTable → NAT → PublicSubnet RouteTable → Internet Gateway의 경로로 인터넷에 연결할 수 있다.

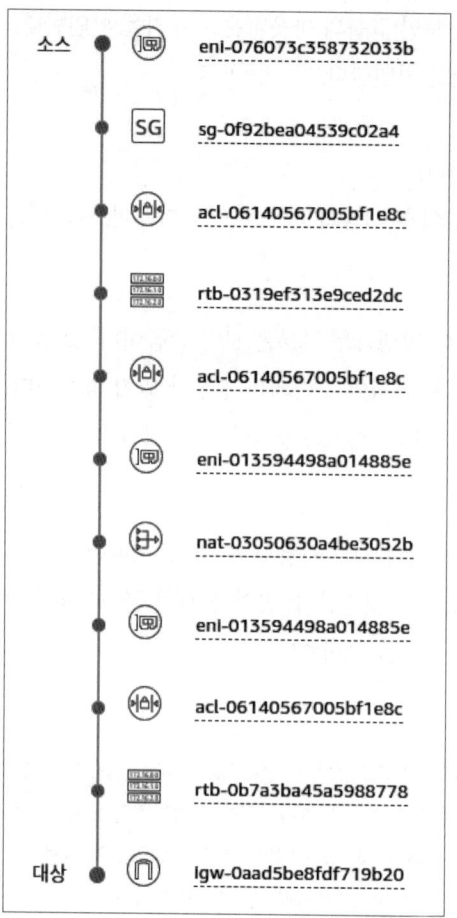

그림 7-2-4 연결성 분석기 - Lambda에서 인터넷 - 결과

AWS CLI를 사용한다면 `aws ec2 create-network-insights-path` 명령으로 분석 대상의 경로를 지정하고, `aws ec2 start-network-insights-analysis` 명령으로 결과를 조회할 수 있다. 관련 내용을 읽는 것이 익숙하다면 이 방법이 더 편하지만, 아직 익숙하지 않다면 보다 친절한 화면을 제공하는 관리 콘솔을 이용하는 것이 좋다. 한 번 분석할 때마다 $0.10의 비용이 발생하므로 필요할 때만 사용하자.

7-3 게임 서버 구현

인프라 구성 전에 정리했던 흐름도를 다시 간단히 정리하면 다음과 같다.

1. 클라이언트는 WebSocket을 연결한 후 매칭 메시지를 보낸다.
2. 매칭 서버는 2명의 클라이언트가 모이면 매칭하고 게임을 시작한 후 이를 알리는 메시지를 보낸다.
3. 클라이언트는 게임 도중 뱀의 방향을 변경했다는 메시지를 보낸다.
4. 서버는 클라이언트의 동작을 반영해, 변경된 게임 상태를 알리는 메시지를 보낸다.
5. 게임이 종료되면, 서버는 클라이언트에게 게임 종료 여부와 승리 여부를 보낸다.

실제 뱀 게임의 상태를 변경하고 전파하는 데는 3, 4, 5번의 메시지만 필요하지만 매칭을 위해 1, 2번의 메시지가 필요하다. 매칭 메시지가 필요하다는 점이 다소 이상하게 보일 수 있다. 플레이어가 연결한 시점($connect)에 바로 매칭을 진행해도 될 것 같기 때문이다. 하지만 $connect 라우트에서 매칭을 진행할 수는 없다. WebSocket API는 $connect 라우트를 처리하는 Lambda가 완료되어야 연결 수립이 완료되므로, 그 전에는 postToConnection을 사용해 해당 연결에 메시지를 보낼 수 없기 때문이다. 만약 $connect 라우트를 처리하는 Lambda에서 매칭을 진행한다면 다음과 같은 문제가 발생할 수 있다.

1. 플레이어-1이 접속해 $connect 라우트를 처리한다. 아직 연결이 없으므로 매칭 풀에 등록하고 처리가 끝난다.
2. 플레이어-2가 접속해 $connect 라우트를 처리한다. 플레이어-1과 매칭할 수 있으므로 게임을 시작하고 이를 알린다.

두 번째 과정을 $connect를 처리하는 Lambda에서 함께 진행했기 때문에 아직 연결이 유효하지 않은 플레이어-2는 매칭 완료 메시지를 받을 수 없다. 때문에 게임이 정상적으로 진행되지 않는다. 만약 매칭을 위한 Lambda를 별도로 실행한다고 해도 문제가 발생할 수 있다.

1. 플레이어-1이 접속했고 매칭 풀에 등록한다.
2. 플레이어-2가 접속했고 매칭 풀에 등록한다. 매칭 Lambda를 실행한다.
3. 매칭 Lambda가 플레이어 1, 2를 매칭해 게임을 시작한다.

매칭 Lambda의 동작이 플레이어-2의 $connect 라우트 처리 완료보다 반드시 더 늦게 진행된다는 보장이 없다. 즉, 낮은 확률이지만 여전히 문제가 발생할 수 있다.

7-3-1 메시지 정의

실제 구현에 앞서, 게임 서버와 클라이언트가 교환할 메시지의 규격을 정의한다. 메시지는 유형을 나타내는 type을 멤버로 갖고, 그 외에 필요한 요소를 추가로 갖는다. 매칭을 위해 클라이언트와 서버가 교환하는 메시지의 타입은 다음과 같다.

```
interface ClientMatch {
  type: "match";
}
interface ServerStart {
  type: "start";
  id: string;
}
```

1. 클라이언트가 매칭을 요청할 때 보내는 메시지(ClientMatch)에는 따로 포함할 정보가 없다. 따라서 유형만 보낸다.
2. 서버가 매칭이 완료되어 보내는 게임 시작 메시지(ServerStart)에는 발급한 클라이언트의 ID를 알려준다. 이는 게임 월드 정보에서 자신을 식별하기 위해 사용한다.

클라이언트가 뱀의 방향을 전환하기 위한 메시지는 다음과 같다. 방향은 왼쪽, 오른쪽, 위, 아래의 네 방향을 지원한다. move 유형의 메시지에 방향 정보를 포함한 메시지를 설계한다.

```
type MoveDirection = "left" | "right" | "up" | "down";

interface ClientMove {
  type: "move";
  dir: MoveDirection;
}
```

서버에서 게임 상태를 전파하는 데 사용하는, 게임 월드와 종료 메시지를 다음과 같이 정의한다.

```
interface ServerUpdate {
  type: "update";
```

```
  world: unknown;
}
interface ServerEnd {
  type: "end";
  win: boolean;
}
```

1. 게임 월드의 변경점을 알려주는 메시지(ServerUpdate)는 매번 월드 전체의 정보를 world 필드에 담아 전달한다. 물론 효율적인 구현을 위해서는 변경점만 보내고 클라이언트에서 상태를 조립하는 것이 마땅하지만, 여기에서는 설명의 편의를 위해 전체를 다 보낸다.
2. 아직 월드의 모델을 정의하지 않았으므로 월드 타입은 unknown으로 둔다. 만약 필요하다면 이를 구체 타입으로 사용해도 되지만, 서버 입장에서는 이 값을 읽어서 사용하는 경우가 없으므로 그냥 이대로 둔다.
3. 게임이 끝났을 때 알려주는 메시지(ServerEnd)는 승리 여부(win)를 포함한다. 승리한 플레이어만 이 값이 true로 설정될 것이다.

필요한 모든 메시지 유형을 정리했다. 이제 상황에 따라 사용할 메시지의 집합을 합(Sum) 타입으로 선언한다. 이는 추후 임의의 메시지를 분류하거나 간단한 수준의 타입 안전성을 보장할 때 사용할 수 있어 도움이 된다.

```
type ClientAllMessage = ClientMatch | ClientMove;
type ClientGameMessage = ClientMove;
type ServerMessage = ServerStart | ServerUpdate | ServerEnd;
```

1. 클라이언트에서 전달하는 모든 메시지는 ClientAllMessage로 선언한다. 이는 $default 라우트를 처리하는 Lambda에서 클라이언트 메시지 타입으로 사용한다.
2. 클라이언트에서 게임을 위해 전달하는 메시지는 ClientGameMessage로 선언한다. 현재는 방향 전환을 위한 ClientMove밖에 없다. 게임 로직을 처리할 때 클라이언트 메시지 타입으로 사용한다.
3. 서버에서 클라이언트로 전달하는 모든 메시지는 ServerMessage로 선언한다. 이는 게임에서 클라이언트로 전달할 메시지 유형의 타입 안전성을 보장하기 위해 사용한다.

7-3-2 WebSocket 처리 함수 구현

클라이언트가 보내는 메시지를 처리하기 위해 WebSocket의 이벤트를 처리하는 함수를 먼저 구현한다. 채팅 예제에서 설명했던 $connect, $disconnect, $default 라우트를 처리하는 함수를 구현한다.

먼저, $connect 라우트를 처리하는 Lambda 함수다. 게임을 설계할 때 이야기했던 바와 같이, 간단한 구현을 위해 별도의 인증 체계를 부여하지 않는다. 또한 앞서 설명했듯이 매칭 풀에 등록하는 작업도 여기서 처리할 일이 아니다. 따라서 이 함수는 아무런 일도 하지 않는다.

```
export const handleConnect = async (event: APIGatewayEvent) => {
  return { statusCode: 200 };
};
```

$disconnect 라우트를 처리하는 Lambda는 매칭과 게임의 양쪽 상태를 갱신해야 한다. 만약 아직 매칭된 상태라면 매칭 풀에서 클라이언트를 제거해야 하고, 게임을 진행 중인 상태라면 게임에 연결이 끊어졌다는 이벤트를 보내고 연결-게임 정보를 삭제해야 한다. 연결-게임 정보는 클라이언트가 매칭되어 게임을 진행 중일 때, 클라이언트가 전달한 이벤트를 어떤 게임으로 보내야 할지 관리하는 서버에 저장된 정보다. 채팅 예제에서의 연결-주제와 비슷한 정보다. 아직 매칭 풀과 게임 이벤트 대기열은 구현하지 않았으므로, 추후 관련 내용을 구현하고 다시 살펴보자.

```
export const handleDisconnect = async (event: APIGatewayEvent) => {
  const connectionId = event.requestContext.connectionId!;
  // 1. 매칭 풀에서 클라이언트를 제거한다.
  // 2. 게임에 연결이 끊어졌다고 알리고 연결 정보를 제거한다.
  return { statusCode: 200 };
};
```

$default 라우트를 처리하는 Lambda는 클라이언트로부터 받은 메시지를 유형에 따라 처리한다. 요청 본문(body)은 문자열 형태로 전달되므로 JSON.parse 함수를 사용해 JSON으로 파싱한 후 메시지를 처리하는 handleClientMessage 함수로 넘긴다. 이때 본문이 없거나 잘못된 형식이라면 불필요한 자원 낭비를 막기 위해 바로 연결을 끊는다(deleteConnection).

```
export const handleMessage = async (event: APIGatewayEvent) => {
  const connectionId = event.requestContext.connectionId!;
  try {
```

```
    const body = event.body;
    if (!body) {
      throw new Error("잘못된 요청");
    }
    await handleClientMessage(connectionId, JSON.parse(body));
    return { statusCode: 200 };
  } catch (error) {
    await managementApi
      .deleteConnection({ ConnectionId: connectionId })
      .promise();
    return { statusCode: 400 };
  }
};
```

managementApi는 채팅 예제에서 사용했던 코드와 같다. ApiGatewayManagementApi 객체를 사용하며, 로컬 테스트 환경을 위해 IS_OFFLINE 환경 변수를 보고 endpoint를 지정한다. 이때 @connections 명령 URL 주소를 MANAGEMENT_API_URL 환경 변수로 주입 받는다면 event.requestContext를 사용할 필요가 없으므로 좀 더 사용이 간편해진다. 이번 예제에서는 사용자 지정 도메인을 부여할 예정이므로 serverless.ts 파일을 정리할 때 WebSocket URL을 MANAGEMENT_API_URL 환경 변수로 지정할 수 있다.

```
import { ApiGatewayManagementApi } from "aws-sdk";

const managementApi = new ApiGatewayManagementApi({
  endpoint: process.env.IS_OFFLINE
    ? "http://localhost:3001"
    : process.env.MANAGEMENT_API_URL!,
});
```

클라이언트가 전달하는 메시지 유형은 match와 move가 있다. match는 매칭을 요청하는 메시지고, move는 게임에서 뱀의 방향을 전환하는 메시지다. 아직 매칭과 게임 구현을 진행하지 않았으므로, 각각의 함수는 각 도메인의 구현에 이어서 살펴보자.

```
async function handleClientMessage(
  connectionId: string,
  message: ClientAllMessage
): Promise<void> {
  switch (message.type) {
```

```
    case "match":
      await handleClientMatchMessage(connectionId);
      break;
    case "move":
      await handleClientGameMessage(connectionId, message);
      break;
    default:
      throw new Error("잘못된 요청");
  }
}
```

작성한 함수를 서버리스 스택에 포함하기 위해 serverless.ts에 등록한다. 이때 $default 라우트를 처리하는 Lambda는 실행 시간을 29초로 설정한다. 이는 match 메시지를 받았을 때 가능하면 바로 매칭까지 처리할 수 있도록 여유 시간을 주기 위함이다. 이에 대해서는 다음 단원에서 자세히 설명한다.

```
const config: AWS = {
  functions: {
    handleConnect: {
      handler: "handler.handleConnect",
      events: [{ websocket: { route: "$connect" } }],
    },
    handleMessage: {
      handler: "handler.handleMessage",
      timeout: 29,
      events: [{ websocket: { route: "$default" } }],
    },
    handleDisconnect: {
      handler: "handler.handleDisconnect",
      events: [{ websocket: { route: "$disconnect" } }],
    },
```

7-3-3 사용자 지정 도메인 연결

ApiGatewayManagementApi의 endpoint 주소로 전달하는 MANAGEMENT_API_URL도 서버리스 스택에 설정한다. API Gateway가 자동으로 생성하는 API ID는 예측할 수 없으므로 이 값을 MANAGEMENT_API_URL로 지정하는 것은 번거롭다. 일단 배포해서 API Gateway가 만들어주는

WebSocket 주소를 확인한 후, 이를 환경 변수에 지정해 다시 한번 더 배포해야 하기 때문이다. 하지만 사용자 지정 도메인을 사용하면 우리가 직접 도메인을 지정할 수 있으므로, 이런 번거로운 과정 없이 스택을 선언할 수 있다.

serverless-domain-manager 플러그인을 설치하고 사용자 지정 도메인 설정을 serverless.ts에 추가한다. 채팅 예제와 거의 동일하다. 단, stage는 지정하지만 basePath는 지정하지 않는다. 이번 예제에서는 event.requestContext.stage를 사용하지 않아 굳이 두 값이 같을 필요가 없기 때문이다.

```
const stage = "dev";
const subDomain = process.env.SUB_DOMAIN!;
const rootDomain = process.env.ROOT_DOMAIN!;

const websocketDomain = {
  apiType: "websocket",
  stage,
  domainName: `${subDomain}.${rootDomain}`,
  certificateName: rootDomain,
  endpointType: "regional",
  createRoute53Record: "true",
};
```

config의 plugins에 serverless-domain-manager가 들어가 있는지 확인하고, custom.customDomain으로 사용자 지정 도메인 설정을 추가한다. 그리고 MANAGEMENT_API_URL 환경 변수로 지정할 주소는 이미 websocketDomain.domainName으로 지정했으니 그 값을 그대로 연결해주면 된다.

```
const config: AWS = {
  provider: {
    // ... 생략
    environment: {
      MANAGEMENT_API_URL: websocketDomain.domainName,
      // ... 생략
    },
  },
  plugins: [
    "serverless-webpack",
    "serverless-offline",
    "serverless-domain-manager",
```

```
  ],
  custom: {
    customDomain: websocketDomain,
  },
```

서버리스 스택 배포에 앞서 `sls create_domain` 명령을 통해 도메인 Route 53 레코드를 생성하는 것도 잊지 말자. 채팅 예제와는 다르게 WebSocket 주소에 `stage`를 포함하지 않았기 때문에 주의가 필요하다. `wscat` 등으로 테스트할 때 연결이 403으로 계속 실패한다면 혹시 주소에 실수로 /dev를 넣은 것은 아닌지 살펴보자.

7-4 매칭 구현

WebSocket 이벤트 처리 함수를 구현하면서 매칭의 진입점을 만들었다. 클라이언트로부터 `match` 메시지를 받았을 때 이를 처리하는 `handleClientMatchMessage` 함수다. 매칭을 처리하는 단계를 다음과 같이 간단히 생각해볼 수 있다.

- 매칭을 요청한 클라이언트를 매칭 풀에 넣는다.
- 지금 매칭 풀에 2명이 있다면, 둘을 매칭해서 게임을 시작한다.

하지만 이 로직을 Lambda 인스턴스에서 실행하려면 다음 두 가지 사항을 고려해야 한다.

1. Lambda는 동시에 실행될 수 있다. 만약 수많은 클라이언트로부터 `match` 메시지가 동시에 들어온다면, 각 Lambda에서 동시에 매칭을 실행하려다가 동시성 문제가 발생한다.
2. Lambda는 최대 수행 시간을 갖는다. WebSocket API의 이벤트를 처리하는 Lambda는 29초까지 실행할 수 있고, 비동기 이벤트로 실행되는 Lambda는 최대 900초까지 실행할 수 있다. 만약 매칭을 처리하는 도중에 Lambda 실행 시간을 초과하게 되면 의도치 않은 상태 불일치 상황을 만들 수 있다.

정리하면, 하나의 Lambda 인스턴스만 매칭을 처리할 수 있도록 잠금 구현이 필요하고, 실행 시간을 초과하지 않도록 남은 수행 시간도 고려해야 한다. 만약 남은 시간이 부족한데 매칭해야 할 클라이언트가 남아 있다면 인스턴스가 종료되기 전에 새로운 Lambda를 실행해서 이를 처리해야 한다. 이 부분을 고려해 전체 흐름을 다시 정리하면 다음과 같다.

1. 매칭을 요청한 클라이언트를 매칭 풀에 넣는다.
2. 매칭 잠금을 획득한다.

    2-1. 잠금을 획득하지 못했다면 종료한다.

3. 잠금을 획득했다면, 매칭 풀에서 2명을 꺼내어 게임을 시작한다.
4. 매칭 가능한 클라이언트가 풀에 남아 있고, 실행 시간도 남아 있다면 세 번째 과정을 반복한다.
5. 매칭 잠금을 해제한다.
6. 매칭 가능한 클라이언트가 풀에 남아 있다면 다음으로 진행하고, 없다면 종료한다.

    6-1. 실행 시간이 남아 있다면 두 번째 과정으로 돌아간다.

    6-2. 실행 시간이 없다면 매칭을 위한 새로운 Lambda 인스턴스를 실행한다.

동시성 제어가 잘 되고, 매칭이 안 되는 일이 없는지 확인해보자.

- 매칭 풀에 클라이언트를 넣는 작업은 Redis의 SADD를 사용하므로 원자성이 보장된다. 따라서 동시성 문제가 없다.
- 매칭 풀에서 매칭하기 위해 클라이언트를 꺼내는 작업은 매칭 잠금으로 보호되므로 동시성 문제가 없다.
- 만약, 매칭을 진행한 Lambda A가 네 번째 단계를 완료했고 매칭 풀에 한 명의 클라이언트가 남았다고 가정해보자. 이때 Lambda B는 두 번째 단계를 시도하다 잠금을 획득하지 못하고 종료된다. 하지만 Lambda A는 다섯 번째 단계로 진행하므로 매칭 잠금을 해제한다. 다행히 Lambda A가 수행을 바로 종료하지 않고 다시 매칭 풀을 확인한 다음 두 번째 단계로 진행하므로 Lambda B가 못한 일을 처리해줄 수 있다.
- 이 시점에 Lambda C가 두 번째 단계로 진행했어도 Lambda A와 Lambda C 둘 중 매칭 잠금을 획득한 Lambda 인스턴스가 매칭을 처리해줄 테니 문제없다.
- 최악의 경우, Lambda A가 계속 잠금을 획득하여 수행 시간이 모자랄 수 있다. 이때 네 번째 단계의 조건에 의해 반복이 종료되고, 잠금을 해제한 후 남은 매칭을 처리하는 새로운 Lambda를 실행한다.

매칭 풀과 매칭 잠금을 위해 Redis를 사용한다. 다른 예제와 같이 @redis/client 라이브러리를 사용한다. 로컬 개발 환경을 고려해 IS_OFFLINE 환경 변수를 보고 로컬 주소를 사용할지, 아니면 REDIS_HOST 환경 변수로 주입된 주소를 사용할지 결정한다. 그리고 Redis 클라이언트를 사용해 원하는 처리를 수행하고 그 결과를 반환하는 useRedis 함수를 작성한다. 예제에서는 자원 관리의 편의를 위해 요청마다 Redis와의 연결을 새로 맺는다. Lambda의 동시 실행수와 Redis의 최대 동시 접속수를 고려해 연결을 재사용하는 것도 좋은 방법이다.

```typescript
import { createClient } from "@redis/client";

type RedisClient = ReturnType<typeof createClient>;

const redisUrl = `redis://${
  process.env.IS_OFFLINE ? "127.0.0.1" : process.env.REDIS_HOST
}:6379`;

async function useRedis<R>(callback: (client: RedisClient) => Promise<R>) {
  const client = createClient({ url: redisUrl });
  await client.connect();
  try {
    return await callback(client);
  } finally {
    await client.quit();
  }
}
```

7-4-1 매칭 요청 처리 구현

클라이언트의 매칭 요청을 처리하는 handleClientMatchMessage 함수는 다음과 같이 작성한다. 먼저 Redis의 SADD 명령으로 클라이언트의 연결 ID를 매칭 풀에 넣고 바로 매칭을 시도해본다. Lambda 인스턴스를 새로 기동하면 추가 비용이 발생할 뿐만 아니라 첫 기동 지연 시간에 의해 시간도 느리다. 따라서 이번 Lambda에서 처리할 수 있다면 바로 처리하는 게 제일 효율적이다. 다만 WebSocket API 이벤트에 의해 시작된 Lambda이므로 수행 시간이 29초로 짧다. 적당히 20초 정도만 매칭하도록 제한 시간을 둔다.

```typescript
const redisKeyMatchPool = `snake-game/match-pool`;

async function handleClientMatchMessage(connectionId: string): Promise<void> {
  await useRedis(async (redis) => {
    await redis.SADD(redisKeyMatchPool, connectionId);
    await doMatch(redis, Date.now() + 20 * 1000);
```

```
  });
}
```

매칭을 요청한 클라이언트가 연결을 끊었다면 매칭 풀에서 제거해주어야 한다. 그러지 않으면 이미 연결이 끊어진 클라이언트와 매칭될 수 있다. 따라서 $disconnect 라우트를 처리하는 Lambda 함수에서 Redis의 **SREM** 명령을 사용해 매칭 풀에서 클라이언트를 제거한다.

```
export const handleDisconnect = async (event: APIGatewayEvent) => {
  const connectionId = event.requestContext.connectionId!;
  await useRedis(async (redis) => {
    await redis.SREM(redisKeyMatchPool, connectionId);
    // 진행 중인 게임에 종료를 전파하는 부분은 추후 구현한다.
  });
}
```

7-4-2 매칭 로직 구현

매칭을 처리하는 함수는 다음과 같다. 앞서 정리한 흐름을 코드로 구현한 것이다. deadlineMillis 로 Lambda의 남은 수행 가능 시간을 고려해 그 안에서만 매칭을 처리하도록 한다. 흐름과 구현을 쉽게 비교하기 위해 흐름에서 정의한 번호를 주석으로 추가했다.

```
const gameUserCount = 2;

async function doMatch(redis: RedisClient, deadlineMillis: number) {
  const matchLock = redisForMatchLock(redis);
  const hasMore = async () => (await getMatchPoolSize(redis)) >= gameUserCount;
  while (await hasMore()) { ← 6-1
    if (Date.now() >= deadlineMillis) {
      await startMatchLambda(); ← 6-2
      return;
    }
    if (!(await matchLock.acquire(deadlineMillis - Date.now()))) { ← 2
      return; ← 2-1
    }
    await matchInLock(redis, deadlineMillis); ← 3, 4
    await matchLock.release(); ← 5
  }
}

function getMatchPoolSize(redis: RedisClient): Promise<number> {
```

```
  return redis.SCARD(redisKeyMatchPool);
}
```

1. 매칭 잠금을 사용하기 위해 `matchLock` 객체를 준비한다.
2. 매칭 가능한 클라이언트가 더 남아 있는지 확인하는 `hasMore` 함수를 정의한다.
   - `getMatchPoolSize` 함수를 통해 현재 매칭 풀에 남아 있는 클라이언트 수를 확인한다. 이는 Redis의 SCARD 명령을 사용해 매칭 풀 집합의 원소수를 확인하는 함수다.
   - 예제는 1:1 게임을 상정했으므로 매칭할 클라이언트의 수(`gameUserCount`)는 2다.
3. (6-1) 매칭 가능한 클라이언트가 남아 있다면(hasMore) 계속 매칭을 시도한다.
4. (6-2) 만약 현재 시간이 `deadlineMillis`를 넘겼다면 Lambda 인스턴스의 수행 시간이 끝났다는 뜻이다. 매칭을 수행할 새로운 Lambda 인스턴스를 띄운다.
5. (2) 매칭 잠금을 시도한다.
   - (2-1) 잠금이 실패했다면, 다른 Lambda 인스턴스에서 잠금을 진행한다는 뜻이므로 여기서는 더 이상 처리할 필요 없다.
6. (3, 4) 잠금을 획득했으니 매칭 풀에 안전하게 접근해 매칭을 처리한다.
7. (5) 매칭 잠금을 해제한다.
8. (6-1) 잠금을 해제한 시점과 동시에 새로운 클라이언트가 진입할 수 있으므로, 다시 매칭 가능한 클라이언트가 있는지 확인하는 단계로 돌아간다.

매칭 잠금을 위한 Redis 연동 구현은 SQLite를 저장소로 사용한 블로그 예제와 같이 SET, GET, DEL 명령을 사용해 구현한다. 이때, Lambda가 의도치 않게 종료되어도 TTL에 의해 잠금이 자동으로 해제되도록 SET 명령과 함께 Expires 옵션을 사용한다. 때문에 잠금을 해제할 때는 여전히 소유권을 가지고 있는지 확인해야 안전하다. 이를 위해 임의의 문자열로 잠금 ID를 만들어 사용한다. 잠금 함수(acquire)와 해제 함수(release)는 잠금 ID(`lockId`)를 공유하므로, 다음과 같이 간단히 함수 안의 함수로 공유 변수를 가지도록 구현한다.

```
const redisKeyMatchLock = `snake-game/match-lock`;

function redisForMatchLock(redis: RedisClient) {
  const lockId = randomId();
  async function acquire(ttlMillis: number): Promise<boolean> {
    const set = await redis.SET(redisKeyMatchLock, lockId, {
      NX: true,
      PX: ttlMillis,
```

```
    });
    return set !== null;
  }
  async function release(): Promise<void> {
    const lockOwner = await redis.GET(redisKeyMatchLock);
    if (!lockOwner) {
      throw new Error("잠금이 이미 해제됨");
    }
    if (lockOwner !== lockId) {
      throw new Error("잠금 소유자가 변경됨");
    }
    await redis.DEL(redisKeyMatchLock);
  }
  return { acquire, release };
}
```

1. 잠금 함수(acquire)는 SET 명령의 NX를 사용해 현재 등록된 Redis 값이 없을 때만 새로 값을 등록한다. 이를 통해 이미 다른 Lambda 인스턴스가 Redis 항목을 등록한 경우, 새로운 등록이 실패하도록 구현할 수 있다. 즉, 하나의 Lambda 인스턴스만 해당 명령이 성공한다.
2. 그리고 밀리초 단위의 TTL을 설정하기 위해 PX 옵션을 사용한다. 이는 Lambda 인스턴스가 의도치 않게 종료되어 잠금 해제를 수행하지 못해도 일정 시간 후에 잠금을 자동으로 제거하기 위함이다.
3. 잠금 해제(release)는 DEL 명령으로 Redis 값을 제거한다. 단, TTL로 설정한 시간보다 Lambda 인스턴스가 더 오래 실행되어 의도치 않게 잠금이 해제되었고, 이후 다른 Lambda 인스턴스가 잠금을 획득했는데 이를 이 Lambda 인스턴스에서 해제할 수 있다. 이런 문제를 방어하기 위해, Redis 값을 삭제하기 전에 GET 명령으로 확인한 값이 잠금 시 넣어둔 잠금 ID와 일치하는지 확인한다.
   - TTL에 따라, GET할 때는 값이 유효했지만 DEL할 때는 값이 삭제되어 다른 Lambda 인스턴스가 잠금을 획득할 수도 있다. GET 명령과 DEL 명령이 하나의 트랜잭션으로 처리되지 않기 때문에 발생하는 문제이며, Lua 스크립트를 통해 해결할 수 있다. 하지만 이번 예제에서는 설명의 편의를 위해 이 정도만 구현한다.

잠금 ID를 발급하는 randomId 함수는 crypto 내장 라이브러리를 사용해 손쉽게 구현할 수 있다. 적당한 길이의 임의의 바이트를 생성한 후, 이를 16진수로 변환해 사용한다. 필요에 따라 길이를 조정하거나 16진수 대신 Base64를 사용할 수도 있다.

```
import * as crypto from "crypto";

function randomId() {
```

```
    return crypto.randomBytes(12).toString("hex");
}
```

매칭을 처리하는 함수 `matchInLock`은 매칭 풀로부터 매칭할 클라이언트 수(gameUserCount)만큼 꺼내어 새로운 게임을 시작한다.

```
const redisKeyPrefixConnectionGame = "snake-game/connection-game/";
const gameSeconds = 600;

async function matchInLock(
  redis: RedisClient,
  deadlineMillis: number
): Promise<void> {
  for (
    let count = await getMatchPoolSize(redis);
    count >= gameUserCount && Date.now() < deadlineMillis;
    count -= gameUserCount
  ) {
    const connectionIds = await redis.SPOP(redisKeyMatchPool, gameUserCount);
    const gameId = randomId();
    await Promise.all(
      connectionIds.map((connectionId) =>
        redis.SET(redisKeyPrefixConnectionGame + connectionId, gameId, {
          EX: gameSeconds,
        })
      )
    );
    await startGameLambda({ gameId, connectionIds });
  }
}
```

1. 현재 매칭 풀에 있는 클라이언트 수(getMatchPoolSize)를 가져온 뒤, 매칭할 클라이언트 수(gameUserCount)만큼 빼면서 반복한다. 물론 이때 deadlineMillis를 넘기지 않도록 주의한다.
2. 매칭 풀은 Redis의 Set 자료 구조이므로, SPOP을 사용해 원하는 개수만큼 항목을 가져올 수 있다.
3. 매칭 풀에서 매칭할 클라이언트 수(gameUserCount)만큼 가져온 후, 새로운 게임 ID(gameId)를 생성한다. 그리고 연결 ID(connectionId)와 게임 ID(gameId)를 연결-게임 저장소에 보관한다. 이는 추후 클라이언트로부터 전달된 메시지를 게임 이벤트 대기열에 넣을 때 사용한다.
4. 매칭된 정보를 가지는 새로운 게임을 시작한다.

사실 매칭 풀은 클라이언트의 연결이 끊어지면 대기 중인 연결 ID를 제거하기 때문에, 위처럼 SPOP 명령으로 연결 ID를 가져온 시점에 해당 연결이 무효화될 수 있다. 혹은 반복문이 수행되는 동안 매칭 풀이 줄어들어, SPOP 명령의 결과가 gameUserCount에 미치지 않을 수 있다. 이를 개선하려면 반환된 값이 여전히 gameUserCount와 같은지 검사하고, 그 연결 ID들이 유효한지 검사해야 한다. 견고한 서비스를 위해서는 매칭이 성공했을 때 연결 ID를 통해 메시지를 주고받아 여전히 연결이 유효한지 검사하고, 연결이 끊어졌다면 새로운 매칭을 시도하거나 재접속을 기다리는 시나리오를 추가로 구현해야 한다. 다만 이번 예제에서는 설명의 편의를 위해 이런 부분을 생략한다.

7-4-3 매칭 수행 및 처리 연장

게임 Lambda 인스턴스는 aws-sdk 라이브러리의 Lambda 클래스의 invoke 함수를 통해 실행할 수 있다. Lambda에서 새로운 Lambda를 실행하는 것은 동기적 방법과 비동기적 방법이 있는데, 대부분의 상황에서 동기적 실행은 권장하지 않는다. 매칭과 게임은 별도의 프로세스에 해당하므로, 매칭 성공 시 실행하는 Lambda는 비동기 실행이 적합하다.

```typescript
import { Lambda } from "aws-sdk";

const lambda = new Lambda({
  endpoint: process.env.IS_OFFLINE ? `http://localhost:3002` : undefined,
});

interface GameStart {
  gameId: string;
  connectionIds: string[];
}

async function startGameLambda(start: GameStart): Promise<void> {
  await lambda
    .invoke({
      FunctionName: process.env.GAME_FUNCTION_NAME!,
      InvocationType: "Event",
      Qualifier: "$LATEST",
      Payload: JSON.stringify(start),
    })
    .promise();
}
```

1. Lambda를 실행하는 부분도 Serverless offline 플러그인을 통해 로컬 테스트 환경에서 처리할 수 있다. 이를 위해서는 http://localhost:3002 주소를 사용해야 한다. IS_OFFLINE 환경 변수의 값에 따라 이 주소를 사용하도록 한다. AWS 배포된 환경에서는 별도의 주소를 지정할 필요가 없으므로 undefined을 사용한다.

2. Lambda를 새로이 실행할 때는 Lambda.invoke 함수를 사용한다. 이때 FunctionName에 실행할 함수의 전체 이름을 지정한다. 이는 서비스 이름이나 스테이지 이름 등 Serverless Framework에서 지정한 규칙을 이해해야 정확히 알 수 있으므로, serverless.ts 파일을 정리할 때 환경 변수를 통해 주입하도록 구성한다.

3. Lambda를 비동기로 실행하기 위해서는 InvocationType을 Event로 지정한다. 이 값을 RequestResponse로 설정하면 동기적으로 실행한다. 비동기로 실행하면 Lambda의 실행을 요청하고 바로 수행이 끝나지만, 동기로 실행하면 그 Lambda 인스턴스의 수행이 완료될 때까지 대기하고 그 결과를 반환받을 수 있다.

4. Qualifier로 함수의 게시된 버전을 지정할 수 있다. 특정 버전을 지정해서 호출할 계획이 없다면 $LATEST 예약어를 사용해 최신으로 배포된 버전을 사용하도록 구성한다.

5. Payload로 Lambda 인스턴스의 실행 인자를 전달할 수 있다. Lambda의 제약 조건에 따라 최대 크기는 256KB를 넘을 수 없다.

Lambda를 비동기로 실행해도 몇 십에서 몇 백 밀리초까지 지연 시간이 발생할 수 있으므로 주의가 필요하다. 만약 매칭이 너무 느리게 처리되고 있다면 Redis와의 통신 지연을 의심하기보다는 Lambda의 실행 시간을 의심해보는 것이 좋다. 또한 Lambda의 동시성 한도를 초과할 경우 TooManyRequestsException 예외가 발생된다. 상용 서비스를 염두에 둔다면, 동시 실행 Lambda 인스턴스 수를 모니터링하며 한도를 적절하게 늘려주어야 한다.

같은 방식으로 매칭을 위한 Lambda 실행 함수를 구현한다.

```
async function startMatchLambda(): Promise<void> {
  await lambda
    .invoke({
      FunctionName: process.env.MATCH_FUNCTION_NAME!,
      InvocationType: "Event",
      Qualifier: "$LATEST",
    })
    .promise();
}
```

1. FunctionName은 게임 Lambda와 같이 serverless.ts에서 환경 변수로 주입한다.
2. 새로운 Lambda 인스턴스를 실행해야 하므로 InvocationType을 Event로 지정해 비동기로 실행한다.
3. 딱히 특정 버전을 지정해 실행해야 할 필요가 없으므로 $LATEST 버전을 지정한다.

Serverless Framework는 구성의 functions 항목의 키를 함수의 식별자로 사용하는데, Lambda 함수의 이름은 여기에 서비스 이름과 스테이지가 추가된다. 형식은 {서비스-이름}-{스테이지}-{함수-키}와 같다. 서비스 이름과 스테이지는 각각 config.service와 config.provider.stage로 지정되는 값이므로 이를 재사용하기 위해 별도의 변수를 도입한다. 이를 구현하면 다음과 같다.

```
const serviceName = "game-snake-api";
const stage = "dev";

function buildLambdaFunctionName(handlerName: string): string {
  return `${serviceName}-${stage}-${handlerName}`;
}
```

Lambda 이름을 환경 변수로 주입하는 것뿐만 아니라, Lambda에서 다른 Lambda를 실행하기 위한 IAM 권한 부여도 필요하다. Lambda 함수에 대한 lambda:InvokeFunction 권한을 부여한다. Lambda 함수에 대한 리소스는 arn:aws:lambda:{aws-region}:{account-id}:function:{function-name}:{version} 형식의 ARN으로 지정한다.

```
function lambdaFunctionArn(handlerName: string): Record<string, unknown> {
  return {
    "Fn::Join": [
      ":",
      [
        "arn:aws:lambda",
        { Ref: "AWS::Region" },
        { Ref: "AWS::AccountId" },
        "function",
        buildLambdaFunctionName(handlerName),
        "*",
      ],
    ],
  };
}
```

1. 문자열 부분과 참조 부분을 섞어서 사용하므로 : 문자를 사용해 Fn::Join 함수로 결합한다.
2. aws-region은 AWS::Region, account-id는 AWS::AcountId를 참조해서 얻는다.
3. 함수의 이름은 앞서 구현한 buildLambdaFunctionName 함수를 통해 얻는다.
4. 특정 version에 대한 실행 권한만 부여하는 경우가 아니라면, *을 사용해 모든 버전을 호출하도록 지정한다.

이 두 함수를 사용해 serverless.ts에 환경 변수와 IAM을 지정한다. config.provider.environment와 iam.role.statements를 다음과 같이 수정한다.

```
const config: AWS = {
  provider: {
    environment: {
      REDIS_HOST: RedisHost,
      MATCH_FUNCTION_NAME: buildLambdaFunctionName("handleMatch"),
      GAME_FUNCTION_NAME: buildLambdaFunctionName("handleGame"),
      // ...생략
    },
    iam: {
      role: {
        statements: [{
          Effect: "Allow",
          Action: "lambda:InvokeFunction",
          Resource: [ lambdaFunctionArn("handleMatch"),
                      lambdaFunctionArn("handleGame")] }],
```

1. Redis의 접속 주소는 Redis 자원을 선언한 RedisResources.ts 파일의 RedisHost를 가져와 사용한다. 이는 Redis 자원의 접속 주소를 얻기 위한 참조 표현식의 변수이며 여기서 사용하기 위해 앞서 선언해두었다.
2. 매칭 Lambda와 게임 Lambda를 실행하기 위해 필요한 함수 이름을 각각 MATCH_FUNCTION_NAME, GAME_FUNCTION_NAME 환경 변수로 주입한다.
3. 매칭 Lambda와 게임 Lambda 실행에 필요한 IAM 권한을 부여한다. ARN으로 지정한 두 Lambda 리소스(Resource)에 대한 실행(lambda:InvokeFunction) 행위(Action)를 허가(Allow)한다.

buildLambdaFunctionName 함수와 lambdaFunctionArn 함수에서 사용하는 handlerName은 config.functions에서 지정하는 함수에 대한 키다. 매칭을 위한 함수는 handleMatch를 사용하고, 게임을 위한 함수는 handleGame을 사용한다. 다음과 같이 두 개의 함수를 등록한다. 두 함수 모두 최대한 오래 실행될 수 있도록 timeout을 최댓값인 900초로 설정한다.

```
const config: AWS = {
  functions: {
    handleMatch: {
      handler: "handler.handleMatch",
      timeout: 900,
    },
    handleGame: {
      handler: "handler.handleGame",
      timeout: 900,
    },
```

매칭을 위해 별도로 실행되는 handleMatch Lambda의 처리 함수는 이미 구현한 doMatch 함수를 사용하면 되므로 다음과 같이 간단히 구현할 수 있다.

```
export const handleMatch = async () => {
  await useRedis((redis) => doMatch(redis, Date.now() + 890 * 1000));
};
```

useRedis 함수로 Redis 자원을 가져와서 doMatch 함수를 실행해 매칭을 처리한다. deadlineMillis는 890초 뒤로 설정해 가능한 한 오래 매칭을 처리하도록 한다. 만약 이 시간이 짧은데 매칭할 대상이 계속 발생한다면 남은 매칭을 처리하기 위해서 새로운 매칭 Lambda를 실행하게 된다. 이는 Lambda 실행 횟수에 의한 비용이 발생할 뿐만 아니라 Lambda 인스턴스의 실행을 위한 초기화 시간도 발생하기 때문에 손해다. 즉, 한 번 시작한 Lambda 인스턴스가 최대한 많은 작업을 처리하는 것이 더 효율적이다.

이로써 매칭 구현을 완료했다. 매칭을 시도하는 클라이언트가 많지 않다면 대부분의 경우 match 메시지를 처리하는 Lambda에서 매칭을 완료할 것이다. 만약 매칭할 클라이언트가 너무 많다면, 부족한 수행 시간 때문에 새롭게 시작한 매칭 Lambda에서 이어서 처리할 것이다. 물론, 매칭 Lambda 인스턴스가 매칭 잠금을 획득하지 못하고 계속 match 메시지를 처리하는 Lambda 인스턴스들에서만 매칭이 처리될 수도 있다. 후자의 경우를 보면 조금은 비효율적이지만, 그럼에도 놓치는 부분 없이 모두 잘 매칭된다.

7-5 게임 구현

게임 구현은 크게 두 부분으로 나뉜다.

- 클라이언트로부터 메시지를 받아서 게임의 이벤트 대기열로 전달
- 게임의 이벤트 대기열을 구독해 게임의 상태를 변경하고 이를 WebSocket으로 전파

7-5-1 WebSocket 이벤트 전달 구현

첫 번째 부분은 앞서 WebSocket 처리 함수를 구현하면서 공백으로 남겨두었던 `handleClientGameMessage` 함수에 해당한다. 이 함수에서 클라이언트의 메시지를 게임 이벤트 대기열에 넣는다. 이벤트 대기열에 넣는 메시지는 클라이언트가 전달한 메시지 본문에 `connectionId`를 추가해, 어느 클라이언트로부터 전달된 메시지인지 식별할 수 있도록 설계한다. 또한, 클라이언트의 연결 끊어짐을 처리하기 위한 `disconnect` 유형의 메시지도 추가한다.

```
interface ClientDisconnect {
  type: "disconnect";
  connectionId: string;
}

type GameQueueMessage =
  | (ClientGameMessage & { connectionId: string })
  | ClientDisconnect;
```

1. 기존 클라이언트의 메시지(`ClientGameMessage`)에 연결 ID(`connectionId`)를 추가한 타입을 선언한다.
2. 연결 끊어짐에 대한 메시지(`ClientDisconnect`)도 선언한다. 형식은 다른 `ClientGameMessage`와 같이 `type`과 `connectionId`로 지정한다.
3. 이벤트 대기열로 전달하는 모든 메시지의 유형을 유니온 타입(Union type)으로 선언한다.

`handleClientGameMessage` 함수는 선언한 타입에 맞춰 클라이언트의 메시지에 `connectionId`를 추가한 후, Redis의 `PUBLISH` 명령을 사용해 이벤트 대기열에 넣는다.

```
const redisKeyPrefixGameQueue = "snake-game/queue/";

async function handleClientGameMessage(
  connectionId: string,
  message: ClientGameMessage
): Promise<void> {
  await useRedis(async (redis) => {
    const gameId = await redis.GET(redisKeyPrefixConnectionGame + connectionId);
    if (gameId == null) {
      throw new Error("잘못된 요청");
    }
    const gameMessage = { ...message, connectionId };
    await redis.PUBLISH(
      redisKeyPrefixGameQueue + gameId,
      JSON.stringify(gameMessage)
    );
  });
}
```

1. 이벤트 대기열을 위한 Redis 키는 게임 ID(gameId)로부터 만든다. gameId는 매칭 시 연결-게임 저장소를 사용해 각 연결 ID로부터 가져올 수 있도록 보관했다.

2. 클라이언트가 전달한 메시지에 connectionId를 추가한 후, Redis의 PUBLISH 명령을 사용해 구독자에게 발행한다. 이때, 문자열로 전달해야 하므로 간단히 JSON.stringify 함수를 사용한다.

클라이언트의 연결 끊어짐에 대한 ClientDisconnect 메시지를 전달하기 위해, 공백으로 남겨두었던 handleDisconnect 함수의 나머지도 구현한다. 앞서 구현한 방식과 동일하게, gameId를 가져와 이벤트 대기열에 대한 Redis 키를 만들고, ClientDisconnect를 만들어 전달한다. 그리고 불필요해진 항목을 연결-게임 저장소에서 제거한다.

```
export const handleDisconnect = async (event: APIGatewayEvent) => {
  const connectionId = event.requestContext.connectionId!;
  await useRedis(async (redis) => {
    // 매칭 풀에서 연결을 제거하는 코드는 생략
    const gameId = await redis.GET(redisKeyPrefixConnectionGame + connectionId);
    if (gameId !== null) {
      await Promise.all([
        redis.PUBLISH(
          redisKeyPrefixGameQueue + gameId,
          JSON.stringify({ type: "disconnect", connectionId })
        ),
```

```
      redis.DEL(redisKeyPrefixConnectionGame + connectionId),
    ]);
  }
});
return { statusCode: 200 };
};
```

7-5-2 게임 플레이어 구현

클라이언트로 메시지를 보내는 연결 ID(connectionId)를 좀 더 편리하게 사용하기 위해 간단한 게임 플레이어를 구현한다. 이는 다음과 같은 특성을 지닌다.

1. 클라이언트를 식별하기 위한 별도의 ID를 부여한다.
2. 연결에 메시지를 보내거나(send) 종료(disconnect)하는 함수를 지원한다.
3. 종료된 연결에 메시지를 보내면 410 Gone 예외가 발생하는데, 이때 객체 상태를 조정해 다시는 메시지를 보내지 않도록 한다. 이는 불필요한 예외를 막을 뿐만 아니라, 불필요한 요청 자체를 하지 않기 때문에 연결을 효율적으로 사용할 수 있다.

```
class Player {
  public readonly id = randomId();
  public sendable = true;

  constructor(public readonly connectionId: string) {}
```

1. 게임은 피아 식별을 위해 각 클라이언트마다 고유한 ID를 부여한다. randomId 함수를 사용해 임의의 ID를 생성한 후, 이를 id 필드에 부여해서 사용한다.
2. 전송 가능한 상태를 판단하는 sendable 플래그를 둔다.
3. 생성자로 전달받는 connectionId를 필드로 둔다.

메시지를 보내는 send 함수는 서버에게 전달하는 메시지 타입(ServerMessage)을 인자로 받아 postToConnection 함수를 사용해 클라이언트로 전달한다. 설명의 편의를 위해 코드 블록을 여러 구간으로 나누었지만 다음 구현 내용도 Player 클래스에 포함된 내용이다.

```
class Player {
  // ... 생략
```

```typescript
public async send(message: ServerMessage): Promise<void> {
  if (!this.sendable) {
    return;
  }
  try {
    await managementApi
      .postToConnection({
        ConnectionId: this.connectionId,
        Data: JSON.stringify(message),
      })
      .promise();
  } catch (error: any) {
    if (!error.retryable) {
      this.sendable = false;
    }
  }
}
```

1. sendable이 false라면 postToConnection을 호출해도 410 Gone 오류가 발생할테니 아예 요청하지 않는다.
2. 만약 postToConnection을 요청했는데 예외가 발생했고, 그 예외가 retryable하지 않다면 복구가 불가능하다는 뜻이므로 sendable을 false로 조정한다. 즉, 끊어진 연결에 메시지를 보내 실패했다면, 그다음부터는 메시지를 보내지 않는다.

연결을 끝내는 disconnect 함수는 deleteConnection 함수를 사용해 연결한다. 이때 sendable 플래그를 false로 변경하여, 이후의 메시지 전송을 막는다.

```typescript
class Player {
  // ... 생략

  public async disconnect(): Promise<void> {
    this.sendable = false;
    await managementApi
      .deleteConnection({ ConnectionId: this.connectionId })
      .promise();
  }
}
```

7-5-3 게임 로직 구현

게임 Lambda는 매칭 로직에서 `startGameLambda` 함수를 통해 실행한다. 그 함수에서는 게임 실행에 필요한 정보를 `GameStart` 타입의 데이터로 전달했다. 따라서 게임 로직을 처리하는 Lambda 함수는 이를 함수의 인자로 받는다. 일반 함수의 인자 전달과 유사하다.

```
export const handleGame = async ({ gameId, connectionIds }: GameStart) => {
```

클라이언트들의 연결 ID로부터 앞서 구현한 `Player` 객체를 만든다. 이번 예제에서는 모든 플레이어에게 메시지를 보내는 경우가 많으므로, 이를 간편하게 구현하기 위한 `broadcast` 함수를 작성한다. 하지만 모든 플레이어에게 반드시 동일한 메시지를 전달하는 것은 아니므로, 전달할 대상 플레이어를 인자로 받아 그에 적합한 서버 메시지(`ServerMessage`)를 생성하는 함수(`newMessage`)를 사용한다. 설명의 편의를 위해 코드 블록을 여러 구간으로 나누었지만 다음 구현 내용도 `handleGame` 함수에 포함된 내용이다.

```
const players: Player[] = connectionIds.map(
  (connectionId) => new Player(connectionId)
);
function broadcast(newMessage: (player: Player) => ServerMessage) {
  return Promise.all(players.map((player) => player.send(newMessage(player))));
}
```

게임 이벤트는 Redis에 할당된 이벤트 대기열을 통해 전달된다. `useRedis` 함수를 통해 Redis 연결을 생성한 후, `SUBSCRIBE` 명령을 사용해 이벤트 대기열을 구독한다. 이때 받은 메시지를 보관하는 로컬 대기열(q)을 선언한다. 이는 단순히 전달될 수 있는 모든 메시지 타입(`GameQueueMessage`)의 배열이다. `SUBSCRIBE` 명령의 콜백으로 전달되는 메시지는 문자열 형태이므로 `JSON.parse` 함수를 사용해 복원한다. `PUBLISH` 명령으로 메시지를 전달할 때 `JSON.stringify`를 사용했기 때문이다.

```
await useRedis(async (redis) => {
  try {
    const q: GameQueueMessage[] = [];
    await redis.SUBSCRIBE(redisKeyPrefixGameQueue + gameId, (message) =>
      q.push(JSON.parse(message))
    );
```

이제 게임으로 진입하기 전 마지막 뼈대를 구성한다. 게임 시작 전에 시작(start) 메시지를 보내고, 끝나면 승자를 확인해 종료(end) 메시지를 보낸다. 그리고 게임이 정상적으로 끝나든 예기치 않은 오류로 인해 끝나든 모든 클라이언트의 연결을 끊는다. 게임은 로컬 대기열(q)과 플레이어(players)를 인자로 받아 게임이 종료될 때까지 로직을 처리한 후, 승자(winner)를 반환한다.

```
      await broadcast((player) => ({ type: "start", id: player.id }));
      const winner = await runGame(q, players);
      await broadcast((player) => ({ type: "end", win: player.id === winner }));
    } catch (error) {
      console.error({ error }, "게임에서 예기치 않은 오류 발생");
    } finally {
      await Promise.all(players.map((player) => player.disconnect()));
    }
  });
}
```

1. 게임 시작(start) 메시지에는 플레이어의 ID를 함께 전달한다. 이를 통해 월드 정보에서 내 뱀이 어떤 데이터인지 식별한다.
2. 게임 종료(end) 메시지는 승리 여부(win)를 전달한다. 승리 여부는 boolean으로 전달한다.
3. 게임이 끝나면(finally) 모든 클라이언트의 연결을 끊는다. 예외 종료 상황에서도 연결을 끊는다. 연결을 유지하고 있어도 더 할 수 있는 일이 없고 WebSocket API는 접속 시간에 따라 과금을 매기기 때문에 불필요한 연결은 최대한 빨리 끊는 것이 좋다.

게임 로직을 처리하는 runGame 함수는 뱀 게임 구현체인 snake를 사용한다. snake는 IO의 개입 없이 순수한 로직으로 작성된 뱀 게임의 구현체로, 테스트의 편의를 위해 분리한다. 게임을 진행하는 플레이어의 ID와 게임의 최대 진행 시간(gameSeconds)을 인자로 받는다. 자세한 구현은 추후 진행한다.

```
async function runGame(q: GameQueueMessage[], players: Player[]): Promise<string> {
  const s = snake(
    players.map((player) => player.id),
    gameSeconds
  );
```

앞서 상태 메시지를 전파하기 위해 구현했던 broadcast 함수와 마찬가지로, 월드의 상태가 바뀔 때마다 전체 상태를 모든 클라이언트에게 전달하는 broadcastWorld 함수를 추가한다. 앞서 선언했던 ServerUpdate 타입에 따라 update 유형을 사용한다. 월드의 정보는 snake 함수의 반환 객체인 s의 getWorld 함수를 통해 가져온다.

```
function broadcastWorld() {
  return Promise.all(
    players.map((player) =>
      player.send({ type: "update", world: s.getWorld() })
    )
  );
}
```

이벤트 대기열로 전달되는 메시지는 로컬 대기열인 q 변수를 통해 접근할 수 있다. 여기서 메시지를 하나씩 꺼내어(shift) 유형별로 처리하는 processMessage 함수를 구현한다. 만약 메시지가 하나도 없다면 shift 함수의 결과가 undefined이므로 이때는 함수를 빠져나온다.

```
function processMessage() {
  const message = q.shift();
  if (message === undefined) {
    return;
  }
  const player = players.find(
    (player) => player.connectionId === message.connectionId
  )!;
  switch (message.type) {
    case "disconnect":
      player.sendable = false;
      s.leave(player.id);
      break;
    case "move":
      s.move(player.id, message.dir);
      break;
    default:
      // 그 외의 메시지는 모두 버린다.
      break;
  }
}
```

1. 이벤트 메시지의 연결 ID(connectionId)에 대응되는 플레이어 객체(player)를 찾는다.
2. 메시지(message)의 유형(type)에 따라 처리한다.

- disconnect 유형이라면 sendable을 false로 바꿔 더 이상 메시지를 보내지 않도록 조정하고, 해당 플레이어가 나갔음을 알리기 위해 leave 함수를 호출한다. 이를 통해 남아 있는 플레이어가 승리한다.
- move 유형이라면 해당 플레이어의 방향을 바꾸기 위해 move 함수를 호출한다.

게임이 종료될 때까지 이벤트 대기열로 전달된 메시지를 처리하고 그에 따라 변화된 월드를 계속 전파한다.

```
  await broadcastWorld();
  while (!s.isEnd()) {
    await sleep(0);

    processMessage();
    if (s.update()) {
      await broadcastWorld();
    }
  }
  return s.getWinnerId();
}
```

1. 월드 전파는 broadcastWorld 함수를 사용한다. 게임이 시작될 때도 처음 월드 상태를 전파하기 위해 직접 호출한다.
2. 게임 종료 여부는 snake 반환 객체의 isEnd 함수를 통해 확인한다. 즉, 게임이 끝나기 전까지 메시지를 처리(processMessage)하고 월드의 상태를 갱신(s.update)한 후 전파(broadcastWorld)하는 작업을 반복한다.
3. 이때 await sleep(0)으로 Node.js의 이벤트 루프에 여유를 주어야만 한다. 그래야 SUBSCRIBE의 콜백이 실행될 틈이 생기고, 이로부터 로컬 대기열(q)에 메시지가 채워져 processMessage가 동작할 거리가 생긴다.
    - 만약 sleep이 없다면 동기 코드를 실행하는 반복문이 사실상 무한 루프 형태가 되어 CPU 사용률은 매우 높지만 클라이언트가 보낸 메시지는 처리하지 못하는 상황이 발생한다.
    - 로컬 개발 환경이라면 문제는 더 커진다. 로컬 개발 환경을 위한 serverless-offline도 같은 Node.js 인스턴스에서 실행되므로 이벤트 루프가 막히면 테스트 서버도 멈춘다. 단순히 클라이언트가 전달한 메시지를 처리하지 못하는 것뿐만 아니라, 로컬 서버 자체가 아무런 일을 할 수 없게 된다.

- 물론 s.update()이 true를 반환해 await broadcastWorld()이 실행되면서 약간의 틈이 생길 수 있지만 그 빈도수는 너무 낮다. 클라이언트가 전달한 메시지를 최대한 빨리 처리하기 위해 await sleep(0)은 반드시 필요하다.

sleep 함수는 setTimeout을 사용해 다음과 같이 구현한다. 이때 millis를 0으로 주는 것은 멈춤 없이 이벤트 루프에게 수행 제어권을 넘겨주는, 사실상의 양보라고 볼 수 있다.

```
async function sleep(millis: number): Promise<void> {
  return new Promise<void>((resolve) => setTimeout(resolve, millis));
}
```

뱀 게임 로직 구현을 위해 좌표를 나타낼 타입과 필요한 기본 함수를 구현한다. Vec2는 2차원의 좌표를 나타내며, x와 y를 멤버로 갖는다. 그리고 두 Vec2가 일치하는지 확인하는 vec2Equals 함수와, 두 Vec2를 더하는 vec2Plus 함수를 구현한다. vec2Equals는 충돌을 확인할 때 사용하고, vec2Plus는 지정된 방향으로 뱀을 진행시킬 때 사용한다.

```
interface Vec2 {
  x: number;
  y: number;
}
function vec2Equals(v1: Vec2, v2: Vec2): boolean {
  return v1.x === v2.x && v1.y === v2.y;
}
function vec2Plus(v1: Vec2, v2: Vec2): Vec2 {
  return { x: v1.x + v2.x, y: v1.y + v2.y };
}
```

Vec2 타입을 사용하는 상수를 미리 선언한다. 좌표뿐만 아니라 방향도 Vec2 타입을 사용할 수 있다. 움직이지 않는 상태를 표현하기 위해 (0, 0) 값을 갖는 zeroVec2와, 상하좌우의 방향 벡터인 dirVec을 정의한다. dirVec은 방향 타입인 MoveDirection을 키로 사용하는 사전 형식의 자료 구조다.

```
const zeroVec2: Vec2 = { x: 0, y: 0 };
const dirVec: { [Dir in MoveDirection]: Vec2 } = {
  left: { x: -1, y: 0 },
  right: { x: 1, y: 0 },
  up: { x: 0, y: -1 },
```

```
  down: { x: 0, y: 1 },
};
```

뱀은 좌표의 집합이므로 간단히 Vec2의 배열 타입으로 선언할 수 있다. 물론 효율적인 표현을 위해 뱀의 몸 직선 부분을 시작과 끝만 유지할 수도 있겠지만, 설명의 편의를 위해 모든 좌표를 다 가지도록 구현한다.

```
type Snake = Vec2[];
```

월드는 뱀(snakes), 사과(apple), 게임이 끝난 대상(dead)으로 이루어진다. 이때 뱀은 각 플레이어마다 가질 수 있으므로 playerId를 키로 갖는 사전 형식의 자료 구조를 사용한다. playerId를 키로 갖는 사전은 자주 사용되므로, 이에 대한 일반적인 타입을 PlayerMapOf<T>로 선언해 재사용한다. 사과는 아직 소환되지 않은 경우도 있으므로, null을 포함하도록 설계한다.

```
interface PlayerMapOf<T> {
  [playerId: string]: T;
}

interface World {
  snakes: PlayerMapOf<Snake>;
  apple: Vec2 | null;
  dead: string[];
}
```

뱀 게임의 모든 상태를 갖고, 제어 함수의 집합을 반환하는 snake 함수를 구현한다. snake 함수는 플레이어의 ID 목록과 게임 시간을 인자로 받는다. 그리고 플레이어의 수만큼 뱀을 운영한다. 월드와 각 플레이어의 방향에 대한 변수를 선언하고, 앞으로 자주 사용하게 될 뱀 집합 함수를 미리 구현해둔다. 또한 임의의 좌표를 할당하거나 충돌 검사 시에 사용할 월드의 가로(worldWidth)와 세로(worldHeight) 크기도 적당히 정의한다.

```
const worldWidth = 20;
const worldHeight = 20;

function snake(playerIds: string[], gameSeconds: number) {
  const world: World = { snakes: {}, apple: null, dead: [] };
  const dirs: PlayerMapOf<Vec2> = {};
```

```
function snakes() {
  return Object.values(world.snakes);
}
```

상황에 따른 충돌 검사 함수를 구현한다. 설명의 편의를 위해 코드 블록을 여러 구간으로 나누었지만 다음 구현 내용도 snake 함수에 포함된 내용이다.

```
function isApple(target: Vec2): boolean {
  return world.apple !== null && vec2Equals(world.apple, target);
}

function isSnake(target: Vec2): boolean {
  return snakes().some((snake) => snake.some((pos) => vec2Equals(pos, target)));
}

function isBlank(target: Vec2): boolean {
  return !isApple(target) && !isSnake(target);
}

function isOutOfBound({ x, y }: Vec2): boolean {
  return x < 0 || y < 0 || x >= worldWidth || y >= worldHeight;
}

function isFull(): boolean {
  const count = snakes().reduce((sum, snake) => sum + snake.length, 0);
  return count === worldHeight * worldWidth;
}
```

1. isApple 함수는 해당 위치에 사과가 있는지 검사한다. 사과를 먹었는지 판단할 때 사용한다.

2. isSnake 함수는 해당 위치에 뱀 몸체가 있는지 검사한다. 뱀 충돌로 인한 패배 조건을 확인할 때 사용한다.

3. isBlank 함수는 해당 위치가 비어 있는지 검사한다. 임의의 빈 위치를 구해, 처음 뱀 위치를 설정하거나 사과 소환 장소를 결정하기 위해 사용한다.

4. isOutOfBound 함수는 해당 위치가 월드를 벗어났는지 검사한다. 벽에 부딪혀 패배했는지 확인할 때 사용한다.

5. isFull 함수는 월드 전체가 가득 찼는지 검사한다. 더 이상 움직일 수 없는 게임 종료 조건을 확인할 때 사용한다.

뱀의 첫 위치나 사과 소환 위치를 결정하기 위해 임의의 좌표를 생성해야 한다. 이때, 그 좌표는 반드시 비어 있어야 하므로 다음과 같이 두 가지 상황으로 나누어 구현한다.

```
function randomVec2(): Vec2 | null {
  for (let i = 0; i < 10; +i) {
    const x = Math.floor(Math.random() * worldWidth);
    const y = Math.floor(Math.random() * worldHeight);
    if (isBlank({ x, y })) return { x, y };
  }
  for (let y = 0; y < worldHeight; ++y) {
    for (let x = 0; x < worldWidth; ++x) {
      if (isBlank({ x, y })) return { x, y };
    }
  }
  return null;
}
```

1. 먼저 10번 정도 임의의 위치를 뽑아보고, 그 위치가 비어 있다면 사용한다.
2. 만약 10번을 뽑아도 빈자리가 없다면, 포기하고 (0, 0)부터 빈자리를 찾아서 반환한다. 이는 거의 대부분의 영역이 점유된 상태에서 계속 사용 중인 공간을 뽑을 때, 어떤 식으로든 빈 공간을 찾아서 반환하는 수단이다.
3. 그럼에도 찾을 수 없다면 null을 반환한다. 이는 월드의 모든 공간이 다 점유된 상태, 즉 게임이 끝난 상태다.

randomVec2 함수를 사용해 각 플레이어의(world.snakes[playerId]) 첫 위치를 지정한다. 그리고 처음 move 함수가 호출되기 전까지는 움직이지 않도록 zeroVec2를 초기 방향으로 설정한다.

```
playerIds.forEach((playerId) => {
  world.snakes[playerId] = [randomVec2()!];
  dirs[playerId] = zeroVec2;
});
```

시간마다 뱀을 한 칸씩 움직이는 updateSnake 함수는 이미 뱀이 죽었거나(world.dead) 아직 움직이지 않았다면(zeroVec2) 할 일이 없다. 하지만 현재 움직이는 방향(dir)이 있다면 다음 구현과 같이 세 가지 경우로 구분해 처리할 수 있다.

```
function updateSnake(playerId: string, snake: Snake): boolean {
  if (world.dead.includes(playerId)) {
    return false;
  }
  const dir = dirs[playerId];
  if (vec2Equals(dir, zeroVec2)) {
    return false;
  }
  const head = vec2Plus(snake[0], dir);
  if (isApple(head)) {
    snake.unshift(head);
    world.apple = null;
  } else if (isSnake(head) || isOutOfBound(head)) {
    world.dead.push(playerId);
  } else {
    snake.unshift(head);
    snake.pop();
  }
  return true;
}
```

1. 현재 뱀의 머리(snake[0])에 방향(dir)을 더해, 새로운 머리의 위치(head)를 만든다.
2. 새로운 머리가 사과에 도달하면(isApple) 뱀 배열의 가장 앞에 추가한다(unshift). 그리고 사과를 먹은 것으로(null) 처리한다.
3. 새로운 머리가 뱀이나 벽에 부딪히면 게임은 끝난다. `world.dead` 목록에 `playerId`를 추가한다.
4. 그 외의 경우라면 새로운 머리가 빈 공간에 도달했다는 뜻이다. 새로운 머리를 가장 앞에 추가(unshift)하고, 꼬리를 하나 제거(pop)해서 뱀의 길이를 유지한다. 즉, 뱀을 한 칸 이동시킨다.
5. 실제 뱀에 변경이 있었을 때만 `true`를 반환한다. 이는 불필요한 월드 전파를 막는 수단이다.

이 로직은 모든 뱀을 처리하는 `updateSnakes` 함수를 구현한다. 월드는 모든 플레이어의 뱀(world.snakes)을 관리하므로, 여기서 `playerId`와 `snake`를 모두 가져와 `updateSnake`를 호출한다. 모든 뱀에 변경이 없다면 `false`를 반환해 불필요한 월드 전파를 막는다.

```
function updateSnakes(): boolean {
  let updated = false;
  for (const [playerId, snake] of Object.entries(world.snakes)) {
    updated = updateSnake(playerId, snake) || updated;
  }
```

```
    return updated;
}
```

사과를 몇 초 간격으로 소환하고 뱀을 얼마 간격으로 움직일지 결정하기 위해 간단한 timer를 구현한다. timer는 이전 호출과 현재 호출의 시간 차이를 누적시켜, 지정된 시간이 넘어가면 true를 반환하는 함수다. 이를 사용해 사과를 소환하는 spawnTimer는 1초에 한 번, 뱀을 이동시키는 moveTimer는 200밀리초에 한 번 처리한다.

```
function timer(intervalMillis: number) {
  let lastMillis = 0;
  return function check(): boolean {
    const now = Date.now();
    if (lastMillis === 0) {
      lastMillis = now;
      return false;
    }
    if (now - lastMillis < intervalMillis) {
      return false;
    }
    lastMillis = now;
    return true;
  };
}

const spawnTimer = timer(1000);
const moveTimer = timer(200);
```

1. timer가 처음 호출되었을 때는 마지막 시간(lastMillis)을 0으로 둔다. 즉, timer 함수가 불리는 시점이 아니라 timer가 반환하는 check 함수가 처음 불리는 시점을 시작으로 간주한다. 이는 게임이 초기화되는 시간이 아닌 게임이 시작되는 시간을 기준으로 삼기 위함이다.

2. timer 함수가 반환하는 check 함수는 충분히 자주 불려, 마지막 시간과 현재의 사이가 지정된 간격(intervalMillis)에 거의 근접했을 때 true를 반환하는 게 제일 좋다. 예를 들어, intervalMillis가 100밀리초일 때, check 함수가 15밀리초마다 호출된다면 105밀리초만에 true를 반환하므로 5밀리초의 지연이 발생한다. 만약 30밀리초마다 호출된다면 120밀리초만에 호출되므로 20밀리초의 지연이 발생한다.

게임의 상태를 업데이트하는 update 함수는 spawnTimer와 moveTimer에 따라 각각의 로직을 호출한다. 그리고 갱신이 있었다면 updated 플래그를 true로 변경한다. 이는 앞서 구현한 runGame

에서 s.update()로 호출했던 함수이며, 여기서 반환한 값이 true일 경우 broadcastWorld에 의해 월드를 전파한다. 즉, 월드에 변경점이 발생했기 때문에 이를 클라이언트에게 전파한다.

```
function update(): boolean {
  let updated = false;
  if (spawnTimer() && world.apple === null) {
    updated = true;
    world.apple = randomVec2();
  }
  if (moveTimer()) {
    updated = updateSnakes() || updated;
  }
  return updated;
}
```

1. 사과를 소환할 시간이 되었고(spawnTimer()) 현재 소환된 사과가 없으면(world.apple === null) 새로운 사과를 소환한다.
2. 뱀이 움직일 시간이 되었다면(moveTimer()) 모든 뱀을 움직인다(updateSnakes).

플레이어의 방향을 전환하는 move 함수는 플레이어의 ID와 전환할 방향을 인자로 받는다. 만약 플레이어가 이미 게임이 끝났다면(world.dead) 방향 전환 없이 종료한다. 그렇지 않다면 플레이어의 방향(dirs[playerId])을 새로운 방향(dirVec[dir])으로 갱신한다. 이때 플레이어의 편의를 위해, 새로운 방향의 진행 경로에 자신의 몸체가 있는지 미리 검사해서 그 경우 방향을 바꿀 수 없도록 처리해준다.

```
function move(playerId: string, dir: MoveDirection) {
  if (world.dead.includes(playerId)) {
    return;
  }
  const snake: Snake = world.snakes[playerId];
  const newDir: Vec2 = dirVec[dir];
  if (snake.length === 1) {
    dirs[playerId] = newDir;
  } else {
    const head = snake[0];
    const second = snake[1];
    if (!vec2Equals(second, vec2Plus(head, newDir))) {
      dirs[playerId] = newDir;
    }
```

```
  }
}
```

플레이어의 연결이 끊어진 경우는 해당 플레이어의 게임이 끝난 것과 동일하므로, world.dead에
플레이어의 ID를 넣어준다.

```
function leave(playerId: string) {
  if (!world.dead.includes(playerId)) {
    world.dead.push(playerId);
  }
}
```

게임은 시간 초과, 다른 플레이어가 모두 죽고 1명의 플레이어만 남은 경우, 모든 월드가 꽉 차서
(isFull) 더 이상 움직일 공간이 없는 경우 중 하나라도 해당하면 종료 조건이 달성된다. 이 조건
이 만족되면 runGame에서는 게임 루프를 멈추고 승자를 반환한다.

```
const startMillis = Date.now();
function isEnd(): boolean {
  const timeout = Date.now() - startMillis >= gameSeconds * 1000;
  const oneWinner = playerIds.length - world.dead.length === 1;
  return timeout || oneWinner || isFull();
}
```

승자는 마지막까지 살아남은 플레이어다. 만약 시간 초과로 게임이 끝났거나 동시에 죽었다면,
뱀의 몸체가 긴 플레이어를 승자로 결정한다. 만약 그마저도 모두 동일하면 비긴 것으로 처리하
기 위해 플레이어 ID 대신 draw 문자열을 반환한다.

```
function getWinnerId(): string {
  const winner = playerIds.find((playerId) => !world.dead.includes(playerId));
  if (winner) {
    return winner;
  }
  const sorted = Object.entries(world.snakes)
    .map(([playerId, snake]) => ({ id: playerId, score: snake.length }))
    .sort((player1, player2) => player2.score - player1.score);
  if (sorted[0].score !== sorted[1].score) {
    return sorted[0].id;
  }
```

```
    return "draw";
}
```

마지막으로 월드 전파를 위해, 현재 월드 상태를 반환하는 getWorld 함수를 구현한다. 그리고 지금까지 구현한 함수를 runGame에서 사용할 수 있도록 모두 묶어서 반환한다. 이제 runGame은 snake 함수의 결과로 반환된 객체의 함수들을 사용해 게임에 필요한 이벤트를 위임하고 상태를 조회해 적절한 처리를 할 수 있다.

```
function getWorld() {
  return world;
}
return { update, move, leave, isEnd, getWinnerId, getWorld };
}
```

7-6 테스트와 배포

지금까지 클라이언트 매칭과 게임 로직을 처리하는 구현을 마쳤다. 앞서 코드를 구현할 때 이미 서버리스 스택의 구성을 완료했고, IS_OFFLINE 환경 변수의 대응도 완료했다. 따라서 로컬 테스트와 배포는 이전과 동일하게 `sls offline` 명령과 `sls deploy` 명령으로 처리할 수 있다. 로컬 환경을 위해 필요한 의존 시스템을 실행하고 테스트와 배포 시 신경 써야 하는 점을 알아보자.

7-6-1 로컬 테스트

이번 예제에서 사용한 외부 시스템은 WebSocket API와 Redis이며, 앞서 코드를 구현할 때 모두 IS_OFFLINE 환경 변수를 통해 로컬 환경을 지원했다. 이 중 WebSocket API는 Serverless offline 플러그인이 지원해주므로, Redis만 직접 실행한다. 다음과 같이 Docker를 사용해 Redis 인스턴스를 시작한다. 서버리스 스택에서 사용하는 ElastiCache Redis의 버전과 동일하게 6 버전을 사용한다.

```
$ docker run --name redis --rm -it -p 6379:6379 redis:6
```

로컬 서버 기동을 위해 `sls offline` 명령을 실행한다. 빌드 로그와 함께 로컬 서버 기동 로그를 확인할 수 있다.

```
$ sls offline
# 빌드 로그 생략
Starting Offline at stage dev (ap-northeast-2)

Offline [http for lambda] listening on http://localhost:3002
# 함수 목록 생략
Offline [websocket] listening on ws://localhost:3001
Offline [http for websocket] listening on http://localhost:3001
```

1. WebSocket 연결 주소로 `ws://localhost:3001`을 사용하고 @connections URL 명령 주소로 `http://localhost:3001`을 사용한다. 이 `http://localhost:3001` 주소를 IS_OFFLINE 환경 변수가 설정되었을 때 ApiGatewayManagementApi 라이브러리 객체의 endpoint 값으로 사용했다.
2. Lambda의 실행 주소(`http for lambda`)로 `http://localhost:3002`를 사용한다. 이는 IS_OFFLINE 환경 변수가 설정되었을 때 Lambda 라이브러리 객체의 endpoint 값으로 사용했다.

포트 충돌 등으로 인해 위 주소가 의도치 않게 변경될 수도 있으니, 만약 로컬 환경이 정상 동작하지 않는다면 접속 주소를 다시 한번 확인한다.

로컬 서버에 접근하기 위해 wscat 클라이언트를 사용한다. 두 개의 터미널을 켜서 다음과 같이 접속한다.

- `wscat -c "ws://localhost:3001"`로 WebSocket을 연결한다.
- `{"type":"match"}` 메시지를 보내 두 클라이언트를 매칭한다. 두 번째 터미널에서 매칭 메시지를 보내는 순간 매칭된다.
- 하나의 클라이언트에서 `{"type":"move","dir":"up"}` 메시지를 보내 뱀을 움직인다. 잠시 후 뱀이 벽에 충돌한 후 게임이 끝난다.

이 시나리오에 따른 첫 번째 터미널의 수행 결과는 다음과 같다. 설명의 편의를 위해, 터미널 출력 결과에서 유저 ID는 24글자 전체를 출력하는 대신 앞의 6자리만 표시한다. 매칭 후 게임이 시작되고 위로 움직이다가 벽에 충돌해 패배했다.

```
# Terminal 1
# 로컬 서버에 연결한다.
$ wscat -c "ws://localhost:3001"
Connected (press CTRL+C to quit)
# 매칭을 요청한다.
> {"type":"match"}
# 매칭이 성공해 게임 시작 메시지를 받는다. 내 ID를 전달받았다.
< {"type":"start","id":"3405a7"}
# 처음 한 번 월드의 상태를 받는다.
< {"type":"update","world":{"snakes":{"3405a7":[{"x":15,"y":4}],"4a8119":[{"x":8,"y":15}
]},"apple":null,"dead":[]}}
# 사과가 소환되어, 변경된 월드를 전파 받았다.
< {"type":"update","world":{"snakes":{"3405a7":[{"x":15,"y":4}],"4a8119":[{"x":8,"y":15}
]},"apple":{"x":19,"y":13},"dead":[]}}
# 내 뱀을 위 방향으로 움직인다.
> {"type":"move","dir":"up"}
# 내 뱀이 위 방향으로 움직이면서 그에 대한 변경점을 계속 받는다.
< {"type":"update","world":{"snakes":{"3405a7":[{"x":15,"y":3}],"4a8119":[{"x":8,"y":15}
]},"apple":{"x":19,"y":13},"dead":[]}}
< {"type":"update","world":{"snakes":{"3405a7":[{"x":15,"y":2}],"4a8119":[{"x":8,"y":15}
]},"apple":{"x":19,"y":13},"dead":[]}}
< {"type":"update","world":{"snakes":{"3405a7":[{"x":15,"y":1}],"4a8119":[{"x":8,"y":15}
]},"apple":{"x":19,"y":13},"dead":[]}}
< {"type":"update","world":{"snakes":{"3405a7":[{"x":15,"y":0}],"4a8119":[{"x":8,"y":15}
]},"apple":{"x":19,"y":13},"dead":[]}}
# 내 뱀이 상단의 벽에 부딪히면서 dead 목록에 들어갔다.
< {"type":"update","world":{"snakes":{"3405a7":[{"x":15,"y":0}],"4a8119":[{"x":8,"y":15}
]},"apple":{"x":19,"y":13},"dead":["3405a7"]}}
# 나의 패배로 끝났다.
< {"type":"end","win":false}
Disconnected (code: 1005, reason: "")
```

두 번째 터미널의 수행 결과는 다음과 같다. 매칭 후 게임이 시작되고 가만히 기다리고 있는데 상대방이 섣불리 움직이다가 벽에 충돌했고, 덕분에 승리했다.

```
# Terminal 2
# 로컬 서버에 연결한다.
$ wscat -c "ws://localhost:3001"
Connected (press CTRL+C to quit)
# 매칭을 요청한다.
> {"type":"match"}
```

```
# 매칭이 성공해 게임 시작 메시지를 받는다. 내 ID를 전달받았다.
< {"type":"start","id":"4a8119"}
# 처음 한 번 월드의 상태를 받는다.
< {"type":"update","world":{"snakes":{"3405a7":[{"x":15,"y":4}],"4a8119":[{"x":8,"y":15}
]},"apple":null,"dead":[]}}
# 사과가 소환되어, 변경된 월드를 전파 받았다.
< {"type":"update","world":{"snakes":{"3405a7":[{"x":15,"y":4}],"4a8119":[{"x":8,"y":15}
]},"apple":{"x":19,"y":13},"dead":[]}}
# 상대의 뱀이 위 쪽으로 이동하기 시작하면서 그에 대한 변경점을 계속 받는다.
< {"type":"update","world":{"snakes":{"3405a7":[{"x":15,"y":3}],"4a8119":[{"x":8,"y":15}
]},"apple":{"x":19,"y":13},"dead":[]}}
< {"type":"update","world":{"snakes":{"3405a7":[{"x":15,"y":2}],"4a8119":[{"x":8,"y":15}
]},"apple":{"x":19,"y":13},"dead":[]}}
< {"type":"update","world":{"snakes":{"3405a7":[{"x":15,"y":1}],"4a8119":[{"x":8,"y":15}
]},"apple":{"x":19,"y":13},"dead":[]}}
< {"type":"update","world":{"snakes":{"3405a7":[{"x":15,"y":0}],"4a8119":[{"x":8,"y":15}
]},"apple":{"x":19,"y":13},"dead":[]}}
# 상대의 뱀이 상단의 벽에 부딪히면서 dead 목록에 들어갔다.
< {"type":"update","world":{"snakes":{"3405a7":[{"x":15,"y":0}],"4a8119":[{"x":8,"y":15}
]},"apple":{"x":19,"y":13},"dead":["3405a7"]}}
# 나의 승리로 끝났다.
< {"type":"end","win":true}
Disconnected (code: 1005, reason: "")
```

7-6-2 배포

`sls deploy` 명령을 실행해 서버리스 스택을 배포한다. 다만, 앞서 환경 변수를 통해 주입하고자 한 설정값을 배포 전에 미리 선언한다. Redis 인스턴스 이름을 지정하는 `REDIS_NAME`과 사용자 지정 도메인을 부여하는 `SUB_DOMAIN`, `ROOT_DOMAIN`으로 다음과 같이 지정할 수 있다. 혹은 편의를 위해 `.envrc` 파일로 관리한다.

```
export REDIS_NAME="lacti-game-redis"
export SUB_DOMAIN="snake-ws"
export ROOT_DOMAIN="lacti.link"
```

서버리스 스택 배포 시에 VPC부터 ElastiCache Redis 인스턴스까지 모두 한 번에 생성하면 10분 이상의 시간이 소요될 수 있다. 하지만 이미 생성된 VPC와 Redis 인스턴스가 더 이상 변경되지 않고 Lambda와 API Gateway만 변경될 경우에는 1분 내외로 배포가 완료된다. 배포가 끝나면 다음과 같은 정보가 출력된다.

```
$ sls deploy
# 빌드 로그 생략

✓ Service deployed to stack game-server-dev (56s)

endpoint: wss://WS_ID.execute-api.ap-northeast-2.amazonaws.com/dev
functions:
  handleMatch: game-server-dev-handleMatch (150 kB)
  handleGame: game-server-dev-handleGame (150 kB)
  handleConnect: game-server-dev-handleConnect (150 kB)
  handleMessage: game-server-dev-handleMessage (150 kB)
  handleDisconnect: game-server-dev-handleDisconnect (150 kB)
Serverless Domain Manager:
  Domain Name: snake-ws.lacti.link
  Target Domain: d-8cdxqd0rce.execute-api.ap-northeast-2.amazonaws.com
  Hosted Zone Id: Z20JF4UZKIW1U8
-----------------------------------------
```

1. Lambda 함수들의 용량이 꽤 크다. @redis/client 패키지의 용량이 꽤 크고, 이로 인해 소스맵의 용량도 같이 커졌기 때문이다.
2. Serverless Domain Manager 플러그인이 `snake-ws.lacti.link` 주소로 WebSocket API 엔드포인트를 연결했다. 다음에 구현할 웹 클라이언트에서 이 주소로 접속한다.

배포가 잘 되었는지 확인하기 위해 `wscat -c "wss://snake-ws.lacti.link"` 명령을 사용해 로컬 환경과 동일한 메시지를 보내보자. 배포는 오류 없이 완료되었는데 기대대로 동작하지 않는다면 대부분 권한과 관련된 문제다. CloudWatch Logs를 통해 어떤 문제인지 확인한다.

1. 권한의 문제라면 IAM 권한이 올바르게 부여되었는지 확인한다.
2. 별다른 로그 없이 Lambda 인스턴스에서 실행 시간 초과가 발생한다면 도달할 수 없는 네트워크 문제일 가능성이 높다. 연결성 분석기를 사용해 Lambda에서 Redis로 연결이 가능한지 확인한다.
3. WebSocket으로 메시지를 보내는 구간에서 `403 Forbidden`으로 실패한다면 @connections 명령 서버에 접근하지 못하는 경우다. 연결성 분석기를 사용해 Lambda 인스턴스에서 인터넷 연결이 가능한지 확인한다.

7-7 웹 클라이언트 구현

이번 단원에서는 지금까지 구현한 게임 서버와 통신하기 위한 간단한 웹 클라이언트를 개발한다. 게임은 보통 게임 루프 안에서 화면에 그리기 위한 상태에 이벤트를 누적하고 이를 활용해 화면 전체를 다시 그리는 방법을 사용한다. 웹으로 구현할 때도 같은 구조를 사용한다. 로직이 복잡할 경우 웹 워커를 도입해 로직 스레드를 분리하고, 렌더링 스레드에서는 상태를 갱신 후 canvas에 화면을 그린다.

하지만 이번 예제는 간단해서 HTML, CSS, 자바스크립트로 클라이언트를 구현할 수 있다. 뱀 게임은 제한된 크기의 보드에서 게임 이벤트에 의해 일부분이 계속 갱신되는 구조인데, 이를 table 요소로 손쉽게 표현할 수 있기 때문이다. 설명의 편의를 위해, 뱀 게임 웹 클라이언트는 canvas 기반의 정석적인 구현 대신 DOM을 사용하는 방향으로 구현한다. 또한 앞서 블로그 예제 등을 구현할 때 사용했던 React를 그대로 활용해 최대한 기존에 설명했던 수준을 벗어나지 않도록 한다.

7-7-1 프로젝트 시작

create-react-app 부트스트랩을 사용해 프로젝트를 시작한다. 이번에도 타입스크립트를 사용해 작성한다. 프로젝트의 이름은 간단히 client로 지정했다.

```
$ npx create-react-app --template typescript client
```

이번 프로젝트에서 필요하지 않은 파일을 제거한다. 테스트 파일도 함께 제거한다. 설명의 편의를 위해 테스트를 작성하지 않을 계획이기 때문이다. 남아 있는 파일을 살펴보면 다음과 같다.

```
.
├── package.json
├── package-lock.json
├── public
│   └── index.html
├── src
│   ├── App.tsx
│   ├── index.css
```

```
│   ├── index.tsx
│   ├── react-app-env.d.ts
│   ├── reportWebVitals.ts
└── tsconfig.json
```

index.html 파일은 웹 애플리케이션을 지원하는 메타 설정을 포함한다. 하지만 이번 예제에서는 불필요하므로 다음과 같이 title만 유지하고 나머지는 모두 정리한다.

```
<!DOCTYPE html>
<html lang="en">
  <head>
    <meta charset="utf-8" />
    <meta name="viewport" content="width=device-width, initial-scale=1" />
    <title>뱀 게임 온라인</title>
  </head>
  <body>
    <noscript>You need to enable JavaScript to run this app.</noscript>
    <div id="root"></div>
  </body>
</html>
```

웹 클라이언트는 대부분 App.tsx에 구현한다. 관리의 편의를 위해 컴포넌트나 로직 함수, 모델을 별도의 파일로 분리해도 좋다. 이를 위한 기본적인 디렉토리 구조 제안도 있다. 하지만 이 책은 웹 프런트엔드 프로젝트를 다루는 책이 아니므로 모두 생략한다.

7-7-2 메시지와 모델 선언

서버가 전달하는 메시지를 받는 메시지 모델을 추가한다. 둘 다 타입스크립트를 사용하고 있으므로, 서버 구현에서 선언한 파일을 그대로 가져와서 사용해도 된다. 서버로부터 받는 메시지는 ServerStart, ServerUpdate, ServerEnd 3개다. 이 중 ServerUpdate는 월드 변경 전파에 사용되는데, 이때 world의 타입을 서버에서 다른 파일에 선언했었다. 클라이언트 구현에서는 굳이 그럴 필요가 없으므로, 다음과 같이 필요한 Vec2와 Snake를 포함해서 메시지를 선언한다.

```
interface Vec2 {
  x: number;
  y: number;
```

```
}
type Snake = Vec2[];
interface World {
  snakes: { [playerId: string]: Snake };
  apple: Vec2 | null;
  dead: string[];
}
interface ServerUpdate {
  type: "update";
  world: World;
}
```

클라이언트에서 사용할 모델도 같이 선언한다. 게임 보드(Board)를 그리기 위한 월드의 가로(worldWidth), 세로(worldHeight) 크기와 보드를 구성하는 타일(Tile)도 선언한다. 보드는 타일의 2차원 배열이며, 서버가 전달하는 World 값을 화면에 쉽게 그리기 위해 변환한 값이다. 타일은 빈("") 상태거나 사과("apple"), 내 뱀("me"), 적 뱀("enemy")을 구분하는 문자열 타입이다. 예제가 1:1을 상정하고 있기 때문에 타일에서 뱀을 구분할 때 각 플레이어를 식별하지 않고 나와 적 정도로만 구분한다.

```
const worldWidth = 20;
const worldHeight = 20;

type Tile = "" | "apple" | "me" | "enemy";
type Board = Tile[][];
```

보드의 초기 상태를 위해 빈 배열을 만드는 함수를 구현한다. 다음과 같이 worldHeight, worldWidth로 2차원 배열을 생성한다. 모두 비어 있는("") 상태로 생성해야 한다.

```
function emptyBoard(): Tile[][] {
  return Array.from({ length: worldHeight }, (_) => Array(worldWidth).fill(""));
}
```

서버로부터 받은 월드의 정보(World)를 보드로 변환하는 함수도 구현한다. 월드는 각 플레이어의 뱀 위치를 가지고 있다. 이를 내 ID(myId)와 비교해 내 뱀일 경우 "me", 그렇지 않으면 "enemy"로 보드에 표시한다. 또한 사과가 소환되어 있다면, 사과의 위치도 보드에 표시("apple")한다.

```
function translateWorldToBoard(world: World, myId: string): Board {
  const board = emptyBoard();
  for (const [playerId, snake] of Object.entries(world.snakes)) {
    snake.forEach(
      (pos) => (board[pos.y][pos.x] = playerId === myId ? "me" : "enemy")
    );
  }
  if (world.apple !== null) {
    board[world.apple.y][world.apple.x] = "apple";
  }
  return board;
}
```

이 함수에서는 이미 만들어진 보드를 재사용하는 대신 매번 새로운 보드(emptyBoard)를 만들어서 사용한다. React의 상태 관리가 기본적으로는 얕은 비교(Shallow Compare)를 사용하기 때문이다. 보드(Board)를 React가 관리하는 상태(useState)에 넣어두고 사용하는데 이때 배열 자체가 바뀌지 않고 원소만 바뀌는 경우는 상태가 바뀌었다고 인지하지 않는다. 얕은 비교에 의해 배열의 레퍼런스만 비교하기 때문에 배열 자체는 변하지 않아 상태가 변하지 않았다고 판단한다. 문제를 해결하기 위해 상태 변화 감지에 깊은 비교(Deep Compare)를 사용할 수도 있고, 이번 예제와 같이 생성의 부담이 크지 않다면 매번 새로운 배열을 생성할 수도 있다.

7-7-3 WebSocket 연결

서버와 통신하기 위해 WebSocket을 연결한다. WebSocket의 연결은 도메인과 관련이 없으므로, 메시지 처리만 외부로 위임하고 별도의 함수로 분리한다. React의 구조상 컴포넌트 안에 선언한 함수는 다시 렌더링될 때 새롭게 만들어지기 때문이다. 상태가 변경되어 다시 그리게 된다고 해도 연결은 유지되어야 하므로 WebSocket 연결은 별도의 상태로 관리한다. 관리의 편의를 위해, 연결도 필요한 부분을 제외하고는 컴포넌트 바깥의 함수로 구현한다.

```
function openConnection<C>(
  context: C,
  onMessage: (context: C, message: ServerMessage) => void
) {
  const ws = new WebSocket(process.env.REACT_APP_WSS_URL!);
  ws.addEventListener("open", () => ws.send(JSON.stringify({ type: "match" })));
  ws.addEventListener("message", (event) =>
```

```
    onMessage(JSON.parse(event.data), context)
  );
  ws.addEventListener("close", () => console.info("Disconnected"));
  return ws;
}
```

1. WebSocket은 WebSocket 내장 라이브러리를 사용해서 생성할 수 있다. 생성자로 연결할 주소를 넣어주면 바로 연결을 시작한다. 연결할 주소는 REACT_APP_WSS_URL 환경 변수로 주입한다. REACT_APP_ 접두사를 가지므로 빌드 시 상수로 인라인된다.

2. 연결이 완료되면 불리는 open 이벤트 함수에서 즉시 매칭 요청 메시지(match)를 보낸다. 이때 전송 함수(send)는 문자열 타입을 사용해야 하므로 JSON.stringify 함수를 사용해 직렬화한다.

3. 메시지가 도착할 때 불리는 message 이벤트 함수는 인자로 전달된 onMessage 대리자에게 메시지 처리를 위임한다. 이때 WebSocket은 React의 상태 관리를 의도적으로 벗어나게 해야 하므로 유지해야 할 상태가 있다면 별도로 관리해야 한다. 이를 위해 openConnection 함수의 인자로 받은 context를 onMessage 대리자에게 그대로 전달한다. 이번 예제에서는 게임 시작(ServerStart) 메시지에서 받은 내 ID(myId)를 월드 전파(ServerUpdate) 메시지로부터 보드를 만들 때 사용하므로 context 유지가 필요하다.

7-7-4 컴포넌트 구현

이번 단원을 시작할 때 공유한 게임 화면을 컴포넌트 계층으로 표현하면 다음과 같다. App에서 모든 상태를 관리하고, 승패를 알려줄 Result, 게임 보드를 표현할 BoardView, 도움말을 보여줄 Help, 방향키 지원을 위한 Stick으로 컴포넌트를 나눈다.

```
App
├── Result
├── BoardView
│   └── BoardRowView
│       └── BoardTileView
├── Help
└── Stick
    └── Arrow
```

먼저 모든 상태를 관리하는 App 컴포넌트를 작성한다. 서버로부터 받는 상태를 화면에 표시하는 상태로 구성한다. 어떤 상태가 변경될 때 함께 변경되어야 하는 컴포넌트의 수를 최소화할 수 있도록 구성하는 편이 좋다.

```
export default function App() {
  const [start, setStart] = React.useState<boolean>(false);
  const [board, setBoard] = React.useState<Board>(emptyBoard());
  const [win, setWin] = React.useState<boolean | null>(null);
```

1. 게임 시작(ServerStart) 메시지로부터 게임이 시작되었다는 사실을 알리는 start 상태를 사용한다. 이 값이 true가 되면 매칭이 완료되어 게임이 시작했다고 판단한다.
2. 월드 전파(ServerUpdate) 메시지로부터 변환된 보드를 관리하는 board 상태를 사용한다. 이 상태가 변경될 때 보드 뷰(BoardView) 컴포넌트를 다시 그린다. 불필요한 null 사용을 피하기 위해, 기본값을 emptyBoard로 채워준다.
3. 게임 끝(ServerEnd) 메시지로부터 승리 여부를 관리하는 win 상태를 사용한다. 이 상태에 따라 결과(Result) 컴포넌트의 내용을 바꿔준다.

서버 메시지를 받아 컴포넌트의 상태를 갱신하는 메시지 처리 함수를 구현한다. 이 함수는 openConnection의 메시지 처리 대리자로 전달된다. 서버로부터 전달되는 메시지 유형에 따라 필요한 상태를 갱신한다. 설명의 편의를 위해 코드 블록을 여러 구간으로 나누었지만 다음 구현 내용도 App 컴포넌트에 포함된 내용이다.

```
const onServerMessage = React.useCallback(
  (context: { myId: string }, message: ServerMessage) => {
    switch (message.type) {
      case "start":
        setStart(true);
        context.myId = message.id;
        break;
      case "update":
        setBoard(translateWorldToBoard(message.world, context.myId));
        break;
      case "end":
        setWin(message.win);
        break;
    }
  },
  []
);
```

1. 메시지 수신 함수는 각 상태의 갱신 함수(set-)를 사용할 뿐, 특정 상태에 의존하지 않는다. 때문에 렌더링될 때마다 굳이 다시 생성될 필요는 없다. 이를 위해 React.useCallback을 빈 의존성([])과 함께 사용한다.

2. 메시지 수신 함수는 openConnection의 대리자 타입에 따라, context와 서버 메시지(ServerMessage)를 인자로 받는다. 이때 context는 필요한 상태를 선언해서 사용하면 된다. 게임 시작(ServerStart)에서 받은 id 값을 월드 전파(ServerUpdate)에서 사용하기 위해, context.myId로 이를 보관한다. 따라서 context의 타입은 { myId: string }으로 선언한다.

3. 게임 시작(ServerStart) 메시지를 받으면 start 상태를 true로 변경한다. 이 상태를 토대로, 매칭 전 대기 화면을 보여줄지 진행 중인 게임 화면을 보여줄지 결정한다. 그리고 이 메시지에서 받은 id 값을 context.myId에 기록해둔다.

4. 월드 전파(ServerUpdate) 메시지를 받으면 월드의 상태(world) 값을 내 ID(context.myId)를 참고해서 보드(Board)로 변환한다. 그리고 이를 board 상태로 전달해 보드 뷰를 갱신한다.

5. 게임 끝(ServerEnd) 메시지를 받으면 승리 여부(win)를 상태에 기록해 Result 컴포넌트를 갱신한다.

지금까지 컴포넌트의 상태를 정의하기 위해 useState를 사용했다. useState는 상태를 할당하고, 이 상태가 변경될 때 컴포넌트를 다시 그리도록 한다. 즉, 컴포넌트 함수를 다시 불러 함수가 새로운 상태값을 기반으로 반환하도록 유도한다. 이러한 컴포넌트의 생명 주기는 컴포넌트가 처음 시작될 때 서버와 연결하여 그 연결을 계속 유지하고 이에 따른 렌더링이 필요하지 않은 WebSocket과는 잘 맞지 않는다.

WebSocket처럼 렌더링도 불필요하고 컴포넌트가 다시 렌더링될 때도 동일한 값을 가리켜야 하는 경우 useRef를 사용한다. useRef는 useState와 비슷하지만, current 멤버로 원하는 값을 계속 가리킬 수 있고 이 값을 변경해도 렌더링이 발생하지 않는다.

```
const ws = React.useRef<WebSocket>();
React.useEffect(() => {
  if (ws.current === undefined) {
    ws.current = openConnection({ myId: "" }, onServerMessage);
  }
}, [onServerMessage]);
```

1. WebSocket을 관리하는 레퍼런스(useRef)를 ws 변수에 할당한다.
2. 레퍼런스는 current 멤버로 가리키는 대상에 접근할 수 있다. 이 값이 설정되지 않았다면, openConnection 함수로 새로운 연결을 만든다.

3. openConnection 함수에 메시지 처리 함수(onServerMessage)와 함께 사용할 context 초기값도 전달한다.
4. onServerMessage에 의존하므로, useEffect를 통해 이 값이 변경될 때 WebSocket 초기화 함수를 다시 실행하도록 한다. 물론 onServerMessage는 아무런 의존성을 갖지 않는([]) 콜백 함수(useCallback)이므로 App 컴포넌트가 마운트(mount)되는 첫 시점에만 동작한다. 따라서 WebSocket을 초기화하는 함수도 처음 한 번만 실행하게 된다.

WebSocket을 활용해 이동 메시지(ClientMove)를 보내는 함수를 구현한다. ws.current와 readyState를 검사해 WebSocket이 유효할 때만 메시지를 전달한다. 앞서 설명한 바와 같이, send 함수는 문자열을 받기 때문에 JSON.stringify로 메시지를 직렬화해서 전달한다. 이 함수 또한 매번 새로 만들어질 필요는 없으므로 WebSocket 의존성([ws])에만 의존성이 있는 함수로 만들어준다(useCallback).

```
const onMove = React.useCallback(
  function (dir: MoveDirection) {
    if (!ws.current) {
      return;
    }
    if (ws.current.readyState === WebSocket.OPEN) {
      ws.current.send(JSON.stringify({ type: "move", dir }));
    }
  },
  [ws]
);
```

필요한 모든 상태와 함수를 구현했다. 이제 이를 활용해 렌더링을 위한 jsx를 반환한다. 아직 게임이 시작되지 않았다면(!start) 매칭 대기 중을 보여주고, 게임이 진행 중이면 Score, BoardView, Help, Stick에 필요한 상태와 함수를 전달해 게임 화면을 구성한다.

```
return !start ? (
  <div>Waiting</div>
) : (
  <>
    <Score win={win} />
    <BoardView board={board} />
    <Help />
    <Stick onMove={onMove} />
  </>
```

```
  );
}
```

게임 결과를 보여주는 Result 컴포넌트는 승리 여부(win)를 속성으로 받는다. 만약 아직 게임이 끝나지 않았다면 null을 받는다. 이에 따라 적절한 메시지를 보여준다. 스타일을 부여하기 위해 className을 지정한다. 식별하기 쉽도록 컴포넌트 이름 그대로를 className으로 사용한다.

```
function Result({ win }: { win: boolean | null }) {
  return (
    <span className="Result">
      {win !== null ? (win ? "승리!" : "패배!") : "-"}
    </span>
  );
}
```

간단한 도움말을 표시하는 Help 컴포넌트는 설명 문자열을 보여주는 단순한 컴포넌트다. 스타일 부여를 위해 className을 지정한다.

```
function Help() {
  return <span className="Help">녹색: 나 / 파란색: 적 / 빨간색: 사과</span>;
}
```

키보드를 사용할 수 있는 환경에서 웹 페이지에 접근하면 방향키를 사용해 뱀의 방향을 전환할 수 있지만, 그렇지 않다면 별도의 키패드를 제공해야 한다. 예를 들어, 모바일에서는 방향키를 사용할 수 없으므로 화면에 표시되는 가상 방향키가 필요하다. 이를 위해 Stick 컴포넌트를 구현한다. Stick 컴포넌트는 방향키나 화면에 표시하는 가상 방향키의 입력을 처리한다. 이때 입력받은 방향을 외부에 전달하기 위해 onMove 이벤트 처리자를 속성으로 받는다.

```
function Stick({ onMove }: { onMove: (dir: MoveDirection) => void }) {
```

먼저 키보드로부터 전달되는 방향키 입력을 처리하는 이벤트 함수를 등록한다. 특정 요소(HTML Element)가 아닌 어디서든 발생하는 키보드 이벤트를 처리하기 위해 window의 keydown 이벤트를 사용한다. 설명의 편의를 위해 코드 블록을 여러 구간으로 나누었지만 다음 구현 내용도 Stick 컴포넌트에 포함된 내용이다.

```
React.useEffect(() => {
  function move(event: KeyboardEvent) {
    switch (event.key) {
      case "ArrowLeft":
        onMove("left");
        break;
      case "ArrowRight":
        onMove("right");
        break;
      case "ArrowUp":
        onMove("up");
        break;
      case "ArrowDown":
        onMove("down");
        break;
    }
  }
  window.addEventListener("keydown", move);
  return () => window.removeEventListener("keydown", move);
}, [onMove]);
```

1. KeyboardEvent를 받아 키(event.key)에 따라 어떤 방향의 onMove를 불러줄지 함수를 작성한다.
2. 이 함수(move)를 window의 keydown 이벤트 처리 함수로 등록한다.
3. 이 효과가 끝날 때 Effect 함수의 반환값으로 전달된 내용을 실행한다. 즉, window의 keydown 이벤트 처리 함수에서 move 함수를 제거한다.
4. move 함수에서 onMove 함수를 사용하므로, [onMove] 의존성에 대한 useEffect를 사용한다. 물론 onMove 함수는 WebSocket이 바뀌지 않으면 변경될 일이 없고, WebSocket은 App 컴포넌트가 언마운트되지 않으면 바뀌지 않는다. 즉, 사실상 발생할 일이 없다. 다만 앞서 말했던 것처럼, 컴포넌트의 재사용성을 고려해 useEffect를 사용할 땐 처리와 정리를 함께 고민하는 것이 좋다.

가상 방향키를 그리기 위해 table을 사용한다. 3×3 테이블을 만들어 위, 아래, 왼쪽, 오른쪽 버튼을 그리고, 각 버튼이 눌렸을 때 그에 해당하는 방향으로 onMove 함수를 불러준다. 반복되는 부분을 줄이기 위해 Arrow 컴포넌트를 도입한다. Stick과 Arrow 컴포넌트는 스타일을 부여하기 위해 className을 지정한다.

```
function Arrow({ label, dir }: { label: string; dir: MoveDirection }) {
  return (
    <td className="Arrow" onClick={() => onMove(dir)}>
```

```
      {label}
    </td>
  );
}
return (
  <table className="Stick">
    <tbody>
      <tr><td /><Arrow label="↑" dir="up" /><td /></tr>
      <tr><Arrow label="←" dir="left" /><td /><Arrow label="→" dir="right" /></tr>
      <tr><td /><Arrow label="↓" dir="down" /><td /></tr>
    </tbody>
  </table>
);
}
```

게임 보드를 그리기 위한 보드 뷰(BoardView) 컴포넌트는 타일(Tile)의 2차원 배열인 보드(Board)를 그리기 위한 table 컴포넌트다. 하나의 행(row)을 표현하는 BoardRowView와, 하나의 타일(Tile)을 표현하는 BoardTileView로 구성된다. 먼저 Tile을 속성으로 갖는 BoardTileView는 다음과 같다. tile의 유형에 따라 td 칸을 표현하는 적절한 className을 갖는다.

```
function BoardTileView({ tile }: { tile: Tile }) {
  switch (tile) {
    case "apple":
      return <td className="Apple" />;
    case "me":
      return <td className="Me" />;
    case "enemy":
      return <td className="Enemy" />;
    default:
      return <td />;
  }
}
```

행(row)을 속성으로 갖는 BoardRowView 컴포넌트는 타일의 배열(Tile[])을 받아 tr 요소 하위의 BoardTileView 컴포넌트의 집합으로 그린다. 반복되는 BoardTileView 컴포넌트를 위해 key 설정이 필요한데, 배열의 크기가 변하지 않으므로 간단히 배열의 인덱스를 키로 사용한다.

```
function BoardRowView({ row }: { row: Tile[] }) {
  return (
```

```
    <tr>
      {row.map((tile, index) => (
        <BoardTileView key={`t${index}`} tile={tile} />
      ))}
    </tr>
  );
}
```

보드(Board)를 그리는 BoardView 컴포넌트는 table 요소 하위의 BoardRowView 컴포넌트의 집합으로 그린다. BoardRowView와 마찬가지로, 배열의 크기가 변하지 않으므로 간단히 배열의 인덱스를 키로 사용한다. 스타일을 위해 className을 지정하고, 불필요한 간격을 제거하기 위해 cellPadding과 cellSpacing을 0으로 설정한다.

```
function BoardView({ board }: { board: Board }) {
  return (
    <table className="BoardView" cellPadding={0} cellSpacing={0}>
      <tbody>
        {board.map((row, index) => (
          <BoardRowView key={`r${index}`} row={row} />
        ))}
      </tbody>
    </table>
  );
}
```

웹 클라이언트를 위한 상태, 변경 로직, 컴포넌트를 모두 구현했다. 이제 컴포넌트의 위치, 크기, 색상을 조정하기 위한 스타일을 추가한다.

7-7-5 스타일링

컴포넌트를 구현할 때 style 속성을 사용해 직접 인라인(Inline)으로 스타일을 지정할 수 있다. 하지만 인라인 스타일은 수정하면 웹팩 개발 서버에서 해당 컴포넌트를 다시 렌더링하도록 요청하고, 이 때문에 의도치 않게 컴포넌트 내부 상태가 변경될 수 있다. 뿐만 아니라 컴포넌트의 코드 구현과 스타일 속성은 유형이 다른 코드이므로, 함께 섞여 있으면 코드 관리 측면에서도 좋지 않다. css 파일을 통해 스타일을 지정하면 이 문제를 해결할 수 있다. 스타일 문서를 별도의 파일로 관리할 수 있고, css 파일 수정 시 웹팩 개발 서버가 컴포넌트는 건드리지 않고 스타일 정보만 갱신하기 때문에 상태 변경이 발생하지 않는다. 물론 CSS-in-JS 등의 다른 대안도 있지만 여기서는 다루지 않는다.

부트스트랩으로부터 생성된 `index.css` 파일을 수정해 컴포넌트의 스타일을 지정한다. 먼저 상단에서부터 내려오는 `Result`, `BoardView`, `Help` 컴포넌트의 스타일을 정리하면 다음과 같다. 컴포넌트를 구현하면서 `className`을 컴포넌트 이름과 동일하게 설정해두었으므로, 그 이름을 그대로 사용해서 스타일을 지정한다.

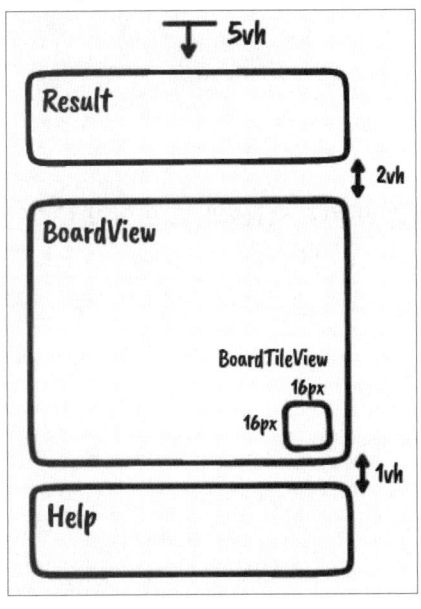

```css
body {
  margin: 0;
  font-size: 11px;
}
span.Result {
  display: block;
  margin-top: 5vh;
  text-align: center;
}
table.BoardView {
  margin: auto;
  margin-top: 2vh;
  border: 1px solid black;
  border-width: 1px 1px 0 0;
}
table.BoardView td {
  width: 16px;
  height: 16px;
  border: 1px solid black;
  border-width: 0 0 1px 1px;
}
span.Help {
  display: block;
  margin: 1vh 0;
  text-align: center;
}
```

그림 7-7-1 게임 화면의 스타일 정리

1. `Result`와 `Help`는 `span`이지만 블록 형태(`display: block`)로 만들고 가운데 정렬(`text-align: center`)한다. 그리고 적당히 위 컴포넌트와 띄워준다(`margin`).
2. `BoardView`의 `table`과 `td`는 테두리를 그려주고(`border`) 한 칸이 16px가 되도록 크기(`width`, `height`)를 설정한다.

타일 한 칸의 유형에 따라 다른 색상을 표현하기 위해 각각 Apple, Me, Enemy 클래스 이름을 부여했다. 이에 대응되는 스타일도 다음과 같이 작성한다. td 요소 클래스의 배경색(background-color)을 설정한다.

```
table.Board td.Apple {
  background-color: lightpink;
}
table.Board td.Me {
  background-color: lightgreen;
}
table.Board td.Enemy {
  background-color: lightblue;
}
```

Stick 컴포넌트는 화면의 아래쪽 바닥을 기준으로 위치를 잡는다. Stick과 그 안의 방향키인 Arrow의 스타일을 정리하면 다음과 같다.

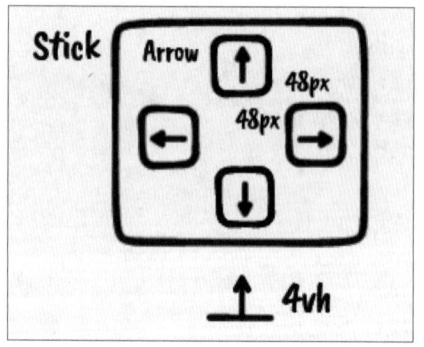

그림 7-7-2 게임 스틱의 스타일 정리

```
table.Stick {
  margin: auto;
  position: absolute;
  left: 0;
  right: 0;
  bottom: 4vh;
}
table.Stick td {
  font-size: 24px;
  text-align: center;
  width: 48px;
  height: 48px;
}
table.Stick td.Arrow {
  cursor: pointer;
}
table.Stick td.Arrow:active {
  background-color: grey;
}
```

1. Stick 컴포넌트가 바닥에서 얼마만큼 떨어져 있는지(bottom, position: absolute) 지정한다. 이때 중앙을 유지하도록(margin: auto, left: 0, right: 0) 설정한다.

2. Stick 안의 td 요소는 모두 48px의 크기(width, height)를 갖도록 설정한다.
3. Arrow 컴포넌트를 누를 때(:active) 배경색이 회색(background-color: grey)이 되도록 설정한다.

7-7-6 효율적인 다시 그리기

지금까지 웹 클라이언트를 위한 컴포넌트와 스타일을 구현했다. 현재 구현으로도 웹 클라이언트는 잘 동작한다. 하지만 한 가지 아쉬운 점이 있다. App 컴포넌트의 상태로 선언된 Board가 변경되면서 App 컴포넌트를 다시 그릴 텐데, 이 과정이 뱀이 이동하는 200밀리초마다 발생한다는 것이다. 그리고 이때 BoardView가 다시 그려지면서 20x20 타일의 400개 td 요소가 다시 그려져야 한다. 이번 예제는 규모가 아주 간단한 예제이므로 별 문제가 없겠지만 보드가 더 커지면 문제가 될 수 있다.

이 문제를 해결하기 위해, 변경되지 않는 컴포넌트는 다시 그리지 않도록 방어해보자. React의 memo 기능을 사용하면 된다. memo는 이전 속성(props)과 새 속성이 달라지지 않으면 다시 그리지 않도록 기억(memoize)해주는 도구다. memo는 고차 컴포넌트(HOC, Higher-order component)로, 컴포넌트를 인자로 받아 필요한 로직을 처리한 후 새로운 컴포넌트를 반환하는 데코레이터(decorator)다. 이전 속성과 새 속성의 얕은 비교를 수행한 후, 같다면 다시 렌더링하지 않도록 만들어준다. 예를 들어 속성이 간단한 Help, Stick, Result 컴포넌트는 다음과 같이 활용할 수 있다.

```
const MemoizeHelp = React.memo(Help);
const MemoizeStick = React.memo(Stick);
const MemoizeResult = React.memo(Result);
```

Board 상태는 200밀리초마다 변경되므로 BoardView 컴포넌트 자체를 memo하는 건 효율에 큰 도움이 되지 않는다. Board 관점에서 보면 뱀의 이동이나 사과의 소환에 따라 반드시 변경되는 칸이 존재하기 때문이다. 하지만 BoardRowView 컴포넌트는 다르다. 뱀이 움직인다고 해도 변경 없는 행이 존재할 수 있다. BoardTileView 컴포넌트 또한 tile 값이 변경되지 않으면 굳이 다시 그릴 필요가 없다. 즉, 변경이 발생한 BoardRowView 컴포넌트에서도 대부분의 BoardTileView 컴포넌트는 다시 그릴 필요가 없다.

BoardTileView 컴포넌트는 단순값인 tile만 속성으로 사용하므로 얕은 비교를 해도 문제가 없다. 따라서 memo 함수를 그대로 사용한다. 그리고 BoardRowView 컴포넌트에서는 BoardTile

View 컴포넌트 대신 MemoizeBoardTileView 컴포넌트를 사용한다. 이로써 BoardRowView 컴포넌트를 다시 그릴 때에도 tile 값의 변경이 없는 BoardTileView 컴포넌트를 다시 그리지 않는다.

```
const MemoizeBoardTileView = React.memo(BoardTileView);

function BoardRowView({ row }: { row: Tile[] }) {
  return (
    <tr>
      {row.map((tile, index) => (
        <MemoizeBoardTileView key={`t${index}`} tile={tile} />
      ))}
    </tr>
  );
}
```

BoardRowView 컴포넌트는 tile의 집합을 속성으로 사용한다. 배열은 얕은 복사로 비교할 수 없으므로 memo 함수의 두 번째 인자인 비교자를 사용한다. 비교자를 사용하면 예전 속성과 새 속성의 비교를 직접 처리할 수 있다. 두 배열의 모든 원소가(every) 완전히 같은지 비교한다. 그리고 BoardView 컴포넌트는 BoardRowView 컴포넌트 대신 MemoizeBoardRowView 컴포넌트를 사용한다. 이제 변경이 없는 행에 대해서는 다시 BoardRowView 컴포넌트를 그리는 일이 없어진다.

```
const MemoizeBoardRowView = React.memo(BoardRowView, (prev, next) =>
  prev.row.every((old, index) => old === next.row[index])
);

function BoardView({ board }: { board: Board }) {
  return (
    <table className="Board" cellPadding={0} cellSpacing={0}>
      <tbody>
        {board.map((row, index) => (
          <MemoizeBoardRowView key={`r${index}`} row={row} />
        ))}
      </tbody>
    </table>
  );
}
```

마지막으로 App 컴포넌트에서 Memoize- 컴포넌트를 사용한다. 월드 전파에 의해 board 상태가 변경되면 MemoizeResult, MemoizeHelp, MemoizeStick 컴포넌트는 다시 그리지 않는다. 또한 board 상태가 변경되어도, tile이 변경된 곳의 BoardRowView, BoardTileView 컴포넌트만 그린다.

```
<>
  <MemoizeResult win={win} />
  <BoardView board={board} />
  <MemoizeHelp />
  <MemoizeStick onMove={onMove} />
</>
```

React는 컴포넌트 계층 구조를 통해 Virtual DOM을 유지하고 여기에 변경점이 발생하면 DOM을 갱신하는 구조이므로, 렌더링을 다시 해도 같은 결과를 반환한다면 눈에 띄는 변경이 보이지는 않는다. 하지만 렌더링을 위해 컴포넌트 함수가 계속 호출되고 Virtual DOM을 관리하고 DOM과 비교하는 작업이 계속 발생하므로 성능상 좋지 않다. 물론 memo 또한 메모리에 결과를 캐시해두고 재사용하는 것이므로 남용하는 것은 좋지 않다. 컴포넌트 계층 구조를 바꿔 상태 변경에 따른 렌더링 전파를 구조적으로 조정하고, 필요할 때만 적절히 사용하는 것이 좋다.

7-7-7 로컬 테스트

실행을 위해 package.json 파일의 scripts를 수정한다. 여러 환경을 지원하기 위해 cross-env 도구도 함께 사용한다.

```
{
  "scripts": {
    "start": "cross-env REACT_APP_WSS_URL=ws://localhost:3001 react-scripts start",
    "build": "cross-env REACT_APP_WSS_URL=wss://aws-deployed-websocket-api react-scripts build",
```

start 명령으로는 로컬에 띄운 환경에 연결하도록 지정하고, build 명령으로는 AWS에 배포된 주소를 사용하도록 REACT_APP_WSS_URL 환경 변수를 지정한다.

로컬 서버를 띄운 후 npm run start 명령으로 웹 클라이언트를 기동한다. 웹 브라우저에서 http://localhost:3000 페이지를 두 개 띄우면 매칭이 완료되어 게임이 시작되는 것을 볼 수 있다. 방향키를 사용해 뱀을 움직이고 기대대로 동작하는지 보자.

이번 예제는 월드의 크기가 20×20이고, 뱀은 200밀리초마다 이동하므로 1초에 2,000칸의 `td`를 갱신한다. 컴포넌트의 속성이 복잡하지 않고 갱신하는 대상의 수가 아주 많지는 않으므로 `memo` 사용으로 극적인 효과를 볼 수 있는 것은 아니다. 효과를 눈으로 확인하려면 React 개발자 도구를 사용하거나 브라우저가 제공하는 다시 그리는 영역의 시각화 기능을 사용해야 한다. 예를 들어 크롬의 경우 React Developer Tools 크롬 익스텐션 Profiler의 `Record why each component rendered while profiling` 기능을 사용하거나, DevTools > More tools > Rendering의 `Paint flashing` 기능을 사용한다. `memo`가 잘 적용되면 테이블 전체가 아니라 변경이 필요한 칸만 바뀌는 것을 볼 수 있다.

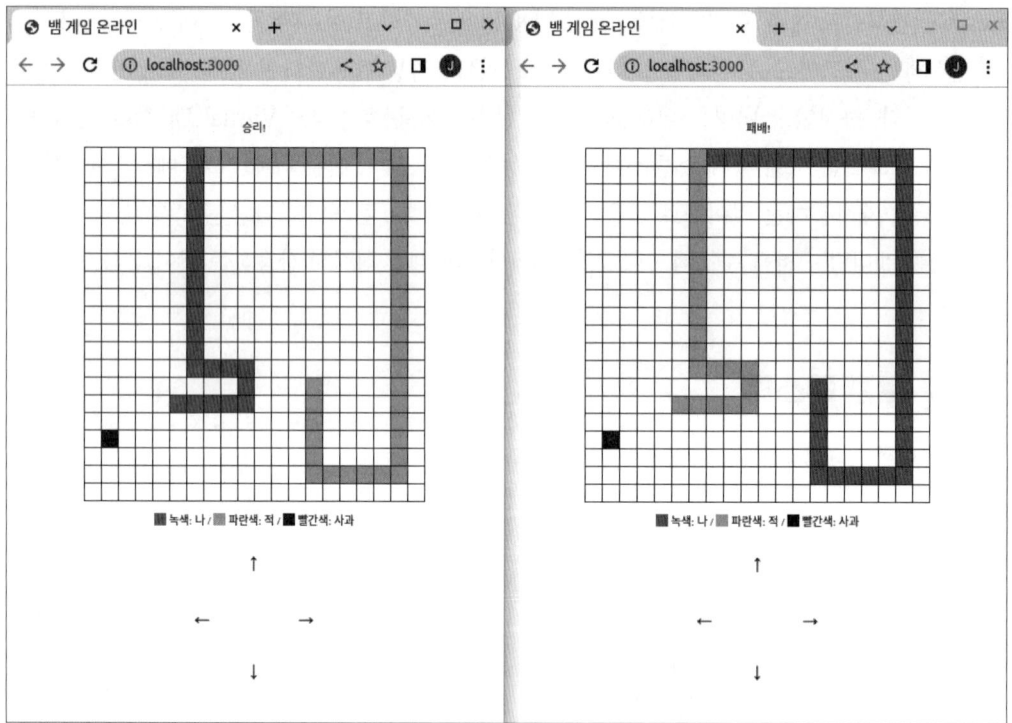

그림 7-7-3 게임 화면

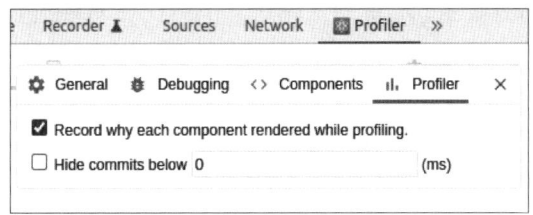

그림 7-7-4 React Developer Tools

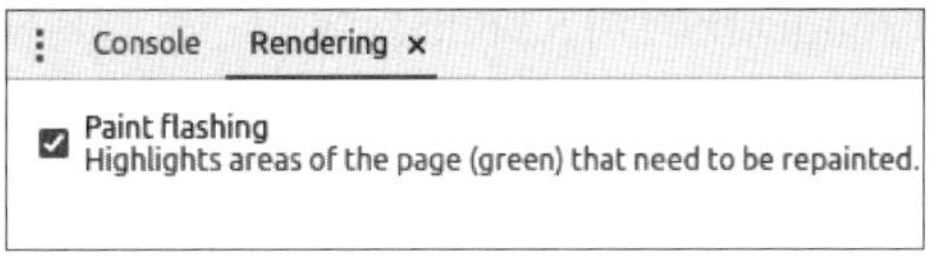

그림 7-7-5 Chrome Paint flashing

7-7-8 웹 클라이언트 배포

`npm run build` 명령을 통해 얻은 웹 페이지 결과물은 정적 웹 페이지다. 이를 서비스하기 위해 S3 Bucket에 업로드하고 CloudFront를 연결하는 작업은 앞선 예제에서 몇 차례 진행했다. 이번에도 동일한 서버리스 스택을 사용하여 웹 클라이언트를 배포한다.

웹 클라이언트 배포를 위한 별도의 서버리스 스택을 시작한다. 앞선 예제와 동일하게 Cloud Formation 자원을 선언하는 `s3-cloudfront.ts` 파일과 서버리스 스택을 선언하는 `serverless.ts` 파일로 구성된다. 그리고 S3 Bucket에 파일을 업로드하기 위해 `serverless-s3-sync` 플러그인을 설치한다. 웹 클라이언트가 `client` 디렉토리에 위치한다고 가정하고, 배포를 위한 스택은 같은 레벨의 `cdn-stack` 디렉토리에 위치한다고 가정한다.

```
.
├── client
└── cdn-stack
    ├── package.json
    ├── s3-cloudfront.ts
    └── serverless.ts
```

`s3-cloudfront.ts` 파일에 웹 클라이언트를 CDN 서비스하기 위한 자원을 선언한다. 먼저 정적 웹 페이지 파일을 업로드할 S3 Bucket 자원을 선언한다.

```
const SnakeStaticFileBucket = {
  Type: "AWS::S3::Bucket",
  Properties: {
    BucketName: process.env.WEBSITE_BUCKET_NAME!,
  },
};
```

CloudFront에서 S3 Bucket에 접근해 객체를 가져갈 수 있도록 원본 액세스 ID(OAI)를 생성한다. 그리고 S3 Bucket에 OAI를 허가하는 보안 정책을 추가한다.

```
const OAI = {
  Type: "AWS::CloudFront::CloudFrontOriginAccessIdentity",
  Properties: {
    CloudFrontOriginAccessIdentityConfig: {
      Comment: "뱀 게임 프런트엔드 페이지용 OAI",
    },
  },
};
const SnakeStaticFileBucketOAIPolicy = {
  Type: "AWS::S3::BucketPolicy",
  Properties: {
    Bucket: { Ref: "SnakeStaticFileBucket" },
    PolicyDocument: {
      Statement: [
        {
          Action: "s3:GetObject",
          Effect: "Allow",
          Resource: `arn:aws:s3:::${process.env.WEBSITE_BUCKET_NAME}/*`,
          Principal: {
            CanonicalUser: { "Fn::GetAtt": ["OAI", "S3CanonicalUserId"] },
          },
        },
      ],
    },
  },
};
```

정적 웹 페이지 파일을 업로드하는 S3 Bucket 자원 선언을 완료했다. 이에 대한 CDN 서비스를 제공하기 위해 CloudFront 자원을 선언한다. CloudFront 배포(Distribution)에서 오리진(Origin)으로 사용할 S3 Bucket을 추가한다. 그리고 기본 캐시 정책(CacheBehavior)으로 효율을 높이기 위해 압축을 허용(Compress)하고 캐시 최적화 정책(CacheOptimized, 658327ea-f89d-4fab-a63d-7e88639e58f6)을 사용한다. HTTP로 접근할 경우 HTTPS로 바꿔준다.

```
const S3Origin = {
  Id: "S3Origin",
  DomainName: `${process.env.WEBSITE_BUCKET_NAME}.s3.ap-northeast-2.amazonaws.com`,
```

```
    S3OriginConfig: {
      OriginAccessIdentity: {
        "Fn::Join": ["", ["origin-access-identity/cloudfront/", { Ref: "OAI" }]],
      },
    },
};
const DefaultCacheBehavior = {
  TargetOriginId: "S3Origin",
  ViewerProtocolPolicy: "redirect-to-https",
  Compress: true,
  CachePolicyId: "658327ea-f89d-4fab-a63d-7e88639e58f6",
};
```

웹 클라이언트를 제공할 도메인 주소는 SUB_DOMAIN과 ROOT_DOMAIN 환경 변수로 주입한다. 그리고 여기서 사용할 인증서의 ARN도 ACM_CERTIFICATE_ARN 환경 변수로 주입한다. 인증서 관리에 대한 자세한 내용은 Appendix A에서 확인할 수 있다. 앞선 예제에서 이미 인증서를 만들었다면, `aws --region us-east-1 acm list-certificates` 명령을 사용해 인증서 목록을 확인하고, ROOT_DOMAIN에 해당하는 인증서의 CertificateArn을 사용한다. CloudFront의 배포(Distribution)는 S3Origin과 DefaultCacheBehavior 두 개의 기본적인 구성을 갖는다. 블로그 예제처럼 React Router를 사용하지는 않았으므로 CustomErrorResponses 구성은 필요 없다.

```
const Domain = `${process.env.SUB_DOMAIN}.${process.env.ROOT_DOMAIN}`;
const ViewerCertificate = {
  AcmCertificateArn: process.env.ACM_CERTIFICATE_ARN!,
  MinimumProtocolVersion: "TLSv1.2_2021",
  SslSupportMethod: "sni-only",
};
const SnakeStaticFileCdn = {
  Type: "AWS::CloudFront::Distribution",
  Properties: {
    DistributionConfig: {
      Comment: "온라인 뱀 게임",
      Enabled: true,
      DefaultRootObject: "index.html",
      Origins: [S3Origin],
      DefaultCacheBehavior,
      HttpVersion: "http2",
      Aliases: [Domain],
      ViewerCertificate,
```

```
  },
 },
};
```

CloudFront 배포에 도메인을 연결하기 위해 Route53의 레코드(RecordSet)를 추가한다. 별칭 대상(AliasTarget)으로 CloudFront의 도메인 이름을 연결해 ROOT_DOMAIN 존에 A 레코드를 등록한다.

```
const SnakeStaticFileCdnDns = {
  Type: "AWS::Route53::RecordSet",
  Properties: {
    AliasTarget: {
      DNSName: { "Fn::GetAtt": ["SnakeStaticFileCdn", "DomainName"] },
      HostedZoneId: "Z2FDTNDATAQYW2",
    },
    HostedZoneName: `${process.env.ROOT_DOMAIN}.`,
    Name: Domain,
    Type: "A",
  },
};
```

그리고 모든 리소스를 CloudFormation 표현식으로 묶어 resources 변수로 노출한다.

```
const resources = {
  AWSTemplateFormatVersion: "2010-09-09",
  Resources: {
    OAI,
    SnakeStaticFileBucket,
    SnakeStaticFileBucketOAIPolicy,
    SnakeStaticFileCdn,
    SnakeStaticFileCdnDns,
  },
};
export default resources;
```

serverless.ts 파일에서는 CloudFormation 자원 선언을 참조해서 서버리스 스택을 선언한다. S3 Bucket에 정적 웹 페이지 파일을 업로드하기 위해 serverless-s3-sync 플러그인을 사용한다. 클라이언트의 빌드 결과물은 ../client/build에 위치하고, 배포 시 변경될 수 있는 index.html 파일을 제외하고는 모두 긴 캐시를 적용한다. 물론 index.html 파일도 변경될 일이 거의 없다면 캐시를 적용하고 필요할 때 캐시 무효화(cache-invalidation) 요청을 직접 명령하는 것도 좋다.

```
import resources from "./s3-cloudfront";

export = {
  service: "game-snake-web-client",
  frameworkVersion: "3",
  provider: {
    name: "aws",
    region: "ap-northeast-2",
  },
  plugins: ["serverless-s3-sync"],
  custom: {
    s3Sync: [
      {
        bucketName: process.env.WEBSITE_BUCKET_NAME!,
        localDir: "../client/build",
        params: [
          { "index.html": { CacheControl: "no-cache" } },
          { "static/**/*": { CacheControl: "public, max-age=31536000" } },
        ],
      },
    ],
  },
  resources,
};
```

도메인 설정을 위한 `ROOT_DOMAIN`, `SUB_DOMAIN`, 파일 업로드를 위한 `WEBSITE_BUCKET_NAME`, 인증서를 위한 `ACM_CERTIFICATE_ARN` 환경 변수를 모두 설정하고 `sls deploy` 명령을 통해 스택을 배포할 수 있다. 이후 스택 수준의 변경이 없고 웹 페이지만 바뀐다면 `sls s3sync` 명령을 사용한다. s3sync 명령은 S3 Bucket에 파일을 업로드하는 작업만 하기 때문에 훨씬 빨리 완료된다.

```
# "client" 디렉토리에서 웹 페이지를 빌드한다.
client$ npm run build

# 필요한 환경 변수를 미리 설정한다.
cdn-stack$ cat << EOF > .envrc
export ROOT_DOMAIN=lacti.link
export SUB_DOMAIN=snake-game
```

```
export WEBSITE_BUCKET_NAME=lacti-snake-game-files
export ACM_CERTIFICATE_ARN=arn:aws:acm:us-east-1:ACCOUNT_ID:certificate/CERTIFICATE_UUID
EOF
cdn-stack$ direnv allow

# 전체 스택을 배포한다. 이후 스택이 변경되는 일이 없다면 "s3sync"를 사용하는 게 낫다.
cdn-stack$ sls deploy

# S3 Bucket에 웹 페이지 파일을 업로드한다.
cdn-stack$ sls s3sync
```

배포가 완료되면 지정한 주소를 브라우저로 열어보자. 동일한 주소로 두 개의 창을 띄워 게임을 진행할 수 있다.

로컬 테스트 환경에서는 정상 동작했는데 배포한 이후에 의도대로 동작하지 않는다면, 웹 페이지에서 WebSocket으로 제대로 연결하지 못해서 발생한 문제일 가능성이 높다. 서버 배포 이후 WebSocket 주소로 직접 `wscat` 명령을 사용해 서버가 잘 동작하는 것을 이미 확인했기 때문이다. 브라우저의 개발 도구를 열어 문제가 발생하는 부분을 확인해보자. 대부분의 경우, 서버의 WebSocket 주소를 잘못 입력했을 가능성이 높다.

7-8 상용 서비스 고려

이번 예제는 S3 Bucket과 CloudFront로 게임 클라이언트를 구성하고 WebSocket API와 Lambda로 게임 서버를 구성했다. 게임 서버에서 이벤트 대기열과 잠금 구현을 위해 ElastiCache의 Redis를 사용하고, 네트워크 격리를 위해 퍼블릭 서브넷과 프라이빗 서브넷을 갖는 VPC를 사용했다. VPC에서 실행한 Lambda가 `@connections` 명령을 사용하고 비동기 Lambda 실행을 요청하기 위해 NAT 게이트웨이와 인터넷 게이트웨이를 구성해 Lambda가 인터넷에 접근 가능하도록 구성했다.

VPC를 제외하고는 이미 앞선 예제들에서 살펴봤던 서비스들이다. VPC를 제대로 구축해 사용한 것은 이번 예제가 처음이므로 상용 서비스에 문제가 될 만한 부분이 있는지 살펴보자.

7-8-1 VPC의 제약 조건

VPC는 서브넷을 통해 네트워크 영역을 정의하고 보안 그룹과 ACL을 통해 접근 경로를 제어한다. 따라서 네트워크 가용 공간이 부족한 문제나 보안 그룹 규칙이 너무 많아지는 문제 등을 고민해야 한다. 하지만 이번 예제와 같이 Lambda를 중심으로 서비스를 구성하는 경우에는 크게 고민할 부분이 없었다. 대부분의 경우 Lambda 인스턴스의 동시 실행수 제한에 먼저 부딪히기 때문이다. 하지만 서포트 티켓을 통해 이 수치를 지속적으로 상향했다면 네트워크 주소 공간이 부족해지지 않는지 주기적으로 확인할 필요는 있다.

VPC에서 실행되는 Redis에 접근하기 위해 Lambda도 VPC에서 실행했다. 이 때문에 @connections 명령이나 비동기 Lambda 실행 요청을 위한 네트워크 경로가 차단되었고, 이 문제를 해결하기 위해 NAT 게이트웨이와 인터넷 게이트웨이를 구성했다. NAT 게이트웨이는 네트워크 인터페이스를 사용하기 때문에 최대 연결 개수가 55,000개라는 제약 조건이 있다. 또 초당 백만 개에서 최대 4백만 개의 패킷을 처리하도록 자동으로 확장하고, 5Gbps의 대역폭에서 최대 45Gbps의 대역폭까지 자동으로 확장한다. 이번 예제에서 NAT 게이트웨이를 사용하는 경우는 Lambda가 AWS 내부 API를 호출할 때뿐이기 때문에 요청량이 위 수준으로 늘어날 일은 없다.

따라서 이번 예제에서 VPC에 대해 크게 신경 쓸 부분은 없다.

7-8-2 WebSocket API의 제약 조건

WebSocket API는 최대 128KB의 메시지를 교환할 수 있다. 게임은 보통 작은 크기의 메시지를 자주 교환하는 특성을 갖기 때문에, 대부분의 경우 기본 메시지 크기인 32KB보다도 작은 메시지를 교환한다. 하지만 가끔 온라인 게임의 인벤토리와 같이 메시지 크기가 아주 큰 상황이 있다. 서비스 오픈 이후 인벤토리의 크기는 점점 커지고 그 안에 들어 있는 아이템도 점점 많아지기 때문에, 인벤토리에 들어 있는 아이템 목록을 반환하는 메시지의 크기도 계속 커진다. 뿐만 아니라 특정 시야 범위 내의 캐릭터를 조회하는 메시지도 이벤트에 의해 갑자기 플레이어나 몬스터가 몰릴 경우 크기가 커질 수 있다. 만약 WebSocket API를 사용하기로 결정했다면 이런 상황에서도 메시지 크기가 최대 128KB를 넘지 않도록 제약 조건을 추가하거나, 아니면 처음부터 메시지를 여러 개로 쪼개어 전송하도록 구조를 잡아야 한다.

WebSocket API는 최대 2시간의 활성 연결을 유지할 수 있다. 이번 예제와 같이 짧은 시간 동안 진행되는 게임의 경우 이 제약은 문제가 되지 않는다. 하지만 연결을 계속 유지해야 하는 게임이라면 이는 치명적인 문제다. 게임에서 레이드나 아이템 거래 등 중요한 행동을 하는 시점에 연결이 끊어질 수 있기 때문이다. 이런 도메인 게임은 굳이 WebSocket API를 사용해서 만들지는 않겠지만, 만약 사용한다면 처음부터 연결이 재접속될 수 있다는 점을 고려하여 게임 로직 구조를 설계해야 한다.

7-8-3 Lambda의 수행 시간 제약 조건

Lambda를 사용해 게임 서버를 구축할 때 가장 피곤한 점은 인스턴스의 최대 수행 시간이 정해져 있다는 점이다. 이번 예제와 같이 최대 수행 시간인 900초 내에서 처리할 수 있는 게임을 만드는 게 제일 좋지만, 그렇지 않다면 다음 작업을 진행해야 한다.

- 현재 Lambda 인스턴스가 가지고 있는 게임 상태를 어딘가 보관한다.
- 새로운 Lambda 인스턴스를 실행하고, 게임 상태를 불러온다.
- 현재 Lambda 인스턴스가 새로운 Lambda 인스턴스의 시작을 감지하고, 이벤트 대기열의 점유를 해제한다.
- 새로운 Lambda 인스턴스가 이벤트 대기열을 점유하고, 게임을 진행한다.

문제는 새로운 Lambda 인스턴스가 실행되는 데 생각보다 오래 걸릴 수 있다는 점이다. 짧게는 수백 밀리초부터 수 초까지 걸릴 수 있다. 때문에 이 승계 과정이 일어나는 동안 플레이어는 응답 지연을 겪을 수 있다. 게다가 Lambda 동시 실행 한도에 도달하면 아예 실행이 안 될 수도 있다. 이 경우 게임 이벤트 대기열을 구독하며 게임 상태를 업데이트하는 Lambda 인스턴스가 사라지는 상황이므로 사실상 게임 서버 다운에 해당한다.

따라서 수행 시간이 긴 게임 서버를 구현한다면 GameLift나 EC2, ECS를 사용하는 편이 낫다. 그럼에도 Lambda 기반의 게임 서버를 사용한다면 승계 과정에서 발생하는 지연이 기획적으로 큰 문제가 아니어야 하고, 새로운 Lambda 인스턴스가 잘 실행되는지를 계속 모니터링해야 한다.

7-8-4 Lambda의 동시 실행 제약 조건

별도의 상향 요청을 하지 않았다면 계정-지역 내 Lambda의 최대 동시 실행수는 1,000개다. 이 안에서 WebSocket API의 이벤트를 처리하는 Lambda와 게임 로직을 실행하는 Lambda가 모두 실행되어야 한다. 만약 WebSocket API 이벤트를 처리하는 Lambda 인스턴스가 재사용이 잘 되어 100개 정도만 사용한다면, 900개를 게임 Lambda가 사용할 수 있다. 그럼 동시에 진행되는 게임의 수는 900개고, 한 게임을 2명의 플레이어가 진행하므로 동시 접속자수는 1,800명이다. 즉, 동시에 1,800명이 게임을 즐길 수 있다. 만약 1명이 1초에 5번 정도 이벤트를 발생시킨다고 가정하면, 1,800명은 1초에 9,000개의 이벤트를 발생시킨다. Lambda 인스턴스 100개가 이를 나눠 처리하면 1개의 Lambda가 1초에 90개의 이벤트를 처리한다는 뜻이고, 이는 첫 기동 지연 시간에 100밀리초가 걸리고 나머지 90개의 이벤트를 10밀리초 내에 처리하면 가능한 시나리오라고 볼 수 있다.

진행 시간과 관계없이 동시에 게임을 진행할 수 있는 플레이어의 수가 1,800명인 것은 수치가 매우 적은 것이다. 게임 서비스의 규모에 따라 필요한 Lambda 인스턴스의 수를 계산하여 필요한 만큼 상향 신청한다.

게임 Lambda에서 여러 개의 이벤트 대기열을 담당하는 방법도 있다. Lambda 인스턴스에 높은 메모리 크기를 부여해 vCPU의 수를 늘린 뒤 `worker_threads` 내장 라이브러리를 사용해 멀티 코어를 활용하면 하나의 Lambda 인스턴스에서도 여러 게임을 충분히 처리할 수 있다. 이를 통해 동시에 실행하는 Lambda 인스턴스의 수를 크게 늘리지 않으면서도 동시 접속자수를 늘릴 수 있다. 하지만 수행 시간에 한계가 있는 Lambda의 특성상 이런 방식을 구현하려면 Lambda 인스턴스의 남은 수행 시간을 확인하는 스케줄링이 필요하다.

- 매칭에 의해 게임이 시작되면, 현재 게임 로직을 처리하는 Lambda 인스턴스 중에 시간과 자원이 여유로운 대상을 찾는다. 예를 들어 최대 게임 시간이 300초라면, 가용 수행 시간이 300초 이상 남은 Lambda 중에 맡고 있는 게임수가 가장 적은 Lambda 인스턴스를 고른다.
- 조건에 해당하는 Lambda 인스턴스를 찾으면, 그 인스턴스에 새로운 게임 이벤트 대기열도 처리하도록 알려준다.
- 조건에 맞는 Lambda 인스턴스를 찾을 수 없다면, 새로운 Lambda 인스턴스를 하나 띄우고 게임 이벤트 대기열을 처리하도록 전파한다.

자원의 스케줄링과 Lambda 인스턴스 간의 통신이 필요하기 때문에 구현이 번거롭다. 하지만 게임의 최대 시간이 정해진 세션 게임 유형이라면 해볼 만한 방법이다. GameLift, EC2, ECS 등을 사용하는 것보다 비용을 훨씬 아낄 수 있고, 비교할 수 없을 정도로 빠르게 인스턴스의 확장과 축소가 가능하기 때문이다.

7-8-5 Redis 유형 검토

이번 예제에도 블로그 예제에서와 같이 Redis를 성능이 가장 낮은 `cache.t3.micro` 인스턴스를 사용했다. `cache.t3.micro`는 2 vCPU, 0.5GiB RAM, 최대 5GiB 네트워크 성능의 인스턴스다. 이 성능을 상용 서비스에서도 유지할지, 아니면 구성을 바꿔야 할지 검토해보자.

이번 예제에서는 Redis를 다음 세 가지 용도로 사용했다. 각 명령을 시간 복잡도, Redis 저장소 사용량, 네트워크 사용량 측면에서 고민해본다.

1. 매칭 풀의 Set 자료 구조를 위한 SCARD, SADD, SPOP, SREM 명령 사용
2. 매칭 풀 로직 실행의 잠금을 위한 GET, SET, DEL 명령 사용
3. 게임 이벤트 대기열을 위한 PUBLISH, SUBSCRIBE 명령 사용

매칭을 위해 사용하는 모든 명령은 O(1)의 시간 복잡도를 갖는다. Set 자료 구조를 위한 명령은 작업 항목의 수만큼 선형적으로 시간 복잡도가 증가하는데 이번 예제는 모두 1개나 2개의 항목만을 다뤘기 때문이다. 매칭 풀은 1개의 키만 사용하므로 저장소 사용량은 매우 적다. 매칭 풀에 연결 ID가 2개만 쌓이면 바로 매칭해서 제거하기 때문에 매칭 풀에서 저장소 사용량이 증가할 일도 없다. 연결 ID는 2B의 문자열이므로 네트워크 자원을 많이 소모하기도 어렵다. 10만 클라이언트가 매칭 풀을 사용해야 몇 MiB 수준의 트래픽이 발생하기 때문이다. 이런 상황은 Lambda나 WebSocket API의 제약에 먼저 부딪혀 발생할 수가 없다.

매칭 풀 잠금 명령도 O(1)의 시간 복잡도를 갖는다. 매칭 잠금도 단일 키에 대한 작업이므로 저장소 사용량도 몇 B 수준이다. 요청 명령줄도 매우 간단하기 때문에 수십 B 수준이고, 이로부터 MiB 수준의 네트워크 사용량에 도달하기도 어렵다. 명령 처리량을 간단히 벤치마크해보면 1초에 약 500K 명령을 처리할 수 있기 때문에 명령 지연 시간이나 처리량을 걱정할 일도 없다.

이벤트 대기열 명령도 사실상 O(1)의 시간 복잡도를 갖는다. 두 명령은 구독한 채널수에 따른 선형 시간 복잡도를 갖는데 지금은 게임 Lambda 1개에서 대기열을 구독하고 있기 때문이다. 만약 1개의 게임 Lambda에서 여러 이벤트 대기열을 구독해 N개의 게임을 동시에 처리한다면 SUBSCRIBE 명령의 시간 복잡도는 O(N)이 될 수 있다. 이 명령은 PUBLISH 명령을 수행하는 순간 SUBSCRIBE 명령을 수행하는 대상에게 메시지를 전송하고 완료되므로 저장소를 사용할 일이 없다. 네트워크 사용량은 채널을 통해 흘러가는 트래픽의 영향만 받을 뿐인데 이번 예제에서 사용하는 메시지는 수십 B 수준으로 역시 MB에 도달하기도 어렵다.

정리하면 현재의 구조에서 Redis가 문제가 될 부분은 여전히 없다. 오히려 고가용성 측면에서 Redis의 구성을 검토하는 것이 필요할 수 있다. 이번 예제에서는 오류 복구(AutoFailover) 기능을 전혀 사용하지 않았는데, 고가용성이 필요하다면 다중 AZ를 활성화하고 복제본을 유지하는 것이 좋다.

만약 메시지가 충분히 커진다거나 Lambda가 동시에 충분히 많이 실행될 수 있다고 가정해보자. 이때도 여전히 Redis 인스턴스의 CPU나 메모리 사용량이 유의미하게 높아지는 상황을 기대하기는 어렵다. 앞서 계산한 바와 같이 사용하는 모든 명령이 O(1) 수준의 시간 복잡도를 보이고, 초당 수백K 이상의 명령을 처리할 수 있고, 저장소를 사용하는 상황이 없기 때문이다. 하지만 더 자주 메시지를 보내고 메시지의 크기가 커질 경우 이벤트 대기열의 네트워크 사용량을 조정해야 한다. ElastiCache의 Redis는 캐시 역할이 주목적이므로 vCPU와 메모리 크기에 따른 과금 체계를 가지고 있고 네트워크 성능은 부차적이다. 네트워크 성능이 달라지는 캐시 노드 유형을 몇 개 확인해보면 알 수 있다.

캐시 노드 유형	vCPU	메모리(GiB)	네트워크 성능	시간당 요금(USD)
cache.t3.micro	2	0.5	최대 5GiB	0.025
cache.t3.small	2	1.37	최대 5GiB	0.049
cache.t3.medium	2	3.09	최대 5GiB	0.099
cache.m5.large	2	6.38	높음	0.191
cache.m5.12xlarge	48	157.12	10GiB	4.588
cache.m5.24xlarge	96	314.32	25GiB	9.176
cache.r5.large	2	13.07	최대 10GiB	0.259
cache.r5.12xlarge	48	317.77	10GiB	6.207
cache.r5.24xlarge	96	635.61	25GiB	12.414

캐시 노드 유형에 해당하는 EC2 유형의 네트워크 성능을 따라가며, 표준 유형(m5)과 메모리 유형(r5)은 메모리 크기와 그에 따른 요금 차이가 있을 뿐이다. EC2는 네트워크 I/O 크레딧(credit)에 따른 기준 대역폭(Baseline bandwidth)과 버스트(Burst)를 지원한다. 때문에 '최대'나 '높음'과 같은 다소 모호한 이름을 제공한다.

1. `cache.t3.micro`의 최대 5GiB는 사실 0.064Gbps의 기준 대역폭에 5Gbps의 버스트 대역폭을 제공한다. 즉, 일시적으로 5GiB까지 사용할 수 있지만 꾸준한 트래픽이 필요하다면 64Mbps을 지원하는 것으로 계산하는 게 낫다.

- t3.small과 t3.medium도 버스트 대역폭이 5Gbps로 동일하다. 다만 기준 대역폭이 다르다. t3.small은 0.128Gbps이고 t3.medium은 0.256Gbps이다. 즉, t3.micro를 기준으로 기준 대역폭이 2배씩 증가한다.

2. `cache.m5.large`의 높음은 0.75Gbps의 기준 대역폭에 10Gbps의 버스트 대역폭을 지원한다. 이를 t3.micro와 같은 맥락으로 표현한다면, 네트워크 성능이 최대 10GiB인 것이다.

만약 메시지 1개가 100B고 초당 50개의 이벤트가 발생한다고 가정하면, `cache.t3.micro`는 최대 1,600개의 이벤트 대기열 트래픽을 감당할 수 있다(100B × 50이벤트/초 × 8비트 × 1,600대기열). 이 가정을 사용하면, `cache.t3.small`은 3,200개, `cache.t3.medium`은 6,400개의 이벤트 대기열 트래픽을 감당할 수 있다.

만약 이를 초과하는 네트워크 대역폭이 필요하다면 Redis 클러스터 기능을 사용한다. Redis 클러스터를 사용하면 PUBLISH와 SUBSCRIBE 명령을 여러 샤드(Shard)에 나누어 실행하게 되므로 네트워크 대역폭 확장 효과를 누릴 수 있다. 물론 PUBLISH 명령을 실행하는 샤드와 SUBSCRIBE 명령을 실행하는 샤드가 다를 경우 샤드 간 통신으로 인해 사용하는 대역폭도 있으나 각 샤드마다 대역폭이 추가되는 셈이므로 전체 네트워크 대역폭이 늘어난다고 볼 수 있다. 단지 네트워크 대역폭을 늘리기 위해 사용하지 않는 vCPU나 메모리 크기를 늘리면 불필요한 비용이 너무 크게 발생한다. 예를 들어 1GiB의 대역폭을 안정적으로 확보하기 위해 어쩔 수 없이 `cache.m5.12xlarge`(4.558USD/시간)를 사용하는 것보다는 `cache.t3.medium` 4대(0.396USD/시간)를 클러스터로 구성해 사용하는 편이 훨씬 저렴하다.

7-8-6 응답 지연 시간 개선

클라이언트의 행동 메시지가 $default 라우트를 처리하는 Lambda 함수에 도착해 이벤트 대기열을 거쳐 게임 Lambda로 넘어가 게임 상태를 변경한 후 월드 전파가 다시 클라이언트에게 전송될 때까지 꽤 많은 지연 요소를 갖는다. 이를 개선하면 클라이언트의 응답 지연 시간을 개선할 수 있다.

지연 요소	개선 방법
직렬화	클라이언트-서버 간의 메시지를 JSON으로 사용하고 있는데, 더 적은 바이트를 사용하고 더 빠른 직렬화 로직을 사용하면 지연 시간을 개선할 수 있다. 이번 예제같이 방향만 전환한다면 단순히 방향 문자열만 메시지로 전달해도 된다.

지연 요소	개선 방법
연결-게임 ID 식별	메시지를 전달할 게임 이벤트 대기열을 찾기 위해 Redis에 한 번 접근한다. 만약 이 정도를 Lambda 권한 부여자를 통해 requestContext.authorizer에 넣어둔다면 Redis 1회 접근을 제거할 수 있다. Lambda 권한 부여자를 사용하려면 연결을 다시 맺어야 하는 부담이 있지만, 그 이후 모든 메시지 처리에서 Redis 1회 조회를 제거하는 쪽이 더 이득이 크다. 인증에 필요한 정보와 context에 넣어둘 정보를 JWT로 만들어 클라이언트에 전달하고, 클라이언트가 이 토큰을 사용해 재접속하면 Lambda 권한 부여자가 이를 처리하는 식으로 구현할 수 있다.
첫 기동 시간	$default 라우트를 처리하는 Lambda 대신, 매칭을 처리하는 Lambda와 그 외 클라이언트 메시지를 처리하는 Lambda를 분리한다. Serverless Framework가 개별 패키지(package: individually)를 사용하도록 설정하고, 가벼운 Redis 라이브러리를 사용한 후 트리 쉐이킹(Tree shaking)을 통해 코드 크기를 최대한 줄인다. 여기에 소스맵까지 빼면 클라이언트 메시지를 이벤트 대기열에 발행하는 코드 크기를 크게 줄일 수 있다. 이는 첫 기동 시간 또한 크게 향상시켜 준다.

메시지를 이벤트 대기열에 발행하는 Lambda 인스턴스는 굉장히 자주 실행된다. 게임 Lambda는 게임마다 배타적으로 실행되지만 이벤트 대기열에 발행하는 Lambda는 다른 게임을 진행하는 플레이어 사이에서도 공유해서 사용할 수 있기 때문이다. 준비된 Lambda 인스턴스가 없을 때 요청이 몰리면 그만큼 Lambda 인스턴스가 새로 시작하면서 첫 기동 지연 시간이 발생한다. 게임 메시지가 언제 몰릴지 모르므로, 인스턴스가 새로 시작할 수밖에 없다는 상황을 늘 고려해서 첫 기동 지연 시간이 발생하지 않도록 코드 크기를 최대한 줄여야 한다.

혹은 월드 전파 시 사용하는 메시지 전달 패턴을 상황에 맞게 최적화할 수 있다. 게임 Lambda에서 많은 WebSocket 연결을 다루어야 할 경우 `postToConnection` 함수의 Promise를 기다리는 과정에서 많은 지연이 발생할 수 있다. 여러 연결에 동시에 메시지를 전달해도, 그때 발생하는 Promise 객체 집합을 모두 기다리기(await Promise.all) 때문이다. 이를 개선하는 방법은 두 가지를 생각해 볼 수 있다.

첫 번째는 전파(broadcast) 함수의 결과를 매번 기다리는(await) 대신, 개별 연결마다 Promise에 연쇄를 유지해 전송 순서를 보장하면서 게임 로직을 처리하는 쪽에서는 실행 후 무시(Fire-and-forget)하는 방법이다. 간단히 코드를 구현하면 다음과 같다.

```
function sender(connectionId: string) {
  let q: Message[] = [];
  let acquired = false;
  async function sendLoop() {
    acquired = true;
    while (true) {
      const message = q.shift();
```

```
      if (!message) {
        return;
      }
      await apimgmt.postToConnection({
        ConnectionId: connectionId,
        Data: JSON.stringify(message),
      });
    }
    acquired = false;
  }
  return function (message: Message) {
    q.push(message);
    if (!acquired) {
      sendLoop().catch(console.error);
    }
  };
}
```

1. `sender` 함수는 연결 ID(`connectionId`)의 전송 순서를 보장하면서도 전송 결과를 기다리지 않는 함수를 반환한다.
2. 메시지 전송을 요청하면 내부 대기열(q)에 일단 넣는다. 이때 전송 루프(`sendLoop`)를 실행하고 있지 않다면(`!acquired`) 바로 실행한다.
3. 전송 루프에서는 점유 상태(`acquired`)를 갱신하고 대기열에서 메시지를 하나씩 꺼내어 전송한다(`postToConnection`).

Node.js는 단일 스레드로 실행하기 때문에 동기적으로 실행되는 로직에서는 다른 수행 흐름이 끼어들 여지가 없다. 따라서 `acquired` 플래그 하나를 유지하는 것으로 전송 루프의 실행을 보호할 수 있다. 단, 설명의 편의를 위해 예외 처리는 하지 않았다. 연결이 유효하지 않은 경우에 `postToConnection`을 시도하면 `410 Gone` 예외가 발생하는데, 별도의 처리가 없으면 `acquired`가 계속 `true`로 유지되므로 해당 연결엔 더 이상 메시지를 보내지 못하지만 대기열에 메시지는 계속 쌓일 것이다.

좀 더 효율을 높이려면 매번 메시지를 1개씩 보내는 대신 여러 개를 모아서 보낸다. 이전 전송이 완료되는 동안 모인 메시지를 배열 그대로 JSON으로 바꿔 전달한다. 물론 클라이언트에서 이런 형식을 프로토콜로 지원해야 하고, WebSocket API의 제약 조건을 어기지 않기 위해 메시지가 최대 128KB를 넘지 말아야 한다.

```
async function sendLoop() {
  acquired = true;
  while (q.length > 0) {
    const messages = q;
    q = [];
    await apimgmt.postToConnection({
      ConnectionId: connectionId,
      Data: JSON.stringify(messages),
    });
  }
  acquired = false;
}
```

만약 Lambda가 아주 많은 연결을 다뤄야 한다면 postToConnection 함수의 수행 시간 때문에 게임 이벤트 처리에서 지연이 발생할 수 있다. 게임 로직을 처리하는 Lambda 인스턴스와 메시지를 전파하는 Lambda 인스턴스를 별도로 띄워서 이 문제를 해결할 수 있다. 둘 사이는 @connections 명령보다는 상대적으로 지연 시간이 짧은 Redis를 사용해 전파할 메시지를 전달한다.

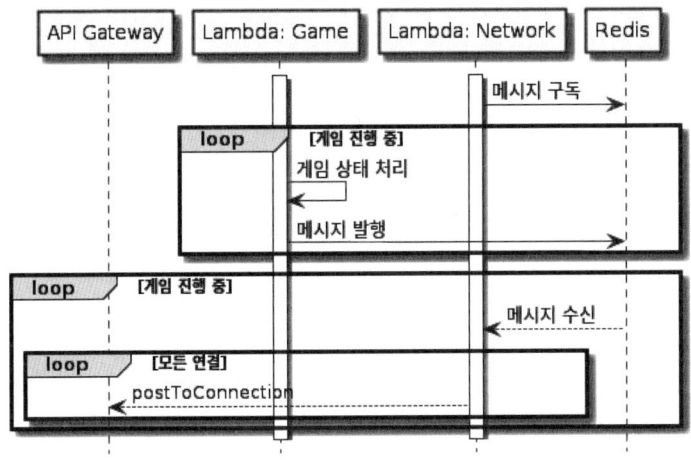

그림 7-8-1 메시지 전송을 위한 별도의 Lambda 도입

필요하다면 메시지 전파를 담당하는 Lambda 인스턴스를 더욱 많이 사용할 수 있다. 극단적인 예제로는 WebSocket을 하나 연결할 때마다 별도의 Lambda 인스턴스를 두는 것이다. 이 Lambda 인스턴스는 Redis로부터 해당 연결로 전달할 메시지를 수신해서 postToConnection

7-8 상용 서비스 고려 **665**

함수를 통해 클라이언트에 메시지를 전파한다. 이 방법을 사용하면 연결이 아무리 많아도 각 연결을 담당하는 Lambda가 따로 있으므로 연결수와 응답 지연 시간 사이의 관계를 없앨 수 있다. 하지만 첫 기동 지연 시간 문제를 피하기 위해 연결을 담당하는 Lambda 인스턴스는 최대한 계속 띄워두고 사용해야 하고, 이는 Lambda 풀을 빠르게 고갈시키는 또 다른 문제를 야기한다. 뿐만 아니라 동시 실행 중인 Lambda가 많아지므로 비용도 많이 발생한다. 따라서 꼭 필요할 때만 사용해야 한다. 그런 경우에도 하나의 연결에 하나의 Lambda 인스턴스를 사용하기보다는 메시지 빈도수에 따라 10개에서 100개 정도의 연결 메시지 전파를 담당하는 Lambda 인스턴스를 사용하는 편이 더 효율적이다.

7-8-7 매칭 개선

현재는 새로운 플레이어가 진입할 때만 매칭이 동작한다. 이는 새로운 플레이어의 유입이 없으면 매칭 풀 안의 플레이어는 끝없이 기다려야 한다는 뜻이다. 접속하는 플레이어가 많다면 걱정할 일이 없지만, 접속자가 별로 없는 경우라면 개선할 필요가 있다. 예를 들어 schedule 이벤트로 1분마다 실행되는 Lambda 인스턴스에서 현재 매칭 풀에 대기하고 있는 플레이어를 조회해서, 너무 오래 기다린 플레이어가 AI와 함께 게임할 수 있도록 매칭하는 것도 방법이다. AI 플레이어를 만들어야 하는 부담이 있지만, 오랜 시간 매칭만을 기다리다가 이탈하는 플레이어를 잡기 위한 방법으로 나쁘지 않다.

또는 랭킹을 도입할 수 있다. 게임 계정을 도입하고 게임이 끝날 때 플레이어가 얻은 점수를 계정에 누적한다. 이렇게 계산한 랭킹 정보를 통해, 매칭 풀에 여러 플레이어가 있을 때 적절한 랭킹끼리 매칭되도록 로직을 작성할 수 있다. 이때 어느 한 쪽의 너무 일방적인 플레이가 되지 않도록 신경 쓰면 좋다.

7-9 모니터링

뱀 게임의 인프라는 프라이빗-퍼블릭 서브넷을 사용하는 VPC를 직접 구축했다는 점을 제외하면 앞서 살펴본 다른 예제와 큰 차이는 없다. WebSocket API로부터 전달받은 WebSocket 이벤트를 통합된 Lambda가 처리하고 매칭 풀, 매칭 잠금, 이벤트 대기열을 위해 Redis를 사용했다. 그리고 Lambda 사이의 비동기 실행(Invoke)과 @connections 명령을 사용하기 위해 NAT 게이트웨이와 인터넷 게이트웨이를 구성해 인터넷 접근이 가능하게 했다.

매칭과 게임 서버 로직을 실행하는 Lambda가 이번 시스템의 핵심이고 나머지는 상용 서비스 고려 단원에서 살펴본 바와 같이 크게 신경 써야 할 부분은 없었다. 따라서 게임 시스템을 구성하는 핵심 부분인 WebSocket API, Lambda, Redis에 대한 모니터링만 진행한다.

7-9-1 WebSocket API 지표

WebSocket API는 IntegrationError, ClientError, ExecutionError 지표로 에러 지표를 확인할 수 있다. 인지하지 못한 상황에서 오류가 발생하고 있지는 않은지 확인하기 위해 이 지표들을 확인하면 좋다. 하지만 WebSocket API와 Lambda 사이의 호출 오류를 확인하는 ClientError 지표를 제외하면 Lambda에서 집계되는 오류 지표를 확인해도 문제없다.

WebSocket API는 초당 연결 가능한 수치의 제한이 있으므로 ConnectCount 지표를 모니터링해서 추세를 살펴보면 좋다. 만약 게임이 너무 성공해서 WebSocket API의 기본 제한인 500 신규-연결/초를 넘긴다면 서포트 티켓으로 이를 상향한다. 혹은 접속 대기열을 구현해 서버의 가용 자원이 없을 때 플레이어의 접속을 지연시킨다.

WebSocket API와 Lambda 사이의 요청에 추가 지연이 발생하지는 않는지 IntegrationLatency 지표를 확인하면 좋다. Lambda의 수행 시간(Duration) 지표와 함께 확인해 두 서비스 사이에서 의도치 않은 지연이 발생하고 있는지 확인한다. 만약 문제가 발생한다면, Lambda가 제대로 실행되고 있지 못하는 상황일 가능성이 높으므로 Lambda의 지표를 통해 정확한 문제를 확인한다.

7-9-2 Lambda 지표

Invocations와 Errors 지표를 확인해 수행과 오류의 발생수를 확인한다. 로직에서 발생하는 예외는 최대한 try-catch로 직접 처리하기 때문에 Errors 지표가 늘어난다는 것은 시간 초과나 구성 오류가 발생했다는 뜻이다. 문제가 발생하면 코드의 가정을 다시 검토하고 연계된 다른 자원이 부족하지는 않은지, 권한 설정이 잘못되어 연결이 거부되는 부분은 없는지 확인한다.

게임 예제는 Lambda 인스턴스를 많이 사용하기 때문에 Lambda 인스턴스의 수행 시간(Duration)이 조금만 길어도 실행 한도(Throttles)에 쉽게 도달할 수 있다. 따라서 WebSocket API 통합 Lambda의 Duration 지표를 확인해 수행 시간이 너무 긴 작업이 없는지 확인한다. 예제의 구성으로는 WebSocket의 메시지를 처리하는 함수가 $default 라우트 함수 1개만 있기 때문에 매칭을 처리하는 부분과 게임 메시지를 이벤트 대기열로 넘기는 부분을 분리해서 보기 어렵다. 따라서 가능하다면 두 함수를 분리해 개별 지표를 확인할 수 있게 만드는 것이 좋다.

동시 연결이 갑자기 발생하지 않는다면 한 번에 매칭해야 할 클라이언트의 수가 많지 않을 것이다. 그 경우 $default 라우트를 처리하는 handleMessage 함수에서 매칭을 직접 처리한다. 하지만 매칭에 20초 이상의 시간이 필요하면 매칭 Lambda(handleMatch) 함수를 실행해 처리를 위임한다. 매칭 Lambda는 한 번 실행되면 최대한 많은 매칭을 만들고 종료하는 것을 기대한다. 따라서 매칭 Lambda에 Invocations 지표가 충분히 적고 Duration 지표가 충분히 큰지 확인한다. 만약 매칭 Lambda가 짧게 너무 자주 실행된다면 이 구조를 좀 더 효율적으로 변경해야 한다. 예를 들어 매칭 Lambda가 한 번 기동하면 지금 당장 풀에 매칭할 대상이 없어도 30초 정도는 더 기다려보도록 작성하면 효율이 높아진다.

게임의 동시 접속량이 높을 경우 Lambda 인스턴스가 쉽게 부족해질 수 있다. Lambda 인스턴스가 부족해진 후에 동시 실행수를 상향하는 것은 좋지 않으므로 ConcurrentExecutions 지표를 확인해 추세를 보고 미리 상향 요청을 하는 것이 좋다. 하지만 게임은 일반적인 트래픽처럼 서서히 증가하는 패턴을 보이지는 않기 때문에 추세를 보고 미리 상향하는 전략은 잘 맞지 않는다. 따라서 해당 지표를 모니터링하는 것과 별개로, 현재 실행 중인 Lambda 인스턴스의 수를 직접 집계하여 추가 연결을 받지 않도록 시스템을 수정하는 방향도 고려해야 한다. 게임 Lambda 인스턴스가 너무 많이 실행되면 WebSocket API의 이벤트를 처리할 Lambda를 실행할 수 없기 때문이다.

이 문제를 해결하기 위해 게임 Lambda에 예약된 동시성(Reserved concurrency)을 사용하는 것도 좋은 방법이다. 지정된 수 이상의 Lambda 인스턴스 실행을 막는 것이다. 그리고 게임 Lambda의 ConcurrentExecutions 지표와 나머지 Lambda에 대한 UnreservedConcurrentExecutions 지표를 모니터링해 적절한 수치를 찾는다.

7-9-3 Redis 지표

상용 서비스 고려에서 알아본 바와 같이, Redis 사용량이 이번 예제에서 문제가 될 상황은 거의 발생하지 않는다. 하지만 Lambda의 동시 실행수 상향에 따라 더 많은 게임이 동시에 처리된다면 Redis 사용량이 처음 가정과는 달라질 수 있다. 따라서 Redis의 CPU 사용량(EngineCPUUtilization)과 네트워크 사용량을 모니터링한다. 네트워크 사용량은 송신 네트워크 바이트 지표(NetworkBytesOut)와 수신 네트워크 바이트 지표(NetworkBytesOut)를 통해 확인할 수 있다.

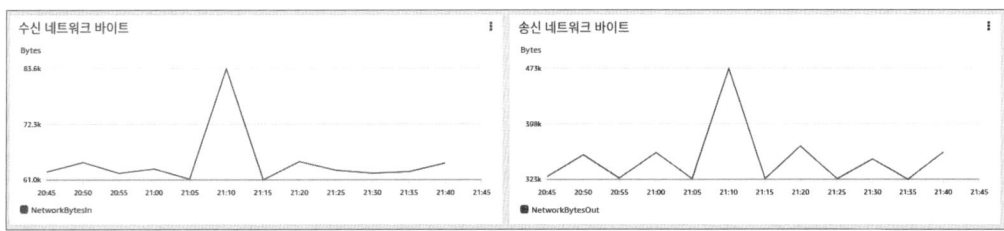

그림 7-9-1 Redis - 송수신 네트워크 바이트 지표

7-10 비용 계산

수행 시간과 동시 실행수 제한이 있었지만 Lambda로 간단한 세션 게임 서버를 구현했다. 또한 상용 서비스를 위해 고려할 부분과 모니터링 지점들을 살펴봤다. 이번에는 Lambda 기반의 게임을 실제로 서비스한다고 가정했을 때 발생하는 비용과 어떤 서비스에서 비용이 많이 발생하는지 살펴본다.

7-10-1 시나리오

비용을 계산하기 위한 시나리오를 다음과 같이 가정한다.

1. 모든 트래픽은 서울에서 발생한다.
2. 플레이어가 충분히 많기 때문에 매칭이 안 되는 경우는 고려하지 않는다.

3. 게임 한 판당 평균 5분의 플레이 타임을 갖는다.
4. 1분에 100명의 플레이어가 접속한다.
5. 매칭 1회의 처리 시간은 300밀리초다.
6. 1분 동안 유지되는 게임수는 최대 250개(100플레이어/분 ÷ 2플레이어/게임 × 5분/게임)다.
7. 플레이어가 요청하는 뱀의 방향 전환 메시지의 크기는 평균 30B이며 평균 1초에 한 번씩 방향을 전환한다.
8. 게임 서버가 플레이어에게 전달하는 월드 전파 메시지의 평균 크기는 300B다. 평균 1초에 한 번씩 전파가 발생한다.
9. Lambda 인스턴스는 충분히 재사용된다. `$connect`, `$disconnect` 라우트와 `$default`의 매칭을 제외한 메시지를 처리하는 Lambda의 수행 시간은 10밀리초다.
10. 모든 Lambda의 메모리 크기는 1,024MB이다.
11. Redis 인스턴스는 프리티어 범위에 포함되므로 비용을 무시한다.
12. CloudWatch에 로그를 보관하는 비용과 모니터링을 구성하는 비용은 무시한다.
13. 한 달은 30일이다.

비용 계산을 위해 자주 사용하는 값을 미리 계산해둔다.

1. 1분에 100명의 플레이어가 접속하면 1분에 50개의 게임이 발생한다.
2. 1분에 100명의 플레이어가 접속하므로 한 달에 432만 번(100명/분 × 60분 × 24시간 × 30일)의 연결이 발생한다.
3. 게임이 평균 5분간 지속되므로 1분 동안 동시에 유지되는 게임의 수는 최대 250개(100플레이어/분 ÷ 2플레이어/게임 × 5분/게임)다.
4. 1분에 50개의 게임이 발생하면 한 달에 216만 개(50게임/분 × 60분 × 24시간 × 30일)의 게임이 발생한다.
5. 게임 1개는 평균 5분 동안 유지되므로, 총 게임 시간은 6억4천8백만 초(216만 게임 × 5분 × 60초)다.
6. 1개의 게임은 매초 300B의 월드 전파 메시지를 2명의 플레이어에게 전송한다. 이때 발생하는 총 트래픽은 388.8GB(6억4천8백만 초 × 300B × 2명)다.

7-10-2 VPC 비용

VPC의 서브넷은 단지 네트워크 영역을 나누는 것이므로 비용이 발생하지 않는다. 보안 그룹과 ACL도 마찬가지다. VPC는 탄력적 네트워크 인스턴스(ENI)나 네트워크 흐름을 처리하는 모듈을 사용할 때 발생한다. 예를 들어, VPC 엔드포인트나 NAT 게이트웨이를 사용할 때 비용이 발생한다.

이번 예제에서는 Lambda 인스턴스에서 매칭 Lambda나 게임 Lambda를 실행(Invoke)하고 @connections 명령을 사용하기 위해 인터넷 접근이 필요했다. 이를 위해 NAT 게이트웨이와 인터넷 게이트웨이를 구성했다. 인터넷 게이트웨이는 비용이 발생하지 않으므로, NAT 게이트웨이의 비용만 계산한다.

1. NAT 게이트웨이는 1개당 0.059USD/시간의 비용이 발생한다. 즉, 켜두는 것만으로도 비용이 발생한다.
2. NAT 게이트웨이는 처리된 데이터 GB당 0.059USD의 비용이 발생한다.

VPC는 보통 가용성을 고려해 서브넷을 2개 이상 고려한다. 이번 예제도 가용 지역 2개에 각각 서브넷을 구성하고 NAT 게이트웨이를 띄웠다. 따라서 NAT 게이트웨이를 한 달 동안 실행해서 발생하는 비용은 84.96USD(0.059USD/시간-개 × 2개 × 24시간 × 30일)이다.

Lambda에서 함수 실행(Invoke) 요청은 자주 발생하지도 않고 요청의 크기가 크지도 않다. 따라서 무시할 수 있는 수준이다. 대부분의 트래픽은 @connections 명령을 통해 WebSocket 클라이언트로 메시지를 전달할 때 사용한다. 즉, 게임 내에서 월드 전파를 할 때 트래픽이 발생한다. 월드 전파로 인해 발생하는 트래픽은 388.8GB이므로 비용은 22.939USD(388.8GB × 0.059USD/GB)이다.

7-10-3 WebSocket API 비용

WebSocket API는 메시지 전송 횟수와 연결 유지에서 비용이 발생한다.

1. 메시지 전송수는 월드 전파 메시지 전송수에 해당한다. 플레이어 2명에게 메시지를 전송하므로 총 전송 횟수는 12억9천6백만 건(6억4천8백만 건 × 2명)이다. 전송 횟수에 따른 요금 구간을 적용해, 총 비용은 1,418.24USD(1,000백만 건 × 1.14USD/백만 건 + 296백만 건 × 0.94USD/백만 건)이다.

2. 연결 유지 시간 비용은 분 단위로 발생한다. 플레이어 2명의 연결 유지 시간을 고려해야 하므로 총 연결 시간은 21.6백만 분(216만 게임 × 5분 × 2명)이다. 따라서 비용은 6.156USD(21.6백만 분 × 0.285USD/백만 연결-분)이다.

7-10-4 Lambda 비용

Lambda는 호출 횟수와 수행 시간에서 비용이 발생한다. 이를 Lambda 함수별로 확인하면 다음과 같다. 계산의 편의를 위해 단위는 백만 번과 밀리초를 사용한다.

Lambda 함수	호출 횟수(백만 번)	개별 수행 시간(밀리초)	총 수행 시간(백만-밀리초)
handleConnect	4.32	10	43.2
handleDisconnect	4.32	10	43.2
handleMessage (매칭 메시지)	4.32	300	1,296
handleMessage (클라이언트 메시지)	648	10	6,480
handleGame	2.16	300,000(5분)	648,000

1. 클라이언트에서 전달하는 모든 메시지는 $default 라우트를 담당하는 handleMessage 함수에서 처리하는데, 매칭 메시지와 나머지 클라이언트 메시지는 처리 형태가 다르므로 항목을 분리한다.
2. 클라이언트 메시지는 게임 중 매초 발생하는 뱀의 방향 전환 메시지(ClientMove)에 해당하므로 총 게임 시간(초)과 같은 값을 가진다.

총 호출 횟수는 663.12백만 건으로 132.624USD(663.12백만 건 × 0.2USD/백만 건) 비용이 발생한다. 총 수행 시간은 655,862.4백만-밀리초로 10,952.902USD(655,862.4백만-밀리초 × 0.0167USD/백만-밀리초) 비용이 발생한다.

7-10-5 비용 일람

계산한 모든 비용을 표로 정리하면 다음과 같다. 그리고 비교를 위해 전체 비용에서 차지하는 비율도 함께 표시한다.

비용 항목	비용(USD)	비율(%)
NAT 게이트웨이 실행 시간 비용	84.96	0.67
NAT 게이트웨이 데이터 전송 비용	22.939	0.18
WebSocket API 메시지 전송 비용	1418.24	11.24
WebSocket API 연결 시간 비용	6.156	0.05
Lambda 호출 비용	132.624	1.05
Lambda 수행 시간 비용	10952.902	86.81

전체 비용은 12,617.821USD이다. 이 중 NAT 게이트웨이를 제외한 WebSocket API와 Lambda의 비용이 12,509.922USD로 비용의 99%를 차지한다. 대부분의 비용이 Lambda 수행 시간 중 게임 Lambda를 실행하는 과정에서 발생했다. 수행 시간으로 비용이 발생하는 Lambda의 특성상, 평균 5분 동안 실행되는 Lambda의 수행 시간이 크다 보니 비용이 많이 발생할 수밖에 없다.

게임 서비스를 EC2 인스턴스를 사용해 직접 처리한다고 가정해보자. 2vCPU 4GiB 메모리의 `c5.large` 인스턴스는 0.096USD/시간의 비용이 발생하므로 약 181대의 서버를 직접 운영하는 수준의 비용이다(계산의 편의를 위해 EC2의 데이터 전송 비용을 고려하지 않았으나 값이 크지 않아 큰 차이는 없다). 가정한 시나리오를 기준으로 1분에 많아야 250개의 게임이 진행되므로 하나의 인스턴스에서 1개나 2개의 게임만 실행하면 되어 아주 여유롭게 운영할 수 있다.

AWS가 제공하는 게임 서버 서비스인 GameLift를 사용해 동일한 서비스를 구축할 수 있다. GameLift는 EC2 인스턴스에 Auto Scaling 기능을 포함하므로 활성 플레이어의 수에 따라 서버 인스턴스 수를 자동으로 조정한다. `c5.large` 인스턴스를 온디맨드로 운영할 경우 0.123USD/시간의 비용이 발생하므로 약 141대의 서버를 운영하는 수준의 비용이 발생한다. 이렇게 비교해보면 Lambda를 활용해 게임 서버를 구축하는 것은 전혀 비용 경쟁력이 없어 보인다.

이런 비용 비효율이 발생하는 원인은 모든 Lambda 인스턴스가 1,024MB 메모리를 사용한다고 가정했기 때문이다. 이번 예제와 같이 게임 서버에 많은 연산이 필요하지 않은 경우라면 vCPU를 많이 할당할 필요가 없기 때문에 메모리 크기를 사용량에 맞춰 낮춰도 무방하다. CloudWatch Logs에서 `Max Memory Used`를 확인해보면 대부분 100MB 수준이므로 Lambda 인스턴스의 메모리 크기를 128MB로 줄일 수 있다. 이 경우 Lambda의 수행 시간 비용이 1/8 수준으로 줄어든다. 이때의 비용을 보면 다음과 같다.

비용 항목	비용(USD)	비율(%)
NAT 게이트웨이 실행 시간 비용	84.96	2.79%
NAT 게이트웨이 데이터 전송 비용	22.939	0.75%
WebSocket API 메시지 전송 비용	1,418.24	46.62%
WebSocket API 연결 시간 비용	6.156	0.20%
Lambda 호출 비용	132.624	4.36%
Lambda 수행 시간 비용	1,377.311	45.27%

전체 비용이 3042.23USD로 줄어들었다. 여전히 WebSocket API와 Lambda가 전체 비용의 대부분을 차지하지만, 이제 WebSocket API의 메시지 전송 비용과 Lambda 수행 시간 비용이 비슷한 수준이 되었다. Lambda 인스턴스의 메모리 크기 감소로 할당되는 vCPU도 줄어들지만 게임 플레이에 큰 문제가 되지 않는다면 비용을 줄이기 위해 고려해볼 만한 방법이다. 줄어든 비용을 기준으로 EC2와 GameLift의 `c5.large` 인스턴스 수를 다시 계산해보면 각각 43대와 33대다. Lambda를 사용하는 쪽이 비용 관점에서 더 효율적이라고 보기는 어려운 수치지만, Lambda와는 다르게 1대의 인스턴스에서 여러 게임을 처리해야 하는 번거로움이 있다. 게임 Lambda는 1개의 게임만 맡아서 처리하기 때문이다. 물론 구성을 비용으로만 단순히 비교할 수 있는 것은 아니다. 활성 플레이어 수가 급변할 수 있는 단순 캐주얼 게임 서버를 가정해보자. 게임 서버는 급변하는 트래픽에 맞춰 확장과 축소를 신속히 수행해야 한다. 이런 경우 Lambda로 서버를 구현하면 좋다. EC2나 GameLift의 인스턴스 기동 속도는 Lambda를 따라올 수 없기 때문이다.

7-10-6 비용 줄이기

앞서 알아본 바와 같이 대부분의 비용은 Lambda의 수행 시간에서 발생한다. 게임 시간 동안 Lambda 인스턴스는 실행 상태를 유지해야 하므로 수행 시간 자체를 줄이기는 어렵다. 따라서 Lambda 인스턴스의 기동수를 줄이거나 메모리 크기를 줄여서 비용을 줄일 수 있다. 게임 Lambda 인스턴스 1개에서 여러 게임을 다루거나 할당된 메모리 크기를 줄여서 비용을 줄일 수 있다.

게임은 특성상 클라이언트에게 전달하는 메시지가 많다. WebSocket API는 메시지 전송 횟수로 요금을 계산하기 때문에 메시지를 많이 보내는 게임에서는 비용이 많이 발생할 수밖에 없다. 이는 전송량으로 비용이 집계되는 EC2 계열의 서비스와 비교했을 때 확실히 불리한 부분이다. 이 부분에서 비용을 유의미하게 줄이려면 메시지를 최대 32KB까지 모아서 전달해야 한다. 게임 메시지는 보통 수백B이므로 이렇게 모아서 전달할 경우 횟수를 크게 줄일 수 있다. 다만 실시간 게임일 경우 반응성이 현저히 떨어질 수 있기 때문에 주의가 필요하다. 하지만 상용 서비스 고려에서 살펴봤던 메시지 모아 보내기 패턴을 사용할 수 있다면 메시지가 아주 많이 발생하는 경우에도 비용을 어느 정도 방어할 수 있다.

이번 시나리오에서는 활성 플레이어 수가 꽤 많았기 때문에 WebSocket API와 Lambda의 수행 비용이 월등히 높아 NAT 게이트웨이의 실행 비용이 눈에 띄지 않았다. 하지만 게임이 간헐적으로 실행되는 경우라면 WebSocket API와 Lambda에서 거의 비용이 발생하지 않는다. 이 경우 고정 비용인 NAT 게이트웨이의 실행 비용이 높아진다. 따라서 게임이 거의 진행되지 않는 서비스를 운영해야 할 경우에는 NAT 게이트웨이의 비용을 줄이는 쪽이 비용 절감에 도움이 될 수 있다. NAT 게이트웨이는 결국 ElastiCache의 Redis가 VPC에서 실행되었기 때문에 사용한 것이므로 퍼블릭 IP를 가지는 저렴한 EC2나 Lightsail에 Redis를 설치해서 사용하면 VPC와 NAT 게이트웨이를 사용하지 않을 수 있다. 물론 Redis 인스턴스를 직접 관리해야 하는 부담은 발생한다.

7-11 정리

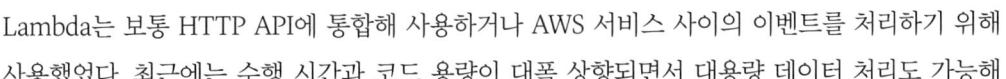

Lambda는 보통 HTTP API에 통합해 사용하거나 AWS 서비스 사이의 이벤트를 처리하기 위해 사용했었다. 최근에는 수행 시간과 코드 용량이 대폭 상향되면서 대용량 데이터 처리도 가능해졌다. Lambda의 최대 수행 시간은 900초로 작은 규모의 세션 게임을 처리하기에 충분하다.

WebSocket API의 이벤트를 처리하는 Lambda와 게임 로직을 처리하는 Lambda 사이를 Redis와 같은 빠른 대기열로 연결하면 Lambda를 활용한 비동기 처리 기반을 만들 수 있다. WebSocket API는 @connections 명령을 통해 비동기로 연결해 메시지를 전송할 수 있다. 이번 예제에서는 이런 특징을 사용해 게임 클라이언트에서 받은 메시지를 Redis의 대기열로 보내고, 게임 Lambda는 게임 상태를 갱신한 후 게임 클라이언트에게 변경을 전파했다. 게임 Lambda와 매칭 Lambda는 액터 모델로 처리할 요청이 있을 때 깨어나서 수행이 완료될 때까지 대기열을 담당했다.

Redis 사용을 위해 VPC를 구성했다. VPC는 퍼플릭-프라이빗 서브넷을 갖고 프라이빗 서브넷에 Lambda와 Redis를 배치했다. Lambda를 인터넷에 연결하기 위해 NAT 게이트웨이와 인터넷 게이트웨이를 설치했다. VPC의 구성 이유, 라우트 규칙, NAT 게이트웨이 구성에 대해 알아봤다.

활성화된 게임이 많을 때 발생한 비용은 작지 않았다. 직접 EC2를 운영하거나 GameLift를 사용했을 때와 큰 비용 차이가 없었다. 그럼에도 급변하는 활성 사용자수에 따라 Lambda 인스턴스 수준으로 빠르게 확장 가능한 게임 서버를 구축할 수 있는 시스템은 없다. 또한 세션 게임의 특성상 하나의 인스턴스에서 하나의 게임만 처리해야 할 경우 Lambda 인스턴스의 비용 효율 또한 올라간다.

Lambda는 CPU, 메모리 크기, 수행 시간의 제약 조건이 있지만 다른 인스턴스에 비해 기동 시간이 매우 빠르고 인스턴스 재사용을 통해 괜찮은 지연 시간을 보인다. 이로 인해 급변하는 트래픽에 대응하기 쉽고 사용한 만큼의 요금을 내기 때문에 운영 관리 측면에서 편리하다. 잘 알려진 HTTP API 처리뿐만 아니라 길게 실행하는 게임과 같은 도메인에서도 서버리스 스택을 사용하면 비용과 운영 관리 측면에서 많은 도움을 받을 수 있다.

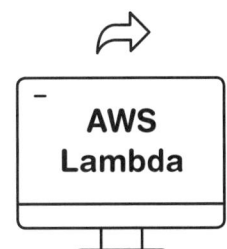

도메인 구입

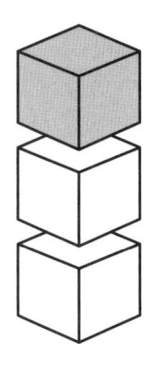

A-1 Route53에서 도메인 구입
A-2 타사 도메인 연결
A-3 도메인 레코드 세트 추가
A-4 인증서 발급

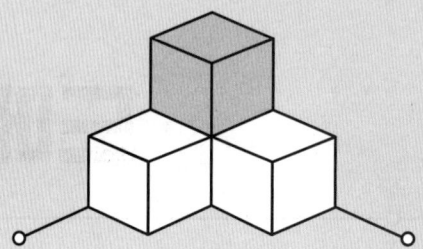

개인 프로젝트에서는 API Gateway나 CloudFront에서 기본으로 할당하는 도메인으로도 충분할 수 있지만, 상용 서비스를 위해서는 제대로 된 도메인을 운영해야 웹 서비스의 신뢰도를 높일 수 있다. 이번 단원에서는 Route53의 도메인 구입 기능을 사용하여 도메인을 등록하는 방법에 대해 알아본다.

A-1 Route53에서 도메인 구입

도메인을 구입하기 위해 Route53 관리 콘솔에 접근하여 도메인 등록 기능으로 이동한다.

그림 **A-1-1** Route53의 도메인 등록

필요한 최상위 도메인을 선택한 후 이름을 지정하여 등록 가능한지 확인한다. Route 53에서 제공하는 도메인을 구입하는 경우 타사와는 다르게 별도의 프로모션이 없어 가격이 다소 비싸게 느껴질 수 있다. 하지만 1년 후에 가격이 변동되는 일이 거의 없어서 예측 가능한 비용으로 도메인을 사용할 수 있고, 무엇보다도 AWS에서 필요한 모든 자원을 관리할 수 있어 편리하다. 다만 지원하는 최상위 도메인이 한정적이다 보니, 마음에 드는 항목이 없을 경우 어쩔 수 없이 타사의 서비스에서 도메인을 등록해야 할 수도 있다.

현재 가장 저렴한 도메인은 .click과 .link로 1년에 5USD다. 도메인 이름을 지정하면 사용 가능 여부에 따라 장바구니에 추가하여 구매할 수 있다.

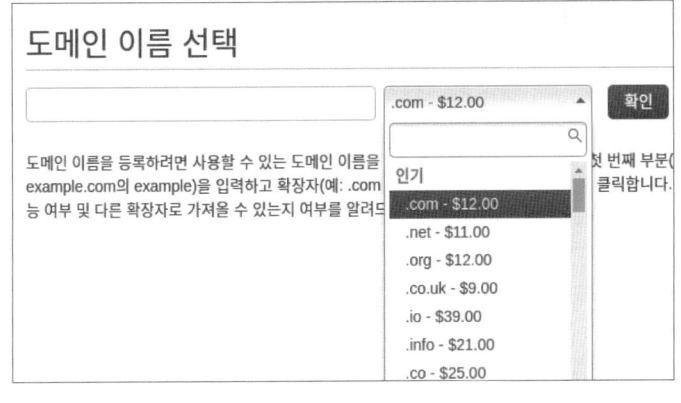

그림 **A-1-2** 도메인 이름 선택

그림 **A-1-3** 도메인 장바구니

도메인을 구입할 때는 국제인터넷주소관리기구(ICANN)의 규정에 따라 도메인 등록자의 정보를 검증할 의무가 있다. 따라서 등록, 관리 및 기술 연락처에 대한 세부 정보를 입력해야 한다. 연락처 세부 정보를 입력하고 약관에 동의하면 도메인 구입이 완료된다. 이때 도메인을 자동 갱신하려면 도메인 자동 갱신 항목을 활성화하면 된다. 도메인 구입 비용은 AWS 빌링에 합산하여 청구된다.

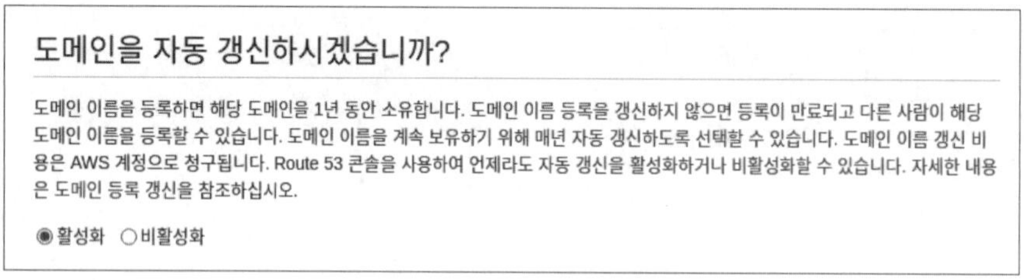

도메인을 자동 갱신하시겠습니까?

도메인 이름을 등록하면 해당 도메인을 1년 동안 소유합니다. 도메인 이름 등록을 갱신하지 않으면 등록이 만료되고 다른 사람이 해당 도메인 이름을 등록할 수 있습니다. 도메인 이름을 계속 보유하기 위해 매년 자동 갱신하도록 선택할 수 있습니다. 도메인 이름 갱신 비용은 AWS 계정으로 청구됩니다. Route 53 콘솔을 사용하여 언제라도 자동 갱신을 활성화하거나 비활성화할 수 있습니다. 자세한 내용은 도메인 등록 갱신을 참조하십시오.

◉ 활성화   ○ 비활성화

그림 A-1-4 도메인 자동 갱신

도메인 주문이 완료되면 AWS로부터 Amazon Registrar Sign-Up Confirmation 메일이 전달된다. 도메인 주문이 완료된 시점부터 바로 도메인을 사용할 수 있는 것은 아니고, 해당 등록 요청이 상위 기관으로부터 승인되고 나면 사용이 가능하다. 이 과정은 최대 3일까지 소요될 수 있으며 빠르면 몇 시간 내에 처리된다.

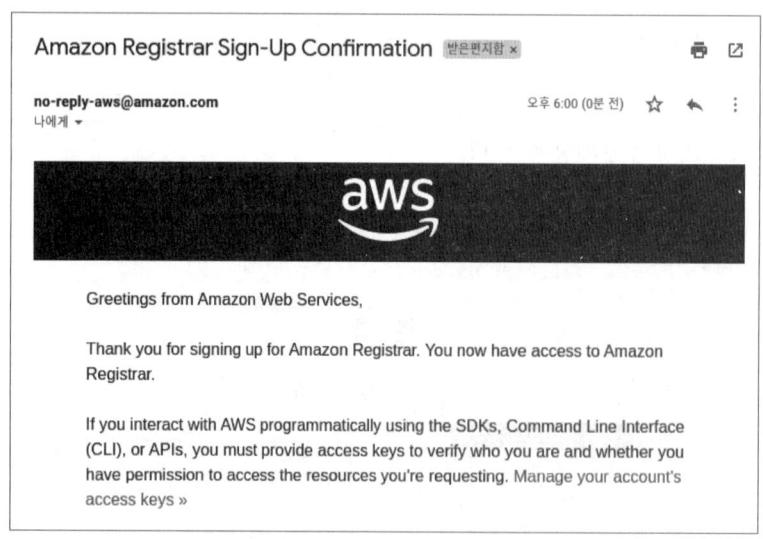

그림 A-1-5 주문 완료 알림 메일

등록이 완료되기 전까지는 왼쪽의 대기 중인 요청 메뉴를 통해서 상황을 확인할 수 있다.

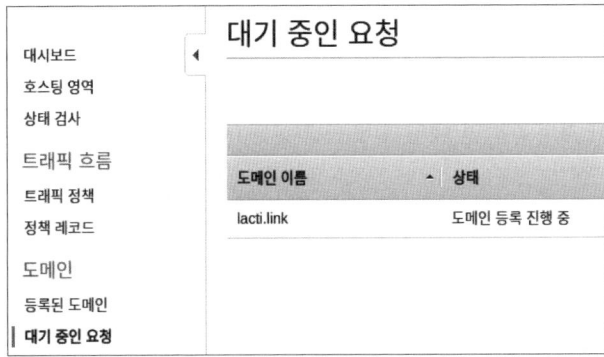

그림 A-1-6 등록 대기 중인 도메인 확인

등록된 이후에는 호스팅 영역 메뉴에서 필요한 하위 도메인을 구성할 수 있다. 필요한 레코드를 추가하거나 다른 AWS 자원의 별칭으로 하위 도메인 항목을 구성할 수 있다.

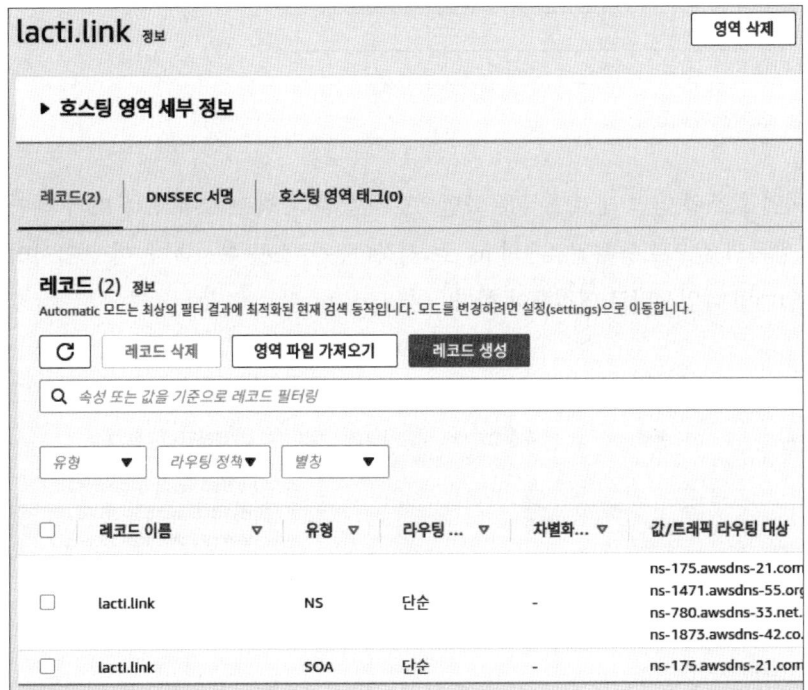

그림 A-1-7 도메인 호스팅 관리

A-2 타사 도메인 연결

타사에서 구매한 도메인을 Route53에서 사용하려면 네임서버 변경이 필요하다. 먼저 Route 53에서 관리할 네임서버 주소를 획득하기 위해, Route53의 호스팅 영역 메뉴에서 **호스팅 영역 생성**을 통해 도메인을 등록한다. 도메인 이름에 타사에서 구매한 도메인을 입력한다.

Route 53 > 호스팅 영역 > 호스팅 영역 생성
호스팅 영역 생성 정보
호스팅 영역 구성
호스팅 영역은 example.com 같은 도메인과 관련 하위 도메인에 대한 트래픽을 라우팅하는 방식에 대한 정보를 포함하는 컨테이너입니다.
도메인 이름 정보
트래픽을 라우팅할 도메인의 이름입니다.
lacti.be
유효한 문자: a-z, 0-9 및 ! " # $ % & ' ( ) * + , - / : ; < = > ? @ [\ ] ^ _ ` { | } . ~

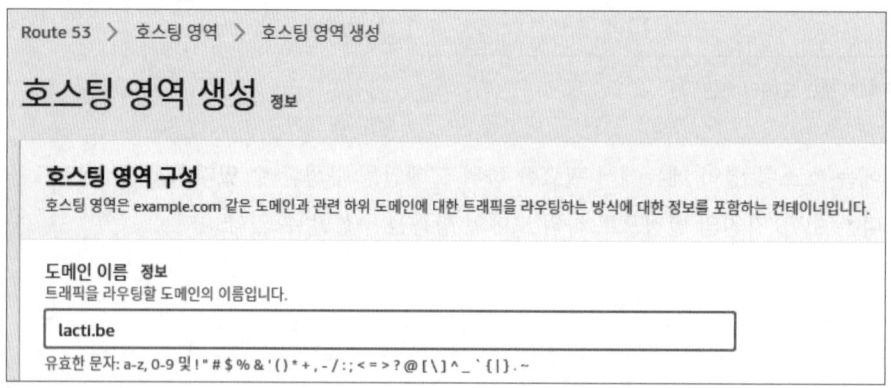

그림 A-2-1 호스팅 영역 생성 - 도메인 이름 입력

호스팅 영역이 생성되면 호스팅 영역 레코드 목록 화면으로 이동한다. 레코드 목록 중 NS가 네임서버에 해당한다. 이 항목의 값으로 등록된 4개의 ns-로 시작하는 주소를 복사한다. 이 네임서버를 도메인을 구입한 업체의 네임서버로 연결해야 한다.

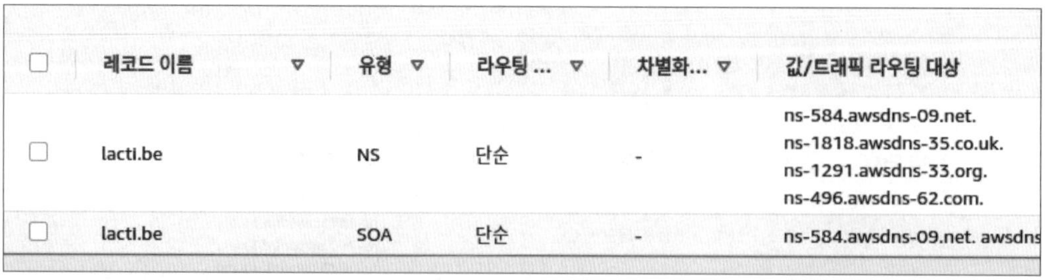

레코드 이름
유형
라우팅 ...
차별화...
값/트래픽 라우팅 대상
lacti.be
NS
단순
-
ns-584.awsdns-09.net.
ns-1818.awsdns-35.co.uk.
ns-1291.awsdns-33.org.
ns-496.awsdns-62.com.
lacti.be
SOA
단순
-
ns-584.awsdns-09.net. awsdns

그림 A-2-2 호스팅 영역 - 네임서버 목록

도메인을 구입한 서비스 페이지로 이동한다. 관리 메뉴에서 구매한 도메인을 선택하여 네임서버 관리 메뉴로 들어간다. 업체에서 기본으로 제공하는 네임서버가 아니라 직접 입력할 수 있도록

설정한 후, Route53에서 확인했던 네임서버를 입력한다. Route53에서는 레코드 값 규칙에 따라 네임서버 주소 끝에 . 문자가 붙어 있지만 도메인의 네임서버 관리 페이지에서 이를 입력할 때는 . 문자를 제거하고 입력해야 한다. 보통은 주소를 입력할 때 입력이 적절한지 검증해주므로 그에 따라 입력하면 된다.

이후 각 기관의 네임서버가 갱신된 후에 Route53에서 관리하는 호스팅 영역에 따라 라우팅이 동작하는 것을 확인할 수 있다. 도메인 제공 업체에 따라 시간이 좀 걸릴 수 있다. 너무 오래 걸릴 경우에는 도메인 제공 업체에 문의를 넣는 편이 좋다. 설정이 올바르게 되었고 관련 정보가 모두 갱신되었다면 다음과 같이 `dig` 명령을 사용하여 변경된 네임서버 목록을 확인할 수 있다.

```
$ dig NS lacti.be

; <<>> DiG 9.16.1-Ubuntu <<>> NS lacti.be
;; global options: +cmd
;; Got answer:
;; ->>HEADER<<- opcode: QUERY, status: NOERROR, id: 22659
;; flags: qr rd ra; QUERY: 1, ANSWER: 4, AUTHORITY: 0, ADDITIONAL: 1

;; OPT PSEUDOSECTION:
; EDNS: version: 0, flags:; udp: 65494
;; QUESTION SECTION:
;lacti.be.              IN   NS

;; ANSWER SECTION:
lacti.be.       86400   IN   NS   ns-631.awsdns-14.net.
lacti.be.       86400   IN   NS   ns-1394.awsdns-46.org.
lacti.be.       86400   IN   NS   ns-41.awsdns-05.com.
lacti.be.       86400   IN   NS   ns-2021.awsdns-60.co.uk.

;; Query time: 71 msec
;; SERVER: 127.0.0.53#53(127.0.0.53)
;; WHEN: 일  5월 09 18:21:00 KST 2021
;; MSG SIZE  rcvd: 176
```

A-3 도메인 레코드 세트 추가

도메인의 하위 도메인 등의 라우팅을 위해서는 해당 정보를 담고 있는 레코드 세트를 추가해야 한다. Route53 관리 콘솔의 호스팅 관리 메뉴에서 도메인을 선택한 후 A나 CNAME 등의 유형에 해당하는 레코드 세트를 추가한다.

직접 특정 IP를 지정하는 경우나 다른 AWS 자원의 별칭을 설정할 때는 A 레코드 세트를 사용한다. Route53 관리 콘솔은 충분히 직관적이므로 이를 사용하여 필요한 레코드 세트를 추가하는 작업은 매우 간단하게 진행할 수 있다. 하지만 좀 더 자동화된 환경을 구축하기 위해서는 웹 인터페이스보다는 명령줄 기반으로 이를 처리할 수 있어야 한다. `aws route53` 명령을 사용하면 레코드 세트를 관리하는 작업을 명령줄 기반으로 수행할 수 있다.

레코드 세트는 호스팅 영역 안에 포함되므로 먼저 호스팅 ID를 확인한다. `aws route53 list-hosted-zones` 명령으로 각 도메인별 HostedZoneId를 확인할 수 있다.

```
$ aws route53 list-hosted-zones
{ "HostedZones": [{
    "Id": "/hostedzone/ZXXXXXXXXXXXXXXXXXX",
    "Name": "lacti.link.",
    "CallerReference": "...",
    "Config": { ... },
    "ResourceRecordSetCount": 2
}]}
```

호스팅 영역으로 관리하는 레코드 세트는 `aws route53 list-resource-record-sets` 명령으로 확인할 수 있다. 이때 이전에 확인한 호스팅 ID를 `--hosted-zone-id` 인자로 지정한다.

```
$ aws route53 list-resource-record-sets --hosted-zone-id ZXXXXXXXXXXXXXXXXXX
{ "ResourceRecordSets": [
    { "Name": "lacti.link.",
      "Type": "NS",
      "TTL": 172800,
      "ResourceRecords": [ ... ]
    },
```

```
    { "Name": "lacti.link.",
      "Type": "SOA",
      "TTL": 900,
      "ResourceRecords": [ ... ]
    }
]}
```

레코드 세트를 관리하기 위해서는 `aws route53 change-resource-record-sets` 명령을 사용한다. 이때 적용할 내용은 `--change-batch`를 통해 전달하는 JSON 혹은 YAML 파일로 지정할 수 있다. `--generate-cli-skeleton` 명령을 통해 기본 내용을 생성할 수도 있지만 기본으로 생성되는 내용은 다양한 옵션을 모두 포함하고 있어 장황하기 때문에 여기서는 레코드 세트를 생성 혹은 갱신하는 간단한 형태만 살펴본다. 다음은 `hello.lacti.link`로 4.4.4.4 IP를 레코드 세트로 추가하는 요청이다.

```
{
  "Changes": [
    {
      "Action": "CREATE",
      "ResourceRecordSet": {
        "Name": "hello.lacti.link",
        "Type": "A",
        "TTL": 300,
        "ResourceRecords": [{ "Value": "4.4.4.4" }]
      }
    }
  ]
}
```

만약 삭제가 목적이라면 `Action`에 `DELETE`를 입력한다. 레코드 세트가 없다면 생성하고 이미 있어 갱신하려면 `UPSERT`를 입력한다. `Changes`는 배열 형태이므로 필요할 경우 여러 레코드 세트를 입력하여 한 번에 작업을 요청할 수 있다. 작성한 JSON을 `request.json` 파일에 저장하고 변경점을 반영하기 위해 `aws route53 change-resource-record-sets` 명령을 실행한다.

```
$ aws route53 change-resource-record-sets --hosted-zone-id ZXXXXXXXXXXXXXXXXXXX
--change-batch file://request.json
{ "ChangeInfo": {
    "Id": "/change/CXXXXXXXXXXXXXXXXXXXX",
    "Status": "PENDING",
```

```
    "SubmittedAt": "2021-05-15T16:11:44.761000+00:00"
}}
```

요청이 전달되면 Route53은 즉시 처리를 시작한다. 변경 내용이 모든 DNS 서버에 전파되려면 약간의 시간이 걸리기 때문에 이를 추적하는 `ChangeInfo`를 반환한다. 반환된 ID를 `aws route53 get-change` 명령을 사용해 처리 여부를 확인할 수 있다. 상태가 `INSYNC`가 되면 모든 전파가 끝난 것이다.

```
$ aws route53 get-change --id CXXXXXXXXXXXXXXXXXXX
{ "ChangeInfo": {
    "Id": "/change/CXXXXXXXXXXXXXXXXXXX",
    "Status": "INSYNC",
    "SubmittedAt": "2021-05-15T16:11:44.761000+00:00"
}}
```

`dig` 명령을 사용해 A 레코드 세트가 정상적으로 설정되었는지 확인할 수 있다.

```
$ dig hello.lacti.link

; <<>> DiG 9.16.1-Ubuntu <<>> hello.lacti.link
;; global options: +cmd
;; Got answer:
;; ->>HEADER<<- opcode: QUERY, status: NOERROR, id: 57126
;; flags: qr rd ra; QUERY: 1, ANSWER: 1, AUTHORITY: 0, ADDITIONAL: 1

;; OPT PSEUDOSECTION:
; EDNS: version: 0, flags:; udp: 65494
;; QUESTION SECTION:
;hello.lacti.link.        IN    A

;; ANSWER SECTION:
hello.lacti.link.     288 IN    A    4.4.4.4
```

A-4 인증서 발급

Route53이 관리하는 호스팅 영역과 레코드 세트는 해당 도메인으로 접근했을 때 어디로 이동할지에 대한 라우팅 정보를 관리하고 그 연결이 사용하는 프로토콜은 관여하지 않는다. 예를 들어 `hello.lacti.link`가 HTTP를 사용하는지 HTTPS를 사용하는지는 Route53과 상관이 없다. Route53의 A 레코드 세트가 가리키는 서버나 다른 AWS 자원에서 결정할 문제이다.

웹 서비스는 보안을 위해 HTTPS로 서비스해야 하므로 이를 위한 인증서 관리가 필요하다. API Gateway나 CloudFront와 같이 AWS 서비스에서 자체적으로 기본 HTTPS를 제공해주는 경우도 있지만 이는 모두 AWS 도메인이므로 AWS 도메인의 인증서를 사용한다. 만약 사용자 정의 도메인을 사용하고 이를 Route53에 별칭 레코드 세트로 연결하여 사용한다면 기본 인증서가 보장해주는 도메인 범위(AWS 도메인)를 벗어나게 되므로 HTTPS 인증의 신뢰가 깨진다. 즉, 사용자 정의 도메인을 사용하기 위해서는 해당 도메인 범위의 인증서를 별도로 발급하여 관리해야 한다.

인증서는 ACM(AWS Certificate Manager) 서비스를 사용하여 쉽게 관리할 수 있다. ACM은 지역에 소속된 서비스로, 사용하고자 하는 AWS 자원의 지역에 맞게 인증서를 준비해두면 된다.

1. 예를 들어 API Gateway와 같이 특정 지역에서 서비스를 제공하는 경우라면 그 지역 내에서 인증서를 발급해야 한다.
2. 만약 API Gateway의 엣지 최적화 엔드포인트 유형을 사용하는 경우나, CloudFront와 같이 글로벌 서비스를 사용하는 경우라면 버지니아 북부(us-east-1) 지역에 인증서를 발급해야 한다.

인증서는 필요한 도메인 혹은 도메인 범위나 집합을 설정할 수 있다. 그리고 발급한 인증서는 이메일이나 DNS를 통해 인증할 수 있다. 이메일 인증 방식을 사용할 경우 인증서를 발급하려는 도메인을 소유하고 있는지 확인하기 위해 admin@domain.com, administrator@domain.com, hostmaster@domain.com, postmaster.com, webmaster@domain.com 주소로 ACM이 메일을 발송한다. 만약 도메인에 메일 서버가 설정되어 있다면 이 방법을 사용할 수 있다. 메일 서버를 설정하지 않았다면 ACM에서 명시한 값을 Route53의 레코드 세트로 추가하는 DNS 인증 방법을 사용할 수 있다. DNS 레코드만 관리하면 되므로 보다 간편하다.

인증서는 `aws acm request-certificate` 명령을 통해 발급한다. `--domain-name`으로 발급 도메인을 지정하고 필요할 경우 `--subject-alternative-names`를 통해 인증서가 보장할 도메인 범

위를 추가로 지정한다. 예를 들어 모든 하위 도메인을 지정하려면 *. 표현식을 사용한다. 인증서를 발급할 지역을 지정하기 위해서 --region 옵션을 사용한다.

```
$ aws --region ap-northeast-2 acm request-certificate --domain-name lacti.link
--validation-method DNS --subject-alternative-names *.lacti.link
{
  "CertificateArn": "arn:aws:acm:ap-northeast-2:ACCOUNT_ID:certificate/CERTIFICATE_UUID"
}
```

만약 CloudFront나 엣지 최적화된 API Gateway에서 사용할 인증서를 발급한다면 --region us-east-1 옵션을 추가해 인증서 발급 지역을 버지니아 북부로 변경한다.

```
$ aws --region us-east-1 acm request-certificate --domain-name lacti.link --validation-
method DNS --subject-alternative-names *.lacti.link
```

생성한 인증서를 확인하려면 `aws acm describe-certificate` 명령을 사용한다. --certificate-arn으로 생성 시 반환된 Arn을 지정한다.

```
$ aws --region ap-northeast-2 acm describe-certificate --certificate-arn arn:aws:acm:ap-
northeast-2:ACCOUNT_ID:certificate/CERTIFICATE_UUID
{
  "Certificate": {
    "CertificateArn": "arn:aws:acm:ap-northeast-2:ACCOUNT_ID:certificate/CERTIFICATE_
UUID",
    "DomainName": "lacti.link",
    "SubjectAlternativeNames": [
      "lacti.link",
      "*.lacti.link"
    ],
    "DomainValidationOptions": [{
      "DomainName": "lacti.link",
      "ValidationDomain": "lacti.link",
      "ValidationStatus": "PENDING_VALIDATION",
      "ResourceRecord": {
        "Name": VALIDATION_KEY.lacti.link.
        "Type": "CNAME",
        "Value": VALIDATION_VALUE.CODE.acm-validations.aws.
      },
      "ValidationMethod": "DNS"
```

```
        }],
        "Subject": "CN=lacti.link",
        "Issuer": "Amazon",
    ...
```

Amazon에서 발급한 인증서 정보가 반환된다. 하지만 DNS 인증을 아직 수행하지 않았기 때문에 `PENDING_VALIDATION` 상태이며 이를 위해 `ResourceRecord`에 명시된 내용을 Route53에 레코드 세트로 추가한다. `Name`으로 지정된 `CNAME` 레코드 세트를 생성하고 값을 `Value`로 지정하면 된다. 이때 `Name`에는 마지막 `.`을 빼지만 `Value`에는 마지막 `.`까지 포함하여 등록해야 한다. 다음과 같이 `acm-dns-validation.json` 파일을 작성하고 `change-resource-record-sets` 명령으로 반영한다.

```
$ cat << EOF > acm-dns-validation.json
{ "Changes": [{
    "Action": "CREATE",
    "ResourceRecordSet": {
      "Name": VALIDATION_KEY.lacti.link,
      "Type": "CNAME",
      "TTL": 300,
      "ResourceRecords": [{
        "Value": VALIDATION_VALUE.CODE.acm-validations.aws.
      }]
    }
}]}
EOF

$ aws route53 change-resource-record-sets --hosted-zone-id ZXXXXXXXXXXXXXXXXXX
--change-batch file://acm-dns-validation.json
```

ACM은 주기적으로 DNS에 지정된 레코드 세트가 있는지 확인한다. DNS 전파가 완료된 후에 잠시 기다리면 `ValidationStatus`가 `SUCCESS`로 변경된 것을 확인할 수 있다.

```
$ aws --region ap-northeast-2 acm describe-certificate --certificate-arn arn:aws:acm:ap-northeast-2:ACCOUNT_ID:certificate/CERTIFICATE_UUID
...생략
    "DomainValidationOptions": [{
      "DomainName": "lacti.link",
      "ValidationDomain": "lacti.link",
      "ValidationStatus": "SUCCESS",
```

```
      "ResourceRecord": {
        "Name": "_1294cc35b3ff232e10c064025e8371cf.lacti.link.",
        "Type": "CNAME",
        "Value": "_8d44463196fb4f2274ce7d71e2c1d05d.jddtvkljgg.acm-validations.aws."
      },
      "ValidationMethod": "DNS"
    }],
...생략
```

DNS 인증은 인증서마다 수행하는 것이 아니다. 따라서 한 번 인증을 수행하고 나면 발급을 요청한 모든 인증서의 인증이 완료된다. 예를 들어 이 예제에서는 서울(ap-northeast-2) 지역의 인증서와 버지니아 북부(us-east-1) 지역의 인증서가 DNS 인증 한 번으로 모두 인증된다. 이제 생성한 인증서의 CertificateArn을 CloudFront나 API Gateway의 사용자 도메인에 연결하여 SSL 인증서로 사용한다.

부록 B

구글 OAuth 구성

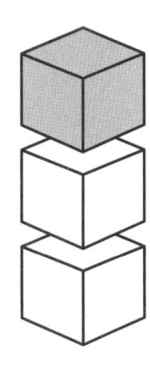

B-1 프로젝트 생성
B-2 동의 화면 구성
B-3 클라이언트 ID 생성

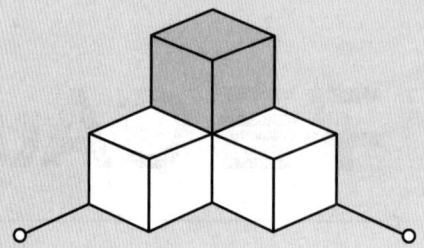

사용자 인증을 위해 밑바닥부터 시스템을 구축하는 것은 번거롭다. OAuth를 사용한다면 이를 좀 더 손쉽게 구현할 수 있다. OAuth를 제공하는 서비스는 많다. 대표적으로 GitHub, 구글, 페이스북 등이 있다.

이번 단원에서는 구글 OAuth를 구성한다. 이는 앞선 블로그 예제에서 사용되었다. 이를 위해 GCP에 프로젝트를 생성하고 동의 화면을 구성한 후 클라이언트 ID와 키를 생성하는 방법을 알아본다.

B-1 프로젝트 생성

구글 계정을 사용자 인증으로 사용하기 위해 구글 클라우드 API에서 사용자 인증 정보를 생성한다. API 및 서비스[1]에서 사용자 인증 정보를 관리한다.

사용자 인증 정보를 생성할 프로젝트를 상단의 프로젝트 선택을 눌러 고른다. 만약 한 번도 프로젝트를 생성한 적이 없다면, 오른쪽의 프로젝트 만들기 링크를 사용해 새로 하나 만든다.

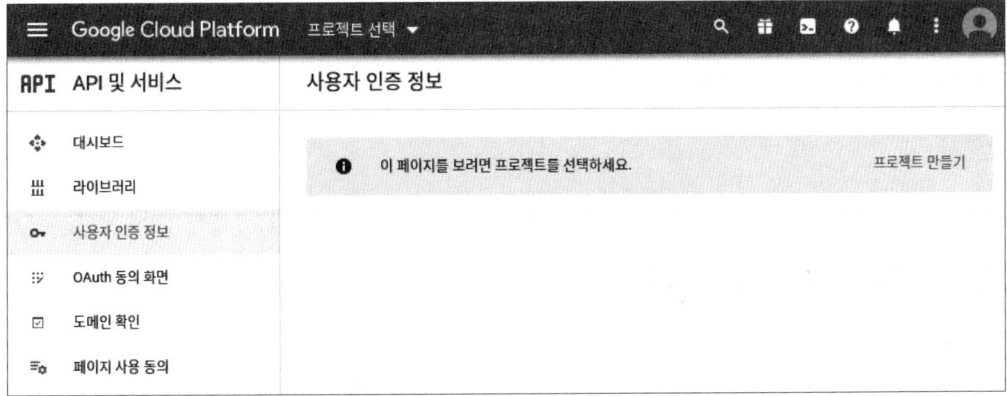

그림 B-1-1 구글 API 및 서비스 - 사용자 인증 정보 - 프로젝트 없음

새 프로젝트는 프로젝트 이름과 위치를 입력하며 시작한다. 구글 워크스페이스를 사용하는 경우가 아니라면, 조직은 빈칸으로 둔다. 프로젝트 이름을 입력한 후 만들기 버튼을 클릭한다.

1　https://console.cloud.google.com/apis/credentials

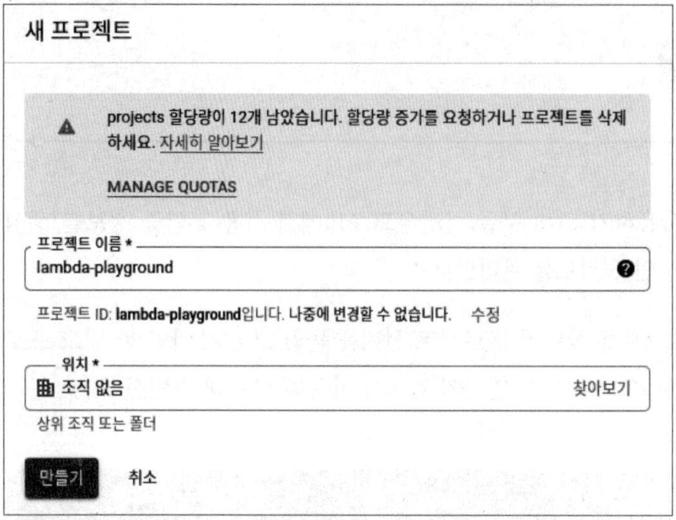

그림 B-1-2 구글 API 및 서비스 - 프로젝트 생성

B-2 동의 화면 구성

사용자 인증 정보를 만들려면 동의 화면을 구성해야 한다. 동의 화면은 구글 계정으로 인증 시 사용자에게 노출할 서비스에 대한 간략한 설명이다. 설명과 함께 어떤 권한을 요구하는지도 보여준다. 사용자는 구성된 동의 화면을 보고, 인증을 계속 진행할 것인지 결정한다.

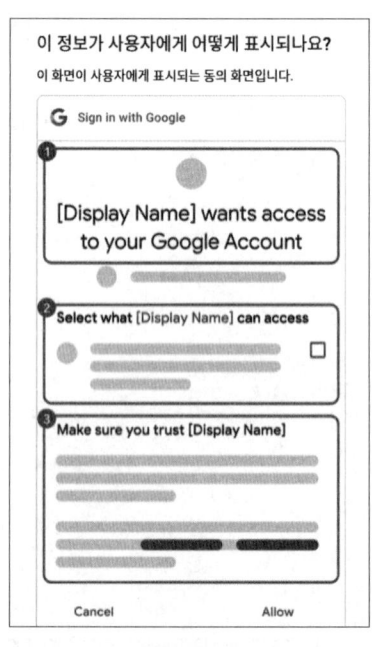

그림 B-2-1 동의 화면 예시

프로젝트를 생성하고 난 후에는 OAuth 동의 화면을 만들어야 한다. 만약 구글 워크스페이스와 같이 격리된 공간에서 사용할 동의 화면을 구성한다면 유저 타입을 내부로 선택한다. 사용자 접근이 제한되기 때문에 인증을 위해 앱을 제출할 필요가 없다. 그렇지 않은 경우라면 외부를 선택한다. 외부 유형을 선택하면 임의의 사용자도 인증을 사용할 수 있다.

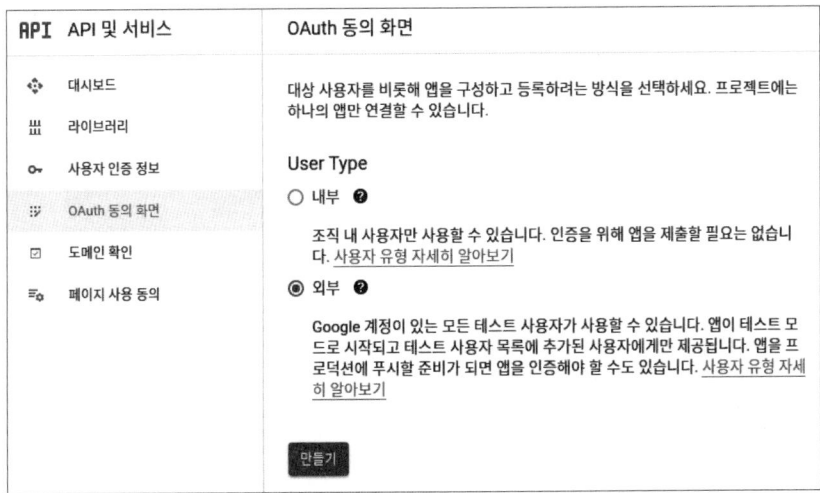

그림 B-2-2 동의 화면 구성 - 유저 유형 선택

인증 동의 화면에서 노출할 앱 이름과 서비스 제공자의 이메일 주소를 입력한다. 신뢰가 가는 앱 이름과 로고를 구성해야 사용자가 덜 의심하고 인증을 진행한다. 앱 이름과 서비스 제공자의 이메일 주소는 필수 입력해야 하지만, 앱 로고는 필수 입력사항이 아니다. 따라서 필요하지 않다면 입력하지 않아도 된다.

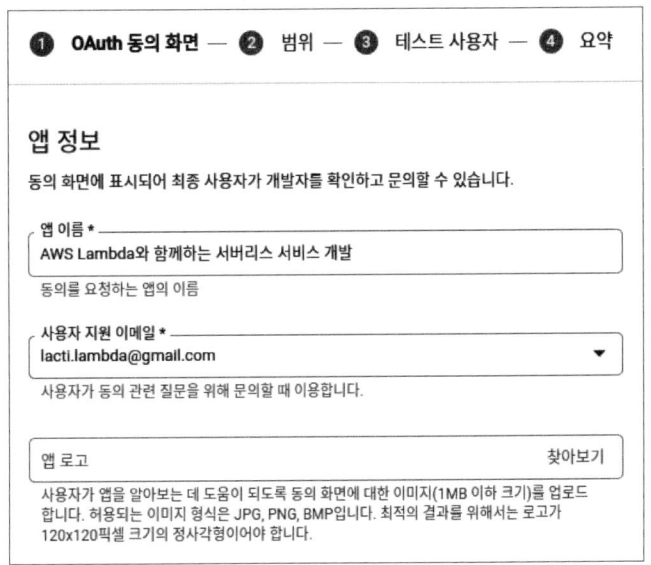

그림 B-2-3 동의 화면 구성 - 앱 정보

동의 화면에서 노출할 항목으로 앱 도메인을 추가로 입력한다. 애플리케이션 홈페이지, 개인정보 처리 방침 링크, 서비스 약관 링크가 있다면 입력한다. 이 정보는 동의 화면에 함께 추가되어 인증을 진행하는 사용자에게 앱의 신뢰를 높여주는 역할을 한다.

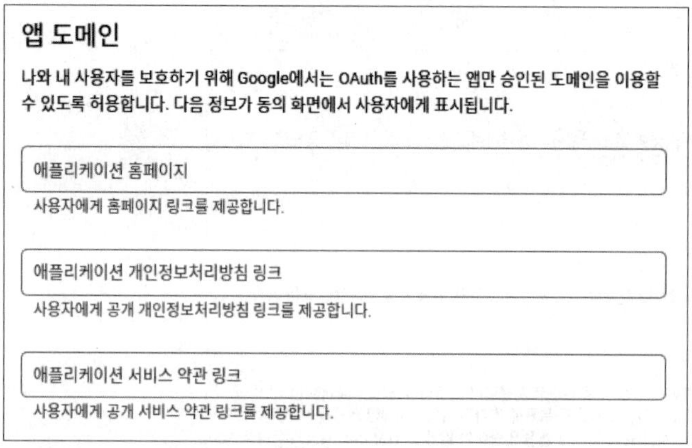

그림 B-2-4 동의 화면 구성 - 앱 도메인

허가되지 않은 도메인으로 동의 화면을 노출하거나 OAuth 클라이언트를 사용하는 일을 막기 위해, 승인된 도메인을 입력한다. 운영하려는 웹 서비스의 루트 도메인을 입력한다. 그리고 개발자 연락처 정보를 등록하면 프로젝트 변경점이 발생할 때 알람을 받을 수 있다.

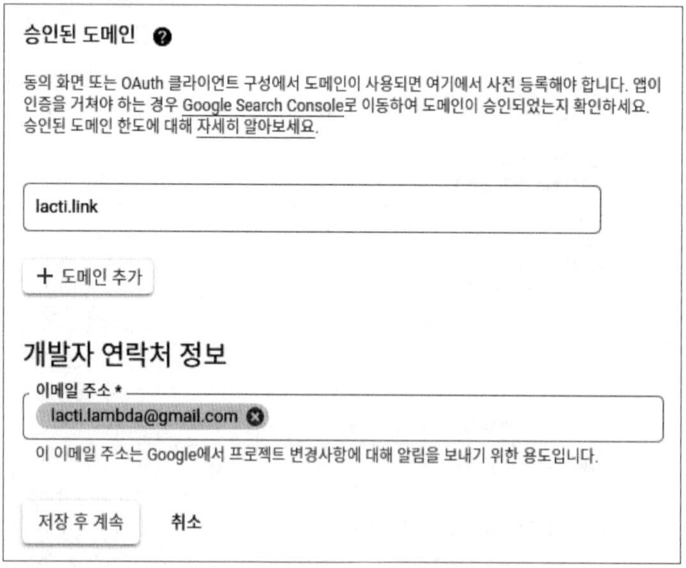

그림 B-2-5 동의 화면 구성 - 승인된 도메인과 개발자 연락처 정보

범위는 사용자에게 앱 승인을 요청하는 권한을 나타낸다. 프로젝트에서 사용자의 구글 계정에 있는 특정 유형의 사용자 데이터에 액세스하도록 허용한다. 필요한 권한 목록이 동의 화면에 노출된다. 사용자에 대한 기본 정보를 획득하려면 다음과 같이 `email`과 `profile`에 대한 범위를 요청한다. 이 동의 화면을 통해 인증하는 사용자의 토큰으로부터 이 범위에 해당하는 정보를 요청할 수 있다.

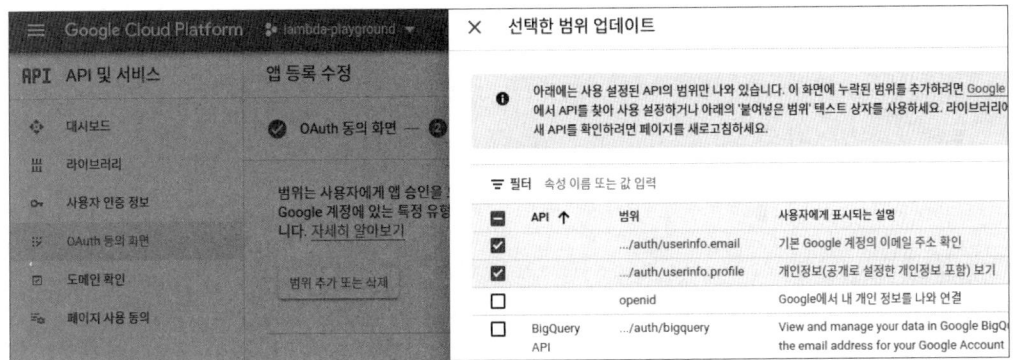

그림 B-2-6 동의 화면 구성 - 범위 - 민감하지 않은 범위 추가

동의 화면을 처음 구성하는 단계에서 앱은 테스트 단계로 설정된다. 테스트 단계의 동의 화면은 일반 사용자에게 노출할 수 없고 지정된 테스트 계정만 확인할 수 있다. 만약 일반 사용자에게도 동의 화면을 노출하려면 앱을 게시해 프로덕션 단계로 변경해야 한다.

앱 게시와 별도로, 앱 확인(Verficiation) 단계가 있다. 동의 화면에 노출되는 앱의 확인을 진행하는 것이다. 동의 화면의 모든 정보를 올바르게 구성하고 최종 검토 화면에서 확인을 위한 제출 버튼을 클릭한다. 동의 화면이 올바르게 구성되지 않으면 확인이 필요하지 않은 상태로 머물러 확인을 요청할 수 없다.

앱 확인 절차가 완료되지 않은 앱은 확인되지 않은 앱이라는 문구가 동의 화면에 노출되고, 이름이나 로고를 포함한 앱의 정보를 동의 화면에서 볼 수 없다. 뿐만 아니라 앱에 권한을 부여하는 사용자의 수를 100명으로 제한한다. 즉, 인증을 위한 기능을 사실상 사용할 수 없기 때문에 모든 정보를 구성한 후 앱 확인을 마치는 단계는 반드시 필요하다.

동의 화면 구성은 마무리 단계에서 프로덕션으로 푸시할지 묻는다. 앱 게시 상태와는 별도다. 앱 게시 상태가 프로덕션이어도 확인하지 않은 앱 상태일 수 있기 때문이다.

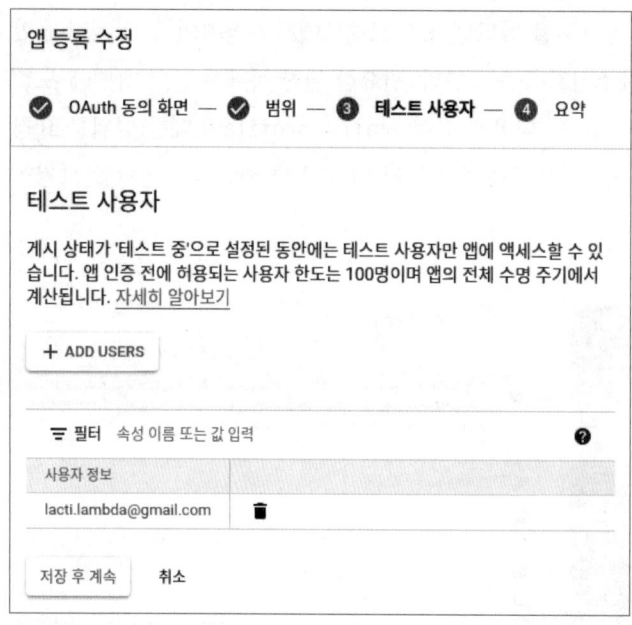

그림 B-2-7 동의 화면 구성 - 테스트 사용자

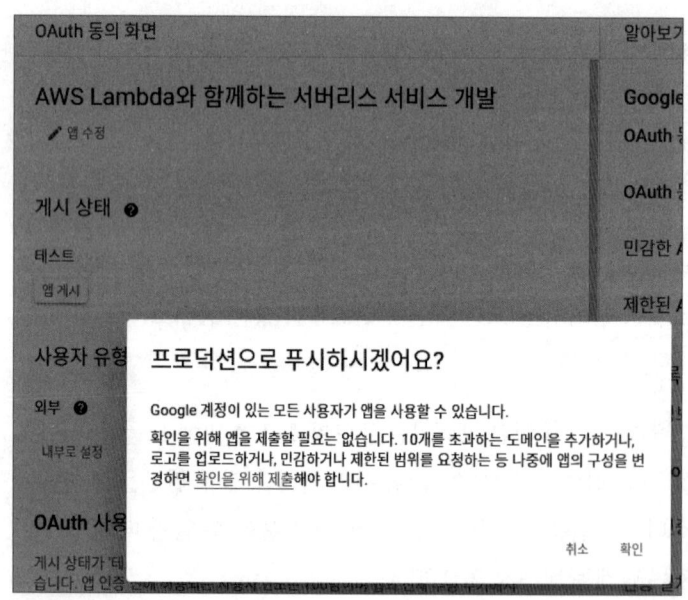

그림 B-2-8 동의 화면 - 프로덕션으로 푸시

B-3 클라이언트 ID 생성

동의 화면 구성이 완료되었다면 OAuth 클라이언트 ID를 생성한다. 사용자 인증 정보 탭에서 사용자 인증 정보 만들기 버튼을 클릭한 뒤 OAuth 클라이언트 ID를 선택한다. 여기서 획득한 클라이언트 ID를 `react-google-login`과 같은 클라이언트 라이브러리에 제공해 구글 인증을 진행할 때 사용한다.

그림 B-3-1 OAuth 클라이언트 ID 생성 진입

동의 화면이 앱 수준에 대응된다면 클라이언트는 개별 클라이언트 수준에 대응된다. 예를 들어, 하나의 앱이 여러 플랫폼에서 실행되는 경우 동의 화면은 1개지만 클라이언트 ID는 플랫폼마다 각각 생성해야 한다. 클라이언트 ID를 생성할 때 애플리케이션 유형을 선택하기 때문이다. 애플리케이션 유형과 이름을 지정해 클라이언트 ID를 생성한다. 앞선 예제는 모두 웹 서비스이므로 웹 애플리케이션 유형을 선택한다.

승인된 자바스크립트 원본은 클라이언트 ID를 사용해 구글 인증 페이지에 요청을 보낼 주소의 오리진에 해당한다. 오리진이므로 프로토콜, 호스트 이름, 포트 번호를 포함한다. 예를 들어 클라이언트 ID를 블로그 예제에서 사용한다면, 블로그 예제에서 구성하는 오리진의 주소를 입력한다. 로컬 테스트 환경에서 구글 인증을 사용하려면 그에 대한 오리진도 입력해야 한다. 앞선 블로그 예제에서 웹팩 개발 서버는 4000번 포트를 사용했기 때문에 `http://localhost:4000`으로 지정한다.

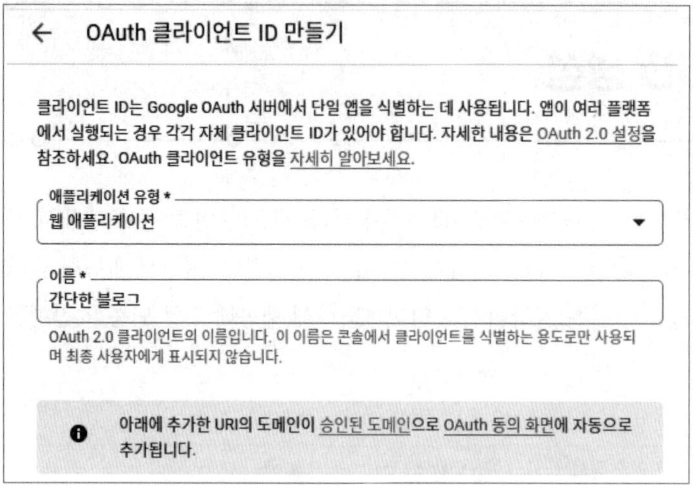

그림 B-3-2 OAuth 클라이언트 ID 만들기

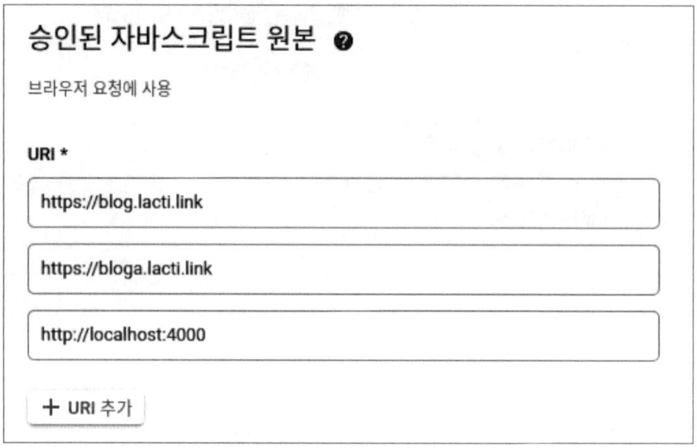

그림 B-3-3 승인된 자바스크립트 원본

구글 OAuth에서 인증이 완료된 이후 토큰을 지정된 리디렉션 URI로 전달한다. 돌아오는 주소는 보통 로그인 라이브러리로 지정한다. 로그인을 위한 별도의 웹 페이지가 있는 경우라면 로그인이 완료된 이후에 원본 서비스로 돌아가야 하므로 그에 대한 리디렉션 URI를 설정해야 한다. 앞선 블로그 예제와 같이 웹 서비스에서 인증 후 다시 자신의 서비스로 돌아간다면 요청한 주소와 동일해진다. 즉, 승인된 자바스크립트 원본과 동일하게 설정한다.

모든 구성이 완료되면 OAuth 클라이언트가 생성된다. 클라이언트 ID와 클라이언트 보안 비밀번호(secret)를 획득할 수 있다. 클라이언트 ID는 프런트엔드 라이브러리에서 구글 OAuth로 인증을 요청할 때 허가된 서비스인지 확인하기 위해 사용한다. 인증이 완료된 후, 웹 서비스 백엔드에서는 획득한 토큰과 클라이언트 보안 비밀번호를 사용해 구글 OAuth API를 사용한다. 토큰을 갱신하는 등 토큰에 대한 요청을 할 때와 토큰을 사용하는 구글 애플리케이션에 접근할 때 클라이언트 보안 비밀번호가 필요하다. 즉, 프런트엔드에서 클라이언트 ID가 필요하듯 백엔드에서는 클라이언트 보안 비밀번호가 필요하다.

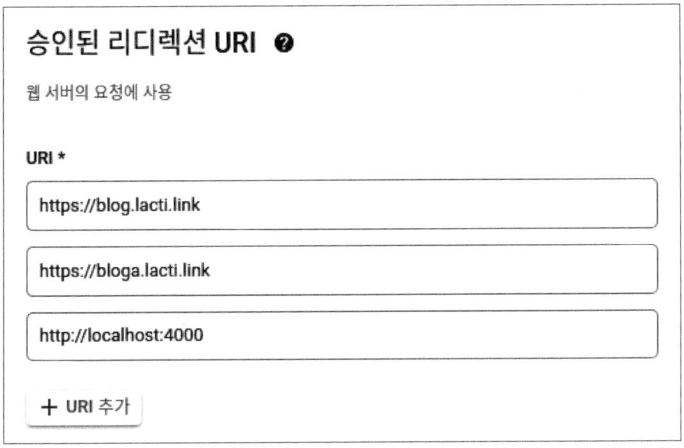

그림 B-3-4 승인된 리디렉션 URI

그림 B-3-5 OAuth 클라이언트 생성됨

동의 화면을 올바르게 구성하고, 앱을 프로덕션으로 게시하고, 앱 확인을 마쳤다면 구글 OAuth를 사용하기 위한 준비를 마친 것이다. 프런트엔드에 클라이언트 ID를 통합해 구글 OAuth로 인증을 요청하고, 리디렉션 URI에 해당하는 주소로 토큰을 받아 후속 작업을 처리한다.

구글 OAuth의 경우 일일 토큰 부여 한도를 갖는다. 일일 토큰 부여 한도는 10,000회/일이다. 만약 규모 있는 상용 서비스를 고려한다면 한도를 늘려야 한다. 구글의 OAuth 한도 상향 페이지[2]에 양식을 제출해 한도를 상향할 수 있다.

---

2 https://support.google.com/code/contact/oauth_quota_increase

감사의 글

먼저, 집필을 제안해주신 비제이퍼블릭과 출판까지 많은 도움을 주신 임민정 편집자님께 감사드린다. 블로그로 시작한 글을 원고로 다듬고 디자인과 편집으로 새 생명을 불어넣어 번듯한 책으로 만든 과정은 실로 경이로운 경험이었다. 개인적인 즐거움으로 시작했던 AWS Lambda와 서버리스 플랫폼의 활용이 이 책을 통해 더욱 많은 분들께 닿을 수 있길 바란다.

집필 과정에서 부족한 부분이 많이 보여서 처음 생각했던 것보다 훨씬 더 많은 시간과 노력이 필요했다. 무리 없이 계획보다 더 많은 에너지를 사용할 수 있도록 꾸준히 지원해주고 응원해준 가족들에게 감사하다. 또한 집필하는 동안 여러 부분에 대해 토론하고, 영감을 주고, 새로운 소식을 알려준 김거엽 님, 김시경 님, 김현철 님, 손동운 님, 이성수 님에게 감사드린다.

마지막으로 글을 쓰는 시간을 기다려주고 응원과 사랑으로 지지해준 사랑하는 아내 장지연과 아들 최이선에게 감사의 인사를 전한다.

찾아보기

ㄱ ~ ㅎ

동시 수정	215
루트 계정	9
미리 서명된 URL	114, 165
백엔드	5
서버리스	3, 5
서포트 티켓	71
소스맵	59, 61
연결성 분석기	589
예약된 동시성	82
웹팩	57
자격 증명 원본	364
잠금 함수	261
정적 웹 호스팅	132
지역 코드	13
캐시 무효화	139, 175
타입스크립트	19
토큰 버킷 알고리즘	68
프로그램 액세스 키	9
프로비저닝된 동시성	82, 182
프론트엔드	5
한도	67
행동 로그	408

A ~ I

ACM	687
API Gateway	5
API Gateway 비용	99
API Gateway 액세스 로그	75
API Gateway 요청량 제한	383
API Gateway 지표	84
API Gateway 한도	68, 112
API Gateway REST API	336
ApiGatewayManagementApi	500, 503
AWS 계정	8
AWS CLI	11
Billed Duration	34
CloudFormation	6
CloudFront	5
CloudFront 다중 오리진	322
CloudFront 배포	135
CloudFront 비용	186
CloudFront 사용자 지정 도메인	141
CloudFront 오리진 요청 정책	368
CloudFront 캐시 정책	313
CloudWatch	6
CloudWatch 경보	91
CloudWatch 대시보드	85
CloudWatch 로그	73, 74
CloudWatch 로그 한도	69
CloudWatch 비용	103
CORS	292, 317
cross-env	294
direnv	21
Docker	24
DocumentClient	207, 511, 523
DynamoDB	202
DynamoDB 모니터링	388
DynamoDB 비용	274
DynamoDB 비용	399
DynamoDB 한도	379
DynamoDB BillingMode	204
DynamoDB KeySchema	203
dynamodb-admin	538
ECR	413, 448
ECR 모니터링	487
ECR 비용	490, 491
ElastiCache	248
ElastiCache Redis 모니터링	393
ElastiCache Redis 비용	661
exodus	119
ForkTsCheckerWebpackPlugin	367
Gensim	419, 425, 429
HTTP 이벤트	43
http-middleware-proxy	474
Init Duration	34
isBase64Encoded	123

J ~ R

jpegoptim	116
JWT	354
Lambda	5
Lambda 권한 부여자	357, 542
Lambda 내 환경 변수	156
Lambda 동시성 지표	80
Lambda 비동기 실행 요청	607
Lambda 비용	99
Lambda 성능 지표	80
Lambda 임시 스토리지	484
Lambda 지표	78, 667
Lambda 한도	69, 112, 658
Lambda 호출 지표	78
Lambda Function URL	482
Lambda Layer	254
Lambda vCPU	101
ldd	118
mysql-shell	239
node_modules	16
Node.js	15
npm	15
nvm	17
OAuth	354, 699
pyenv	410
queryStringParameters	48
RDS	227
RDS MySQL 모니터링	391
RDS MySQL 비용	274
RDS MySQL 비용	400
RDS MySQL 한도	380
RDS PubliclyAccessible	229
React	277
React 컴포넌트	280
React Context	371
React memo	647
React useEffect	290
React useState	287
React WebSocket 연결	636, 639
react-google-login	370
react-router-dom	296
Route 53	5, 679
Route 53 레코드 세트	143
Route 53 레코드 세트	684
Route 53 호스팅 영역	682

S ~ Z

S3	5, 111
S3 비용	185, 274
S3 스토리지 수명 주기 관리	181
S3 전송 가속화	178
S3 지표 모니터링	183
S3Handler	174
SAM	414, 431
server-webpack	57
Serverless Framework	27
serverless-domain-manager	333, 550, 599
serverless-dynamodb-local	221, 514
serverless-offline	219
serverless-plugin-scripts	126
serverless-s3-local	267
serverless-s3-sync	308
serverless.yml	28
SQLite	244
SQS	420
SQS 모니터링	485
SQS 비용	490
stage	41, 335, 552
tsconfig.json	53
virtualenv	412
Visual Studio Code	20
VPC	249, 572
VPC 보안 그룹	231, 458, 573
VPC 비용	490, 671
VPC 엔드포인트	456
VPC 한도	657
VPC PrivateLink 모니터링	487
webpack.config.js	58
WebSocket API	499
WebSocket API 라우트 유형	499
WebSocket API 로그	547
WebSocket API 비용	562
WebSocket API 지표	559, 667
WebSocket API 한도	557, 657
Word2vec	407
wscat	505
WSL	25
X-Ray	270, 343, 445

서버리스 이제는 AWS Lambda로 간다

설계, 개발, 배포 및 모니터링 지표와 비용 계산까지

출간일 | 2022년 11월 21일 | 1판 1쇄

지은이 | 최재영
펴낸이 | 김범준
기획 | 김용기, 오소람
책임편집 | 임민정
교정교열 | 한이슬
편집디자인 | 한지혜
표지디자인 | 고광표

발행처 | 비제이퍼블릭
출판신고 | 2009년 05월 01일 제300-2009-38호
주소 | 서울시 중구 청계천로 100 시그니처타워 서관 10층 1060호
주문/문의 | 02-739-0739   팩스 | 02-6442-0739
홈페이지 | http://bjpublic.co.kr   이메일 | bjpublic@bjpublic.co.kr

가격 | 37,000원
ISBN | 979-11-6592-184-2(93000)
한국어판 © 2022 비제이퍼블릭

이 책은 저작권법에 따라 보호받는 저작물이므로 무단 전재와 무단 복제를 금지하며,
내용의 전부 또는 일부를 이용하려면 반드시 저작권자와 비제이퍼블릭의 서면 동의를 받아야 합니다.
잘못된 책은 구입하신 서점에서 교환해드립니다.